Klaus Storkmann · Tabu und Toleranz

Klaus Storkmann

Tabu und Toleranz

Der Umgang mit Homosexualität
in der Bundeswehr 1955 bis 2000

Herausgegeben vom Zentrum für Militärgeschichte
und Sozialwissenschaften der Bundeswehr

DE GRUYTER
OLDENBOURG

Redaktion: ZMSBw, Fachbereich Publikationen (0892-01)
  Projektkoordination, Lektorat, Bildrechte: Michael Thomae
  Texterfassung, Satz: Christine Mauersberger
  Korrektorat: Björn Mielbrandt
  Grafiken: Bernd Nogli

ISBN 978-3-11-073482-9
e-ISBN (PDF) 978-3-11-073290-0
e-ISBN (EPUB) 978-3-11-073298-6

Druck und Bindung: CPI books GmbH, Leck

www.degruyter.com

Inhalt

Vorwort XI

Einleitung... 1
   1. Quellen.. 4
   2. Das große Tabu. Zeitgenössische Presseveröffentlichungen sowie
       erste wissenschaftliche Publikationen 7
   3. Und was war mit lesbischen Frauen? 14

Zuvor. Anmerkungen zum Umgang früherer deutscher Streitkräfte mit
Homosexualität 15
   1. »Konträrsexuelle« Soldaten in Preußen und im Deutschen
       Kaiserreich 15
   2. Roman und Realität in der Reichswehr 19
   3. Beispielhafte Schicksale von Homosexuellen in Wehrmacht, Polizei
       und SS 26

I. Untauglich? Die zeitgenössische Bewertung der Dienstfähigkeit
    männlicher Homosexueller 33
   1. Homosexualität als »amtliche« Krankheit.. 33
   2. Die Frage der Diensttauglichkeit... 36
       a) »Fehlerziffer 12 VI: dauernd dienstuntauglich« 36
       b) Wehrpsychiatrische Untersuchungen 41
       c) Neue Tauglichkeitsbestimmungen 1979.................................... 44
   3. Appelle an die Toleranz der Truppe 48
   4. Exkurs: »Schmaler Grat«. Der Umgang der
       Bundeswehr mit HIV und AIDS in den 1980er Jahren.................... 51

II. Unter Kameraden. Der Dienst homosexueller Soldaten im Spiegel
    individueller Erinnerungen und Erfahrungen 57
   1. Erfahrungen von Ablehnung und Toleranz. Zeitzeugen erinnern sich .. 63
       a) Toleranz und Intoleranz in der Truppe 66
       b) Erinnerungen an die Bundeswehrhochschulen............................ 76
       c) »Schwule beim Bund«. Ein Artikel in der Zeitschrift
          Junge Soldaten 1994 81
       d) Der »Schwulenbeauftragte« an der Bundeswehruniversität
          München 82

2. Erzwungene »Mimesis«: Verstecken, Verdrängen, Verleugnen............ 84
   a) Das Leitbild »militärischer Maskulinität«................................... 87
   b) Suizid oder Ehe? 92
3. Homosexuelle als ›ideale Soldaten‹? Selbstvergewisserung schwuler
   Soldaten bei Alexander, Caesar und Prinz Eugen............................ 95
4. Fünf soldatische Lebensläufe in persönlichen Erinnerungen............. 101
   a) »Für mich war eine Welt zusammengebrochen.« Ein Gefreiter
      muss gehen 101
   b) »Soldat bleiben oder Mensch werden.« Die Erinnerungen eines
      Hauptmanns 103
   c) Von Gerüchten begleitet. 13 Jahre Dienst eines Offiziers 106
   d) »Der Ruf könnte Ihnen vorauseilen.« Ein Oberfeldwebel blickt
      zurück 107
   e) »Dann brach die Hölle los.« Ein Kompaniechef soll entlassen
      werden... 109

III. »Unzucht«? Männliche Homosexualität im Straf- und Disziplinarrecht... 117
1. Der verschärfte § 175 nach 1949 in Westdeutschland...................... 117
2. Der tiefe Fall eines Weltkriegsveteranen 121
3. Die Ahndung einvernehmlicher sexueller Handlungen
   von Soldaten unter Anwendung des § 175 StGB (bis 1969).............. 123
4. Kriegsgerichtsurteile 1899 bis 1945 und Parallelen zu Truppendienst-
   gerichtsentscheidungen 125
5. Psychiatrische Untersuchungen auf Homosexualität als Mittel der
   Urteilsfindung.. 131
6. Exkurs: Der Mord an vier Soldaten 1969...................................... 134
7. »Lex Bundeswehr«? Das BMVg in der Debatte um die Entkriminalisierung männlicher Homosexualität 1969 136
8. »Der lasche Umgang ziviler Instanzen mit Homosexualität«.
   Disziplinarurteile gegen Soldaten für einvernehmlichen Sex nach
   der Reform des § 175 StGB 140
   a) »Sonst normal«. Das Urteil über einen Stabsunteroffizier und
      fünf weitere Soldaten 1970 145
   b) Privat ist privat – oder doch nicht?... 147
   c) 1980: Ein mildes Urteil gegen einen Hauptfeldwebel................... 149
   d) »Abirrung der Triebrichtung unter dem enthemmenden Einfluss
      von Alkohol« 152
9. Sexuelle Übergriffe. Homosexuelle Soldaten als Täter..................... 154
   a) Parallelen zu den Ehrengerichtsurteilen der Kaiserlichen Marine.... 159
   b) Disziplinarstrafen trotz Freisprüchen im Strafverfahren............... 160
   c) Trunkenheit als mildernder Umstand bei sexuellen Übergriffen ... 162
   d) »Warum melden Sie diesen Vorfall erst nach über einem halben
      Jahr?« Ermittlungen gegen Offiziere der Marine........................ 170
10. Statistische Zusammenfassungen... 174

a) 1956 bis 1966... 174
b) 1976 bis 1991/92 176
11. Fristlose Entlassungen nach § 55 Abs. 5 Soldatengesetz 180
12. Die Frage der Rehabilitierung 184

IV. Ungeeignet als Vorgesetzte? 189
1. »Von uns nicht zu klären«. Reserveleutnant gegen Verteidigungs-
    ministerium 1972 190
2. »Gefährdung von Disziplin und Kampfkraft«. Der Fall eines
    Leutnants 1977.. 195
3. Thema im Bundestag: Der Fall des Hauptmanns Lindner 1981 198
4. Grundsatzpapiere 1982 und 1984.................................. 203
5. Exkurs: »Die Angst der Lehrer, sich zu outen«..................... 212
6. »Dann sage ich eben, dass ich schwul bin.« Versuche, die eigene
    Dienstzeit zu verkürzen 213
7. »Homosexuality and Military Service in Germany«. Die SOWI-
    Studie von 1993 217
8. Einzelfallprüfung oder pauschales Nein? 219
9. Druck zu Veränderungen von Betroffenen, aus der Truppe und aus
    der Politik 225
    a) »Völlig losgelöst von der Einzelpersönlichkeit«. Der jahrelange
        Kampf eines Oberstabsarztes um die Rechte homosexueller
        Soldaten 225
    b) »Bundesweiter Arbeitskreis schwuler Soldaten« 230
    c) Ein Brief an den Minister und seine Folgen. Karriereende für
        einen Oberleutnant.. 233
    d) »Im Namen des Volkes: Der Kläger hat einen Rechtsanspruch
        auf Übernahme in das Dienstverhältnis eines Berufssoldaten«...... 242
    e) Die Ablösung eines Leutnants als Zugführer 1998 244
    f) Druck aus der Politik... 249
10. Stille Toleranz? 251

V. Unter Verdacht. Homosexualität als Sicherheitsrisiko 255
1. »Personelle Sicherheitsrisiken«. Die Richtlinien zur Sicherheits-
    überprüfung.. 255
    a) »Der homosexuelle Staatsfeind«? 256
    b) 1971: »Abnorme Veranlagung auf sexuellem Gebiet« 258
    c) 1988: »Sexuelles Verhalten, das zu einer Erpressung führen kann«.. 262
2. Die Praxis der Sicherheitsüberprüfungen.......................... 266
    a) »Legalitätsprinzip« und »Opportunitätsprinzip«.............. 280
    b) Pragmatische Lösungen schon 1916............................ 281
    c) »Zulässige, erforderliche und gebotene Maßnahme mit großem
        Augenmaß«... 283
    d) »Es geht niemanden etwas an, mit wem ich ins Bett gehe«......... 285

3. Ein Orkan fegt über das Tabu: Der Skandal um General Kießling
1983/84... 288
   a) »Keine Fritschaffäre« 291
   b) Ermittlungen – mit allen Mitteln.. 295
   c) Schutz der Privatsphäre oder Sicherheitsinteresse? 301
   d) »Was werden sie mit mir machen?« Auswirkungen der Causa
     Kießling auf homosexuelle Soldaten... 303
   e) »Kann ein Homo Offizier der Bundeswehr werden?« Reaktionen
     der Bevölkerung auf den Kießling-Skandal 305
4. Der Bundestag debattiert das »Sicherheitsrisiko Homosexualität« 309
5. Zwischen Skylla und Charybdis.. 316
6. Neue Rechtsgrundlagen und Vorschriften:
»für das Sicherheitsüberprüfungsverfahren unerheblich« 319

VI. Jahrtausendwende – Zeitenwende.. 325
1. Die europäische Dimension: Das Urteil des Europäischen Gerichts-
hofs für Menschenrechte gegen die britischen Streitkräfte 1999 326
2. Die rechtliche Dimension: Die Verfassungsbeschwerde
eines Oberleutnants und Fragen aus Karlsruhe an das BMVg........... 330
3. Die politische Dimension 336
4. »TSK-Haltung zu Homosexualität betonhart«. Die streitkräfteinterne
Dimension... 341
5. »Der Damm ist gebrochen!«.. 351
6. Die neue Prämisse: Toleranz und Schutz der Privatsphäre 362
7. Lindner gegen Bundesrepublik Deutschland. Der Kampf eines
früheren Hauptmanns um Wiedergutmachung 368

VII. Und die anderen? Anmerkungen zur Praxis anderer Streitkräfte............ 371
1. Der zeitgenössische Blick des BMVg auf andere europäische
Streitkräfte 371
2. Niederlande: »Das ist doch selbstverständlich«................................... 377
3. Großbritannien: »Sofort als dienstunwürdig entlassen« 379
4. Vereinigte Staaten: »No Queens in the Marines«................................ 383
5. NVA und Grenztruppen der DDR: Operative Personenkontrollen
durch das MfS 388
   a) »Kein Thema«... 389
   b) Ab 1988: »Gleiche Rechte und Pflichten für alle« 393
   c) »Im Waschraum zusammengeschlagen«. Erfahrungen von
     NVA-Soldaten 395
   d) Operative Personenkontrolle »Liebhaber« und weitere Über-
     wachungsvorgänge... 396
   e) Exkurs: Der Umgang des MfS mit Homosexuellen in den eigenen
     Reihen 401

f) Operative Personenkontrolle »Verräter« 404
g) »Du kommst um acht!« Urteile wegen sexueller Übergriffe 408
h) Ein ostdeutscher soldatischer Lebenslauf 415

**Ungeeignet zum Soldaten und als Vorgesetzte, unter Verdacht und unter
Anklage, unter Kameraden tabuisiert und toleriert. Ein Fazit** 419
1. Die Frage der Dienstfähigkeit männlicher Homosexueller 419
2. Individuelle Erinnerungen und Erfahrungen.......................... 419
3. Männliche Homosexualität im Straf- und Disziplinarrecht 420
4. Ungeeignet als Vorgesetzte? 422
5. Homosexualität als »Sicherheitsrisiko« 424
6. Jahrtausendwende – Zeitenwende 425
7. Rück- und Querblicke zu anderen Streitkräften 426
8. Die Frage nach homosexuellen Soldatinnen 427
9. »Wir müssen die Essenz dessen verraten, was uns ausmacht«........... 428
10. Post scriptum 430

Anhang.. 431

Abkürzungen.. 433
Quellen und Literatur 437
1. Archivquellen... 437
2. Dienstvorschriften 438
3. Urteile und Gerichtskorrespondenz................................. 439
4. Autobiografische Quellen... 440
5. Korrespondenz, Erlasse, Leserbriefe (chronologisch) 440
6. Zeitzeugengespräche/-befragungen/-interviews (chronologisch) 442
7. Deutscher Bundestag 442
8. Deutscher Reichstag... 444
9. Literatur.. 444
10. TV-Dokumentationen 455
Personenregister... 457
Danksagung 461
Zum Autor... 464

Vorwort

Im Januar 2017 beauftragte die Bundesministerin der Verteidigung Dr. Ursula von der Leyen das Zentrum für Militärgeschichte und Sozialwissenschaften der Bundeswehr (ZMSBw) mit der Erarbeitung einer wissenschaftlichen Studie zum Umgang mit homosexuellen Soldaten in der Bundeswehr von 1955 bis ins Jahr 2000. Dreieinhalb Jahre später, am 17. September 2020, präsentierte ihre Nachfolgerin im Amt, Annegret Kramp-Karrenbauer, der Öffentlichkeit die Ergebnisse dieses Forschungsprojekts: »Wir dürfen nicht drum herumreden. In der Bundeswehr wurden seit ihrer Gründung 1955 jahrzehntelang homosexuelle Soldaten […] systematisch diskriminiert.«

Die Pilotstudie von Oberstleutnant Dr. Klaus Storkmann analysiert erstmals die Rechts- und Vorschriftenlage, beleuchtet den dienstlichen Alltag homosexueller Soldaten in der Bundeswehr und beantwortet zentrale Fragen der politischen und öffentlichen Diskussionen zum Thema. Der Autor stützt sich neben der umfangreichen Überlieferung im Bundesarchiv und zahlreichen Gerichtsurteilen der Truppendienst- und Verwaltungsgerichte auf Aussagen von über 60 Zeitzeugen. Auf dieser soliden Grundlage werden unter anderem die strafrechtliche und bundeswehrinterne disziplinare Ahndung von homosexuellen Handlungen von Soldaten untersucht, die damalige Bewertung der Homosexualität als Sicherheitsrisiko hinterfragt und die laufbahnrechtlichen Konsequenzen bekannt gewordener Homosexualität analysiert.

Bis zur Jahrtausendwende galt eine gleichgeschlechtliche Orientierung als Ausschlusskriterium für die Karriere als Offizier oder Unteroffizier sowie als Sicherheitsrisiko. Die Rekonstruktion ausgewählter Lebensläufe von betroffenen Soldaten bot die Chance, individuelle Schicksale detailliert nachzuzeichnen. Damit werden die aus der abstrakten Vorschriftenlage resultierenden Konsequenzen für das dienstliche wie auch das private Leben dieser Soldaten greifbar und nachvollziehbar.

Die Ministerin stellte bei der Präsentation der Studie im September 2020 auch die Eckpunkte eines Rehabilitationsgesetzes vor. »Es ist uns nicht gleichgültig, wie damals mit den Menschen umgegangen wurde«, beteuerte Annegret Kramp-Karrenbauer. Am 25. November 2020 beschloss das Bundeskabinett die Gesetzesinitiative zur Rehabilitierung diskriminierter homosexueller Soldaten in Bundeswehr und Nationaler Volksarmee. Dass auch die in den DDR-Streitkräften wegen ihrer sexuellen Orientierung Diskriminierten in die Rehabilitierung einbezogen werden, kann als weiterer Beitrag zur Vollendung der inneren Einheit Deutschlands gewertet werden.

Oberstleutnant Dr. Storkmann hatte sich früh entschieden, über den eigentlichen Auftrag, die historische Aufarbeitung des Umgangs der Bundeswehr mit

Homosexualität, hinauszugehen und auch die Praxis in der NVA zu untersuchen. Damit folgte er dem methodischen Forschungsansatz unseres Hauses, für die Militärgeschichte nach 1945, wann immer möglich und sinnvoll, beide deutschen Staaten und ihre Streitkräfte zu berücksichtigen. In diese integrale, häufig vergleichend angelegte deutsch-deutsche Militärgeschichte reiht sich die Studie »Tabu und Toleranz« ein. Der Rückblick auf ältere deutsche Streitkräfte und der Seitenblick auf die Armeen anderer Staaten ordnen das Vorgehen der Bundeswehr ebenso in ein größeres Bild ein wie der Vergleich mit anderen Institutionen des öffentlichen Dienstes. Der Umgang mit sexuellen Minderheiten in Streitkräften ist ein lohnendes Forschungsthema weit über die neuere deutsche Geschichte hinaus.

Die Arbeit des Historikers führt nur selten zu konkreten politischen Entscheidungen, noch seltener zur Verabschiedung von neuen Gesetzen. Der Deutsche Bundestag verabschiedete im Mai 2021 das von Verteidigungsministerin Annegret Kramp-Karrenbauer auf den Weg gebrachte Rehabilitierungsgesetz. Auf dieses für die einst von Diskriminierung Betroffenen sehr erfreuliche Ergebnis historischer Forschung darf unser Haus und mit ihm der Autor durchaus stolz sein. Ich danke Oberstleutnant Dr. Storkmann für seine Forschungsleistung und dem Fachbereich Publikationen unter Leitung von Dr. Christian Adam für seine engagierte und wie immer professionelle Arbeit. Dem Buch wünsche ich eine weite Verbreitung sowohl in der Bundeswehr wie auch in der Öffentlichkeit. Möge es zu zahlreichen weiteren Studien anregen.

Dr. Frank Hagemann
Oberst und Kommandeur i.V. des Zentrums
für Militärgeschichte und Sozialwissenschaften der Bundeswehr

Einleitung

»79 Zentimeter sind schwul, 81 Zentimeter sind Fahnenflucht.«[1] Wohl fast jeder neu eingezogene Soldat hörte bei den ersten Marschübungen, in großer Formation im Gleichschritt in exakt 80 cm Abstand zum Vordermann, vom Ausbilder diesen Spruch. In der Marschformation befanden sich rein statistisch betrachtet wahrscheinlich ein oder zwei homosexuelle Soldaten; auch sie werden mitgelacht haben, um nicht aufzufallen. Schwule Soldaten waren Gegenstand von Witzen, und das Wort »Schwuler« war in allen möglichen und unmöglichen Kombinationen für abfällige Bemerkungen gut. Die *Frankfurter Allgemeine Zeitung* (FAZ) blickte 2014 auf den Umgang der Bundeswehr und ihrer Soldaten mit Homosexuellen in ihren Reihen zurück:

> »Kameraden im Stich lassen oder ihnen zu nahe zu kommen – damit waren die Todsünden des Soldatentums benannt. Dabei hatten Schwule unter den Rekruten einen schwereren Stand als Fahnenflüchtige. Um letztere kümmerte sich zwar die Militärpolizei. Ihnen blieben aber zumindest die Witze erspart, die unter Rekruten häufig zu hören waren.«[2]

Es blieb nicht allein bei Sprüchen. Kameraden konnten Kameraden wegen (einvernehmlicher) homosexueller Handlungen ins Gefängnis bringen. Es bedurfte nur einer Meldung an Vorgesetzte, so wie am 8. Dezember 1962, einem Samstag. Wie in den ersten Jahrzehnten der Bundeswehr noch gängige Praxis, war samstags vormittags Dienst. Nach Dienstschluss feierten die Kameraden, obwohl erst mittags, mit reichlich Alkohol in der Kantine das anbrechende Wochenende. Im trunkenen Zustand trafen sich Unteroffizier K. und Gefreiter S. auf der Kantinentoilette. Die 2. Große Strafkammer des Landgerichts Lüneburg fasste in ihrer »Tat- und Schuldfeststellung« alles Weitere mit Liebe zum Detail in die Worte:

> »In der [Toiletten-]Zelle kam es zwischen beiden Angeklagten zu unzüchtigen Handlungen. Beide hatten die Hosen heruntergelassen. Sie umarmten sich und fassten sich gegenseitig an die Geschlechtsteile [...] Schließlich kam der Angeklagte S. hinter den in gebückter Haltung und mit entblößtem Gesäß verharrenden Angeklagten K. zu stehen, wobei er beischlafähnliche Bewegungen ausführte. Ob er sein Glied dabei in den After des Angeklagten K. eingeführt hatte, ließ sich nicht feststellen. Ebenso wenig konnten weitere Einzelheiten des Geschehens festgestellt werden.«[3]

---

[1] Hemicker, »79 Zentimeter sind schwul«. Der Verfasser dieser Studie und viele von ihm befragte ältere Soldaten können sich ebenfalls gut an diesen Standardspruch in der Grundausbildung erinnern.

[2] Ebd.

[3] Aus der Urteilsbegründung der 2. Großen Strafkammer des Landgerichts Lüneburg vom 6.6.1963, zit. in: Bundesdisziplinarhof, 25.8.1964, Az: I WD 69/64.

Woher wussten die Richter des Landgerichts Lüneburg, was hinter verschlossener Toilettentür passiert war? Kameraden waren den beiden gefolgt und schauten über die Trennwand in die Toilettenzelle. Die Kameraden meldeten an den Kompaniechef, dieser an den Bataillonskommandeur. Das in der Toilette Beobachtete erreichte rasch den Divisionsstab. Der Divisionskommandeur gab den Vorfall an die Staatsanwaltschaft ab. Das Urteil des Schöffengerichts: Unteroffizier K. erhielt vier Monate Gefängnis wegen Volltrunkenheit (eine Verurteilung nach § 175 kam nicht in Betracht, da er nach Auffassung des Gerichts in volltrunkenem Zustand »zurechnungsunfähig« war). Der Gefreite dagegen wurde »wegen Unzucht zwischen Männern« zu fünf Monaten Gefängnis verurteilt. In der Berufungsverhandlung wurden beide Männer vom Landgericht einheitlich zu je einem Monat Gefängnis verurteilt. In der Urteilsbegründung hieß es: »Beide Angeklagten erfüllten den Tatbestand des § 175 Abs. 1 StGB, indem sie miteinander Unzucht trieben, wobei sich jeweils der eine vom anderen dazu missbrauchen ließ.«[4] Auf das Urteil des Landgerichts folgte die bundeswehreigene Disziplinargerichtsbarkeit. Das Truppendienstgericht entfernte Unteroffizier K. im Februar 1964 aus dem Dienstverhältnis und setzte ihn in den Dienstgrad eines Obergefreiten herab.[5]

Dieser eine Fall macht bereits zentrale Aspekte für eine Forschungsstudie zur Geschichte homosexueller Soldaten in der Bundeswehr greifbar:

1. die erfahrungsgeschichtliche Seite, also individuelle Erinnerungen an den Umgang mit Homosexualität und homosexuellen Soldaten in der Truppe, nicht nur der »Betroffenen« selbst, sondern auch der Beobachter;
2. die damalige Einschätzung der generellen Eignung Homosexueller für den Dienst als Soldat;
3. die Fragen der Verurteilung homosexueller Männer nach dem berühmt-berüchtigten Paragrafen 175 StGB, nach deren disziplinarrechtlichen Folgen und der bundeswehrinternen Ahndung von homosexuellen Handlungen von Soldaten.

Mit den in Punkt 3 aufgeworfenen Fragen bewegt sich diese Studie in einem größeren rechtshistorischen Rahmen, der weit über das engere Thema des Umgangs mit sexuellen Minderheiten hinausragt. Dabei sollten sich die Leserinnen und Leser stets in Erinnerung rufen, dass die streitkräfteinterne Disziplinargerichtsbarkeit andere Rechtsgüter abzuwägen hatte (und nach wie vor hat) als die allgemeine Strafjustiz. So konnte (und kann) es durchaus möglich, ja sogar wahrscheinlich sein, dass ein eingestelltes staatsanwaltschaftliches Ermittlungsverfahren dennoch zu disziplinaren Maßnahmen führt. Handeln und Entscheiden der Bundeswehrjuristen, der Truppendienst- und der Verwaltungsrichter waren selbstredend an Recht und Gesetz gebunden. Recht und Gesetz folgten aber in den 1960er oder 1970er Jahren noch anderen Normen als im Jahr 2020. Einen rechtshistorischen Zusammenschnitt der disziplinar- und strafrechtlichen Ahndung sexueller Handlungen von Soldaten veröffentlichte Christian Lutze 2007 in der *Neuen Zeitschrift für Wehrrecht*.[6]

---

[4] Ebd.
[5] Truppendienstgericht C1, Az: C 1 VL 46/63 vom 20.2.1964.
[6] Lutze, Sexuelle Beziehungen und die Truppe.

Der *Stern*, das »Flaggschiff der sexuellen Liberalisierung«,[7] berichtete schon 1981 über den Fall des damals noch im aktiven Dienstverhältnis stehenden Hauptmanns Michael Lindner: »Schwule werden abgesägt«.[8] Ebenfalls bereits 1981 erwähnte das im Rowohlt-Verlag erschienene Taschenbuch »Rosa Winkel, Rosa Listen. Homosexuelle und ›Gesundes Volksempfinden‹ von Auschwitz bis heute« die Geschichte Hauptmann Lindners: »Seit zwei Jahren kämpft der Bundeswehrhauptmann Michael Lindner darum, als Offizier die gleichen Berufschancen zu haben wie seine Kollegen. Der Hauptmann, dem wie allen offen homosexuellen Offizieren die Fähigkeit zur Führung von Untergebenen abgesprochen wird, [...] soll nun frühpensioniert werden.«[9]

Die mediale Erregung um die Ermittlungen gegen den als homosexuell denunzierten General Günter Kießling machte auch erstmals den Umgang der Streitkräfte mit schwulen Soldaten zum großen Thema: »Soldaten als potentielle Sexualpartner« formulierte *Der Spiegel*.[10] Auch *Die Zeit* verknüpfte ihre Kießling-Berichte im Januar 1984 mit den Diskriminierungserfahrungen eines frühpensionierten Hauptmanns und (hinter-)fragte: »Homosexualität – ein Sicherheitsrisiko?«[11] Dieser kurze Blick in die zeitgenössische Presse wirft weitere wichtige Fragen auf:

4. nach den laufbahnrechtlichen Konsequenzen bekannt gewordener Homosexualität, hier konkret die Frage nach der Eignung für Vorgesetztenfunktionen;
5. nach der damaligen Bewertung der Homosexualität als Sicherheitsrisiko, mithin die Frage, wie der Militärische Abschirmdienst, der MAD, damit umging;
6. und zuletzt die Frage danach, wann der Dienstherr, also das BMVg, seine Haltung änderte und welche Gründe für diesen Kurswechsel ausschlaggebend waren.

Diese sechs großen Fragen lassen sich unter dem zentralen Forschungsinteresse subsumieren, erstmals wissenschaftlich zu untersuchen, wie Bundeswehr und Verteidigungsministerium mit der Homosexualität von Soldaten in der Vergangenheit umgegangen sind. Dabei interessierten insbesondere Kontinuitäten und Diskontinuitäten zu früheren deutschen Streitkräften sowie der Abgleich mit der zeitgenössischen Praxis in anderen Streitkräften. Die damalige Praxis in der Bundeswehr wird zudem in einen größeren gesellschaftlichen Rahmen eingeordnet. Dies war für die Kontextualisierung der Forschungsergebnisse unerlässlich, denn wird der Blick des Forschers ausschließlich auf *eine* Organisation begrenzt, sieht alles besonders und einzigartig aus. Der Umgang mit Homosexualität war keine Frage allein für die Bundeswehr, sondern ein Thema für alle Gesellschaften und Armeen der Welt – das gilt vielerorts auch heute noch. Die Probleme der Bundeswehr hiermit waren also nicht bundeswehr-, sondern streitkräftetypisch. Nicht das *Ob*, sondern das *Wie* ist das Spannende, vergleicht man die Praxis der Bundeswehr mit früheren deutschen und anderen Streitkräften.

---

[7] Schwartz, Homosexuelle, S. 301.

[8] Claussen, Schwule werden abgesägt. Nach dem Artikel im *Stern* erreichten Lindner über die Redaktion etliche verständnislose Briefe, nicht etwa wegen der Diskriminierung, sondern in Verkennung der Umstände: »Als schwuler Hauptmann mit 37 in Pension. Als ›Normaler‹ mit 65 ins Grab. Da lacht mein Steuerzahlerherz«, unterzeichnet mit »Malocher, auch 37«. Dank an Michael Lindner für die Überlassung einer Kopie.

[9] Stümke/Finkler, Rosa Winkel, S. 377 f.

[10] »Soldaten als potentielle Sexualpartner«, S. 22.

[11] »Homosexualität – ein Sicherheitsrisiko?«.

Einleitende, kurze historische Rückblicke bilden die Basis der Untersuchung. Sie erheben keinen Anspruch auf Vollständigkeit, sondern dienen wie alle Rückblicke an anderen Stellen der Studie der notwendigen Einordnung der damaligen Praxis in der Bundeswehr in einen größeren Betrachtungs- und Bewertungsrahmen. Zudem ergänzen ausgewählte historische Rückblicke an geeigneten Stellen in allen Kapiteln die Analysen zur Bundeswehr. Diese historischen »Sichtachsen« zur Praxis früherer deutscher Streitkräfte wurden an besonders prägnanten Stellen eingefügt – immer dort, wo sich bemerkenswerte Kontinuitäten herausarbeiten ließen. Zeitgenössische Seitenblicke zu anderen Streitkräften schließen die Untersuchung ab, weiten den Blick der Studie und dienen der unerlässlichen Kontextualisierung ihrer Befunde.

Die sechs aus den oben aufgeworfenen Themenkomplexen herausgearbeiteten Dimensionen bestimmen die Gliederung der Studie. Sie zeigen sehr unterschiedlich verlaufende, dabei aber zeitlich parallele Entwicklungen, die sich in einer chronologischen Darstellung nicht sinnvoll herausarbeiten lassen. Dem konnte nur ein systematischer Forschungsansatz gerecht werden. Innerhalb der systematisch gegliederten Untersuchung wurden Veränderungen während des Untersuchungszeitraums von rund 45 Jahren herausgearbeitet und somit auch chronologische Gesichtspunkte berücksichtigt.

Wichtig war, dass die Arbeit mit Fallbeispielen nicht zu einer Anekdotensammlung verkam oder sich im Klein-Klein verlor. Dagegen halfen eine klare Strukturierung und die ständige Orientierung an den großen Linien, bestimmt von den sechs großen Fragekomplexen. Im Interesse der Lesbarkeit hat sich der Verfasser innerhalb der Kapitel für eine flache Gliederung entschieden. Das soll dem wissenschaftlichen Anspruch keinen Abbruch tun, genauso wenig wie ein Kapitel IV.3.4.2. schon alleine Ausdruck wissenschaftlicher Qualität wäre.

1. Quellen

Verteidigungsministerin Ursula von der Leyen kündigte auf dem Workshop »Umgang mit sexueller Identität und Orientierung in der Bundeswehr« im Januar 2017 und gegenüber der Presse eine wissenschaftliche Aufarbeitung der früheren Diskriminierung homosexueller Soldaten an. Die Bedeutung dieser Studie unterstrich die Ministerin mehrfach gegenüber der Presse, so unter anderem in einem Interview mit dem Münchner queeren Magazin *Leo* im August 2017:

> »Es ist noch nie systematisch analysiert worden, wie wir in der Vergangenheit mit dem Thema umgegangen sind. Wir haben in der Vorbereitung zum Kongress versucht, Beispiele aus der Vergangenheit zu finden, die wir präsentieren können. Da haben wir gemerkt, wie schwer das ist. Deshalb ist diese Studie so wichtig, die akribisch die Zeit zwischen 1955 und 2002 aufbereiten soll, denn ganz oft war der offizielle Entlassungsgrund, wenn jemand sich outete oder geoutet wurde, ein ganz anderer. Gesundheitliche Gründe oder Ähnliches. Es ist darum für uns so schwer, die Wahrheit aus den Akten herauszulesen«.[12]

---

[12] Interview mit Ursula von der Leyen in mehreren Medien der *blu Mediengruppe*, u.a. in *Leo. das queere magazin in bayern*, August 2017.

Die große Mehrzahl der für diese Forschung relevanten schriftlichen Quellen verwahrt das Bundesarchiv, Abteilung Militärarchiv, in Freiburg i.Br. Aus dem Bestand des Verteidigungsministeriums waren primär die Überlieferungen der Führungsstäbe der Streitkräfte (FüS) und der Teilstreitkräfte Heer (FüH), Luftwaffe (FüL) und Marine (FüM) relevant. Darüber hinaus wurden die Bestände der Abteilung Personal (P), die früher als Abteilung Personal-, Sozial- und Zentralangelegenheiten (PSZ) firmierte, und der Abteilung Recht (R) gesichtet. Personenbezogene Unterlagen standen der Forschung – mit wenigen Ausnahmen – nicht zur Verfügung, schon allein wegen der Datenschutzbestimmungen. Das galt auch für die im Zuge der Sicherheitsüberprüfungen durch den MAD entstandenen Unterlagen. Disziplinarmaßnahmen unterhalb truppendienstgerichtlicher Verfahren und fristlose Entlassungen nach § 55 Abs. 5 Soldatengesetz (SG) sind nicht in den Beständen der personalbearbeitenden Stellen überliefert, sondern wurden nach Abschluss der Vorgänge Teil der Personalakten der betroffenen Soldaten. Nach deren Dienstzeitende gingen die Personalakten in der Regel an die zuständigen Kreiswehrersatzämter, da die Reservisten der Wehrüberwachung unterlagen.[13] Später wurden diese Unterlagen an das Altaktenlager des Bundesamts für Personalwesen der Bundeswehr in Willich übergeben. Personalakten von Soldaten ab Besoldungsstufe A15 (Oberstleutnant/ Fregattenkapitän oder höher) wurden (und werden) der Abteilung Militärarchiv des Bundesarchivs angeboten und nach Anforderung des Archivs dort verwahrt. Aber auch diese für die Forschung zugänglichen Personalakten sind nicht unter dem Schlagwort Homosexualität oder ähnlichem registriert, sodass eine Suche nach diesbezüglichen Vorgängen die sprichwörtliche Suche nach der Nadel im Heuhaufen gewesen wäre. Zielführender war die gezielte Recherche aufgrund konkreter namentlicher Hinweise von Zeitzeugen, die fast immer einen »Treffer« verhieß.

Gerichtliche Entscheidungen waren eine weitere unverzichtbare Quelle. Die archivarische Erfassung des im Bundesarchiv aufbewahrten umfangreichen Bestands an Truppendienstgerichtsakten stand jedoch 2017 noch am Anfang, weswegen nur ein Teil während der Forschungsarbeit für diese Studie erschlossen werden konnte. Unter Berücksichtigung dieses Mangels, der im vorgegebenen zeitlichen Rahmen nicht zu lösen war, stützte sich die Studie im Kapitel zu Straf- und Disziplinarurteilen primär auf die Entscheidungen der Wehrdienstsenate am Bundesverwaltungsgericht und zuvor am Bundesdisziplinarhof. Wie nahezu alle Urteile des höchsten Verwaltungsgerichts sind auch die der dortigen Wehrdienstsenate auf der Internetseite *jurion.de (wolterskluwer-online.de)* recherchier- und im Wortlaut einsehbar. Die bis 2019 im Bundesarchiv erfassten Truppendienstgerichtsakten wurden gezielt auf Urteile im Zusammenhang mit Homosexualität durchsucht, die Funde flossen in diese Studie ein. Mittels konkreter Hinweise von Zeitzeugen und deren persönlicher Unterlagen konnte zudem nach entsprechenden Truppendienstgerichtsverfahren gesucht werden – einige wurden auch gefunden. Die hier aufgezeigten juristischen Fälle erheben daher keinen Anspruch auf Vollzähligkeit. Die entdeckten, recherchierten

---

[13] Auskünfte über Disziplinarmaßnahmen sind ohnehin nur in den engen Grenzen des § 9 Wehrdisziplinarordnung zulässig (z.B. an Verletzte zur Wahrnehmung ihrer Rechte). Dank an Regierungsdirektor Guido Gutzeit vom Zentrum Innere Führung für diesen und andere gute Hinweise aus juristischer Sicht.

und hier wiedergegebenen Fälle leuchten die Bandbreite der damaligen juristischen
und disziplinarischen Maßnahmen aber exemplarisch aus.

In Ermangelung personenbezogener Dokumente kam der »Oral History«, also
der Suche und dem Ansprechen von potenziellen Zeitzeugen, große Bedeutung
zu. Besonders wichtig waren auch die von Betroffenen aufbewahrten persönlichen
Dokumente und personenbezogenen dienstlichen Unterlagen oder andere persönliche Aufzeichnungen; in der Geschichtswissenschaft wird diese Quellenkategorie
»Ego-Dokumente« genannt.

Zeitzeugen und deren vereinzelt verfassten Erinnerungen kam auch aus einem
anderen Grund eine herausgehobene Stellung zu, ergab sich doch bei der Arbeit
an dem Thema ein methodisches Problem. Alle überlieferten Quellen – gerichtliche Entscheidungen, Disziplinarverfahren, negative Laufbahnentscheidungen und
Klagen gegen diese sowie zeitgenössische Presseberichte – brachten naturgemäß
stets die Schwierigkeiten homosexueller Soldaten im Dienst zum Ausdruck. Soldatische Biografien ohne diese Schwierigkeiten, sei es durch die persönliche Toleranz der Kameraden und Kommandeure oder durch unauffälliges Verhalten der
Homosexuellen in der Truppe, wurden dagegen selbstredend nie schriftlich in
Zusammenhang mit Homosexualität kontextualisiert. Über unproblematische berufliche Lebensläufe geben die überlieferten Quellen eben keine Auskunft. Bei der
Arbeit mit den Quellen bestand daher die Gefahr, eine ausschließlich problembela-
dene Sichtweise zu erhalten, die vermutlich nicht dem Gesamtbild der damaligen
Realität in der Truppe entsprochen hätte. So wäre ein unvollständiges, ja schiefes
Bild gezeichnet worden. Die in den Akten zu findenden Vorgänge müssen daher als
das gesehen werden, was sie waren: Einzelfälle, die aber durchaus Rückschlüsse auf
das grundsätzliche Vorgehen zulassen. Fallbeispiele liefern exemplarisch Antworten
auf die Frage, wie die Streitkräfte zum jeweiligen Zeitpunkt mit ihren homosexuellen Soldaten umgingen. Die auffällig gewordenen, also per se problemati-
schen Fälle mussten durch Beispiele von Soldaten, deren Homosexualität nicht zu
Schwierigkeiten im Dienst führte, ergänzt und gespiegelt werden. Die Schwierigkeit
bestand im Auffinden dieser unauffälligen Biografien. Der Weg zu ihnen konnte
nur über Zeitzeugen führen. Deren Befragung bildete daher neben den schriftlichen Beständen die zweite große Säule der Quellenarbeit und ergänzte Lücken
in der archivalischen Überlieferung. Wie die damalige Ministerin schon in ihrem
Interview 2017 feststellte: Es sei »schwer, die Wahrheit aus den Akten herauszulesen
[...] Deshalb muss man Menschen daransetzen, die Spuren aufnehmen, um dann die
korrekten Geschichten erzählen zu können«.[14]

Für diese Studie befragte der Verfasser mehr als 60 Zeitzeugen, persönlich, telefonisch oder schriftlich. In der Mehrzahl waren es homosexuell orientierte ehemalige oder aktive Soldaten, aber auch Soldaten, die den Umgang mit homosexuellen
Kameraden beobachtet und erlebt haben. Zudem wurden für diese Studie damalige Entscheidungsträger aus den Streitkräften und dem Verteidigungsministerium,
Politiker, Beamte, Generale und Offiziere, kontaktiert. Besonders wertvoll waren Interviews mit früheren Mitarbeitern des MAD, die mit der Problematik

---

[14]   Interview mit Ursula von der Leyen in *Leo. das queere magazin in bayern*, August 2017.

Homosexualität dienstlich befasst waren. Sie gaben Einblick in die Arbeit des Geheimdienstes in dieser heiklen Frage, die die wenigen verfügbaren schriftlichen Quellen bestätigten und um wichtige Aspekte und Details ergänzten. Allen Interviewpartnern gilt der Dank des Verfassers für das entgegengebrachte Vertrauen, sich zu öffnen und ihm sehr persönliche und teils intimste Erinnerungen anzuvertrauen. Ohne sie wäre diese Studie nicht möglich gewesen. Im Umgang mit sogenannten Ego-Dokumenten müssen Historikerinnen und Historiker besondere Sorgfalt walten lassen. Alle mündlichen oder schriftlich verfassten Zeitzeugenerinnerungen wurden einer quellenkritischen Bewertung unterzogen, in der Geschichtswissenschaft selbstverständliches Handwerkszeug.[15]

Mehr als nur ein Zeitzeuge war Michael Lindner aus Hamburg. Er war im Forschungszusammenhang immer wieder ein wertvoller Ratgeber. Schon 1983 veröffentlichte der ein Jahr zuvor aus gesundheitlichen Gründen aus dem Dienst ausgeschiedene Hauptmann seine Erfahrungen in der Bundeswehr in einem Buch.[16] 1985 folgte ein über seinen eigenen Fall hinaus auf generelle »wehrpsychiatrische, rechtliche und sozialpsychologische Aspekte« des Problems (Lindner nannte es »Dilemma«) blickender Aufsatz – selbstredend mit den Augen des Betroffenen.[17] Lindner kämpfte auch nach dem vorzeitigen Ende seiner Dienstzeit als Berufssoldat für die Rechte Homosexueller in den Streitkräften – und damit auch um seine eigenen Rechte in Form einer Wiedereinstellung oder einer finanziellen Wiedergutmachung. Dazu sammelte er akribisch alle Presseberichte, gerichtliche Entscheidungen und andere Papiere zur Thematik. Seine umfangreiche Sammlung bot Lindner 2016 dem Zentrum Innere Führung der Bundeswehr (ZInFü) an. Dieses fragte beim ZMSBw nach, ob Interesse bestehe. Die Übernahme von Lindners Dokumentensammlung stand am Anfang dieser Forschungen, noch bevor das BMVg die Studie beauftragte.

2. Das große Tabu.
Zeitgenössische Presseveröffentlichungen
sowie erste wissenschaftliche Publikationen

»Diskriminierung in der Bundeswehr gab es doch gar nicht – denn es war doch alles geregelt und richterlich bestätigt.« Dies war die spontane Reaktion eines Stabsoffiziers, als er im Januar 2017 von diesem Forschungsthema erfuhr. Auf der anderen Seite des Meinungsspektrums stehen Wertungen wie die in der *Zeit* vom Juni 2014: »Die Geschichte des Umgangs mit Homosexualität in der Bundeswehr ist seit deren Gründung im November 1955 bis zum Ende des letzten Jahrhunderts eine dunkle.«[18]

---

15 Die von den Zeitzeugen nochmals bestätigten Gesprächsnotizen bzw. Mitschriften, auch der hier nur anonym wiedergegebenen Interviews, finden sich mit allen relevanten Angaben zu den Personen im Archiv des Verfassers dieser Studie. Sie können bei Interesse eingesehen werden.
16 Lindner, Nicht mehr mein Weg, S. 88–102.
17 Lindner, Homosexuelle in der Institution Bundeswehr.
18 Schadendorf, Hauptmann Uhlmann ist schwul.

Im Januar 1984 stellten die *Nürnberger Nachrichten* den Wörner-Kießling-Skandal in den Kontext des Umgangs der Streitkräfte mit Homosexualität. Sie forderten, die Bundeswehr werde »das Tabu Homosexualität endlich aufzubrechen haben«.[19] Homosexualität war das große Tabu in nahezu allen modernen Streitkräften. Die Tabuisierung in der Bundeswehr war so groß, dass im Heer sogar die allgemein geltende Nummerierung der Bataillone für die im Raum Hamburg-Lübeck stationierte Panzergrenadierbrigade 17 geändert wurde. Deren Panzerartilleriebataillon trug statt der Nummer 175 die Nummer 177.[20] Die Nummer 175 wurde nicht vergeben; zu sehr erinnerte sie an den Paragrafen 175 des Strafgesetzbuches und galt, besonders an Stammtischen und in Bierlaune, als Synonym für Homosexuelle schlechthin: »Hundertfünfundsiebziger«. Auf die abweichende Nummerierung wies *Der Spiegel* schon im Januar 1984 hin: Wenn es um Homosexualität gehe, verhielten sich »die Bundeswehr-Oberen selbst in simplen Fragen eher verkrampft«. Die mediale Erregung um die Ermittlungen gegen den fälschlich als homosexuell denunzierten General Günter Kießling machte erstmals den Umgang der Streitkräfte mit schwulen Soldaten zum großen Thema: »Soldaten als potentielle Sexualpartner«, so die Überschrift des Artikels.[21] *Der Spiegel* zitierte aus einem Schreiben eines ratsuchenden homosexuellen Soldaten:

> »Ich habe einfach Angst, Angst vor der Entdeckung [...] Deshalb ziehe ich mich zurück, vermeide jeden engen Kontakt zu Kameraden, blocke jedes Gespräch ab. Ich bin gezwungen, meine Persönlichkeit zu negieren, habe dauernd die Repressionen vor Augen [...] Es gibt für mich keinen Freiraum mehr, ich muss mich 24 Stunden unter Kontrolle haben.«[22]

Die Hamburger Redaktion nahm auch einen schon 1982 fertiggestellten, damals aber nicht publizierten Artikel über die Entlassung Hauptmann Lindners in ihre Titelgeschichte zur Kießling-Affäre auf:

> »Der Hauptmann hatte einen entscheidenden Fehler gemacht: Statt sein Anderssein zu leugnen und innerhalb der Kaserne zu vertuschen, hatte der Bundeswehr-Karrierist Vorgesetzten seine homosexuelle Neigung gestanden und damit ein Tabu gebrochen. ›Ob ein Soldat Männer, Frauen oder Tiere bevorzugt‹, belehrte ein Bundeswehr-Psychiater Lindner, sei egal, der Betreffende müsse es nur ›für sich behalten können‹. Nach dieser Devise wird in der Schule der Nation noch immer verfahren, um das lästige Phänomen Homosexualität erst gar nicht zum Thema werden zu lassen.«[23]

In der Presseberichterstattung 2018 wurde Hauptmann Lindner vereinzelt als der »erste geoutete Schwule in der Bundeswehr« bezeichnet.[24] Das war er nicht. Aber Lindner war der erste schwule Soldat, der Aufmerksamkeit in den Medien fand –

---

19 Fh, Das Tabu, zit. nach Schwartz, Homosexuelle, S. 302 f.
20 Die Bataillonsnummer 176 war bereits für das Feldersatzbataillon der Brigade vergeben. Chronik des 1959 in Hamburg-Rahlstedt zunächst als Feldartilleriebataillon 177 aufgestellten und 1993 aufgelösten Panzerartilleriebataillons 177, <https://panzergrenadierbrigade17.de/verbaende/panzerartilleriebataillon-177/chronik.html> (letzter Zugriff 12.2.2019).
21 »Soldaten als potentielle Sexualpartner«, S. 22.
22 Ebd.; ausführlicher auch zit. in: Wickel, In einer Männergesellschaft nicht hinnehmbar.
23 Ebd.
24 So im »Sachsenspiegel« des mdr-Fernsehens am 27.4.2018, <www.mdr.de/mediathek/fernsehen/video-193164_zc-7748e51b_zs-1638fa4e.html> (letzter Zugriff 4.5.2018).

nicht zufällig, sondern dank seiner aktiven Pressearbeit in eigener Sache. *Der Spiegel*
berichtete erstmals im Juli 1981 über den damals vorläufig dienstunfähig geschrie-
benen Berufssoldaten:

>»Von 1974 an führte Lindner eine Kompanie. Zum Fall wurde der Offizier, als er 1979
> Vorgesetzten bekannte, schwul zu sein. Weil Lindner sich dem ›psychischen Druck‹
> [...] nicht mehr gewachsen fühlte, vertraute er sich Vorgesetzten an. Damit hatte der
> Hauptmann ein Tabu gebrochen.«[25]

Auch der *Stern* weitete im Januar 1984 seinen Blick von der Causa Kießling auf die
Situation von Homosexuellen in der Bundeswehr und zitierte Erfahrungsberichte
von Betroffenen: »Da spiel᾿ ich denen eine Komödie vor«. Laut *Stern* war es »übliche Praxis«, »homosexuelle Vorgesetzte gleich aus dem Dienst zu entfernen«.[26] Ob
sich das wirklich so verhielt, untersucht diese Studie. Sie kommt zu differenzierteren
Schlüssen.

Das 1984 in den Medien gezeichnete Bild vom Alltag schwuler Soldaten
war eine einzige Geschichte von Ablehnung und Ausschluss. Die damals große
Boulevardzeitschrift *Quick* druckte einen mehrseitigen und reich bebilderten Artikel
über »Die Moral der Truppe« in dieser Frage. *Quick* zitierte einen Hauptfeldwebel:
»Wenn so ein Typ in meiner Kompanie wäre, würde ich ein klärendes Gespräch mit
dem führen und ihn dann zum Truppenarzt schicken. Der würde ihn dann ganz fix
aus dem Dienst entlassen.«[27] Auch ein Oberstleutnant kam zu Wort: »Homos können wir nicht brauchen. Ordnung muss sein. Oder möchten Sie, dass Ihr Sohn von
einem Schwulen ausgebildet wird?«[28]

Der erste Artikel zum Thema Homosexualität in streitkräfteeigenen Zeitschriften
erschien Anfang 1981 in der *Truppenpraxis* – und transportierte eine klar negative Botschaft. Unter der unübersehbaren Überschrift »Aktuelle Rechtsfälle:
Homosexuelle Neigungen eines militärischen Vorgesetzten« wurde ein Urteil
des Bundesverwaltungsgerichts wiedergegeben: »Homosexuelle Neigungen eines militärischen Vorgesetzten – namentlich eines Offiziers – schließen seine
Beförderungseignung aus [...] Für die Eignung eines Offiziers zur Verwendung als
Vorgesetzter und für eine weitere Förderung gilt nichts anderes.«[29]

1986 brach das von der evangelischen Militärseelsorge herausgegebene *JS-
Magazin* das Tabu und berichtete über »Männer im Schatten: Schwule beim Bund«.
Sachlich, kurz und knapp skizzierte es die Rechts- und Vorschriftenlage und be-
leuchtete einfühlsam, wenngleich auch kurz die schwierigen Situationen im Alltag
junger schwuler Soldaten. Vorgesetzte mit homosexueller »Veranlagung« stünden
vor »zusätzlichen Problemen«: »Nach Meinung des Ministeriums sind sie für die
Laufbahn der Offiziere und Unteroffiziere grundsätzlich nicht geeignet.«[30]

Auch die *FAZ*, die *Berliner Zeitung* oder der *Focus* schrieben in den späten
1990er Jahren jeweils über Einzelfälle öffentlich bekannt gewordener Sanktionen

---

25   »Berufliches«: Michael Lindner, S. 176.
26   Krause, »Da spiel᾿ ich denen eine Komödie vor«.
27   »Die Moral der Truppe«, S. 20.
28   Ebd., S. 21.
29   Weidinger, Homosexuelle Neigungen eines militärischen Vorgesetzten; ausführlich in Kap. IV.
30   Wickel, Männer im Schatten; ausführlich dazu in Kap. II.

des Dienstherrn gegen homosexuelle Offiziere und Unteroffiziere. Nach der Liberalisierung der Haltung des Dienstherrn gegenüber homosexuellen Soldaten im Jahr
2000 geriet das Thema zunehmend aus dem Blick der Medien. Erst im Zuge der
Presseberichte über das Outing eines bekannten Fußballspielers griffen zahlreiche
Medien, darunter wiederum *Die Zeit* und die *FAZ*, 2014 die aktuelle Situation homosexueller Soldaten thematisch auf und verbanden ihre Berichte zumeist mit historischen Rückblenden auf den im Forschungsauftrag definierten Zeitraum.

Die linksalternative *Gigi. Zeitschrift für sexuelle Emanzipation* widmete 2002 der
neuen Liberalität der Bundeswehr im Umgang mit Sexualität eine Titelgeschichte.
Unter der an eine Werbung für Hundefutter angelehnten Schlagzeile »Ein ganzer Kerl
dank Scharping« blickte die *Gigi*-Redaktion im großen Bogen auf die Vergangenheit
zurück, angefangen bei der Affäre um den Wehrbeauftragten Helmuth von Grolman
1961, über die Klagen eines Münsteraner Leutnants der Reserve (zugespitzt als
»Affäre Plein« bezeichnet) und die »Affäre Wörner/Kießling« bis hin zum Umgang
der Bundeswehr mit HIV und AIDS, den die Redaktion wiederum arg zugespitzt
mit »Affäre AIDS« brandmarkte.[31] (Heute kaum noch bekannt, damals aber wo-
chenlang *der* mediale Aufreger: Nachdem seine homosexuelle Beziehung zu einem siebzehnjährigen Kellnerlehrling bekannt gemacht wurde, unternahm von
Grolman einen Suizidversuch. Einen Tag darauf bat der Generalleutnant a.D. der
Wehrmacht um seine Entlassung als Wehrbeauftragter.[32]) Auch *Gigi* wiederholte die
Behauptung, Homosexuelle seien bis zur Änderung der Vorschriften im Jahr 2000
»bei Bekanntwerden ihrer sexuellen Orientierung umgehend aus dem Dienst entlassen« worden.[33]

In der zeithistorischen Forschung fand das Thema bislang so gut wie keine
Beachtung. Die bisherigen wissenschaftlichen Publikationen kommen aus den sozialwissenschaftlichen und soziologischen Genres. 1977 beklagte eine der ersten
wissenschaftlichen Veröffentlichungen zur Diskriminierung Homosexueller im
Berufsleben, die Wehrdienstsenate hätten sich bislang nicht der »liberalen Richtung«
der zivilen Disziplinarsenate des Bundesverwaltungsgerichts angeschlossen.[34] Günther
Gollner kritisierte, die Bundeswehr sanktioniere auch nach der Entkriminalisierung
einvernehmlicher homosexueller Handlungen unter Erwachsenen »noch heute
[1977] selbst bloß homoerotische Handlungen, die nicht einmal den Tatbestand
des § 175 StGB alter Fassung erfüllt hätten, mit schärfsten disziplinarischen
Mitteln«.[35] Die Regelmaßnahme sei die Entfernung aus dem Dienstverhältnis.
Wer vier Seiten weiter blättert, liest dann aber, seit der Entkriminalisierung seien
in der Truppe die Disziplinarurteile wegen homosexueller Handlungen »eindeutig
zurückgegangen«.[36] Darüber hinaus gelte in der Bundeswehr für Homosexuelle in
Vorgesetztenpositionen ein »Einstellungs- und Beförderungsstopp, und zwar auch

---

31 Covertitel der *Gigi* vom März/April 2002: »Ein ganzer Kerl dank Scharping. Sex. Bomb. Sex.
    Bomb«; ebd. der Artikel Mildenberger, Vögeln für Volk und Vaterland.
32 Die Bekenntnisse des Krull.
33 Heilmann, Helm ab zum Sex.
34 Gollner, Disziplinarsanktionen, S. 113.
35 Ebd.
36 Ebd., S. 116.

dann, wenn homosexuelle Handlungen gar nicht nachgewiesen werden können«.[37] Gollner: »Um Missverständnissen vorzubeugen: Die Bundeswehr soll natürlich kein ›Männerbordell‹ werden. Aber Kriterien der Eignung sollten funktional überprüfbar und konkret sein.«[38]

Der Arbeitskreis Homosexueller Angehöriger der Bundeswehr (AHsAB) gab 2006 eine kurze Studie über den Umgang mit Homosexualität in der Bundeswehr von deren Gründung bis zum Jahr 2005 heraus.[39] Karl-Heinz Biesold publizierte 2007 in der *Zeitschrift für Sexualmedizin, Sexualtheraphie und Sexualwissenschaft* einen ersten wissenschaftlichen Aufsatz, der neben heterosexuellen Fragen nach der Öffnung der Streitkräfte für Frauen seinen Schwerpunkt auf den Umgang mit Homosexualität von 1955 bis 2005 legte.[40] Abgesehen von diesen Ausnahmen gilt für das in Rede stehende Thema, was für Forschungen zu Sexualität und Militär generell zu konstatieren ist: »Bislang gibt es im wissenschaftlichen Bereich erstaunlich wenig Forschung zu Sexualität und Militär. Es ist ein schwieriges Thema, das auch mit gewissen Tabus behaftet ist. Man traut sich nicht ran.«[41] Zu nennen sind die Arbeiten von Michael Schwartz, der nicht explizit zu Streitkräften oder gar zur Bundeswehr forschte, aber in seiner Studie von 2019 doch einen weiten Bogen schlug, indem er »Homosexuelle, Seilschaften, Verrat« in Politik, Armeen und Geheimdiensten als »transnationales Stereotyp im 20. Jahrhundert« in den Blick nahm.[42] In einem Kapitel blickte Schwartz auf die Affäre um General Günter Kießling 1983/84 zurück (wenn auch, mit Ausnahme eines neueren Artikels von Heiner Möllers[43], zumeist auf der Basis älterer Literatur[44] und von Pressepublikationen). Dabei weitete er seinen Blick von der Affäre hin zur zeitgenössischen und späteren Perzeption der Haltung der Bundeswehr zu Homosexuellen in ihren Reihen.[45] Die langanhaltende Wirkmächtigkeit des Wörner-Kießling-Skandals belegte Schwartz anhand zahlreicher Presseartikel bis in die Zeit nach der Jahrtausendwende. Um darzustellen, wie groß der gesellschaftliche Wandel durch das freie Bekenntnis von Politikerinnen und Politikern, durch das Lebenspartnerschaftsgesetz und eben auch durch die volle Öffnung der Bundeswehr für Schwule und Lesben um die Jahrtausendwende gewesen ist, griffen Journalistinnen und Journalisten gern auf den Skandal 15 Jahre zuvor zurück: »Wie sich der Umgang mit Homosexualität verändert hat, lässt sich

---

[37] Ebd., S. 112 f.

[38] Ebd., S. 116.

[39] Umgang mit Homosexualität in der Bundeswehr. Der AHsAB wurde im Februar 2020 unbenannt in QueerBw.

[40] Biesold, Der Umgang mit Sexualität in der Bundeswehr.

[41] Linda von Keyserlingk, Mitarbeiterin des Militärhistorischen Museums Dresden, zit. in: Clarke, Das Militärhistorische Museum Dresden, S. 34.

[42] Schwartz, Homosexuelle.

[43] Möllers, Die Kießling-Affäre.

[44] Ramge, Die großen Polit-Skandale; Reichard, Hardthöhe Bonn.

[45] So zitiert er die Wertung der Historikerin Katharina Ebner, die Kießling-Affäre habe gezeigt, dass Homosexuelle als Soldaten in der Bundeswehr auch 1982 unerwünscht gewesen seien. Hinter dem Skandal habe »weniger die Erpressbarkeit einer Einzelperson und das damit verbundene Sicherheitsrisiko gestanden, sondern vielmehr eine generelle Ablehnung von Homosexualität innerhalb der Bundeswehr«. Ebner, Religion im Parlament, zit. nach Schwartz, Homosexuelle, S. 279 f.

an den Affären der letzten 20 Jahre ablesen. General Günter Kießling wurde Ende 1983 gefeuert«, so der *Tagesspiegel* im Juni 2001.[46] Gemäß Schwartz müsse 2001 niemand mehr befürchten, derart gnadenlos öffentlich angeprangert zu werden wie 1984 Bundeswehrgeneral Kießling.[47] Schwartz zitierte die *FAZ*, die 1998 »verblüfft« daran erinnert habe, dass die »Hetzjagd auf General Kießling« erst fünfzehn Jahre zurückliege. »Eben wegen dieses rapiden Wandels sei eine ›Zeitgeschichte der Homosexualität‹ sehr wichtig.«[48] Die vorliegende Studie will hierzu einen Beitrag leisten.

»Der größte Skandal der Bundeswehr« ist Gegenstand einer 2019 erschienenen Monografie aus der Feder von Heiner Möllers.[49] Weit weniger dramatisch, sondern als »unrühmliches Fallbeispiel« zeichnete Helmut Hammerich den Skandal und dessen Folgen für den MAD in seiner Ende 2019 erschienenen Studie zur Geschichte des Nachrichtendienstes der Bundeswehr bis 1990 nach. (Der Umgang des Dienstes mit der homosexuellen Orientierung der zu Überprüfenden wird ansonsten von Hammerich in seiner umfangreichen Studie bis auf einen konkreten Fall nicht thematisiert.[50])

Eine der wenigen sich explizit der rechtlichen und dienstlichen Lage Homosexueller in der Bundeswehr widmenden Arbeiten stammt aus der Feder von Friederike Brühöfener. Sie ist in einem 2019 erschienen Sammelband abgedruckt, der die Ergebnisse einer Konferenz der German Studies Association vom Oktober 2015 in Washington, DC zusammenfasst. Brühöfener konzentrierte sich auf die Debatte in den 1960er und 1970er Jahren um die 1969 beschlossene Reform des § 175 Strafgesetzbuch und auf deren Auswirkungen auf die Streitkräfte, blickte auf die Änderung der Musterungsvorschriften 1977 und die seitdem bestehende Möglichkeit, ja von homosexuellen Männern abverlangte Pflicht, den Wehrdienst abzuleisten. Den Konflikt zur ihnen weiterhin verweigerten Anerkennung der Vorgesetzteneignung brachte sie auf die griffige Formel »fit to serve, but not fit to command«.[51]

Friederike Brühöfener hatte sich bereits zuvor 2015 in einem Aufsatz mit dem »Diskurs über moralische Handlungsweisen in der Bundeswehr während der Adenauerära« wissenschaftlich fundiert und quellengestützt auseinandergesetzt. Brühöfener kam zu der Bewertung, die westdeutsche Wiederbewaffnung habe »den Zeitgenossen eine Möglichkeit geboten, nicht nur akzeptables Verhalten der Soldaten, sondern auch angemessenes männliches Verhalten im Allgemeinen festzulegen.«[52]

---

[46]   Robert von Rimscha im *Tagesspiegel*, 22.6.2001, zit. nach Schwartz, Homosexuelle, S. 324.
[47]   Schwartz, Homosexuelle, S. 325.
[48]   Allmeier, Schwul zu sein bedarf es wenig. In: FAZ, 1.8.1998, zit. nach Schwartz, Homosexuelle, S. 323.
[49]   Möllers, Die Affäre Kießling. Das Zitat ist zugleich der Untertitel der Monografie.
[50]   Hammerich, »Stets am Feind!«, S. 261–283.
[51]   Brühöfener, Contested Maculinities.
[52]   Brühöfener, Sex and the Soldier, S. 423. Und weiter heißt es ebd.: »Im Zusammenhang mit gesteigerten Ängsten vor sogenannten Halbstarken, weiblicher Prostitution, Homosexualität und der Verbreitung pornographischer Materialien begann sich die westdeutsche Bevölkerung für das soziale und sexuelle Verhalten der Bundeswehrsoldaten und Offiziere mehr zu interessieren. Während einige das Militär noch immer als eine ›Schule der Nation‹ und ein Vorbild angemessener Maskulinität

Bereits 2014 untersuchte Jens Schadendorf in seinem Buch über »Schwule und Lesben in Wirtschaft und Gesellschaft – Von Außenseitern zu selbstbewussten Leistungsträgern« in einem 20 Seiten starken Kapitel die Bundeswehr: »Queer und Offizier – Dunkle Geschichten und streitbare Bürger in Uniform«. Nach einem kurzen Rückblick auf die ersten vier Jahrzehnte der Bundeswehr gilt Schadendorfs Augenmerk – gestützt auf Interviews mit ehemaligen und aktiven Soldaten als Zeitzeugen – den zur Jahrtausendwende eingeleiteten Änderungen und der sich daraus ergebenden Lage homosexueller Offiziere und Unteroffiziere: »Es ist auch meine Bundeswehr.«[53] Im Jahr 2001 publizierte Anja Meisner eine knapp gehaltene universitäre Studienarbeit über Homosexuelle als eine »Minderheit in den Streitkräften«.[54]

Eine erste wissenschaftliche Publikation, die sich ausdrücklich mit Homosexualität in der Bundeswehr befasste, erschien schon 1993: »Homosexuality and Military Service in Germany« stammt aus der Feder des damaligen Direktors des Sozialwissenschaftlichen Instituts der Bundeswehr (SOWI) Bernhard Fleckenstein. Sie wurde für einen Vortrag im britischen Hull erarbeitet und, obwohl eine deutsche Originalfassung vorlag und mehrfach Interessenten außerhalb der Bundeswehr beim BMVg nach einer deutschen Fassung fragten, nur in Englisch publiziert.[55]

Aus der laufenden Forschungsarbeit für die Studie »Tabu und Toleranz« sind bereits mehre Aufsätze publiziert worden.[56] In der *Washington Post* wurden diese Forschungen im November 2017 als Beleg für die Aufarbeitung in der Bundeswehr angeführt.[57] Auch *Bild* nahm sich Ende August 2019 des Themas an und veröffentlichte ein ausführliches Interview mit einem 1964 wegen seiner homosexuellen Orientierung aus der Bundemarine entlassenen Gefreiten.[58] Auf die Darlegung der umfangreichen Literatur zur Geschichte Homosexueller in Deutschland vor und nach 1945 und zur Situation homosexueller Soldaten in anderen Streitkräften in Vergangenheit und Gegenwart wird hier verzichtet. Die entsprechenden Publikationen werden jeweils an den geeigneten Stellen des Buches genannt.

---

betrachteten, sorgten sich andere darüber, dass die Bundeswehr zum potenziellen Nährboden einer Unmoral werden könnte. Regierungsvertreter, Bundestagsmitglieder, Kirchenbeamte und Militärbefehlshaber, welche diese Bedenken teilweise auch hatten, bemühten sich, das Verhalten der Soldaten zu lenken, indem man das Ideal des ›vollkommenen‹, christlichen und männlichen Brotgewinners für die Familie hochhielt.«

[53] Schadendorf, Der Regenbogen-Faktor, griff Formulierungen aus einem 2013 in der »streitkräfteeigenen« Zeitschrift *Militärgeschichte. Zeitschrift für historische Bildung* publizierten Artikel des Verfassers über die Wörner-Kießling-Affäre und über Homosexualität auf. Schadendorf wertete diese »unmissverständliche Einlassung zu diesem Teil der Streitkräftegeschichte« als Ausnahme in bundeswehreigenen Publikationen. Ebd., S. 69, bezugnehmend auf Storkmann, »Ein widerwärtiges Schmierenstück«.

[54] Meisner, Minderheiten in den Streitkräften.

[55] Fleckenstein, Homosexuality and Military Service in Germany; zu Fleckensteins Publikation ausführlich in den Kap. I und IV.

[56] Storkmann, »Don't ask. Don't tell«; Storkmann, »79 cm sind schwul«; Storkmann, Das große Tabu.

[57] Noack, As Trump attempts a transgender military ban.

[58] Scheck/Utess, »Was wir damals gemacht haben, war kein Verbrechen«. Der Gefreite Dierk Koch wurde bereits im Februar 2018 vom Verfasser für die vorliegende Studie ausführlich persönlich befragt. Er hat dem Verfasser das unveröffentlichte Manuskript seiner Lebenserinnerungen unter dem Arbeitstitel »Meine unvergessenen Freunde« zur Nutzung überlassen.

3. Und was war mit lesbischen Frauen?

Bei Vorträgen erster Ergebnisse wurde der Verfasser nahezu immer wieder gefragt:
»Und was war mit lesbischen Frauen?« Der Zugang von Frauen zu den Streitkräften
war bekanntlich bis zur Jahrtausendwende auf die Sanitätstruppe beschränkt. Die
Zahl der als Soldatinnen auf Zeit oder Berufssoldatinnen dienenden Frauen war gemessen an der Gesamtzahl der Streitkräfte sehr klein. Und dennoch: Wenn seit 1975
und verstärkt ab 1989/91 Frauen freiwillig im Sanitätsdienst und in der Militärmusik
dienten, dann waren darunter statistisch gesehen sicher auch Lesben. Für den
Untersuchungszeitraum der Studie bis zum Jahr 2000 konnten in den sehr umfangreichen Archivbeständen aus BMVg und Streitkräften bis auf zwei Ausnahmen aus
den Jahren 1999 und 2000 keine homosexuelle Soldatinnen betreffende Dokumente
gefunden werden, ebenso keine truppendienstgerichtlichen Entscheidungen wegen
sexueller Handlungen zwischen Soldatinnen. Fast scheint es so, als ob lesbische
Soldatinnen auf dem Radarschirm des Ministeriums, der militärischen Führung und
der Bundeswehrjuristen[59] gar nicht auftauchten.[60] Auch Hinweise auf den Umgang
mit Soldaten mit inter- oder transgeschlechtlicher Identität fanden sich für den
Untersuchungszeitraum nicht. So hätte sich diese Studie nach der verschriftlichten
Quellenbasis auf den Umgang der Bundeswehr mit männlichen Homosexuellen beschränken müssen. Der Verfasser war und ist sich dieser Leerstelle bewusst. Zwei
bereits in den 1990er Jahren als Soldatinnen im Sanitätsdienst dienende Soldatinnen
konnten für Zeitzeugenbefragungen gewonnen werden.

---

[59]   Wenn in dieser Studie von Juristen oder von Beamten die Rede ist, bittet der Verfasser, dies sowohl
       auf männliche als auch weibliche Personen im Sinne des generischen Maskulinums zu beziehen.
[60]   Auch der für eine schwule Zielgruppe gemachten Zeitschrift *Magnus* fiel bereits im April 1996 auf,
       »Lesben [kommen] in den Köpfen der Obersten erst gar nicht vor«. Glade, In Reih und Glied! (Das
       BMVg nahm eine Kopie des Artikels zu den Akten: BArch, BW 2/38355.)

Zuvor.
Anmerkungen zum Umgang früherer deutscher Streitkräfte mit Homosexualität

> »Nimm Deinen Abschied, entferne Dich,
> denn Du gehörst nicht in unsere Reihen!
> Wird er aber gefasst, meine Herren [...]
> so muss er vernichtet werden.«[1]

Trotz aller Stigmatisierung und trotz des ständig über ihren Häuptern schwebenden Schwertes des § 175 StGB gab es natürlich auch in der preußischen Armee gleichgeschlechtlich Aktive. Wie Kasernenleben und Geschlechtstrieb zusammenhingen, meinte ein »Eingeweihter« im späten Kaiserreich zu wissen: »Der Geschlechtstrieb des Soldaten aber drängt, in einer Kaserne, wo so viele junge Leute zusammenwohnen, ist die Verführung leicht, und der Mann aus dem Volke denkt nicht darüber nach, dass er sogenannte Unzucht betreibt, die Empfindung ist angenehm – voilà tout.«[2]

1. »Konträrsexuelle« Soldaten in Preußen und im Deutschen Kaiserreich

Karl Franz von Leexow, besagter »Eingeweihter«, stellte 1908 die im zeitgenössischen Stil formulierte Frage: »Schadet Homosexualität der militärischen Tüchtigkeit einer Rasse?« Ausufernd berichtete er daraufhin aus der homosexuellen Praxis in der preußischen Armee und in anderen Armeen in Gegenwart und Vergangenheit. Laut Magnus Hirschfeld, einem der Väter der beginnenden Homosexuellenemanzipation, stammte Leexow, »dessen Name in Wirklichkeit anders lautet«, aus einer »altadligen Offiziersfamilie«. Er könne als Kavallerieoffizier »mit Leib und Seele« und als »bester Kenner auf dem einschlägigen Gebiet« gelten.[3] So heißt es bei Leexow:

> »Unsere Armee ist von den höchsten Stellen bis zum jüngsten Rekruten mit homogenen Elementen durchsetzt. Bei der außergewöhnlichen Vorsicht, mit welcher der Konträre seinen Lebenslauf einzurichten hat, ist es natürlich für den Laien ganz außergewöhnlich erschwert, einen Einblick zu gewinnen [...] Kannte ich doch in einem Infanterieregiment nicht weniger als sieben, bei einem Kavallerieregiment drei homogene Offiziere und bei

---

[1] Der preußische Kriegsminister General Karl von Einem im Reichstag am 29.11.1907. Vgl. Protokoll der 61. Sitzung des Deutschen Reichstags am 29.11.1907.
[2] Leexow, Armee und Homosexualität, S. 27.
[3] Hirschfeld, Von einst bis jetzt, S. 149.

anderen Truppenteilen lagen die Verhältnisse nicht viel anders. Dabei machte ich häufig die Erfahrung, dass die Kameraden wohl orientiert waren, dass sie teils achselzuckend, teils lachend darüber hinwegsahen und nur ängstlich darauf hielten, einen Skandal auf alle Fälle zu vermeiden.«[4]

Die beschriebene stillschweigende Toleranz gegenüber »Konträrsexuellen« (Magnus Hirschfeld) war wohl eher Gleichgültigkeit abseits der Vorschriften und des Strafrechts. Dass in der preußischen Armee die durchaus zu findende stille Gleichgültigkeit an ihre Grenzen stieß, belegte Hirschfeld mit einem Zitat aus den 1922 veröffentlichten Erinnerungen eines als Major von Tresckow benannten Kriminalbeamten: »3.7.[19]07. Fast täglich kommen die Kommandeure der Berliner und Potsdamer Garderegimenter zu mir und bitten um Rat, wie sie die in ihren Regimentern eingerissene Päderasterie der Soldaten bekämpfen könnten.«[5]

Als Wendepunkt dieser bis dato nicht selten zu findenden stillschweigenden Akzeptanz sehen Leexow und Hirschfeld den Harden-Eulenburg-Prozess, eine ab 1907 öffentlich vor Gerichten ausgetragene Schlammschlacht um Ehre, Verleumdung und Homosexualität. Im Fokus standen »allerhöchste Kreise« des Reiches und des preußischen Militärs mit engen, freundschaftlichen Beziehungen zum Kaiser. Die Protagonisten des Prozesses waren der Herausgeber der »Zukunft« Maximilian Harden, der Diplomat Philipp zu Eulenburg und Kuno von Moltke, hochrangiger Offizier und Flügeladjutant Wilhelms II. Harden hatte in seiner Zeitschrift auf die homoerotischen Beziehungen einer als »perverse Kamarilla«[6] verschrieenen Gruppe um den Kaiser angespielt, insbesondere auf Moltke. Vordergründig drehte sich der Skandal um Sexualität und die Ehre des preußischen Militärs, hinter den Kulissen ging es um knallharte politische Fragen: um Einfluss beim Kaiser und die Richtung der deutschen Außenpolitik.[7] Der damalige preußische Kriegsminister General Karl von Einem trat als Verfechter einer besonders harten Linie gegen homosexuelle Offiziere in der preußischen Armee hervor. Im Reichstag meldete er sich in der Debatte am 29. November 1907 zu Wort: »Mir sind diese Leute ekelhaft und ich verachte sie! [...] Wo ein solcher Mann mit solchen Gefühlen in der Armee weilen sollte, da möchte ich ihm zurufen: Nimm Deinen Abschied, entferne Dich, denn Du gehörst nicht in unsere Reihen! Wird er aber gefasst, meine Herren [...] so muss er vernichtet werden.«[8]

---

[4]   Leexow, Armee und Homosexualität, S. 108 f., auch zit. in: Hirschfeld, Von einst bis jetzt, S. 150.

[5]   Päderasterie war damals einer der üblichen Begriffe für Homosexualität unter Männern, wohl gemerkt unter Erwachsenen, und nicht wie heute primär auf Pädophile gemünzt. Der zitierte Major war der Kriminalbeamte Hans von Tresckow (1866–1934). Dieser hatte seit dem Jahr 1900 die Leitung des Erpresser- und Homosexuellendezernats der Berliner Kripo inne. Der erwähnte militärische Dienstgrad war sein Reservedienstgrad. Dass Hirschfeld den zivilen Kriminalbeamten mit seinem Reservedienstgrad vorstellte, beweist einmal mehr die damals selbstverständliche hohe Stellung des Militärs auch in der Zivilgesellschaft. Die Memoiren Tresckows waren 1922 unter dem Titel »Von Fürsten und anderen Sterblichen. Erinnerungen eines Kriminalkommissars« erschienen. Vgl. Hirschfeld, Von einst bis jetzt, S. 149.

[6]   Die »perverse Kamarilla« zum Beispiel bei Tresckow, Von Fürsten und anderen Sterblichen, S. 135.

[7]   Zum damaligen Skandal ausführlich in Schwartz, Homosexuelle, S. 16–76; Bösch, Öffentliche Geheimnisse, S. 117–154; Domeier, »Moltke als Schimpfwort!«

[8]   Protokoll der 61. Sitzung des Deutschen Reichstags am 29.11.1907.

Nach des Kriegsministers Brandrede drehte sich der Wind in der preußischen
Armee. Hirschfeld wies in seinen Publikationen zum Harden-Eulenburg-Prozess
auf die gesteigerte Verunsicherung unter homosexuell empfindenden preußischen
Offizieren hin:

> »Nach der Rede des Kriegsministers von Einem, welcher die homosexuellen Offiziere
> aufforderte, ihren Abschied aus der Armee zu nehmen, suchten mich einige dieser Herren
> [...] auf, um mich zu fragen, ob man ihnen wohl ihre Eigenart anmerke; beiläufig bemerkt
> war keiner darunter, der mit Untergebenen verkehrt hatte. Sie hingen an ihrem Beruf mit
> Leib und Seele, durften eine glanzvolle Karriere erhoffen und setzten auseinander, dass,
> wenn ihre homosexuelle Anlage publik würde, ihnen nur der Revolver bliebe. ›Was sollen
> wir anfangen‹, sagten sie, ›wenn wir unsern Abschied nehmen, wir haben nichts gelernt,
> als unsern militärischen Beruf, unsere Familie würde uns verstoßen, der Schmerz der
> Mutter und der Zorn des Vaters wären grenzenlos‹ – und einem solchen Geschick sollte
> sich ein Mensch freiwillig oder auch nur gutwillig überliefern?«[9]

Hirschfeld ergänzte, er habe in der Zeitung gelesen, »in solchen Kreisen nehme die
Nervosität überhand. Aber ist es ein Wunder? Mir schrieb einmal ein fahnenflüch-
tiger Offizier, was er beginnen solle, kein Ausweg stände ihm offen, und das alles
wegen einer Tat in der Trunkenheit.«[10]

Als der Kaiser im Oktober 1918 Prinz Max von Baden widerstrebend zum
Reichskanzler ernannte, erinnerten sich Eingeweihte an den Prinzen als Homo-
sexuellen, der »schon als junger Gardeleutnant in Berlin von der Kriminalpolizei
auf die einschlägige ›Liste‹ gesetzt worden sei.«[11] General von Einem habe auf den
Namen des neuen Reichskanzlers mit dem Ausspruch reagiert: »Wer hätte an den
Bademax gedacht und nicht gelacht!«[12]

Den ihnen zunehmend stärker ins Gesicht blasenden Wind der Ablehnung machten sich im Gegenzug im Ersten Weltkrieg einige homosexuelle Offiziere zunutze, um
den Härten und Gefahren der Front zu entgehen. Unter Bezug auf den Appell des
einstigen Kriegsministers vor dem Reichstag reichten sie tatsächlich ihren Abschied
aus der Armee ein und »zogen sich zu öfteren Malen aus der Feuerlinie und Etappe
in die Heimat zurück«.[13] Auf der anderen Seite wurden auch im Weltkrieg Offiziere
wegen homosexuell konnotierter Vergehen vor ein Kriegsgericht gestellt und aus der
Armee unehrenhaft entlassen. Hirschfeld führte den Fall eines »vorher vielfach ausgezeichneten Offiziers« an, der »wegen einer Lappalie« vor das Kriegsgericht gestellt
und »mit Schimpf und Schande heimgeschickt« wurde:

> »Im zweiten Kriegsjahr wurde der noch jugendliche Führer einer Schwadron auf dem
> Morgenritt in den Argonnen von einem Regimentsadjutanten überrascht, als er seinem
> neben ihm galoppierenden Burschen einen Kuss verabreichte. Der sofortigen Meldung

9   Hirschfeld, Sexualpsychologie und Volkspsychologie, zit. in: Leexow, Armee und Homosexu-
     alität, S. 106 f.
10   Ebd., S. 107.
11   Schwartz, Homosexuelle, S. 59, der hier auf Tresckow, Von Fürsten und anderen Sterblichen,
     S. 240, anspielt.
12   Schwartz, Homosexuelle, S. 59, der hier nach Machtan, Prinz Max von Baden, S. 387, zitiert;
     siehe auch Krause, Max von Baden.
13   Hirschfeld, Von einst bis jetzt, S. 152.

folgte ein hochnotpeinliches Verhör des Soldaten, eines urwüchsigen Bauern, der treuherzig eingestand, dass dieser Kuss nicht der erste seines Vorgesetzten war.«[14]
Auf Bitten des entlassenen Offiziers sprach Hirschfeld nach eigenen Angaben bei dessen Mutter vor, um ihr schonend die Gründe für die anstehende Rückkehr des Sohnes aus dem Krieg mitzuteilen. Diese habe erwidert, es wäre ihr lieber gewesen die Nachricht zu erhalten, ihr Sohn wäre gefallen.[15]
Leexow empfahl den homosexuellen Soldaten 1908 mit Blick auf eine etwaige Fahnenflucht:

> »Naturgemäß ist es sowohl für einen Kommandeur wie für das Offizierkorps überhaupt höchst unangenehm, wenn sich ein Offizier eines Vergehens im Sinne des § 175 StGB schuldig macht. Begeht der Angeklagte Selbstmord oder stellt sich dem Gericht, so wird von Zeitungen viel mehr Staub aufgewirbelt als bei Fahnenflucht. Letztere sieht deshalb ein Offizierkorps wohl noch am liebsten [...] Ich rate jedem homosexuellen Offizier, sich die Folgen der Fahnenflucht im gegebenen Moment genau zu überlegen. Vor einem Selbstmord warne ich, denn es ist ein Unding, sich zu töten, wenn man etwas begangen hat, für das man nichts kann, wenn es auch Gesetz und Gesellschaft verurteilen.«[16]

Ein Schlaglicht auf den damaligen Umgang mit homosexuell auffällig gewordenen Offizieren bietet auch der Skandal um den österreichischen Oberst Alfred Redl. Der als russischer Agent enttarnte vormalige Vizechef des österreichischen Nachrichtendienstes und Generalstabschef eines Korps in Prag nahm sich 1913 das Leben. Sein angeblicher Liebhaber, ein junger Leutnant, wurde laut Egon Erwin Kisch »wegen widernatürlicher Unzucht« zu einer verschärften Zuchthausstrafe von drei Jahren verurteilt, dann aber zu Kriegsbeginn 1914 aus der Haft entlassen, zum Unteroffizier degradiert und an der Russlandfront eingesetzt. Dort sei er als »besonders eleganter Wachtmeister«[17] aufgefallen. Auch Kisch will sich an jenen »hübschen Ulanenoffizier«[18] erinnert haben. Nun liegt Schönheit bekanntlich im Auge des Betrachters, und so waren dies wohl eher Ausdrücke eines Stereotyps.
Leexow zitierte wortwörtlich aus einem »Monatsbericht« vom März 1906: »Auch in den Kreisen der Militärgerichtsbarkeit macht sich ein Bestreben für die Aufhebung des § 175 geltend««. Die Militärgerichte würden »mit den Bestimmungen über den Missbrauch der Dienstgewalt bei Fällen von Vergehen homosexueller Offiziere gegen Untergebene auskommen« und benötigten den § 175 StGB nicht.

> »Es sei im Gegenteil für homosexuell veranlagte Offiziere besser, wenn der fragliche Paragraf aufgehoben würde. Während heute bei den Homosexuellen des Offizierstandes die Meinung verbreitet ist, dass eine gewisse Sicherheit für sie im Verkehr mit Soldaten liegt, würde dann insofern ein Umschwung eintreten, als sie sich bei Straffreiheit ihren gleichveranlagten Zivilpersonen zuwenden würden, um nicht mit dem bestehenden Paragrafen über den Missbrauch der Dienstgewalt in Konflikt zu kommen, Verstöße ge-

---

14 Ebd., S. 152 f.
15 Ebd.
16 Leexow, Armee und Homosexualität, S. 105 f.
17 Schwartz, Homosexuelle, S. 122 und S. 127 (Kisch).
18 Ebd., S. 122.

gen eine Untergrabung der Disziplin also in geringerem Maße stattfinden würden als bisher.«»[19]

Die geschilderten Auswirkungen der Strafbewehrung jeglicher gleichgeschlechtlicher Aktivität für Soldaten, auch im Zivilleben ohne Bezug zum Dienst, waren 1967 die gleichen wie noch 1907. Da jeglicher Sex zwischen Männern unter Strafandrohung des zivilen Strafgesetzbuches und daraus folgernd auch der Disziplinarjustiz stand, machte es für nach gleichgeschlechtlichem Sex dürstende Soldaten in deren Wahrnehmung keinen großen Unterschied mehr, sich auch innerhalb der Kaserne sexuell zu betätigen. Strafe drohte ihnen ohnehin. Für zumindest einige Vorgesetzte schien da der Schritt hin zum Sex mit Untergebenen, ja sogar die Grenzüberschreitung zum Missbrauch der ihnen anvertrauten Soldaten denkbar. Wurden sie vor den Kadi gezerrt, war eine Verurteilung unumgänglich und wahrscheinlich auch die Entlassung, was mitunter dazu beitrug, die Grenze zu schwereren Vergehen zu überschreiten.

Nicht selten erschien den entlassenen Offizieren nur ein beruflicher Neustart außerhalb der deutschen Grenzen möglich; zu groß war die gesellschaftliche Stigmatisierung in der Heimat, in der die Armee ein hohes Ansehen genoss und ein unehrenhafter Abschied dem Ausschluss aus der Gesellschaft gleichkam. Aber der lange Arm der Armee erreichte die Entlassenen nicht selten sogar fernab der Heimat:

> »Ein wegen Homosexualität verabschiedeter preußischer Offizier begab sich ins Ausland, da er in der Heimat doch keine ihm zusagende Stellung gefunden hätte. Als der Betreffende in den Staatsdienst des fremden Reiches, dessen Einwohner nebenbei gesagt die kleinlichen Anschauungen über sinnliche Liebe nicht teilen, eintreten wollte, fühlte sich der deutsche Vertreter berufen, einzugreifen, um dem Betreffenden den Weg, der ihm zu Spießbürgerehre verhelfen sollte, abzuschneiden.«[20]

Flucht ins Ausland schien auch 1958 einem beim nächtlichen Sex mit einem Mann auf einem Parkplatz in Köln erwischten Stabsoffizier der Bundeswehr der einzige Ausweg. Dem hochdekorierten Weltkriegsveteranen gelang dort der berufliche Neuanfang. Doch holte ihn der Kölner Vorfall im fernen Ausland ein: Zwei Jahre danach ließ die Bundeswehrjustiz dem nunmehrigen Reserveoffizier über den Konsul der Bundesrepublik die Anschuldigungsschrift zustellen. In der kleinen deutschen Gemeinde des fernen Landes war so ein Vorgang geeignet, den Ruf des Betroffenen und dessen Zukunft auch dort in Scherben zu hauen.[21]

2. Roman und Realität in der Reichswehr

Wie im Kaiserreich existierten auch im Offizierkorps der Reichswehr die gesellschaftliche Ablehnung und zugleich eine gewisse Ignoranz in diesen Fragen. Oftmals schwieg man im Offizierkorps über die offenkundig gleichgeschlechtliche Vorliebe eines Offiziers. Das Prinzip des »Nichts sehen und nichts hören« konnte aber nur aufrechterhalten werden, solange tatsächlich nichts gehört und nichts gesehen wur-

---

[19] Leexow, Armee und Homosexualität, S. 108.
[20] Ebd., S. 49.
[21] Zum Fall des Bundeswehrstabsoffiziers ausführlich eingangs in Kap. III.

de – oder werden musste. Wurde dem offenen Geheimnis der Mantel des Schweigens
entzogen, gab es kein Zurück. War der Vorwurf ausgesprochen, griffen die gesellschaftlichen Regeln, und aus der stillschweigenden Toleranz wurde eine Frage der
Ehre und im Speziellen der Offizierehre. Ignoranz schlug in offene Ablehnung um.

Auch in Max René Hesses 1929 erschienenem Roman »Partenau« webt sich um
den homosexuellen Oberleutnant der Reichswehr, nach dem das Werk benannt ist,
ein Netz von Gerede im Offizierkorps seines Regiments, das zunehmend auch am
Standort um sich greift. So macht die Frau eines Majors aus ihrer Ablehnung gegenüber homosexuellen Offizieren kein Hehl: »Der Oberleutnant war ihr verhasst.
Junge Mädchen beachtete er nicht ernsthaft. Und seit einiger Zeit wusste sie warum.
Ihre älteste Tochter hatte voll Erbitterung erklärt, einem solchen Manne müsse der
Kopf abgeschlagen werden.«[22] Hesse ließ ebenso eine junge Dame eine deutliche
Warnung vor dem homosexuellen Oberleutnant an den (ihrer Meinung nach) ahnungslosen Fähnrich richten: »Aber nimm Du Dich nur in Acht. Es gibt viele solcher in allen Armeen [...] Er hat doch im Kasino erklärt, dass nur die Männerliebe
echte und wirkliche Liebe sei.‹«[23] Einem älteren Leutnant, der seinen Verdacht auf
eine Beziehung zwischen dem Oberleutnant und dem Fähnrich bestätigt wähnt, legte der Romanautor die Gedanken in den Kopf: »Sollte das Unmögliche wahr sein?
[...] Als früherem Kadetten war ihm solche Bindung alltäglicher Anblick gewesen,
nur der Geschmack des Fähnrichs! Na, er hatte am Ende nicht darüber zu wachen.«[24]
Nur wenige Tage später ist es mit der Toleranz des Leutnants schon wieder nicht
mehr so weit her, als er den Fähnrich unverblümt vor dem Oberleutnant warnt: »Er
weiß das alles unvergleichlich zu tarnen, mehr verlangen wir darin nicht, und der
große Organisator kann sich vieles erlauben, aber er unterschätzt uns.«[25] Wenig später rudert er zurück: »Wir würden ihn ja auch nie anrühren.«[26] Der Kompaniechef
kennt seinen Oberleutnant schon lange – und besser – und sieht weg. »All das frag-
würdige Dahinter oder Darunter wollen wir auch weiter unbefragt lassen, aber du
reitest euch beide ins Unmögliche, in den Sumpf«, warnt er seinen Kameraden aus
dem Kriege, als es doch schon zu spät ist.[27] Im unweigerlichen Finale des Romans
lässt Hesses Leutnant alle Contenance fahren und ruft dem Oberleutnant und dem
Fähnrich vor dem versammelten Kreis der Regimentsoffiziere hinterher: »Lange ge-
ahntes Liebespaar!«[28] Damit war der Vorhang des Schweigens und Wegsehens im
Offizierkorps zerrissen, der Skandal da – mitsamt den unweigerlichen Folgen.

Hesses Roman hatte ein reales Vorbild, das Halberstädter Infanterieregiment 12. In
dessen III. Bataillon soll ein Hauptmann und Kompaniechef wegen einer Beziehung
zu einem Fähnrich seiner Kompanie dem Vernehmen nach im Dezember 1928 zunächst dienstenthoben und im Januar 1929 verabschiedet worden sein, ob »auf eigenen Wunsch« unter Druck von oben oder seitens seiner Offizierkameraden oder aber

---

[22]   Hesse, Partenau, S. 217 f. Dank an Dr. Georg Meyer (Freiburg i.Br.) für den Hinweis auf
       diesen Roman aus der Zeit der Weimarer Republik.
[23]   Ebd., S. 189 und S. 188.
[24]   Ebd., S. 206.
[25]   Ebd., S. 210.
[26]   Ebd., S. 211.
[27]   Ebd., S. 239–241.
[28]   Ebd., S. 238.

durch Entlassung, war bis vor Kurzem noch unklar.[29] Der weitere Lebenslauf des
Offiziers sprach gegen eine unehrenhafte Entlassung oder Dienstgradherabsetzung
und eher für ein Gentlemen's Agreement. Im Zweiten Weltkrieg wurde der frühere
Hauptmann als Major wiederverwendet, stieg bis zum Regimentskommandeur und
Oberst auf, bewährte sich an der Ostfront und wurde in der Folge für die Verleihung
des Ritterkreuzes vorgeschlagen. Die hohe Auszeichnung sei ihm aber, so hieß es, verwehrt worden.[30] Der Großneffe des Halberstädter Hauptmanns und Kompaniechefs
erkannte im Februar 2021 in der vorab online veröffentlichten Studie »Tabu und
Toleranz« seinen Großonkel wieder und ergänzte aus der ihm aus dem Bundesarchiv
vorliegenden Personalakte neue biografische Angaben.[31] Die dank dieses Hinweises
im Bundesarchiv eingesehenen Personalakten trugen zur Klärung der offenen Fragen
bei: Die in Rede stehenden homosexuellen Handlungen lagen demnach bereits vier
und drei Jahre zurück, als sie 1928 gemeldet wurden. Im Oktober 1924 habe der
damalige Oberleutnant und Kompaniechefvertreter der Minenwerferkompanie des
Infanterieregiments 12 unter Alkoholeinfluss einen Mannschaftssoldaten seiner
Einheit aufgefordert, ihn »unsittlich zu berühren«. Als der Schütze P. sich weigerte,
habe der Oberleutnant versucht, sich an dem Soldaten »zu vergreifen«. Im Mai oder
Juni 1925 habe der Offizier erneut zweimal versucht, diesen Soldaten »unsittlich
zu berühren« und ihn gedrängt, »dasselbe mit ihm zu tun«. Stets wich dieser aus.
Der Oberleutnant habe daraufhin den Schützen P. gemahnt, »über den Vorgang zu
schweigen, sonst würde er erst [diesen] und dann sich selbst erschießen«.[32] Einige
Tage später habe der Schütze P. die Vorfälle einem mit ihm verwandten Unteroffizier
mitgeteilt.

Anders als eingangs skizziert und später kolportiert und damit deutlich von
der Handlung in Hesses Roman abweichend, lag also keine einvernehmliche
Liebesbeziehung zwischen Offizier und Fähnrich vor, sondern ein versuchter sexueller Übergriff auf einen Mannschaftssoldaten. Damit ist dieser Vorfall gänzlich anders
zu bewerten. Er ordnet sich in die lange Reihe der noch in dieser Studie zu analysie-
renden ähnlichen Übergriffe in der Bundeswehr ein. Auch das weitere Verfahren und
dessen späterer Ausgang zeigen erstaunliche Analogien zum Vorgehen der frühen
Bundeswehr: Die Kompanie in Halberstadt versucht die peinliche Angelegenheit
intern und geräuschlos zu klären. Pikanterweise war es aber der Oberleutnant selbst,
der als Kompaniechefvertreter Zeugen in eigener Sache vernahm und dann deren
Schweigen erbat:

> »Da in der Kompanie Gerüchte über die anormale Veranlagung des Hauptmanns M.
> seit Monaten umliefen, meldete der Unteroffizier D. das ihm Erzählte und Gehörte
> dem [späteren] Hauptmann M., der zu dieser Zeit die Kompanie stellvertretend führte.

---

29 Brief von Oberst a.D. Wolters an Dr. Georg Meyer, Freiburg, vom 24.1.1991. Ich danke
    Georg Meyer für diese Hinweise und die Überlassung des Briefes.
30 Ebd.
31 E-Mail Dr. Andreas Meyer an den Verfasser, 4.2.2021
32 BArch, Pers 6/8771: [Reichswehrministerium, Heeresleitung, Personalabteilung] P2, Betr.:
    Unwürdigkeitsverfahren gegen Hauptmann M., I.R. 12, undatiert, 1928. In dem Bericht wur-
    de der Dienstgrad des Jahres 1928, Hauptmann, fälschlich durchgängig für die Tatzeitpunkte
    1924 und 1925 verwendet. Anonymisierung hier und im Folgenden durch den Verfasser die-
    ser Studie.

Hauptmann M. nahm darauf an einem der folgenden Tage 4 Unteroffiziere, darunter auch D., auf dem Lesezimmer der Kompanie zusammen und vernahm in deren Gegenwart etwa 10 Leute der Kompanie, an denen er sich unsittlich vergangen haben sollte. Diese machten keinerlei belastende Angaben, bis schließlich P. vernommen wurde, der die oben angeführten Vorgänge angab. Hauptmann M. beendete daraufhin die Vernehmung ohne noch weitere vorhandene Zeugen (etwa 5) zu verhören. Hauptmann M. erklärte alsdann den Unteroffizieren, dass er sich tatsächlich Mannschaften genähert habe, versicherte aber, nichts Strafbares begangen zu haben. Er wollte alles tun, seine Veranlagung zu unterdrücken, und soll die Unteroffiziere gebeten haben, zu schweigen und umlaufenden Gerüchten entgegenzutreten. Hauptmann M. fand unter den ihn seelisch schwer belastenden Druck der erwiesenen und von ihm in der Hauptsache zugegebenen Tatsachen, in der Sorge um seine Stellung und in der Sorge um Frau und Kind, nicht den Entschluss, die Angelegenheit zu melden. Eine von ihm erbetene Versetzung nach Ostpreußen, für die er aber den wahren Grund nicht angegeben hatte, wurde abgelehnt.«[33]

Damit war die Angelegenheit zunächst erledigt. Die Unteroffiziere (und Mannschaften) schwiegen wie erbeten. 1927 wurde M. zum Hauptmann befördert und Chef der in Magdeburg stationierten 12. (Maschinengewehr-)Kompanie des Regiments. Ende September 1928 meldete dann der frühere Unteroffizier und nunmehrige Oberfeldwebel D. die Vorfälle von 1924/25 seinem Kompaniechef. Gegen Hauptmann M. wurde seitens der Division ein »Unwürdigkeitsverfahren« eingeleitet und durchgeführt. Zugleich wurde von der Oberstaatsanwaltschaft Halberstadt ein Ermittlungsverfahren nach § 175 Reichsstrafgesetzbuch (RStGB) eingeleitet, welches Ende November 1928 eingestellt wurde. (Da der § 175 alter Fassung nur den tatsächlichen Verkehr zwischen Männern unter Strafe stellte, griff der Paragraf bei der hier vorliegenden lediglich versuchten Annäherung nicht mal ansatzweise.[34]) Auch die Ermittlungen wegen § 114 und § 116 (Missbrauch der Dienstgewalt) sowie § 121 (Beleidigung eines Untergebenen) Wehrstrafgesetzbuch wurden eingestellt. Stattdessen gab es eine interne Lösung in Form eines Offizierehrenrats. Der unter anderem aus den Kommandeuren von Bataillon, Regiment und Division, dem Infanterieführer der Division sowie dem der Division vorgesetzten Befehlshaber des Gruppenkommandos 1 in Berlin bestehende »Ehrenrat« plädierte für eine »unwürdig-fristlose« Entlassung. Eine »mildere Form des Ausscheidens [wäre] tragbar«. Die »ehrlose Gesinnung« wurde verneint. (Abweichend vom Mehrheitsvotum hielt der Regimentskommandeur auch »Ehrlosigkeit für vorliegend«[35]). In ihrer Stellungnahme sprach sich auch die Personalabteilung für die fristlose Entlassung des Hauptmanns aus. Besonders warf sie ihm den Versuch einer stillschweigenden Verständigung mit den Unteroffizieren und Mannschaften vor:

»Durch sein unsittliches *Vergehen* [später handschriftlich geändert in: *Verhalten gegenüber dem Gefreiten P.*] hat er sich als unwürdig für seine Berufsstellung erwiesen. Erschwerend kommt sein unmännliches und seine eigene Ehre verletzendes Verhalten bei Bekanntwerden der Vorgänge im Sommer 15 hinzu, indem er sich [später handschrift-

33   Ebd.
34   Ausführlich zur Rechtsgeschichte des § 175 einleitend im Kap. III dieser Studie.
35   BArch, Pers 6/8771: [Reichswehrministerium, Heeresleitung, Personal-Abteilung] P2, Betr.: Unwürdigkeitsverfahren gegen Hauptmann M., I.R. 12, undatiert, 1928.

lich ergänzt: *als Kompanieführer*] vor Untergebenen zu rechtfertigen versuchte [später handschriftlich gestrichen: *und von ihnen Schweigen erbat*] [...] Hauptmann M. war sich der Schwere seiner Verfehlungen [später handschriftlich gestrichen: *voll*] bewusst. Er versuchte durch besonders pflichteifrige Arbeit wieder gutzumachen, was er verfehlt hatte, bis schließlich 3 Jahre später *das unvermeidbare Verhängnis über ihn hereinbrach* [später handschriftlich geändert in: *ihn das Schicksal doch erreichte*].«[36]

Als »mildernd« gab die Personalabteilung den militärischen Werdegang des im Ersten Weltkrieg verwundeten, mit dem Eisernen Kreuz 1. und 2. Klasse ausgezeichneten und 1919 »in Anerkennung seiner Verdienste« aus dem Unteroffizierstand zum Leutnant beförderten Offizier an. Auch sein »offenes Geständnis und seine sympathisch berührende Verteidigung« wurden ihm zugutegehalten. Daher schlug die Personalabteilung »in Übereinstimmung mit Kameraden und Vorgesetzten eine mildere Form des Ausscheidens« vor. Die »dienstliche Befähigung« sei dem Hauptmann aufgrund der Vorkommnisse aber »abzusprechen«, »die Verleihung der Uniform«, sprich die Trageerlaubnis als Ausgeschiedener, wurde abgelehnt.[37] In der auf dem Dienstweg über die 4. Division, den Oberbefehlshaber der Gruppe 1 dem Chef der Heeresleitung vorgelegten »Vorbereitung der Entscheidung« betonte die Personalabteilung nochmals, »der erwiesene völlige Mangel an wahrer sittlicher Auffassung [ist] bei Hauptmann M. nicht behoben. Ein Soldat, der sich nach dieser Richtung vergeht, ist unwürdig für seinen Beruf, umso mehr, da Hauptmann M. als Vorgesetzter und Offizier ein Vorbild sein sollte.« Erneut wurde sein Rechtfertigungsversuch als Kompanieführer gegenüber Untergebenen als erschwerend bewertet: »Schwächliche Sorge um die eigene Zukunft ließen seine Pflicht als verantwortlicher Führer und seine Mannesehre in den Hintergrund treten. Fristlose Entlassung wäre die erforderliche Sühne.«[38] Die Personalabteilung werde eine »Verabschiedung« nach § 26b Wehrgesetz zum 31. März 1929 »ohne Uniform« herbeiführen.[39] (§ 26b Wehrstrafgesetzbuch regelte die Entlassung wegen mangelnder Eignung und ohne Uniformtragerlaubnis.) Alternativ anstelle der Entlassung sollte dem Hauptmann anheimgestellt werden, seine eigene Entlassung schon zum Jahresende 1928 zu beantragen. In diesem Falle würden ihm seine Gebührnisse noch bis einschließlich März 1929 gezahlt werden. Diesem Rat folgte der Hauptmann. In der Akte findet sich sein auf den 24. Dezember 1928 datiertes, mit zwei handschriftlichen Sätzen auskommendes Entlassungsgesuch. Das Regiment telegrafierte am 27. Dezember nach Berlin: »Hauptmann M. mit vorzeitiger Entlassung 31.12.28 einverstanden = Vorlage der schriftlichen Einverständniserklärung erfolgt auf dem

---

[36]   Ebd. (Hervorhebungen durch den Verfasser).
[37]   Ebd.
[38]   Ebd., Vorbereitung der Entscheidung, als Geheime Kommandosache eingestuft, Eingangsvermerke 4. Division, 29.11.1928, Oberbefehlshaber der Gruppe 1 vom 3.12.1928 und bei Heeresleitung 20.12.1928.
[39]   Interessanter Einblick in das durchaus dem der Bundeswehr ähnlichen, ja sogar hierarchisch deutlich höher verortete, rechtsstaatliche Verfahren: Diese Entscheidung war dem Hauptmann zu eröffnen und er war auf sein Recht hinzuweisen, innerhalb einer Frist von einem Monat beim Reichswehrminister Einspruch einlegen zu können. Über den Einspruch würde dann der Reichspräsident auf Basis eines Gutachtens des Reichswehrministers entscheiden. Ebd.

Dienstwege.«[40] Nicht in der Personalakte zu finden, aber aufgrund des weiteren
Geschehens sehr wahrscheinlich: Die Reichswehr bot dem Hauptmann vermutlich einen Ausweg und eine berufliche Zukunft als Offizier an – allerdings nicht in
Deutschland, sondern in China bei der dortigen deutschen Militärberatermission.
Schon im März 1929 trat M. seinen Dienst in Nanking beim deutschen General-
berater der nationalchinesischen Armee Chiang Kai-Sheks an. Der schnelle Ablauf
der Ereignisse im Entlassungsverfahren, die Anreise per Schiff nach Shanghai und
der Dienstbeginn im März 1929 lassen einen langwierigen Briefwechsel und ein
formelles Bewerbungsverfahren zeitlich unwahrscheinlich, ja unmöglich erscheinen.
Vermutlich bestieg M. nur mit einem Empfehlungsschreiben der Reichswehr das
Schiff nach China und konnte sicher sein, dort angenommen zu werden. Hier bestätigt sich erneut ein erkennbares Muster, dass wegen homosexueller Handlungen aus
den Streitkräften entlassene Offiziere einen beruflichen Neuanfang weit entfernt in
anderen Ländern, ja meist am anderen Ende der Welt suchten, ob nun als Militärs
oder im Zivilleben.

1938 kehrte M. nach Deutschland zurück. Die deutsche Militärberatermission
beendete ihre Arbeit. (1937 hatte das mit Deutschland verbündete Japan
China überfallen.) Im Oktober 1938 wurde M. auf sein Gnadengesuch an das
Oberkommando der Wehrmacht hin der »Charakter eines Majors« zuerkannt sowie
das Recht zum Tragen der Uniform eingeräumt.[41] (Die »Charakterisierung« zu einem Offizierdienstgrad war das in preußischer Armee, Reichswehr und Wehrmacht
übliche Verfahren, einem ausscheidenden Offizier den nächsthöheren Dienstgrad
zu verleihen, ohne freilich etwaige Bezüge oder Pensionszahlungen zu erhöhen. Es
ging nur um die Ehre des Tragens eines höheren Dienstgrads an der Uniform.) Die
Wiedereinstellung in den aktiven Dienst lehnte der Oberbefehlshaber des Heeres
jedoch ab. Ein Jahr später, im Oktober 1939, genehmigte das Oberkommando
des Heeres seine Verwendung als Offizier für die Dauer des Krieges. Bereits ab
Dezember 1939 war M. Bataillonskommandeur und 1942 Oberstleutnant z.V. (zur
Verwendung), dann ab Dezember 1942 Regimentskommandeur und Oberst z.V.[42]
Schon seit Ende der 1930er Jahre hatten seine Divisionskommandeure Anträge für
seine *aktive* Verwendung gestellt, und seine früheren Vorgesetzten in China hat-
ten deswegen mehrfach vorgesprochen, doch nützte das alles nichts: Er wurde de
jure erst 1943 in den aktiven Truppendienst übernommen. Die Akte hält auch den
Grund dafür fest – mehrfach entschied die Personalabteilung: »Chef P 2 kann einer
Überführung des Majors z.V. M. zu den aktiven Offizieren *nicht* zustimmen, da ein
Offizier, der sich an einem Untergebenen wiederholt unsittlich vergangen hat, unter
Friedensbedingungen als Kommandeur nicht tragbar ist.«[43] Anders als bislang kol-
portiert, hatte der Oberstleutnant 1942 aber das Ritterkreuz erhalten.[44]

---

[40]   BArch, Pers 6/8771: Reichwehrministerium, Marinenachrichtendienst, Fernsprucheingang,
      27.12.1928.
[41]   BArch, Pers 6/8771: Verfügung, gezeichnet Berchtesgaden, den 28.10.1938, vom Führer und
      Reichskanzler Hitler und vom Oberbefehlshaber des Heeres von Brauchitsch.
[42]   Alle Vorgänge in BArch, Pers 6/8771.
[43]   BArch, Pers 6/8771: P2, 6.11.1940, zuvor bereits Vermerk P2 auf Antrag 83. Inf.Div. vom
      16.10.1940.
[44]   BArch, Pers 6/8771: Heerespersonalamt, 1. Staffel, OKH, 11.5.1942.

Ähnlich verhielt es sich 1933 mit der Ablösung eines Hauptmanns als Kompaniechef im Infanterieregiment 18 zu Paderborn. Hinter den verklausulierten »Vorkommnissen« habe sich dem Vernehmen nach eine homosexuelle Liaison dieses Hauptmanns mit dem Kompaniefeldwebel seiner Kompanie verborgen. Die weitere Karriere des Offiziers erhielt durch das »Vorkommnis« aber nur einen Dämpfer, ihr Ende bedeutete es nicht. Der Hauptmann sei im April 1933 als Chef der 12. Kompanie abgelöst, kurzfristig in den Regimentsstab versetzt und noch im selben Monat dann Lehrer an der Infanterieschule in Dresden geworden. Der einst als Kompaniechef Geschasste stieg 1942 zum Divisionskommandeur auf, erreichte den Dienstgrad Generalleutnant und erhielt das Ritterkreuz des Eisernen Kreuzes.[45]

Nicht nur durch den Roman, auch in Akten ist überliefert, wie die Reichswehr mit derlei Vorkommnissen oder Gerüchten umging. 1924 berichtete das Heerespersonalamt über 17 zurückliegende Fälle »sittlicher Verfehlungen« von Offizieren, die zu deren Entlassung geführt hatten. Bei 15 habe es sich um die (nicht näher erläuterte, aber im Kontext und durch die im Folgenden zitierte schärfstmögliche Verurteilung doch eindeutig zuordenbare) »Befriedigung perverser Neigungen« gehandelt, davon 13 mit bzw. gegen Untergebene. In acht Fällen sei Trunkenheit im Spiel gewesen.[46] Das Heerespersonalamt mahnte:

> »Trunkenheit erwirkt vielleicht Straffreiheit vor dem Gericht; die moralische Verantwortung dem Standesgenossen gegenüber hebt sie in keinem Falle auf. Der Mann muss sich selbst und damit die Reizwirkung des Alkohols auf sein Triebleben kennen. Demgemäß hat er schon bei Unsicherheit über seine Neigungen die Pflicht, sich Zurückhaltung im Alkoholgenuss aufzuerlegen.«

Es folgte eine Warnung vor den gravierenden Folgen derartiger »Verfehlungen« von Vorgesetzten für deren Autorität und infolgedessen für die Disziplin der Truppe:

> »Derartige sittliche Verfehlungen sind immer und an sich schon verwerflich und widerwärtig. Sie wirken aber im militärischen Leben umso verheerender, als sie, wie keine andere Handlung, völlig die Disziplin untergraben, wenn Untergebene in Mitleidenschaft gezogen sind. Nicht allein bei dem unmittelbar beteiligten Soldaten geht jedes Gefühl für Achtung und Unterordnung dem beschuldigten Vorgesetzten gegenüber verloren. Auch alle übrigen, die von sittlichen Verfehlungen eines Offiziers hören – sie kommen früher oder später stets ans Tageslicht – müssen den Betreffenden als Vorgesetzten und Kameraden ablehnen.«

Diese Studie wird zeigen, dass die Bewertung aus dem Jahr 1924 nahezu identisch mit denen der Juristen und Truppendienstrichter der Bundeswehr war. Ein Beispiel für die schmale Grenze zwischen platonischer oder kameradschaftlicher Zuneigung und homosexuellen Gefühlen lieferte das Heerespersonalamt 1926: Ein »im Kriege wegen Tapferkeit und Fürsorge besonders gut beurteilter« Offizier habe sich »im Frieden durch eigenartiges Verhalten im Verkehr mit Mannschaften in den

---

45   Dr. Georg Meyer, Freiburg, verdanke ich auch diesen Hinweis.
46   BArch, RH 12-1/102: Heerespersonalamt an Inspekteur des Erziehungs- und Bildungswesens, 23.12.1924, Geheim! Nur durch Offizier zu bearbeiten. Hieraus auch die folgenden Zitate. Dank an Oberstleutnant Dr. Christian Stachelbeck, ZMSBw, für die Überlassung seiner Archivfunde im Rahmen seiner Studie über Erziehung in der Reichswehr und die freundliche Erlaubnis, diese bereits hier zu verwenden.

Verdacht anormaler Veranlagung« gebracht. Konkret habe er diese im angetrunkenen Zustand gestreichelt und ihnen Kosenamen gegeben. Dennoch hätte er in der Bewertung der Personalführer im Heer verbleiben können. Dies war aber nicht mehr möglich, nachdem er zu seiner Verteidigung andere Kameraden fälschlich »ähnlicher Verfehlungen« beschuldigt hatte.[47] Das Heerespersonalamt lieferte gleichfalls Bespiele, wie Gerüchte entstehen konnten. Ein Offizier habe sich in einem »vaterländischen Jugendverein« engagiert und die dortigen »zwanglosen« Gepflogenheiten des Umgangs auch im Verkehr mit Untergebenen in der Truppe beibehalten. So seien »hässliche Gerüchte über [eine] widernatürliche Veranlagung« des Offiziers entstanden. Eine Untersuchung habe aber »deren völlige Haltlosigkeit« ergeben.[48]

3. Beispielhafte Schicksale
von Homosexuellen in Wehrmacht, Polizei und SS

Als Berufsschauspieler an Berliner Bühnen lebte Harry Pauly (Jahrgang 1914) trotz des § 175 StGB eine freie und recht unbeschwerte Sexualität – bis die Nationalsozialisten an die Macht kamen. »Für die Homosexuellen ist es dann immer schlimmer geworden. Wir galten wirklich als das Letzte vom Letzten.«[49] 1939 zur Wehrmacht eingezogen, holten ihn 1943 die früheren »Geschichten« in Berlin ein. Zwei Bekannte waren der Gestapo ins Netz gegangen und hatten Namen genannt. Pauly wurde vom Feldgericht zu drei Jahren Zuchthaus verurteilt, im Berufungsverfahren zu einem Jahr und acht Monaten Gefängnis. Nach Haftentlassung kam er in ein Ersatzbataillon nach Iserlohn – und mit ihm seine Akte. »Es hat sich natürlich schnell herumgesprochen, dass ich ein ›warmer Bruder‹ war und wegen [§] 175 gesessen hatte.« In Iserlohn und später in Frankreich hörte er von Kameraden: »die schwule Sau«, »das warme Schwein«, »der schwule Hengst«, »der Hinterlader«. Pauly: »Es war unerträglich [...] Das konnte doch kein Mensch aushalten [...] Mich kotzte das alles an.«[50] Pauly desertierte – und wurde gefangen. Wegen Fahnenflucht verurteilt, wurde er zur Strafverbüßung in das Strafbataillon Dirlewanger versetzte. Pauly überlebte das Himmelfahrtskommando denkbar knapp mit Bauchschuss im Wehrmachtlazaret Prag: »Ich wollte immer leben, leben, leben.«[51] Das Kriegsende war für ihn eine wahre Befreiung.

Der Mai 1945 bedeutete auch für den Soldaten Johann-Rudolf Braehler (Jahrgang 1914) die Befreiung. Er war zu einer Radfahraufklärungsschwadron einberufen worden, wurde Unteroffizier und mit dem Eisernen Kreuz 2. Klasse sowie dem Sturmabzeichen ausgezeichnet.

»Mein Fortkommen in der Großdeutschen Wehrmacht schien also gesichert zu sein. Im [sic] Schwadron gab es auch zwei Männer, von denen ich wusste, dass sie homosexuell

---

47   BArch, RH 12-1/102: Heerespersonalamt an Inspekteur des Erziehungs- und Bildungswesens, 5.11.1926, Geheime Kommandosache.
48   BArch, RH 12-1/102: Heerespersonalamt an Inspekteur des Erziehungs- und Bildungswesens, 28.8.1925, Geheime Kommandosache.
49   Augenzeugenbericht Harry Pauly, in Stümke/Finkler, Rosa Winkel, S. 312–316, Zitat S. 313.
50   Ebd., S. 314.
51   Ebd., S. 315.

waren. Sie wussten es auch von mir. Es kam jedoch nie zu sexuellen Kontakten. Erst als 1942 zwei Soldaten zum [sic] Schwadron kamen, begann ich mit ihnen eine intime Freundschaft. Meine Leidenszeit fing an [...] Ich sollte neuer Spieß der Schwadron werden. Es kam jedoch ganz anders. Plötzlich kam das Gerücht auf, ich hätte mich gleichgeschlechtlich mit Kameraden abgegeben. Bruno, der eine Freund, wurde durch Strafexerzieren so mürbe gemacht, dass er alles gestand. Mein anderer Freund wurde zu Hause verhaftet und unter Arrest gestellt. Dann ging alles sehr schnell. Bruno und ich wurden unter Bewachung ins Gefängnis nach Kassel gebracht. Zu diesem Zeitpunkt glaubte ich immer noch nicht, dass man mich wegen dieser Lappalien bestrafen würde [...] Darum nutzte ich nicht die Gelegenheit zur Flucht, als wir bei dem Transport nach Berlin in Hannover in einen Bombenangriff gerieten. Als treudumme Schafe suchten wir nach diesem totalen Tohuwabohu unsere Bewacher, und die Reise ging weiter.«[52]
Unteroffizier Braehler wurde wegen »Verbrechens nach § 175« StGB und wegen »Wehrkraftzersetzung« angeklagt. Da seine Freunde Gefreite waren, warf man dem Unteroffizier zudem Ausnutzung seiner Dienststellung und »Gewaltanwendung« vor. Das Urteil: zwei Jahre Zuchthaus; die beiden Gefreiten erhielten je ein Jahr Gefängnis. Unteroffizier Braehler wurde aber nicht in ein Zuchthaus, sondern in das Lager Rhede-Brual im Emsland eingeliefert.

»Meine Naivität war mir gründlich vergangen. Ich machte mir keine Illusionen mehr. Das einzige, was ich wollte, war überleben [...] Im Grunde herrschte in unserem Lager genau der gleiche unmenschliche Terror wie in den KZ, außer dass die Brennöfen fehlten.«[53]
Im Lager waren nicht wenige Homosexuelle eingesperrt.

»Zu homosexuellen Kontakten kam es jedoch nie [...] Wir waren viel zu ausgelaugt und hatten viel zu viel Angst. Zu diesem Zeitpunkt war mein katholischer Glaube immer noch tief in mir verwurzelt. Ich war der festen Überzeugung, dass das alles die Strafe Gottes sei, die mich wegen meiner schweren Verfehlungen treffen musste. Wie falsch diese Einstellung war, wurde mir erst viele Jahre später klar.«[54]
In den letzten Kriegswochen wurden die Häftlinge aus dem Lager Rhede-Brual wieder Soldaten. Sie sollten in den Endkampf ziehen. Nach nur kurzer Zeit begingen er und einige andere Männer Fahnenflucht. Sie versteckten sich bis zur Kapitulation bei der Familie eines Kameraden in Nordenham.[55]

(Notwendiger Nachtrag: Der berufliche Neustart nach Kriegsende in einem Arbeitsamt misslang: Die Verurteilung wegen des § 175 StGB holte ihn wieder ein. Sein Personalchef bestellte Braehler ein und eröffnete ihm, dass man mittlerweile seine Strafakten eingesehen habe. »Es sei den Angestellten des Arbeitsamtes nicht zuzumuten, mit einem Homosexuellen zusammenzuarbeiten«.[56])

»Wie fühlte sich der Homosexuelle als Soldat der Wehrmacht?«[57] fragte eine 1991 veröffentlichte Studie und ließ Zeitzeugen antworten. Der Kölner Peter L. wurde 1936 als Soldat vom Luftwaffengericht I in Königsberg zu einem Jahr und sechs Monaten

---

52 Augenzeugenbericht Johann-Rudolf Braehler, in Stümke/Finkler, Rosa Winkel, S. 316–324, hier S. 318.
53 Ebd., S. 319.
54 Ebd., S. 321.
55 Ebd., S. 321 f.
56 Ebd., S. 323.
57 Ernst/Limpricht, Organisierter Mann, S. 65, auch im Folgenden.

Haft verurteilt – dem Vernehmen nach für gleichgeschlechtliche Handlungen, die
er als Angehöriger der Wehrmacht in seinem heimatlichen Umfeld begangen haben soll. Werner K., ebenfalls Kölner, habe seinen Dienst als Soldat im Krieg nach
einer gescheiterten Ehe als »sehr positiv« erlebt. »Es war für mich eine Erlösung
[...] überhaupt einmal in einer Männergesellschaft zu sein, auch wenn sich nichts
abspielte«. Werner sei sich der Gefahren bewusst gewesen und habe Beziehungen zu
Kameraden seiner Kompanie gemieden, habe aber durchaus »zahlreiche Verhältnisse
in den besetzten Gebieten« gehabt. Die Verfasser der Studie zogen den Schluss: »Die
extreme Situation, in der sich alle Soldaten befanden, und die zumindest zeitweilige
Unmöglichkeit, seine Sexualität auszuleben, förderte homosexuelle Handlungen. In
dem latent erotischen Spannungsverhältnis konnten Homosexuelle unentdeckt ihren Wünschen nachgehen.«

Die wissenschaftliche Genauigkeit gebietet den Hinweis, dass die 1943 vom Chef
des Oberkommandos der Wehrmacht erlassenen »Richtlinien für die Behandlung
von Strafsachen wegen widernatürlicher Unzucht« bei »besonders schweren Fällen«
auch für Soldaten die Todesstrafe vorsahen.[58] Für homosexuelle Wehrmachtsoldaten
sind aber in den verfügbaren Forschungsarbeiten nur wenige Todesurteile nachgewiesen – und dann in der Regel wegen weiterer, anderer Anklagen, zumeist wegen
Fahnenflucht.[59]

Anders als Wehrmachtsoldaten drohte SS-Männern und Polizisten für gleichge-
schlechtlichen Sex oder auch nur für eine gleichgeschlechtliche Neigung nach einem
Erlass Hitlers von 1941 und den vom Reichsführer SS und Chef der Deutschen
Polizei Heinrich Himmler 1942 erlassenen Durchführungsrichtlinien *stets* die Todes-
strafe.[60] Schon 1937 hatte Himmler in einer Rede vor SS-Führern in Bad Tölz seine
Position zur Homosexualität unumwunden herausgestellt:

»Wir haben in der SS heute immer noch pro Monat einen Fall von Homosexualität.
In der gesamten SS werden im Jahr ungefähr acht bis zehn Fälle vorkommen. Ich habe
mich nun zu Folgendem entschlossen: Diese Leute werden selbstverständlich in jedem
Fall öffentlich degradiert und ausgestoßen und werden dem Gericht übergeben. Nach
Abbüßung der vom Gericht festgesetzten Strafe werden sie auf meine Anordnung in ein
Konzentrationslager gebracht und werden im Konzentrationslager auf der Flucht er-
schossen. Das wird jeweils dem Truppenteil, dem der Betreffende angehört hat, von mir
durch Befehl bekannt gegeben. Dadurch hoffe ich, dass ich diese Art von Menschen

---

58   Die am 19.5.1943 von Generalfeldmarschall Wilhelm Keitel erlassenen Richtlinien verschärf-
     ten den bisherigen Strafrahmen unter Anwendung des § 5a Kriegssonderstrafverordnung
     (KSSVO). Dazu Lorenz, Todesurteile und Hinrichtungen, S. 16.
59   Lorenz belegt dies ausführlich mit dem Schicksal des 1919 geborenen Bernhard Ernst Jung.
     Bereits als Jugendlicher mehrfach von der Kriminalpolizei verhaftet und inhaftiert, wurde
     Jung 1939 zur Wehrmacht eingezogen. Er war 1940 in den besetzten Niederlanden statio-
     niert, als er wegen homosexueller Handlungen festgenommen wurde. Auf dem Transport zur
     Verhandlung vor einem Militärgericht gelang ihm die Flucht. Bei einer Razzia in Hamburg
     wurde sein Versteck entdeckt, Jung vom Feldgericht der 110. Infanteriedivision in Hamburg
     im Februar 1941 wegen zweier Verstöße gegen § 175a StGB zu drei Jahren Zuchthaus verur-
     teilt. Zugleich wurde er wegen Fahnenflucht zum Tode verurteilt. Am 6.3.1941 starb Bernhard
     Ernst Jung in Hamburg unter dem Fallbeil. Ebd., S. 17–22.
60   Der auf den 15.11.1941 datierte Erlass »zur Reinhaltung von SS und Polizei« im Wortlaut
     in: Lorenz, Todesurteile und Hinrichtungen, S. 14. Dessen Durchführungsrichtlinien vom
     7.3.1942 als Faksimile zu finden in: Ernst/Limpricht, Organisierter Mann, S. 63.

aus der SS auch bis zum letzten herausbekomme, um wenigstens das gute Blut, das wir in der Schutzstaffel haben, und diese werdende Gesundung blutlicher Art, die wir für Deutschland großziehen, frei zu halten.«[61]

Was Himmlers Worte für einen homosexuellen SS-Mann bedeuteten, musste Eric Vermeer als Angehöriger der 6. SS-Freiwilligen-Sturmbrigade »Langemarck« 1943 mitansehen.[62] Der Belgier hatte sich freiwillig zur SS gemeldet. Während des Einsatzes in der Ukraine riss eines Nachts der Alarm die Männer aus dem Schlaf. Vor die Reihen der angetretenen Freiwilligen-Brigade wurden zwei der Ihren getrieben.

> »Diese verdammten Arschficker haben die deutsche Ehre besudelt‹, brüllen Lautsprecher in den Hof. ›Eng umschlungen haben sie Unzucht getrieben, eng umschlungen sollen sie verrecken!‹ [...] sechs SS-Leute prügeln mit Gewehrkolben zwei Männer in den Lichtkegel vor die Soldaten. Marcel stolpert fast über die Kette, die Beine und Hände [ge]fesselt, sein Gesicht ist nur noch roter Brei, das linke Auge nicht mehr zu sehen. Ein Schuss streckt ihn nieder, er reißt Louis an der Kette mit zu Boden. Louis nimmt Marcels Kopf in die Hände und schreit. Dann fällt der zweite Schuss. Eric Vermeer steht in der ersten Reihe und kämpft gegen das Erbrechen, fast fällt er um und verrät sich [...] Weil diese Truppe, zu der er sich freiwillig gemeldet hat, nicht nur Juden und Kommunisten umbringt, sondern auch Schwule.«

Vermeer war schwul.

> »Eric hört oft abfällige Äußerungen über ›Arschficker‹ und ›75er‹ [gemeint 175er], ›Homosexuelle‹ sagt niemand [...] In den Wehrmachtspuff geht er nicht mit [...] Das fällt auf. Eines Tages setzte sich ein Kamerad im Auftrag der Truppe zu ihm. ›Es wird Zeit, dass du's mit der Köchin Maria treibst‹, sagt der Kamerad und reicht ihm ein Kondom [...] Eric will nicht kneifen, rennt der Köchin, einer Ukrainerin, hinterher, sie flüchtet unter dem Gegröle der Soldaten. Eric lässt von ihr ab, seine Vorstellung hat er vorerst gegeben.«

Nach dem Krieg blieb der Belgier in Westdeutschland. Nach 1945 »hatte er mehr zu verbergen als während des Krieges: Homosexualität und SS-Vergangenheit«.

Nur mit viel Glück im Unglück überlebte auch ein zur Deutschen Polizei im besetzten Frankreich eingezogener homosexueller Berliner den Krieg, obwohl zum Tode verurteilt.[63] Nachdem Hans G. dem Drängen eines Majors, ihn sexuell zu befriedigen, nicht nachgegeben hatte, zeigte der Offizier ihn wegen »versuchter Verführung zur Unzucht« an, schon um sich selbst zu schützen. Es stand Aussage gegen Aussage, die Offiziere und Wehrmachtjuristen glaubten dem Major. Die Ermittlungen wurden auf lange zurückliegende sexuelle Kontakte im heimatlichen Berlin vor dem Krieg ausgedehnt. Der wehrpflichtige Polizist wurde wegen drei älterer Vorfälle dreimal zum Tode verurteilt. Er unterlag als Polizeiangehöriger dem Erlass Himmlers. Aufgrund eines Gnadengesuchs seines Vaters an den Reichsführer SS und Chef der Deutschen Polizei wurde die Vollstreckung der Todesstrafe zunächst ausgesetzt und der Sohn in das KZ Neuengamme verlegt. Er überlebte KZ und Krieg. (Notwendiger Nachtrag: Nach dem Krieg wagte Hans G. nicht, einen Antrag

---

61 Himmler, Geheimreden, S. 93–104, hier S. 97 f.
62 Wörtz, Beim Fummeln erwischt. Den Namen Eric Vermeer hat die Redaktion des *Spiegel* gewählt, um die Identität des Interviewten zu schützen. Alle folgenden Zitate und Angaben ebd.
63 Augenzeugenbericht Hans G. in Stümke/Finkler, Rosa Winkel, S. 301–306.

auf Wiedergutmachung zu stellen. »Wir Schwulen wurden ja weiter strafrechtlich verfolgt. Auf gar keinen Fall wollte ich wieder in einem Gefängnis oder Zuchthaus landen.«[64])

Christian Alexander Wäldner identifizierte mit Stand 2018 aus allen Teilstreitkräften der Wehrmacht 101 Männer, die wegen § 175 StGB verurteilt worden sind. 16 Soldaten büßten ihre Strafen in den Lagern im Emsland ab, 15 in anderen Konzentrationslagern. Drei Soldaten starben in den KZ Sachsenhausen, Neuengamme und Flossenbürg, andere in der Haft oder in anderen Lagern. Die Forschungen werden fortgesetzt.[65] Die in der Wehrmacht wegen »widernatürlicher Unzucht« verurteilten Soldaten konnten wie alle in der Zeit des Nationalsozialismus nach § 175 StGB verurteilten Männer auch nach dem 8. Mai 1945 nicht mit Gnade rechnen. »Nach dem Krieg gerieten deshalb manche aus den KZ befreite homosexuelle Männer wieder in Haft, wo sie ihre Reststrafe verbüßen mussten«,[66] so Christine Lüders, die Leiterin der Antidiskriminierungsstelle des Bundes.

Überliefert ist beispielsweise der Fall eines 1939 zur Wehrmacht eingezogenen, damals 30-jährigen Mannes, der während des Krieges zweimal von Kriegsgerichten nach § 175 StGB verurteilt worden war: im September 1942 durch das Feldkriegsgericht des Panzerarmeeoberkommandos 3 zu einem Jahr Gefängnis und Rangverlust, verbüßt bis Februar 1943, die Reststrafe bis Kriegsende zur Bewährung ausgesetzt; und erneut im September 1944 durch das Zentralgericht des Heeres wegen »versuchter schwerer Unzucht zwischen Männern und Unzucht zwischen Männern«, diesmal (weil die Bewährung noch lief) zu zehn Jahren Haft und zusätzlich fünf Monaten Dienst in einer Strafkompanie. Den Quellen ist zu entnehmen, dass der Verurteilte bis 11. April 1945 im Konzentrationslager Dora bei Nordhausen inhaftiert gewesen ist. Im Oktober 1945 wurde der Mann in Unna durch die nun unter britischer Kontrolle stehende Polizei festgenommen und dem Polizeigefängnis Unna zugeführt: Er habe noch eine Zuchthausstrafe von neun Jahren und acht Monaten zu verbüßen. Auf Veranlassung der britischen Militärregierung wurde er in die Strafanstalt Werl eingewiesen. Sein Gnadengesuch wurde im Februar 1946 von der Oberstaatsanwaltschaft Arnsberg abgelehnt. Im Juni 1946 wies die Oberstaatsanwaltschaft dann aber seine sofortige Entlassung an.[67]

Der Fall aus Unna war keine Ausnahme, sondern die Regel. Das Kriegsende bedeutete auch für andere wegen Homosexualität verurteile Wehrmachtsoldaten nicht das Ende ihrer Zuchthaushaft. Einem in Landsberg inhaftiertem Luftwaffensoldaten wurde nach der Befreiung durch die amerikanischen Truppen nach Prüfung der Haftakten vom amerikanischen Offizier beschieden: »Bleibt hier!« Herrmann R.

---

[64] Ebd., S. 306.
[65] E-Mail Christian Alexander Wäldner an den Verfasser, 17.5.2018, bestätigt am 13.3.2021 in einer weiteren Mail.
[66] Christine Lüders, Leiterin der Antidiskriminierungsstelle des Bundes, Vorwort zu Burgi/ Wolff, Rechtsgutachten.
[67] Landesarchiv NRW, Bestand Westfalen, Q 926/12138, Justizvollzugsanstalt Werl, Haftakte Kurt P., 1945−1946, darin Feldkriegsgerichtsurteil des Pz.A.O.K. 3, St.L. Nr. 123/42 vom 31.8.1942, und Urteil des Zentralgerichts des Heeres, St.L. IX 360/44 vom 22.9.1944. Ich danke Frank Ahland für den Hinweis auf diese Quelle.

musste seine Reststrafe von einem Jahr im alten Zuchthaus unter neuer Regie verbüßen. Er wurde 1946 entlassen.

Was hatte Herrmann R. ins Zuchthaus Landsberg gebracht? 1943 zur Luftwaffe einberufen, wurde der Theaterschauspieler als Personalbearbeiter und Gemeinsachenverwalter in einem Luftwaffenstab in Prag eingesetzt. Im großen Prag lebte er nach eigener Aussage »ungeniert« seine »homosexuellen Bedürfnisse« aus. »Wie das so ist, wenn's dem Esel zu wohl wird, geht er aufs Eis«.[68] Das Eis war denkbar dünn – und brach wegen einer »Lappalie«. Als gelernter Schauspieler wurde er zur Truppenbetreuung umhergeschickt und nach einem »bunten Abend« mit viel Alkohol soll er einem Scharführer der Hitlerjugend über dessen Hose an die Geschlechtsteile gegriffen haben.

> »Zu meinem Entsetzen bin ich sofort verhaftet und in eine Einzelzelle gesperrt worden.
> Beim Verhör sagte ich [...], dass das alles doch nur Albereien gewesen seien. Das hat jedoch
> nichts genutzt. Mein Verteidiger, ein gerissener Gerichtsoffizier [ein Wehrmachtjurist],
> erklärte mir, dass es sich strafmildernd auswirken würde, wenn ich meine Homosexualität
> zugäbe und die Sache als einen bedauerlichen Ausrutscher erkläre. Damals hatte ich keine
> Ahnung von Gesetzen und habe auch nicht kapiert, dass er mich reinlegen wollte [...]
> Der Richter verdonnerte mich zu drei Jahren Zuchthaus für versuchte ›Unzucht‹ und
> zehn Jahre für Zersetzung der Wehrkraft. Ein solches Strafmaß kam mir unglaublich vor.
> Sogar die beiden Zeugen waren sehr erschrocken und haben sich bei mir entschuldigt.
> Das hatten sie nun auch wieder nicht gewollt.«[69]

Die Vollstreckung der Strafe wurde, wie 1944/45 oftmals gängige Praxis, »bis zum Endsieg ausgesetzt!‹ [...] weil man im Grunde genommen doch jeden Mann dringend brauchte«. Bis »Endsieg« und Haftantritt sollte sich der Soldat in einem »Straf- oder Himmelfahrtskommando« an der Front »bewähren«. »Die größten Überlebenschancen rechnete ich mir noch im Lager aus«. Im Wehrmachtgefängnis Prag verhalf ihm ein Oberfeldwebel statt auf den Transport ins Strafbataillon auf einen Transport ins KZ Dachau. Dort angekommen hieß es laut: »›Tschechen raus, Politische raus, 175er raus.‹ Ein Kapo grölte dazwischen: ›Schwule raus, was heißt hier 175er?!‹« Mit rosa Winkel an der gestreiften Häftlingskleidung ging der Transport weiter ins Nebenlager Landsberg, das alte Festungsgefängnis. Am 26. April 1945 erreichten amerikanische Truppen Landsberg. Eine US-Militärkommission prüfte wenige Wochen später die Haftakten. »Was mir der verhörende amerikanische Offizier dann sagte, habe ich bis heute noch im Ohr: ›Homosexuell, das ist Verbrechen. – Bleibt hier!‹«[70] Herrmann R. wurde erst 1946 entlassen. Die britischen und amerikanischen Offiziere orientierten sich an der Rechtspraxis ihrer Heimatstaaten. Die Verurteilung der Homosexuellen wegen ihrer Sexualität erschien den britischen und amerikanischen Offizieren nicht als originär nationalsozialistisches Unrecht, sondern entsprach auch ihrem Rechtsempfinden.

Um eine mögliche Frage der Leserinnen und Leser vorwegzunehmen: In der Literatur zum Schicksal NS-verfolgter Homosexueller fand der Verfasser bislang keinen Fall eines Wehrmachtsoldaten, der sich im Mai 1945 in der sowjetischen

---

[68]   Augenzeugenbericht Herrmann R. in Stümke/Finkler, Rosa Winkel, S. 325–330, hier S. 325.
[69]   Ebd., S. 325 f.
[70]   Ebd., S. 330.

Besatzungszone wiederfand. Daher ist keine Aussage über den Umgang der sowjetischen Besatzungsbehörden möglich. Überliefert ist aber beispielsweise der Fall
eines zuvor im KZ Sachsenhausen wegen Homosexualität inhaftierten Mannes (kein
Soldat), der zunächst wie alle befreiten KZ-Häftlinge den OdF-Ausweis bekam.
Der Ausweis und der Status »Opfer des Faschismus« wurde dem Mann aber nach
wenigen Monaten von den neuen »antifaschistischen« Behörden in Ost-Berlin entzogen, nachdem diese den Grund seiner KZ-Haft, den § 175 StGB, erfahren hatten. Schwule und lesbische Opfer des NS-Regimes waren auch in der sowjetischen
Besatzungszone und der späteren DDR wie in den Westzonen und der späteren
Bundesrepublik keine anerkannten Opfer, sondern nach damals und weiter gelten-
dem Recht Verurteilte.

I. Untauglich? Die zeitgenössische Bewertung der Dienstfähigkeit männlicher Homosexueller

> »Konstante Homosexualität, die sich in fortlaufenden
> gleichgeschlechtlichen Beziehungen auswirkt,
> stellt eine Form der sexuellen Perversionen dar,
> die insgesamt den Psychopathien zuzurechnen sind.«[1]

Die in einem internen Papier aus dem Stab des Inspekteurs des Sanitätsdienstes der Bundeswehr vom Oktober 1970 festgehaltene Einstufung der Homosexualität als Psychopathie, also als psychische Erkrankung, war keine subjektive Einschätzung eines Referenten, sondern entsprach der gültigen Vorschriftenlage und fand sich in den Musterungsbestimmungen der Zentralen Dienstvorschrift (ZDv) 46/1. BMVg und Bundeswehr standen mit ihrer Position nicht allein.

1. Homosexualität als »amtliche« Krankheit

Die Weltgesundheitsorganisation (WHO) verzeichnete Homosexualität in der International Statistical Classification of Diseases and Related Health Problems (ICD) als psychologische Erkrankung, konkret als »sexual deviation«. Zugeordnet wurde diese der Typologie »Disorders of character, behaviour and intelligence« und dort unter »pathologic personality« gelistet. In dieser Zuordnung findet sich Homosexualität in der 1948 in Kraft getretenen ICD-6 und in den folgenden ICD-7, ICD-8 und ICD-9. In der 1992 veröffentlichten ICD-10 taucht Homosexualität erstmals nicht mehr auf.[2] Seitdem gilt Homosexualität international nicht mehr als Krankheit, wohlgemerkt seit 1992. Diesen globalen Rahmen gilt es beim konkreten und kritischen Blick auf die deutschen Streitkräfte und ihren Umgang mit Homosexualität im Kopf zu beachten.

---

[1] BArch, BM 1/6727: BMVg, InSan I 1, 15.10.1970.
[2] ICD-6 von 1948, ICD-7 von 1955, ICD-8 von 1965, ICD-9 von 1975. Die ICD-10 wurde 1990 von der WHO verabschiedet und bis 1994 von den Mitgliedsstaaten eingeführt. Drescher, Gender Identity Diagnoses, S. 142. Stattdessen wurden mit der 10. Änderung des ICD ab 1990 die Diagnose der ichdystonen Sexualorientierung als psychische Erkrankung anerkannt. Ich-Dystonie (auch *ichdyston*, *egodyston* oder *ego-dyston*) bedeutet, dass eine Person ihre Gedanken, Impulse oder Gemütserregungen als nicht zu ihrem Ich gehörend erlebt. Die Folge können Panikattacken sein. In der ichdystonen Sexualorientierung sehen Mediziner den Wunsch, eine andere als die vorhandene sexuelle Ausrichtung haben zu wollen. Die Richtung der sexuellen Orientierung selbst werde dabei aber nicht als Störung angesehen. Vgl. <www.icd-code.de/icd/code/F66.1.html> (letzter Zugriff 31.3.2021).

Wenn etwas ärztlicherseits als Krankheit gesehen wird, stellt sich die Frage nach deren Behandlung. Eine von der Inspektion des Sanitätswesens im BMVg 1966 durchgeführte Arbeitstagung befasste sich neben vielen anderen medizinischen Aspekten der Homosexualität, ausweislich der einführend formulierten Fragen, explizit damit, »ob eine ärztliche Behandlung dieser Soldaten erfolgversprechend« sei.[3] Deren Erfolgsaussichten seien »eingehend geprüft« worden. Es habe bei der psychotherapeutischen »Behandlung« nur wenige »endgültige Erfolge« gegeben, und wenn, dann bei »sehr reifen, also älteren Männern«, für die sich die Frage der Wehrdiensttauglichkeit nicht mehr stellte. Die zweite Gruppe mit »Behandlungserfolgen« seien Männer, die »nicht homosexuell pervertiert« seien, sondern sich nur gelegentlich gleichgeschlechtlich betätigt haben. Summa summarum stellte Generalarzt Professor Dr. Georg Finger fest, diese »Perversion« sei »praktisch nicht heilbar«.[4] Wenn nach Überzeugung der Mediziner eine Krankheit vorlag, so stellte sich neben den Behandlungs- und Heilungsaussichten konsequenterweise auch die Frage nach Symptomen. Der mit der Fachaufsicht über die Musterungskommissionen beauftragte Regierungsmedizinaldirektor ging auf diese Frage mit größtmöglicher ärztlicher Genauigkeit ein und referierte alle nur denkbaren Formen von Fehlbildungen der männlichen Genitalien, jeweils mit genauen Zahlenangaben für den gemusterten Geburtsjahrgang 1946 – nur um festzustellen, dass Musterungsärzte keine »Beziehungen zwischen sexuellen Perversionen und Missbildungen am Genitale beobachtet« haben, diese »offenbar wohl auch nicht vorzuliegen scheinen«.[5] Aber so schnell wollte der Musterungschefarzt (wenn dieses Wortspiel erlaubt ist) nicht aufgeben. Er teilte seinen Kollegen mit, er werde die Kreiswehrersatzämter anweisen, für den Jahrgang 1947 noch einmal »alle anfallenden Fälle« zu melden, um eine »absolut genaue statistische Übersicht«[6] zu erhalten.

Ein früherer Generalarzt der Bundeswehr wies auf sein Medizinstudium 1958/59 hin: »Uns wurde vorgetragen, dass Homosexuelle seuchenhygienische Verbreiter von Hepatitis [und] Syphilis sind, polizeidienstliche Verdächtige der Prostitution, des Drogenhandels und somit des kriminellen Milieus.«[7] Zehn Jahre später, 1968, führte das Wörterbuch der Psychiatrie und ihrer Grenzgebiete die Homosexualität als eine Form der »Paraphilie« auf, sprich: als sexuelle Neigung, die deutlich von der empirischen Norm abweiche; neben Exhibitionismus, Masochismus, Nekrophilie, Nymphomanie, Sadismus, Transvestismus u.a. galt sie als »Perversion«. In der Regel trete Homosexualität in Verbindung mit Neurosen auf: »Viele Homosexuelle sind in irgendeiner Form neurotisch [...], was indessen zum Teil auch durch die Stellung (vor allem des männlichen) Homosexuellen in der Gesellschaft erklärt werden könnte.«[8]

---

3   BArch, BW 24/3736: Generalarzt Prof. Dr. Finger, Einführende Bemerkungen zu BMVg, InSan: Beurteilung der Wehrdiensttauglichkeit und Dienstfähigkeit Homosexueller, 1966, hier S. 5.
4   Ebd.
5   BArch, BW 24/3736: Über die Erkennung von sexuellen Perversionen bei der Musterung. In: BMVg, InSan: Beurteilung der Wehrdiensttauglichkeit und Dienstfähigkeit Homosexueller, 1966, Bl. 35–40, hier Bl. 38.
6   Ebd., Bl. 39 f.
7   Brief von Generalarzt a.D. Dr. med. Horst Hennig, Köln, an den Verfasser, 17.7.2017.
8   Haring/Leickert, Wörterbuch der Psychiatrie, S. 284 f., 405, 445, das Zitat auf S. 285.

Die große Brockhaus-Enzyklopädie definierte Homosexualität 1969 nicht mehr als Krankheit, sondern als »häufige Form der Abweichung von der sexuellen Norm«, vier Prozent der Männer und ein Prozent der Frauen neigten demnach dem eigenen Geschlecht zu.

Das eingangs in diesem Kapitel I zitierte Papier aus dem Stab des Inspekteurs des Sanitätsdienstes der Bundeswehr von 1970 ging auch der Frage nach, wie häufig Homosexualität bei der Musterung und während des Wehrdienstes »diagnostiziert« werde. Bei den 1965 und 1966 gemusterten Geburtsjahrgängen 1946 und 1947 seien »ärztlicherseits« etwa 1 Promille (also einer von Tausend oder 0,1 Prozent) »konstant Homosexuelle« festgestellt worden, je zur Hälfte bei der Musterungsuntersuchung und während des Wehrdienstes.[9]

Die vom Sanitätsdienst zugrunde gelegte Annahme von einem Anteil von zwei bis vier Prozent Homosexueller in der Bevölkerung erschien einem Divisionsarzt 1970 als zu niedrig. Der Prozentsatz liege »wahrscheinlich näher an zehn Prozent als an vier Prozent«.[10] Dabei habe nach der Neufassung des Strafgesetzbuchs (1969) nicht die Zahl der Homosexuellen zugenommen, »wohl aber das offene Bekenntnis zur Homosexualität«. Die Einstellung der Gesellschaft liberalisiere sich weiter. »Zurzeit [1970] verhalten sich 60 % der Jugendlichen tolerant gegenüber Homosexuellen, 20 % indifferent und 20 % intolerant. Latent-Homosexuelle sind am intolerantesten.«[11]

Die bereits erwähnte, von der Inspektion des Sanitätswesens im BMVg 1966 durchgeführte Arbeitstagung befasste sich zudem mit dem Phänomen, dass die Zahl der bei der Musterung wie auch immer erkannten homosexuell orientierten jungen Männer deutlich unter dem angenommenen Anteil in der Gesamtbevölkerung lag. Die Erklärung sahen die Bundeswehrärzte im Verschweigen und Verstecken dieser Neigung durch die zu Musternden; im Wortlaut des Jahres 1966: Alle Musterungsärzte seien »eindeutig der Ansicht, dass die Scheu des Homosexuellen und seine Furcht vor Bestrafung ihn veranlassen, bei der Musterung sein Leiden zu verschweigen«.[12] Die homosexuellen Soldaten führten ein »Doppelleben«.[13]

In der »heißen« Phase des Wörner-Kießling-Skandals Mitte Januar 1984 fragte der Bundestagsabgeordnete Joschka Fischer (Die Grünen) den Parlamentarischen Staatssekretär beim BMVg Peter Kurt Würzbach, ob ihm »homosexuelle Soldaten und/oder Vorgesetzte in der Bundeswehr bekannt [seien] und, wenn ja, wie viele«. Würzbach antwortete, es gebe »solche Soldaten«, doch: »Wir führen keine Listen darüber. Sie werden nicht erfasst. Sie werden nicht überprüft. Ich kann Ihnen keine Zahl sagen.«[14] Auch auf die spätere Nachfrage eines Fraktionskollegen Fischers, ob er die »in einem deutschen Nachrichtenmagazin«, dem *Spiegel*, genannte Zahl von

---

9   BArch, BM 1/6727: BMVg, InSan I 1, 15.10.1970
10 BArch, BW 24/7180: Divisionsarzt der 6. Panzergrenadierdivision an BMVg, 2.4.1970.
11 Ebd.
12 BArch, BW 24/3736: Über die Erkennung von sexuellen Perversionen bei der Musterung. In: BMVg, InSan: Beurteilung der Wehrdiensttauglichkeit und Dienstfähigkeit Homosexueller, 1966, Bl. 35–40, hier Bl. 36.
13 Ebd., Bl. 56–63, hier Bl. 59.
14 Deutscher Bundestag, 10. Wahlperiode, 47. Sitzung, 19.1.1984, stenographisches Protokoll, S. 3375.

über 50 000 homosexuellen Soldaten »widerlegen oder bestätigen« könne, ließ sich
Würzbach nicht ein: Er könne diese Zahl nicht bestätigen und sei auch nicht bereit,
sich »an dieser Zahl überhaupt zu orientieren; das wäre Spekulation«.[15]

2. Die Frage der Diensttauglichkeit

Militär hatte in Zeiten der Wehrpflicht für fast alle Männer eine biografische
Bedeutung, zumindest durch die Musterung auch für jene, die den Dienst an der
Waffe verweigerten und sich für den Zivildienst entschieden, oder jene, die aus gesundheitlichen oder anderen Gründen nicht eingezogen wurden. Diese Gründe sind
von Relevanz für das Thema der Studie.

> »Viele Wege führten am ›Bund‹ vorbei. Wer einen davon gehen wollte, versuchte – mit
> unterschiedlichem Erfolg – bei der Musterung seinen Gesundheitszustand herabzustu-
> fen, nahm am Vortag blutdrucksteigernde Medikamente, oder hoffte, durch plumpes
> Vortäuschen homosexueller Neigungen vom Wehrdienst verschont zu werden, weil ihm
> jemand erzählt hatte, Schwule würden nicht eingezogen.«[16]

In den zeitgenössischen Ratschlägen für Wehrdienstverweigerer war es umstritten, ob
jemand, der sich als Schwuler ausgab, auch tatsächlich wie erhofft »von der Truppe
ferngehalten« würde: »›Die werden auch eingezogen, und meistens sind die dann im
Trupp unter sich.‹ Gerüchte, Latrinenparolen, weise Ratschläge.«[17] Keinesfalls reiche
»die bloße Behauptung«, homosexuell zu sein, um nicht zum Wehrdienst einberufen
zu werden, betonten die BMVg-Juristen schon 1964.[18] Damals war noch der § 175
StGB in Kraft, der jegliche sexuelle Handlungen zwischen Männern unter Strafe
stellte. Das machte es den Musterungskommissionen leichter, etwaige Homosexuelle
unter den Wehrpflichtigen zu identifizieren. Diese waren angehalten, über Vorstrafen
und anhängige Ermittlungs- und Strafverfahren Auskunft zu geben. Wenn ein Mann
»Verbrechen oder Vergehen gegen die Sittlichkeit« begangen hatte, führte dies zur
Zurückstellung vom Wehrdienst nach § 12 Abs. 5 Wehrpflichtgesetz.

a) »Fehlerziffer 12 VI: dauernd dienstuntauglich«

»Weil die Homosexualität für jede Armee ein ernstes Problem ist, verzichtet die
Bundeswehr darauf, junge Männer mit einer solchen Veranlagung einzuziehen«,[19]
erklärte 1967 der damalige Bundesverteidigungsminister Gerhard Schröder (CDU).
Der Blick in die alten Vorschriften zeigt: Sogenannte konstante Homosexualität
galt nach den Tauglichkeitsbestimmungen der seit 1965 geltenden Fassung

---

[15] Ebd., S. 3377.
[16] Kulke, Lieber homosexuell als zur Bundeswehr.
[17] Ebd.
[18] BArch, BW 1/73389: BMVg, VR III, 3.1.1964. Die Akte der Abteilung Verwaltung und Recht
      wurde unter dem Betreff »Homophile Wehrpflichtige« geführt. An dieser Stelle nochmals die
      Bitte des Verfassers, wenn in dieser Studie von Juristen oder von Beamten die Rede ist, dies sowohl
      auf männliche als auch weibliche Personen im Sinne des generischen Maskulinums zu beziehen.
[19] Biesold, Der Umgang mit Sexualität in der Bundeswehr, S. 3; gefunden in: Botsch, Soldatsein,
      S. 135.

ZDv 46/1 als »Fehlerziffer 12 VI«, das hieß »dauernd dienstuntauglich«.[20] So aus-
gemusterte Männer wurden nicht zum Wehrdienst herangezogen und unterlagen auch nicht mehr der Wehrüberwachung. In der damals geltenden Fassung
der Tauglichkeitsbestimmungen fanden sich unter dieser Fehlerziffer neben Alkoholismus, schweren Neurosen, Psychosen und »Schwachsinn mittleren und stärke-
ren Grades« unter »schwere Psychopathie« auch die »sexuelle Perversion« und die
»Gemeinschaftsunfähigkeit«.[21] Hierunter fiel die Homosexualität. Auf Basis dieser
Vorschrift waren auch bereits im Dienst befindliche Soldaten als »dauernd dienstunfähig« zu beurteilen und zu entlassen.[22]

Ein genauer Blick in die Musterungsbestimmungen der ZDv 46/1 zeigt für
die 1970er Jahre eine stärkere Differenzierung der Tauglichkeitsstufen. Die unter
»Homophilie« firmierende gleichgeschlechtliche Orientierung wurde mit der »Gradation« IV als »vorübergehend nicht wehrdienstfähig« bewertet. Die in der Fassung
1965 noch generell anzuwendende »Gradation« VI (»dauernd dienstuntauglich«)
galt nun nur noch für »sexuelle Perversion«.[23] In der Praxis änderte sich für »konstant« gleichgeschlechtlich orientierte junge Männer nichts: Ob »vorübergehend«
oder »dauernd«, sie galten als nicht dienstfähig. Für Männer, die bei der Musterung
angaben, gelegentlich Sex mit Männern gehabt zu haben oder zu haben, änderte
sich dagegen etwas. »Gelegentlicher homosexueller Kontakt« wurde nun mit der
»Gradation« III als »verwendungsfähig mit Einschränkung« bewertet.[24] Vermutlich
stand hier unausgesprochen die Sorge Pate, dass sich allzu viele Wehrpflichtige mit
dem Verweis auf gelegentlichen oder einmaligen Sex mit anderen Männern aus der
Verpflichtung zum Wehrdienst lösen könnten.

Die »gelegentliche gleichgeschlechtliche Triebbefriedigung« beeinträchtige nicht die
Disziplin und damit die Kampfkraft der Truppe. Es käme vielmehr auf die »anderen
charakterlichen Verhaltensweisen homosexuell pervertierter Soldaten«[25] an, so der damalige Oberfeldarzt Dr. Rudolph Brickenstein. Wo die Grenze zwischen gelegentlichen sexuellen Kontakte und dauerhafter Homosexualität lag, definierten weder der
Bundeswehrpsychiater noch die Vorschrift. Letztlich kam es auf die Einzelfallentscheidung
an. Die Ärzte hatten Ermessensspielraum. Genaue diese Unschärfe stieß die Tür zu
Willkür und Ungerechtigkeit auf. Und sie bot den Psychiatern der Bundeswehr viel
Raum, sich in den kommenden Jahrzehnten mit der Frage zu befassen. (Zahlreichen
anderen Quellen[26] zufolge und nach Erinnerungen von ihm »untersuchter« Soldaten

---

[20] BArch, BW 1/73389: BMVg, InSan I 5, 4.9.1970.
[21] BArch, BM 1/6727: BMVg, InSan I 1, 9.10.1970.
[22] BArch, BW 1/73389: BMVg, InSan I 5, 4.9.1970.
[23] ZDv 46/1, Bestimmungen für die Durchführung der ärztlichen Untersuchung bei Musterung
und Diensteintritt von Wehrpflichtigen, Annahme, Einstellung und Entlassung von Soldaten,
hier als Auszug in BArch, BW 24/5553.
[24] Ebd.
[25] BArch, BW 24/3736: Oberfeldarzt Dr. Rudolph Brickenstein, Probleme der Homosexualität
in der Sicht des InSan im BMVg. In: BMVg, InSan: Beurteilung der Wehrdiensttauglichkeit
und Dienstfähigkeit Homosexueller, 1966, Bl. 22–34, hier Bl. 34.
[26] Ebd.; siehe auch Brickenstein, Probleme der Homosexualität im Wehrdienst; BArch, BW 24/
7180: Oberstarzt Dr. Rudolph Brickenstein, Neue wehrpsychiatrische und rechtliche Aspekte
für den Dienst bei der Bundeswehr bei homosexuellen Verhaltensweisen (1970, nur intern
und unveröffentlicht); Oberstarzt Dr. Rudolph Brickenstein, Sachverständigenreferat aus
psychiatrischer Sicht. In: Sitzung des Ausschusses Gesundheitsvor- und -fürsorge, militä-

spezialisierte sich Bundeswehrpsychiater Brickenstein auf Homosexuelle und deren
psychiatrische »Begutachtung« in Bundeswehrkrankenhäusern.)

Wie die Vorgaben der ZDv 46/1 auszulegen waren, darüber gab es unterschiedliche Vorstellungen. So brachten die Juristen der Abteilung Verwaltung und Recht
1970 zu Papier, Wehrpflichtige, die »homophil veranlagt« seien und »sich bereits
entsprechend betätigt haben oder bei denen begründete Anhaltspunkte dafür vorliegen, dass sie sich auch während ihrer Zugehörigkeit zur Bundeswehr homosexuell betätigen werden«, seien mit der Fehlerziffer 12 VI als »dauernd untauglich«
zu bewerten und nicht einzuberufen.[27] Die Juristen machten hier nicht die übliche
Unterscheidung zwischen gefestigter Homosexualität und gelegentlicher gleichgeschlechtlicher Betätigung. Entscheidendes Merkmal schien hier die sexuelle
Betätigung zu sein, egal wie oft. Das Papier der BMVg-Juristen war als Hilfestellung
für die Presseabteilung zur Beantwortung einer Anfrage der Zeitschrift *Das andere
Magazin* gedacht. Die Homosexuellenzeitschrift wollte wissen, ob es Vorschriften
gebe, »homophile« Bundesbürger nicht in die Bundeswehr aufzunehmen.[28] Die
Juristen rieten der Presseabteilung bei der Antwort an die Redaktion zu »Besondere[r]
Zurückhaltung«. Es sei nicht auszuschließen, dass die »unumwundene Mitteilung,
dass Homophile nicht in die Bw eingestellt werden, [...] dazu anregt, sich bei der
Musterung als Homophiler zu bezeichnen, um so der Wehrpflicht zu entgehen«.[29]

Die Befürchtung war nicht unbegründet. Als schon allein der Verdacht auf
homosexuelle Neigungen ausreichte, einen Wehrpflichtigen für untauglich zu erklären, »erschienen die ganz Schlauen [...] mit Ohrclips und Stöckelschuhen zur
Musterung«, so *Der Spiegel* 1984.[30] Der dafür unter Wehrpflichtigen gebräuchliche
Ausdruck lautete »Tuntentheater«.

Die Fälle, in denen Soldaten »wahrheitswidrig behaupten« homosexuell zu sein
mit dem Ziel, aus der Bundeswehr entlassen zu werden, nähmen zu, vermerkte wiederum Brickenstein 1969. Die Musterungsbestimmungen seien allgemein bekannt
geworden, vermutlich gebe es »gelenkte ›Informationsstellen‹«, die jungen Männern
dartaten, »wie sie sich verhalten müssen, um auch bei gezielter psychiatrischer
Untersuchung als homosexuell beurteilt und damit vom Wehrdienst ausgeschlossen
zu werden«.[31]

Der Frage, wie viele Wehrpflichtige versuchten, sich durch falsche Angabe der eigenen Sexualität dem Wehrdienst zu entziehen, beschäftigte auch das BMVg. Für den
Geburtsjahrgang 1946 meldeten die Kreiswehrersatzämter bei 294 000 Gemusterten
24 Verdachtsfälle auf »Zweckbehauptung«, für den Jahrgang 1947 mit 25 Fällen
eine nahezu gleiche Zahl.[32] Dies entsprach jeweils weniger als einem von

rische Untersuchungen des Wehrmedizinischen Beirats beim BMVg, 18.4.1980, BArch,
BW 24/5553, auch in BW 2/31225.
27   BArch, BW 24/7180: BMVg, VR IV 1, 29.9.1970.
28   Ebd., Redaktion »Das andere Magazin« an BMVg, 17.8.1970.
29   BArch, BW 24/7180: BMVg, VR IV 1, 29.9.1970.
30   »Soldaten als potentielle Sexualpartner«, S. 22. Dazu auch: Kulke, Lieber homosexuell als zur
     Bundeswehr.
31   Brickenstein, Probleme der Homosexualität im Wehrdienst, S. 151.
32   BArch, BM 1/6727: BMVg, InSan I 1, 9.10.1970. Die Angaben für den Jahrgang 1946 be-
     reits zuvor in: BArch, BW 24/3736: Über die Erkennung von sexuellen Perversionen bei der

10 000 Wehrpflichtigen. Von einem »ins Gewicht fallenden Missbrauchsversuch« lasse sich mithin nicht sprechen, stellte die Führung des Sanitätsdienstes fest.[33]

Die von der Inspektion des Sanitätswesens im BMVg 1966 durchgeführte Arbeitstagung befasste sich neben vielen medizinischen Aspekten der Homosexualität auch mit für die Tauglichkeitsentscheidung zu ziehenden Konsequenzen. Entscheidend für die Beurteilung der Tauglichkeit seien nicht die homosexuellen Praktiken selbst, sondern vielmehr »die *Verhaltensweisen* homosexuell pervertierter Soldaten«.[34] Diese »Verhaltensweisen störten immer wieder Disziplin und Kampfkraft der Truppe«, und zwar in »solchem Ausmaß, dass diese Störer entfernt werden mussten, wenn sie entdeckt wurden«.[35] Brickenstein vertiefte später das Argument: Es zeige sich, dass Homosexuelle »meist von Haus aus selbstunsicher und ängstlich« seien.[36] Der Oberfeldarzt benutzte aus heutiger Sicht nur schwer nachvollziehbare Formulierungen bis hin zu Analogien aus dem Tierreich:

> »Sie suchen auch in der Truppe Gleichgesinnte und finden sie instinktiv meist recht schnell. Um sich gegen ihre Umwelt zu schützen, bilden Homosexuelle gleichsam Nester und konspirieren miteinander. Sie sind aber auch Nötigungen aller Art ausgesetzt, insbesondere durch Agenten anderer Länder. So werden sie nicht selten zu Verrat oder anderen Straftaten getrieben.«[37]

Die Formulierungen von 1966 waren bei Weitem kein Ausrutscher. Der Bundeswehrpsychiater verwandte ähnliche Worte auch in einem 1969 veröffentlichten Aufsatz über homosexuelle Soldaten: »Sie bilden [...] durch unklare Nachrichtenwege untereinander in Verbindung stehende, spannungsgeladene Nester.« Infolgedessen würden »in der militärischen Hierarchie die Manneszucht sowie die Ein- und Unterordnung erheblich gestört«.[38] Brickenstein ließ schon 1966 keinen Zweifel an der Notwendigkeit der Ausmusterung:

> »Homosexuell pervertierte Männer sind für den Wehrdienst dauernd untauglich. Werden solche Männer tatsächlich als tauglich beurteilt und zu Unrecht als Soldat eingestellt, so müssen sie nach Offenbarwerden ihrer Perversion [...] als verwendungsunfähig beurteilt und deshalb als dienstunfähig aus der Bundeswehr entlassen bzw. zur Ruhe gesetzt werden.«[39]

In besagtem Aufsatz von 1969 legte Brickenstein seine Argumentation ausführlich dar:

Musterung. In: BMVg, InSan: Beurteilung der Wehrdiensttauglichkeit und Dienstfähigkeit Homosexueller, 1966, Bl. 35–40, hier Bl. 38.
[33] BArch, BM 1/6727: BMVg, InSan I 1, 9.10.1970.
[34] BArch, BW 24/3736: Generalarzt Prof. Dr. Finger, Einführende Bemerkungen zu BMVg, InSan: Beurteilung der Wehrdiensttauglichkeit und Dienstfähigkeit Homosexueller, 1966, hier S. 5 (Hervorhebung im Original).
[35] Ebd.
[36] BArch, BW 24/3736: Oberfeldarzt Dr. Rudolph Brickenstein, Probleme der Homosexualität in der Sicht des InSan im BMVg. In: BMVg, InSan: Beurteilung der Wehrdiensttauglichkeit und Dienstfähigkeit Homosexueller, 1966, Bl. 22–34, hier Bl. 22.
[37] Ebd.
[38] Brickenstein, Probleme der Homosexualität im Wehrdienst, S. 150.
[39] BArch, BW 24/3736: Oberfeldarzt Dr. Rudolph Brickenstein, Probleme der Homosexualität in der Sicht des InSan im BMVg. In: BMVg, InSan: Beurteilung der Wehrdiensttauglichkeit und Dienstfähigkeit Homosexueller, 1966, Bl. 22–34, hier Bl. 34.

»Homosexuelle Soldaten sind in militärischen Verbänden also nicht deshalb ein Störfaktor,
weil sie ihre geschlechtliche Befriedigung nur im gleichgeschlechtlichen Verkehr finden,
sondern weil ihre homosexuelle Veranlagung meist mit anderen Eigenschaften gekoppelt
ist und [...] zu Verhaltensweisen führt, die die Disziplin und damit die Kampfkraft der
Truppe gefährden«.[40]

Mit letztgenanntem Argument nahm der Oberfeldarzt 1969 die Urteilsbegründungen
der Verwaltungsrichter in ihren Abweisungen von Klagen homosexueller Offiziere und
Unteroffiziere gegen ihre Versetzungen und Nichtzulassungen zum Berufssoldaten
vorweg. Bis 1999 sahen die Richter unisono durch das Bekanntwerden der gleichgeschlechtlichen Orientierung eines Vorgesetzten stets dessen Autorität und damit
die Disziplin und die Kampfkraft der Truppe gefährdet. Brickenstein führte dies
noch weiter aus. Sein Text liest sich aus heutiger Sicht wie eine Aneinanderreihung
von Vorurteilen: Schwule wirkten auf ihre Kameraden entweder »effeminiert« oder
gäben sich »betont forsch«, andere fielen durch ihre Ängstlichkeit auf. Manche »tarnen« sich durch ein »glückliches Familienleben, betätigen sich aber insgeheim homosexuell, sobald sie Gelegenheit dazu haben [...] Auf normal veranlagte Soldaten
wirken manche Homosexuelle nicht selten gerade dadurch provozierend, dass sie ihr
Anders-Sein zu verbergen suchen und sich dabei besonders auffallend benehmen.«
Häufig komme es zu einer »ausgeprägten seelischen Fehlentwicklung«, die »ihr ganzes Sinnen und Trachten« beherrsche.[41]

Brickenstein setzte seine Kaskade von Vorurteilen fort: In der Bundeswehr wie
auch in anderen Streitkräften, beispielsweise den amerikanischen, bildeten Homosexuelle »eigene soziologische Gruppen mit gemeinsamem Jargon, fast unfehlbarem gegenseitigem Erkennen und einem weit verbreiteten System von gegenseitigen
Bekanntschaften mit Beziehung zum Verrat, zur Süchtigkeit und zur Kriminalität«.[42]

Die Vorgabe, homosexuelle Männer als untauglich auszumustern, stieß nicht bei
allen Musterungsärzten auf Zustimmung. Manchen erschien es als unverständlich,
»dass Wehrpflichtige nur wegen ihrer abnormen Veranlagung vom Wehrdienst frei-
kommen sollten. Das sei gegenüber den sexuell normal empfindenden und handelnden Männern ungerecht.«[43] Andere Ärzte kritisierten die Regelungen aus der entgegengesetzten Position heraus. Sie führten an, dass diese Bestimmung Homosexuelle
»zu Menschen zweiter Klasse degradiere; Dabei haben sie durch ihre abnorme
Veranlagung doch schon genug zu leiden«.[44]

Die für die Musterungsvorschriften zuständige Fachaufsicht wischte beiderlei
Einwände vom Tisch.

»Den Musterungsärzten wurde mitgeteilt, dass seelische Auffälligkeiten, insbesondere solche sexueller Art, allein funktionell und nicht aufgrund persönlicher Weltanschauungen
beurteilt werden müssen [...] Es handelt sich also weder um eine Begünstigung noch um
eine Benachteiligung, sondern um eine Zweckmaßnahme. Den Nutzen davon haben die

---

40 Brickenstein, Probleme der Homosexualität im Wehrdienst, S. 150.
41 Ebd.
42 Ebd.
43 BArch, BW 24/3736: Oberfeldarzt Dr. Rudolph Brickenstein, Probleme der Homosexualität
    in der Sicht des InSan im BMVg. In: BMVg, InSan: Beurteilung der Wehrdiensttauglichkeit
    und Dienstfähigkeit Homosexueller, 1966, Bl. 22–34, hier Bl. 26.
44 Ebd.

Bundeswehr insgesamt, die Homosexuellen selbst und nicht zuletzt die mit ihnen in eine soldatische Gemeinschaft kommenden Heterosexuellen und auch die Steuerzahler.«[45] Die Entkriminalisierung sexueller Handlungen unter erwachsenen Männern 1969 und die damit auch nach Ansicht des BMVg erfolgte gesellschaftliche Liberalisierung ändere »keineswegs« die »wehrmedizinischen Aspekte«, betonte die Führung des Sanitätswesens 1970. Zur Untermauerung dieser Position führte sie an, auch in Nationen, die keine strafrechtliche Verfolgung homosexueller Handlungen kennen würden, gälten entsprechende Regelungen für den Wehrdienst.[46] Konsequenterweise blieb die alte Fassung der Musterungsbestimmungen auch nach der Reform des § 175 StGB in Kraft – bis zur Neufassung 1979.

»Fixierte Homosexualität [dürfe] nicht gleichgesetzt werden mit der psychischen Unmöglichkeit der Triebbeherrschung, also mit der Zurechnungsunfähigkeit in homosexueller Hinsicht. Vielmehr gilt für die Homosexuellen hier nichts Anderes als für alle Menschen mit Abartigkeiten, nämlich: Die Anforderungen des Soziallebens an den Einzelmenschen [...] beruhen auf dem [...] Schuldprinzip und damit zugleich auf dem Postulat der Zurechnungsfähigkeit des relativ reifen Menschen. Es schließt auch das Postulat der Fähigkeit zur Hemmung seiner Triebe ein.«[47]

Kurzum, der Aufsatz in der *Neuen Zeitschrift für Wehrrecht* erklärte Homosexuelle für zurechnungsfähig und damit in der Konsequenz, ohne diese freilich auszuformulieren, für maßregelbar durch das Strafrecht und das Disziplinarrecht. Daher sollten »zurechnungsfähige und vermindert zurechnungsfähige Homosexuelle grundsätzlich nicht ohne Weiteres aus dem Dienstverhältnis entfernt werden«, andererseits »in der Regel nicht als Vorgesetzte verwendet werden«.[48] Damit hatte die *Neue Zeitschrift für Wehrrecht* schon 1970 die spätere Linie des BMVg im Umgang mit homosexuellen Soldaten vorweggenommen: dienstfähig, mithin wehrdienstfähig, ja; jegliche Vorgesetztenqualifikation, mithin Karriereaussichten, nein.

b) Wehrpsychiatrische Untersuchungen

In den Unterlagen des BMVg sind in den Sachakten zum Thema Umgang mit Homosexualität auch Vorgänge überliefert, die die wehrpsychiatrische Untersuchung von als homosexuell eingeschätzten Soldaten in den Bundeswehrkrankenhäusern (BWK) dokumentieren – und den Weg dorthin. So wurden im März 1971 zwei Wehrdienstleistende im BWK Hamburg für 15 bzw. 17 Tage stationär aufgenommen und auf ihre Sexualität untersucht. Auslöser war ein Brief beider Soldaten an Bundesverteidigungsminister Helmut Schmidt. Darin baten sie keineswegs um Entlassung oder beschwerten sich über Diskriminierung, auch wenn der Brief mit »Beschwerde gegen die Bundeswehr!«[49] überschrieben war. Sie teilten dem Minister vielmehr folgendes mit:

45   Ebd.
46   BArch, BW 1/73389: BMVg, InSan, 4.9.1970.
47   Schwalm, Die Streichung des Grundtatbestands, S. 97.
48   Ebd.
49   BArch, BW 24/7180: Beschwerde zweier Panzergrenadiere an den Bundesverteidigungsminister, undatiert, mit Eingangsstempel BMVg 15.2.1971.

»Wir lernten uns vor etwa einem halben Jahr [...] kennen und trafen uns seit dieser Zeit regelmäßig und führten auch sexuelle Begegnungen aus. Nun möchten wir Sie bitten, sich dazu zu äußern und wenn es geht uns dazu zu verhelfen, dass wir in Zukunft auf die gleichen Zimmer oder mindestens in die gleiche Kompanie kommen, damit wir unsere Beziehung weiterhin ausüben können, da wir uns sehr nahestehen. Bitte seien Sie so liebenswürdig und beantworten Sie den Brief unverzüglich.«[50]

Statt Schmidt antworteten die Truppenärzte beider Soldaten; statt der Zusammenlegung in ein Zimmer oder in eine Kompanie wiesen die Ärzte die stationäre Aufnahme in die neurologisch-psychiatrische Abteilung des BWK Hamburg an. Nach Ablauf der gut zwei Wochen stand der »Befund« fest. Die – für das BMVg nur oberflächlich anonymisierten – Gutachten verstören heutzutage durch ihren sehr detaillierten Blick in das Intim- und Sexualleben Heranwachsender. Im Ergebnis empfahlen die Psychiater, den einen Soldaten wegen Dienstunfähigkeit nach ZDv 46/1 Ziffer 12 V vorzeitig aus dem Wehrdienst zu entlassen und ihn in ca. zwei Jahren erneut psychiatrisch ob seiner möglichen Dienstfähigkeit zu begutachten. Der andere Soldat sei dagegen kein »echter Homosexueller«, eine Einschränkung seiner Verwendungsfähigkeit als Soldat liege daher nicht vor. »Allerdings« empfahlen die Ärzte eine sofortige Versetzung aus seiner Einheit. Sie machten den Panzergrenadier für die Zukunft auf die disziplinaren und strafrechtlichen Folgen »eventueller homosexueller Praktiken bei und außerhalb der Truppe aufmerksam«.[51] Der nicht entlassene Panzergrenadier erhielt Ende April 1971 dann auch die noch immer ausstehende Antwort des BMVg auf sein Schreiben an den Minister vom Februar. Der Wunsch auf Zusammenlegung mit seinem Freund »in ein gemeinsames Zimmer zur Intensivierung Ihrer homophilen Beziehungen« verkenne, »dass zwar die Straffälligkeit nach § 175 StGB in einzelnen Teilen gelockert worden ist, dass aber die Bundeswehr keinesfalls [...] derartige Betätigungen fördert.«[52]

Bundeswehrpsychiater Brickenstein veröffentlichte 1969 in einer Fachzeitschrift sechs Fälle aus seiner ärztlichen Praxis an einem Bundeswehrkrankenhaus. Selbstredend anonymisiert, frappiert dennoch erneut die Freimütigkeit und Detailschärfe, mit der ein Arzt öffentlich von früheren intimen und sexuellen Erlebnissen ihm anvertrauter junger, teils sehr junger Menschen berichtete.[53] Die Wiedergabe beschränkt sich auf die Ergebnisse der »Begutachtung« und die daraus gezogenen dienstlichen Konsequenzen. Ein Wehrdienstleistender wurde als »potenzieller Störfaktor« in der Truppe gesehen und nach Fehlerziffer 12 IV vorzeitig entlassen. Bei einem Matrosen wirkte dessen Behauptung, homosexuell zu sein, nicht »überzeugend«. Auf die Empfehlung eines vorzeitigen Entlassungsverfahrens wurde verzichtet, dem Truppenarzt aber geraten, den betreffenden Soldaten »mehr als andere zu überwachen«. Auch bei einem anderen Wehrpflichtigen blieben »nicht begründbare Zweifel« an dessen Geschichte; er wurde daher mit Fehlerziffer 12 V zunächst nur vorübergehend untauglich be-

---

50   Ebd.
51   BArch, BW 24/7180: Bundeswehrkrankenhaus Hamburg, Neurologisch-psychiatrische Abteilung, an Truppenärzte, 17. und 19.3.1971.
52   BArch, BW 24/7180: BMVg InSan I 5 an Soldat X., 30.4.1971.
53   Brickenstein, Probleme der Homosexualität im Wehrdienst. Mehrfach werden praktizierte »Onanie und Afterverkehr« und der hochtrabend pseudomedizinisch als »Immissio penis in orem« bezeichnete »Mundverkehr« penibel aufgezählt.

urteilt und hatte sich nach zwei Jahren von Neuem einer Begutachtung zu unterziehen. Bei einem weiteren Wehrpflichtigen sahen die Bundeswehrpsychiater »nicht den geringsten Anhalt« für Homosexualität. Der Soldat wirkte »tief beschämt, als er sich ertappt sah, dass er sich auf diese Weise vom Wehrdienst zu drücken versuchte«. In einem anderen Fall ergab die »gezielte Exploration« keinen »Anhalt für homosexuelle Neigungen«, sie konnte aber auch nicht mit Sicherheit ausgeschlossen werden. Dagegen bestanden bei einem Stabsunteroffizier keine Zweifel. Vielmehr attestierten die Ärzte ihm eine »echte homosexuelle Perversion«, aufgrund derer dauernde Dienstunfähigkeit vorliege. Der Zeitsoldat wurde vorzeitig entlassen.[54] In den Sachakten des Verteidigungsministeriums finden sich zudem weitere (nicht anonymisierte) Fälle von begutachteten Soldaten, deren Entlassungen aufgrund von Zweifeln an der Homosexualität von der Personalabteilung des BMVg abgelehnt wurden.[55]

Eine Studie im Auftrag des Dezernats Wehrpsychologie des Streitkräfteamts analysierte 1985 Probleme homosexueller Soldaten. Homosexualität schließe die »Eignung und Befähigung eines Menschen, Soldat zu sein«, nicht grundsätzlich aus oder beinträchtige diese. Allerdings könne »allein die Tatsache, als homosexuell identifiziert worden zu sein, seine Tätigkeit als Soldat einschränken oder gar unmöglich machen«.[56] Im militärischen und zivilen Umfeld würden Ängste und Vorurteile ausgelebt. Mögliche Reaktionen reichten von leichter Distanzierung bis zur völligen Ablehnung. Darüber hinaus bestehe auch die Gefahr, »dass der homosexuelle Mensch bewusst provoziert oder der Lächerlichkeit preisgegeben« werde. »Der Homosexuelle« stelle in der Gesellschaft nach wie vor eine »einzigartige Projektionsfigur« dar. Dabei werde er nicht mehr als »Einzelpersönlichkeit«, sondern als »Angehöriger eines diskriminierten Kollektivs« gesehen.[57] All dies beeinflusse nicht nur das Verhalten der Mitmenschen, sondern letztlich auch das »Verhalten und Denken des homosexuellen Menschen selbst«.[58]

Wie die Bundeswehr in der Praxis, auch im eigentlichen Wortsinn, agierte, davon berichtete ein 1976 ausgemusterter Mann.[59] Es war bereits seine zweite Untersuchung im Kreiswehrersatzamt (KWEA). Bei seinem ersten Termin Anfang der 1970er Jahre im Alter von 18 Jahren sei Homosexualität für ihn selbst kein Thema gewesen, das er anderen anvertrauen wollte. Er wurde aber ohnehin für sein kommendes Studium vom Wehrdienst zurückgestellt. Nach dem Ende des Studiums (und seinem zwischenzeitlichen Coming-out) drohte die Einberufung zur Bundeswehr. Um dem zuvorzukommen, wurde er von sich aus aktiv und beantragte 1976 eine Nachmusterung. Im KWEA Saarbrücken hatten sich an diesem Tag im Jahr 1976 im Warteraum etliche junge Männer »mit allerlei Gebrechen versammelt, echten und vorgeschobenen, meist waren es Rückenbeschwerden«, erinnerte sich der Mann. Auf die neugierige Frage, was er denn habe, entgegnete er, er sei ho-

---

54 Ebd.
55 BArch, BW 24/7180: BMVg, P III 7-E, 12.6.1964 und BMVg, P II 7-E, 23.4.1968.
56 BArch, BW 2/32553: Streitkräfteamt, Abt. I, Dez. Wehrpsychologie, Februar 1985 (auch in: BArch, BW 2/531590: BMVg, P II 4, Az KL-1-85): Max Flach, Sozialpsychologie Stellungnahme zur Homosexualität in den Streitkräften, hier S. 11.
57 Ebd., S. 13.
58 Ebd.
59 Zeitzeugengespräch E., Köln, 14.2.2018, auch im Folgenden.

mosexuell. Dieses Bekenntnis habe bei den im Warteraum versammelten jungen
Männern zu »großer Peinlichkeit« und »ungläubigem Staunen« geführt: »Wenn Du
das sagt, dann kommt das in Deine Akte!« Als der Mann dann auf die Frage des
Arztes die gleiche Antwort gab, habe auch im Sprechzimmer »große Peinlichkeit«
geherrscht. Der sichtlich verlegene Musterungsarzt begann lange und sinnlos in seinen Unterlagen zu blättern, »ihm war das Thema sichtlich peinlich«. Nachdem er
sich wieder gefangen hatte, sagte der Arzt: »Das müssen Sie dann nachweisen! Ich
schicke Sie zum Psychiater! Wenn Sie lügen, wird das teuer für Sie!« Dahinter stand
die Drohung, im Falle einer negativen Diagnose alle Kosten für die weitere psychologische Begutachtung übernehmen zu müssen. Der Bundeswehrpsychologe leitete
seine »Untersuchung« einige Tage später mit der Feststellung ein, Homosexualität sei
»keine Frage des Bewusstseins, sondern eine sexuelle Perversion« Im Gutachten habe
der Bundeswehrpsychologe festgehalten, Homosexualität sei nicht zweifelsfrei feststellbar. Er empfahl eine stationäre Aufnahme in das Bundeswehrzentralkrankenhaus
Koblenz – wiederum verbunden mit der Drohung an den jungen Mann, im Fall einer negativen Diagnose die Kosten dafür übernehmen zu müssen. Der Zeitzeuge war
nicht etwa erschrocken, sondern vielmehr »wirklich gespannt, was die Bundeswehr
nun mit mir auf der Krankenstation so anstellen würde, um meine Homosexualität
zu prüfen. Es konnte ja am Ende nichts Anderes rauskommen als deren Bestätigung.«
Dazu kam es nicht. Statt stationär in das Bundeswehrzentralkrankenhaus aufgenommen zu werden, wurde der Mann zur abschließenden Begutachtung zu einem zivilen
Psychologen geschickt. Dieser attestierte nach dem Gespräch eine »ganz normale
Homosexualität«, der zu Untersuchende sei aber psychisch so stabil und selbstbewusst,
sich gegen Ausgrenzung und Mobbing zu wehren. Daher verband der Arzt in seinem
Gutachten die »Diagnose« mit der Empfehlung der Wehrdiensttauglichkeit. Dem abschließend entscheidenden Musterungsarzt reichte aber die nunmehr diagnostizierte
Homosexualität allein völlig aus, um »mit Trauermine« die Wehrdienstuntauglichkeit
auszusprechen und den Wehrpass einzuziehen. Die Diagnose des Musterungsarztes
lautete »Leistungsfunktionsstörung«. Das rückblickende Fazit des Zeitzeugen: Er
habe nicht unter der »Schwulenfeindlichkeit der Bundeswehr« gelitten, sondern sich
diese »zunutze gemacht, um nicht zum Bund zu müssen. Das war gut für mich.«

c) Neue Tauglichkeitsbestimmungen 1979

Mit neuen, 1979 in Kraft gesetzten Tauglichkeitsbestimmungen würden nur noch
junge Männer ausgemustert, bei denen die Homosexualität »zu einer ausgeprägten
sexuellen Deviation etwa im Sinne einer echten Perversion degeneriert« sei, führte
Brickenstein vor dem Wehrmedizinischen Beirat beim BMVg aus.[60]
Mit der 1979 erlassenen Neufassung der ZDv 46/1 wurde Homosexualität mit
der Fehlerziffer 13 in drei graduellen Abstufungen bewertet: »III/13 – Abnorme
sexuelle Verhaltensweisen; IV/13 – Sexuelle Fehlhaltung ohne grobe Störung der

[60] Oberstarzt Dr. Rudolph Brickenstein, Sachverständigenreferat aus psychiatrischer Sicht.
In: Sitzung des Ausschusses Gesundheitsvor- und -fürsorge, militärische Untersuchungen
des Wehrmedizinischen Beirats beim BMVg, 18.4.1980, BArch, BW 24/5553, auch in
BW 2/31225.

Anpassungs-, Leistungs-, Belastungs- oder Gemeinschaftsfähigkeit; VI/13 – Ausgeprägte sexuelle Deviation mit Beeinträchtigung der Gemeinschaftsfähigkeit.«[61]

Die (bekanntgewordene) Homosexualität eines Wehrpflichtigen wurde demnach nicht mehr wie bisher den »Gradationen« IV (»vorübergehend nicht wehr-/dienstfähig«) oder VI (»dienstunfähig«) zugeordnet. War zuvor nur der »gelegentliche homosexuelle Kontakt« mit der »Gradation« III (»verwendungsfähig mit Einschränkung«) bewertet worden, fiel nunmehr grundsätzlich jeder homosexuelle Mann in diese Musterungskategorie – und musste seinen Wehrdienst antreten. Wenn sich homosexuelle Wehrpflichtige »trotz abnormer sexueller Verhaltensweisen noch problemlos in eine militärische Männergemeinschaft einzuordnen vermögen«,[62] werde ihnen die »Gradation« III zuerkannt. Die vorübergehende oder generelle Dienstunfähigkeit war den oben zitierten Ausnahmefällen von »Störungen« oder »Deviationen« vorbehalten.[63] In der Praxis bedeutete dies, dass nun die meisten schwulen jungen Männer ihren Wehrdienst ableisten mussten. Die neue Praxis der Musterungen wurde offenbar schon 1978 zumindest in Einzelfällen angewandt. Darauf deutet das Schreiben eines Münchners an die Abteilung Wehrdienstfragen des BMVg hin. Er sei 1976 aufgrund seiner Homosexualität ausgemustert worden. Nun aber habe sein Partner seinen Musterungsbescheid erhalten: Er sei mit der Stufe 3 als wehrdienstfähig eingestuft worden, obwohl auch er angegeben habe, homosexuell zu sein. Bei der Musterung sei ihm erklärt worden, dass dies »nach den neuen Bestimmungen kein Grund mehr sei, vom Wehrdienst befreit zu werden«.[64] Der Mann fragte aufgebracht: »Warum urteilt man in unserem Lande willkürlich und lässt nicht gleiches Recht für alle gelten?«[65] Abgesehen davon, dass ein Musterungsbescheid natürlich kein »Urteil« war, konnte er die Neufassung der Musterungsvorschrift nicht kennen. So stellte es sich ihm und seinem Partner als Willkür dar. Sein Freund war »mit den Nerven bereits am Ende«. Als Ausweg bat der Mann, seinen Partner doch wenigstens in der Nähe von München zu stationieren. Handschriftlich wurde auf dem Schreiben vermerkt »Psychologe für heimatnah! Wie Unterbringung v. Verheirateten!«[66] Ob dies eine Ergänzung des Verfassers oder aber ein Vermerk des Referenten im BMVg war, muss offenbleiben.

Die neuen Musterungsvorschriften durchkreuzten auch die Pläne eines jungen Hamburgers, sich 1980 aufgrund seiner Homosexualität vom anstehenden Wehrdienst befreien zu lassen. Er gab bei seiner Musterung im März 1980 an, homosexuell veranlagt zu sein. Die neuen Tauglichkeitsbestimmungen kannte er wohl noch nicht. Das vom Kreiswehrersatzamt angeforderte fachärztliche Gutachten nahm »gelegentliche homosexuelle Kontakte« als »unbestritten vorliegend« an. Eine »solche Veranlagung« schließe aber gemäß ZDv 46/1 den Wehrdienst nicht aus;

---

[61]   ZDv 46/1, Bestimmungen für die Durchführung der ärztlichen Untersuchung bei Musterung und Diensteintritt von Wehrpflichtigen, Annahme und Einstellung von freiwilligen Bewerbern sowie bei der Entlassung von Soldaten, BMVg, Bonn 1979, hier Nr. 261, wortgleich in Auszügen auch in BArch, BW 24/5553, BW 2/32553 und BW 2/31224.
[62]   BArch, BW 1/304286: BMVg, P II 1, 12.8.1982
[63]   Ebd.
[64]   BArch, BW 24/7180: Herr X., Schreiben an BMVg, 5.3.1978.
[65]   Ebd.
[66]   Ebd.

sie sei nur mit »Körperfehler III/13« zu bewerten. Zu beurteilen sei »allenfalls die
Gemeinschaftsfähigkeit«. Der Wehrpflichtige nehme am Sportunterricht seiner
Oberschule teil, er sei »geistig voll geordnet und voll orientiert«, auch »Anzeichen für
eine psychische Auffälligkeit« ließen sich nicht finden. Mithin sei der junge Mann uneingeschränkt wehrdienstfähig. Dieser gab noch nicht auf und legte Widerspruch ein,
vergebens.[67] Der Anwalt des Mannes erhob Klage vor dem Verwaltungsgericht. Dazu
legte er das »fachärztliche Zeugnis« eines zivilen Arztes vor: Der von ihm untersuchte
junge Mann sei »nicht in der Lage, die homosexuelle Veranlagung zu verbergen«. Daher
stelle der Wehrdienst für ihn, »solange die Diskriminierung der Homosexuellen in der
Bundeswehr nicht völlig beseitigt ist, eine unzumutbare Belastung und er selbst unter
den gegebenen Verhältnissen eine Belastung für die Gemeinschaft dar«.[68] In ihrer
Klageerwiderung bezweifelte die Wehrbereichsverwaltung (WBV) die Aussagekraft
des zitierten fachärztlichen Zeugnisses und die Kompetenz des zivilen Arztes: Nur in
der neurologisch-psychiatrischen Abteilung des Bundeswehrkrankenhauses Hamburg
könnten die Anforderungen an die Gemeinschaftsfähigkeit eines Homosexuellen
kompetent beurteilt werden.[69] Dies rief nun wiederum den Anwalt des Klägers auf
den Plan. In einem Rechtsstreit könne »wohl kaum eine von der Beklagten unterhal-
tene Institution mit der Anfertigung eines Gutachtens betraut werden«.[70] Wie der
Rechtsstreit vor dem Verwaltungsgericht ausging, geben die überlieferten Unterlagen
leider nicht preis.

In seiner Antwort auf eine Anfrage der Bundestagsabgeordneten Herta Däubler-
Gmelin betonte das Verteidigungsministerium im Februar 1979, die Bundewehr behandele Homosexuelle »grundsätzlich nicht anders als heterosexuelle Staatsbürger«.[71]
Soweit sich die Homosexualität in gelegentlichen gleichgeschlechtlichen Kontakten
oder in »Homophilie« äußere, seien die jungen Männer wehrdienstfähig und würden
einberufen. Wehrpflichtige, die auf ihre Homosexualität hinwiesen oder deren sexuelle Orientierung auf andere Weise bekannt werde, würden ärztlich untersucht. Nur
im Fall von seelischen Störungen oder »sexueller Perversion mit Krankheitswert«
werde auf Dienstuntauglichkeit entschieden.[72] Gleiches gelte »grundsätzlich« für
Bewerber als Zeit- oder Berufssoldat. Hier werde aber ein fachärztliches Gutachten
über die Dienstfähigkeit eingeholt, auf dessen Grundlage über die Einstellung entschieden werde. Und wiederum: »Ist der Homosexuelle Soldat geworden, so wird er
grundsätzlich nicht anders behandelt als die heterosexuellen Soldaten auch«.[73] 1979
mag das noch gegolten haben. Spätestens ab 1984 schrieb ein Erlass des BMVg
eindeutig die Nichteignung für Vorgesetztenfunktionen, als Unteroffizier und
Offizier fest.[74] Unteroffizier- und Offiziersanwärter wurden bei Bekanntwerden ih-

---

67 Musterungskammer 2 bei der Wehrbereichsverwaltung I, Widerspruchsbescheid vom 28.5.1980
     gegen den Bescheid des Musterungsausschusses vom 10.3.1980.
68 Fachärztliche Zeugnis vom 11.6.1980.
69 Wehrbereichsverwaltung I an Verwaltungsgericht Hamburg, 11.8.1980.
70 Anwaltskanzlei F. an Verwaltungsgericht Hamburg, 14.11.1980.
71 BArch, BW 1/304284: BMVg, VR I 1, 15.2.1979 sowie BMVg, Parl. Staatssekretär an MdB
     Herta Däubler-Gmelin (SPD), 23.2.1979.
72 Ebd.
73 Ebd.
74 BArch, BW 2/31224: BMVg, P II 1, Az 16-02-05/2 (C) R 4/84, 13.3.1984, ausführlich dazu
     im Unterkapitel IV.4.

rer gleichgeschlechtlichen Präferenz entlassen.[75] Bei Wehrpflichtigen griffen derlei Einschränkungen nicht (mehr). Wiederholt betonte die Inspektion des Sanitäts- und Gesundheitswesens im BMVg, Homosexualität sei weder eine Krankheit noch eine »seelisch-geistige Störung, sondern lediglich eine Variation von der Norm«.[76] Das Referat FüS I 4 im BMVg, zuständig für Innere Führung, kam 1986 zu dem Schluss: »Homosexuell orientierte Männer sind grundsätzlich wehrdienstfähig, wenn sie ausreichend anpassungs-, leistungs-, belastungs- und gemeinschaftsfähig sind. Insofern ist Homosexualität nicht als Krankheit zu bewerten.«[77] Diese klare Position wiederholten alle überlieferten internen Papiere des BMVg im Wortlaut.

Noch mitten in der »akuten« Phase des Wörner-Kießling-Skandals Mitte Januar 1984 debattierte der Bundestag die Frage der Diensttauglichkeit homosexueller Männer. Für das BMVg antwortete der Parlamentarische Staatssekretär Würzbach mit den Worten der Musterungsvorschrift: Ein Ausschluss vom Wehrdienst bzw. eine vorzeitige Beendigung des Wehrdienstes sei nur bei eingeschränkter »Integrationsfähigkeit« bzw. »Gemeinschaftsfähigkeit« in die »militärische Männergemeinschaft« möglich.[78] Für den Abgeordneten Norbert Gansel (SPD) schien der Ausdruck »Männergemeinschaft« »nicht ganz ohne gleichgeschlechtlichen Eros zu sein«, was »Veranlassung geben mag, sich selbst immer zu hinterfragen«.[79] Die damalige SPD-Abgeordnete Heide Simonis fragte den Staatssekretär unter Bezugnahme auf die als Kriterium genannte »Integration in die militärische Männergesellschaft«: »Wie würden Sie in diesem Falle dann bitte Frauen beurteilen, die in die Bundeswehr hinein sollen?«[80] Simonis legte mit ihrer Frage schon 1984 den Finger in jene argumentative Schwachstelle, die im Jahr 2000 mit der vollen Öffnung aller Verwendungen für Frauen auch die Restriktionen für Schwule ad absurdum führte. Würzbach entgegnete, er habe von »Gemeinschaftsfähigkeit« gesprochen; »wo diese Veranlagung in einer besonders extremen Form vorhanden ist, sodass sie sich dann in einem kräftigen und möglicherweise selbst nicht zu zügelnden Drang äußert, in der Richtung, wie man veranlagt ist, auch tätig zu werden [...] dann ist, egal, in welchem Bereich, die Gemeinschaftsfähigkeit gestört«.[81] Der Abgeordnete Gerhard Pfeffermann (CDU/CSU) wurde mit dem Zwischenruf »Auch Busengrapscher würden die Bundeswehr stören!« im Protokoll verewigt.[82] Die Abgeordnete Waltraut Schoppe (Die Grünen) bat den Staatssekretär, die »extremen Formen der Homosexualität und von Abweichungen« näher zu erläutern. Würzbach ließ sich darauf nicht ein und verwies im Einzelfall auf »kundige Mediziner, möglicherweise unter Heranziehung von Psychologen« (»Zuruf von der CDU/CSU: Oder die Frau Schoppe!«).[83]

---

[75]   Dazu ausführlich in Kapitel IV.
[76]   U.a. BArch, BW 1/304285: BMVg InSan, 4.9.1985.
[77]   BArch, BW 2/31224: BMVg, FüS I 4, Juli 1986.
[78]   Deutscher Bundestag, 10. Wahlperiode, 47. Sitzung, 19.1.1984, stenographisches Protokoll, S. 3374.
[79]   Ebd., S. 3376.
[80]   Ebd.
[81]   Ebd.
[82]   Ebd.
[83]   Ebd.

1993 berichtete *Der Spiegel* erneut, homosexuelle Wehrpflichtige würden eingezogen und »können sich nicht unter Berufung auf ihre Neigung einen ›Freifahrtschein nach draußen‹ erkaufen«.[84] Die deutsche Position zu »Homosexuality and Military Service« referierte im selben Jahr der Direktor des Sozialwissenschaftlichen Instituts (SOWI) der Bundeswehr, Professor Bernhard Fleckenstein, auf einem Workshop an der Universität Hull in Großbritannien: »Homosexuelle Männer sind wehrpflichtig wie alle anderen, und sie sind wehrdienstfähig, sofern im Musterungsverfahren ihre physische und psychische Eignung festgestellt wird.«[85] Daher würden junge Männer im Musterungsverfahren vom Arzt auch nach »eventuellen homosexuellen Neigungen« befragt. »Wie berichtet wird, offenbaren die meisten homosexuellen Rekruten ihre Orientierung, wenn der Musterungsarzt das Gespräch darauf bringt.«[86] Arzt und Wehrpsychologe würden dann entscheiden, ob der junge Mann »gemeinschaftsfähig« sei, sich also »in die militärische Männergemeinschaft integrieren kann, ohne als homosexuell aufzufallen«.[87] Im Zweifel werde er als »geistig nicht tauglich« mit der Tauglichkeitsstufe T5 ausgemustert.[88] Tatsächlich sei die Ausmusterung gar »die Regel«. Die Musterungsärzte betrieben bei der Tauglichkeitsbeurteilung Homosexueller eine »ausgesprochen ›konservative‹ Politik: fast alle werden ausgemustert. Mit dieser Lösung sind offenkundig auch alle zufrieden«: Sie sei »im Interesse der Betroffenen«, die keinen Grundwehrdienst und einen Ersatzdienst leisten müssten; sie liege zudem »im Interesse der Truppenführer, die solche Leute in ihren Einheiten nicht haben wollen, weil sie dann auch keine Schwierigkeiten mit homosexuellen Soldaten befürchten«[89] müssten. Außer dem Arzt und ggf. einem hinzugezogenen Wehrpsychologen erfahre niemand, wie und aus welchen Gründen der musterungsärztliche Befund zustande komme, betonte Fleckenstein.

Aus der Praxis berichtet ein 1992 ausgemusterter Mann. Vom Musterungsarzt nach etwaigen Hinderungsgründen für den Wehrdienst gefragt, habe er angegeben, Mitglied der schwul-lesbischen Jugendgruppe zu sein. Daraufhin sei eine fachärztliche psychologische Begutachtung eingeleitet worden. Der lebensältere Psychologe habe schon nach wenigen Minuten Gespräch entschieden: »Sie sind doch gar nicht wehrtauglich.« Mit der Vorlage des Gutachtens habe der junge Mann seinen Untauglichkeitsbescheid (T5) erhalten.[90]

3. Appelle an die Toleranz der Truppe

Eine andere Vorstellung vom Dienstalltag Homosexueller hatte die Inspektion des Sanitätswesens im März 1983 formuliert. Es war ein so zuvor in keinem Papier des

---

84 »Versiegelte Briefe«, S. 54.
85 Die Studie von Fleckenstein erschien einzig auf Englisch, und zwar u.d.T: Homosexuality and Military Service in Germany; das deutsche Original ging an das BMVg und liegt, datiert mit 24.2.1993, im BArch, BW 2/32553; daraus auch die Zitate hier und im Folgenden.
86 Ebd.
87 Ebd.
88 ZDv 46/1, 1979.
89 Fleckenstein, Homosexuality and Military Service in Germany.
90 Telefonisches Zeitzeugengespräch W., 4.1.2018.

BMVg zu findender Appell an die Toleranz der Soldaten. Die »Truppe« solle künftig im Rahmen der Sanitätsausbildung »sachgerecht« über homosexuelles Verhalten informiert werden. Die sich primär an junge Wehrpflichtige richtenden einfachen Worte lassen es nicht an Deutlichkeit mangeln, es lohnt daher, sie im Wortlaut wiederzugeben:

»1. Homosexuelles Verhalten ist im Allgemeinen kein krankhaftes Verhalten [...]

2. Homosexuelles Verhalten kann in besonderen Situationen [...] auch bei heterosexuell orientierten Männern auftreten, wie z.B. bei alkoholbedingter Enthemmung und in sexualisierter Atmosphäre [...]

4. Homosexuell orientiertes Verhalten zwingt ebenso wenig zum schrankenlosen Ausleben der Sexualität wie heterosexuell orientiertes Verhalten. Deshalb brauchen homosexuell orientierte Soldaten, die sich häufig in allen übrigen Persönlichkeitseigenheiten nicht von heterosexuell orientierten Soldaten unterscheiden, auch nicht durch homosexuelles Verhalten das sittliche Empfinden ihrer Kameraden beeinträchtigen [...]

6. Toleranz [..] kann man sich aneignen [...]

7. Homosexuell und heterosexuell orientierte Soldaten müssen einsehen lernen, dass keine von beiden Gruppen ›bessere Menschen‹ sind.«[91]

Das Papier von InSan basierte auf einem Gutachten des Direktors der Psychiatrischen Klinik in der Universitäts-Nervenklinik Würzburg, Prof. Otto Schrappe, für das BMVg aus dem Jahr 1982. Die zitierten Empfehlungen wurden wörtlich von InSan übernommen.[92] Ähnlich, ja zum Teil wortgleich liest sich ein vier Monate später ebenfalls in der Führung des Sanitätswesens erarbeitetes Papier, das Richtlinien für die truppenärztliche Betreuung homosexuell orientierter Soldaten formulierte. Neu in dem Papier war die Ablehnung der »pauschalen Etikettierung als Homosexuelle«. Dies simplifiziere und unterstelle, »homosexuelles Verhalten sei Ausdruck einer einheitlichen Grundgegebenheit«.[93] Das »Problem Homosexualität in der Truppe« müsse versachlicht und entstigmatisiert werden. Die Truppenärzte sollten auftretende Konflikte lösen und »jede Eskalation« vermeiden helfen. Dazu müsse zu homosexuell orientierten Soldaten ein »von Vertrauen getragenes Arzt-Patienten-Verhältnis« aufgebaut werden. Vorrangig sei die »differenzierte Betrachtung jedes Einzelfalls«.[94] Ihren Entwurf legte die Inspektion des Sanitätswesens den Referaten der Personalabteilung zur Mitzeichnung vor. Eines der drei angeschriebenen Personalreferate lehnte die Mitzeichnung mit der Begründung ab, der Entwurf berücksichtige »nicht in ausreichendem Umfang die spezifischen Belange der Streitkräfte«.[95] Insbesondere negiere das Papier die Auswirkungen gleichgeschlechtlicher Veranlagung »für die weitere Personalführung länger dienender Soldaten«.[96] Ein handschriftliches Fragezeichen an der Zielvorgabe, »jede Eskalation des Konflikts« zu vermeiden, deutet an, woran

---

91 BArch, BW 1/531590: BMVg, InSan II 4, 15.3.1983.
92 Prof. Dr. med. Otto Schrappe, Gutachten für den Bundesminister der Verteidigung, 16.8.1982 (Kopie im Besitz des Verfassers der Studie).
93 BArch, BW 1/531590: BMVg, InSan I 1, 4.7.1983, Kopie auch in BArch, BW 2/31225: BMVg, InSan I 1, 21.8.1984.
94 Ebd.
95 BArch, BW 1/531590: BMVg, P II 1, 1.8.1983.
96 Ebd.

sich die Personalverantwortlichen konkret störten.[97] (Kein Zweifel: Die schwulen Offizieren und Unteroffizieren in Vorgesetztenfunktion drohenden Restriktionen waren eine Eskalation, allerdings eine, die vom Dienstherren ausging.[98]) Die Inspektion des Sanitätswesens legte ihr Papier 1984 unverändert und diesmal gleich allen beteiligten 19 (!) Referaten zur Mitzeichnung vor.[99] Das weitere Schicksal des Papiers konnte bislang nicht zweifelsfrei verifiziert werden.

Ähnlich liest sich, was das Referat FüS I 4 1986 als Entwurf für einen alle Fragen zum Umgang mit Homosexualität regelnden Erlass zu Papier brachte. Der in die Form eines Hinweises der Personalführung (G1) gebrachte Vorschlag an Generalinspekteur und Minister griff den 1983 von der Führung des Sanitätswesens formulierten Appell an die Toleranz wörtlich auf: »Ein Rückschluss von der sexuellen Orientierung auf die Integrität der sie tragenden Persönlichkeit ist jedoch im Allgemeinen nicht zulässig. Weder homosexuell noch heterosexuell orientierte Soldaten sind zunächst die jeweils ›besseren Menschen‹«.[100] (Auch diese Sätze stammen ursprünglich aus dem Gutachten von Prof. Schrappe für das BMVg von 1982.) Gleichgeschlechtlich orientierte Soldaten fielen unter das Gebot, »aber auch unter den Schutz der Kameradschaft (§ 12 SG) ebenso wie andere Soldaten auch«.[101] Homosexuelle Neigung zwinge »ebenso wenig zum schrankenlosen Ausleben der Sexualität wie heterosexuelle Orientierung« (wiederum aus dem Schrappe-Gutachten übernommen). Homosexuell orientierte Soldaten unterschieden sich »häufig in allen übrigen Persönlichkeitseigenheiten nicht von heterosexuell orientierten Soldaten«.[102] Diese Formulierungen waren wohl nicht der Grund, den Entwurf abzulehnen. Der geplante G1-Hinweis enthielt noch strittigere Punkte zu anderen Fragen des Umgangs mit Homosexuellen. Der Generalinspekteur, zu diesem Zeitpunkt der gerade neu ins Amt gekommene Admiral Dieter Wellershoff, entschied, den Entwurf auf Eis zu legen. Er sehe »zur Zeit keinen Handlungsbedarf«.[103]

Auf die konkrete Frage des jungen Mannes, wie »man« sich verhalten solle, wenn während des Wehrdienstes »rauskomme, dass man schwul« sei, antwortete ein Referent der Rechtsabteilung 1985, er dürfe »versichert sein, dass seine Vorgesetzten ihn nach Recht und Gesetz behandeln werden«.[104] Der Referent hielt noch fest: »Die Vorgesetzten werden seine Würde, seine Ehre und seine sonstigen Rechte achten und ihn vor Nachteilen und Schäden bewahren«. Sollte dies »im Einzelfall nicht gelingen«, so stünden dem Soldaten eine »Reihe von tatsächlichen und rechtlichen Möglichkeiten« zur Verfügung.[105]

---

[97]   Ebd.
[98]   Dazu ausführlich in Kap. IV dieser Studie.
[99]   BArch, BW 2/31225: BMVg, InSan I 1, 21.8.1984.
[100] BArch, BW 2/31225: BMVg, FüS I 4 an Minister über Parlamentarischen Staatssekretär, 22.10.1986, Anlage, identisch mit BArch, BW 2/31224: BMVg, FüS I 4, Juli 1986.
[101] Ebd.
[102] Ebd.
[103] BArch, BW 2/31225: BMVg, handschriftlicher Vermerk über Gespräch mit GenInsp, 4.11.1986, StAL, FüS I, 4.11.1986, sowie FüS I 4, 10.11.1986. Zu dem Entwurf für den G1-Hinweis und dessen Ablehnung ausführlich im Kap. IV.
[104] BArch, BW 1/531593: BMVg, VR II 7 an Herrn T., Bremen, 13.1.1995.
[105] Ebd.

4. Exkurs: »Schmaler Grat«. Der Umgang der
Bundeswehr mit HIV und AIDS in den 1980er Jahren

AIDS war in den 1980er Jahren eines der großen Themen in Presse, Öffentlichkeit und Gesellschaft. Die Diskussion hatte meist Züge von Hysterie, wozu auch die anfängliche große Unsicherheit über die Krankheit, ihre Übertragung und Verbreitung beitrug. Aus heutiger Sicht, auch angesichts der zwischenzeitlich erreichten großartigen medizinischen Möglichkeiten zur Eindämmung der Krankheit, mag die Hysterie der 1980er Jahre verwundern, aus zeitgenössischer Perspektive sah das anders aus.[106] Heute steht außer Frage: HIV und AIDS betrafen und betreffen bei Weitem nicht nur Männer, die Sex mit Männern haben. Von der Hand zu weisen ist aber ebensowenig, dass sich gerade in den 1980er Jahren sehr viele homosexuelle Männer mit dem HI-Virus infizierten, an AIDS erkrankten und starben. Es würde die seinerzeit geführten heftigen Diskussionen um die Prävention von HIV und AIDS verfälschen, wenn rückblickend die damalige Kontextualisierung verschwiegen oder verengt wiedergegeben würde. Die Kontextualisierung von AIDS und Homosexualität ist nicht einfach, aber für eine ehrliche zeitgenössische Aufarbeitung dieser Fragen unumgänglich.

Unter der Überschrift »Schmaler Grat« berichtete *Der Spiegel* im September 1985 über AIDS-Tests bei der Bundeswehr.[107] Die Bundeswehr erwäge, »ob vom nächsten Jahr an alle Rekruten bei der Musterung einem Aids-Test unterzogen werden sollen. Bonn würde damit dem Vorbild des US-Verteidigungsministeriums folgen, das vom 1. Oktober dieses Jahres [1985] an den Aids-Test für alle neu Einrückenden vorgeschrieben hat« – und dies »hauptsächlich aus Kostengründen«, denn »jeder Aids-Pflegefall belastet die Armee mit bis zu 100 000 Dollar«.[108]

> »Was soll das, massenhafte [HIV]-Antikörpertests bei der Bundeswehr? [...] Spricht man deshalb zunehmend von den sogenannten Risikogruppen der Homosexuellen und Drogenabhängigen, auf die man sich bei den Untersuchungen konzentrieren will? Droht uns schwulen Soldaten hier eine weitere und neue Variante aus dem Gruselkabinett von Stigmatisierung und Diskriminierung? Ausgrenzung und Isolation als zwangsläufige Folge eines positiven Testergebnisses, um dadurch den vermeintlichen Schutz der aktiven Truppe zu gewährleisten? Kann ich da noch ruhigen Gewissens zu meinem Truppenarzt gehen? Wo bleibt die ärztliche Schweigepflicht?«[109]

Dieser empörte Leserbrief eines Hauptmanns blieb unveröffentlicht. Der Offizier beließ es 1985 aber nicht bei dem Brief an den *Spiegel*. Wenige Tage später sandte er ein deutlich längeres, aber in seiner Kernaussage und Intention gleiches Schreiben an den Verteidigungsminister und in Kopie an 17 weitere Empfänger, unter ande-

---

[106] Zur Geschichte von HIV und AIDS und deren Perzeption liegen zahlreiche Forschungsergebnisse vor, u.a. Tümmers, AIDS. Zu den Bundestagsdebatten um HIV und AIDS in den 1980er Jahren ausführlich in: Ebner, Religion im Parlament, S. 265–272. Der Verfasser ist sich bewusst, dass allein die Thematisierung von HIV und AIDS in direktem Zusammenhang mit einer Studie über Homosexuelle schon den Vorwurf riskiert, mit der Verbindung beider Themen Vorurteile gegen vor allem schwule Männer zu nähren.
[107] »Ein schmaler Grat«.
[108] Ebd.
[109] Unveröffentlichter Leserbrief Hauptmann P. an den *Spiegel*, 10.9.1985.

rem an den Inspekteur des Sanitätsdienstes der Bundeswehr, den Wehrbeauftragten
des Deutschen Bundestages, den Vorsitzenden des Deutschen Bundeswehrverbands,
die Vorsitzenden der Bundestagsfraktionen und weitere Parlamentarier. Ausgehend
von der zitierten *Spiegel*-Meldung warnte der Hauptmann, dies »wäre die totale
Durchtestung der gesamten jungen wehrpflichtigen männlichen Jugend«. Auf die
öffentliche Kontroverse um angeblich geplante AIDS-Vorsorgeuntersuchungen für
die gesamte Bevölkerung anspielend, klagte der Hauptmann, diese Musterungstests
seien die Vorstufe für die Einführung eines verpflichtenden HIV-Tests für die
Allgemeinheit durch die »Hintertüre« ohne ein entsprechendes, vom Bundestag
verabschiedetes Gesetz. Noch mehr trieb den Hauptmann die Sorge um, wie die
Bundeswehr mit positiven Testergebnissen umgehen werde. Die Entlassung von
HIV-positiven Wehrpflichtigen werde »kaum mit Widerstand rechnen müssen«.
Für Zeit- und Berufssoldaten sei die Bundeswehr aber Arbeitgeber. Entferne man
diese »aus der aktiven Truppe zum vermeintlichen Schutz derselben, so bedeutet
dies Ausgrenzung, Isolation, Einsamkeit [...] Verfuhr man im Mittelalter nicht so
mit den Pest-Kranken?!«[110] Zudem berichtete der Offizier aus eigener Erfahrung,
dass das Arztgeheimnis in der Bundeswehr »nur eingeschränkt« eingehalten werde.
Früher oder später würden Vorgesetzte und die Kameraden erfahren, warum ein
Soldat eingeschränkt verwendungsfähig oder dienstunfähig sei. »Stigmatisierung und
Diskriminierung des Betroffenen« würden die Folge sein. Er sei nicht gegen Vorsorge
und Aufklärung, wer sich testen lassen möchte, der solle dies tun dürfen, aber freiwillig und anonym. Der Hauptmann appellierte an Verteidigungsminister Wörner,
bei der Bekämpfung der Krankheit »voranzugehen«, aber alles zu vermeiden, »was zu
einer neuerlichen Stigmatisierung und Diskriminierung« der Homosexuellen führen
könne. Dies gebiete die Fürsorgepflicht.[111]

Von den Angeschriebenen antwortete beispielsweise der Vorsitzende der verteidigungspolitischen Arbeitsgruppe der CDU/CSU-Bundestagsfraktion. In seinem persönlich unterzeichneten Schreiben versicherte Willy Wimmer, dass die
Regierungsfraktion in ihrer Arbeit stets die Grundlagen des Grundgesetzes beachte
und das BMVg bitten werde, auch in den angesprochenen Fragen »wie bisher diesen Grundsätzen verpflichtet«[112] zu bleiben. Ausführlich antwortete der Stellvertreter
des Inspekteurs des Sanitäts- und Gesundheitswesens der Bundeswehr: Eine obligatorische Untersuchung spezieller Personengruppen sei nicht vorgesehen. Eine »namentliche Erfassung von Antikörperträgern und Erkrankten ist weder zulässig noch
beabsichtigt«.[113]

Aus Mitteilungen ihrer Informanten in BMVg und Bundeswehr notierte die
DDR-Auslandsspionage (HVA) 1987, die Bundeswehrführung konstatierte eine »in
hohem Maße besorgniserregende Entwicklung der Krankheit AIDS«.[114] »Entgegen
früheren Erkenntnissen beschränke sich das Krankheitsbild nicht auf die erkannten

---

[110] Ebd.
[111] Ebd.
[112] Antwort Willy Wimmer, MdB, an Hauptmann P., 30.9.1985.
[113] BMVg, Stellvertretender des Inspekteurs des Sanitäts- und Gesundheitswesens, an Hauptmann
       P., 14.10.1985.
[114] BStU, MfS, ZAIG 6016, Bl. 59–70: MfS, HVA, Militärpolitische Informationsübersichten
       5/87, streng geheim, hier Bl. 68 f.

Risikogruppen [...] Außerdem sei davon auszugehen, dass ein wesentlich höherer Anteil der Infizierten erkrankt und stirbt, als dies noch vor einem Jahr angenommen wurde.«[115] Daher laufe in allen Bundeswehreinheiten derzeit eine intensive
Aufklärungsaktion mit dem Videofilm »AIDS – die tödliche Seuche«, zu dem Truppenärzte Lehrgespräche und Diskussionen führen. Bei Einstellungsuntersuchungen sowie bei der Übernahme als Zeit- oder Berufssoldat erfolgten serologische
Untersuchungen auf HIV, alle Streitkräfteangehörigen könnten freiwillig an Tests
teilnehmen. 1988 notierte die DDR-Auslandsaufklärung, die Bundeswehr konzentriere sich weiterhin auf die freiwillige Teilnahme an HIV-Tests sowie auf »umfassende Aufklärung, um das Sexualverhalten entsprechend zu prägen, insbesondere
die Verantwortlichkeit des Einzelnen für sich und andere«.[116] Hier gab die HVA die
Positionen des BMVg zu HIV und AIDS in der Bundeswehr korrekt wieder.

1988 waren HIV und AIDS auch mehrfach Thema der im Militärischen Führungsrat (MFR) versammelten Inspekteure der Bundeswehr und der Teilstreitkräfte.
Der Inspekteur des Sanitätsdienstes informierte vorab, es bestehe nach »weltweiten
Erfahrungen [...] bisher kein Zweifel, dass die besonderen Bedingungen des militärischen Dienstes, insbesondere auch das Zusammenleben auf engem Raum, an
sich kein erhöhtes HIV-Infektionsrisiko bedingen«.[117] Im Dienstbetrieb bestehe kein
Risiko für eine HIV-Infektion. Erfahrungen zeigten, dass es auch bei der Ersten
Hilfe in der Bundeswehr kein »zusätzliches« HIV-Übertragungsrisiko gebe, »wenn
befohlene Sicherheitsvorkehrungen eingehalten werden«.[118] Ab April 1988 solle allen
neu eingestellten Soldaten im Rahmen der Blutgruppenbestimmung ein freiwilliger
HIV-Test angeboten werden. Mit Stand Ende Februar 1988 seien 100 Soldaten als
HIV-positiv gemeldet, die Zahl habe sich gegenüber dem Vorjahr verdoppelt. Fünf
Soldaten zeigten Krankheitsbilder von AIDS. Mehrfach fragten Sitzungsteilnehmer
nach Ansteckungsgefahren für Soldaten, insbesondere durch das Zusammenleben
auf engstem Raum beispielsweise an Bord und danach, ob der Krankheitsverlauf
durch die Belastungen des Dienstes beschleunigt werden könne.[119]

Offenbar im Ergebnis der Besprechung des Militärischen Führungsrates präsentierte der Stab des Inspekteurs des Sanitätsdienstes den Entwurf eines »Schnellbriefs«,
der über den großen Verteiler alle Dienststellen über Fragen »im Zusammenhang
mit einer HIV-Infektion und daraus folgenden Erkrankungen« informieren sollte.
Das Papier legte eingangs drei Grundsätze fest: »HIV-Infizierte *ohne* Krankheits
[an]zeichen sind nach bisheriger Erkenntnislage grundsätzlich wehrdienstfähig. Ein
HIV-Test darf grundsätzlich nur mir ausdrücklichem Einverständnis des Betroffenen
durchgeführt werde. Das Ergebnis eines freiwilligen HIV-Tests unterliegt in jeder
Hinsicht der ärztlichen Schweigepflicht.«[120]

---

[115] Ebd.
[116] BStU, MfS, ZAIG 6017, Bl. 176–187: MfS, HVA, Militärpolitische Informationsübersichten,
10/88, streng geheim, hier Bl. 183.
[117] BArch, BH 1/29162: BMVg InspSan, 17.2.1988, als Anlage zu MFR-Protokoll vom
14.3.1988.
[118] Ebd.
[119] BArch, N 818/59: Nachlass Admiral Dieter Wellershoff, Protokoll Sitzung MFR am 1.3.1988.
[120] BArch, BH 1/29162: BMVg, InSan I 1, 19.4.1988, als Mitzeichnungsentwurf vom Februar
1988.

Im Einzelnen sollte der freiwillige HIV-Test nach Möglichkeit bereits bei der Einstellungsuntersuchung mit der Blutgruppenbestimmung durchgeführt werden, aber *nicht* Bestandteil der Untersuchung sein. Jedem Soldaten werde vor dem Test eine persönliche Beratung durch den Truppenarzt angeboten. Die Befunde dürften nur von einem Arzt bei gleichzeitiger »angemessener« Beratung eröffnet werden. Das Testergebnis unterliege »in jeder Beziehung« der ärztlichen Schweigepflicht, dies gelte auch für das nicht ärztliche Personal. Der kenntnisnehmende Personenkreis in den Einrichtungen des Sanitätsdienstes sei »auf das absolut Notwendige zu begrenzen«.[121] Bei positivem HIV-Status stehe es dem betroffenen Soldaten frei, die Ärzte von der Schweigepflicht zu entbinden. Dies sei Voraussetzung, damit eine HIV-Infektion *ohne* Krankheitsanzeichen bei Personalentscheidungen, insbesondere hinsichtlich künftiger Verwendungen, Berücksichtigung finden könne. Im Umkehrschluss galt: Ohne Entbindung von der Schweigepflicht könne der HIV-Status keine Berücksichtigung finden. Ein HIV-positiver Soldat *ohne* Krankheitsanzeichen könne seine Entlassung aus dem Dienstverhältnis beantragen. Grundlage sei § 55 Abs. 3 SG, wenn das Verbleiben im Dienstverhältnis für diesen eine »besondere Härte« darstellen würde. Voraussetzung sei wiederum die Entbindung von der ärztlichen Schweigepflicht. Bei einer HIV-Infektion *mit* Krankheitsanzeichen werde »wie bei anderen Erkrankungen auch« verfahren: Der Truppenarzt teile ohne Nennung der Diagnose dem nächsten Disziplinarvorgesetzten des Soldaten die eingeschränkte Verwendungsfähigkeit bzw. die Verwendungsunfähigkeit mit. Auf dieser Basis werde dann über die weitere Dienstfähigkeit entschieden. Zudem sei die Entlassung aus dem Dienstverhältnis wegen »besonderer Härte« möglich.[122]

Der Entwurf des Sanitätsdienstes stieß im Mitzeichnungsgang etwa beim Heer auf Kritik. Dessen Generalarzt warnte vor Überlastungen der Truppenärzte durch die mit den Tests zwingend vorgeschriebenen persönliche Beratungen. Wer den truppenärztlichen Alltag kenne, dürfe die Ärzte »nicht mit einer so umfassenden (und letztlich unerfüllbaren) zusätzlichen Aufgabe« von ihren eigentlichen Aufgaben fernhalten.[123] Bislang (Stand März 1988) sei im Heer bei weit über 100 000 HIV-Tests nicht ein Grundwehrdienstleistender positiv getestet worden (alle positiven Testergebnisse beträfen ältere Soldaten). »Größte Bedenken« äußerte der Generalarzt des Heeres zur Vorgabe, nach der ein Arzt berechtigt sei, das Wissen um die HIV-Infektion an »zuständige Stellen und/oder gefährdete Personen« weiterzugeben, wenn ihm »gesicherte Erkenntnisse« vorlägen, dass ein HIV-positiver Soldat »aufgrund seines Verhaltens eine ernsthafte Gefahr für Gesundheit und Leben anderer darstelle und dies durch andere geeignete Maßnahmen nicht abzuwenden«[124] sei. Was seien »zuständige Stellen«? Disziplinarvorgesetzte, das Gesundheitsamt oder die

---

[121] Ebd.
[122] BArch, BH 1/29162: BMVg, InSan I 1, 19.4.1988, als Mitzeichnungsentwurf vom Februar 1988. Die Eröffnung eines HIV-positiven Befunds könne bei Betroffenen zu schweren seelischen und psychischen Belastungen führen und mithin einen »Krankheitswert« erlangen. In diesen Fällen sei auch ohne HIV-bedingte Krankheitszeichen der nächste Disziplinarvorgesetzten des Soldaten auf dessen eingeschränkte Verwendungsfähigkeit bzw. die Verwendungsunfähigkeit hinzuweisen. Ebd.
[123] BArch, BH 1/29162: Generalarzt des Heeres, 10.3.1988.
[124] Ebd.

Staatsanwaltschaft »oder alle zusammen?« Wer seien diese »›gefährdete[n] Personen‹?
Sexualpartner? Stubenkameraden?«[125] Dieser Passus müsse erheblich präziser gefasst
werden. Die Inspektion des Sanitätsdienstes kam dem teilweise nach und nannte
in der Finalfassung Gesundheitsamt und Disziplinarvorgesetzte als mögliche »zuständige Stellen«. Ergänzt wurde der Passus, im Zweifelsfall müsse sich der Arzt mit
seinem Fachvorgesetzten beraten.[126] Zurück zur Kritik des Generalarztes des Heeres:
Derzeit »herrsche« in der Truppe »an der ›AIDS-Front‹ Ruhe«, so seine Erfahrung.
Dies sei »keineswegs auf Desinteresse zurückzuführen«. Ärzte und militärische
Vorgesetzte handelten mit »Augenmaß und Verantwortungsgefühl« und vermieden
»Überreaktionen«.[127] Dem Ziel der Aufklärung junger Soldaten über HIV und AIDS
dienten auch der 1990 produzierte Film »Wenn ich gewusst hätte ...«[128] und der
Flyer »Soldiers do it safer«.[129]

Unzufrieden mit den Regelungen der Streitkräfte in Bezug auf HIV und AIDS
war der bayerische Innenminister Peter Gauweiler (CSU). Er hatte sich bereits zuvor mit drastischen Forderungen nach strengen Maßnahmen gegen HIV-Positive –
wohlgemerkt generell und gegen *alle*, nicht etwa nur Soldaten – öffentlich posi-
tioniert. In einem Schreiben an Verteidigungsminister Rupert Scholz (CDU) und
den Vorsitzenden des Verteidigungsausschusses des Bundestags, seinen Parteifreund
Alfred Biehle, »bedauerte« Gauweiler die im Schnellbrief vom April 1988 festgeschriebene Freiwilligkeit der HIV-Tests. Der bayerische Innenminister verwies auf
eine Empfehlung des »Sonderausschusses AIDS« des Wehrmedizinischen Beirats
des BMVg, der im Februar 1988 obligatorische HIV-Tests bei der Musterung
und bei der Übernahme als Zeit- oder Berufssoldaten empfohlen hatte.[130] Das
Verteidigungsministerium antwortete, es gäbe »keine Handhabe, Soldaten als einzige
Gruppe der Gesellschaft einem Pflicht-HIV-Test zu unterwerfen«.[131]

Eine kleine Gruppe von Soldaten hatte sich jedoch seit 1988 de facto einem
Pflichttest zu unterziehen. Für alle in die Vereinigten Staaten zur Ausbildung ent-
sandten Soldaten verlangten die US-Streitkräfte den Nachweis eines negativen HIV-
Tests. Dies betraf primär angehende Piloten der Luftwaffe und der Marine. Über
diese Forderung der Amerikaner entbrannte Ende 1987 ein Disput zwischen der
Hardthöhe in Bonn und der US-Botschaft. Die Forderung der Amerikaner galt für
Einreisen ab März 1988. Die vom BMVg vorgebrachten »medizinischen und ju-
ristischen Probleme« wies das Office of Defense Cooperation ab, nicht mal einer

---

125 Ebd.
126 BArch, BH 1/29162: BMVg InSan I 1, 19.4.1988.
127 Ebd.: Generalarzt des Heeres, 10.3.1988. Handschriftlich ergänzte der Führungsstab des
     Heeres Zahlen zu HIV und AIDS im Heer. Mit Stand 20.9.1988 seien vier Soldaten an
     den Folgen von AIDS verstorben, acht Soldaten seien erkrankt, 71 Soldaten des Heeres seien
     HIV-infiziert. BArch, BH 1/29162: BMVg, FüH I 1, 20.9.1988, VS-NfD eingestuft (durch
     Fristablauf seit 1.1.2019 offen).
128 Durch die Inspektion des Sanitätsdienstes im Verteidigungsministerium im Oktober 1990
     vorgeführt. BArch, BH 1/29162: BMVg, InSan I 1, 8.10.1990.
129 Hrsg. von BMVg, InSan I 1, Kopie in BArch, BH 1/29162.
130 Kohrs, AIDS-Spezialist Gauweiler sorgt sich um die Bundeswehr, Kopie in BArch, BH 1/
     29162.
131 Ebd.

Fristverlängerung bis Ende Mai 1988 stimmten die Amerikaner zu.[132] So blieb dem
Inspekteur des Sanitätsdienstes nur, dem Minister die sofortige Einführung von
HIV-Tests bei allen für eine Ausbildung in den USA vorgesehenen militärischen und
zivilen Personen »auf freiwilliger Basis« vorzuschlagen. Den Betroffenen sei mitzuteilen, dass bei einer Verweigerung der Untersuchung die Ausbildung in den USA
»gefährdet sein könnte«.[133] Der Test solle im Rahmen der generellen Untersuchung
auf Auslandsdienstverwendungsfähigkeit erfolgen, um einer Diskriminierung von
HIV-positiven Soldaten vorzubeugen. Bei der Vorauswahl des für eine Ausbildung
in den USA vorgesehenen Personals sei künftig eine »angemessene Schwundquote«
einzuplanen.[134] Über die HIV-Tests berichtete auch die Presse.[135] Die Deutschen
waren nicht der einzige Adressat der amerikanischen Forderungen. Die niederländische Regierung gab Presseberichten zufolge ebenfalls nach, da man »auf die
Übungsmöglichkeiten in den USA nicht verzichten werde können«.[136]
    Der Umgang der Bundeswehr mit HIV-infizierten und AIDS-kranken Soldaten
interessierte 1990 auch den britischen Verteidigungsattaché in Bonn.[137] Und 1992
fragte das U.S. Department of the Army beim deutschen Heeresattaché in Washington
unter anderem an, ob es »mögliche Unterschiede im Krankheitsbild homosexueller
Soldaten« im Vergleich zu »sonstigen Soldaten, z.B. bei AIDS [und] HIV«[138] gebe.
Ob »das Thema AIDS die Vorbehalte gegenüber den als Risikogruppe geltenden
Homosexuellen verstärkt« habe, könne noch nicht zweifelsfrei geklärt werden, referierte 1993 der Direktor des Sozialwissenschaftlichen Instituts der Bundeswehr. Es
gebe »indessen Vermutungen über wachsende Berührungsängste«.[139]
    In den ersten zwei Jahrzehnten der Bundeswehr wurden homosexuelle Männer,
die sich bei der Musterung als solche zu erkennen gaben oder aber erkannt wurden, konsequent ausgemustert. Für die 1980er und 1990er Jahre galt für homosexuelle Männer: Wehrpflicht ja, Karriere nein. Allen Musterungsvorschriften, allen
Hindernissen, allen Stoppschildern, allen »Berührungsängsten« zum Trotz dienten
homosexuell Empfindende zu allen Zeiten in der Bundeswehr, von Anfang an und bis
in höchste Verwendungen, zumeist versteckt – aber eben doch. Ihre Erinnerungen,
ihre Erfahrungen sind eine der Säulen dieser Studie. Sie stehen im Mittelpunkt des
folgenden Kapitels.

---

[132] BArch, BH 1/29162: US-Botschaft Bonn, Office of Defense Cooperation an BMVg,
    24.11.1987; ebd., BMVg, InspSan an Minister über Staatssekretäre, 22.12.1987; ebd.,
    BMVg, InSan I 4 an US-Botschaft Bonn, Office of Defense Cooperation, 22.12.1987.
[133] BArch, BH 1/29162: BMVg, InspSan an Minister über Staatssekretäre, 15.1.1988.
[134] Ebd.
[135] Etwa Kohrs, AIDS-Spezialist Gauweiler sorgt sich um die Bundeswehr, Kopie in BArch, BH 1/
    29162.
[136] »Den Haag gibt wegen AIDS nach«. In: Frankfurter Rundschau, 22.4.1988, Kopie in BArch,
    BH 1/29162.
[137] BArch, BW 1/546375: BMVg, InSan I 1 an britischen Verteidigungsattaché Bonn, 21.8.1990,
    Kopie in BArch, BW 1/531592.
[138] BArch, BW 2/31224: Botschaft der Bundesrepublik Deutschland Washington D.C., Heeres-
    attaché, 11.12.1992.
[139] Fleckenstein, Homosexuality and Military Service in Germany.

II. Unter Kameraden.
Der Dienst homosexueller Soldaten im Spiegel
individueller Erinnerungen und Erfahrungen

> »Der Militärkultur liegt die unhinterfragte
> Annahme von Heterosexualität bzw.
> Heteronormativität zugrunde.«[1]

Der *Focus* interviewte 1999 einen homosexuellen Oberfeldwebel zu seinen Erfahrungen in der Truppe: »Wie reagierten Sie während ihrer Dienstzeit auf schwulenfeindliche Sprüche?« Er antwortete: Auf seine Frage an Kameraden, »warum sie sich über Minderheiten lustig machen«, sei »meist nur heiße Luft« gekommen. Soldaten hätten schwule Kameraden als »Arschficker« oder »schwule Säue, die nicht in die Bundeswehr, sondern in die Psychiatrie gehörten«, beschimpft. Vorgesetzte griffen »leider viel zu selten« ein. Das Problem sei die »intolerante und verknöcherte Führung in der Bundeswehr und im Verteidigungsministerium« gewesen: »Die hätten am liebsten nur Heterosexuelle in der Bundeswehr. Dort herrscht die Meinung, schwule Soldaten hätten Autoritätsprobleme und würden in Untergebenen Sexualpartner sehen«.[2]

Eine Soziologin glaubte noch 2016 zu wissen: »Schwulen- und frauenfeindliche Sprüche gehören weitgehend zum militärischen Alltag. Homophobe Formulierungen werden nicht als Diskriminierungsform wahrgenommen, sondern sind konstituierendes Element der Ausbildung.«[3] Und 1970 befand ein Divisionsarzt: »Ein Teil der Homosexuellen sind gute Soldaten«, ein Teil verlange die Freistellung vom Wehrdienst, ein weiterer Teil leide »ganz zweifellos« unter den Schwierigkeiten in der »Männergesellschaft der Bundeswehr«. Als Beleg zitierte er einen homosexuellen Soldaten mit dessen (angeblichen) Worten: »Gehen Sie mal mit drei hübschen Mädchen duschen«.[4] Mit diesem Gleichnis wollte der Arzt offenbar eines der Dilemmata im Alltag homosexueller Soldaten veranschaulichen.

Der sich als *der* Spezialist für Fragen im Umgang mit homosexuellen Soldaten etablierende oder sich zumindest als solcher gerierende Bundeswehrpsychiater Oberstarzt Dr. Rudolf Brickenstein referierte 1980 über die Schwierigkeiten im dienstlichen Alltag homosexueller Wehrdienstleistender[5]: Für einige sei »die räum-

---

[1] Botsch, Soldatsein, S. 207.
[2] »Schwule in die Bundeswehr«.
[3] Botsch, Soldatsein, S. 214 f.
[4] BArch, BW 24/7180: Divisionsarzt der 6. Panzergrenadierdivision an BMVg, 2.4.1970.
[5] BArch, BW 24/5553: Oberstarzt Dr. Rudolph Brickenstein, Sachverständigenreferat aus psychiatrischer Sicht. In: Sitzung des Ausschusses »Gesundheitsvor- und -fürsorge, militäri-

lich enge Gemeinschaft mit Kameraden wirklich eine große Belastung«, in »Versuchungssituationen« falle es ihnen oft schwer, »an sich zu halten« (sic). Oft wüssten sie nicht weiter, »wenn sie von ihren Stubenkameraden nach einem freien Wochenende bedrängt werden, doch auch etwas von ihren sexuellen Erlebnissen mit ihren Freundinnen zum Besten zu geben. Solche oft recht sensiblen Männer fürchten, dass ihre Homosexualität entdeckt wird und sie dann abgelehnt oder doch lächerlich gemacht werden«.

Es stelle sich die Frage, ob nicht Truppenärzte und Einheitsführer in ihren Unterrichten »darauf hinwirken, dass die heterosexuelle Mehrheit gegenüber der homosexuellen Minderheit mehr Toleranz übt«. Ein »gewisser Prozentsatz der Soldaten« zeige Toleranz, ein weiterer Teil verhalte sich »indifferent«:

> »Die überwiegende Anzahl der Soldaten aller Dienstgrade [...] vertritt aber den Standpunkt: ›Diese Schwulen sind uns einfach fies. Wir mögen ihnen nicht einmal die Hand geben, denn wir wissen nicht, wo sie diese Hand eben noch hatten.‹ Diese stellvertretend für viele gemachte Formulierung stammt übrigens von einem Oberst aus dem Verteidigungsministerium.«

Der Oberstarzt berichtete über seine Erfahrungen mit »meist gut qualifizierten Zeit- und Berufssoldaten, die ihre homosexuellen Triebbedürfnisse so stillen, dass sie weder mit den Disziplinar- noch mit dem Strafrecht in Kollision geraten, aber trotzdem dienstliche Schwierigkeiten haben«. Er stellte fest:

> »Da gibt es die besonders sensiblen, oft künstlerisch ambitionierten Soldaten, die alles daransetzen, ihre homosexuelle Orientierung und Betätigung vor ihren Kameraden, Untergebenen und Vorgesetzten zu verbergen. Sie leben aber ständig in der Sorge, dass diese doch offenbar werden, z.B. wenn andere Soldaten sie in der Begleitung ihres Freundes oder beim Besuch einschlägiger Lokale sehen, oder weil sie nicht wie andere Soldaten über heterosexuelle Abenteuer berichten.«

Der zeitgenössische Erfahrungsbericht deckt sich mit zahlreichen ähnlichen Erinnerungen von für diese Studie befragten früheren und teils noch aktiven Soldaten. So berichtete ein Oberstleutnant, wie er als junger Leutnant zum Ausgehen nicht in die schwule Szene der nahen Großstadt, sondern in weit entfernte Städte gefahren sei, um das Risiko, von Kameraden gesehen zu werden, auszuschließen.[6]

Brickenstein wiederum teilte 1980 aus seiner Praxiserfahrung mit: Ein Hauptmann habe seine Homosexualität vor allen Kameraden geheim gehalten. Dann habe er aber einen Freund gefunden, »der mein ganzes Leben umgestaltet und ihm einen neuen Sinn gibt«. Der Berufssoldat habe einen Antrag auf Rückstufung zum Zeitsoldaten gestellt, noch ohne Angabe der Homosexualität als Grund. Dieser Antrag sei abgelehnt und die dann bereits unter Offenlegung seiner sexuellen Orientierung eingelegte Beschwerde zurückgewiesen worden. Der negative Beschwerdebescheid sei ihm dann über alle Dienststellen herab zugestellt worden, was zu bösen Kommentaren einiger Kameraden geführt habe. Der Hauptmann habe

---

sche Untersuchungen« des Wehrmedizinischen Beirats beim BMVg, 18.4.1980 (daraus auch die folgenden Zitate); Akte auch in BW 2/31225.
6		Zeitzeugengespräch Oberstleutnant D., Berlin, 12.2.2018.

schwere reaktive Depressionen erlitten.[7] Wer glaubte, der Bundeswehrpsychiater zeige mit diesem Fall seine Empathie für die Probleme homosexueller Soldaten, sah
sich schon wenige Sätze später eines anderen belehrt: »Auch hier erhebt sich die
Frage, kann man, will man und darf man die soldatische Umwelt zu einer Toleranz
erziehen, die ihr oft wesensfremd ist, wobei eine solche Erziehung auch mitunter
als Beeinträchtigung ihrer Menschenwürde von den Heterosexuellen empfunden
wird.«[8] Wohlgemerkt: die Menschenwürde der Heterosexuellen, nicht die der diskriminierten homosexuellen Minderheit (verglichen mit heutigen Wertmaßstäben ein
absurder Gedankengang, der aber auch schon 1980 absurd war).
Der Oberstarzt wies auch auf das Gegenmodell zum »ängstlichen«, »ständig
in der Sorge« vor Entdeckung lebenden Offizier hin: Eine Gruppe von Zeit- und
Berufssoldaten bekenne sich »rückhaltlos offen« zu ihrer Homosexualität und fordere Gleichberechtigung und Gleichbehandlung durch ihre militärische Umgebung.
Aufgrund ihrer Offenheit seien sie nicht erpressbar. Sie forderten, ihnen dürfe die
Zulassung zu Geheimsachen nicht verwehrt werden; Schwierigkeiten in ihrer militärischen Laufbahn dürften ihnen auch keine erwachsen. »Ein Homosexueller müsse
genauso gut Dreisternegeneral werden können wie ein Heterosexueller. Es sei einfach
nicht wahr, dass ein homosexueller Vorgesetzter sich bei der Vergabe von dienstlichen Verwendungen mehr von seinen persönlichen Neigungen und Antipathien
leiten lasse als ein heterosexueller Offizier«,[9] gab Brickenstein die Haltung dieser
Offiziere wieder – wohlgemerkt bereits 1980, lange bevor sich in den 1990er Jahren
die Interessengruppe schwuler Soldaten mit genau dieser Argumentation an das
BMVg wandte.
Unter der Überschrift »Schwul und beim Bund?!« und der mit einem »aber sicher« beantworteten Frage »Schwule beim Bund – gibt's die überhaupt?« wollten
die Redaktionen der Truppenzeitschriften *Heer*, *Luftwaffe* und *Blaue Jungs* 1991 er-
klärtermaßen »das Tabu brechen und zur Auseinandersetzung anregen«.[10] Die »allermeisten« würden ihr Schwulsein während ihrer Dienstzeit verstecken. Und dies
habe »viele Gründe«: »Die meisten Schwulen nehmen das ständige Versteckspiel auf
sich aus Angst, sonst diskriminiert und isoliert zu werden.« Die Truppenzeitschriften
zitierten Soldaten: »Schwulenwitze, blöde Vorurteile und Potenzprotzerei nach dem
Wochenende ermuntern einen nicht gerade, sich als Schwuler zu erkennen zu geben.«
Ein anderer hielt dagegen: »als Stabsdienstsoldat im Abi-Quartal[11] habe ich sowas
kaum erlebt.« Zwei Tendenzen machte der Autor des Artikels, dem Vernehmen nach
ein Wehrdienstleistender, aus: »Je gebildeter die Leute sind, desto toleranter sind sie
meist auch Schwulen gegenüber«; »je ›männlicher‹ sich jemand empfindet, desto

---

7   BArch, BW 24/5553: Oberstarzt Dr. Rudolph Brickenstein, Sachverständigenreferat aus
     psychiatrischer Sicht. In: Sitzung des Ausschusses »Gesundheitsvor- und -fürsorge, militärische
     Untersuchungen« des Wehrmedizinischen Beirats beim BMVg, 18.4.1980; auch in BW 2/
     31225; 1985 zusammengefasst wiedergegeben in: Lindner, Homosexuelle in der Institution
     Bundeswehr, S. 225.
8   BArch, BW 24/5553: Brickenstein, Sachverständigenreferat.
9   Ebd.
10   Haubrich, Schwul und beim Bund?!, S. 34.
11   Als Abi-Quartal wurden umgangssprachlich die jährlich zum 1. Juli nach ihrem Abitur einge-
     zogenen Wehrpflichtigen bezeichnet.

entschiedener lehnt er Schwule ab«. Hier mache die Bundeswehr einen entscheidenden Fehler: Statt die diskriminierende Mehrheit zur Toleranz zu ermahnen, werde
das Opfer belangt: »würde man einen Soldaten, der wegen seiner Kurzsichtigkeit
und dicken Brillengläser von seinen Kameraden gehänselt wird, ermahnen, seine
Brille versteckt zu tragen?!«, zitierte der Autor einen Soldaten, um dann das generelle
Dilemma von Schwulen beim Bund auf den Punkt zu bringen: »Bekennen sie sich
offen, gelten sie als potenzielle Gefahr; verstecken sie sich, gelten sie als erpressbar
und als Sicherheitsrisiko.« Das letzte Wort hatte ein Betroffener, hier als Mark vorgestellt: »Ich verstehe die Bundeswehr wirklich nicht. Indem sie die Schwulen als abartig und gefährlich behandelt, zementiert sie doch gerade die Vorurteile und damit
die Probleme.«[12]

Auf Marks Kritik ging das zuständige Referat des BMVg in seiner drei Monate
später veröffentlichten Stellungnahme direkt ein: Dessen Auffassung sei falsch, sie
verdrehe Ursache und Wirkung. Um das Verhalten der Bundeswehr gegenüber homosexuellen Soldaten zu verstehen, müsse die Einstellung der Gesellschaft dazu, die
»soziale Realität« berücksichtigt werden. »Vorurteile und Ablehnungen« der Mehrheit
der Bevölkerung beeinflussten das »Verhalten und Empfinden« der Mitmenschen gegenüber Homosexuellen. Dieses reiche von »leichter Distanzierung« bis zu »völliger
Ablehnung«.[13] Es bestehe die Gefahr, »dass der homosexuelle Mitmensch bewusst
provoziert oder der Lächerlichkeit preisgegeben wird«. Als Wehrpflichtarmee sei die
Bundeswehr »in ganz besonderer Weise von Haltungen, Einstellungen und Urteilen
der Gesellschaft betroffen, die rund 18 Jahre auf den Jugendlichen einwirken, ehe
er zur Bundeswehr kommt [...] Die soziale Realität in unserer Gesellschaft gegenüber Homosexualalität ist für die Bundeswehr ein Faktor für Ansehen, Akzeptanz
und Einsatzbereitschaft.«[14] Nur bei einer Änderung der gesamtgesellschaftlichen
Einstellung gegenüber Homosexualität könne es auch zu Veränderungen innerhalb
der Bundeswehr kommen, ließ das Ministerium die Soldaten wissen.

Zielgruppe der oben genannten Truppenzeitschriften waren primär die jungen
Soldaten und Wehrdienstleistenden. Daher lag der Fokus des Artikels »Schwul und
beim Bund?!« bei deren spezifischen Problemen. Sie seien meist 19 oder 20 Jahre
alt. Wenn sie homosexuell seien, steckten viele meist noch im Coming-out oder sie
stünden kurz davor. Werde ihr Coming-out durch den Dienst in der Bundeswehr
beschleunigt? »Im Gegenteil – durch die Belastung ist [es] bei mir gestört worden«,
antwortete ein Soldat. »Der innere Druck wurde immer größer, die letzten drei
Monate konnte ich nur noch unter Beruhigungsmitteln durchhalten.« Die »natürliche Lösung« sei der Wechsel in eine heimatnahe Kaserne, das habe einem anderen
Soldaten sehr geholfen: »Da konnte ich abends nach Hause fahren und mit meinem
Freund zusammen sein. Dadurch war es für mich kein Problem mehr, die beiden
Bereiche zu trennen und mich im Dienst ›unauffällig‹ zu verhalten.«[15] Die Erfahrung

---

12 Alle Zitate: Haubrich, Schwul und beim Bund?!, S. 34 f.
13 Stellungnahme des Referats BMVg, FüS I 4. In: Reaktionen und Stellungnahme zum Thema
    »Schwul und beim Bund?!« Die Stellungnahme BMVg, FüS I 4 auch in BArch, BW 2/31224:
    BMVg, FüS I 4 an FüS I 3, 4.11.1991.
14 Ebd.
15 Haubrich, Schwul und beim Bund?!, S. 35.

dieses Soldaten deckt sich mit den Erinnerungen von für diese Studie befragten früheren Wehrdienstleistenden: Nach der Grundausbildung waren die meisten heimatnah stationiert, sie fuhren jeden Abend nach Dienstschluss nach Hause und lebten ihr gewohntes Leben mit Freund oder Partner, ohne dass dies den Dienst berührte.

Drei Monate nach Veröffentlichung besagten Artikels nahmen die Redaktionen von *Heer*, *Luftwaffe* und *Blaue Jungs* die heiße Kartoffel erneut in die Hand und zitierten aus zwischenzeitlich eingegangenen Leserbriefen. Ein Unteroffizier lobte die Redaktionen für ihren Mut, das Thema aufgegriffen zu haben. Das sei »zumindest ein Anfang, um mit den – meist völlig blödsinnigen – Vorurteilen aufzuräumen«. Er sei schwul. »Wenn es jemand weiß, ist das in Ordnung, aber ich binde es nicht jedem auf die Nase«. Der Unteroffizier hoffte, dass es »irgendwann soweit« sei, »dass man(n) auch beim Bund offen sagen kann: ›Ich bin schwul.‹«[16] Ein anderer Soldat wird mit dem Lob zitiert: Als er beim Durchblättern auf die Überschrift »Schwul und beim Bund?!« stieß, seien seine »Augen groß wie nie zuvor« geworden. »Ein starker Bericht,« kommentierte er. Die Eignung zum Vorgesetzten sei für ihn nicht von der sexuellen Veranlagung abhängig, diese deswegen »richterlich abzusprechen«, sei »reine Diskriminierung«:

> »Im Gegenteil: Von den schwulen Soldaten, die ich kenne, gehören ziemlich viele zur Spitzengruppe. Diese Soldaten zu entlassen, wäre nicht nur ein Verlust für die Bundeswehr. Es würde nicht nur bedeuten, Vorurteile zu bestätigen. Man würde ihnen auch den Lebensinhalt nehmen. Soldat zu sein, bedeutet für mich wie für die meisten anderen schwulen Soldaten mehr, als nur einen Beruf auszuüben.«[17]

Auch ein Oberleutnant kam zu Wort: »Na also! Ein Tabu ist gebrochen, die Existenz von Homosexuellen in der Bundeswehr wird nicht länger verleugnet [...] Die sexuelle Revolution der 70er Jahre, der Kampf der Schwulen um Toleranz und Freiheit – hat dies in der Bundeswehr überhaupt stattgefunden?«[18]

Die sich verändernden Vorstellungen von Moral, Ehe und Familie, Liebe und Sexualität würden »über kurz oder (eher) lang« auch die Bundeswehr erfassen. Derzeit sehe es aber noch anders aus: Die Wehrpflichtigen seien »sehr jung und damit unreif«; falls selbst homosexuell, seien sie »noch nicht oder viel zu sehr mit ihrem eigenen Coming-out und all den damit verbundenen Problemen beschäftigt«. Offiziere und Unteroffiziere seien »in der Tretmühle« und passten sich den Erwartungen der Umgebungsgesellschaft an.[19] Der Vergleich der abgedruckten Auszüge mit den vom BMVg archivierten vollständigen Briefen zeigt, dass die Redaktion korrekt gearbeitet und deren wichtigste Anliegen und Kernbotschaften für die Publikation ausgewählt hat.

---

[16] Reaktionen und Stellungnahme zum Thema »Schwul und beim Bund?!« Der Leserbrief des Unteroffiziers findet sich wie viele andere Briefe an die Redaktion in den Akten des BMVg, ungeschwärzt mit Dienstadresse (BArch, BW 2/38355: BMVg, FüS I 4). Offenbar hat die Redaktion der Truppenzeitschrift(en) diese an das Ministerium (auf Anforderung?) weitergeleitet.

[17] Ebd. Kopie des (anonymen) Leserbriefes in BArch, BW 2/38355: BMVg, FüS I 4.

[18] Ebd. Kopie des vollständigen (anonymen) Leserbriefes wiederum in BArch, BW 2/38355: BMVg, FüS I 4.

[19] Ebd.

Lob für den Mut des Autors und der Redaktion kam auch von Michael Lindner, einem Vorkämpfer für die Rechte schwuler Soldaten.[20] Der bereits 1982 wegen gesundheitlicher Probleme als dienstunfähig frühpensionierte frühere Hauptmann und Kompaniechef schrieb der Redaktion, er und andere Offiziere hätten »wirklich gestaunt«: »Was es bedeutet, so etwas in offiziellen Zeitschriften lesen zu dürfen, kann ohnehin wohl nur jemand voll ermessen, der erlebt hat, wie die Institution Bundeswehr in dieser Fragestellung Menschen verschlissen und zerbrochen hat.« Auch gegenwärtig, also nach den Artikeln in den Truppenzeitschriften, würden wieder »einige tragische Entwicklungen sichtbar«. Offenbar mit Blick auf ihm bekannte homosexuelle Offiziere schrieb Lindner von der »Kaltschnäuzigkeit«, mit der man diesen Offizieren begegne. »Die haben aus der Bundeswehr zu gehen«, habe ein Oberstleutnant geäußert.

Den Autor des Artikels, Wolfgang Haubrich, schrieb Lindner direkt an.[21] Mit seinem Artikel habe Haubrich »ins Schwarze getroffen, und zwar in die Mitte der Zehn [...] Dass das gedruckt werden konnte, halten viele ungläubig immer noch für ein ›Versehen‹ [...] Aber der, der das genehmigte, hatte jedenfalls auch Mut und bekommt hoffentlich nun nicht allzuviel Ärger.« Der Artikel werde gleichgeschlechtlich orientierten Menschen helfen, »ihren Platz in der Gesellschaft früher zu erkennen«. Für viele Kameraden sei der Autor mit diesem Artikel zum »Schicksal« geworden.

> »Das andere sind die Diskussionen überall auf den Stuben und in den Kasinos, die nunmehr alle, auch die, die sich für nicht betroffen halten, zum Nachdenken zwingen [...] Sprachlosigkeit erzeugt die Tatsache, dass ein junger heterosexuell orientierter Wehrpflichtiger das zustande bringt, was eigentlich schon längst von den Führungsstäben der Streitkräfte hätte geleistet werden müssen. Aber es war schon vorher klar, und das gilt nicht nur für diese Armee, dass starre militärische Strukturen auf die Intelligenz der Wehrpflichtigen nun mal nicht verzichten können.«[22]

Der Artikel von 1991 war nicht der erste zum Thema »Schwule beim Bund« in einer Zeitschrift für Soldaten. Bereits 1986 hatte das Magazin *JS* mit einem einseitigen Bericht über die »Männer im Schatten« das Tabu gebrochen.[23] Es fanden sich Sätze großer Empathie mit einem auf die Zielgruppe gerichteten Fokus:

> »Oft entdecken junge Wehrpflichtige gerade während ihrer Bundeswehrzeit Anzeichen für ihre gleichgeschlechtliche Orientierung. Da sie wissen, dass ihre Umwelt diese Neigung ablehnt, versuchen sie sie zunächst zu verdrängen. Von tatsächlichen homosexuellen Erfahrungen oder gar der Selbstakzeptanz sind sie häufig noch weit entfernt. Die Vorgesetzten ahnen selten, dass es solcherlei persönliches Ringen überhaupt gibt; kommen sie damit in Berührung, reagieren sie in der Regel hilflos. Hilfe bei einem Herauskommen aus der Verborgenheit und Heuchelei in Zusammenhang mit der sexuellen Orientierung

---

20   Brief Hauptmann a.D. Michael Lindner an die Redaktion der Truppenzeitschriften Heer, Luftwaffe und Marine, 8.1.1992, Kopie in BArch, BW 2/38355: BMVg, FüS I 4.
21   Leserbrief Hauptmann a.D. Michael Lindner an den Autor Wolfgang Haubrich, 6.1.1992, Kopie in BArch, BW 2/38355: BMVg, FüS I 4.
22   Ebd.
23   Wickel, Männer im Schatten. Die Redaktion druckte neben dem Artikel einen Kasten mit den Telefonnummern der »Rosa Telephone« der schwulen Beratungsstellen »Rosa Hilfe« und bot auf Wunsch den Versand der Kontaktdaten zu den Regionalgruppen von »Homosexuelle und Kirche« an (»neutral versandt, die Empfängeradressen werden umgehend vernichtet«).

ist so ungefähr das Letzte, was ein Soldat von seinem Vorgesetzten erwarten kann und auch erwartet. Nach Rückkehr aus dem Wochenende wird auf den Stuben mit sexuellen Erlebnisberichten bei den Mädchen geprahlt. Der homosexuelle Wehrpflichtige – etwa 20 Jahre alt, selbst noch verunsichert – kann es sich kaum leisten, da nicht mitzuhalten [...] vielleicht hängt er sich gar ein Mädchenbild in den Spind.«[24]

1. Erfahrungen von Ablehnung und Toleranz.
Zeitzeugen erinnern sich

Zeitzeugenbefragungen waren eine unverzichtbare tragende Säule der Studie. Alle Interviews bedurften der quellenkritischen Bewertung. Heutige Erinnerungen an dreißig, vierzig oder gar fünfzig Jahre zurückliegendes Geschehen sind von späteren Erlebnissen geprägt und eventuell verändert worden. Die naturgemäß rein subjektiven Erinnerungen und Sichtweisen können nur in wenigen Fällen überprüft werden. Dennoch hat der Verfasser dieser Studie dies so weit wie möglich und mit vertretbarem Zeitaufwand unternommen und dabei einige nicht stimmige Daten und Abläufe feststellen und aus der weiteren Verwendung ausschließen können. Alle nicht überprüfbaren Zeitzeugenerinnerungen wurden auf deren Plausibilität hin bewertet. Eine Herausforderung bestand darin, schriftliche und mündliche Quellen wo immer möglich sinnvoll miteinander in Beziehung zu setzen, gegenüberzustellen und in der Darstellung der Sachverhalte zu verweben.

Vor dem Diensteintritt stand bei allen die Musterung. Bis auf einen gaben alle Befragten an, bei der Musterung nicht auf etwaige Homosexualität angesprochen worden zu sein. Selbst als die Vorschriften Homosexuellen noch die generelle Nichteignung als Soldat attestierten, sei diese Frage erstaunlicherweise nicht thematisiert worden.[25]

Alle Zeitzeugen gaben unisono an, während der Grundausbildung in den ersten Wochen und Monaten ihrer Dienstzeit weder Zeit noch Energie für großartige sexuelle Gedanken an Kameraden gehabt zu haben, dafür sei die Ausbildung »viel zu stressig« gewesen.[26] Für die Zeit nach der Grundausbildung differenzierte sich das Spektrum der Erinnerungen. Die meisten homosexuellen Grundwehrdienstleistenden waren heimatnah stationiert, fuhren jeden Tag nach Dienstschluss nach Hause und lebten ihr gewohntes Leben mit Freunden oder Partner, ohne dass dies den Dienst berührte. Ebenso konnten nicht heimatnah stationierte schwule Soldaten, wenn sie nicht zu Diensten eingeteilt waren, jeden Abend die Kaserne verlassen. Für sie bestand

24 Ebd. Diese Sätze stammen nicht von Wickel. Er hatte sie wörtlich, aber mit Auslassungen aus einem 1985 publizierten Aufsatz von Michael Lindner übernommen. Vgl. Lindner, Homosexuelle in der Institution Bundeswehr, S. 222 f.

25 So gab ein 1971 im Kreiswehrersatzamt auf seine Wehrdiensttauglichkeit Untersuchter an, bei seiner Musterung sei seine sexuelle Orientierung weder abgefragt noch von ihm selbst angesprochen worden. Dies sei ihm aber auch sehr recht gewesen, denn er habe ja zum Bund gewollt. Er wollte wegen seiner sexuellen Orientierung keinesfalls ausgemustert werden: »Ich wohnte in einer Kleinstadt, da wollte ich raus, wollte was erleben.« Zeitzeugeninterview K., Köln, 9.4.2019.

26 Beispielhaft Zeitzeugeninterview K., Köln, 9.4.2019.

keine Notwendigkeit, unter Kameraden nach Sexpartnern Ausschau zu halten, führten sie doch »draußen« ihr privates Leben nach Lust und Laune.

Auch der Parlamentarische Staatssekretär Peter Kurt Würzbach verwies 1984
vor dem Bundestag auf die Möglichkeiten der Soldaten, ihr Privatleben außerhalb
des Kasernentors ungestört auszuleben: »Anders als in früheren Streitkräften [...]
steht in der Bundeswehr praktisch abends um fünf, halb sechs oder sechs Uhr das
Kasernentor offen, es sei denn, man hat bestimmte Dienste, von denen es nicht sehr
viele gibt [...] Die Mehrheit der Soldaten geht dann hinaus in die Garnisonstädte,
fährt irgendwohin.«[27]

Ein 1973 als Wehrpflichtiger eingetretener Luftwaffensoldat erinnerte sich, während der Grundausbildung und auch später sei seine Homosexualität »nie ein Thema
gewesen«. Er sei »nicht zum Bund gegangen, um Männer kennenzulernen, sondern
um was zu lernen«. Er habe »die Neigung gespürt und mich unglücklich gefühlt«.
Da niemand um seine sexuelle Orientierung wusste, sei er »auch nie gehänselt worden«. Generell sei Homosexualität ein Tabuthema gewesen: »Man durfte nicht zeigen, dass man anders ist.«[28]

Die heterosexuelle Perspektive brachte ein Zeitzeuge ein, der 1959/60 seinen
Wehrdienst in Schleswig-Holstein abgeleistet hat.[29]

»Irgendwas stimmte da nicht. Der Schreibstubenunteroffizier empfing mich mit warmem
Händedruck. Ich brauchte nicht lange um festzustellen, dass er homosexuell war. Gaby,
die Sekretärin, sagte es mir auch. Irgendwie hatten sie mich nach meinem Passfoto ausgesucht oder auch schon einmal gesehen. Der Oberfeldwebel und der neue Spieß waren
offensichtlich befreundet, und der Oberfeldwebel wollte [dem Spieß] einen Gefallen tun
und der wiederum seinem Schreibstubenunteroffizier.«

So sei er nach der Grundausbildung im Geschäftszimmer verwendet worden. Der
»Schreibstubenunteroffizier« (richtig: Stabsdienstunteroffizier) habe ihn und seinen
Schreibstubenkameraden »in Ruhe« gelassen.

»Alle wussten, dass er homosexuell war. Das war eben so. Und störte nicht weiter [...]
Allerdings, bei einem Wintermanöver in Münsingen hatte er sich nicht in der Gewalt.
Ich musste gemeinsam mit ihm in einem großen Kübelwagen übernachten. Es gab zwei
Sitzbänke. Zum Schlafen. Für jeden eine. Nachts kam er an und sagte: ›Jetzt einmal
schnell ficken‹ [...] Ich sagte zu [ihm]: ›Wenn Du mich auch nur berührst, machen wir
Dich zur Frau!‹ Damit war die Sache abgetan. Er hat dann nie wieder etwas versucht.«

In der Kompanie seien auch zwei homosexuelle Obergefreite gewesen.

»Sie fuhren LKW. Jeder wusste, dass sie harmonierten. Das waren ordentliche Kerle und
Kameraden. Wir hatten eher Mitleid mit ihnen. Da fiel auch kein böses Wort. Auch
beim Duschen mit 25 Mann im Gemeinschaftsduschraum nichts als die unter Soldaten
normalen Obszönitäten. Ich persönlich fand das allgemein mediale und Bundeswehr-
administrative Theater um die Homosexualität von Soldaten erbärmlich. Man soll sie
doch lassen. Es muss ja keiner mit ihnen ins Bett.«

---

27 Deutscher Bundestag, 10. Wahlperiode, 47. Sitzung, 19.1.1984, stenographisches Protokoll,
    S. 3378.
28 Zeitzeugeninterview M., Hagen, 19.2.2019.
29 E-Mail Roland S. an den Verfasser, 25.7.2017.

Ein 1971 als Wehrpflichtiger in die Jägertruppe und dann ein Jahr später als
Zeitsoldat und Reserveunteroffizieranwärter weiterverpflichteter Zeitzeuge blickte
schon für die frühen 1970er Jahre auf nahezu ausschließlich positive Erfahrungen
von Toleranz zurück.[30] Nach der Grundausbildung sei er in seiner Stammeinheit,
einer Versorgungskompanie in Hessen, offen mit seinem Schwulsein umgegangen.
Alle zwölf Soldaten der von ihm geführten Gruppe haben über seine Homosexualität
Bescheid gewusst, er habe das »nie verheimlicht«. In seiner Kompanie habe es auch
andere homosexuelle Kameraden gegeben: »Ich schaute mich um und erkannte andere.«[31] Der Zeitzeuge erinnerte sich an zahlreiche homosexuelle Erlebnisse
mit Kameraden aus eigenen und aus anderen Kompanien des Bataillons. Er betonte, er habe es nie erlebt, dass homosexuelle Kameraden diskriminiert worden
seien. Auch schwulenfeindliche Schimpfwörter, sonst damals unter Soldaten gän-
giger Sprachgebrauch, seien in dieser Kompanie nie zu hören gewesen. Die ungewöhnlich große Toleranz gegenüber Homosexualität in seiner Kompanie erklärte
sich der Zeitzeuge rückblickend zum einen mit dem hohen Anteil von lebensfro-
hen Rheinländern (»Wir haben alles lockerer gesehen«) und zum anderen mit der
Tabuisierung der Homosexualität: »Auch in unserer toleranten Kompanie wurde nicht offen über Homosexualität gesprochen. Wir haben sie einfach ausgelebt, aber darüber gegenüber anderen, nicht schwulen Soldaten nicht gesprochen.
Homosexualität war als Thema nicht präsent, es war tabu und konnte gerade deshalb
einfach ohne großes ›Tamtam‹ ausgelebt werden.« Maßgeblichen Einfluss auf den
toleranten Umgang habe der Kompaniefeldwebel ausgeübt. Dieser habe zur offen
ausgelebten Homosexualität einiger Soldaten seiner Kompanie gesagt, was diese im
Bett machten, sei ihm egal, Hauptsache der Dienst werde ordentlich verrichtet. Der
»Spieß« habe ergänzt, die Soldaten wollen ja auch nicht wissen, was er mit seiner
Frau im Bett so anstelle.

Zwei Jahre nach seinem Ausscheiden als Reserveunteroffizieranwärter sei der
Zeitzeuge 1974 als Zeitsoldat in seiner alten Kompanie wiedereingestellt worden
und 1975 zum Unteroffizier befördert worden – ungeachtet der Tatsache, dass seine
homosexuelle Orientierung in Kompanie und Bataillon ein offenes Geheimnis, ja
allgemein bekannt gewesen sei. Im Laufe der folgenden vier Dienstjahre habe er wiederum nahezu ausschließlich positive Erfahrungen gemacht, lediglich eine negative
Erfahrung habe herausgestochen: Im Speisesaal der Kaserne habe er als Unteroffizier
einmal ein »ungemütliches Zusammentreffen mit den ebenfalls in der Kaserne stationierten Pionieren« gehabt. Den genauen Wortlaut hat der Zeitzeuge nicht mehr
in Erinnerung, aber sinngemäß sollen die Pioniere, als er sich an deren Tisch setzen
wollte, geäußert haben, für Schwule sei kein Platz am Tisch. Daraufhin sollen sich

---

[30] Zeitzeugeninterview K., Köln, 9.4.2019. Die folgende Skizze seiner Dienstzeit basiert aus-
      schließlich auf diesem Gespräch und war letztlich nicht zu verifizieren. Sie wird hier nur in als
      plausibel bewerteten Teilen wiedergegeben.
[31] K. ergänzte: »Wir schwule Soldaten kannten uns alle. Dass jemand schwul war, konnte man
      auch an der Uniform sehen. Wir haben die Uniform stets sehr körperbetont eng sitzend
      getragen und in der Kleiderkammer bei der Einkleidung die Feldbluse und Feldhose eine
      Nummer kleiner bestellt. Die Damen in der Kleiderkammer reagierten verwundert: ›Aber
      Sie müssen sich doch in der Hose bewegen können!?‹ Wir setzten andere Schwerpunkte als
      Bequemlichkeit: ›Das passt schon!‹«.

andere Soldaten seiner Kompanie neben den Unteroffizier und sich auch verbal an dessen Seite gestellt haben. Ein Wort habe das andere gegeben und am Ende seien die Fäuste geflogen. Es folgte eine Meldung an die Vorgesetzten beider Kompanien. Alle Beteiligten mussten zum Kompaniechef.

Keiner der Soldaten habe aber bei der Vernehmung über den eigentlichen Anlass des Streits, die beleidigenden Äußerungen der Pioniere gegen den homosexuellen Unteroffizier, ausgesagt. So habe der Chef die Auseinandersetzung als typischen Streit zwischen Soldaten zweier Kompanien und Waffenfarben werten und zu den Akten legen können.

Der 1978 als Stabsunteroffizier regulär Ausgeschiedenen bilanzierte, er habe »in sechs Jahren Bundeswehr niemals Diskriminierung erlebt, nichts, gar nichts: keine Beleidigungen, keine Strafen, nicht mal böse Worte (abgesehen von dem Vorfall im Speisesaal mit den Pionieren, aber auch der hatte keine weiteren negativen Folgen). Ich kann nichts Schlechtes über die Bundeswehr sagen.«[32]

Auch andere Gediente berichteten rückblickend über die Toleranz unter Kameraden, allerdings nicht schon für die 1970er Jahre, sondern zumeist für die 1990er. Er sei, so ein Hauptfeldwebel der Reserve, 1994 zur Bundeswehr gekommen, »nicht ganz freiwillig«. Während seiner Grundwehrdienstzeit habe er seinen ersten Freund kennengelernt – nicht in der Armee, aber eben zur gleichen Zeit:

»Einerseits war das natürlich erst mal sehr verwirrend für mich, ein Outing kam deshalb also gar nicht in Frage, musste erst mal mit mir selber klarkommen. Glücklicherweise lebte ich damals auf einer Sechserstube, die nur zu zweit belegt war. Mein Stubenkamerad war eine Wucht. Er erkannte meine Unsicherheit und half mir sehr, mit mir selber zurecht zu kommen. Als mein damaliger Freund mich dann mal übers Wochenende in der Kaserne besuchen kam (musste beim Spieß um Erlaubnis fragen und eine Gebühr entrichten, weitere Fragen wurden hingegen nicht gestellt), hatte mein Stubenkamerad auch kein Problem damit, dass mein Freund mit auf der Stube war. Lange Zeit waren wir dann auch zu dritt sehr gut befreundet.«[33]

Viele heterosexuell orientierte ehemalige Soldaten stellten rückblickend unisono fest, das Thema »schwul sein« sei tabu gewesen, darüber sei nie offen gesprochen worden. »Das durfte es nicht geben, also gab es das auch nicht, mal von Gerede hinter vorgehaltener Hand abgesehen.«[34] Andere drückten den damaligen Umgang unter Kameraden so aus: »Wenn einer nicht verheiratet war, dann war er eben nicht verheiratet«, aber Homosexualität sei ein Tabuthema gewesen.

a) Toleranz und Intoleranz in der Truppe

Ungeachtet der Vorschriften in den 1990er Jahren sei die Toleranz in der Truppe tatsächlich viel größer gewesen. Er habe der Bundeswehr »viel zu verdanken und nie schlechte Erfahrungen gemacht«,[35] blickte beispielsweise ein 1994 eingetretener Zeitsoldat (im letzten Reservedienstgrad Hauptfeldwebel) zurück. Mit ei-

---

32 Ebd.
33 E-Mail Hauptfeldwebel d.R. S., 5.4.2018.
34 So beispielsweise Hagen S., Zeitzeugenbefragung, 19.1.2018.
35 E-Mail Hauptfeldwebel d.R. S., 5.4.2018.

nem erstaunlichen Beispiel für die Toleranz in der Truppe schon in den 1960er Jahren wartete ein später bis in die Generalsränge aufgestiegener Offizier auf.[36] Als Kompaniechef sah er sich 1967 mit einem »sehr speziellen« Problem konfrontiert. Die Vertrauensperson der Mannschaften und der Kompaniefeldwebel seien auf ihn zugekommen: Gefreiter F. sei schwul und »mache Schwierigkeiten«. In der Regel gebe es auf der Stube und im Zug keine Probleme mit dem Soldaten und dessen Homosexualität. Die »Schwierigkeiten« begännen, wenn er Alkohol trinke: Der sehr sportliche und körperlich starke Gefreite neige dann gegenüber schwächeren Kameraden zu sexueller Aggressivität und laufe Gefahr, diese sexuell zu missbrauchen. Bislang sei es noch zu keiner Tatausführung gekommen, doch sei die Gefahr hoch. Eine schnelle Lösung musste her. Priorität hatte der Schutz der körperlichen Unversehrtheit der Soldaten. Der Gefreite galt, abgesehen von seinen alkoholbedingten Eskapaden, als sehr guter – in damaligen Worten: »anständiger« und »strammer« – Soldat; »dass er homosexuell veranlagt war, vermutete niemand, der ihn sah«.

Der Kompaniechef überlegte: Eine einfache Disziplinarmaßnahme oder die Abgabe an den Wehrdisziplinaranwalt und an die Staatsanwaltschaft hätte dem Gefreiten eine schwere Hypothek für die Zukunft auferlegt. 1967 galt noch der § 175 StGB, zudem stand der Verdacht des versuchten sexuellen Missbrauchs im Raum. »Ich wollte dem Mann ersparen, dass er zum Geächteten wird«, erinnerte sich der damalige Kompaniechef. Eine ebenfalls erwogene truppen- oder fachärztliche Begutachtung mit dem Ziel, die Wehrdienstuntauglichkeit festzustellen, wäre in die Personalunterlagen aufgenommen worden – und hätte damit ebenso eine schwere Belastung für die berufliche Zukunft bedeutet. Chef, »Spieß« und die Vertrauensperson einigten sich auf eine »interne« pragmatische Lösung. »Um ihn vor sich selbst und die Soldaten vor ihm zu schützen« wurde vereinbart, dass der Gefreite nach jedem Alkoholkonsum oder wenn er spürte, »dass seine Hormone anfingen, verrückt zu spielen«, sich beim diensthabenden Unteroffizier zu melden habe. Dann würde er in einen Lagerraum im Keller gesperrt, wo extra für ihn ein Feldbett vorbereitet stand. Dieser einvernehmliche Gewahrsam wurde dann in den nächsten Monaten mehrfach so praktiziert. Das ließ sich natürlich nicht in der Kompanie geheim halten. Noch heute erstaunt den damaligen Chef, dass alle Soldaten, die davon wussten, diese Lösung mittrugen. Niemand machte Meldung »nach oben«. Der Gefreite konnte seinen Wehrdienst ohne weitere schwerwiegende Vorfälle zu Ende bringen und ohne Eintrag in die Akte ins Zivilleben zurückkehren. Allerdings beschlichen den Chef Zweifel, ob der Mann angesichts dieser alkoholbedingten Neigung zu aggressiver Homosexualität eine Zukunft ohne Schwierigkeiten haben würde. Für die Zeit in der Bundeswehr aber war eine pragmatische Lösung gefunden worden. Doch plagte den Chef der Gedanke, mit dieser internen Lösung ein Dienstvergehen begangen zu haben. »Wenn das rausgekommen wäre, hätte ich Schwierigkeiten bekommen«.[37]

Die Episode zeigt, dass im Truppenalltag Probleme nicht selten intern gelöst wurden, ohne »Papier schwarz zu machen«, sprich ohne Meldung nach oben und abseits

---

[36] Zeitzeugengespräch (auf Wunsch anonymisiert).
[37] Ebd.

der Vorschriften. Es gehörte zum damaligen Selbstverständnis einer Kompanie, dass Probleme oftmals »unter uns« in der Kompanie geregelt wurden. Dass kein Soldat Meldung machte, war Ausdruck dieses Selbstverständnisses als Angehörige einer engen, verschworenen Gemeinschaft.

Homosexuelle Vorfälle wurden aber in der Regel als so schwerwiegend angesehen, dass »interne« Lösungen wie die eben beschriebene die Ausnahme blieben: Ein Leutnant und Zugführer stieß 1960 (oder 1961) nicht auf verständnisvolle Kameraden und Vorgesetzte. Dabei war er nicht sexuell übergriffig, aber anderweitig während eines Lehrgangs »auffällig« geworden: Nach dem Sport konnte der Leutnant beim gemeinsamen Duschen mit Hörsaalkameraden seine sexuelle Erregung nicht völlig unterdrücken, und dies nicht nur einmal. Zumindest fiel es anderen auf. Sie machten Meldung. Der Leutnant wurde »Knall auf Fall«, sprich unverzüglich und fristlos, entlassen.[38]

Ebenso schnell wurde 1966 ein (wie und warum auch immer) als homosexuell aufgefallener Stabsunteroffizier aus seiner Einheit »herausgezogen«. »Wir nahmen an, dass er zunächst vom Dienst suspendiert und später aus dem Dienstverhältnis entfernt wurde«, erinnerte sich ein Zeitzeuge an seine Zeit als damaliger Batteriechef im Bayerischen. Der Stabsunteroffizier sei ein »großgewachsener, ansprechender junger Mann« gewesen. »Keiner hätte ihm das je zugetraut.«[39]

1967 endete ein Disziplinarverfahren in zweiter Instanz mit der Entfernung eines Oberleutnants aus dem Dienstverhältnis. Dem Offizier wurde unter anderem mehrfache gemeinsame und wechselseitige Onanie mit einem Unteroffizier seines Bataillons vorgeworfen.[40] Das Besondere dieses scheinbar »klassischen« Falls lag darin, dass sich die beiden bereits vor ihrer Bundeswehrzeit kannten. Sie setzten in der Kaserne und daheim gelegentlich fort, was ihnen aus der Jugendzeit bekannt war. Nur standen nun zwischen ihnen die unterschiedlichen Dienstgrade – mit all den damit verbundenen Regeln und Erwartungen. Der Unteroffizier wurde ohne Verfahren schnell und fristlos nach § 55 Abs. 5 SG entlassen.

Ein zufälliger Zeitzeugenkontakt ergab, dass der Fall auch einem weiteren Offizier um ein Haar die berufliche Zukunft in der Bundeswehr gekostet hätte. Dieser gehörte als Jugendlicher derselben Pfadfindergruppe wie die beiden Verurteilten an. Nach dem Abitur eröffnete der frischgebackene Offizieranwärter seinen Eltern, dass an den Gerüchten über die sexuellen Aktivitäten in der Pfadfindergruppe, vor allem durch deren Gruppenführer initiiert, »etwas dran« sei; persönlich betroffen sei der junge Mann kein einziges Mal gewesen.[41] Sein Vater habe »die Sache« dann öffentlich gemacht und zeigte zum Diensteintritt seines Sohnes 1965 diesen Sachverhalt zudem bei dessen Kompaniechef und Bataillonskommandeur an. »Mein Vater war selbst Generalstabsoffizier in der Wehrmacht und dachte wohl: Melden macht frei.« So wurde auch gegen den Offizieranwärter vonseiten der Staatsanwaltschaft wegen Verstoßes gegen § 175 StGB ermittelt, das Ermittlungsverfahren aber ergebnislos

---

38 Zeitzeugengespräch mit einem Generalmajor a.D. (1960/61 Lehrgangskamerad des Leutnants), Potsdam, 15.5.2018.
39 E-Mail Albrecht G. an den Verfasser, 10.11.2017.
40 Dazu quellengestützt auf Basis der Gerichtsurteile ausführlich im Kap. III., S. 128 f.
41 Zeitzeugengespräch (anonymisiert), 19.6.2018.

eingestellt. Allein der Verdacht der Homosexualität lastete aber künftig als schwere Hypothek auf dem angehenden Offizier. Die alte Meldung seines Vaters führte dazu, dass der Offizieranwärter »die kommenden Jahre immer mit dem traumatischen Stigma leben musste«, dass seine Vorgesetzten dachten, er sei homosexuell. Sogar eine eingehende zehntägige »Untersuchung« auf der psychiatrischen Station eines Bundeswehrkrankenhauses musste der Offizieranwärter 1966 über sich ergehen lassen, nach Erinnerung des Betroffenen auch mit dem Abstand von mehr als 50 Jahren eine traumatisierende Erfahrung.

Trotz seiner »glaubhaften Versicherung, keinerlei homosexuelle Neigungen zu verspüren und auch Freundinnen gehabt« zu haben, wurde der angehende Offizier das Stigma der Homosexualität nicht los. Daher war auch seine spätere Ernennung zum Berufsoffizier gefährdet. Nochmals musste der Vater beim Kommandeur der Heeresoffizierschule vorsprechen, nochmals musste der junge Offizier allseits versichern, wirklich nicht homosexuell zu sein und mit Frauen zu verkehren, wohlgemerkt in den späten 1960er, nicht etwa in den 1950er Jahren. Der Kommandeur der Heeresoffizierschule nahm die Vorsprache des Vaters über den im Raum stehenden Verdacht, sein Sohn sei homosexuell, erstaunlich gelassen, ja locker entgegen: »Arschfickerle gibt es nun mal.« Für den lebenserfahrenen General war dies kein Grund, dem jungen Offizier die Karriere zu zerstören. Der Leutnant wurde Berufssoldat.

In den 1980er Jahren traf ein Offizier während seines Lehrgangs an der Offizierschule des Heeres in Hannover auf einen toleranten Kameraden. Letztgenannter erinnerte sich an einen ungewöhnlichen nächtlichen Vorfall. In seinem Hörsaal lernten junge Fahnenjunker wie er gemeinsam mit dienst- und lebensälteren Leutnanten mit bereits abgeschlossenem (oder abgebrochenem) Studium, die aufgrund der Umstellung der Ausbildung ihren Offizierlehrgang erst nach dem Studium absolvierten. Nach einer Hörsaalfeier sei nachts einer der älteren Kameraden auf die Stube des dort bereits im Bett liegenden Fahnenjunkers gekommen, habe sich dicht neben dessen Bett gestellt und »eindeutige Avancen zum Sex« gemacht, aber wohlgemerkt nur verbal und ohne Berührungen. Der überraschte Fahnenjunker habe abgelehnt, woraufhin der Leutnant die Segel strich und die Stube verließ, nicht ohne den Fahnenjunker zu bitten, doch kameradschaftlich über den Vorgang hinwegzusehen und »ihn nicht zu verraten«. Dies habe Letztgenannter zugesagt und (bis zu diesem Zeitzeugengespräch) nie ein Wort über den Vorfall verloren.[42]

Ein 1989/90 als Zugführer in einer Fernmeldeausbildungskompanie eingesetzter heutiger Oberstleutnant erinnerte sich, er habe »mindestens« einen schwulen Soldaten, der seinen Wehrdienst ableistete, in seinem Zug gehabt. Während einer Feier haben Kameraden über die Homosexualität des Soldaten eher scherzhafte Andeutungen gemacht. »Dieser nahm das aber sehr locker und nach meiner Erinnerung war er auch ein voll akzeptierter Kamerad im Zug. Ich habe dies als Zugführer auch nicht weiterverfolgt, geschweige denn gemeldet. Warum sollte ich auch?«[43]

---

42   Zeitzeugenbefragung eines Oberstleutnants, Potsdam, 22.1.2018.
43   E-Mail Oberstleutnant B., 24.1.2017.

Ein früherer, selbst nicht homosexueller Marineoffizier erinnerte sich, an Bord seines Schnellbootes habe Mitte der 1990er Jahre ein Signalgast gedient, dessen Homosexualität unter der Besatzung ein offenes Geheimnis gewesen sei.⁴⁴ Jeder an Bord habe es gewusst, der Signalgast habe keine erkennbaren Schwierigkeiten deswegen gehabt. Zuvor habe er schon während seines Studiums an der Bundeswehruniversität Hamburg in den frühen 1990er Jahren Toleranz erlebt: Ein studierender Offizieranwärter der Marine habe sich geoutet. Es habe keinerlei Aufregung, keine erkennbaren dienstlichen Nachteile für diesen gegeben, in den Worten des Zeitzeugen: »Es hat wirklich keine Sau interessiert.« Interessiert habe, wenn die Erinnerung einen weiteren Zeitzeugen nicht trog, dagegen ein Vorfall während einer Übung eines Panzeraufklärungsbataillons in den frühen 1980er Jahren.⁴⁵ Als im Funkverkehr bei einem Vorgeschobenen Beobachter (VB) in einem Schützenpanzer eine auffallende längere Sendepause herrschte, sei der beunruhigte Kommandeur selbst zur Position des VB gefahren und habe dort die zwei Mann der Besatzung in ihrem Schützenpanzer mitten in sexueller Aktion vorgefunden. Möglicherweise haben die Soldaten die Typenbezeichnung des Panzers *Hotchkiss* als Aufforderung gesehen, bemerkte süffisant der berichtende Zeitzeuge. Der Kommandeur habe das Gesehene weniger lustig gefunden und Personalmaßnahmen eingeleitet. Der Unteroffizier sei nach § 55 Abs. 5 SG fristlos entlassen worden, nicht jedoch der andere Soldat, ein Wehrpflichtiger: »Das hätte ihm sicher gefallen.« Dieser sei in ein anderes Bataillon versetzt worden und habe seinen restlichen Wehrdienst dort ableisten müssen.

Ein heutiger Hauptmann, selbst nicht homosexuell, erinnerte sich an zwei Erlebnisse:⁴⁶ 1995 habe sich beim Stubendurchgang in einer Grundausbildungskompanie bei der Kontrolle des ordentlichen Bettenbaus eines Grundwehrdienstleistenden unter der flachen Bettdecke ein Gegenstand abgehoben, der sich dann als Sexspielzeug erwies. Der Dildo war nicht etwa als Scherz von anderen Kameraden dort platziert worden, sondern gehörte dem Soldaten. Der Soldat war damit vor allen anderen geoutet, habe aber »außer blöden Sprüchen« keine Diskriminierung erfahren. Letztlich entsprach dies der bereits analysierten Vorschriftenlage, wonach Grundwehrdienstleistende bei erkannter Homosexualität in der Regel keine Konsequenzen zu befürchten oder zu erwarten hatten.

Ein Jahr später begegnete der Zeitzeuge erneut dem Thema Homosexualität. In einer ihm fachlich zugeordneten kleinen Teileinheit diente ein Grundwehrdienstleistender, dessen Onkel als Hauptfeldwebel zugleich Teileinheitsführer seines Neffen und damit dessen unmittelbarer Vorgesetzter war. Beide hatten familiär kein gutes Verhältnis, nicht zuletzt war dem Onkel die Homosexualität des Neffen ein Dorn im Auge. Der Hauptfeldwebel habe sich häufig offen, direkt und sehr verächtlich über die

⁴⁴ Zeitzeugenbefragung J., Freiburg, 30.5.2018.
⁴⁵ Telefonisches Zeitzeugengespräch R., 23.5.2018.
⁴⁶ Zeitzeugenbefragung eines Hauptmanns, Potsdam, 18.1.2018, auch im Folgenden. Eine sehr ähnliche Erinnerung brachte ein früherer Stabsfeldwebel in diese Studie ein. 1991 habe er bei einem Wehrpflichtigen im Spind bei dessen Kontrolle Gleitgel und Sexspielzeug entdeckt, das den Nutzer des Spinds als Homosexuellen geoutet habe. Die Reaktionen der anderen Stuben- und Zugkameraden seien »ablehnend bis beleidigend« gewesen. Auf die Wiedergabe der Sprüche kann an dieser Stelle gut verzichtet werden. Zeitzeugengespräch Stabsfeldwebel a.D. W., Ulm, 29.3.2018.

sexuelle Neigung seines Neffen geäußert – und dabei »Worte aus der untersten Schublade« benutzt. So haben alle Soldaten der Kompanie über die Homosexualität des Gefreiten Bescheid gewusst, dieser habe aber – abgesehen von den Beleidigungen seines Onkels und Vorgesetzten – keine Diskriminierung von Kameraden erfahren. Nur einmal habe der Zeitzeuge eine abschätzige und beleidigende Bemerkung eines älteren, länger dienenden Mannschaftssoldaten gehört. Er stellte ihn zur Rede und verbot ihm unter Hinweis auf die in § 12 SG verankerte Pflicht zur Kameradschaft derlei Äußerungen. Am vorletzten Tag seiner Dienstzeit, nach der Abgabe von Uniform und Ausrüstung, erlaubte sich der Gefreite dann ein deutliches Zeichen zu setzen. Statt gewöhnlicher Zivilkleidung habe er für den Rest des Tages im Dienst Frauenkleidung getragen und sei stark geschminkt durch die Kaserne gegangen. Auf die Frage des Zeitzeugen, ob er »denn auch privat so rumlaufe«, verneinte der Gefreite. Er habe sich Kleid und Schminke bei einer Freundin geliehen und wollte so ein sichtbares Zeichen gegen die Intoleranz seines Onkels setzen. Rückblickend sah es der Zeitzeuge selbstkritisch, dass niemand in der Kompanie, auch er als Angehöriger des Bataillonsstabs nicht, den Beleidigungen des Hauptfeldwebels und Onkels Einhalt geboten oder gar ein Disziplinarverfahren gegen diesen eingeleitet hatte. Aber: »Vor 20 Jahren war das eine andere Bundeswehr. Das Leben wird vorwärts gelebt und rückwärts verstanden.«

Sowohl Toleranz als auch Intoleranz beobachtete ein (selbst nicht homosexueller) Offizier in den 1990er Jahren.[47] Er berichtete über einen Inspektionschef an einer Truppenschule, der »im allgemeinen Ruf stand, homosexuell zu sein, ohne dass dies jemals offen ausgesprochen oder von diesem thematisiert worden ist«. Die Gerüchte seien in eine »für den Betroffenen und alle Kameraden unangenehme Situation« gemündet: Bei einem Ausflug in die Alpen sei eine Übernachtung auf einer Berghütte vorgesehen gewesen. Bei der Aufteilung auf die Stuben sei der einzige dienstgradgleiche Offizier dem Zusammenlegen mit dem in Rede stehenden Inspektionschef mit einer für alle Anwesenden eindeutigen Formulierung ausgewichen. Nach längerem Hin und Her habe sich ein anderer Offizier bereiterklärt, die Stube zu teilen – und habe dafür wiederum zunächst eindeutige Kommentare der anderen geerntet. Dem Beobachter zufolge habe »dieses peinliche Verhalten die Kameradschaftspflicht und die Ehre des von Gerüchten verfolgten Offiziers verletzt«. Auf der anderen Seite des Erinnerungsbildes steht der Rückblick auf ein Bataillon in Baden-Württemberg. Das homosexuelle Verhältnis eines Kompaniechefs mit einem jungen Feldwebel seiner Kompanie sei ein offenes Geheimnis gewesen. Der verheiratete Familienvater habe sich »erstaunlich wenig Mühe [gegeben], seine Liaison mit dem Feldwebel zu verheimlichen«. Dem Zeitzeugen zufolge seien damals nach seinem Kenntnisstand weder der Bataillonskommandeur noch andere Vorgesetzte eingeschritten, obwohl auch der Kommandeur Kenntnis gehabt haben musste.

Nur Erinnerungen an eine tolerante Truppe hat auch ein anderer, selbst ebenfalls nicht homosexueller früherer Soldat.[48] Sein Eintritt in die Bundeswehr als Grundwehrdienstleistender im Sommer 1989 habe »zu einer Fülle von neuen Er-

---

47   Zeitzeugengespräch Oberstleutnant K., 14.12.2018.
48   E-Mail Frank W. an den Verfasser, 3.4.2018.

fahrungen, darunter auch beim Thema Sexualität«, geführt. So habe er in seiner
Stammeinheit zum ersten Mal jemanden kennengelernt, der offen mit seiner Homosexualität umging. Sanktionen gegen diesen seien ihm nicht bekannt geworden.

> »Vielmehr erschien mir der allgemeine Umgang recht locker: während üblicherweise
> Zeitschriften vom Format *Playboy* vielerorts konsumiert wurden, hatte er neben seinem
> Bett Ausgaben des *Playgirl* genauso offen liegen. Ich habe ihn als guten Kumpel und treu-
> zuverlässigen Verwalter der Tankstelle der Transportgruppe in Erinnerung.«

Auch während seines ersten Auslandseinsatzes, 1998 als Reservist bei SFOR im bos-
nischen Rajlovac, habe sich einer seiner Kameraden offen zu seiner Homosexualität
bekannt, »was für ihn als gebürtigen Kölner und Karnevalsaktivist [Karnevalist]
keine Schwierigkeit darzustellen schien«. Auch hier seien keine Sanktionen oder
Beeinträchtigungen erfolgt. Ungeachtet des Zusammenlebens und Arbeitens auf engem Raum habe der Zeitzeuge auch keine anderen Probleme bemerkt. »Kapriolen
der inneren Führung und Sanktionen für viele Fälle gab es genügend während der
Zeit meines Einsatzes, doch meiner Erinnerung nach nie in Bezug auf Sexualität und
sexuelle Veranlagungen.«

Widersprüchliche Erfahrungen machte ein 1996 zunächst als Grundwehrdienstleistender in die Bundeswehr eingetretener heutiger Stabsfeldwebel.[49] Vor seiner
Einberufung habe der damals Achtzehnjährige in seinem schwulen Freundeskreis
gewettet, er werde es schaffen »zu der härtesten Truppengattung« einberufen zu werden. Das waren für ihn die Fallschirmjäger. Er gewann die Wette. Während der
tatsächlich sehr fordernden Grundausbildung bei den Fallschirmjägern habe er dann
aber wegen seiner »doch recht offensichtlichen Homosexualität« (»ich war damals
etwas feminin, da merkten die Kameraden schnell, was mit mir los war«) Sprüche
und offene Ablehnung seines Ausbilders und Gruppenführers über sich ergehen
lassen müssen. So habe er bei einer Übung im Matsch in Stellung gehen müssen.
Sein Vorgesetzter hätte dabei laut gesagt: »Da liegt sie ja, die Tunte im Dreck.« Der
Stabsfeldwebel schlussfolgerte: »Der Unteroffizier hatte es auf mich abgesehen.« Aber
die Grundausbildung habe ihm zugleich die Erfahrung echter Kameradschaft gebracht. »Die Kameraden meiner Stube hielten fest zu mir. Wenn auch andere so
gegen mich gehetzt hätten wie der Gruppenführer, dann hätte ich aufgehört.« Diese
Kameradschaft habe ihn ermutigt, vor Ablauf seines Grundwehrdienstes zu verlängern und Unteroffizier zu werden. In späteren Verwendungen habe er dann aber
seine gleichgeschlechtliche Orientierung nicht mehr bekanntgemacht, »sonst wäre
ich nicht das geworden, was ich geworden bin«. Er wurde 2003 Berufssoldat.

Bei der Auswertung vieler Interviews kristallisierte sich wiederholt die Übernahme
zum Berufssoldaten als Wegmarke heraus, nach der die Soldaten offener mit ihrer Homosexualität umgingen. Ein inzwischen als Stabsfeldwebel pensionierter
Unteroffizier war ab 1996/97 als Oberfeldwebel und nunmehriger Berufssoldat
dazu übergangen, bei Versetzungen seinen neuen Vorgesetzten seine Homosexualität
mitzuteilen.[50] Niemals habe einer dieser Vorgesetzten damit ein »Problem« gehabt,
niemals seien ihm im Dienst aus seiner Homosexualität irgendwelche Probleme er-

---

49   Zeitzeugengespräch Stabsfeldwebel H., 29.3.2018.
50   Zeitzeugengespräch Stabsfeldwebel a.D. S., Freiburg, 21.6.2017.

wachsen: »Alle Vorgesetzten waren immer korrekt und fair zu mir.« Bereits Jahre zuvor habe er in Sonthofen mit seinem Freund in einer Wohnung zusammengelebt. »Sonthofen ist ein kleiner, überschaubarer Ort, dort kennt jeder jeden, insbesondere unter den dort stationierten Soldaten.« Daher sei er davon ausgegangen, dass das Zusammenleben mit seinem Freund in Sonthofen an der dortigen Truppenschule bekannt gewesen sei. Er sei aber niemals darauf angesprochen worden und habe auch niemals sonst in seiner langen Dienstzeit Schwierigkeiten gehabt.

Ein später in Kapitel IV ausführlicher zu Wort kommender früherer Offizier berichtete, in der Truppe in Brandenburg an der Havel und später in Berlin sei er als Oberleutnant offen mit seiner sexuellen Orientierung umgegangen.[51] Unter Kameraden und Vorgesetzten in der Truppe habe er diesbezüglich keinerlei negative Erfahrungen gemacht, ganz im Gegenteil, er habe »viel Zuspruch« erfahren. Zuspruch konnte der Oberleutnant auch durchaus gebrauchen, focht er doch zu dieser Zeit (ab 1997) einen Kampf mit dem Verteidigungsministerium und dem Personalamt aus, da er die zivile wie militärische Führung der Bundeswehr zu einem Dialog über die Rechte homosexueller Soldaten aufgefordert hatte. Einzig ein Vorfall habe sich ereignet, als in Brandenburg an der Havel ein höherrangiger Kamerad nach einer Offizierfeier versucht habe, ihn »zum Sex zu überreden und massiv zu bedrängen«. Nachdem dessen Unterfangen nicht von Erfolg gekrönt gewesen sei, habe ausgerechnet dieser Kamerad versucht, im Bataillon negative Stimmung zur Thematik Homosexualität im Allgemeinen und gegenüber dem Oberleutnant im Besonderen zu verbreiten.[52]

Nicht immer sei Toleranz der Grund für die stillschweigende Akzeptanz von homosexuellen Vorfällen in der Truppe gewesen, gab ein früherer Stabsoffizier zu bedenken.[53] Der (selbst nicht homosexuelle) Offizier sah vielmehr oft »einfach menschliche Trägheit« am Wirken. »Man hat so lange weggeschaut, solange der Dienstbetrieb nicht gestört wurde.« Auf Nachfrage, wer »man« gewesen sei, kam als Antwort: die Vorgesetzten mit Disziplinargewalt (heute würde man von Disziplinarbefugnis sprechen), konkret die Kompaniechefs. Ein Disziplinarverfahren habe immer viel Papier, viel Arbeit bedeutet.

»Solche Vorgänge ließen sich ja nicht mit den sonst üblichen einfachen erzieherischen Maßnahmen (›Schreiben Sie mal einen Aufsatz, zwei Seiten DIN A4!‹) lösen. Und so haben die Kompaniechefs solange die Augen zugemacht, solange es ging. Tätig geworden sind die meisten erst, wenn der Dienstbetrieb gestört wurde, und auch dann ›eher der Not gehorchend als dem eignen Trieb‹[54] [...]

Die Unteroffiziere, die Zugführer, der Spieß haben es genauso gehalten. Diese aber weniger wegen der Mehrarbeit, sondern mehr aus einer Mischung aus Gleichgültigkeit und Toleranz aus Kameradschaft. Eine Meldung an den Chef machten die unteren Vorgesetzten erst, wenn der Dienstbetrieb gestört wurde oder das Offensichtliche nicht mehr zu übersehen war.«

---

51 Siehe ausführlich in Kap. IV.9.c).
52 E-Mail Erich Schmid, 5.12.2017.
53 Zeitzeugeninterview mit einem Oberstleutnant a.D. Bonn, 20.2.2019.
54 Frei nach Schiller, Die Braut von Messina (1803); im Original: »der Not gehorchend, nicht dem eignen Trieb«.

Eine nicht mehr zu übersehende Störung des Dienstbetriebes erlebte der Zeitzeuge 1973 als Rekrut während seiner Grundausbildung. Eines Abends sei ein Unteroffizier »splitterfasernackt über den Kompanieflur zum Telefon im Zimmer des UvD [Unteroffizier vom Dienst] gerannt, um ärztliche Hilfe zu rufen«. Der nackte Soldat sei aus der Stube eines Hauptfeldwebels gekommen, der sich beim Sex mit dem Unteroffizier eine Verletzung zugezogen hatte. In großer Sorge und offensichtlicher Panik habe der Unteroffizier es versäumt, sich zumindest eine Sporthose anzuziehen. Es habe in der Kompanie schon lange Gerüchte über die Beziehung des Hauptfeldwebels mit dem Unteroffizier aus dem Geschäftszimmer gegeben, »aber nie etwas Konkretes«. Nach dem abendlichen Vorfall lag nun etwas sehr Handfestes vor, das den Kompaniechef zum Handeln gezwungen habe. Über die Konsequenzen für die beiden konnte der damalige Rekrut nichts Belastbares sagen, der Hauptfeldwebel sei aber auf seinem Dienstposten als Zugführer verblieben, der Unteroffizier ward jedoch nie mehr im Geschäftszimmer gesehen. Ob er versetzt oder entlassen wurde, war dem Zeitzeugen nicht mehr erinnerlich.

Zumindest beim Blick auf die 1990er Jahre sahen etliche damals dienende Soldaten eine deutlich über die Buchstaben der Personalrichtlinien hinausgehende Toleranz in der Truppe. So sei die Homosexualität eines Kompaniechefs in der Mitte des Jahrzehnts ein offenes Geheimnis in der Kompanie gewesen, aber »mit dem Chef sprach man über sowas nicht«.[55] Zu ergänzen ist: *über* den Chef sprach man freilich schon.

Ein früherer Batteriechef (selbst nicht homosexuell) erinnerte sich, die Homosexualität seines Vorgängers im Amt sei in den späten 1990er Jahren ein »offenes Geheimnis, aber kein Thema« in der Batterie gewesen, auch im Nachhinein nicht. Die »Regentschaft« des vermutlich homosexuellen Chefs habe sich »jedenfalls nicht negativ ausgewirkt«.[56] Eine andere Erinnerung an die internen Diskussionen in dieser Batterie hatte ein Portepeeunteroffizier.[57] Nachdem sich der neue Chef auf der ersten Teileinheitsführerbesprechung seiner Batterie als homosexuell bekannt habe, seien die Reaktionen der Teileinheitsführer »sehr differenziert« ausgefallen. Drei der zwölf Unteroffiziere, unter ihnen der Batterietruppführer, haben offen ablehnend reagiert, bis hin zu Sprüchen wie: »Na, dann brauchen wir ja jetzt gar nichts mehr zu arbeiten. Der kann uns gar nichts sagen!« Hinter diesen und ähnlichen Sprüchen stand ein Autoritätsverlust des Chefs, der auch zu einer Gefährdung der Disziplin in der Einheit hätte führen können. (Genau dieses Szenario wurde vom BMVg und den Verwaltungsgerichten immer als Gefahr beschworen und galt als Begründung für die angenommene Nichteignung von Homosexuellen als Vorgesetzte.) Alle anderen Teileinheitsführer, darunter auch der Batteriefeldwebel, hätten sich »zwar nicht zustimmend, aber doch neutral geäußert« und loyal zum Chef gestanden. Insbesondere der Batteriefeldwebel habe »zwar keine Sympathie für die Homosexualität des Chefs« gehabt, seine Aufgabe aber darin gesehen, loyal zu bleiben und die Disziplin in der Batterie aufrechtzuerhalten.

---

55   Zeitzeugengespräch Stabsfeldwebel a.D. R., 7.2.2018.
56   Zeitzeugengespräch Oberstleutnant N., 23.2.2018.
57   Zeitzeugengespräch Stabsfeldwebel a.D. R., 7.2.2018.

Bemerkenswert an diesem Vorgang ist nicht nur die Spaltung des Unterführerkorps der Batterie zwischen Loyalität und Ablehnung des Chefs, sondern vor allem der Fakt, dass der Chef entgegen der Personalrichtlinien im Amt verblieb. Niemand, auch nicht die mit ablehnenden Äußerungen aufgefallenen Unteroffiziere, meldete »nach oben«. Im Fall einer solchen Meldung wären der Kommandeur und infolgedessen das Personalamt zur Durchsetzung der Vorschriften und damit zur Ablösung des Chefs gezwungen gewesen, wie mehrere andere entsprechende Vorgänge aus den 1990er Jahren zeigten.[58]

Während seines Offizierlehrgangs 1990/91 sei seine homosexuelle Orientierung seinem Stubenkameraden und drei weiteren Kameraden in der Lehrgruppe bekannt gewesen, so ein inzwischen aus dem Dienst ausgeschiedener Offizier. Der Stubenkamerad sei ebenfalls schwul gewesen und habe ihn erstmals in einschlägige Lokale in München mitgenommen. Beide haben aber keinerlei Beziehung oder sexuellen Kontakt zueinander unterhalten. In seiner Zeit als junger Zugführer in einem Jägerbataillon 1991/92 sei seine Homosexualität einem ebenfalls schwulen Offizierkameraden bekannt gewesen. Auch hier habe es keine sexuellen Kontakte gegeben.[59]

Ein 1992 als Offizieranwärter in die Luftwaffe eingetretener junger Mann erlebte sein Coming-out an der Offizierschule in Fürstenfeldbruck.[60] Es sei aber mehr ein »Coming-in« gewesen, denn davon durfte niemand an der Schule erfahren, sonst wäre er Gefahr gelaufen, seinen beruflichen Weg zu beenden, bevor er richtig begonnen hatte. Niemand durfte es erfahren, niemand außer einem: sein erster Partner. Dieser war ein Hörsaalkamerad. Aus Kameradschaft wurde Freundschaft, aus Freundschaft wurde Liebe. Beide verbrachten die Wochenenden zusammen, passten aber unter der Woche an der Schule auf, ihre Beziehung nicht auffallen zu lassen. Diskretion hatte oberste Priorität. Das Doppelleben an der Offizierschule sei ein »Hemmschuh« gewesen, der auch Kraft gekostet habe. Der junge Offizieranwärter habe sich nicht unbeschwert gefühlt, sei gegenüber Kameraden vorsichtig und gehemmt aufgetreten und habe sich ungewollt abgegrenzt, räumte er mit dem Abstand von vielen Jahren selbstkritisch ein. Die beiden Männer blieben zunächst auch nach dem Ende der Ausbildung in Fürstenfeldbruck zusammen, dann trennten sich ihre beruflichen Wege – und bald auch ihre privaten.

In den 1990er Jahren in der Sanitätstruppe dienende homosexuelle Soldatinnen bestätigten die weit verbreitete Toleranz in der Truppe. Dass beispielsweise die Truppenärztin mit ihrer Lebenspartnerin in der nahen Kleinstadt zusammenlebte, war am Standort ein offenes Geheimnis. Natürlich blieben sexistische, dumme oder zumindest unüberlegte Sprüche manchmal nicht aus. Beim Doppelkopfspiel mit Kameraden etwa sei, nach einem verlorenen Bubensolo, die Bemerkung gefallen: »Unsere Doktorin hat es ja nicht so mit Buben.« (In ihren ersten Verwendungen als Truppenärztin war sie stets die erste Frau in Uniform in der Dienststelle, ein für die Soldaten zunächst ungewohntes Bild, das sich in der Anrede als »Doktorin« ausdrückte.) Die Ärztin stutzte kurz, befand dann aber diesen lockeren Spruch nicht

---

58 Dazu ausführlich in Kap. IV.
59 E-Mail Erich S. an den Verfasser, 5.12.2017.
60 Zeitzeugenbefragung K., München, 18.5.2018.

als negativ oder gar beleidigend. Andere Sprüche waren: »Bei Ihnen wissen wir, dass Sie sich nicht hochgeschlafen haben.« Oder: »Unsere Ärztin wird nie in den Einsatz gehen, die ist ja vom anderen Ufer.« Im Kopf der Ärztin hängengeblieben ist aber auch die Bemerkung eines Obersts: »Doktorin, wenn Dich jemand blöd anmacht, weil Du mit einer Frau zusammen bist, sag mir Bescheid, dann hau ich dem in die Fresse!«[61] Im Dienst habe sie wegen ihrer sexuellen Orientierung nie Probleme bekommen, versicherte die noch heute in der Bundeswehr aktive Ärztin.

Auch eine von 1994 bis 2008 als Unteroffizier auf Zeit dienende Zeitzeugin kann sich an keine Probleme oder gar Diskriminierungen erinnern. Sie sei aber im Dienst »nicht wirklich offen« mit ihrer Sexualität hervorgetreten. Nur gegenüber Kameradinnen und Kameraden »in gleicher oder ähnlicher Situation«, also anderen lesbischen und schwulen Soldaten, habe sie sich geoutet. Dennoch: »Viele wussten es. Ich habe mich ja nicht versteckt, aber auch nicht offen kommuniziert.«[62] Sogar als sie im Nachgang eines Auslandseinsatzes mit dem fälschlichen Vorwurf des Einbruchs in die Kameradenehe konfrontiert wurde, habe sie ihre sexuelle Orientierung nicht zur Entlastung vorgebracht. (Die freundschaftliche Nähe zu einem Arzt im Einsatz sei von Kameraden missgedeutet und dessen Ehefrau mitgeteilt worden. Diese beschwerte sich, was für die Zeitzeugin zu einem Gespräch beim Vorgesetzten führte.) Der Grund für die Zurückhaltung, auch nach dem Jahr 2000, sei weniger die Sorge um sich selbst gewesen, sondern die um einen mit ihr eng befreundeten schwulen Soldaten ihrer Einheit. Die beiden galten als enge Freunde. Wäre die sexuelle Orientierung der Frau bekannt geworden, hätte dies nach ihrer damaligen Einschätzung sofort zu Rückschlüssen auf ihren Freund geführt. Ihn wollte sie »schützen«. »Bei Männern war das immer noch etwas anderes, schwieriges.« Auf die Frage nach einem Ehemann habe sie stets geantwortet, sie hätte einen »Lebensabschnittsgefährten«, wohl gemerkt nicht in der männlichen Form gemeint, sondern bundeswehrsprachtypisch geschlechtsneutral. Die Verwendung des Begriffs »Lebensabschnittsgefährte« sei im Gespräch unter Kameraden ein klares Signal gewesen, das andere homosexuelle Soldatinnen und Soldaten sofort verstanden.

b) Erinnerungen an die Bundeswehrhochschulen

Der Druck, sich verstellen und verstecken zu müssen, ließ befragten Offizieren zufolge deutlich nach, sobald die Offizieranwärter oder jungen Offiziere aus der Truppe an die bundeswehreigenen Universitäten versetzt worden waren. Deren Erinnerungen an die Studienzeit sollen daher gesondert betrachtet werden.

In der Freiheit des Studentenlebens und unter den Möglichkeiten der Universitätsstädte Hamburg und München entspannten sich früher oder später viele, wenn auch nicht alle studierenden Offiziere (egal welcher sexuellen Orientierung). Einige machten in den 1990er Jahren aus ihrer Homosexualität bald kein Geheimnis mehr. Der für die Bundeswehruniversitäten in jeder Hinsicht konstitutive und durchaus gewollte Gegensatz zwischen studentischer Freiheit und weiterhin bestehenden mi-

---

[61] Zeitzeugengespräch, 28.11.2019.
[62] Zeitzeugenbefragung Hauptfeldwebel d.R. Martina Riedel, Hamburg, 23.1.2020.

litärischen Regeln und Pflichten schlug sich auch im Umgang mit den angehenden Offizieren nieder. Während ihres Studiums an den beiden Bundeswehruniversitäten seien etliche zunehmend offener mit ihrer homosexuellen Orientierung umgegangen, blickten nicht wenige Befragte zurück. So lernten sich auch mehr studierende homosexuelle Offiziere untereinander kennen.

Nach der Versetzung an die Bundeswehruniversität 1991 sei das schwule Leben in München für ihn »wie eine Befreiung« gewesen, erinnerte sich ein damaliger Offizieranwärter.[63] Zuvor habe er in den 15 Monaten Ausbildung in der Marine alles darangesetzt, dass das Thema Homosexualität »nicht hochkam«. Erst in München habe er »endlich zu sich selbst gefunden«, sein vordem eher wenig ausgeprägtes Selbstbewusstsein entwickelt. Der angehende Marineoffizier stammte aus konservativem Elternhaus, sein Vater war ebenfalls Soldat. Das Bekenntnis ihres Sohnes als Offizieranwärter während seines Studiums sei für seine Eltern ein »Schock« gewesen. Der Vater habe in seiner Verzweiflung Rat beim Militärpfarrer gesucht.

Während des Studiums Anfang der 1990er Jahre habe er die »ungekannte Freiheit« Münchens, schon damals bekannt für seine große und weltoffene schwule Szene, kennengelernt, so ein anderer früherer Offizier.[64] In den Clubs der Stadt habe er immer wieder zufällig andere Studenten aus Neubiberg getroffen. Diese kannten wiederum andere und so bildete sich ein Kreis von mehr als 20 studierenden Offizieranwärtern und Offizieren. Unter den Männern entstanden und wuchsen natürlich auch Leidenschaften und Partnerschaften. Mehrere Paare, die sich Mitte der 1990er Jahre in Neubiberg gefunden hatten, sind auch heute noch (2018) nach mehr als 20 Jahren zusammen. An der Uni bildeten die Männer einen »engen verschworenen Kreis«. Alle hatten das gleiche Problem: Würde ihre sexuelle Orientierung den Vorgesetzten an der Uni bekannt, bedeutete dies das Ende ihrer beruflichen Zukunft in den Streitkräften. Doch dieses Szenario schreckte zumindest einige studierende Offiziere nicht davon ab, sich an der Uni zu engagieren. Etliche von ihnen stellten sich zur Wahl in die Studentenvertretung, den studentischen Konvent. Homosexuell orientierte Studenten hätten dort bald die Mehrheit gestellt, erinnerte sich einer von ihnen. Ihr Engagement für das studentische Leben an der Uni ging weiter: Sie organisierten Feiern, Partys und Konzerte – und sie beriefen einen offiziellen »Schwulenbeauftragten« des Konvents.[65]

Er habe begonnen, sich gegenüber »ausgewählten« Jahrgangskameraden zu outen, es habe aber auch Gerüchte auf dem Campus über ihn gegeben, die er weder dementiert noch bestätigt hätte, äußerte ein weiterer damals in Neubiberg studierender Offizier:[66]

»Es sollte jeder denken, was er wollte. Direkt angesprochen wurde ich allerdings von niemanden, auch andere Schwule nicht. Ab 1994 wurde das Thema Homosexualität in der Bundeswehr immer öfter offen an der Uni diskutiert. In Seminaren, in Gremien, in Publikationen und natürlich im Kameradenkreis. Wobei zunehmend eine liberale Haltung vor allem bei jüngeren Kameraden, aber auch bei Vorgesetzten feststellbar war.«

---

63 Zeitzeugenbefragung L., München, 7.6.2019.
64 Zeitzeugenbefragung K., München, 18.5.2018.
65 Dazu an späterer Stelle in diesem Kapitel ausführlich.
66 E-Mail Erich S. an den Verfasser, 5.12.2017.

An der Uni habe es mitunter »zwar Gerede und Klischeesprüche« gegeben, »Anfeindungen oder auch nur Kontaktvermeidung« seien für ihn dabei aber nie erkennbar gewesen.

Ein selbst nicht homosexuell empfindender Offizier erinnerte sich, während seines Studiums an der Bundeswehruniversität Hamburg habe sich 1992 oder 1993 ein studierender Leutnant in einer Sitzung mit dem Leiter des (militärischen) Studentenbereichs öffentlich geoutet.[67] Der Leiter, als Kapitän z.S. höchster militärischer Vorgesetzter an der Universität, habe auf das Outing in der Runde trocken gesagt: »Oh ha!« Das Outing machte schnell an der Uni die Runde. Da der Leutnant ein Fallschirmjäger war, »sahen sich einige Fallschirmjäger an der Uni wohl gezwungen, sich aufgrund von blöden Witzen über schwule Fallschirmjäger deutlich von ihrem Kameraden abzugrenzen«. Besagter Offizier resümierte: »Der Vorfall an der Uni zog meines Wissens nichts nach sich. Ich habe mich aber auch nicht weiter für das Thema interessiert.«

Zwei Zeitzeugen machten in den späten 1990er Jahren, also noch zu Zeiten der Restriktionen gegenüber erkannten homosexuellen Offizieren, völlig gegensätzliche Erfahrungen. Der eine konnte über keine negativen Reaktionen und keine Nachteile für die spätere weitere militärische Laufbahn berichten. Er lebt seit dem Studium offen schwul, wurde Berufssoldat und war bereits Bataillonskommandeur. Der andere erfuhr zunächst von seinem militärischen Vorgesetzten an der Uni ebenfalls keine negative Reaktion.[68] Als sich sein Studium dem Ende zuneigte und seine Versetzung in die Truppe anstand, wurde das frühere offene Bekenntnis dann doch noch zum Hemmschuh. Er könne gemäß den (bis zum Jahr 2000) geltenden Vorschriften nicht als Vorgesetzter und Ausbilder von Soldaten verwendet werden. Auch wäre eine Übernahme als Berufssoldat (zu diesem Zeitpunkt) ausgeschlossen.

Rückblende: Der 1993 zunächst als Unteroffizieranwärter in die Marine eingetretene und später in die Laufbahn der Offiziere gewechselte Zeitzeuge habe in den ersten Jahren seiner Dienstzeit zunächst die Frage seiner Sexualität für sich selbst klären müssen und darin generell »keine zwingende Verbindung zum Dienst« gesehen. Als studierender Fähnrich z.S. habe er dann in Hamburg seinen (nicht an der Bundeswehruni studierenden) festen Freund kennengelernt. In dieser Zeit hatte er seine Homosexualität bereits seit Längerem akzeptiert und sich nun auch erstmalig entschieden, seine unmittelbaren militärischen Vorgesetzten ins Vertrauen zu ziehen. Dieses Vertrauen sollte sich später als Fehleinschätzung herausstellen. Doch zunächst schienen seine Vorgesetzten das Vertrauen zu rechtfertigen. Vor dem Wechsel seines Vorgesetzten 1998 wollte der nunmehrige Oberfähnrich z.S. von sich aus den »Alten« einweihen, bevor der »Neue« die Dienstgeschäfte übernahm. Der Hauptmann habe das Gespräch mit den Worten eröffnet: »Wenn es das ist, was ich glaube, was Sie mir sagen wollen, dann sollten Sie mir das nicht sagen!« Denn dann müsste er »ein Papier fertigen« und Meldung nach »oben« machen, es würde mit der Ablösung des Oberfähnrichs vom Studium, einen Wechsel in die Laufbahn der Unteroffiziere mit Portepee und einer Dienstzeitreduzierung enden. All dies blieb dem Oberfähnrich

67 E-Mail Oberstleutnant B. an den Verfasser, 24.01.2017.
68 Hier und im Folgenden Zeitzeugenbefragung Fregattenkapitän Alexander Schüttpelz, Berlin, 24.1.2019.

erspart, er folgte dem Rat und beließ es bei den unausgesprochenen Worten. Der neue Hauptmann wurde jedoch durch den Vorgänger trotz anderslautender Aussage über den Sachstand informiert. Dieser hatte dann mit dem Oberfähnrich offen über seine Homosexualität gesprochen und dabei noch betont, er persönlich habe »damit« keine Probleme und es würde keine offizielle Meldung nach »oben« geben.

Als sich das Studium dem Ende zuneigte, kam der Hauptmann erneut auf den nunmehrigen Leutnant zur See zu und bat ihn zum Gespräch. Der Hauptmann wollte das Gespräch jedoch nicht im Büro, sondern während eines Spaziergangs im Park führen. Dort meinte der Hauptmann, er habe »ein Problem«, er müsse ihn, den Leutnant, beurteilen und zweifle, ob sich dieser in der Truppe als Vorgesetzter werde durchsetzen können. Diese Zweifel wolle er in der Beurteilung deutlich äußern. Der Hauptmann ließ den Worten im Park Taten folgen. Der Leutnant legte Beschwerde gegen diese Beurteilung ein, allerdings wurde ihr nicht stattgegeben. Mit der ihm mangelndes Durchsetzungsvermögen attestierenden Beurteilung ging er vom Studium zurück in die Marine.

Erst viele Jahre später und durch Fürsprache späterer Vorgesetzter gelang dem heutigen Fregattenkapitän der Sprung zum Berufssoldaten. Die nahezu zeitgleichen gegensätzlichen Erfahrungen der beiden Offiziere zeigen einmal mehr, dass es letztlich auf das individuelle Verhalten der Vorgesetzten ankam. Der eine entschied streng nach Vorschrift, ein anderer ließ Toleranz und Liberalität walten. Auch in der Truppe blieb der Offizier seinem Weg treu, mit seiner Homosexualität offen umzugehen. »Offen, aber nicht offensiv«, betonte der Fregattenkapitän. Es habe auch fast keiner der Kameraden danach gefragt, so habe es für den Marineoffizier nur selten die Notwendigkeit gegeben, seine Sexualität zu thematisieren; einzelne gute Kameraden hatte er jedoch von sich aus ins Vertrauen gezogen. Dessen ungeachtet habe es wie so oft im Leben Gerüchte gegeben, was der Leutnant auf einem Lehrgang 2001 gewärtigen musste. Er entschied sich zur Flucht nach vorne und ergriff am nächsten Morgen im Hörsaal das Wort: Ja, er sei schwul und wolle nicht, dass hinter seinem Rücken über ihm geredet werde. Die Kameraden haben »teils mit zustimmendem Klopfen auf die Tische, teils mit eisigem Schweigen und ›langen Gesichtern‹ reagiert«, offene Widerworte oder Unmutsbekundungen seien aber ausgeblieben. Der Hörsaalleiter habe später mit jedem Kameraden des Hörsaals vertraulich gesprochen, um sich ein Bild von der Lage zu machen. Dabei stellte er fest, dass es scheinbar keine Probleme im Hörsaal mit der Homosexualität eines ihrer Kameraden gebe. Der Hörsaalleiter sprach allerdings nicht mit dem Leutnant, da er aufgrund des aus seiner Sicht positiven Lagebildes im Hörsaal keinen Redebedarf sah. Der Leutnant forderte vom Hörsaalleiter kurz vor seiner Abreise ein »Feedback« ein. Dieser teilte ihm mit, dass er im Moment keinen Handlungsbedarf sehe, und gab dem Leutnant zugleich für die Zukunft mit auf den Weg, er werde es als offen Schwuler »in der Marine nicht leicht haben«, insbesondere an Bord. Er solle sich »genau überlegen«, ob er zur See fahren wolle. Der Leutnant wollte.

Das im Vergleich zur Truppe freiere und ungezwungenere Leben und Dienen an den Bundeswehruniversitäten führte dort auch zu einem etwas entspannteren Umgang mit dem Tabuthema Homosexualität. Dies zeigte sich schon 1979 in einem Artikel der Studentenzeitschrift an der Bundeswehrhochschule München.[69] Ausführlich kommen vier anonymisierte studierende, angehende Offiziere zu Wort. »Du bist bei der Bundeswehr? Da muss doch toll was zu machen sein für dich!?«, so werde der junge Offizier oft von anderen, nicht als Soldat dienenden Schwulen gefragt. Er aber könne »nur gequält lächeln«. Die Bundeswehr sei eine »Männergesellschaft«, ja, aber eine, die »peinlich genau auf ihr heterosexuelles Selbstbild bedacht« sei. Ein anderer studierender Offizier wird mit den Worten zitiert, kein Vorgesetzter wisse, dass er schwul sei. »Ich bin mir fast sicher, dass keiner etwas ahnt. Aber es gibt einen Kameraden, der Bescheid weiß. Der ist sehr tolerant und verschwiegen.« Die vier Interviewten verließen sich nicht auf die Toleranz ihrer Kameraden. Das wäre »sehr riskant« gewesen. Er schätze die Toleranz von Offizieren gering ein, seine persönliche Erfahrung laufe aber auf Toleranz hinaus, zitierte die Studentenzeitung einen Offizier und arbeitete damit unausgesprochen die Kluft zwischen erlebter Toleranz und antizipierter oder befürchteter Ablehnung heraus. »Wenn die anderen am Montag erzählen, kann ich nicht dazwischen platzen und schwärmen, was für einen tollen Kerl ich am Samstag kennengelernt habe.« Die »Ghettoisierung und das enge Zusammenleben in Neubiberg« erlaubten es nicht immer, die notwendige Privatheit zu sichern. Doch an der Bundeswehrhochschule München sei es viel besser gewesen als in einem Dorf oder einer kleinen Stadt. Wenn sie beispielsweise nach dem Studium nach Hammelburg versetzt würden, könnten sie gegenüber der Personalführung nicht geltend machen, dass ihr Freund nicht dorthin mitkommen würde.

Auch in der Münchner Szene habe derselbe Offizier Angst zu sagen, dass er bei der Bundeswehr sei, »wiewohl in der schwulen Szene Uniformkerle gut ankommen«. Doch: »Wenn einer in Grünzeug in eine schwule Bar kommt, gehört der bestimmt nicht zum Bund.« Angst habe fast jeder Homosexuelle, resümierte die Studentenzeitung. Sie bezog dies nicht nur auf den Bund, sondern auf die Gesellschaft insgesamt. »Er lebt ständig in Tarnung, geht blitzschnell in Deckung, wenn nötig. Oder auch, wenn nicht nötig.« Übervorsicht und Angst prägten das Verhalten der vier Offiziere: »Ich bemühe mich diskret zu sein [...] Ich muss stärkere Selbstkontrolle üben [...] Einem schönen Mann, der durch die Kaserne geht, darf ich nicht so lange nachschauen, wie die Kameraden einer schönen Frau nachschauen würden.« Eigentlich gehöre »zu einer richtigen Uni« ein schwuler Stammtisch in die Mensa. Aber so schnell werde es keinen solchen Stammtisch im Kasino geben. Auch eine »schwule Aktionsgruppe« werde es in der Bundeswehr »so schnell nicht« geben.[70] Der Artikel erschien 1979. 15 Jahre später gründeten hauptsächlich Studenten der Bundeswehruniversitäten genau eine solche Aktionsgruppe, den Bundesweiten Arbeitskreis schwuler Soldaten (BASS).[71]

---

[69] »Homosexuelle an der HSBw«, Kopie in BArch, BW 24/14249 und BW 24/32089.
[70] Alle Zitate ebd.
[71] Dazu ausführlich in Kap. IV.

c) »Schwule beim Bund«.
Ein Artikel in der Zeitschrift *Junge Soldaten* 1994

»Eigentlich will er nur so sein, wie er eben ist. Eigentlich liebt er seinen Beruf und ist
damit völlig ausgelastet. Eigentlich möchte er nichts weniger, als in der Zeitung stehen.
Aber Michael Müller hat da ein Problem – das er gar nicht als Problem sieht. Eigentlich.
Michael Müller ist schwul und bei der Bundeswehr – und das geht auch 20 Jahre nach
Reformierung des Paragrafhen 175 noch immer schwer zusammen.«[72]
Stabsarzt Michael Müller stand nun also mit Namen und Foto im von der evan-
gelischen Militärseelsorge herausgegebenen Magazin »für Leute beim Bund«. Der
Artikel ließ Müller direkt und indirekt zu Wort kommen:
»Seit zwölf Jahren ist Michael Müller als Zeitsoldat bei der Bundeswehr. ›Zu Beginn war
ich noch naiv gewesen und dachte, was soll mir als Schwulem schon passieren.‹ [...] ›Keine
Probleme‹, ›die geschlechtliche Ausrichtung spielt bei Sanitätsoffizieren keine Rolle‹ – so
lauteten die ersten Antwortschreiben von der Hardthöhe. Als er jedoch nicht locker ließ
mit seinen Eingaben und Anfragen, traf auch ihn der Schwulenbann der Hardthöhe:
Eine Verwendung als Truppenarzt komme nicht in Frage, hieß es nun. Die Übernahme
als Berufssoldat sei ausgeschlossen. Die Begründung war Müller längst bekannt, denn
sie ist seit Jahrzehnen dieselbe: ›Ein schwuler Vorgesetzter könnte seine Position missbrauchen‹, ›die allgemeine Ablehnung der Homosexualität untergrabe die Autorität eines
schwulen Vorgesetzten‹ ›Disziplin und Einsatzbereitschaft seien gefährdet‹ [...] Seitdem
arbeitet Michael Müller [...] als Laborarzt – nach der Devise ›Behandlung von Kameraden
nicht erwünscht‹ [...] Persönlich hat Müller denn auch weder mit seinen Vorgesetzten
noch mit Untergebenen je Probleme gehabt [...] Selbst in den Gesprächen in Bonn sei er
auf Verständnis gestoßen. ›Im persönlichen Umgang sind die toleranter als ich gedacht
habe.‹ Doch das nützt ihm wenig, denn es ändert nichts an der grundsätzlichen Haltung,
Schwule nicht zu (be)fördern [...] ›Mein Vorgesetzter ist eine Frau. Doch ihr wirft keiner
vor, sie könnte jemanden verführen.‹«
Mit dem Hinweis auf Frauen in Vorgesetztenfunktionen (damals, 1994, noch beschränkt auf den Sanitäts- und Militärmusikdienst) nahmen Müller und der Autor
der *JS* jene Argumentation vorweg, die im Jahr 2000 zum Ende der Restriktionen
gegen Schwule führte. Doch 1994 war es noch nicht so weit:
»›Verführung‹, ›Abhängigmachung von Untergebenen‹, ›sexuelle Praktiken‹ – den
Offiziellen der Bundeswehr fällt beim Stichwort Homosexualität offenbar nicht viel anderes ein als Sexspielchen unter der Dusche und Verkehr auf der Stube. ›Doch das Leben
eines Schwulen besteht, wie bei Heteros, nicht 24 Stunden am Tag aus Sex‹, so Michael
Müller [...] ›Es gibt Schwule in allen Dienstgraden, an allen Standorten‹.«
Noch ein weiterer Offizier, der an der Hamburger Bundeswehruniversität studierte,
wurde in der *JS*-Ausgabe vorgestellt – mit Name und Bild (aber ohne Dienstgrad):
»›Die Bundeswehr rühmt sich doch sonst immer, Spiegelbild der Gesellschaft zu sein.
Warum sollte es in diesem Punkt anders sein?‹, fragt Oliver Dembski [...] So bekennen
sich nur wenige schwule Soldaten offen zu ihrer wahren Liebe, aus Angst vor Spott und
Sanktionen. Die meisten führen ein Doppelleben. ›Von 9–17 Uhr sind die hetero, da-

---

72 Spiewak, Schwule beim Bund, auch die folgenden Zitate.

nach eben schwul‹, so Oliver. Diese geteilte Identität führt zu grotesken Versteckspielen. Aus dem Partner wird dann ›ein Freund‹ oder gleich ›die Freundin‹; zur Tarnung hängt ein nacktes Mädchen im Spind. Viele schweigen über persönliche Dinge ganz. ›Schwule sind gute Schauspieler‹, so Oliver [...] Die offizielle Schwulenlinie der Hardthöhe fördert diese Heimlichtuerei nach Kräften. Denn nur wer sich zu seiner Homosexualität bekennt, ist als Vorgesetzter nicht zu gebrauchen. Wer sich in guter Bundeswehrmanier tarnt, bleibt tauglich. ›Die drängen uns in eine dunkle Ecke, und damit ist jeder Schwule der Willkür seiner Vorgesetzten ausgesetzt‹, so Michael Müller.«

Das wollten Müller und Dembski ändern. »Die entwürdigende Selbstverleugnung wollen beide nicht mehr hinnehmen [...] ›Wir wollen den Schwulen in der Bundeswehr zeigen: Niemand muss mit seinem Problem allein bleiben.‹« Das war ihre Motivation, sich mit Namen, Foto und Telefonnummer öffentlich zu machen. Die *JS* ermutigte andere Soldaten, sich bei den beiden zu melden.

Auch das Ministerium las die *JS* und nahm eine Kopie zu den Akten. Dahinter fand sich der handschriftliche Vermerk

»1. Artikel inhaltlich falsch und einseitig;

2. Artikel behauptet ein ›Problem‹ einer ganz kleinen Minderheit, ist eigentlich kein Thema in Bw;

3. EKA [Evangelisches Kirchenamt für die Bundeswehr] lässt sich vom Stand der Reaktionen und vom Inhalt der Leserbriefe fortlaufend unterrichten;

4. Danach wird entschieden, ob es eine Stellungnahme BMVg in *JS* gibt.«[73]

1994 an den Bundeswehruniversitäten studierende angehende Offiziere erinnerten sich, wie wichtig dieser Artikel für sie und ihr Coming-out gewesen sei. Studenten an der Bundeswehruniversität München nahmen Kontakt zu den beiden im Artikel mit Namen und Foto abgebildeten Hamburger Bundeswehrstudenten und dem dortigen Stabsarzt auf.[74] Es war der Anfang einer Vernetzung. Der *JS*-Artikel war die Initialzündung. Aus den bislang kleinen Kreisen persönlich Bekannter und Befreundeter an den beiden Bundeswehruniversitäten entwickelte sich ein deutschlandweites Netzwerk schwuler Soldaten. Im Ergebnis gründeten sie den »Bundesweiten Arbeitskreis schwuler Soldaten«.[75] Die sich im BASS engagierenden Soldaten wollten ihr gemeinsames Anliegen voranbringen und als homosexuelle Soldaten sichtbar werden. Ein Zeichen in diese Richtung war die Etablierung eines »Schwulenbeauftragten« an der Bundeswehruniversität München 1995, gut ein Jahr nach dem Artikel in der *JS*.

d) Der »Schwulenbeauftragte« an der Bundeswehruniversität München

Der »Schwulenbeauftragte« an der Universität der Bundeswehr München findet sich auch in den Akten des BMVg wieder. Auslöser war eine Meldung der Zeitung *Junge Freiheit* kurz vor Weihnachten 1995: Der Bundeswehruni sei »end-

---

[73] BArch, BW 2/38335: BMVg, handschriftlicher Vermerk in Akte des Referats FüS I 4 vom 12.4.1994.

[74] Beispielsweise Zeitzeugenbefragung L., München, 7.6.2019.

[75] Dazu ausführlich im Kap. IV.

lich der Anschluss an die zeitgeistigen Strömungen der zivilen Hochschulen gelungen«; bislang liege die »Klientel« des »Schwulenbeauftragten« bei 15 studierenden Offizieren in Neubiberg.[76] Ein Generalmajor außer Dienst griff die Meldung der *Jungen Freiheit* in seinem Schreiben an das Verteidigungsministerium auf, so gelangte der Vorgang auf den Tisch des Generalinspekteurs. Der für den militärischen Bereich der Bundeswehruniversität verantwortliche Leiter Studentenbereich erläuterte den Sachstand: Der Konvent habe im März 1995 ein Referat eingerichtet, das sowohl als Beratungsstelle für alle Fragen der studierenden Offiziere und Offizieranwärter zum Thema Homosexualität in der Bundeswehr als auch als Ansprech- und Verbindungsstelle zu anderen, ähnlichen Beratungsstellen in München fungiere. Bis dato habe der Vorsitzende des Konvents diese Aufgaben selbst und in Nebenfunktion mitbearbeitet. Offenbar zur Vermeidung von ungewollten Rückschlüssen betonte der Oberst, aus der Wahrnehmung der Aufgabe könnten keine »Rückschlüsse auf eine homosexuelle Veranlagung des Beauftragten gezogen werden«, auch der derzeitige »Schwulenbeauftragte« bekleide den »Posten nur der Funktion wegen«.[77] Die von der *Jungen Freiheit* genannte Zahl 15 sei nicht nach außen gegeben worden. Der Konvent war (und ist) die gewählte Vertretung der studierenden Offiziere und Offizieranwärter und agierte (er tut das nach wie vor) im Rahmen der studentischen Selbstverwaltung. Er habe mit der Einrichtung des Referats keine Kompetenzen überschritten oder Vorschriften missachtet, lediglich ein »zweckmäßiges Vorgespräch« mit ihm, dem Leiter Studentenbereich, sei versäumt worden. Dessen ungeachtet stellte sich der Oberst uneingeschränkt hinter den »Schwulenbeauftragten«: »Davon, dass bei über 2000 jungen Männern zum Thema Homosexualität Gesprächs- und Beratungsbedarf möglicher Betroffener« bestehe, sei auszugehen.[78] Der Neubiberger »Schwulenbeauftragte« beschäftigte im Winter 1996 mehrfach das Ministerium. Dessen Juristen bestätigten, es liege keine Dienstpflichtverletzung vor, »die ein Einschreiten rechtfertige« – selbst »wenn die Bezeichnung ›Schwulenbeauftragter‹ sicherlich provokativ erscheint und ggf. die Einrichtung eines ›Gleichstellungsbeauftragten‹ – auch für andere Minderheitenbelange – vorzuziehen wäre«.[79] Auch das für Fragen der Inneren Führung zuständige Referat FüS I 4 sah keinen Anlass für eine rechtliche Beanstandung; und ebenso wenig erachtete der militärische Vorgesetzte an der Uni ein Einschreiten im Rahmen der Dienstaufsicht als erforderlich. Dagegen sahen der der Universität direkt vorgesetzte Amtschef des Streitkräfteamts (SKA) und dessen Rechtsberater durchaus die Möglichkeit, den »Schwulenbeauftragten« zu verbieten. Das Referat FüS I 4 jedoch warnte davor: Ein Eingreifen des Dienstherrn könne »schlafende Hunde wecken und zu unliebsamer Publizität führen« – und dies »selbst dann, wenn einwandfreie rechtliche Möglichkeiten gefunden werden könnten«. Bislang sei der Vorgang für die Medien (außer für die *Junge Freiheit*) nicht von Interesse gewesen,

---

[76] »Bundeswehrunis: Spiegelbilder der Gesellschaft«, vom BMVg als Kopie zu den Akten genommen, BArch, BW 2/38355.
[77] BArch, BW 2/38355: Universität der Bw München, Leiter Studentenbereich, 22.1.1996.
[78] Ebd.
[79] BArch, BW 2/38355: BMVg, VR I 1, 14.2.1995 (Fehler im Datum, gemeint war der 14.2.1996).

er habe das Ansehen der Bundeswehr nicht geschädigt. Das Referat empfahl dem Ministerium, »den Sachverhalt gelassen hinzunehmen«.[80]

Anfang März 1996 befasste sich die Stabsabteilungsleiterrunde des Führungsstabes der Streitkräfte (FüS) mit der Angelegenheit. Das Protokoll gab den Chef des Stabes mit den Worten wieder, es werde »nicht für notwendig erachtet, an Bildungseinrichtungen der Bw Schwulenbeauftragte einzurichten«.[81] Nach Rücksprache mit dem unter anderem für die Bundeswehruniversitäten zuständigen Stellvertreter des Generalinspekteurs werde der Vorgang von den Juristen »mit spitzer Feder« geprüft, für den FüS bestehe kein Handlungsbedarf.[82] Einem weiteren Vermerk zufolge habe der Stellvertreter des Generalinspekteurs verfügt, den Vorgang »einschlafen [zu] lassen«.[83]

Der militärische Leiter der Uni habe »keinerlei Probleme« mit der Etablierung eines Schwulenbeauftragten gehabt, als er davon Kenntnis erhalten habe, so ein Zeitzeuge. Im Gegenteil, der Oberst habe der damals noch informellen Vorgängerorganisation des BASS an der Uni in Form von Ratschlägen beigestanden.[84] Dies bestätigte auch ein weiterer damals an der Uni und im Konvent engagierter Student. Er erinnerte sich, ein »Abgesandter« sei aus dem Ministerium angereist und habe auf den Konvent eingewirkt, ihren »Schwulenbeauftragten« abzuschaffen oder zumindest umzubenennen. So sei aus ihm ein »Beauftragter für Drogen, Spielsucht und Homosexualität« geworden.[85] Aus dem optimistischen Schritt für mehr Offenheit wurde so ein Beauftragter für alle möglichen Problemfelder. Abseits der studentischen Freiheit an den Bundeswehruniversitäten hüteten sich Homosexuelle in der Truppe aber in den 1990er Jahren zumeist sich zu öffnen.

2. Erzwungene »Mimesis«: Verstecken, Verdrängen, Verleugnen

Auch wenn die Musterungsbestimmungen Schwulen seit 1979 den Wehrdienst erlaubten, ja dazu verpflichteten, in der Praxis würden Soldaten ihre Homosexualität »krampfhaft verbergen«, berichtete der *Stern* im Januar 1984.[86] Er zitierte einen Offizieranwärter, der seit 15 Monaten beim Bund war. Der Fahnenjunker habe für seine Kameraden auf der Stube, in der Bar oder im Offizierheim eine Freundin erfunden – samt Foto zum Rumzeigen. »Da spiel' ich denen eine Komödie vor und erzähle das, was ich mit meinem Freund erlebt habe, so als hätte ich das mit einer Freundin erlebt [...] Man muss bei denen schon eine Freundin haben, dann ist man normal mit drin.« Der *Stern* resümierte, die Angst vor Bloßstellung führe häufig zu

---

80 BArch, BW 2/38355: BMVg, FüS I 4, 22.2.1996.
81 Ebd., BMVg, StOffz beim Chef des Stabes FüS, Kurzprotokoll StAL-Besprechung 5.3.1996.
82 Ebd., BMVg, StOffz beim Chef des Stabes FüS, 8.3.1996.
83 Ebd., BMVg, Vermerk Rücksprache mit StvGenInsp, mit handschriftlicher Ergänzung »erl[edigt] 9/3.«
84 So beispielsweise E-Mail Erich Schmid an den Verfasser, 5.12.2017. Schmid war von 1993 bis 1996 Mitglied des Fachbereichsrates seiner Fakultät, Mitglied des Studentischen Konvents und stellv. Vertrauensperson des Jahrgangs, von September 1994 bis September 1995 zudem Vorsitzender des Studentischen Konvents und Herausgeber der Unizeitung »Campus«.
85 Zeitzeugenbefragung K., München, 18.5.2018.
86 Krause, »Da spiel' ich denen eine Komödie vor«.

einer »Überanpassung und Minderwertigkeitsgefühlen«: »Je höher der Dienstgrad, umso schwieriger das Leben für einen homosexuellen Soldaten, umso größer die Verstellung, die Selbstverleugnung.« Belegt wird das mit Zitaten eines Majors: »Mein Privatleben passt nicht zu dem, was ich dienstlich mache.« Auf die Frage, ob er seine Homosexualität als »Gegensatz dazu« empfinde, antwortete der Major kurz und knapp: »Ja«. Ein Zusammenleben mit einem Freund könne sich der 36-Jährige nicht vorstellen, »weil es das eigentlich auch gar nicht gibt«. Er hole sich seine »geschlechtliche Befriedigung bei gelegentlichen ›Eskapaden‹ mit anonymen Partnern«. Zum Beweis seiner These führte der *Stern* auch die Aussagen eines Generals ins Feld.

> »Dem 50-Jährigen war es [...] gelungen, das Versteckspiel vor Kameraden und Vorgesetzten aufrechtzuhalten. Er hat geheiratet, lebt mit seiner Frau glücklich zusammen und hat Kinder, deren Vater er nicht ist. Er sagte im Interview: ›Manchmal weiß ich gar nicht, für wen ich dieses ganze Versteckspiel eigentlich betreibe [...] Manchmal bin ich richtig verzweifelt. Ich weiß, das passt zu einem General nicht. Aber es passt auch nicht zu einem General, schwul zu sein, oder? Es ist ein tiefes Unwertigkeitsgefühl, das da an einem frisst. Nicht, weil man tatsächlich unwert ist, minderwertig. Nein, weil es der verfluchte Moralkodex so vorschreibt.‹«

Wie bei allen Zitaten von angeblich befragten Offizieren lässt sich auch hier deren Authentizität heute nicht mehr überprüfen. Der *Stern* ließ den angeblichen General mit der resignativen Einschätzung zu Wort kommen, es sei »Blödsinn, jetzt in meiner Dienststellung und mit meinem Dienstgrad eine Homosexuellendiskussion innerhalb der Bundeswehr anstrengen zu wollen«.

Das bereits auszugweise in der Einleitung angeführte, 1984 im *Spiegel* wiedergegebene Schreiben eines ratsuchenden homosexuellen Soldaten an den nun pressebekannten Hauptmann a.D. Lindner zitierte Letztgenannter 1985 ausführlich:[87]

> »Mit wem soll ich reden, kann ich reden? Ich habe nur die Wahl, mich offen zu meinem ›Anderssein‹ zu bekennen, oder mich anzupassen, zu schweigen, dauernd in der Gefahr, durch eine falsche Äußerung, eine falsche Bewegung als Schwuler ›entlarvt‹ zu werden. Ich bin gezwungen, meine Persönlichkeit zu negieren, leide unter dem dauernden Versteckspiel, fühle mich beobachtet [...] Ich muss mich 24 Stunden unter Kontrolle haben. Es ist unheimlich schwer für mich, dauernd zwischen zwei gegensätzlichen Welten zu pendeln; der ›freien‹ Welt am Wochenende [...] und der engen Welt in der Kaserne [...] Ich habe also einfach Angst, Angst vor der Entdeckung. Deshalb ziehe ich mich zurück, vermeide jeden engeren Kontakt zu Kameraden, blocke jedes Gespräch ab. In einer großen ›Gemeinschaft‹ bin ich allein.«

Viele Betroffene erinnerten sich sehr ähnlich. Ein inzwischen pensionierter Oberstleutnant bat den Verfasser ausdrücklich, die »nicht operationalisierbaren Fakten besonders psychischer Belastung« aus jener Zeit nicht unerwähnt zu lassen: »Verstecken, doppelte ›Identitäten‹, permanente Ängste vor dem Entdecktwerden und vor dienstlichen Konsequenzen, Gefahr des Mobbings im Kameradenkreis, ›Berufslügen‹ im privaten Bereich, verschiedene Verhaltenskodexe im Privaten und Beruflichen.«[88]

---

[87] Lindner, Homosexuelle in der Institution Bundeswehr, S. 223, später auch zit. in: Wickel, In einer Männergesellschaft nicht hinnehmbar.
[88] E-Mail Oberstleutnant D., 13.10.2018.

Ein selbst nicht homosexueller Zeitzeuge erinnerte sich, ein früherer Klassenkamerad sei seit seinem 15. Lebensjahr an der Schule erstaunlich offen mit seiner gleichgeschlechtlichen Orientierung umgegangen. Als er aber 1998 seinen Grundwehrdienst antrat, habe er sich entschlossen, seine Homosexualität in der Kaserne »zu verstecken« und »unauffällig« seine zehn Monate beim »Bund« abzuleisten. Er, der sonst so selbstbewusst schwul Lebende, wollte in der Kaserne nicht als Schwuler bekannt werden. Die Mimesis ging so weit, dass er sich Poster nackter Pin-up-Girls in den Spind klebte.[89]

Unter welchem noch viel größerem Druck homosexuelle Offiziere mitunter standen, darauf deutet ein besonderer Vorfall 1978 oder 1979 hin. In Extremfällen entzogen sie sich diesem Druck selbst unter Bruch der Gesetze. Ein damaliger Oberleutnant habe sich nach dem Verbleib des ihm persönlich gut bekannten dienstgradgleichen S2-Offiziers erkundigt. Der für die militärische Sicherheit im Bataillon verantwortliche Offizier war seit Tagen dem Dienst ferngeblieben. Der Bataillonskommandeur habe trocken geantwortet, der Oberleutnant sei fahnenflüchtig. Er habe von ihm eine Postkarte aus Marokko erhalten, darauf hatte der Offizier mitgeteilt, er werde in absehbarer Zeit nicht zurückkommen.[90] Auf die verdutzte Nachfrage nach dem Grund für die Fahnenflucht habe der Kommandeur geantwortet, sein S2-Offizier habe »wohl Wind bekommen, dass gegen ihn wegen Unzucht mit Abhängigen ermittelt werde«. Soweit der Zeitzeuge wusste, lief gegen den Oberleutnant ein Ermittlungsverfahren wegen *einvernehmlicher sexueller Handlungen* mit einem ihm direkt unterstellten Unteroffizier. Zudem hatte sich wegen des besonderen sicherheitsempfindlichen Aufgabenspektrums des Bataillons und wegen der sicherheitsrelevanten Position des Offiziers bereits vor der Fahnenflucht auch der MAD eingeschaltet. Dem Zeitzeugen zufolge sei der fahnenflüchtige Oberleutnant nach zehn Jahren nach Deutschland zurückgekehrt – »pünktlich, nachdem Verjährung eingetreten war«.[91] Hier irrte der Zeitzeuge offenbar. Die unverwechselbare Geschichte konnte einem Urteil des Truppendienstgerichts Koblenz vom April 1979 zugeordnet werden. Bereits nach zweieinhalb Monaten in Marokko kehrte der fahnenflüchtige Offizier nach Deutschland zurück – und wurde wegen eigenmächtiger Abwesenheit vom Amtsgericht zu einer Freiheitsstrafe von vier Monaten auf Bewährung verurteilt. Schwerer wog das Urteil des Truppendienstgerichts: Entfernung aus dem Dienstverhältnis.[92] Dem Oberleutnant wurden vier vergleichsweise leichte Fälle von homosexuellen Annäherungsversuchen und Berührungen von unterstellten oder anderen Soldaten vorgeworfen, die stets von den Soldaten zurückgewiesen

---

[89] Zeitzeugengespräch K., Potsdam, 22.10.2019.
[90] Zeitzeugeninterview mit einem Oberstleutnant a.D., Bonn, 20.2.2019. Notiz am Rande: Der Bataillonskommandeur habe nach den Erinnerungen des Zeitzeugen trotz dieses Vorfalls erstaunlich entspannt gewirkt. Dem Oberstleutnant erklärte er, der Fahnenflüchtige sei derzeit auf einen Lehrgang kommandiert, der Vorgang läge somit auf dem Schreibtisch des Schulkommandeurs. Kleine pikante Fußnote: Der Schulkommandeur kam nicht umhin, dem Heeresamt 16,6 % des Lehrgangs als fahnenflüchtig zu melden, was laut Zeitzeuge zu intensiven Telefonaten zwischen Heeresamt und Truppenschule geführt habe. Die Erklärung war so einfach wie bundeswehrtypisch: Es wurden prozentuale Meldungen gefordert und der Lehrgang umfasste nur sechs Mann.
[91] Ebd.
[92] BArch, Pers 12/45192: Urteil Truppendienstgericht Mitte, 1. Kammer, 11.4.1979.

worden waren. Schwerwiegend wog vor Gericht, dass der Oberleutnant, nachdem das Disziplinarverfahren im April 1978 eingeleitet worden war, aus seinem Urlaub Anfang Mai nicht in die Kaserne zurückkehrte, sondern sich zeitweise nach Marokko absetzte. Vor Gericht erklärte der Oberleutnant, er wollte mit seiner Flucht ins Ausland »Klarheit über meine Position« im anlaufenden Disziplinarverfahren gewinnen und »wieder festen Boden unter die Füße bekommen«.[93]

Ein heutiger Oberstleutnant berichtete, er habe »über Jahrzehnte aus seiner Homosexualität ein Geheimnis gemacht, sowohl im dienstlichen wie auch im privaten Umfeld«, habe mit seiner sexuellen Orientierung gehadert und sie lange Zeit nicht ausgelebt.[94] Da er sich nicht sicher war, ob und wie er ein ganzes Berufsleben lang, das er beim Bund zuzubringen gedachte, seine sexuelle Orientierung »verstecken oder sogar unterdrücken konnte«, habe er zunächst auch keinen Antrag auf Übernahme als Berufssoldat gestellt. Mit den Worten des Offiziers: »Ich war feige. Angst essen Seele auf. Aber irgendwann wird der Wall zu niedrig und der Wasserstand zu hoch, dann läuft es über.« Der Offizier begann, sich mit der Kluft zwischen Dienst und seiner Sexualität abzufinden und sich zu arrangieren. Nachdem er sich doch entschlossen hatte, Berufssoldat zu werden und auch übernommen wurde, also seine berufliche Zukunft gesichert war, traute er sich erstmals in die schwule Szene, konkret in eine schwule Sauna. Wieder bestätigte sich das auch in anderen Interviews erkannte Muster der Übernahme zum Berufssoldaten als Wegmarke, nach der die Soldaten etwas offener mit ihrer Homosexualität umgingen.

Selbst wenn der homosexuelle Soldat unerkannt blieb, sei in einer »Männergesellschaft« wie der Bundeswehr immer erwartet worden, »heterosexuelle Bewährungen« nachzuweisen, »wenn man sich die Achtung der Gruppe erhalten« wolle, analysierte eine Studie im Auftrag des Dezernats Wehrpsychologie des Streitkräfteamts 1985.[95] Der erkannte homosexuelle Soldat gerate anderweitig ständig unter »Legitimationszwang«: Er müsse immer wieder nachweisen, »dass er nicht deshalb in die Bundeswehr eingetreten ist, weil er hier bessere Möglichkeiten für seine sexuelle Neigung gesehen hat«.[96]

a) Das Leitbild »militärischer Maskulinität«

Auch sozialwissenschaftliche Studien haben die Alltagserfahrungen homosexueller Soldaten untersucht. Kerstin Botsch befragte 2014 neben einigen heterosexuellen auch drei homosexuelle Soldaten im aktiven Dienst: einen 24-jährigen, an der Universität der Bundeswehr studierenden angehenden Luftwaffenoffizier, einen 40-jährigen

---

[93]   Ebd.
[94]   Zeitzeugenbefragung (anonymisiert), Berlin, 17.12.2017.
[95]   BArch, BW 2/32553: Streitkräfteamt, Abt. I, Dez, Wehrpsychologie, Februar 1985 (auch in BArch, BW 2/531590: BMVg P II 4, Az KL-1-85): Max Flach, Sozialpsychologie Stellungnahme zur Homosexualität in den Streitkräften, S. 15 f.
[96]   Um den ständigen übermäßigen psychosozialen Druck auszuhalten, würden homosexuelle Menschen verschiedene »Kompensationsmechanismen« entwickeln: »Hyper- oder Hypoaktivität«, »Vermeidungsverhalten«, »Aufsetzen einer Rolle (autoritär, distanziert)«, »Überhöhung des selbstbezogenen Anspruchsniveaus« und »Somatisierung von unverarbeiteter Motivenergie, d.h. Umleitung in Organsysteme mit dem Effekt psychosomatischer Störungen (z.B. Migräne, Magengeschwüre, Herzbeschwerden)«, ebd.

Unteroffizier mit Portepee des Heeres und einen 31-Jährigen, dessen Teilstreitkraft und Dienstgradgruppe nicht genannt werden.[97] Auf Basis ihrer Interviews stellte Botsch fest, dass Homosexualität auch nach den die Diskriminierung homosexueller Soldaten beendenden Erlassen und Vorschriften der Jahre 2000 bis 2004 weiterhin tabuisiert sei, auch wenn sich »Homophobie« hin zu anderen Diskriminierungsformen verschoben habe. Das Sprechen über Homosexualität stelle weiterhin (2014) eine »Thematisierungsgrenze« dar. Gleichgeschlechtlich orientierte Soldaten würden sich genauso wie heterosexuelle Soldaten »am Leitbild militarisierter Maskulinität orientieren«[98]: »Was männlich ist, kann nicht homosexuell sein. Diese logische Verknüpfung der unterstellten Nicht-Kompatibilität von Homosexualität und Militär wird auch durch Abgrenzung zu Homosexualität deutlich.«[99] Militärische Homosexualität erfülle damit »exakt die militärischen Männlichkeitsanforderungen, da die Orientierung an militärischer Männlichkeit und Normalisierung im Militär zentral«[100] sei. In ihrer Orientierung »am Leitbild militarisierter Maskulinität« vollzögen Homosexuelle laut Botsch und anderen Sozialwissenschaftlern eine »Mimesis«, ein »sich ähnlich machen«, »sich darstellen«, sich orientieren an »sozialen Situationen und Handlungen ausdrückenden institutionellen und individuellen Normen, ohne dass diese den Handelnden bewusst sein müssen«.[101]

Mimesis sei »die Bezugnahme (mindestens) zweier Welten aufeinander – die erste Welt wird als existierend angenommen (obwohl sie auch fiktional, ideal oder aus [...] Interpretationen bestehen kann), während die zweite, mimetische Welt real, sinnlich-körperlich existiert. Die Differenz zwischen beiden Welten wird als Risiko wahrgenommen«.[102] Dieses Risiko bestehe vor allem in »sexualisierten« Momenten oder Situationen, »in denen Körpernähe und Nacktheit eine Rolle spielen – z.B. im Auslandseinsatz oder eine Duschsituation«: »Das Duschen erfordert eine Kontrolle bzw. eine Habitualisierung des Blicks, die ein praktisches Wissen (etwa über Verhaltensweisen während des Duschens) voraussetzt.« Botsch zitiert einen von ihr intervieten homosexuellen Soldaten: »Ja, man kuckt schon [...] beim Sport zum Beispiel, is natürlich immer kritisch, weil man weiß auch nicht, wie man kucken soll, beim Duschen is natürlich ganz blöd [...] es darf halt nicht auffallen.«[103] In wissenschaftlicher Kontextualisierung wird aus der individuellen Erfahrung, die andere Homosexuelle so oder so ähnlich sicher auch erlebt haben, die Unterscheidung zwischen »einerseits Sehen und andererseits beim Sehen gesehen werden«:

> »So gesehen stellen seine Kameraden den Interviewten unter permanente potenzielle Kontrolle eines allumfassenden Blicks [...] Die Wirkmacht des potenziell Überwacht-Werdens durch die Kameraden wird von Soldat U internalisiert und verinnerlicht – die tatsächliche oder imaginäre mögliche Überwachung durch die Selbstüberwachung ersetzt.«[104]

---

[97] Botsch, Soldatsein, S. 339 f. Sampling der Einzelinterviews.
[98] Ebd., S. 208 f.
[99] Ebd., S. 245.
[100] Ebd., S. 249.
[101] Gebauer/Wulf, Soziale Mimesis, S. 75. Ähnlich bei Botsch, Soldatsein, S. 252.
[102] Botsch, Soldatsein, S. 254.
[103] Ebd., S. 254 f.
[104] Ebd., S. 256.

Die Interviews von Botsch sind wohlweislich alle zeitlich weit nach der vollen Öffnung der Bundeswehr für Homosexuelle ab dem Jahr 2000 geführt worden. Dennoch geben sie wichtige Hinweise auf Verhaltensmuster schwuler und lesbischer Soldaten. Für die Zeit davor dürfte das beschriebene und analysierte Anpassungsverhalten deutlich stärker zu finden gewesen sein.

Das sich selbst auferlegte Verhalten der Schwulen spiegelte letztlich die Vorurteile und Klischees anderer Soldaten. Ein homosexueller Offizier äußerte mit Blick auf seine Anfänge in der Bundeswehr, dabei ein beliebtes Klischee aufgreifend, »ein Dauerduscher« sei er nie gewesen.[105] Besonders heikel waren sexualisierte Situationen, die in »Diskrepanz zum Entsexualisierungs-Gebot«[106] der Erlasse und Vorschriften in der »militärischen Alltagskultur [...] alltäglich« waren:

> »Für homosoziale Männergemeinschaften besteht eine emotionale Bindung durch eine latente Homoerotik [...] Auf Homoerotik darf jedoch keine Homosexualität folgen [...] Sexuelle Praktiken bestärken aber in homosozialer Gemeinschaft das *bonding* unter den Männern [...] Paradoxerweise gefährden sexuelle Praktiken wie die gemeinschaftliche Masturbation nicht den schmalen Grat zwischen homosozial/homosexuell und homosozial/homoerotisch [...] – sofern die sexuellen Aktivitäten heterosexuell gerahmt bleiben [...] Zweifelsohne kann gemeinsamer Pornokonsum mit Masturbation als homoerotischer Akt gesehen werden, der nur in der Sicherheit heterosexueller Männerrunden stattfinden kann. Die Inszenierung von Männlichkeit wird auch über emotionale und körperliche Enthemmung hergestellt. Nicht nur rituelle Trinkspiele, sondern auch rituelle Masturbationen demonstrieren das Über-die-Grenzen-Hinausgehen und die Einordnung des Einzelnen in das Kollektiv.«[107]

In diesen intimen Runden unter Kameraden saßen auch (unerkannt) Schwule. Für sie waren diese »Spiele« eine besondere Gratwanderung, ein »Handlungszwang«: Sich aus den Runden zurückzuziehen wäre »heikel, da die Heterosexualität fragwürdig« würde. Den Blick zu sehr auf die masturbierenden Kameraden zu richten, wäre ebenso heikel.[108]

Die auf Interviews basierenden soziologischen Studien Botschs zu dieser sehr speziellen Frage decken sich mit den Erinnerungen eines vom Verfasser dieser Arbeit befragten ehemaligen Marinesoldaten. Dieser war 1995 als Wehrpflichtiger an Bord eines Schiffs im mehrmonatigen Einsatz im Persischen Golf. Kurz vor dem Auslaufen seien zwei Matrosen der Crew abgelöst worden, an Bord kursierenden Gerüchten zufolge wegen ihrer Homosexualität. Der damalige Gefreite behielt seine Homosexualität für sich und verhielt sich völlig unauffällig, um seine Teilnahme am Einsatz im Persischen Golf nicht zu gefährden. Er erinnerte sich an Situationen, die denen in Botschs Studie glichen. Im Mannschaftsschlafraum sei tägliches abendliches gemeinsames Anschauen eines Pornofilms und gemeinsames Onanieren aller Anwesenden (meist sechs bis zehn Mann, aufgrund der Wachdienste im Schichtsystem seien niemals alle dort einquartierten zwölf anwesend gewesen) die Regel gewesen. Auch gegenseitiges Anfassen sei dabei öfter praktiziert worden, ohne

---

[105] Zeitzeugenbefragung Oberstleutnant P., Berlin, 17.12.2017.
[106] Botsch, Soldatsein, S. 257.
[107] Ebd., S. 257–259.
[108] Ebd., S. 260.

dass dies als homosexuell angesehen worden sei. »Jeder der Anwesenden passte auf, nicht als Schwuler erkannt oder angesehen zu werden«, doch sei dem Zeitzeugen aufgefallen, dass einige der Kameraden »beim Onanieren weniger auf den Bildschirm mit dem Porno schauten, sondern ihre Augen etwas verstohlen, aber doch erkennbar auf die erregten Kameraden neben ihnen richteten«.[109] Über das allabendliche Onanieren hinaus hatte der Befragte keine weiteren sexuellen oder gar explizit homosexuellen Kontakte an Bord.

Wäre er als Schwuler erkannt worden, hätte dies nicht nur den sicheren Ausschluss aus der allabendlichen intimen Kameradenrunde, sondern wahrscheinlich auch das vorzeitige Ende seines Einsatzes im Persischen Golf bedeutet. Denn Homosexualität galt an Bord als »Ausschlusskriterium«. Ein Outing kam daher nicht in Betracht. Stattdessen stellte der Gefreite bewusst all sein Handeln an Bord unter eine »permanente potenzielle Kontrolle des allumfassenden Blicks« der Kameraden, genau wie es Botsch sozialwissenschaftlich analysierte; er passte sich an, wählte unbewusst die beschriebene Strategie der Mimesis.[110] Die Erfahrungen des Zeitzeugen decken sich in hohem Maße mit den Erkenntnissen der Sozialwissenschaftlerin:

> »Durch das Ausblenden und Negieren von Homosexuellen bzw. Homosexualität kann die solchen Praktiken innewohnende Homoerotik als heterosexuell *gelabelt* werden. Die Anwesenheit von Homosexuellen würde diese gezogene Trennlinie offenbaren und zerstören. Männliche Homosexualität wird als Thema nicht nur vermieden oder ist nur in bestimmter Form kommunizierbar (etwa als Witz), sondern unterliegt auch dem Tabu, das sich auf Handlungen [...] bezieht.«[111]

Die Erfahrungen der Zeitzeugen sind ebenso in hohem Maße mit den allgemein formulierten Erkenntnissen der Sozialwissenschaftlerin deckungsgleich: Gespräche über Privates oder über »PartnerInnen« würden »mimetische Elemente« haben, die homosexuellen Soldaten würden die Sprech- und/oder Denkweisen ihrer (heterosexuellen) Kameraden annehmen und sich ihnen ähnlich machen; »dazu zählt auch das stetige Verleugnen und Verschweigen der eigenen Paarbeziehung und die Bewerkstelligung dieses Doppellebens«.[112] (Die Feststellung, homosexuelle Soldaten führten ein »Doppelleben«, findet sich schon zeitgenössisch in BMVg-Papieren, beispielsweise 1966.[113]) Botschs Fazit: Soziale Mimesis könne als notwendige Bedingung für das alltägliche Leben im militärischen Kontext Homosexueller angesehen werden.[114]

Die Mehrzahl der Befragten betonte mit Blick auf die Zeit vor dem Jahr 2000, ihre gleichgeschlechtliche Orientierung geheim gehalten oder zumindest »nicht an die große Glocke gehängt«[115] zu haben. Ein 1992 zunächst als Grundwehrdienstleisten-

---

[109] Zeitzeugenbefragung S., Freiburg, 15.6.2017.
[110] Botsch, Soldatsein, S. 256.
[111] Ebd., S. 261.
[112] Ebd., S. 262.
[113] BArch, BW 24/3736: Erfahrungen bei der Entdeckung homosexueller Verhaltensweisen von Soldaten. In: BMVg, InSan: Beurteilung der Wehrdiensttauglichkeit und Dienstfähigkeit Homosexueller, 1966, Bl. 56–63, hier Bl. 59.
[114] Botsch, Soldatsein, S. 264.
[115] Wörtlich in den Zeitzeugengesprächen mit Stabsfeldwebel a.D. W., Ulm, 29.3.2018, und Stabsfeldwebel R., Potsdam, 5.1.2018.

der, dann als Unteroffizier übernommener heutiger Stabsfeldwebel meinte, seine homosexuelle Orientierung sei ein offenes Geheimnis in der Dienststelle gewesen. Er habe auch sexuelle Erlebnisse mit anderen (eigentlich heterosexuellen) Mannschaftssoldaten und Unteroffizieren seiner Einheit gehabt. Das Geheimnis seines »Erfolgs«: »Man muss einfach mal den Mund halten können.«[116] Auch seine Übernahme zum Berufssoldaten sei trotz des offenen Geheimnisses 1998 problemlos gelaufen.

»Den Mund gehalten« hat auch ein Offizier nach Abschluss seines Studiums.[117] Zurück in der Marine, sei er wieder sehr zurückhaltend mit seiner Homosexualität umgegangen; die Außenwahrnehmung sei für ihn als junger Offizier sehr wichtig gewesen, gerade als Vorgesetzter an Bord eines Schiffes. Konkret befürchtete er, mit seinem Partner Hand in Hand in der Hafenstadt gesehen zu werden, bei 300 Mann Besatzung wäre dies durchaus wahrscheinlich gewesen. Dabei seien unter den fünf jungen Offizieren an Bord drei homosexuell gewesen. Dies haben er und die anderen aber erst Jahre später erfahren. Mit Bedauern konstatierte der heutige Fregattenkapitän: »Wenn wir das damals an Bord voneinander gewusst hätten, hätten wir uns gegenseitig auffangen und unterstützen können.« Der Offizier wurde Berufssoldat. In späteren Verwendungen an Land sei er zunehmend lockerer mit seiner sexuellen Orientierung umgegangen. Heute sei dies »gelebte Normalität« für ihn und seinen Ehemann.

Ein späterer Hauptmann blickte auf seine Zeit als Feldwebel und Zugführer einer Ausbildungskompanie 1985 zurück.[118] In der Kompanie sollten auch junge Fahnenjunker erste Führungserfahrungen in der Truppe sammeln. Mit einem der Fahnenjunker habe sich aus dem Vorgesetztenverhältnis eine gemeinsame Freizeit- und Wochenendgestaltung, dann Freundschaft und schließlich eine sexuelle Beziehung entwickelt. Als der Vater des Fahnenjunkers (als Stabsoffizier ebenfalls bei der Bundeswehr) von der Beziehung seines Sohnes zu dem Feldwebel Wind bekam, habe er beiden gedroht, dies zu melden und damit für beider Karriereende zu sorgen. In der Tat wäre auf den Feldwebel höchstwahrscheinlich ein disziplinargerichtliches Verfahren zugekommen, unterhielt er doch eine unerlaubte sexuelle Beziehung zu einem direkt Unterstellten. Der Fahnenjunker hatte wohl kein Disziplinarverfahren zu befürchten, doch hätte die Meldung seines Vaters auch dessen sofortiges Ende bei der Bundeswehr bedeutet. Als bekannt Homosexueller wäre er nach den geltenden Vorschriften als Offizieranwärter fristlos entlassen worden. Der Sohn habe sich der Drohung des Vaters gefügt und den Kontakt zum Feldwebel und Freund abgebrochen. Zudem sei das Truppenpraktikum ohnehin zu Ende gewesen und er zurück auf die Truppenschule gegangen.

35 Jahre später habe der ehemalige Feldwebel als nunmehriger Fachdienstoffizier zufällig seinen damaligen Kompaniefeldwebel wiedergetroffen. Der ehemalige »Spieß« habe sich noch gut an den Feldwebel erinnert und entgegnete auf dessen beiläufige Erwähnung, er sei mit einem Mann verheiratet: ach, dann habe er damals ja doch den »richtigen Riecher« gehabt. Er hätte die Homosexualität des jungen

---

[116] Stabsfeldwebel R., Potsdam, 5.1. 2018.
[117] Zeitzeugenbefragung L., München, 7.6.2019.
[118] Zeitzeugengespräch Hauptmann H., 12.6.2018.

Feldwebels schon damals geahnt, thematisiert habe er sie aber niemals. Dass es auch anders laufen konnte, erfuhr der Zeitzeuge 1998, als er sich im Kreise seiner Familie outete. Er sei auf die schroffe Ablehnung seiner konservativen Eltern gestoßen. Als er dann 1999 in einen Auslandseinsatz flog, soll seine Mutter seiner Schwester gegenüber geäußert haben, »hoffentlich trifft ihn eine Kugel«. (Dies erinnert fatal an das Zeugnis Magnus Hirschfelds aus dem Ersten Weltkrieg. Auf Bitten eines wegen Homosexualität entlassenen Offiziers sprach Hirschfeld bei dessen Mutter vor, um ihr schonend die Gründe für die anstehende Rückkehr des Sohnes aus dem Krieg mitzuteilen. Diese habe ihm erwidert, es wäre ihr lieber gewesen, er hätte ihr »die Kunde gebracht, mein Sohn wäre gefallen«.[119])

Zeitzeugen berichteten anschaulich und glaubhaft von dem hohen Druck in der Truppe, unter dem sie Jahre oder Jahrzehnte als homosexuelle Unteroffiziere und Offiziere gelitten hatten: Der tägliche, nie endende Zwang, sich zu verleugnen oder aber Gefahr zu laufen, die weitere berufliche Zukunft zu gefährden, schwebte wie ein Damoklesschwert über ihnen. Viele bewegten sich zwischen Dienst und Privatleben »in völlig getrennten Welten: die eine in der Kaserne, die andere vor dem Kasernenzaun«.[120] Beide strikt zu trennen, sein Privatleben im Dienst auszuklammern, war unabdingbar für das Verbleiben oder Vorankommen im Soldatenberuf. Wie zuvor unter der Drohung des § 175 StGB führte dies bei einigen Betroffenen zu psychischen Belastungen bis hin zu Depressionen. Für wie viele Suizide Homosexualität der eigentliche Hintergrund gewesen ist, vermag im Nachhinein niemand mehr aufzuklären.

<h2 style="text-align:center">b) Suizid oder Ehe?</h2>

Der spätere französische General Hubert Lyautey stand 1909, von tiefen Depressionen geplagt, vor der Entscheidung: Suizid oder Heirat? Er wählte die Heirat. Und er erwählte die Witwe eines ihm bekannten verstorbenen Hauptmanns.[121] Nach der Heirat nahm Lyauteys Karriere erst richtig Fahrt auf und führte ihn bis an die Spitze der französischen Armee: im Ersten Weltkrieg 1917 als Kriegsminister und später als Marschall von Frankreich. Lyautey ist ein prominentes Beispiel für die Eheschließung als wirksamer Schutz vor Stigmatisierung bei bekannt gewordener Homosexualität. Im Grunde lebte Lyautey erstaunlich »openly homosexual, regularly seducing the best and brightest of his lieutenants as part of their military education«.[122] Aber durch die Heirat erfüllte Lyautey die für die ganz große Karriere so stillschweigend wie selbstverständlich geforderten gesellschaftlichen Konventionen. Allem Spott hinter vorgehaltener Hand zum Trotz[123] erreichte er die größten militärischen Weihen

---

119 Hirschfeld, Von einst bis jetzt, S. 152 f.
120 So wörtlich Stabsfeldwebel H. im Zeitzeugengespräch in Berlin am 2.7.2018.
121 Biografische Notizen über Lyautey geben freimütig preis, es habe »keine sexuelle Beziehung«
     mit seiner Ehefrau gegeben: »Il n'aura aucune relation sexuelle avec son épouse.« Hier zitiert
     aus den biografischen Skizzen bekannter Homosexueller, <https://betolerant.fr/forum/2205/
     personnages-homosexuels-celebres-de-notre-histoire> (letzter Zugriff 16.4.2018).
122 Hussey, The French Intifada, S. 281 f.
123 Ministerpräsident Georges Clemenceau soll dem Vernehmen nach über seinen General und
     zeitweiligen Kriegsminister geäußert haben, dieser sei »ein liebenswerter und couragierter

Frankreichs: Die Nation ehrte den Marschall von Frankreich mit einem Ehrengrab im Invalidendom zu Paris.

Mit Tarnung kennen sich Soldaten besonders gut aus. Sich in den Hafen der Ehe rettende Offiziere tauchen in der Historie wie in der Literatur immer wieder auf: So sucht auch Max René Hesses schwule Romanfigur Oberleutnant Ernst Partenau in dem erstmals 1929 erschienen, nach seinem Protagonisten benannten Prosawerk den klassischen Ausweg der Ehe. Nachdem Partenaus Leidenschaft für einen Fähnrich vor dem versammelten Offizierkorps »geoutet« worden war, erklärte der Oberleutnant seinem Vorgesetzten, er beabsichtige, sich um eine Dame aus der Umgebung »zu bemühen«. Der alte Hauptmann kannte seinen Oberleutnant schon lange – und besser – und »machte ein verlegen unglückliches Gesicht«: Hesse ließ den Hauptmann den Finger in die Wunde des vermeintlichen Auswegs Ehe legen:

> »Du bist also bereit, vor der Baronesse und ihrem Clan, vor dem Regiment, den Tanz des balzenden Birkhahns erfolglos aufzuführen, gänzlich erfolglos, um des Jungen willen, allein um des Jungen willen [...] Du wirst dich zusammenreißen, und wenn du in siedendem Öl brennst. Der Junge kommt nach vier Wochen Urlaub [...] in ein anderes Regiment. Du heiratest Baronesse Streifelt oder versuchst es [...] Hast Du Familie, ein paar Buben, dann schmecken alle anderen Rausch- und Zaubertränke lau und abgestanden [...] Wichtig ist nur dein Einverständnis, dass ich mit [Oberst] Mafai alles geräuschlos ordnen darf. Deine Hand darauf [...] Es wird wohl so sein, Ernst, verlass dich darauf. Man lässt dich nicht im Stich.«[124]

In nicht wenigen Akten der Truppendienstgerichte oder der höheren Instanz der Wehrdienstsenate findet sich auffällig oft in den persönlichen Angaben der Vermerk, dass die wegen homosexueller Aktivitäten Angeklagten sich zwischenzeitlich verheiratet oder verlobt hätten und beabsichtigten, in Bälde die Ehe zu schließen.

Da zwischen dem in Rede stehenden Vorfall und dem disziplinargerichtlichen Verfahren, zumal einem Berufungsverfahren, oftmals ein Jahr, mitunter mehrere Jahre vergingen, blieb dem der Homosexualität Verdächtigten genügend Zeit, den Hafen der Ehe anzusteuern. Die Ehe schien in vielerlei Hinsicht der sichere Hafen zu sein, um die gesellschaftliche »Schmach« abzuschwächen, gleichgeschlechtlich »auffällig« geworden zu sein und nun vor Gericht zu stehen. Viele gleichgeschlechtlich empfindende Männer heirateten in der Überzeugung: Dies sei »bestimmt der beste Schutz« vor Verfolgung durch Polizei und Gerichte und vor gesellschaftlicher Ausgrenzung.[125] Auf die Eheschließung als vermeintlichen Ausweg auch in der frühen Bundesrepublik wies schon die bisherige Forschung hin: Die Strafandrohung

---

Mann, der immer Eier unter dem Hintern hatte. Leider waren es nicht oft seine eigenen« (»Ça, c'est un homme admirable et courageaux, qui a des coulles au cul. Dommage que ce ne sort pas souvent des siennes«). Ebd., S. 282.

[124] Hesse, Partenau, S. 240, 243 f.

[125] So auch ein wegen Homosexualität 1943 zum Tode verurteilter und dann bei ausgesetzter Vollstreckung ins KZ Neuengamme eingelieferter Polizist. Er überlebte das KZ, sah nach 1945 die Heirat als besten Schutz vor neuerlicher Verfolgung und »musste viele unglückliche Ehejahre erleben«. Augenzeugenbericht Hans G. in Stümke/Finkler, Rosa Winkel, S. 301–306, hier S. 306. Auch ein anderer Homosexueller, der als Wehrmachtsoldat wegen »Unzucht« verurteilt und in ein Strafbataillon versetzt worden war, heiratete nach dem Krieg: »[D]as konnte ja gar nicht gut gehen. Was das für ein Elend war, habe ich ja später erlebt.« Augenzeugenbericht Harry Pauly, in ebd., S. 312–316, Zitat S. 313.

wegen ihrer Sexualität habe das Leben dieser Männer stark beeinflusst. »Eine freie
Sexualität konnten viele auch nach den Liberalisierungen nicht mehr [...] entwickeln, da sie die über viele, oft prägende Jahre zuvor nicht hatten entfalten können
[...] Einige dieser Männer, die zur Tarnung heirateten, leben wahrscheinlich noch
heute mit einem schlechten Gewissen gegenüber ihren (ehemaligen) Ehefrauen.«[126]

Nach einer Selbsttötung die dafür ausschlaggebenden Ursachen aufzuklären ist nur
in wenigen Fällen möglich, wenn beispielsweise Abschiedsbriefe hinterlassen werden.
In ihrer Suizidstatistik vermerkt(e) die Bundeswehr keine möglichen Motive. Daher
ist eine wissenschaftlich belastbare statistische Aussage über einen Zusammenhang
von Selbsttötungen von Soldaten und deren etwaiger Homosexualität nicht möglich.
Wohl aber konnten einige wenige Fälle durch Zeitzeugen rekonstruiert werden.

Im am Ende dieses Kapitels ausführlich beschriebenen Fall eines Kompaniechefs
endeten die Restriktionen gegen ihn und seinen in der eigenen Kompanie dienenden langjährigen Lebenspartner, einen Grundwehrdienstleistenden, 1981 in der versuchten Selbsttötung des Jüngeren. Dieser machte sich schwere Vorwürfe ob des
Geschehenen und gab sich die Schuld an den Schwierigkeiten, in die sein Freund
geraten war. Der Suizidversuch wurde gerade noch rechtzeitig bemerkt, der junge
Mann konnte gerettet werden.[127]

Ein späterer Generalarzt erinnerte sich, er sei als Chef einer Sanitätsstaffel im
Jagdgeschwader Richthofen in Wittmund Mitte der 1960er Jahre mit einem Suizid
befasst gewesen.[128] Ein Mannschaftssoldat hatte sich erhängt. In seinem später ge-
öffneten Spind fanden sich seine nicht versandten Briefe an einen Oberleutnant des
Geschwaders, Liebesbriefe. »Offenbar hatten die beiden Soldaten ein Verhältnis.«
Der Geschwaderkommodore vernahm den Oberleutnant und entschied: »Hier
können Sie nicht bleiben!« Der Oberleutnant wurde an einen anderen Standort
versetzt. »Damit war die Sache schnell und unkompliziert bereinigt, so wurde das
damals gehandhabt.«[129] Der Kommodore, im Zweiten Weltkrieg ein hochdeko-
rierter Jagdflieger, wäre nach Erinnerung des Geschwaderarztes »nie auf die Idee
gekommen«, die bekanntgewordene Homosexualität des Oberleutnants mit einem
Disziplinarverfahren zu beantworten oder gar die Staatsanwaltschaft einzuschalten (bekanntlich waren zu diesem Zeitpunkt homosexuelle Handlungen weiterhin
vom § 175 StGB strafbedroht). Ob die Personalführung über den Hintergrund der
Versetzung informiert wurde, entzog sich der Kenntnis des Zeitzeugen.

Durch Öffnen der Pulsadern aus dem Leben zu scheiden versuchte ein 22-jäh-
riger Obermaat im November 1967. Am Abend zuvor war er beim nächtlichen
Kontrollgang durch den Diensthabenden nackt im Bett mit einem ihm direkt unterstellten Gefreiten vorgefunden worden.[130]

Auf Homosexualität oder besser auf die Ablehnung der Homosexualität als mögliche Auslöser für Suizide von Soldaten wies 1908 bereits ein Kenner der preußi-

---

126 Bormuth, Ein Mann, S. 53.
127 Ausführlich bereits in Kap. II.4.e).
128 Zeitzeugengespräch Generalarzt a.D. Dr. Horst Hennig, Köln, 14.2.2018.
129 Der Kommodore sei zudem so fürsorglich gewesen, einen Standort in der Nähe des bisherigen
     auszuwählen, sodass der Oberleutnant nicht privat umziehen musste. Ebd.
130 Dazu ausführlich in Kap. III.3.

schen Armee hin. Unter Bezug auf Meldungen über fünf Selbsttötungen in der ersten Ausgabe der Zeitschrift für Sexualwissenschaften beklagte ein »juristischer Mitarbeiter« (wahrscheinlich aus Magnus Hirschfelds Institut):

> »Im letzten Monat, d.h. vom 20. November bis 20. Dezember, verlor das deutsche Heer mindestens drei Offiziere bloß wegen des berüchtigten § 175: Hauptmann S. in M. durch Selbstmord laut ›Berliner Tageblatt‹ vom 20. November; und je einen Leutnant durch Urteil des Kriegsgerichts zu Neiße bzw. desjenigen der ersten Gardedivision laut ›Täglicher Rundschau‹ aus den letzten Tagen [...] Dieser Monat kann durch einen Zufall besonders stark besetzt gewesen sein. Aber andererseits wird gerade in den letzten Monaten jeder so Veranlagte sich besonders zusammengenommen haben und mancher Fall nicht öffentlich bekannt geworden sein, sodass man vielleicht einen Monatsdurchschnitt von drei solcher Fälle annehmen darf [...] Was er an Unteroffizieren, Soldaten, Beamten und sonstigen guten Bürgern gekostet hat, ist sich noch viel mehr, lässt sich aber noch weniger schätzen.«[131]

Nicht ohne Widerspruch zur erzwungenen »Mimesis«, zum Verstecken, zum Verleugnen steht die Vorstellung des Homosexuellen als dem idealen Soldaten. Nicht wenige gleichgeschlechtlich empfindende Soldaten sahen sich auch selbst so. Um es mit den Worten eines 1992 in die Luftwaffe eingetretenen Offizieranwärters zu sagen: »Schwule waren und sind doch die idealen Soldaten: ohne Kinder, ohne eigene familiäre Verpflichtungen überall flexibel versetzbar und daher besonders für Auslandseinsätze gut geeignet. Die Bundeswehr war dumm, dieses Potenzial nicht genutzt, sondern abgestoßen zu haben.«[132]

3. Homosexuelle als »ideale Soldaten«? Selbstvergewisserung schwuler Soldaten bei Alexander, Caesar und Prinz Eugen

Ein Zeitzeuge entgegnete in den 1980er Jahren Kameraden, die die Restriktionen gegenüber Homosexuellen in der Bundeswehr guthießen, spontan, Prinz Eugen sei ja auch schwul gewesen. »Hätten sie ihn degradiert, wären wir jetzt alle Türken.«[133] Mit dem Hinweis auf Prinz Eugen von Savoyen und die Ergebnisse in den Türkenfeldzügen habe er »selbst rechtslastige Kameraden ›beruhigen‹ können«, erinnerte sich ein anderer früherer Soldat.[134] Immer wieder tauchte der 1663 in Paris geborene François-Eugène de Savoie-Carignan auf, wenn homosexuelle Soldaten nach Selbstvergewisserung suchten. So berichtete ein österreichischer Arzt 1984 in einer ORF-Fernsehdiskussion zum damals aktuellen Wörner-Kießling-Skandal, ein zu musternder Offizier habe ihm gesagt, seine Homosexualität sei doch kein Problem, »denn Prinz Eugen wäre es ja schließlich auch gewesen«.[135] Seit seinen Siegen in den Türkenkriegen und im Spanischen Erbfolgekrieg gilt Eugen als einer der größten Feldherren der Geschichte. Um sein Privatleben rankten sich schon zu

---

[131] Leexow, Armee und Homosexualität, S. 104 f.
[132] Zeitzeugenbefragung K., München, 18.5.2018.
[133] Zeitzeugenerinnerung S., Freiburg, 17.8.2017.
[134] E-Mail Lars R., 4.5.2018.
[135] Hecht, Gay ORF?, S. 18, zit. nach Schwartz, Homosexuelle, S. 296.

Eugens Lebzeiten Gerüchte. Der ehe- und kinderlose Kriegsherr lebte nach dem Grundsatz, »eine Frau sei für einen Mann des Krieges ein hinderliches Möbel«,[136] und bereits zu seinen Lebzeiten nannte man ihn in Wien hinter kaum vorgehaltener Hand einen »Mars ohne Venus«.[137] Für eine Homosexualität Eugens gibt es zahlreiche zeitgenössische Hinweise. Die Spur des Geredes führt zurück in die Pariser Gerüchteküche des 17. Jahrhunderts, die im Fall des Prinzen die Jahrhunderte überdauert hat. Und so wurde Eugen von Savoyen Anfang des 20. Jahrhunderts von der aufkommenden schwulen Emanzipationsbewegung als einer der berühmtesten »Fälle« in der Geschichte der Homosexualität hingestellt (heute würde man sagen: »geoutet«), so beispielsweise von Magnus Hirschfeld 1914 und zuvor schon 1910 von Albert Moll.[138] An Prinz Eugen konnten sich 1910 die verdrucksten, ausgegrenzten, verfolgten und oft auch noch verlachten Schwulen aufrichten. So wie zu dessen Lebzeiten das Gerede über sein Privatleben die Bewunderung für die Kriegskunst und, nicht minder, die Geschäftstätigkeit und Kunstsinnigkeit Eugens nicht trüben konnten, so wenig konnte das Outing seiner Homosexualität Eugens neuerlichen Heldenstatus im 20. Jahrhundert erschüttern. Dem Prinzen ging es da nicht anders als Friedrich II. oder lange vor ihnen Alexander dem Großen, König Nikomedes, Caesar und den römischen Kaisern Titus und Trajan.[139] Auch der Rückgriff Hirschfelds und anderer Vorkämpfer für homosexuelles Selbstbewusstsein auf Eugen von Savoyen und Friedrich den Großen wird nicht zuletzt deren ungebrochener Popularität als Kriegshelden geschuldet gewesen sein. Auch Max René Hesses Romanfigur des homosexuellen Oberleutnants der Reichswehr berief sich zur Selbstvergewisserung seiner Liebe zu Männern auf den üblichen Kanon von Alexander über Caesar bis hin zu Friedrich von Preußen:

> »Alexander glaubte man den Sohn des Jupiter Ammon, aber von Frauen um ihn hört man auch nichts, nur von Freunden. Zu dem Jungmann, der das Versprechen seines Wesens [Kämpfer zu werden] erfüllen wird, selten, sehr selten ist das, gehört der Mann wie zu Cäsar König Nikomedes [...] Um Friedrich den Großen sehen Sie keine Frau, seit dem Tage, an dem er befehlen darf.«[140]

---

136 Schulz, Der Multi-Kulti-Prinz.
137 Ebd. Das Bonmot »Mars ohne Venus« fehlt inzwischen in keiner biografischen Notiz über Eugen, oftmals ergänzt um neue einfallsreiche Umschreibungen für das nicht direkt Ausgesprochene und doch offen Daliegende: »Für diesen Eugenio gibt es keine Eugenia. Mars ohne Venus.« Roos, Der bittre Ritter.
138 Hirschfeld, Die Homosexualität des Mannes und des Weibes, S. 661 f.; Moll, Berühmte Homosexuelle, S. 36. Hirschfeld beruft sich wiederum auf Vehse, Geschichte des östreichischen Hofs (bereits 1852 veröffentlicht). Auf S. 259 heißt es bei Vehse, Prinz Eugen sei zu Lebzeiten in Paris, bedacht mit den Namen »Madame Simone« (zugleich der Name einer damals stadtbekannten Pariser Prostituierten) und »Madame Consienc«, als »passiver Päderast« bekannt gewesen. Hirschfeld griff Vehses Zitation der uralten Pariser Gerüchte später erneut auf und machte sie damit erst richtig publik. »Lässt er sich also outen?«, fragten Konrad Kramar und Georg Mayrhofer 2013 und antworten mit Liselotte von der Pfalz: »Er [Eugen] incommodiert sich nicht mit Damen, ein paar schöne Pagen sind besser seine Sache.« Aber letztlich seien schwule Beziehungen unter den jungen französischen Adligen weit verbreitet gewesen. Ausführlich dazu: Kramar/Mayrhofer, Prinz Eugen, beide Zitate auf S. 87.
139 Alle Namen 1914 zu finden in: Hirschfeld, Die Homosexualität des Mannes und des Weibes, S. 650–673.
140 Hesse, Partenau, S. 93 f. Ammon (auch Amun), ein altägyptischer Kriegsgott, entsprach bei den Griechen dem Göttervater Zeus und bei den Römern dem Kriegsgott Jupiter. Nikome-

Aus des Oberleutnants Mund ist ein Elitedenken herauszuhören, das Offizieren, auch schwulen Offizieren, nicht gänzlich unbekannt war. Oder waren diese Gedanken vielleicht *gerade* unter Schwulen verbreitet? Aus dem eigenen Anderssein und der gefühlten Ausgrenzung und Ablehnung der Mehrheitsgesellschaft entwickelte sich bei einigen (bei Weitem nicht allen!) Homosexuellen aller Zeiten ein inneres Überlegenheitsgefühl, zu Höherem berufen zu sein. Dieser Elitegedanke fand sich bei homosexuell empfindenden Malern, Bildhauern, Schriftstellern und anderen Künstlern, bei Politikern und nicht zuletzt auch und gerade bei Soldaten. Der gemeinsame Gedanke hinter dieser Überzeugung war, sich ohne Ablenkung durch Ehe und Kinderschar ganz dem eigenen künstlerischen Talent, den Staatsgeschäften oder aber dem Kriegshandwerk widmen zu können.[141] Auch in neueren Zeiten waren nicht wenige homosexuell empfindende Offiziere und Feldwebel überzeugt, sich ganz ohne familiäre Ablenkung der anvertrauten Truppe annehmen zu können oder, wenn sie größere Ambitionen hatten, sich in die Studien der hohen Meisterschaft der Strategie zu vertiefen. Letzten Endes war auch das Herbeizitieren von Prinz Eugens militärischen Leistungen durch den vormaligen Bundeswehrsoldaten nicht nur eine Kritik der seinerzeitigen Restriktionen. Unterschwellig schwang bei diesen Rückgriffen auf historische »schwule Helden« immer auch die Selbstvergewisserung mit, trotz der Vorliebe für Männer kein schlechterer Soldat zu sein oder gewesen zu sein, ja – wie Eugen – vielleicht sogar *deshalb* eher ein besserer.

Schon der eingangs erwähnte Karl Franz von Leexow verneinte 1908 die rhetorische Frage, ob »Homosexualität der militärischen Tüchtigkeit einer Rasse« schade. Er belegte dies unter anderem mit zahlreichen Zitaten aus Erich Bethes ein Jahr zuvor erschienener Schrift »Die dorische Knabenliebe«: Im antiken Athen habe einst Pausanias verkündet, »das stärkste Heer werde das sein, das nur aus Liebespaaren bestehe«; und Plutarch habe argumentiert, »Liebende seien unwiderstehliche Krieger, und noch nie sei zwischen einem Liebespaar ein Feind durchgebrochen oder zwischen ihm heil wieder herausgekommen«, wie die Geschichte zeige: »Das Schlachtfeld von Chaironeia deckten die Liebespaare der heiligen Schar der Thebaner Mann neben Mann.«[142]

Sogar im oftmals oberflächlich als »finster« betrachteten europäischen Mittelalter gab es erstaunliche Ähnlichkeiten im Verhältnis von Rittern und Knappen. Insbesondere von den besonders streng religiösen Ordensrittern wurden Liebesverhältnisse zwischen Ritter und Knappen berichtet. Mit etwa 14 Jahren durften die Knappen Waffen tragen und kämpfen, vor allem aber war ihnen die Fürsorge für ihren Ritter anvertraut. Der Einsatz für den Ritter unter Lebensgefahr hatte auch mit der später so bezeichneten Kameradschaft zu tun, war aber gleichfalls oft Ausdruck der Liebe zwischen beiden, die körperliche Liebe mitunter einschloss. Gerade die Liebe wird als das oft entscheidende Element für die Kampferfolge der europäischen Ritter bezeichnet, eine deutliche Parallele zur Antike. Allerdings dürfte die

---

des IV., König von Bithynien (Reg. ca. 94 bis ca. 74 v.Chr.), und Caesar wurde schon zu beider Lebzeiten eine homosexuelle Beziehung nachgesagt, die jedoch nicht gesichert ist.
[141] Ebd., S. 188 f.
[142] Erich Bethe, Die dorische Knabenliebe. Ihre Ethik und ihre Idee (1907), zit. nach Leexow, Armee und Homosexualität, S. 30.

Quellenlage viel mehr als Spekulationen über das, was sich da so unter der Rüstung
getan hat, kaum zulassen. Der Knappendienst dauerte bis zum 18. Lebensjahr, dann
konnte der Knappe selbst zum Ritter geschlagen werden. Hatte er nicht die nötigen
Mittel, um selbst sein Rittertum zu finanzieren, blieb er bei seinem Ritter, oder er
suchte Dienst bei einem anderen Ritter.[143]

Auch Leexow führte die großen antiken Helden an, denen Homosexualität nachgesagt wird: Alexander, Caesar sowie Kaiser Trajan: »Ihn, den Sieger in Dacien, im
Euphratland, in Arabien, hielt die Neigung zum eigenen Geschlecht nicht ab, die
hervorragendsten soldatischen Fähigkeiten zu entwickeln.«[144] Leexows Buch geizt
nicht mit dem, was wir heute Namedropping oder Outing nennen. Zugleich aber re-
lativierte Leexow die Gerüchte um Friedrich von Preußen: »Ob Friedrich der Große
wirklich homoerotisch empfunden hat, wissen wir nicht.«[145]

»Homosexuelle Offiziere sind nicht selten besonders geeignete und verantwortungsbewusste Truppenführer.«[146] Diese Argumentation findet sich auch im
Schreiben eines Hamburger Arztes an Verteidigungsminister Wörner (»persönlich«)
vom Februar 1984. Anlass und Ausgangspunkt war der Skandal um die Versetzung
in den einstweiligen Ruhestand des (nicht homosexuellen) Generals Kießling. Im
Deutschen Bundestag verwies die Abgeordnete Antje Vollmer (Die Grünen) in einer
Debatte um die Causa Kießling auf »große und ruhmreiche Armeen«, deren Feldherren
und Soldaten »das praktizierten, was in diesem Fall [gemeint: in der Bundeswehr]
als Sicherheitsrisiko und als mögliche Beunruhigung der Männergemeinschaft
der Soldaten angesehen« werde.[147] Für das Verteidigungsministerium sprach der
Parlamentarische Staatssekretär Würzbach: Ihm und »vielen von uns hier [sind] große Persönlichkeiten innerhalb verschiedener Funktionen – in der Literatur, in der
Kunst, in Führungsaufgaben in der Verwaltung und sicherlich auch im Militär –
mit ähnlichen Veranlagungen bekannt. Aber ich rede hier nicht über Feldherren,
nach denen Sie gefragt haben, sondern ich rede über den normalen Alltag in unserer
Kaserne.«[148]

Alexander der Große wurde 1997 erneut in Verbindung mit der Bundeswehr und
ihren schwulen Soldaten gebracht. Das *Neue Deutschland* titelte, er »wäre heute nicht
mal Feldwebel«, und brandmarkte »Rühes Armee« als »eine der schwulenfeindlichsten
Einrichtungen in Deutschland«.[149] Schon 1992 griffen Journalisten bei ihrer Kritik an
einem Urteil des Bundesverwaltungsgerichts gegen homosexuelle Soldaten auf »die
vielen Beispiele für militärtaugliche Homosexuelle in der Menschheitsgeschichte«

---

[143] E-Mail von Generalmajor a.D. Hans Uwe Ullrich vom 11.1.2021. Ullrich beschäftigt sich
         intensiv mit dem Rittertum im Mittelalter.
[144] Leexow, Armee und Homosexualität, S. 39–41, Zitat S. 41.
[145] Ebd. Offenbar traute sich der preußisch-deutschnational empfindende anonyme Autor nicht,
         am großen Denkmal zu kratzen und verzichtete daher darauf, den großen Helden in den
         Dienst seiner Argumentation zu stellen.
[146] BArch, BW 1/378197: Schreiben Dr. med. S., Hamburg, an BMVg, Manfred Wörner,
         25.2.1984.
[147] Deutscher Bundestag, 10. Wahlperiode, 47. Sitzung, 19.1.1984, stenographisches Protokoll,
         S. 3378.
[148] Ebd.
[149] Heilig, Alexander der Große wäre heute nicht mal Feldwebel.

zurück, »von Julius Cäsar über Spartaner und sagenhafte Amazonen bis zum ›Alten Fritz‹, dem mutmaßlich homosexuell veranlagten Preußenkönig Friedrich II.«[150]

Seine Beobachtungen und Gespräche mit mehr oder weniger heimlich liebenden Homosexuellen in der preußischen Armee nach der Jahrhundertwende ließ auch Leexow 1908 zu dem Schluss kommen, Homosexuelle seien mehr als Heterosexuelle die idealen Soldaten:

> »Mir scheint die Homosexualität in den höheren Stellen zuzunehmen, trotz der Verfolgungen, denen der Konträre ausgesetzt ist. Das gibt zu denken. Es kommt wohl daher, dass die Liebfreundschaft noch heute den Menschen besonders zum Soldaten geeignet macht [...] Während der Normalsexuelle von Anbeginn eine gerade Linie vor sich sieht, wird der Homosexuelle allein durch seinen Zustand zum Grübeln angeregt und vieles Denken vertieft den Geist. Dem Normalen drohen keine Fallstricke, aufpassen muss allein der Konträre, um sein Schiff durch des Lebens Nöte hindurchzusteuern. Das schafft den klaren Blick auch unter anderen Bedingungen. Und der homosexuelle Offizier ist Künstler. Es ist ein Etwas, das ihn treibt, das öde Einerlei des Dienstes zu verschönern, es herauszuheben, es menschlich nahe zu bringen und ich bin gewiss, dass durch solche Arbeit mehr erreicht wird, als durch Drill und durch stumpfes Einpauken der geforderten Übungen. Während der Normale seinen Dienst um des Dienstes willen tut, verrichtet ihn der Homoerote aus Liebe. Rührend ist es häufig zu sehen, mit welcher Sorgfalt der Vorgesetzte den Untergebenen umgibt, wie er den Zagen aufmuntert, den Ungeschickten belehrt, den Leichtsinnigen zurückhält, den Schwächlichen unterstützt. Aus Gram wurde vor absehbarer Zeit ein Offizier wahnsinnig, weil sein Bursche beim Pferdebaden ertrank. Aber solche Liebe – ich bitte das Wort nicht sinnlich aufzufassen – schafft auch Zuneigung vonseiten der Mannschaft, ein seelisches Band umschließt die Herzen und hält fester zusammen als bloße Kameradschaft und Fahneneid. Als [der] Verfasser einst einen homogenen Unteroffizier befragte, ob denn nicht leicht von den Mannschaften geschlechtliche Dinge ausgeplaudert würden, die von konträren Offizieren vielleicht einmal im Rausche begangen seien, erwiderte er die inhaltsschweren Worte: ›Wir werden doch nicht die besten Offiziere verraten.‹«[151]

Blicken wir von der preußischen Armee zur Bundeswehr, so finden sich sehr ähnliche, fast identische Schilderungen von Zeitzeugen. Ehemalige Offiziere sprechen nahezu unisono von der großen Anerkennung, die sie vonseiten der Mannschaften als Kompaniechefs oder Zugführer erfahren haben oder zumindest glaubten, erfahren zu haben. Als Hörsaalleiter der Feldwebelausbildung hatte sich ein befragter Unteroffizier mit Portepee einmal einen »Ausrutscher erlaubt«. Bei einer Feier mit seinem Hörsaal habe er unter starkem Alkoholeinfluss einen seiner Soldaten deutlich »angemacht« und wohl auch zu küssen versucht. Als der Vorfall in den folgenden Tagen zur Sprache kam, wollte der Zeitzeuge von sich aus »aus Scham« den Dienst quittieren: »Man muss sich immer in den Spiegel schauen können.« Seine Lehrgangsteilnehmer, seine Kameraden als Ausbilder und sein Vorgesetzter reagier-

---

150 Schwartz, Homosexuelle, S. 283. Als Beispiel führt Schwartz den Artikel von Andrea Theyssen, Heißer Tip (Abendzeitung, 1.7.1992), an. Zum in der Presse kritisierten Urteil des 2. Wehrdienstsenats am Bundesverwaltungsgericht vom 30.7.1991 ausführlich in Kap. III.9.c).
151 Leexow, Armee und Homosexualität, S. 109–111; auch zit. in: Hirschfeld, Von einst bis jetzt, S. 150.

ten aber gänzlich anders als befürchtet: Der Vorfall auf der abendlichen Feier wurde von niemandem gegen den Hörsaalleiter ins Feld geführt, im Gegenteil: alle redeten auf ihn ein, den Dienst nicht zu quittieren. Das persönliche Fazit des Zeitzeugen aus dieser für ihn prägenden Erfahrung: es komme immer auf den Einzelnen an, auf dessen Ansehen, auf dessen dienstliche Leistungen, vor allem auf dessen Charakter. Dann würde auch über einen Fehltritt kameradschaftlich hinweggesehen.[152]

Die Anerkennung seitens der geführten Soldaten findet sich nicht nur subjektiv in den Rückblicken der befragten homosexuellen Vorgesetzten, sondern lässt sich auch aus schriftlichen Zeugnissen herauslesen. Nach der Veröffentlichung eines kurzen Berichts im *Stern* 1981[153] über die (hier bereits ausführlich dargelegte) beabsichtigte krankheitsbedingte Zurruhesetzung Hauptmann Lindners erreichten die Redaktion etliche Leserbriefe, darunter auch zwei von zuvor von Lindner geführten Soldaten. Ein Unteroffizier der Reserve schrieb unter einem großen »Hut ab«, er habe unter Lindner gedient und könne nur die »Lobeshymnen« seiner Vorgesetzten bestätigen: »Bedauerlich, dass hier ein hochgelobter Vorgesetzter ›abgesägt‹ worden ist.«[154] Als »Nichtschwuler«, aber »als Mensch mit Verständnis« wünsche er dem Hauptmann alles Gute. Ein Fähnrich der Reserve, der 1970/71 unter dem Zugführer Lindner seinen Wehrdienst abgeleistet hatte, war ebenso voll des Lobes: »Du warst knallhart, aber mit viel Herz gerecht! Du warst in vielen Sachen unser Vorbild! Du warst für uns alle, bis zum kleinesten Schützen, der Beste!«[155]

Als ein Leutnant 1998 wegen seiner sexuellen Orientierung von seinem Posten als Zugführer einer Luftwaffensicherungsstaffel abgelöst wurde, ergriffen die Mannschaften seines Zuges die Initiative und verfassten einen von 21 Soldaten unterzeichneten Brief an den Kommandeur, in dem sie sich gegen die geplante Ablösung ihres Zugführers aussprachen: Der Leutnant habe »seinen Zug stets so geführt, wie man es von einem Zugführer erwartet«.[156]

Oftmals erfuhren Soldaten erst viele Jahre später zufällig, dass frühere Kameraden aus den 1980er und 1990er Jahren ebenfalls homosexuell waren oder vielmehr sind, Kameraden, »von denen sie es nie gedacht hätten«.[157] Oftmals seien es die damals sportlichsten oder »härtesten« Soldaten der Kompanie gewesen. Im Nachhinein stellten sich Zeitzeugen die Frage, »wie wohl Zusammenleben und Kameradschaft in der Kaserne damals ausgesehen hätten, wenn die Soldaten mit ihrer Sexualität befreiter und offener hätten umgehen können«.[158]

Die Zeugnisse und Erinnerungen aus Bundeswehrzeiten erinnern an ähnliche Argumente zu Zeiten des Kaiserreiches. Leexow gibt in seinem Buch die Meinung eines Bekannten wieder, der in der Fremdenlegion gedient hatte. Dessen aus den Jahrtausenden schöpfende Argumentation gipfelt in dem Plädoyer:

---

[152] Zeitzeugenbefragung Stabsfeldwebel R., Potsdam, 5.1.2018.
[153] Claussen, Schwule werden abgesägt.
[154] Leserbrief Wolfgang S., Eutin, an den *Stern*, 25.6.1981.
[155] Leserbrief Wolfgang J., Itzhehoe, undatiert, Eingangsstempel des *Stern*: 1.7.1981.
[156] BArch, BW 1/502107, Bl. 65–118: Verfassungsbeschwerde Oberleutnant Stecher vom 23.12.1998, hier Bl. 107, Anl. 8: Brief der Mannschaften des II. Zuges 3./ObjSBtlLw, 1.4.1998.
[157] Zeitzeugengespräch Stabsfeldwebel H., Berlin, 2.7.2018.
[158] Ebd.

»Der Homosexuelle ist ein besonders guter Soldat, er ist der geborene Berufssoldat. Er ist besonders tapfer und hingebend, voll intelligenter Disziplin. Das widerspricht durchaus nicht dem femininen Einschlag, den viele haben. Eine Truppe, in der sich viele Homosexuelle befinden, hat ein viel größeres kameradschaftliches Gemeinsamkeitsgefühl [...] Ein Offizier, dessen Heterosexualität so stark ausgeprägt ist, dass ihm die intime Nähe eines anderen Mannes widerlich ist, eignet sich nicht zur Ausbildung junger Soldaten.«[159] Leexow stellt die rhetorische Frage: »Muss es nun nicht im Bestreben einer modernen Großmacht liegen, brachliegende Kräfte, wie die der Homosexualität, in ihren Dienst zu ziehen und sie zu veredeln?«[160] Hirschfeld steigerte sich 1922 in geradezu pathetische Höhen, indem er den alten militärischen Trauermarsch »Ich hatt' einen Kameraden« (von ihm als »altes Freundeslied« bezeichnet) zitierend ausrief: »Vielen aber bedeutete es mehr und manchem alles.«[161]

4. Fünf soldatische Lebensläufe in persönlichen Erinnerungen

Abschließend sollen fünf soldatische Lebensläufe in ihrer Gänze skizziert werden: der eines Gefreiten, nach nur einem Jahr Dienstzeit als Zeitsoldat entlassen; der eines aus gesundheitlichen Gründen vorzeitig in den Ruhestand versetzten Hauptmanns; der eines auf eigenen Antrag vom Berufs- zum Zeitsoldaten zurückgestuften Hauptmanns sowie die eines Oberfeldwebels und eines Oberstleutnants, die ihre Dienstzeiten regulär zu Ende brachten.

a) »Für mich war eine Welt zusammengebrochen.«
Ein Gefreiter muss gehen

Dierk Koch, ein junger, im Rheinland lebender Hamburger, hatte sich 1962 freiwillig als Zeitsoldat in der Marine verpflichtet und sah mit seinem Dienstantritt im April 1963 hoffnungsfroh den kommenden Aufgaben und einer neuen beruflichen Perspektive entgegen: »Meine Träume und Hoffnungen waren greifbar nahe, bei der Bundesmarine ein richtiger Seemann zu werden.«[162] Schon nach anderthalb Jahren nahm seine Zukunft in der Marine im November 1964 ein jähes, unerfreuliches Ende. Der Anfang vom Ende lag da schon Monate zurück. Angefangen hatte alles mit den sexuellen Annäherungsversuchen eines Obermaats. Dieser versprach dem Gefreiten dienstliche Unterstützung nach einem nicht bestandenen Ausbildungslehrgang. Bei dem ersten Besuch auf der Stube des Obermaats lehnte der Gefreite Koch zuerst den vorsichtig beginnenden körperlichen Kontakt ab.
»Doch [...] weil es vielleicht schon lange in mir steckte, gab ich dem Drängen nach und fand seine Körperlichkeit wohltuend. So ging es einige Tage hintereinander, und ich genoss es. Nach einem belanglosen Streit warf ich ihm vor, dass er mich mit der zuge-

---

159 Leexow, Armee und Homosexualität, S. 97.
160 Ebd., S. 66.
161 Hirschfeld, Von einst bis jetzt, S. 151.
162 Dierk Koch, Aus dem bislang unveröffentlichtem Manuskript seiner Lebenserinnerungen, Arbeitstitel: »Meine unvergessenen Freunde«.

sagten Hilfe nur geködert habe und kein wirkliches Interesse an meinem beruflichen Fortkommen [...] habe. Fortan verweigerte ich mich und er zeigte mir sehr deutlich, dass er dienstlich mein Vorgesetzter war. Das Zerwürfnis spitzte sich zu. Ich vertraute mich meinem Kompaniechef an und bat um Versetzung. Damals konnte ich nicht ahnen, dass er meine Offenbarung an die Stammdienststelle der Marine meldete.«[163]

Dem Wunsch des Gefreiten um Versetzung wurde stattgegen. Nach erfolgreichem Lehrgangsabschluss Ende September 1964 beantragte er eine Dienstzeit auf einer »großen fahrenden Einheit« und erhielt einen Stellungsbefehl auf die Fregatte »Emden«. In Marinekreisen kursierte das Gerücht, dass die »Emden« das Segelschulschiff »Gorch Fock« zu ihrer Japan-Visite bei den Olympischen Spielen im Oktober 1964 begleiten sollte. Koch hoffte auf einen Olympia-Besuch im fernen Tokio.[164] Doch die Fregatte würde ohne ihn ablegen. Den Gefreiten holte seine frühere Meldung ein:

»Es muss Anfang Oktober gewesen sein, dass ich zum Standortkommandanten beordert wurde. Kurz und bündig wurde mir mitgeteilt, dass die Stammdienststelle der Bundesmarine entschieden hätte, dass sie meinen Stellungsbefehl auf die ›Emden‹ zurückgenommen hätte. ›Einen Soldaten, der in so eine Sache verwickelt ist, können wir nicht in die Welt schicken.‹ Ich war sehr enttäuscht, denn mein Traum war wie eine Seifenblase geplatzt. Meinen Dienst sollte ich in der Schreibstube einer Ausbildungskompanie fortsetzen. Einige Wochen später an einem Mittwoch wurde ich wieder zum Rapport befohlen. Ohne Vorwarnung wurde mir eröffnet, dass ich zum Matrosen degradiert und unehrenhaft aus der Marine entlassen würde. Mit sofortiger Wirkung sollte ich meinen Dienst quittieren und bis zum kommenden Freitag, 12 Uhr, die Kaserne als Zivilist verlassen [...] Für mich war eine Welt zusammengebrochen und in mir muss es schwarz und leer ausgesehen haben [...] Es war in meinem Kopf ein wirres Gegeneinander. Wohin sollte ich gehen? Ab Freitag 12 Uhr mittags war ich obdach- und mittellos!«[165]

Die Entscheidung, den Gefreiten zu entlassen, hatte der Leiter der Stammdienststelle der Marine am 12. November 1964 getroffen. Sie wurde schon zum 15. November 1964 wirksam.[166] Die Marine wartete nicht einmal das Ende des Monats ab, die Entlassung konnte nicht schnell genug vonstatten gehen. Sie wurde quasi über Nacht, fristlos, vollzogen. Die Einträge in Kochs Wehrpass belegen die fristlose Entlassung des Marinesoldaten mit Dienstsiegel und Unterschrift.

»Eine Woche nach dem letzten Heimaturlaub, der üblicherweise nur alle vier Wochen stattfand, erreichte ich nachmittags mein Elternhaus [...] bei Düsseldorf. Erstaunte Gesichter bei den Familienangehörigen: ›Wieso bist Du schon wieder hier und ohne Ankündigung?‹ Wortkarg antwortete ich, dass ich die Marine verlassen habe und nicht wieder zurückkehren würde. Meinen Vater, der während des Krieges Marineoffizier war, bat ich um ein Vier-Augen-Gespräch. ›Wenn das so wichtig ist, gehen wir in den Garten.‹

[163] Ebd., sowie Zeitzeugengespräch des Verfassers mit Dierk Koch, Hamburg, 22.2.2018. Auch *Bild* griff Ende August 2019 das Thema auf und veröffentlichte ein ausführliches Interview mit Koch: Scheck/Utess, »Was wir damals gemacht haben, war kein Verbrechen«.
[164] E-Mail Dierk Koch an den Verfasser, 6.9.2019, sowie telefonisches Zeitzeugengespräch mit ihm am 7.9.2019.
[165] Ebd. Auszugsweise auch in Scheck/Utess, »Was wir damals gemacht haben, war kein Verbrechen«.
[166] BMVg, R II 1, 1.8.2018, Bescheid zum Antrag auf Wiedergutmachung des entlassenen Gefreiten, sowie Einträge im Wehrpass Kochs.

Dort, zwischen blühenden Dahlien und Rosen, eröffnete ich ihm: ›Ich bin in eine homosexuelle Geschichte verwickelt worden und degradiert und unehrenhaft aus der Marine
entlassen worden.‹ Mich traf ein tiefer und gleichzeitig milder Blick und ein freundschaft-
licher Klaps auf den Hinterkopf. ›Dann wollen wir mal sehen, dass wir für Dich einen
Job finden. Übrigens: Von der Sache müssen wir Mutti nichts sagen.‹ In diesem Moment
habe ich meinen Vater geliebt! Seine Reaktion konnte ich nicht erahnen. Sie war von
großer menschlicher Größe und Wärme.«[167]

Gegen die Entlassung legte der Gefreite sofort Beschwerde ein. Diese wurde mit
Bescheid vom 8. Oktober 1965, also nach fast elf Monaten Bearbeitungszeit, zurückgewiesen.[168] Allerdings ergaben Recherchen, dass Dierk Koch die erhoffte Fahrt nach
Tokio nicht wirklich *versäumt* hat, denn eine solche Fahrt fand nicht statt: Weder in
der Literatur noch in den Unterlagen der Marine ist etwas dazu überliefert.[169]

Mit der Entlassung aus der Marine und dem damit einhergehenden Verlust seines
Dienstgrades war der Fall für die Teilstreitkraft aber noch nicht erledigt: Sie gab ihn
an die Staatsanwaltschaft ab. Der junge Mann fand sich 1965 vor dem Amtsgericht
Cuxhaven wieder.[170]

b) »Soldat bleiben oder Mensch werden.« Die Erinnerungen eines Hauptmanns

»Im Juni 1961 wurde ich 17. Damit war alles klar. Am 3. Juli wurde ich freiwillig Soldat
[...] Es war ein Montag, und es gab Linseneintopf zur Begrüßung [...] Die Frage der
Sexualität stellte sich nicht, absolut nicht. An Frauen hatte ich kein Interesse, was mich
aber nicht quälte, und Homosexuelle, von denen hörte man eigentlich nur anlässlich ihrer
Verurteilung, und das würde wohl schon in Ordnung sein [...] Das Unteroffizierskorps
feierte ständig irgendwelche Feste [...] Auch diejenigen, die nicht verheiratet waren,
brachten selbstverständlich Frauen mit. Für mich war das immer irgendwie ein Problem.
Einerseits interessierten mich Frauen gar nicht, andererseits wurde solange gefrotzelt, bis
es mich nervte. Wenn ich es irgendwie einrichten konnte, ging ich unter Vorwänden
nicht mehr zu diesen Festen [...] Entschuldigungen mussten deutlicher ausfallen, als ich
Offizier wurde [...] Im Sommer 1967 mussten wir Offizieranwärter in einem fest vorgegebenen Zeitraum unseren Jahresurlaub nehmen. Das kam unvorbereitet, und ich fragte
einen Kameraden – schlank, blond und blauäugig –, ob er schon wisse, wo er hinfah-
ren wolle. Rasch einigten wir uns auf Spanien, mit Auto und Zelt. Jürgen fragte gleich
an einem der ersten Abende [...], ob ich homosexuell sei. Glasklar, geradeheraus. Das
traf mich unvorbereitet [...] Und sehr empört verneinte ich die Frage. Wie er überhaupt
auf so etwas käme? Im Zelt dann jedoch onanierte jeder so vor sich hin, halb heimlich, es wurde nicht darüber gesprochen. Niemand von uns beiden wollte offen schwul

---

167 Koch, »Meine unvergessenen Freunde«.
168 BMVg, R II 1, 1.8.2018, Bescheid zum Antrag auf Wiedergutmachung des entlassenen
     Gefreiten.
169 Zusammen mit der Fregatte »Karlsruhe« lief die »Emden« am 12.9.1974 in das Mittelmeer
     aus, war vom 19. bis 24.9. in La Valetta/Malta und zurück im Heimathafen am 30.9.1964.
     Danach ist für das Jahr 1964 keine Auslandsfahrt mehr dokumentiert und damit auch keine
     Fahrt nach Japan. Vgl. Hildebrand/Röhr/Steinmetz, Die deutschen Kriegsschiffe, S. 61.
170 Dazu ausführlich im Kap. III.11.

sein. Am Ende der Reise sagte er: ›Wenn du mich verrätst, ist alles aus.‹ Seine Sorge war verständlich, aber unbegründet, ich wollte ja auch nur davonkommen. Später, 1970, nach der ersten Strafrechtsreform, er war schon lange aus der Bundeswehr entlassen und Student, besuchte ich ihn in Frankfurt. Es war wie damals, nur ohne Angst [...] Das also ist Sexualität, schoss es mir durch den Kopf [...] Sechsundzwanzig war ich, als ich das erste Mal mit einem Jungen zusammen in den Federn lag. Es war unbeschreiblich schön [...] 1971 wurde wohl das bedeutendste Jahr meines bisherigen Lebens [...] Es war auch das Jahr, in dem ich Torsten kennenlernte [...] Torsten war ein Offiziersanwärter aus einem anderen Bataillon, das auch in der Kaserne untergebracht war, in der ich als Oberleutnant eine Wohnung hatte [...] Diese Begegnung erschütterte mich in meinen Grundfesten. Vor Schwulen hatte er keine Angst, ungeheuerlich damals für einen Zwanzigjährigen [...] 1973 lernte er seine jetzige Frau kennen. Sie, nicht er, sorgte für die Entscheidung. 1976 wurde er von ihr geheiratet. In all den Jahren hatten wir einen Zustand des labilen Gleichgewichts halten können. Wir hatten uns irgendwie arrangiert – bis diese Frau kam [...] Dieser Junge war's, der mir die letzte Gewissheit gab, dass ich meinem Schwulsein nicht mehr entrinnen konnte. Soldat bleiben oder Mensch werden – das war jetzt die Frage.«[171]

Auf diese schroffe Frage spitzte sich das Leben des damaligen Oberleutnants Michael Lindner 1973 zu. Dem Zugführer stand im darauffolgenden Jahr die Übernahme einer Kompanie bevor. Lindner entschied sich, trotz seiner homosexuellen Orientierung Soldat zu bleiben, wurde Kompaniechef im ABC-Abwehrbataillon 610 in Albersdorf und zum Hauptmann befördert.

»Mein Kommandeur, mit dem ich meine Situation besprechen wollte, sagte mir ins Gesicht, dass Homosexuelle für ihn pervers seien. Er war mein unmittelbarer Vorgesetzter. Einen Kommandeur kann man sich nicht aussuchen [...] 1977 kam dann endlich ein neuer Kommandeur, der mich kannte und schätzte. Die Chefzeit wurde verlängert [...] Dennoch wurde ich immer missmutiger, ohne erkennbare Gründe damals [...] Die Aussicht, sich ein Leben lang verstecken zu müssen, die Freiheit selbst einzubüßen, sich Beschimpfungen und Erpressungen ausgesetzt zu sehen, machte mich krank [...] Bald konnte ich kaum noch schlafen, Alpträume überfielen mich.«[172]

Auf eigenen Wunsch wurde er im Januar 1980 stationär in die Abteilung Neurologie und Psychiatrie des Bundeswehrkrankenhauses Hamburg aufgenommen. Es erschien der Chefarzt der Station, Oberstarzt Dr. Brickenstein.

»Zu ihm schickte man alle Schwulen in der Hoffnung, sie loszuwerden. Er aber schickte sie oft zurück, er sähe keine Probleme. Mir erklärte er, die Bundeswehr sei am fortschritt-lichsten in der ganzen NATO. Er selbst hätte dafür gesorgt. Mit der Nichtbeförderung, das sei natürlich so eine Sache. Dafür sei er aber nicht zuständig [...] Am 4.2.80 wur-de ich als voll verwendungsfähig aus dem Bundeswehrkrankenhaus entlassen, fuhr zur Kompanie [...] stieg in die [laufende] Übung ein und war eben wieder da [...] Auch psychisch ging es nun wieder besser, wie auf einen Schlag, der Druck war völlig weg. Also konnte man als Homosexueller doch Kompaniechef sein.«[173]

---

[171] Lindner, Nicht mehr mein Weg, S. 89–94; ebenso und noch ausführlicher in Lindners 1985 verfasstem, unveröffentlichtem Manuskript »Das halbe Leben halb gelebt« (Kopie im Besitz des Verfassers).
[172] Lindner, Nicht mehr mein Weg, S. 95.
[173] Ebd., S. 98 f.

Wenige Wochen später las Hauptmann Lindner von einem Urteil des Bundesverwaltungsgerichts, homosexuelle Neigungen würden die Eignung eines Soldaten
zum Vorgesetzten ausschließen.[174] Für den Kompaniechef war die Lektüre des
Urteils nach eigener Erinnerung niederschmetternd: »Ich wusste nicht, ob ich als
Homosexueller überhaupt Kompaniechef sein durfte«, erinnerte sich Lindner.[175] Für
ihn war das Urteil ein »Schock«, der sein fragiles Selbstvertrauen als homosexueller
Offizier und das Vertrauen in den Dienstherren noch mehr erschütterte. Das reguläre
re Ende seiner Stehzeit als Kompaniechef stand ohnehin für April 1980 an.

> »Drei Tage vor dem Termin [...] ließ mich der Kommandeur zu sich rufen. Ich müsse blei-
> ben, bis auf Weiteres. Der Grund wurde mir aus anderer Quelle bekannt: Der für mich
> vorgesehene Nachfolger [...] war auf dem Abschiedsfest seinerseits in eine homosexuelle
> ›Verstrickung‹ geraten, was ruchbar geworden war – und fiel als Kompaniechef aus.«[176]

(Was wie eine unglaubwürdige Räubergeschichte anmutet, konnte anhand des
Urteils des Truppendienstgerichts Süd recherchiert und bestätigt werden.[177] Der als
Nachfolger Lindners vorgesehene Hauptmann wurde aus dem Dienstverhältnis ent-
fernt.) Nunmehr, im Juli 1980, trat Hauptmann Lindner seinen Dienst in einem
Brigadestab in Hamburg an. Die wieder zunehmenden psychischen Probleme mün-
deten im September 1980 in Dienstunfähigkeit und Krankschreibung. Zwei Jahre
später wurde der Hauptmann wegen »depressiver Neurose, Homosexualität und
Psychopathie«, wie *Der Spiegel* berichtete, im Alter von 38 Jahren zum 30. September
1982 krankheitsbedingt nach § 44 Abs. 3 und 4 SG in den Ruhestand versetzt.[178]
Der Spiegel: »Das ständige Versteckspiel und die Angst, irgendwo anzuecken, machten den Offizier zum Fall für Psychiater. Drei Gutachten mit widersprüchlichen
Ergebnissen besiegelten das vorzeitige Ende der Bilderbuchkarriere«.[179] Lindner erinnerte sich:

> »Der formale Akt der Zurruhesetzung, die Aushändigung der Entlassungsurkunde, verlief
> in eiskalter Atmosphäre. Da war nicht ein Wort zu viel. Die Sache dauerte kaum eine
> Minute, da war ich schon wieder draußen. Kein Cognac, kein Kaffee, kein Wort des
> Dankes, keine Verabschiedung. Für Homosexuelle – selbst wenn sie sich nichts zuschul-
> den kommen lassen – gelten die Regeln der Kameradschaft nicht.«[180]

Vor und erst recht nach seinem Ausscheiden aus dem aktiven Dienst setzte sich
Hauptmann Lindner mit all seiner Kraft und Energie für eine Änderung des
Umgangs mit homosexuellen Soldaten ein. Es ist nicht übertrieben zu sagen, dass es
zeitweise seine Mission wurde, sein Lebensinhalt.[181]

---

[174] Bundesverwaltungsgericht, 1. Wehrdienstsenat, Beschl. vom 25.10.1979, Az.: BVerwG,
1 WB 113/78. Dazu ausführlich in Kap. IV.2.
[175] Zeitzeugengespräche mit Michael Lindner, Hamburg, Februar 2017. Das Zitat stammt aus:
»Berufliches«: Michael Lindner, S. 176.
[176] Lindner, Nicht mehr mein Weg, hier S. 99.
[177] Urteil des Truppendienstgerichts Süd, 1. Kammer vom 7.10.1980, Az S 1–VL 10/80. Dazu
ausführlich in Kap. III.9., S. 169 f.
[178] BArch, BW 1/503302: BMVg, PSZ III 6, 29.6.2001; ebd., BMVg, PSZ I 8, 20.6.2002; auch
erwähnt in: »Soldaten als potentielle Sexualpartner«, S. 22.
[179] »Soldaten als potentielle Sexualpartner«, S. 22.
[180] Lindner, Nicht mehr mein Weg, S. 101.
[181] Dazu ausführlich im Kap. IV.

c) Von Gerüchten begleitet. 13 Jahre Dienst eines Offiziers

Wie die damaligen Vorschriften Karrierechancen und -hoffnungen von Offizieren zerstörten und wie groß der Entscheidungsspielraum der Personalführer war, zeigen die Erinnerungen eines 1992 vorzeitig ausgeschiedenen Offiziers. Der 1979 in die Jägertruppe eingetretene Offizieranwärter wurde 1987 Berufssoldat und war zuletzt Hauptmann und Kompaniechef, als er auf eigenen Wunsch 1992 die Rückstufung zum Zeitsoldaten und daraus folgend sein baldiges Dienstzeitende einleitete. Das Ausscheiden aus der Bundeswehr nach 13 Jahren sei für ihn eine »traumatische Erfahrung« gewesen.[182]

Rückblende: 1980 begann der Fahnenjunker sein Studium an der damaligen Bundeswehrhochschule in Hamburg. Im Alter von 20 Jahren habe er noch mitten in der Suche nach der eigenen Sexualität gestanden, so der Zeitzeuge. Die bekannt restriktive Haltung der Bundeswehr zur Homosexualität sei »aus Sicht eines jungen Mannes, der nach seiner Sexualität sucht, hoch problematisch« gewesen. Es sei ihm klar gewesen, dass er seine Homosexualität »nicht ohne große Risiken für meine beruflichen Perspektiven« würde ausleben können.

In seiner ersten Truppenverwendung nach dem Studium habe es in dem von ihm geführten Zug Gerede über seine mögliche Homosexualität gegeben. Durch einen an sich kaum nennenswerten kleinen Vorfall habe sich die Situation für ihn in Zug und Kompanie jedoch drastisch verschärft. Dies habe zu einer Disziplinarmaßnahme für den jungen Leutnant und dessen Ablösung als Zugführer geführt. Aufgrund seiner bislang sehr guten dienstlichen Leistungen habe der Bataillonskommandeur von einer Abgabe an die Einleitungsbehörde und damit einer truppendienstgerichtlichen Ahndung abgesehen. Er sei »mit blauem Auge davongekommen«, räumte der Betroffene ein. Der Leutnant wurde versetzt. Der Vorfall geriet in Vergessenheit. Es folgten Beförderungen zum Oberleutnant und Jahre später die Übernahme einer Kompanie.

In seiner Zeit als Kompaniechef kursierten wieder Gerüchte um seine Homosexualität, ohne dass jemals ein konkret belastender Vorfall zu verzeichnen gewesen wäre, so die nicht zu verifizierende Aussage des Hauptmanns a.D. Letztlich führten die Gerüchte wieder aus einem an sich harmlosen Anlass zu einer Eskalation. Konkret war dies eine Blutspendenaktion in der Kaserne. Der Bataillonskommandeur habe sich absichtsvoll mit ihm (und anderen) verabredet, um gemeinsam zum Blutspenden zu gehen und dabei zu beobachten, ob die Blutspende reibungslos erfolge. Als er vom Truppenarzt routinemäßig nach Aufenthalten im Ausland gefragt wurde, habe er einen kurz zurückliegenden Urlaub in Kenia angegeben. Daraufhin sei ihm kein Blut abgenommen worden. Der Kommandeur habe den Vorgang jedoch als Bestätigung der Gerüchte um seine Homosexualität interpretiert. Auch in der Kompanie hätten sich die Soldaten ihren eigenen Reim darauf gemacht, dass die Blutspende ihres Chefs abgelehnt worden sei, was wiederum mit seiner vermuteten Homosexualität in Verbindung gebracht wurde. (Sexuell aktive Homosexuelle

---

[182] Zeitzeugeninterview W., Hamburg, 4.4.2019. Die folgende Skizze seiner Dienstzeit basiert ausschließlich auf diesem Gespräch und war letztlich nicht zu verifizieren. Sie wird hier nur in den vom Verfasser als plausibel bewerteten Teilen wiedergeben.

galten und gelten bis heute als Hochrisikogruppe. Sie sollen aufgrund der antizipierten HIV-Gefahr nicht Blut spenden. Diese Regelung oder Empfehlung wird
seit Langem von Homosexuellenverbänden und ihren Unterstützern kritisiert.) Der
Kommandeur handelte und beantragte bei der Personalführung die Ablösung des
Hauptmanns. Dieser wurde zunächst in den Brigadestab versetzt. Für seine weiteren Karriereaussichten habe er »schwarzgesehen«. In einem Gespräch mit seinem Personalführer und dessen Vorgesetzten habe er gebeten, ihm doch eine »faire
Chance« zu geben. Der Referatsleiter habe auf diese Bitte mit der Bemerkung reagiert,
der Hauptmann solle zur Kenntnis nehmen, dass er nicht unfair sei. Nach sehr gut
beurteilten Leistungen in weiteren Verwendungen und einem sehr guten Abschluss
des Grundlehrgangs an der Führungsakademie habe ihn das Personalamt tatsächlich erneut als Kompaniechef eingesetzt. Diese zweite Chefverwendung habe den
Hauptmann in die Fallschirmjägertruppe geführt, in seinem Rückblick die besten
Jahre seiner Dienstzeit. Die Erfolgssträhne habe dann aber mit der Nichtzulassung
zur Generalstabsausbildung geendet. Von seinem Personalführer sei er nicht einmal
in der Auswahlkonferenz vorgestellt worden. Primär aus Enttäuschung darüber, seine
Karriereziele nicht mehr erreichen zu können, habe er dann 1992 die Rückstufung
zum Zeitsoldaten und damit sein Dienstzeitende initiiert. Er sei, von ihm so gewollt,
gemeinsam mit der Masse der wehrpflichtigen Soldaten seiner Kompanie Ende
September 1992 aus der Bundeswehr ausgeschieden.

d) »Der Ruf könnte Ihnen vorauseilen.«
Ein Oberfeldwebel blickt zurück

Nach Ende seiner zwölf Jahre Dienstzeit verfasste 1996 ein Oberfeldwebel auf 13 eng
bedruckten Seiten seinen Erfahrungsbericht und schickte ihn an die Wehrbeauftragte
des Bundestages.[183] Darin beschrieb der Unteroffizier allerlei Erlebnisse und
Begebenheiten, nicht nur in Bezug auf seine sexuelle Orientierung, aber eben auch.
Zu keinem Zeitpunkt sei es für ihn »ein Thema« gewesen, »einen anderen Soldaten
›anzufassen‹«. Eingezogen wurde er 1984 als Grundwehrdienstleistender. Ein
Großteil der homosexuellen jungen Männer ziehe »aus vielerlei nachvollziehbaren
Gründen« den Zivildienst vor. Er aber wollte seiner »gesellschaftlichen Verpflichtung
nachkommen, für das Vaterland zu dienen« und nicht als »›Drückeberger‹ dastehen«.
 Weder bei der Musterung noch bei der Eignungs- und Verwendungsprüfung sei
er nach seiner sexuellen Orientierung (er verwendet dafür konsequent das Wort »sexuelle Selbstbestimmung«) befragt worden.[184] Auch während der Grundausbildung
und in der ersten Stammeinheit, einer Panzerjägerkompanie, habe niemand danach
gefragt, und so sei er problemlos zunächst als Mannschaftssoldat weiterverpflichtet
worden. In der Kompanie hätten sich hin und wieder »zwei Soldaten für eine Nacht
ein Bett geteilt«. Doch: »Großes Gesprächsthema« sei dies nie gewesen, es habe auch
nie »irgendwelche Probleme« gegeben, eher habe eine »Was soll's-Mentalität« vor-
geherrscht. Als ihn ein »gutaussehender« Stubenkamerad einmal direkt fragte, ob er

---

183 BArch, BW 2/38355: Oberfeldwebel d.R. K. an Wehrbeauftragte des Bundestages, 15.8.1996.
184 Auf der dem BMVg zugesandten und dort zu den Akten gelegten Ablichtung des Berichts
     findet sich neben dieser Stelle ein Ausrufezeichen.

für ihn »interessant« sei, habe der so Angesprochene so getan, »als wenn ich nicht
verstanden hätte«. Dies geschah »aus Überzeugung« und wegen seiner anstehenden
Weiterverpflichtung und Ausbildung zum Fahrlehrer.

Die weiteren Jahre als Feldwebel und Fahrlehrer verliefen reibungslos, nie habe
ein Kamerad etwas über sein Privatleben zu wissen verlangt – bis 1992. An einem
Tag im März des Jahres habe ihn ein anderer Fahrlehrer abends im Unteroffizierheim
»eher beiläufig« gefragt, ob es wahr sei, dass er schwul sei. Er habe nicht geleugnet,
sondern entgegnet: »›na und?‹ Was nun danach kam, war, gelinde ausgedrückt, är-
gerlich [...] Jedenfalls habe ich sofort bemerkt, ›dass etwas im Laufen sei‹ [...] dass
›etwas im Busch ist‹«. Der Oberfeldwebel wurde von seinem Vorgesetzten befragt
und musste »nicht nur einmal« versichern, »nie je mit auch nur einem Fahrschüler
etwas gehabt zu haben«. Sein Chef habe zudem verlangt, »von allem die Finger weg-
zulassen, wo es eine Verbindung zur (Bundeswehr-)Uniform geben könnte«.

Ab diesem Zeitpunkt wurde der Oberfeldwebel nur noch im Innendienst verwendet, also nicht mehr als Ausbilder. Seine Enttäuschung war groß, so groß, dass
er erwog, den Dienst vorzeitig zu beenden. Fahrlehrer wurden gesucht, doch der
angedachten Versetzung in eine andere Fahrschulgruppe wollte sein Vorgesetzter
»partout« nicht zustimmen: »Der Ruf könnte Ihnen vorauseilen«. Berechtigterweise
stellte sich für ihn die Frage: »Zählte von heute auf morgen nicht mehr, dass ich über
längere Jahre im Durchschnitt die besten Ausbildungs- und Prüfungsergebnisse in
jener Fahrschulgruppe vorzuweisen hatte?« Ihm gegenüber bekannten zwei weitere Oberfeldwebel und Fahrlehrer ihre Homosexualität – aber nur im vertraulichen
Gespräch. Offen bekennen wollten sie sich keinesfalls, seine Erfahrungen waren
»offensichtlich abschreckend genug«. 1993 sei dann ein Fahrschüler am vorletzten
Tag des Lehrgangs auf ihn, den Innendienstfeldwebel, zugekommen: »›Wir seien
auf einer Wellenlänge.‹« Er habe nicht darauf reagiert, »was hätte ich in der damaligen Situation auch anderes tun können? [...] Allein die Tabuisierung dieses Themas
machte ein offenes Gespräch unmöglich.« Am folgenden, letzten Tag des Lehrgangs
trat der Fahrschüler erneut auf ihn zu: »Sie haben das gestern schon richtig verstanden, Herr Oberfeldwebel!« Wieder reagierte der Angesprochene nicht darauf.
»Wäre der gegebene ›Druck‹ (den die Bundeswehr selbst erst produzierte) nicht vorhanden gewesen, hätte vielleicht zumindest eine Unterhaltung stattfinden können
[...] ohne Hintergedanken!« So zwang ihn die »Situation« aber, »nach Dienstschluss
den Fahrschulbereich unverzüglich zu verlassen«. Dem Leser des Erfahrungsberichts
mag unwillkürlich der von einem anderen Zeitzeugen in diese Studie eingebrachte
Spruch in den Kopf kommen: Angst fressen Seele auf.

Ende 1993 wurde der Oberfeldwebel dann doch noch versetzt und Teileinheitsführer von vier wehrpflichtigen Soldaten. »War das Vertrauen meines Disziplinarvorgesetzten so groß?« Nach drei Tagen rief er die vier Soldaten zusammen und
sprach »Klartext. ›Ihr wisst, was über mich geredet wird. Ich suche mir aber meine
persönlichen Bedürfnisse nicht bei Euch‹, war meine kurze und knappe Botschaft.«
Er habe zu keinem Zeitpunkt Probleme gehabt, auch schwierige Befehle angemessen
durchzusetzen. Durch die »sehr positive – vor allem psychologische – Unterstützung«
seines Disziplinarvorgesetzten sei es ihm schließlich gelungen, »auch wesentlich offener mit mir selber umzugehen, was im Fahrschulbereich unmöglich und undenkbar

war, leider [...] Als ich mich im Januar 1994 bei meinem Disziplinarvorgesetzten abgemeldet hatte, drückte dieser mir sein tiefes Bedauern aus, dass es nicht zu der beabsichtigten Weiterverpflichtung gekommen war.«

e) »Dann brach die Hölle los.«
Ein Kompaniechef soll entlassen werden

Im Alter von 27 Jahren hatte der Oberleutnant seine erste Kompanie übernommen. Im Jahr 1981 hatte der nun 31-Jährige bereits die dritte Führungsverwendung als Kompaniechef. Aufgrund seiner Leistungen und seiner Führungspersönlichkeit war er unter Kameraden und bei seinen Soldaten anerkannt. Beste Beurteilungen ließen glänzende Karriereaussichten erwarten. All das war plötzlich nichts mehr wert, denn der Offizier, nunmehr Hauptmann, war schwul. Als das bekannt wurde, »brach die Hölle los«, so der Betroffene.[185] Dabei hatte er seine sexuelle Orientierung keineswegs bekannt gegeben oder gar demonstrativ öffentlich gemacht, vielmehr wurde sein Privatleben durch eine böse, schicksalhafte Verkettung von Zufällen dem Dienstherrn bekannt. Sein Lebenspartner, mit dem er bereits mehrere Jahre zusammen war, wurde 1981 zum Wehrdienst eingezogen und sollte nach der Grundausbildung als Ordonnanz im Offizierheim der Kaserne verwendet werden. Die Ordonnanzen waren just jener Kompanie truppendienstlich zugeordnet, die sein Freund führte. So wurde der Hauptmann der Disziplinarvorgesetzte seines Lebenspartners. Der Hauptmann sah keine Möglichkeit, die Zuordnung seines Freundes in seine Kompanie zu verhindern, ohne wiederum Fragen aufzuwerfen. Also entschied er sich für die Strategie des »Augen zu und durch!« Es werde schon gutgehen. Dabei standen die Zeichen im Hintergrund bereits auf Sturm.

Die Beziehung der beiden Männer war bereits vor der Einberufung des Jüngeren aufgefallen und aktenkundig geworden. In der Vorweihnachtszeit 1980 waren beide zusammen im Auto nach West-Berlin gefahren, auf der Transitautobahn über das Gebiet der DDR. Die in Uniformen der Grenztruppen dienenden Grenzkontrolleinheiten der Staatssicherheit nutzten, wie in vielen anderen Fällen auch, die Gelegenheit, den ihnen spätestens bei der Ausreise aus der DDR schon als Offizier bekannten Mann anzusprechen: »Guten Tag, Herr Hauptmann!« Bei der Kontrolle am Grenzübergang Drewitz richtete sich die Aufmerksamkeit des Grenzers auf den offen im Auto liegenden schwulen Reiseführer für West-Berlin. »Was'n das?«, fragte der Grenzer. Da er sich nun der Gefahr einer nachrichtendienstlichen Ansprache ausgesetzt sah, meldete der Hauptmann den Vorfall dem MAD. Sein Freund war zu diesem Zeitpunkt noch nicht Soldat, daher sah der Offizier keine Gefahr für seine berufliche Zukunft. Sein Augenmerk galt allein dem Ausschluss einer möglichen Kompromittierung durch den gegnerischen Nachrichtendienst. Mit der Meldung an den MAD war er sich sicher, seiner Pflicht nachgekommen zu sein. Zunächst waren auch keine negativen Folgen erkennbar, weder der MAD noch die Personalführung meldeten sich. »Ich war naiv, dachte, die Beziehung zu Ralf wäre kein dienstliches Problem: Ich war ja lange mit ihm zusammen, bevor er Soldat wurde.« Das wurde

---

[185] Zeitzeugengespräch Oberstleutnant a.D. N., 20.7.2018.

sie aber bald nach dem Vorfall an der deutsch-deutschen Grenze. Nach späterem
Kenntnisstand des Betroffenen hatte der MAD nach Auswertung der Meldung des
Hauptmanns die Beziehung zu dem nunmehrigen Soldaten direkt an die Division
gemeldet. Später erfuhr der Betroffene, dass sich der Bataillonskommandeur und der
Brigadekommandeur intern für ihn eingesetzt hatten.[186]

Der damalige Bataillonskommandeur erinnerte sich, der Hauptmann sei ein
wirklich guter Kompaniechef gewesen, »der konnte wirklich was«. Er, der Bataillonskommandeur, habe die Division darum gebeten, mit Maßnahmen zu warten,
bis er aus dem Urlaub zurück sei (er plante am folgenden Tag einen zweiwöchi-
gen Urlaub anzutreten). Nach dem Urlaub habe ihm sein Stellvertreter gemeldet,
dass der Kompaniechef bereits des Postens und des Dienstes enthoben sei. Der
Bataillonskommandeur sei »fürchterlich verärgert« gewesen, da man über ihn als
Disziplinarvorgesetzten hinweg solche Maßnahmen entschieden habe. Warum ihr
Kompaniechef abgelöst worden war, davon habe in der Kompanie kaum jemand
gewusst. Die den Soldaten während des Appells gegebene Erklärung, ihr bisheriger
Chef werde dringend im Divisionsstab zur Vorbereitung einer Übung gebraucht,
sei offensichtlich geglaubt worden. Bekannt unter den Soldaten wurde dagegen,
warum der Nachfolger des Hauptmanns wenige Wochen später als Kompaniechef
abgelöst wurde: Dieser hatte sich auf dem Übungsplatz bei einer Übernachtung
im Chef-Fahrzeug seinem Fahrer gegen dessen Willen körperlich genähert. Der
Bataillonskommandeur entschied auf sofortige Ablösung des neuen Kompaniechefs
und die Abgabe des Falls an den Wehrdisziplinaranwalt. Die Division habe den Fall
sofort an sich gezogen. Dem Bataillonskommandeur wurde durch Rückfragen beim
Personalamt bekannt, dass der Hauptmann bereits »in dieser Beziehung einschlägig
bekannt« gewesen sei. Er beklagte sich daraufhin auf dem Dienstweg über die Brigade,
»wie P [die Personalführung] denn so einen Mann zum Chef machen konnte«, noch
dazu in einer Kompanie, wo es erst einen ähnlichen Fall gegeben habe, aber »einen
ungleich weniger dramatischen«. Eine Antwort bekam der Bataillonskommandeur
nie.[187]

Der Brigadekommandeur wiederum habe gegenüber dem Divisionskommandeur
geäußert: »Es ist doch nichts passiert.«[188] Daraufhin soll der Kommandierende
General des Korps den Brigadekommandeur nach dessen Aussagen angerufen und
ihn gefragt haben, »ob er auch so einer« sei, da er den Hauptmann so verteidige.
Träfen diese späteren, nicht nachprüfbaren Erinnerungen zu, wären dies weitere
Indizien, dass die Soldaten und Offiziere in der Truppe mitunter schon um 1980
herum toleranter waren als die höheren Generale und die Juristen im Ministerium
und den höheren Kommandobehörden.

Die Interventionen des Bataillons- und des Brigadekommandeurs änderten nichts:
Die Division entschied im August 1981, den Hauptmann sofort als Kompaniechef
abzulösen und ihn in den Divisionsstab zu versetzen – aber nur auf dem Papier, denn
zugleich wurde er vorläufig des Dienstes enthoben, ihm das Tragen der Uniform
und das Betreten der Kaserne verboten sowie die Hälfte seiner Dienstbezüge ein-

---

[186] Ebd.
[187] Telefonisches Zeitzeugengespräch mit Oberst a.D. R., 21.9.2020.
[188] Zeitzeugengespräch Oberstleutnant a.D. N., 20.7.2018, auch im Folgenden.

behalten. Den Kompaniechef galt es schnell noch ordungsgemäß von der Führung der Kompanie zu entbinden. Für die Soldaten der Kompanie musste das Bild einer »ordentlichen« Übergabe gewahrt werden, um keine zusätzliche Unruhe aufkommen zu lassen. So wurde den wie allmorgendlich angetretenen überraschten Soldaten und Unteroffizieren vom stellvertretenden Bataillonskommandeur verkündet, ihr bisheriger Chef werde wegen dringender Aufgaben ab sofort auf eine verantwortungsvolle Position im Divisionsstab versetzt. Nur mühsam konnte der Schein der »Lügenveranstaltung« (so die Bewertung des Betroffenen) aufrechterhalten werden: »Auf dem Antreteplatz herrschte eine Stimmung wie auf einer Beerdigung.«[189]

Der Antrag des Hauptmanns, seine Ablösung als Kompaniechef, die vorläufige Dienstenthebung, das Uniformtrageverbot und die Einbehaltung der Hälfte seiner Dienstbezüge aufzuheben, wurde vom Divisionskommandeur zurückgewiesen:

> »Mit Verfügung vom 10. Juli 1981 wurde gegen Sie ein disziplinargerichtliches Verfahren eingeleitet, weil sie im Verdacht standen, zu dem Ihnen unterstellten Panzergrenadier [...] ein homosexuelles Verhältnis unterhalten zu haben. Diesen Verdacht hatten Sie selbst bereits bei Ihrer Vernehmung am 07. Juli 1981 dadurch bestätigt, dass Sie dort nicht nur das seit 1977 bestehende gleichgeschlechtliche Verhältnis zu [...], sondern auch Ihre seit 8 bis 9 Jahren empfundenen homosexuellen Neigungen einräumten.«[190]

Ralf, der jüngere Freund des Offiziers, wurde ebenfalls sofort versetzt und musste in einer anderen Kaserne in einer Unteroffizierbar bedienen. Er machte sich selbst schwere Vorwürfe ob des Geschehenen und gab sich die Schuld an den Schwierigkeiten, in die sein Freund geraten war. Als Ausweg sah Ralf nur die Selbsttötung. Der Suizidversuch wurde gerade noch rechtzeitig bemerkt, er wurde gerettet. Nach seinem Suizidversuch wurde der Wehrpflichtige vorzeitig aus der Bundeswehr entlassen. (Die Beziehung der beiden Männer überstand das schwere Beben nicht, aber bis heute sind beide gut befreundet.)

Neben der großen Sorge um seinen Freund musste der Hauptmann auch den juristischen Kampf gegen die Bundeswehr aufnehmen: »Es war eine stressige Zeit«, so der Offizier. Er habe niemals daran gedacht aufzugeben, er habe sich im Recht gesehen. Er sei zuvor naiv gewesen, aber dann habe er gekämpft, nur für sich, »nicht für irgendwelche Prinzipien und keineswegs als Vorkämpfer der Homosexuellenbewegung«.[191]

Der Rechtsberater der Division trieb in seiner Funktion als Wehrdisziplinaranwalt das Disziplinarverfahren vor dem Truppendienstgericht voran, sein erklärtes Ziel war die Entfernung des Hauptmanns aus dem Dienstverhältnis. In seinem Schreiben an das Truppendienstgericht Süd in Ulm erklärte der Hauptmann seinen Standpunkt:

> »Ich war weiter der Auffassung, dass es für den Dienstherrn nicht von Belang sein könne, wie sich ein Offizier zuhause in seinen vier Wänden verhalte und in welcher Art er sich geschlechtlich betätige, zumal dies ein wesentliches Merkmal der im Grundgesetz garantierten Entfaltung seiner Persönlichkeit darstellt. Einer schuldhaften Dienstpflichtverletzung war ich mir nicht bewusst, ja im Gegenteil, ich war der Meinung, ich hätte durch sofortige Meldung der sich anlässlich einer Berlinreise auf der Rückfahrt auf der Transitstrecke Berlin-Hirschberg ereigneten Vorfälle an den Militärischen Abschirmdienst mein beson-

---

189 Ebd.
190 BArch, Pers 12/45130: Kommandeur 10. Panzerdivision, 19.8.1981.
191 Zeitzeugengespräch Oberstleutnant a.D. N., 20.7.2018.

deres Pflichtbewusstsein unter Beweis gestellt, selbst wenn dadurch mein homosexueller
Kontakt zu X bekannt wurde. Ich war so sehr von meinem Recht überzeugt, dass ich
sogar aussagte, auch noch regelmäßig mit [...] geschlechtlich zu verkehren, als er bereits
Soldat war. Ich tat diese Äußerung bewusst, um meinen Rechtsspielraum abzugrenzen
und mein Tun auf dem Boden unseres Rechts stehend auch durch die Bundeswehr toleriert zu wissen.«[192]

Nach heutigen Maßstäben und Vorschriften der Bundeswehr hatte sich der Hauptmann nichts zuschulden kommen lassen. Sein Standpunkt, »dass es für den Dienstherrn nicht von Belang sein könne, wie sich ein Offizier zuhause in seinen vier
Wänden verhalte und in welcher Art er sich geschlechtlich betätige«, entspricht der
nach der Jahrtausendwende geänderten Vorschriftenlage. Leider war der Hauptmann
der Entwicklung 21 Jahre voraus. Im Jahr 1981 kannte die Bundeswehr nur eine
Reaktion auf das Bekanntwerden von sexuellen Beziehungen zu einem Soldaten:
vorläufige Dienstenthebung und Einleitung eines Disziplinarverfahrens mit dem
Ziel der Entfernung aus dem Dienstverhältnis. Dabei fiel nicht ins Gewicht, dass der
Offizier und der Soldat sich bereits Jahre vor dessen Einberufung zur Bundeswehr
privat kannten und laut Ermittlungsakten ein »eheähnliches Verhältnis« hatten. Der
Hauptmann betonte aus seiner Sicht folgerichtig ausdrücklich, dass der homosexu-
elle Kontakt zu Ralf vor dem 1. April 1981, als dieser noch nicht Soldat gewesen
sei, begonnen habe. Daher stelle dieser »nach der mir bekannten Auffassung der
Rechtsprechung kein Dienstvergehen dar, denn homosexueller Kontakt zu Nicht-
Bundeswehr-Angehörigen verstößt nicht gegen die Dienstpflichten«.[193]

Der Divisionskommandeur und später der ermittelnde Wehrdisziplinaranwalt
ließen diese Vorgeschichte außer Acht und hatten einzig das seit Mai 1981 bestehende unmittelbare Vorgesetztenverhältnis im Auge. Der Hauptmann war so sehr
von der Rechtmäßigkeit seiner Auffassung, privat sei privat, überzeugt, dass er in
den ersten Vernehmungen durch den Wehrdisziplinaranwalt erklärte, er sei nicht
bereit, den Kontakt zu seinem Freund abzubrechen. Als er der scharfen Reaktion des
»Dienstherrn« und der Vorschriftenlage gewahr wurde, erklärte er seine Bereitschaft,
den Kontakt zu Ralf bis zum Ende von dessen Wehrdienstzeit zu unterbrechen, und
gab zudem an, seit dessen Einberufung nicht mehr mit seinem Partner sexuell zu verkehren. Über seinen Anwalt erklärte der Hauptmann sein Einverständnis, zukünftig
nicht mehr als Kompaniechef, sondern anderweitig in einem Stab eingesetzt zu werden: »Obwohl das Herz des Antragstellers als bisheriger Truppenoffizier bei seinen
Soldaten liegt, würde er sich wohl oder übel in eine entsprechende Entscheidung
fügen.«[194]

Es nützte nichts mehr. Die Mühlen der Bundeswehrjustiz hatten bereits angefangen zu mahlen. Im September 1981 wies das Truppendienstgericht Süd in Ulm den
Antrag des Hauptmanns auf Aufhebung der vorläufigen Dienstenthebung und des
Uniformtrageverbots zurück. Der Hauptmann habe »in seiner ersten Vernehmung
das ihm zur Last gelegte Verhalten in vollem Umfang zugegeben und auch noch weni-

[192] BArch, Pers 12/45130: Hauptmann N. an Truppendienstgericht Süd, 25.8.1981.
[193] Ebd.
[194] BArch, Pers 12/45130: Schreiben des Rechtsanwalts an das Truppendienstgericht Süd,
      26.8.1981.

ge Tage später erklärt, dass er das homosexuelle Verhältnis zu dem Panzergrenadier X nicht abbrechen werde«. Nach der ständigen Rechtsprechung der Wehrdienstsenate sei »homosexuelles Verhalten von Vorgesetzten mit Untergebenen ein so schweres Dienstvergehen, dass der Betreffende nicht mehr im Dienst belassen werden kann, sondern entfernt werden muss«.[195]

In der Hauptsache entschied das Truppendienstgericht zwei Monate später. Der Wehrdisziplinaranwalt beantragte die Entfernung des Hauptmanns aus dem Dienstverhältnis. Die Ulmer Truppendienstrichter folgten dem nicht, sondern entschieden auf Dienstgradherabsetzung zum Oberleutnant. Sie hielten es für erwiesen, dass der Soldat ein Jahre zuvor begonnenes homosexuelles Verhältnis zu dem als Zeugen bezeichneten Lebenspartner auch nach dessen Eintritt in die Bundeswehr als Wehrpflichtiger fortgesetzt habe. Die Kammer sah darin einen vorsätzlichen Verstoß gegen die Pflicht zu achtungs- und vertrauenswürdigem Verhalten außer Dienst (§ 17 Abs. 2 Satz 2 SG), mithin ein Dienstvergehen gemäß § 23 Abs. 1 SG, für das der Soldat als Vorgesetzter verschärft hafte (§ 10 Abs. 1 SG).

»Ein Kompaniechef, der mit einem Mannschaftsdienstgrad ein homosexuelles Verhältnis unterhalte, begehe ein schweres Dienstvergehen. Daran hätten auch die veränderte Einstellung von Teilen der Bevölkerung zur Homosexualität und die im Strafrecht auf diesem Gebiet eingetretene Liberalisierung nichts geändert. Gleichgeschlechtliche Betätigungen zwischen Angehörigen der Bundeswehr seien unerträglich. Der Vorgesetzte, der so etwas tue, begebe sich in Abhängigkeit zu seinem Partner, untergrabe seine eigene Autorität und schade der Disziplin in starkem Maße; sein Ansehen leide erheblich, und er biete Angriffsflächen für gegnerische Nachrichtendienste. In der Regel werde dadurch das Vertrauensverhältnis zwischen dem Dienstherrn und dem betreffenden Soldaten restlos zerstört. Den Soldaten belaste hier besonders, dass er die gleichgeschlechtlichen Beziehungen zu dem Zeugen B. auch noch fortgesetzt habe, nachdem dieser in seine Kompanie versetzt, er mithin unmittelbarer Vorgesetzter des Zeugen geworden sei.«[196]

Andererseits sprächen jedoch gewichtige Milderungsgründe zugunsten des Hauptmanns: Dieser habe das Verhältnis nicht erst während dessen Zugehörigkeit zur Bundeswehr begonnen. Ihm sei daher nur der »Vorwurf zu machen, dass er dieses Verhältnis nach dem Eintritt seines Partners in die Bundeswehr nicht umgehend gelöst habe«. Zudem habe der Offizier nie versucht, »mit anderen Angehörigen der Bundeswehr irgendwelche homosexuellen Kontakte aufzunehmen«.

»Im Übrigen habe sich der Soldat tadellos geführt und überdurchschnittliche, gute Beurteilungen erhalten. Da seine Verfehlung darüber hinaus im Bataillon nicht bekannt geworden sei, habe es die Kammer nicht für unerlässlich gehalten, den Soldaten aus dem Dienst zu entfernen. Er habe sich jedoch in seinem Dienstgrad Hauptmann, der mit der Dienststellung eines Kompaniechefs verbunden sei, abqualifiziert, sodass es angemessen erscheine, ihn in den Dienstgrad eines Oberleutnants herabzusetzen.«[197]

Gegen das Urteil legten beide Parteien Berufung ein, die Verteidigung mit dem Ziel des Freispruchs, der Wehrdisziplinaranwalt weiterhin mit dem Ziel der Entfernung aus dem Dienstverhältnis. Die Zukunft des Hauptmanns lag nun in den Händen

195 Ebd., Urteil Truppendienstgericht Süd, 1. Kammer, 22.9.1981.
196 Urteil Truppendienstgericht Süd, 1. Kammer, 17.11.1981, AZ: 1 VL 15/81.
197 Ebd.

der Richter am Bundesverwaltungsgericht. Dessen 2. Wehrdienstsenat sprach den
Hauptmann im Mai 1982 von allen Vorwürfen, ein Dienstvergehen begangen zu
haben, frei.

Formal begründeten die Richter den Freispruch damit, dass die Aussagen beider
Männer, während der Wehrdienstzeit des Jüngeren keinen Sex miteinander gehabt
zu haben, nicht zu widerlegen sei. In allen Vernehmungen und vor Gericht waren
beide Männer standhaft bei dieser Aussage geblieben. Nur eine sexuelle Beziehung
zwischen Vorgesetzten und Untergebenen sei disziplinarrechtlich von Belang, nicht
jedoch eine anderweitige platonische Freundschaft oder Liebe:

>»Die Berufung des Soldaten führte zum Erfolg. Der Senat vermochte letzte Zweifel
daran nicht auszuschließen, dass der Soldat sich des ihm in der Anschuldigungsschrift
vorgeworfenen Pflichtenverstoßes schuldig gemacht hat. Die Anschuldigungsschrift
legt dem Soldaten zur Last, [...] mit dem ihm seit Mai 1981 unmittelbar unterstellten Panzergrenadier X. ein homosexuelles Liebesverhältnis unterhalten zu haben. Da
sie ausdrücklich auf ein homosexuelles Liebesverhältnis, nicht etwa auf ein homoeroti-
sches Verhältnis im Sinne geistig-seelischer Hingabe und Ergänzung abhebt, war, um
zu einer Verurteilung zu gelangen, dem Soldaten nachzuweisen, dass es in dem angeschuldigten Zeitraum zwischen ihm und X. zu sexuellen Handlungen gekommen
ist. Dieser Nachweis ist letztlich nicht gelungen [...] Unter diesen Umständen hatte
der Senat nach dem Grundsatz ›in dubio pro reo‹ von der dem Soldaten günstigsten,
nicht ausschließbaren Tatsachengestaltung auszugehen, dass es zwischen ihm und
dem damaligen Panzergrenadier X. in dem angeschuldigten Zeitraum nicht (mehr) zu
sexuellen Handlungen gekommen ist. Damit hat sich der Soldat nicht im Sinne der
Anschuldigungsschrift eines Dienstvergehens schuldig gemacht, sodass das angefoch-
tene Urteil aufgehoben und der Soldat freigesprochen werden musste. Die auf eine
Maßnahmeverschärfung abzielende Berufung des Wehrdisziplinaranwalts war folglich
zurückzuweisen.«[198]

Zudem verwiesen die Richter in ihrer Urteilsbegründung darauf, der Hauptmann
habe in der Berufungsverhandlung »nicht den Eindruck hinterlassen, sich über
seine Beziehungen zu [... seinem Freund] hinaus kämpferisch für Probleme der
Homosexualität engagieren zu wollen. Den Beurteilungen des Soldaten sind auch
keine Anzeichen für eine bei ihm vorhandene Realitätsferne zu entnehmen.«[199]
Darin lag vermutlich einer der Gründe für den im Vergleich zu zahlreichen anderen
Urteilen erstaunlichen Richterspruch. Neben dem hartnäckigen Leugnen der beiden Männer und dem Grundsatz »Im Zweifel für den Angeklagten« dürfte für die
Richter auch des Hauptmanns klare Absage an jegliche kämpferische Argumentation
für die Rechte Homosexueller ausschlaggebend gewesen sein. Indem er seinen konkreten Fall von der generellen Problematik homosexueller Soldaten explizit ab-
grenzte, öffnete er den Richtern die Möglichkeit, in diesem Einzelfall zugunsten
des Beschuldigten zu entscheiden, ohne dass daraus ein Präzedenzfall wurde. Der
Kampf um Grundsätze, wie ihn so viele andere Offiziere vor ihm und nach ihm
vor Gericht führten, hätte mit großer Wahrscheinlichkeit auch den Hauptmann ins

---

[198] Urteil BVerwG, 2. Wehrdienstsenat, vom 11.5.1982, Az 2 WD 4/82.
[199] Ebd.

Aus befördert. Der Offizier und sein Anwalt fuhren dagegen eine sehr geschickte Verteidigungsstrategie und hatten damit Erfolg.

Bereits eine Woche nach dem Freispruch in zweiter Instanz trat der Hauptmann wieder seinen Dienst an, nicht mehr in seiner alten Kompanie, sondern im Brigadestab. Dort habe jeder seine Geschichte gekannt, er habe aber viel kameradschaftliche Unterstützung erfahren. Seine Arbeit in der G3-Abteilung der Brigade bestand im Vorbereiten von Übungen und Manövern. Es folgte eine ähnliche Verwendung im Divisionsstab.[200] Hinderlich war, dass ihm weiterhin der Sicherheitsbescheid für den Zugang zu als vertraulich oder geheim klassifizierten Unterlagen verwehrt wurde. Auch dagegen wehrte sich der Hauptmann mit einer Klage – ohne Erfolg,[201] was aber seiner Arbeit im Stab nicht sonderlich abträglich war. Bei der Verabschiedung aus der Division erhielt der Hauptmann die Ehrennadel der Division verliehen, allerdings nicht aus den Händen des Divisionskommandeurs, sondern von dessen Stellvertreter: »Sie wissen schon, warum.«[202]

Seine nächste Verwendung war die des Hörsaalleiters an einer Truppenschule. Der Offizier, den Bundeswehrjuristen und Generale fünf Jahre zuvor noch aus den Streitkräften hatten werfen wollen, war nun Vorgesetzter und Ausbilder von jungen Offizieranwärtern. Er blieb es vier Jahre. Die Verantwortung für die Ausbildung künftiger Offiziere gilt als eine der herausragendsten Führungsverwendungen für einen Offizier. Die Personalführung traute dem Hauptmann diese Aufgabe zu und vertraute ihm die jungen Offizieranwärter an, obwohl der jahrelange Rechtsstreit um seine Homosexualität oder vielmehr seine Eignung zum Vorgesetzten dicke Akten füllte. Es folgten Verwendungen als Stellvertretender Bataillonskommandeur, später wurde der Offizier als Oberstleutnant mit der Führung eines Bataillons beauftragt. Alle diese Verwendungen standen im Gegensatz zur Erlasslage, die für homosexuelle Offiziere und Unteroffizieren explizit jedwede Führungsverwendung ausschloss. (Dem Betroffenen war im Übrigen dieser Erlass nicht bekannt, er erfuhr erstmals im Zeitzeugengespräch im Jahr 2018 davon und war umso mehr verwundert, dass ihm diese Führungspositionen übertragen worden waren.) Wieder einmal scheint sich die alte Wahrheit zu bestätigen: keine Regel ohne Ausnahme. Im Fall dieses Offiziers schienen Personalführer und Vorgesetzte in dessen sexueller Orientierung kein Hindernis für die herausgehobene Führungsverwendung gesehen zu haben. Offenbar waren sein Persönlichkeitsbild und seine bisherigen Leistungen voll überzeugend. Der Fall zeigt, dass es letztlich immer auch einen Weg gab, bekannt gewordene Homosexuelle in Führungspositionen und als Ausbilder zu verwenden, wenn im konkreten Fall nichts dagegensprach. Wie viele solcher Entscheidungen, wie viele solcher Karrieren es gab, muss offenbleiben. Diese Fälle zeichnen sich ja gerade dadurch aus, dass sie nicht in Verbindung mit Homosexualität zu Papier gebracht wurden. Für die historische Forschung war es ein Glücksfall, dass dieser Offizier aufgrund der besonderen, für ihn unerfreulichen Umstände Spuren in Gerichtsakten hinterlassen hat, die recherchiert und später auch in einem Zeitzeugeninterview nachvollzogen werden konnten. Der heute pensionierte Oberstleutnant blickt auf

---

[200] Zeitzeugengespräch Oberstleutnant a.D. N., 20.7.2018.
[201] Dazu ausführlich im Kap. V.
[202] Zeitzeugengespräch Oberstleutnant a.D. N., 20.7.2018.

ein »Superberufsleben als Offizier« zurück. An seine Ablösung als Kompaniechef 1981 und die jahrelangen Prozesse erinnert er sich ohne Groll: »Ich bin dem Bund nicht böse. Durch das Geschehene habe ich keine bleibenden Schäden erlitten.«[203]

Die befragten Unteroffiziere und Offiziere berichteten anschaulich und glaubhaft von dem hohen Druck, unter dem sie Jahre oder Jahrzehnte als Homosexuelle bei der Bundeswehr gestanden hatten. Auf der anderen Seite erzählten viele Zeitzeugen aber auch, dass ungeachtet der Vorschriften die Toleranz in der Truppe viel größer war, als es die Vorschriften eigentlich zuließen. Vor allem in den 1990er Jahren dienten nicht wenige Offiziere und Unteroffiziere, deren Homosexualität ein offenes Geheimnis war, als Vorgesetzte auf allen Führungsebenen.

---

[203] Ebd.

III. »Unzucht«?
Männliche Homosexualität im Straf- und Disziplinarrecht

>»Homosexuelles Verhalten im dienstlichen
>Bereich kann nicht geduldet werden.«[1]

Seit 1872[2] stellte der Paragraf 175 des Reichsstrafgesetzbuches »widernatürliche Unzucht, welche zwischen Personen männlichen Geschlechts oder von Menschen mit Tieren begangen wird«, unter Strafe.[3] Das Reichsgericht hatte in seiner Rechtsprechung die Anwendung des »175er« auf den analen Verkehr und auf »beischlafähnliche Handlungen« beschränkt. Weibliche Homosexualität stand zu keinem Zeitpunkt unter Strafe. 1935 erweiterten und verschärften die Nationalsozialisten Reichweite und Strafandrohung der nunmehr zwei Paragrafen drastisch.

1. Der verschärfte § 175 nach 1949 in Westdeutschland

Westdeutschland behielt nach 1949 das verschärfte nationalsozialistische Recht bei, daher dessen Relevanz für diese Studie.

»*§ 175 StGB*
(1) Ein Mann, der mit einem anderen Mann Unzucht treibt oder sich von ihm zur Unzucht missbrauchen lässt, wird mit Gefängnis bestraft.
(2) Bei einem Beteiligten, der zu Zeit der Tat noch nicht einundzwanzig Jahre alt war, kann das Gericht in besonders leichten Fällen von Strafe absehen.
§ 175a StGB
Mit Zuchthaus bis zu zehn Jahren, bei mildernden Umständen mit Gefängnis nicht unter drei Monaten wird bestraft:
1. ein Mann, der einen anderen Mann mit Gewalt oder durch Drohung mit gegenwärtiger Gefahr für Leib oder Leben nötigt, mit ihm Unzucht zu treiben oder sich von ihm zur Unzucht missbrauchen zu lassen;

---

[1] Der Leitsatz findet sich in zahlreichen Disziplinarurteilen, u.a. im Urteil der 8. Kammer des Truppendienstgerichts Mitte vom 8.10.1990, wiedergegeben in BArch, BW 1/531592: BVerwG, 2 WD 5.91: Bundesverwaltungsgericht, 2. Wehrdienstsenat, Urteil vom 30.7.1991.
[2] Das Reichsstrafgesetzbuch trat am 1.1.1872 in Kraft.
[3] <www.deutschestextarchiv.de/book/view/unknown_strafgesetzbuch_1870?p=56> (letzter Zugriff 31.3.2021).

2. ein Mann, der einen anderen Mann unter Missbrauch einer durch ein Dienst-,
   Arbeits- oder Unterordnungsverhältnis begründeten Abhängigkeit bestimmt, mit
   ihm Unzucht zu treiben oder sich von ihm zur Unzucht missbrauchen zu lassen;

3. ein Mann über einundzwanzig Jahre, der eine männliche Person unter einundzwanzig
   Jahren verführt, mit ihm Unzucht zu treiben oder sich von ihm zur Unzucht missbrauchen zu lassen;

4. ein Mann, der gewerbsmäßig mit Männern Unzucht treibt oder von Männern sich
   zur Unzucht missbrauchen lässt oder sich dazu anbietet.«[4]

Es war laut *Spiegel* vom 12. Mai 1969 das einzige während der NS-Zeit verschärfte Gesetz, dass noch 24 Jahre nach Kriegsende in Kraft war.[5] »Für die homosexuelle Minderheit endete der Nationalsozialismus juristisch erst 24 Jahre nach dem
Zusammenbruch des Dritten Reichs«.[6] Neben der Erhöhung der angedrohten
Haftstrafe war entscheidend, dass der Begriff »widernatürliche Unzucht« durch den
viel weiter gefassten Begriff der »Unzucht« ersetzt wurde. Die veränderte Wortwahl
hatte gravierende Folgen: Nunmehr standen nicht mehr nur Analverkehr, sondern
alle sexuellen Handlungen zwischen Männern unter Strafe. Es genügte schon die
Selbstbefriedigung in Gegenwart eines anderen Mannes, ohne diesen zu berühren, ja sogar das bloße Anschauen eines anderen Mannes in »wollüstiger Absicht«:
»Unzucht *mit* einem anderen treibt, wer den Körper des anderen Mannes als Mittel
für die Erregung oder Befriedigung der Geschlechtslust benutzt. Es ist nicht notwendig, dass eine körperliche Berührung stattgefunden hat oder auch nur beabsichtigt
gewesen ist.«[7]

Rund 50 000 Männer wurden zwischen 1949 und 1969 in der Bundesrepublik
Deutschland nach dem § 175 StGB verurteilt. Dem gingen von 1953 bis ein-
schließlich 1965 knapp 100 000 Ermittlungsverfahren voraus.[8] Damals Inhaftierte
berichteten authentisch, wie sie in Polizeigewahrsam und Untersuchungshaft wie
»Schwerkriminelle« behandelt worden seien: »Wir waren Schwerverbrechern wie
Mördern und sonst was gleichgestellt.«[9]

Die Jahrzehnte der frühen Bundesrepublik waren generell eine Zeit der »strikten
Sexualmoral«: Über Sexualität wurde so gut wie nicht öffentlich und oft noch nicht
mal im privaten Kreis gesprochen. Dem damaligen »Verständnis von Sittlichkeit«
entsprach es, dass bei Gerichtsverfahren zur Homosexualität die Öffentlichkeit ausgeschlossen werden konnte und wohl zumeist auch wurde.[10]

---

[4]   Art. 6 des Gesetzes zur Änderung des Strafgesetzbuchs vom 28.6.1935, RGBl. I, S. 839;
      Wortlaut zu finden unter <https://lexetius.com/StGB/175,6> und <https://lexetius.com/
      StGB/175a,2> (letzter Zugriff 31.3.2021). Ausführlich zur Rechtsgeschichte der genannten
      Paragrafen im Nationalsozialismus: Burgi/Wolff, Rechtsgutachten, S. 17–22.
[5]   »Homosexualität: Späte Milde«, S. 57.
[6]   Stümke, Homosexuelle in Deutschland, S. 132.
[7]   Erläuterungen zum Unzuchtsbegriff des § 175 aus dem Jahre 1942 gefunden in: Stümke/
      Finkler, Rosa Winkel, S. 216; auch in Schomers, Coming-out, S. 67.
[8]   Rampp/Johnson/Wilms, »Die seit Jahrzehnten belastende Schmach fällt von mir ab«, S. 1145.
[9]   So der in den 1960er Jahren im hessischen Gelnhausen aufgrund einer Anzeige der Mutter
      seines Ex-Freundes in U-Haft genommene Günter Landschreiber in der Fernseh-Doku Der
      »Schwulen-Paragraph«, gesendet u.a. am 10.10.2019, 23.15 Uhr, im hr-fernsehen.
[10] Bormuth, Ein Mann, S. 53, Zitate ebd.

Insbesondere der Paragraf 175 StGB entsprach der Überzeugung der breiten Mehrheitsgesellschaft. Laut repräsentativer Allensbach-Umfrage sprachen sich im Februar 1969 46 Prozent der Westdeutschen gegen die vorgesehene Entkriminalisierung der Homosexualität unter erwachsenen Männern aus, 36 Prozent waren dafür, 18 Prozent unentschieden.[11] »Gegen die Volksmeinung« und »gegen eines der hartnäckigsten Vorurteile deutscher Bürger«, so *Der Spiegel*, setzten Bundestag und Bundesregierung die Reform des § 175 StGB durch.[12]

1964 veröffentliche *Die Zeit* klare Worte über die Situation der Homosexuellen in der Bundesrepublik: »Dieser Gruppe, den Homosexuellen, macht unsere Gesellschaft das Leben zur Qual. Strafbestimmungen, geboren aus dem Geist verflossener Jahrhunderte, aber schon bei ihrer Niederschrift nicht mehr unbestritten, begünstigen noch heute das trübe Handwerk von Spitzeln, Denunzianten und Erpressern.«[13]

Ziel der Strafverfolgung homosexueller Handlungen war letztlich wohl die »erzwungene Normalisierung« schwuler Männer im Sinne der »Mehrheitssexualität«.[14] »Wie beim Bann gegen die Todesstrafe musste der Gesetzgeber besseres Wissen und höhere Einsicht gegen eines der hartnäckigsten Vorurteile deutscher Bürger durchsetzen«, diagnostizierte *Der Spiegel* 1969 in gewohnter Klarheit: »Parlamentsentscheidung gegen die Volksmeinung«.[15] Der in der Strafrechtsreform qua Amt federführende Bundesjustizminister Horst Ehmke äußerte sich mehr oder weniger öffentlich entschuldigend, die bevorstehende Entkriminalisierung der einfachen Homosexualität bedeute keineswegs eine »Abschwächung des moralischen Moralwerturteils«[16] oder gar deren »moralische Billigung«.[17] Für den konservativen Juristen Walter Becker verstieß »gleichgeschlechtliche Betätigung« auch nach deren strafrechtlicher Freigabe weiterhin »eindeutig gegen das Sittengesetz im Sinne des Grundgesetzes«.[18]

In einer im Jahr 2000 einstimmig verabschiedeten Erklärung bekannte der Deutsche Bundestag, »dass durch die nach 1945 weiter bestehende Strafdrohung homosexuelle Bürger in ihrer Menschenwürde verletzt worden sind«.[19] Bundespräsident Frank-Walter Steinmeier bat im Juni 2018 die Homosexuellen für die während der ersten Jahrzehnte in der Bundesrepublik erlittene Verfolgung und Verurteilung, »für all das geschehene Leid und Unrecht und für das lange Schweigen, das darauf folgte«, um Verzeihung: »Der deutsche Staat hat all diesen Menschen schweres Leid zuge-

---

[11] »Homosexualität: Späte Milde«, S. 55.
[12] Ebd.
[13] Zit. nach Stümke/Finkler, Rosa Winkel, S. 379. Ein guter Überblick zur Situation homosexueller Frauen und Männer in der Bundesrepublik in: Könne, Homosexuelle und die Bundesrepublik Deutschland; auch Wolfert, Homosexuellenpolitik; als Sammelband mit einem breiten Spektrum an Beiträgen: Ohnmacht und Aufbegehren.
[14] So Michael Schwartz in seinem Einführungsvortrag zum Symposium Justiz und Homosexualität, 18./19.12.2017, Justizakademie des Landes NRW Recklinghausen.
[15] »Homosexualität: Späte Milde«, S. 55. Zu den Bundestagsdebatten um »Moral und Sitte« und die strittige Entkriminalisierung homosexueller Handlungen sehr ausführlich Ebner, Religion im Parlament, S. 95–142 und S. 185–210.
[16] Vgl. Schwartz, Entkriminalisierung und Öffentlichkeit, S. 85; auch später in seinem Einführungsvortrag zum Symposium Justiz und Homosexualität, 18./19.12.2017, Justizakademie des Landes NRW Recklinghausen.
[17] Erstmals erwähnt in: Stümke/Finkler, Rosa Winkel, S. 354.
[18] Schwartz, Entkriminalisierung und Öffentlichkeit, S. 85.
[19] Deutscher Bundestag, Bundestagsdrucksache 14/4894, S. 4.

fügt«. Auf Grundlage des Paragrafen 175 seien Menschen »verhaftet, verurteilt und
eingesperrt« worden. »Sie mussten sich weiter verstecken, wurden weiterhin bloßge-
stellt, haben weiterhin ihre wirtschaftliche Existenz riskiert.«[20] Ein Rechtsgutachten
zur Rehabilitierung der nach diesem Paragrafen verurteilten Männer stellte fest: »Für
die Betroffenen bedeutet dies Schädigungen an Freiheit, Leib und Seele und schwerwiegende soziale Belastungen, die vom Verlust von Arbeitsplatz und Wohnung über
die Ausgrenzung in weiten Teilen der Gesellschaft bis hin zum Verlust der bürgerlichen Existenz reichen.«[21] Waren die Verurteilten Soldaten, folgten auf das Strafurteil
die Einleitung des gerichtlichen Disziplinarverfahrens und eine Verurteilung durch
die Truppendienstgerichte. In der Regel wurden die Betroffenen bis Ende der 1960
Jahre aus dem Dienstverhältnis entfernt.

Auf Entfernung aus dem Dienstverhältnis entschieden die Truppendienstrichter
auch im eingangs dieser Studie geschilderten Fall eines Unteroffiziers, der an einem
Samstag im Dezember 1962 auf dem WC der Kasernenkantine beim Sex mit einem
Gefreiten beobachtet worden war. Das Truppendienstgericht verurteilte Unteroffizier
K. im Februar 1964 zur Entfernung aus dem Dienstverhältnis und degradierte ihn
zum Obergefreiten: »Art, Schwere und Auswirkungen der im Rausch begangenen
Handlung [stellen] ein so grobes Dienstvergehen [dar], dass der Beschuldigte für den
Dienst in der Bundeswehr nicht mehr tragbar sei.«[22] Über das weitere Schicksal des
Gefreiten schweigen die Gerichtsakten. Wahrscheinlich wurde er nach den geltenden
Richtlinien ohne Disziplinarverfahren fristlos aus der Bundeswehr entlassen. Dies
war bei Wehrpflichtigen bei Nichteignung problemlos möglich[23] und ebenso bei
Zeitsoldaten innerhalb der ersten vier Dienstjahre. Der Unteroffizier legte Berufung
ein. Der 1. Wehrdienstsenat des Bundesdisziplinarhofs wies diese zurück und strich
dem zwischenzeitlich regulär aus den Streitkräften ausgeschiedenen Soldaten die
Übergangsgelder und die übliche Finanzierung einer beruflichen Fortbildung für
den Start ins zivile Berufsleben. Die Urteilsbegründung des Wehrdienstsenats fiel
deutlich schärfer aus als die der ersten Instanz:

> »Die Unzucht zwischen Männern, die der Beschuldigte [...] und der Gefreite Sch. mit-
> einander getrieben haben, weist denn auch ganz wesentliche Schweremerkmale auf [...]
> Hinzu kommt, dass sich die Tat innerhalb des Kasernenbereichs zugetragen hat, in wel-
> chem der Beschuldigte in jedem Fall Vorgesetzter des Sch. war [...] Das Bild, welches der
> Beschuldigte ihnen dabei als Unteroffizier und Vorgesetzter bot, war denkbar widerwärtig

---

20 »Steinmeier bittet Homosexuelle um Vergebung«; »Steinmeier bittet Lesben und Schwule um
   Vergebung«. Ein Zeitzeuge und als früherer Offizier Betroffener dazu: »Genau so war das!«
   Schreiben Michael Lindner (Hamburg) an den Verfasser, 20.7.2019.
21 Burgi/Wolff, Rechtsgutachten, S. 11.
22 Aus der Urteilsbegründung des Truppendienstgerichts C 1 vom 20.2.1964, zit. in: Bundesdisziplinarhof, 25.8.1964, I WD 69/64. Die Entscheidungen der Wehrdienstsenate am Bundesverwaltungsgericht und zuvor am Bundesdisziplinarhof sind wie nahezu alle Urteile des
   höchsten Verwaltungsgerichts auf der Internetseite <jurion.de> recherchier- und im Wortlaut
   einsehbar (mittlerweile <wolterskluwer-online.de>). Soweit nicht anders angegeben, stützt
   sich die Wiedergabe der Urteile des Bundesverwaltungsgerichts und seiner Wehrdienstsenate
   auf dieses Internetangebot. Dank an Oberstleutnant Michael Peter für den Hinweis auf diese
   Internetseite und die Unterstützung bei der Recherche.
23 Nach dem Wehrpflichtgesetz in der Fassung vom 21.7.1956 konnten Wehrpflichtige wegen
   körperlicher oder geistiger Dienstunfähigkeit entlassen werden (§ 29 Abs. 2 WPflG alter
   Fassung). Dank an Regierungsdirektor Guido Gutzeit für diesen Hinweis.

[...] Der Beschuldigte hat demnach an Autorität, Ansehen und Vertrauen so viel verloren, dass seinem Dienstherren die Fortsetzung des Dienstverhältnisses mit ihm nicht mehr zugemutet werden könnte.«[24]

Soldaten erlitten neben der »zivilen« Verurteilung durch Strafgerichte zusätzlich schwere soziale Belastungen: Verlust ihres Berufes und, wenn sie, wie bei jungen Soldaten damals die Regel, in der Kaserne wohnten, der Unterkunft, und nicht zuletzt ihres oftmals allein auf die Kompanie und Kameraden konzentrierten sozialen Umfeldes. Nach Rückkehr in ihren Heimatort folgte womöglich die Stigmatisierung und Ausgrenzung aus der ländlichen oder kleinstädtischen Gesellschaft, die oftmals beruflich einen Neubeginn an einem anderen Ort nötig machte, wo sie keiner kannte.

2. Der tiefe Fall eines Weltkriegsveteranen

Der § 175 StGB beendete auch die Karriere eines hochdekorierten Weltkriegsteilnehmers, der in der Bundeswehr wieder zu den Sternen gegriffen hatte. Dessen womöglich »goldene« Zukunft endete im April 1958, in einer Nacht von Samstag auf Sonntag gegen ein Uhr auf einem Parkplatz in der Innenstadt von Köln.

Der späteren Anklageschrift der Staatsanwaltschaft Köln ist das folgende Geschehen zu entnehmen: Ein Polizeihauptwachtmeister kam nach eigener Aussage nach Dienstschluss auf dem öffentlichen Parkplatz vorbei und sah dort nur ein einziges Auto stehen. In dem Mercedes brannte Licht, dies kam ihm verdächtig vor. Er sei an das Auto herangetreten und habe mit einer Taschenlampe in das Innere des Wagens geleuchtet: »Die beiden Männer seien offenbar so sehr mit ihrer Tätigkeit beschäftigt gewesen, dass sie das Hineinleuchten seiner Taschenlampe [...] nicht bemerkt hätten [...] Die beiden Männer seien erschrocken und bestürzt gewesen.«[25]

Der Polizeihauptwachtmeister erstattete Strafanzeige. Bereits am Montag nach der schicksalhaften Nacht wurde der Stabsoffizier durch den für seinen Verband zuständigen Wehrdisziplinaranwalt vernommen. Er bestritt vehement »jede gegenseitige unzüchtige Berührung«. Ein Weltkriegskamerad des Betroffenen, später zum Generalleutnant der Bundeswehr aufgestiegen, erinnerte sich genau an den unglücklichen Vorfall:

»Der [Bernd] war schwul. Und er ging nach Köln. Und er ging in ein Lokal, wo sich die Schwulen trafen. Er kommt raus, sitzt mit einem Liebhaber in seinem Auto, und hinten guckt ein Polizist durch die Heckscheibe rein und guckt dem ganzen Spaß zu. Na ja, und da war er dran. Und er fragte mich: Mensch, was mach ich jetzt? Ich riet ihm, sofort [einen ihm bekannten höheren Offizier] zu orientieren [...] Wir holten uns einen Rechtsberater – aber lange Rede, kurzer Sinn: Bernd musste gehen. Er durfte die Basis nicht mehr betreten und bat mich, seine Angelegenheiten zu regeln.«[26]

24 Urteilsbegründung Bundesdisziplinarhof, 25.8.1964, I WD 69/64.
25 BArch, Pers 1/60262: Zeugenaussage des Polizeihauptwachtmeisters, zit. im Urteil des Truppendienstgerichts F, 2. Kammer, Az F 2–Vla 11/59, vom 5.12.1962.
26 Aus dem Transkript des Zeitzeugeninterviews mit dem Generalleutnant a.D., geführt am 13.1.2004 von Dr. Kurz Braatz, mit dessen freundlicher Genehmigung zitiert. Vorname im Zitat vom Verfasser geändert.

Unmittelbar vor Eröffnung des Hauptverfahrens vor dem Amtsgericht beantragte
der Stabsoffizier Ende Juni 1958 seine Entlassung aus den Streitkräften, »weil er sich
den an einen Offizier zu stellenden Anforderungen nicht mehr gewachsen fühle«.
Der Bundespräsident gab dem Antrag mit Wirkung zum August 1958 statt. Der
hochdekorierte Offizier kehrte Deutschland den Rücken, flog (oder floh) ins ferne
Ausland und baute sich dort eine neue Existenz auf, wo man ihn als Kriegsheld
kannte und schätzte, aber eben nicht als »Hundertfünfundsiebziger«.

Im Juli 1958 wurde das Hauptverfahren vor dem Amtsgericht Köln eröffnet.
Der zivile Beschuldigte wurde im März 1959 zu einer Geldstrafe von 300 DM anstelle einer an sich verwirkten Haftstrafe von 30 Tagen Gefängnis verurteilt.[27] Dass
der Mann überhaupt nach § 175 StGB verurteilt werden konnte, war direkte Folge
der Beibehaltung der verschärften nationalsozialistischen Fassung dieses Paragrafen
durch die Bundesrepublik 1949. Diese wurde auch dem Weltkriegshelden zum
Verhängnis. Im Dezember 1958 erließ das Amtsgericht Köln Haftbefehl gegen den
flüchtigen Ex-Offizier. Das Strafverfahren gegen den Beschuldigten wurde letztlich
vorläufig eingestellt, »weil dieser sich durch Auswanderung [...] der Strafverfolgung
entzog«.

Damit hätte diese Angelegenheit für die Streitkräfte wie für die Strafjustiz ihr
Bewenden haben können. Aber der zuständige Wehrdisziplinaranwalt dachte nicht
daran, der Einleitungsbehörde vorzuschlagen, von der Einleitung eines gerichtlichen
Disziplinarverfahrens abzusehen. 1960, zwei Jahre nach dem Vorfall auf dem Parkplatz
in Köln, ließ er über den Konsul der Bundesrepublik im neuen Aufenthaltsland des
nunmehrigen Reserveoffiziers diesem die Anschuldigungsschrift zustellen.

Im Januar 1961 fasste die zuständige Kammer des Truppendienstgerichts den
Beschluss, das disziplinargerichtliche Verfahren einzustellen. Gegen diesen Ein-
stellungsentscheid legte der Wehrdisziplinaranwalt Beschwerde ein. Das Verfahren
wurde im Juli 1962 fortgesetzt, vier Jahre nach dem Zwischenfall. Die 2. Kammer des Truppendienstgerichts F in Stuttgart stellte zunächst fest, dass das Urteil
des Amtsgerichts Köln gegen den anderen Beschuldigten die Kammer nicht binde, da es nicht gegen den früheren Stabsoffizier ergangen sei. Stattdessen schrit-
ten die Disziplinarrichter zur eigenen Beweisaufnahme und luden den anderen
Tatbeteiligten und den Polizeihauptwachtmeister als Zeugen vor. Das Protokoll der
Stuttgarter Verhandlung liest sich im Vergleich zu nahezu allen anderen eingesehenen überlieferten Verhandlungsprotokollen ähnlich gelagerter Fälle erstaunlich.
Auffällig ist das Bemühen der Truppendienstrichter, jeden möglichen Zweifel an der
Schilderung des Tatgeschehens durch den Polizeibeamten zu würdigen und dessen
Erinnerungsvermögen in Frage zu stellen: Es blieben »so viele Zweifel [...], dass der
volle Beweis der gegenseitigen homosexuellen Betätigung als nicht erbracht erscheint.«
Für den Polizeibeamten dürfte dieser Angriff auf seine Glaubwürdigkeit als Zeuge
vor Gericht eine gänzlich ungewohnte, neue Erfahrung gewesen sein. Das während
des gesamten Prozesses vorherrschende Wohlwollen gegenüber dem Beschuldigten
fand sich so in keinem anderen eingesehenen Truppendienstgerichtsverfahren. Es ist
sicher keine wilde Spekulation, anzunehmen, dass die hohen Kriegsauszeichnungen

---

[27] BArch, Pers 1/60262: Amtsgericht Köln, 31 DS 309/58, Urteil vom 9.3.1959.

des Beschuldigten und sein Ansehen als »Kriegsheld« die Truppendienstrichter be-
eindruckten und milde stimmten. In ihrer Würdigung von Pro und Contra kamen
die Disziplinarrichter zu einem Urteil: Da die »vollendete Unzucht unter Männern
nicht voll bewiesen« sei, würde eine Entfernung aus dem Dienst *nicht* infrage kommen, wenn der Beschuldigte, nicht seinen Dienst quittiert hätte. Allenfalls eine
Dienstgradherabsetzung sei angemessen, die der Wehrdisziplinaranwalt auch beantragte, und zwar eine zum Oberleutnant. Die Stuttgarter Truppendienstrichter folgten auch diesem Antrag nicht und ließen in der Begründung deutlich ihre Motivation
für die erstaunliche Milde durchblicken:

> »Der Beschuldigte hat seinen Dienstgrad im Kriege in tapferem, außergewöhnlichem
> Einsatz erworben und verdient. Er hat jahrelang im Luftkrieg sein Leben eingesetzt;
> er ist hoch dekoriert worden. Auch in der Bundeswehr hat er überdurchschnittliche
> Leistungen gezeigt, er hat im Dienst nie versagt, wohl aber immer vorbildlich gewirkt
> [...] Der Beschuldigte lebt im fernen Ausland [...] Wird er aber einberufen, so spricht
> viel dafür, dass es nur im Ernstfalle dazu käme. Für diesen Fall dem Beschuldigten den
> Dienstgrad – ganz oder teilweise – zu nehmen, wäre eine zu harte unangemessene Strafe
> für Tat und Schuld.«[28]

Das Verfahren wurde eingestellt. Der Fall des Stabsoffiziers zeigt, dass der Blick auf
die Restriktionen gegen homosexuelle Soldaten nicht nur auf Urteile der Zivil- und
Wehrdienstgerichte und auf formale Maßnahmen wie Entlassungen beschränkt bleiben darf. Dem ob seiner militärischen Leistungen im Zweiten Weltkrieg weithin
geschätzten ehemaligen Wehrmachtoffizier wurden die Karriere, die berufliche und
zivile Existenz ohne Strafurteil, ohne Urteil des Truppendienstgerichts und ohne
Entlassungsentscheidung zerstört. In Vorwegnahme dieser ihm bevorstehenden
Verfahren quittierte er selbst den Dienst.

3. Die Ahndung einvernehmlicher sexueller Handlungen von Soldaten unter Anwendung des § 175 StGB (bis 1969)

Im Januar 1964 verhandelte der 2. Wehrdienstsenat des Bundesdisziplinarhofs den
Fall eines Stabsunteroffiziers. Das Amtsgericht Husum hatte für den verheirateten
32-jährigen Mann im September 1963 per Strafbefehl wegen »gleichgeschlechtlicher Unzucht, vor allem wechselseitiger Onanie« in mindestens neun Fällen nach
§ 175 StGB eine Geldstrafe festgesetzt. Laut Gericht hatte der Mann in öffentlichen Toiletten Sex mit anderen Männern, wobei es über Formen der gemeinsamen oder gegenseitigen Befriedigung per Hand nicht hinausging. (Dass der Mann
überhaupt nach § 175 StGB verurteilt werden konnte, war wiederum direkte Folge
der Beibehaltung der verschärften nationalsozialistischen Fassung dieses Paragrafen
durch die Bundesrepublik.)

Wieder folgte auf das Amtsgericht das Truppendienstgericht. Es setzte den zwischenzeitlich regulär aus dem Dienst ausgeschiedenen Stabsunteroffizier der Reserve
im Dienstgrad zum Obergefreiten herab. Der Wehrdisziplinaranwalt legte Berufung

---

[28] Ebd.

ein; ihm war das Urteil zu milde. Der Bundesdisziplinarhof verschärfte das Urteil, indem es dem Mann seine Versorgungsansprüche für die geleistete Dienstzeit aberkannte. Der Senat schrieb scharfe Worte gegen den Mann und gegen jegliche homosexuelle Betätigung ins Urteil:

> »Nach der ständigen Rechtsprechung des Senats müssen homosexuelle Verfehlungen eines Soldaten disziplinar streng geahndet werden, weil ein derartiges Verhalten die soldatische Gemeinschaft, die Kameradschaft und die Sauberkeit der Truppe in hohem Maße gefährdet [...] Der Beschuldigte hat sich zwar nicht an Soldaten vergangen, wohl aber sich als Unteroffizier und später Stabsunteroffizier zwei Jahre hindurch mehrfach, zum Teil in Uniform, mit homosexuellen Männern eingelassen und dadurch sein dienstliches Ansehen ebenso wie das Ansehen der Bundeswehr sehr schwer belastet.«[29]

Zugunsten des Beschuldigten werteten die Disziplinarrichter,

> »dass er seine homosexuelle Neigung nach seinen Angaben dadurch erworben hat, dass er in seinem vierzehnten Lebensjahr von einem Marinesoldaten verführt« worden sei. Dieser Umstand lasse »wohl eine mildere Beurteilung des Verhaltens zu, doch hätten die ganzen Umstände ein Verbleiben des Beschuldigten im Dienst, wenn seine Dienstzeit noch nicht abgelaufen wäre, nicht zugelassen.«[30]

Gerade die letztgenannten Wertungen des Gerichts zeigen ein altherkömmliches Bild der Homosexualität, die nicht der Natur des Menschen entspräche, sondern die gleich einer psychischen »Abnormität«, einer Erkrankung, durch Ansteckung von außen ausgelöst werde.

Prägnant sind die im Urteil gewählten Worte von der »Sauberkeit der Truppe«, die der Stabsunteroffizier »in hohem Maße gefährdet« habe. Bewusst oder unbewusst kommt hier die Ansicht zum Vorschein, Homosexualität sei etwas Unsauberes, Schmutziges. Der Topos der »Sauberkeit« fand seinen Niederschlag in zahlreichen Urteilsbegründungen der 1950 und 1960er Jahre. So schrieben die Truppendienstrichter scheinbar nebensächlich, aber auffällig in ein Urteil von 1964, beide Männer »legten sich, ohne sich vorher zu waschen, nebeneinander auf die Liege unter die eine Steppdecke«.[31] Auch beim eingangs geschilderten Fall eines Unteroffiziers, der an einem Samstag im Dezember 1962 auf dem WC der Kasernenkantine beim Sex mit einem Gefreiten beobachtet worden war, schrieben die Disziplinarrichter in ihr Urteil, das Verhalten des Unteroffiziers sei »der Sauberkeit der Truppe, ihrer inneren Ordnung und der Disziplin in hohem Maße abträglich«.[32]

Auch wenn in der damaligen Bewertung vieler, auch vieler Juristen, homosexuelle Handlungen als schmutzig galten, sollten Worte wie »reinigend« und »Sauberkeit der Truppe« nicht speziell oder ausschließlich in Bezug auf homosexuelle Handlungen begriffen werden. Dies wäre eine zu enge Verwendung der Begriffe. Sogenannte reinigende Disziplinarmaßnahmen wurden auch wegen zahlreicher

---

[29] Bundesdisziplinarhof, 2. Wehrdienstsenat, 6.8.1964, Az II WD, 35/64, gefunden auf <jurion.de>.
[30] Ebd.
[31] Urteilsbegründung des Truppendienstgerichts A vom 14.5.1964, zit. in: BVerwG, I (II), WD 129/64: Bundesdisziplinarhof, 2. Wehrdienstsenat, Urteil vom 10.6.1965, gefunden auf <jurion.de>.
[32] Urteilsbegründung BVerwG, 25.8.1964, I WD 69/64.

anderer Dienstvergehen verhängt. Dies war (und ist auch heute noch) gängige Ausdrucksweise von Juristen.

Einen nahezu identischen Fall verhandelte der 2. Wehrdienstsenat im Januar 1965, wiederum gegen einen Stabsunteroffizier: »Ein Mann mit einer solchen Neigung bedeutet eine Gefahr für die soldatische Gemeinschaft, für die Kameradschaft und die Sauberkeit der Truppe. Wäre der Beschuldigte noch im Dienst, müsste er aus dem Dienstverhältnis entfernt werden.«[33] Dem Mann wurde vorgeworfen, 1963 im Zivilleben »in sechs Fällen [...] Unzucht, vor allem wechselseitige Onanie, getrieben« zu haben, wiederum zumeist auf öffentlichen Toiletten. Der Strafbefehl des Amtsgerichts legte wegen Vergehens gegen § 175 StGB in sechs Fällen eine Gefängnisstrafe von einem Monat auf Bewährung fest. Das Truppendienstgericht schloss sich der Feststellung des Amtsgerichts an und verurteilte den Beschuldigten zur Entfernung aus dem Dienstverhältnis.[34] Der Wehrdienstsenat wies die Berufung zurück und verschärfte wie im zuvor geschilderten Fall das Urteil, indem es dem zwischenzeitlich regulär aus den Streitkräften ausgeschiedenen Mann die Ansprüche auf Versorgung für die geleistete Dienstzeit und den Anspruch auf Berufsfördermaßnahmen zum beruflichen Neustart aberkannte.

Auch wenn Vergleiche bekanntlich hinken, so fallen doch erstaunliche Parallelen dieser Truppendienstgerichtsurteile mit Urteilen der Wehrmachtjustiz 20 oder 25 Jahre zuvor auf, wie im Folgenden veranschaulicht werden soll.

4. Kriegsgerichtsurteile 1899 bis 1945 und Parallelen zu Truppendienstgerichtsentscheidungen

»Im Namen des Deutschen Volkes« verurteilte das Feldkriegsgericht der 8. Flakdivision in Bremen am 25. September 1942 einen 21-jährigen Gefreiten »wegen widernatürlicher Unzucht in zwei Fällen« zu drei Wochen verschärften Arrest. Dieses Urteil und dessen Begründung hätten ähnlich 1962 auch von einem Truppendienstgericht der Bundeswehr gefällt werden können. Die Parallelen begannen schon – unabhängig vom verhandelten Fall – bei Formalien und der Arbeitsweise des Gerichts: Ebenso wie in den Truppendienstgerichten saß der Beschuldigte vor drei Richtern, einem Berufsjuristen (1942 im Dienstgrad Kriegsgerichtsrat der Luftwaffe) sowie zwei ehrenamtlichen Beisitzern, einem Offizier und einem Soldaten der Dienstgradgruppe des Beschuldigten (daher 1942 ein Obergefreiter). Für erwiesen hielten es die Richter, dass der Gefreite zwei Jahre zuvor, also im Alter von 19 Jahren, im heimatlichen Westfalen »in 2 Fällen mit einem anderen Manne Unzucht getrieben und sich von ihm zur Unzucht missbrauchen lassen« habe.[35] Bei allen Parallelen gilt es dennoch auf einen signifikanten Unterschied hinzuweisen:

---

33 Ebd.
34 BVerwG, II (I), WD 121/64: Bundesdisziplinarhof, 2. Wehrdienstsenat, Urteil vom 15.1.1965, darin Bezugnahme und Zitat aus dem erstinstanzlichen Urteil des Truppendienstgerichts F vom 30.4.1964, gefunden auf <jurion.de>.
35 Landesarchiv NRW, Bestand Westfalen, Q 222/957–960, Staatsanwaltschaft Bochum, darin Urteil des Feldkriegsgerichts der 8. Flakdivision, K.St.L. 992/1942, vom 29.9.1942. Dank an Frank Ahland für den Hinweis auf diese und nachfolgende Quellen.

Anders als die Kriegsgerichte der Wehrmacht konnten die Truppendienstgerichte keine Strafurteile fällen, sondern ausschließlich Disziplinarmaßnahmen verhängen. Das Feldkriegsgericht der 8. Flakdivision sprach nicht nur eine Disziplinarstrafe aus, sondern anstelle eines (zivilen) Amtsgerichts gleich das Strafurteil. In der Wehrmacht, wie zuvor in der Reichswehr und den älteren deutschen Armeen (und so wie heute noch in vielen Streitkräften der Welt), standen aktive Soldaten ausschließlich vor der Militärgerichtsbarkeit, auch für im Zivilleben oder gar, wie in diesem Fall, vor ihrer Einberufung begangene Taten.

Ähnlich wie die Bundeswehrjuristen unterschieden auch die Juristen der Wehrmacht strikt zwischen Verführten, eigentlich »normal veranlagten« (von Wehrmachtjuristen als »Gelegenheitstäter« bezeichnet) und »Hangtätern« (ebenfalls eine Bezeichnung aus den Wehrmachtakten, die Bundeswehrjuristen bevorzugten den Ausdruck »neigungshomosexuell«). Als ein solcher stand im Januar 1945 ein zur Wehrmacht eingezogener Tänzer aus Düsseldorf vor dem Richter. Die Vollstreckungskammer Paderborn des Feldgerichts des Kommandierenden Generals und Befehlshabers im Luftgau VI verurteilte den Obergefreiten wegen »widernatürlicher Unzucht«, begangen nicht etwa im Dienst, sondern im heimischen Düsseldorf, zu einem Jahr und sechs Monaten Gefängnis: »Der Angeklagte verkehrt in Kreisen Homosexueller. Nach Überzeugung des Kriegsgerichts ist der Angeklagte deshalb als Hangtäter anzusehen.«[36]

Die Quellen überliefern auch den Hinweis auf ein 1899 gegen einen Vizefeldwebel (der Dienstgrad entsprach dem Stabsunteroffizier der Bundeswehr) der 10. Kompanie des Regiments Nr. 56 der preußischen Armee gefälltes Urteil. Er wurde »wegen widernatürlicher Unzucht mit Degradation zum Gemeinen«[37] und sechs Monaten Gefängnis bestraft. Die Strafe saß er im Festungsgefängnis Wesel ab. Als der Verurteilte die Armee verließ, erhielt er weder ein Zeugnis vom Militär noch einen Zivilversorgungsschein, was ihm den Start ins Zivilleben erheblich erschwert haben dürfte. In die gleiche Kerbe schlugen die Richter an den Wehrdienstsenaten, wenn sie Bundeswehrsoldaten die in der Dienstzeit erworbenen Versorgungsansprüche und berufseingliedernde Maßnahmen aberkannten.

Bis zur Neufassung der §§ 175 und 175a StGB wurden von den Vorgesetzten auch Fälle einvernehmlicher sexueller Handlungen von den Dienststellen in aller Regel an die Kriminalpolizei oder an die Staatsanwaltschaften gemeldet. Das mussten beispielsweise ein Major aus dem Bonner Bundesverteidigungsministerium und sein Partner, Herr V., ein Zivilangestellter auf der Hardthöhe, 1965 erfahren. Die Beziehung zwischen beiden Männern hatten dessen Kollegen nach oben gemeldet. Deren Wissen stammte letztlich von Herrn V. selber. Der Angestellte war wohl etwas zu vertrauensselig gegenüber seinen Kollegen gewesen. Die umfangreiche disziplinarische Ermittlungsakte eröffnete der Vermerk vom November 1965: »Die Kollegen beobachteten seit einiger Zeit mit Unbehagen das Verhältnis des 27-jähri-

---

[36] Landesarchiv NRW, Bestand Westfalen, Q 926/11618, Justizvollzugsanstalt Werl, Haftakte Hermann S., 1944–1945. Feldgerichtsurteil des Kommandierenden Generals und Befehlshabers im Luftgau VI, Vollstreckungskammer I K.St. Paderborn, L 173/44, VL 814/44.

[37] Stadtarchiv Witten, Bestand Witten-Alt, 2.25b.300, Akte Robert M.

gen Angestellten V. zu dem 44-jährigen Major S.«[38] Die Ermittlungen nahmen ihren Lauf: Das BMVg gab an die Kriminalpolizei Bonn ab. Deren Verhören hielten die beiden Männer nicht stand. Sie begannen, um für sich eine mildere Strafe zu erreichen, den jeweils anderen zu beschuldigen; nur so konnte die Kripo in Erfahrung bringen, was sich hinter den Schlafzimmertüren ohne weitere Zeugen abgespielt hatte. Letztlich gelangten Ermittler und Gericht zu der Überzeugung, der Major habe den deutlich jüngeren, unerfahrenen und etwas naiven Angestellten verführt, auch wenn die sexuellen Handlungen per se einvernehmlich waren. Das Amtsgericht Bonn verurteilte den Major im Februar 1966 zu der für damalige Verhältnisse hohen Geldstrafe von 2000 DM anstelle einer Gefängnisstrafe von zwei Monaten.[39] Das BMVg legte dem Major nahe, selbst seine Entlassung zu beantragen. Im April 1966 entsprach der Bundespräsident dem »Antrag auf Entlassung aus dem Dienstverhältnis eines Berufssoldaten auf eigenen Wunsch«. Das Ministerium ließ von dem bestraften und vor dem beruflichen Nichts stehenden Mann aber nicht ab: »Nach Rücksprache mit P II 5 soll das disziplinargerichtliche Verfahren gegen S. fortgeführt werden, da schon eingeleitet.«[40] Im Juni 1967 setzte das Truppendienstgericht in Düsseldorf den Major der Reserve im Dienstgrad zum Obergefreiten der Reserve herab.[41]

Durch Meldung der Dienststellen an die Kriminalpolizei fand sich 1965 auch ein Leutnant vor dem Amtsgericht wieder. Er war während einer Wehrübung von einem Hauptgefreiten verführt worden. (Es gab auch Fälle, in denen dienstgradniedere Soldaten ihre Vorgesetzten verführten.) Der Hauptgefreite massierte dem Leutnant nach dem Sport auf dessen Unterkunft die Oberschenkel und berührte dabei die Geschlechtsteile des Offiziers. Dieser zog sich die Turnhose aus. Der Hauptgefreite befriedigte dann den Leutnant mit der Hand:

> »Beide Männer waren geschlechtlich erregt. Als sich [der Hauptgefreite] R. ebenfalls auszog, sich zu dem Beschuldigten [dem Leutnant] ins Bett legte, ihm wieder an das Glied zu greifen suchte und ihn küssen wollte, wies ihn der Beschuldigte aus dem Bett. Der Hauptgefreite R. sträubte sich zunächst und äußerte, dass es eine unvergessliche Nacht werden würde. Als ihm der Beschuldigte [der Leutnant] nunmehr erklärte, er habe eine Einzelkämpferausbildung erhalten und werde Gewalt anwenden, wenn er – [Hauptgefreiter] R. – nicht gehe, verließ dieser das Bett und zog sich an. Er [der Hauptgefreite] verlangte von dem Beschuldigten eine Pistole mit einem Schuss Munition, weil er sich erschießen wolle. Das redete ihm der Beschuldigte aus. Daraufhin äußerte der Hauptgefreite R. den Entschluss, sich selbst anzuzeigen.«[42]

In einer gut zweistündigen Unterhaltung auf seinem Zimmer versuchte der Leutnant, den Hauptgefreiten zu beruhigen. Er machte ihn auf die Folgen aufmerksam, die sich

---

38 BArch, BW 1/12819: BMVg, S II 7, Az 06-26 vom 29.11.1965.
39 Ebd., Strafbefehl Amtsgericht Bonn, 45 Cs 56–57/66 vom 25.2.1966.
40 Ebd., BMVg, handschriftlicher Vermerk vom 26.5.1966 ohne Angabe des erstellenden Referates.
41 Ebd., Der Wehrdisziplinarwalt beim Truppendienstgericht A, 3. Kammer, für den Bereich des Wehrbereichskommandos III, Az 25-01-30-01 1/66 vom 7.7.1967.
42 BVerwG, II WD, 44/66: Bundesdisziplinarhof, 2. Wehrdienstsenat, Urteil vom 12.1.1967, darin Bezugnahme auf das Urteil des Amtsgerichts Ahlen (Westfalen), rechtskräftig am 16.2.1966, und auf das erstinstanzliche Urteil des Truppendienstgerichts E vom 27.7.1966, gefunden auf <jurion.de>.

für sie beide aus einer Anzeige ergeben würden – vergebens. Gegen 5 Uhr morgens
meldete der Hauptgefreite dem diensthabenden Offizier, dass er eine Verfehlung im
Sinne des § 175 StGB begangen habe, und vermerkte dazu, der Leutnant sei Zeuge.

Der Kommandeur der 7. Panzergrenadierdivision in Unna leitete das disziplinargerichtliche Verfahren gegen beide Männer ein und setzte es bis zum rechtskräftigen
Abschluss des sachgleichen Strafverfahrens aus. Der Hauptgefreite wurde schnell gemäß § 55 Abs. 5 SG fristlos aus der Bundeswehr entlassenen.

Das Amtsgericht in Ahlen (Westfalen) verurteilte den Reserveleutnant und
den früheren Hauptgefreiten im Februar 1966 wegen Vergehens gegen § 330a
StGB (Vollrausch) in Verbindung mit § 175 StGB zu je 150 DM Geldstrafe, ersatzweise zu je 15 Tagen Gefängnis. Das Truppendienstgericht E erkannte gegen
den Reserveleutnant in der Hauptverhandlung im Juli 1966 wegen eines Dienstvergehens auf Dienstgradherabsetzung in den niedrigsten Dienstgrad eines Panzer-
grenadiers. Der Offizier legte Berufung ein – und bekam teilweise Recht. Der
2. Wehrdienstsenat des Bundesdisziplinarhofs entschied in nichtöffentlicher Hauptverhandlung im Januar 1967 auf Dienstgradherabsetzung in den Dienstgrad eines
Unteroffiziers der Reserve. Der Offizier sei »bei der unzüchtigen Handlung, die sich
dann aus der angetrunkenen Stimmung ergeben habe, nur der passive Teil gewesen. Er habe intensivere unzüchtige Handlungen abgelehnt, dem Unzuchttreiben
schließlich ein Ende bereitet«. Der Senat schätzte den Vorfall als »einmaliges persönlichkeitsfremdes Versagen eines sonst sittlich gefestigten Mannes« ein.[43] Somit
konnten die Richter ihm den Reservedienstgrad eines Unteroffiziers und mithin
Vorgesetzteneigenschaften belassen.

In einem zweiten, ebenfalls 1967 in Berufungsverhandlung entschiedenen Fall
hatte ein Oberleutnant des aktiven Dienstes Berufung gegen seine Entfernung aus
dem Dienstverhältnis eingelegt. Er war zuvor von einem Jugendschöffengericht wegen »zweier Vergehen der Unzucht zwischen Männern nach § 175 StGB, in einem
Falle fortgesetzt handelnd«, zu zwei Geldstrafen von 350 DM und 140 DM verurteilt
worden. Auf Berufung des Angeklagten wurde durch Beschluss der 1. Strafkammer
des Landgerichts das Verfahren mit Zustimmung der Staatsanwaltschaft auf Kosten
der Landeskasse eingestellt, »da die Schuld des Täters gering sei und kein öffentliches
Interesse an der Verfolgung mehr« bestehe. Der Wehrdisziplinaranwalt hatte dagegen weiterhin dienstliches »Interesse an der Verfolgung«. Dem Oberleutnant wurde neben einer außerdienstlichen homosexuellen Handlung mit Heranwachsenden
im Zeltlager seiner Pfadfindergruppe mehrfache gemeinsame und wechselseitige Onanie mit einem Unteroffizier seines Bataillons vorgeworfen. Das Besondere
dieses scheinbar »klassischen« Falls lag darin, dass sich der Oberleutnant und der
Unteroffizier bereits vor ihrer Bundeswehrzeit aus ebenjenem Pfadfinderstamm
kannten und dort laut Feststellung des Gerichts »gleichgeschlechtliche Unzucht, insbesondere Onanie« beinahe gängige Praxis waren. (»Derartige Handlungen waren
in diesem Stamm nichts Außergewöhnliches.«[44]) Die beiden setzten während ihrer
gemeinsamen Dienstzeit in der Kaserne und daheim gelegentlich fort, was ihnen

---

43 Ebd.
44 BVerwG, II WD, 60/67: Bundesverwaltungsgericht, 2. Wehrdienstsenat, Urteil vom 15.12.1967,
    darin Bezugnahmen auf die Urteile des Jugendschöffengerichts H. vom 1.11.1966, des

aus der Jugendzeit bekannt und vertraut war. Nur standen nun zwischen beiden
die unterschiedlichen Dienstgrade, die Regeln der Vorgesetztenverordnung und die
Erwartungen an das Verhalten eines Offiziers in der Kaserne allgemein und gegenüber Dienstgradniederen im Besonderen. Der Unteroffizier wurde ohne Verfahren
schnell und fristlos nach § 55 Abs. 5 SG entlassen. Im Fall des Oberleutnants
sprach ein Truppendienstgericht die Entfernung aus dem Dienstverhältnis und die
Dienstgradherabsetzung zum niedrigsten Reservedienstgrad aus. Auf Berufung des
Beschuldigten bestätigte die zweite Instanz die Entfernung aus dem Dienstverhältnis,
ihm wurde vom Wehrdienstsenat aber zumindest der Reservedienstgrad eines
Obergefreiten belassen. Schon die Hauptverhandlung vor dem Landgericht habe

> »*nicht* ergeben, dass der Angeklagte unter Missbrauch seiner Stellung als Offizier den
> Unteroffizier bestimmt hat, mit ihm Unzucht zu treiben. Ein Missbrauch des Vorge-
> setztenverhältnisses lag nicht vor [... Unteroffizier] F. war verführt [worden], er hatte
> selbst mit anderen Männern derartige unzüchtige Handlungen vorgenommen, er war
> ein williges Opfer [...] Diese Handlungen waren dem Angeklagten F. bekannt, sie waren
> für ihn nichts Außergewöhnliches, er hat sogar nach seiner eigenen Darstellung daran
> Gefallen gefunden«.[45]

Im aktiven Dienst durfte der Oberleutnant dennoch nicht verbleiben. Auch einvernehmlicher Sex unter Soldaten, in der Kaserne und noch dazu von Vorgesetzten und
Untergeben stellte in mehrfacher Hinsicht ein Dienstvergehen dar. Der Offizier habe
»gegen seine Pflicht zu achtungswürdigem Verhalten (§ 17 Abs. 2 SG[46]), gegen seine
Pflicht zur Kameradschaft (§ 12 SG) und zur Fürsorge (§ 10 Abs. 3 SG) verstoßen,
und zwar unter der verschärften Haftung, der ein Soldat in Vorgesetztenstellung
unterliegt (§ 10 Abs. 1 SG)«.[47]

Im Gegensatz zum Truppendienstgericht sah sich der Senat indessen in der Lage,
einen minder schweren Fall anzunehmen. »Allerdings konnte dem Beschuldigten
kein Dienstgrad belassen werden, der ihm kraft Gesetzes Vorgesetzteneigenschaften
verleiht. Die Belassung des Dienstgrades eines Obergefreiten für das Reserveverhältnis
erschien demnach angemessen.«[48]

Keine mildernden Umstände sahen die Truppendienstrichter in Kiel im Fall eines Obermaats 1968. Auch der Verweis des Verteidigers auf Alkoholkonsum beeindruckte diese Richter nicht. Vielmehr habe sich der Obermaat »gezielt seinem
Untergebenen genähert und [ihn] zu wiederholt homosexuellem Treiben veranlasst«.
Erschwerend werteten die Richter, dass sich die Vorfälle überwiegend im dienstlichen Unterkunftsbereich abspielten. »Art und Schwere« der Verfehlungen ließen »in
ihrer Vielfalt« zudem auf eine »offenbare Neigung« schließen, die den Obermaat für

---

Landgerichts G. vom 23.12.1966 sowie des Truppendienstgerichts B vom 13.6.1967, gefunden auf <jurion.de>.

45 Ebd.

46 § 17 Abs. 2 SG verlangte von jedem Soldaten, sich »auch außer Dienst [und] außerhalb der
    dienstlichen Unterkünfte und Anlagen so zu verhalten, dass er das Ansehen der Bundeswehr
    oder die Achtung und das Vertrauen, die seine dienstliche Stellung erfordert, nicht ernsthaft
    beeinträchtigt.«

47 BVerwG, II WD, 60/67: Bundesverwaltungsgericht, 2. Wehrdienstsenat, Urteil vom 15.12.1967,
    darin Bezugnahmen auf die Urteile des Jugendschöffengerichts H. vom 1.11.1966, des Land-
    gerichts G. vom 23.12.1966 sowie des Truppendienstgerichts B vom 13.6.1967.

48 Ebd.

den weiteren Dienst in der Bundeswehr ungeeignet erscheinen lasse. Beim Verdacht einer homosexuellen Veranlagung kannten die Truppendienstrichter 1968 – anders als im zuvor geschilderten Fall des Stabsunteroffiziers – kein Pardon. Das Kieler Urteil lautete auf Entfernung aus dem Dienstverhältnis und Dienstgradherabsetzung zum Gefreiten der Reserve.[49]

Der 22-jährige Obermaat hatte einen ihm direkt unterstellen Gefreiten im Oktober 1967 nach gemeinsamem abendlichem Biergenuss auf seiner Stube zum Sex verführt, allerdings keineswegs gegen dessen Willen. Die beiden blieben in den folgenden Wochen sexuell aktiv – jeweils mehr oder weniger angetrunken, aber stets einvernehmlich. Im November flogen sie auf, als ein Diensthabender beim nächtlichen Kontrollgang durch die Unterkunftsstuben die beiden zusammen nackt im Bett schlafend vorfand. Am nächsten Tag versuchte der Obermaat, sich durch Öffnen der Pulsader das Leben zu nehmen. Das Landgericht Itzehoe verurteilte ihn wegen »Verbrechen« nach § 174 StGB (sexueller Missbrauch von Schutzbefohlenen) in Tateinheit mit »Verbrechen« nach § 175 und § 175a StGB zu einer Haftstrafe von neun Monaten. Deren Vollstreckung wurde gegen eine Geldbuße von 600 DM zur Bewährung ausgesetzt. Gleich beide Paragrafen kamen zur Anwendung, weil der Beschuldigte als Mann über 21 mit einem Mann unter 21 verkehrt hatte und dieser ihm zudem als sein direkter Untergebener anvertraut war.[50] Gegen dieses Urteil wie auch gegen die Entscheidung des Truppendienstgerichts legte der Beschuldigte keine Rechtsmittel ein. Die Bewährungsstrafe samt Geldbuße und die Entfernung aus dem Dienstverhältnis wurden rechtskräftig.

Die Hamburger Kripo befasste sich 1966 mit einem Obermaat der Marine, den ein Polizist am Neujahrsmorgen um zwei Uhr am Bismarckdenkmal oberhalb des Hafens bei Intimitäten mit einem Offizier eines brasilianischen Handelsschiffs erwischt hatte. Der Polizeimeister gab seine Beobachtungen vor der Kripo und später vor dem Truppendienstgericht mit irritierender Detailliebe zu Protokoll:

»Diese Gegend ist oft von Homosexuellen, die dort ihrem Hang nachgehen, bevölkert. Der Zeuge wurde auf den Beschuldigten und den Brasilianer aufmerksam [...] Er brachte dann zunächst seinen mitgeführten Diensthund in Stellung, während er sich selbst von der entgegengesetzten Seite dem Paar näherte. Auf etwa drei Schritt Entfernung leuchtete er das Paar mit einer mitgeführten Stablampe an und konnte beobachten, wie der Brasilianer den Beschuldigten mit beiden Armen umfasste und ihn auf den Mund küsste. Während dieser Zeit hielt der Beschuldigte mit beiden Händen das erregte, aus der Hose herausragende Glied des Brasilianers umfasst und rieb daran. Auch der Hosenschlitz des Beschuldigten war geöffnet. Beobachtungen, ob auch das Glied des Beschuldigten heraushing oder herausragte, hat der Zeuge nicht gemacht. Der Beschuldigte wie sein Partner ließen sich ohne Widerstand zur nahegelegenen Polizeiwache auf St. Pauli in der Davidstraße abführen.«[51]

Der Obermaat erklärte, er sei auf St. Pauli auf der Suche nach Sex mit einer ihm bekannten Prostituierten gewesen, die er aber nicht angetroffen habe. So sei er in der Silvesternacht durch die Hamburger Kneipen gezogen und habe auf der öffentlichen

49 BArch, Pers 12/45954: Urteil Truppendienstgericht A, 1. Kammer, vom 8.10.1968.
50 Ebd., Urteil Jugendferienkammer des Landgerichts Itzehoe vom 26.7.1968.
51 BArch, Pers 12/45777: Truppendienstgericht A, 1. Kammer, Urteil vom 23.8.1966.

Bedürfnisanstalt am Steintor den Brasilianer getroffen. Diesen wollte er ein Stück des Wegs zurück zu seinem Schiff in Richtung Altona begleiten. Er könne sich nicht erklären, wie sie hoch zum Rondell vor dem Bismarck-Denkmal gelangten und wie es dann zu den sexuellen Handlungen kam. Auf alle Fälle wisse er aber, dass der Brasilianer mit den »Zudringlichkeiten« begonnen habe. Es sei dies das erste Mal gewesen, dass er in Derartiges »verwickelt« worden sei. Er habe sich noch nie »gleich-geschlechtlich betätigt«, sondern mit mehr als vierzig Frauen Sex gehabt.

Der Leitende Oberstaatsanwalt stellte das Ermittlungsverfahren wegen § 175 StGB ein.[52] Die Truppendienstrichter betonten dagegen, dass die Einstellung des Strafverfahrens der »Bestrafung« durch die Bundeswehrjustiz nicht entgegenstehe. (Dabei ließen die Bundeswehrjuristen den sonst stets hochgehaltenen Grundsatz au-ßen vor, dass sie nicht bestrafen, sondern lediglich disziplinar ahnden.) Der Obermaat sei »unter der Enttäuschung [...], das Mädchen nicht getroffen zu haben, dem tätli-chen Werben des Brasilianers erlegen«, er habe sich niemals vorher gleichgeschlecht-lich betätigt und bringe im Dienst sehr gute Leistungen. Auch sei der Sex offen auf dem Rondell vor dem Bismarckdenkmal erfolgt »und nicht etwa in den Gebüschen, wohin sich sonst üblicherweise die Homosexuellen zurückzuziehen pflegen«. Als »bedenklich« sahen die Richter lediglich an, dass sich der Beschuldigte zu »derar-tigem« Sex auf einem öffentlichen Platz eingelassen habe. Dies allein könne aber nicht die Entfernung aus dem Dienstverhältnis begründen. Aus dieser im Vergleich zu anderen Entscheidungen in ähnlichen Fällen zugunsten des Beschuldigten höchst wohlwollenden Abwägung erging ein sehr mildes Urteil: Zurückstufung um eine Dienstaltersstufe und Verzögerung des Wiederaufstiegs in die nächste, also die bis-herige Dienstaltersstufe, um ein weiteres Jahr.[53] Selten, sehr selten ist in den 1960er Jahren ein Unteroffizier oder Feldwebel für bewiesene homosexuelle Handlungen vor der Bundeswehrjustiz so ungeschoren davongekommen. Sein Rechtsanwalt hatte offenbar ausgezeichnete Arbeit geleistet. Zugespitzt: Ruchloser Brasilianer verführt unschuldigen und ahnungslosen deutschen Unteroffizier.

5. Psychiatrische Untersuchungen
auf Homosexualität als Mittel der Urteilsfindung

Psychiatrische Begutachtungen waren in den 1950er und 1960er Jahren auch vor Gerichten eine durchaus übliche Praxis zur Feststellung einer homosexuellen Veran-lagung, so im Fall eines Feldwebels 1967. Dieser hatte sich auf einem öffentlichen Pissoir mit einem ihm unbekannten Mann eingelassen, die Verführung war von dem Unbekannten ausgegangen, als – Zufall oder nicht – ein Polizeibeamter das Pissoir kontrollierte und die beiden »auf frischer Tat« ertappte. Das Amtsgericht Stuttgart auferlegte dem Feldwebel per Strafbefehl wegen Vergehens gemäß § 175 StGB eine Geldstrafe von 150 DM. Das Truppendienstgericht verurteilte den Feldwebel unter gleichzeitiger Dienstgradherabsetzung zum Stabsunteroffizier zur Entfernung aus

---

52 Ebd., Einstellungsverfügung Leitender Oberstaatsanwalt beim Landgericht Hamburg, 4.3.1966.
53 Ebd.

dem Dienstverhältnis. Zum Disziplinarmaß führte das Truppendienstgericht aus, zwar könne dem Feldwebel im Dienst keine gleichgeschlechtliche Handlung nachgewiesen werden, es stehe aber »zu befürchten, er werde auch hier einmal entgleisen, zumal das Vorleben des Beschuldigten zeige, dass ihm sexuelle Abartigkeiten nicht wesensfremd seien«. Das Dienstvergehen des Beschuldigten beruhe auch nicht auf Verführung, sondern auf dessen eigenen Impulsen. »Daher sei das Vertrauen in seine ordnungsgemäße Dienstleistung unwiederbringlich zerstört, da seine Veranlagung auch in nachrichtendienstlicher Hinsicht der Truppe schaden könne«.[54] Der Feldwebel legte Berufung ein. Der 1. Wehrdienstsenat hob das Urteil im Disziplinarmaß auf und setzte den Beschuldigten im Dienstgrad zum Obergefreiten herab. Somit konnte er, wenn auch als Mannschaftsdienstgrad, im aktiven Dienst verbleiben. Basis dieser Bewertung war eine mehrfache psychiatrische Begutachtung, die letzte gar stationär über 13 Tage. Diese bescheinigte dem Feldwebel »eine bei ihm als Teilsymptom einer Neurose hintergründig bestehende, latente homosexuelle Triebneigung«.[55] Dieses Gutachten ermöglichte es dem Wehrdienstsenat, anders als der ersten Instanz, von der Entfernung aus dem Dienstverhältnis abzusehen.

Eine psychiatrische Begutachtung forderte der Wehrdisziplinaranwalt 1968 auch im Fall eines Maats an. Dieser hatte im Februar 1968 während einer Feier im Kameradenkreis einem Obergefreiten »seinen rechten Arm auf die Schulter gelegt, ihn auf den Mund und die Wangen geküsst und ihm die Wangen abgeleckt«. Nicht der so »Beglückte«, sondern andere Kameraden erstatteten Meldung, der Vorgesetzte ermittelte und gab den Vorgang an die Staatsanwaltschaft Flensburg ab. Diese stellte das Ermittlungsverfahren wegen Verdachts eines Vergehens nach § 175 StGB im April mangels Beweisen ein. Zuvor wurde der Maat für zwei Wochen auf der neurologisch-psychiatrischen Abteilung des Bundeswehrkrankenhauses Hamburg »eingehend körperlich untersucht und psychiatrisch sowie psychologisch exploriert«.[56] Dem in den Gerichtsakten zu findenden Schreiben des Arztes an den Rechtsberater sind sogar intime Details zur sexuellen Aktivität als Heranwachsender und später zu entnehmen. Der Bundeswehrpsychologe stellte »recht geringe« Intelligenz, »gewisse Tendenzen im Sinne einer Homoerotik« und »unter Alkoholeinfluss homoerotische Verhaltensweisen« fest, aber keine »homosexuelle Veranlagung«.[57] Im Juli verhandelte das Truppendienstgericht in Kiel. Aufgrund des psychiatrischen Gutachtens stellte es das Verfahren ein.[58]

Psychiatrische Begutachtungen waren auch in den 1970er und vereinzelt noch in den 1980er Jahren gängige Praxis der Truppendienstgerichte zur Feststellung einer homosexuellen Veranlagung – oder auch zu deren Ausschluss, wie im Fall eines Oberstabsarztes 1974. Der Mediziner – sein Dienstgrad entsprach dem eines Majors – war eines Donnerstagsmorgens von einem ihm bekannten anderen Soldaten

54 BVerwG, I WD 33/66: Bundesverwaltungsgericht, 1. Wehrdienstsenat, Urteil vom 20.10.1967, darin Bezugnahmen auf den Strafbefehl des Amtsgerichts Stuttgart vom 29.3.1965 sowie Zitate aus dem Urteil des Truppendienstgerichts D vom 25.4.1966, gefunden auf <jurion.de>.
55 Ebd.
56 BArch, Pers 12/45936: Gutachten der neurologisch-psychiatrischen Abteilung des BwK Hamburg an Rechtsberater WKB Kiel vom 1.4.1968.
57 Ebd.
58 Ebd., Urteil Truppendienstgericht A, 1. Kammer, vom 12.7.1968.

beobachtet worden, auf offener Straße einen »gutaussehenden jungen Mann« (Zitat
aus der Zeugenaussage) umarmt und geküsst zu haben, »auch mit Zungenkuss auf
den Mund; dabei fasste der [Oberstabsarzt] seinen Begleiter über der Hose an den
Geschlechtsteil [sic]«. Der Zeuge meldete das Beobachtete an Vorgesetzte, diese leiteten ein Disziplinarverfahren ein. Teil dessen war eine vierwöchige (!) stationäre
Beobachtung des Oberstabsarztes auf der neurologisch-psychiatrischen Abteilung
eines Bundeswehrkrankenhauses. Das auf dieser Basis erstellte wehrpsychiatrische
Gutachten kam zu dem Schluss, dass »mangels einer nachweisbaren Homosexualität
des [Oberstabsarztes] die Voraussetzungen für eine vorzeitige Zurruhesetzung gemäß § 44 Abs. 3 SG nicht erfüllt seien«. Gutachter war im Übrigen ebenfalls ein
Oberstabsarzt. Dessen Gutachten und der Hinweis des Verteidigers auf vorherigen
Alkoholkonsum seines Mandanten ermöglichten es den Truppendienstrichtern,
in dem beobachteten Vorfall »keinen Ausdruck von Homosexualität, sondern einen bloßen Alkoholexzess« zu sehen, der freilich »den Schein einer homosexuellen Veranlagung verursacht habe«. Die Disziplinarrichter erkannten auf ein Beförderungsverbot von einem Jahr.[59]
    Eine psychiatrische Begutachtung in einem Bundeswehrlazarett musste 1967
auch ein Oberfeldwebel über sich ergehen lassen. Er war zuvor dienstlich nicht aufgefallen, wurde aber im Privaten bei homosexuellen Aktivitäten »ertappt«, zuletzt und
wohl für sein Schicksal ausschlaggebend auf einer öffentlichen Toilette. Mit Akribie
fahndeten die polizeilichen Ermittler nach früheren Vergehen. Sie gruben zahlreiche
homosexuelle »Delikte« aus, die bis zurück ins Jahr 1963 reichten. Das Amtsgericht
verurteilte den Mann wegen Unzucht mit Männern in neun Fällen zu einer
Gesamtstrafe von acht Monaten Gefängnis, die gegen Zahlung einer Geldbuße von
800 DM auf drei Jahre zur Bewährung ausgesetzt wurde. Der Bataillonskommandeur
des Panzerbataillons nahm »sachgleiche« disziplinare Ermittlungen auf und schickte den Oberfeldwebel zwecks »gutachtlicher Äußerung« auf die neurologisch-
psychiatrische Abteilung eines Bundeswehrlazaretts. Die Ärzte befanden ihn »wegen
einer Leistungsfunktionsstörung für dauernd verwendungsunfähig«. Die Stammdienststelle des Heeres versetzte den Oberfeldwebel wegen Dienstunfähigkeit nach
§ 44 Abs. 3 Satz 1 SG in den Ruhestand. Damit war der Fall für die Truppe »erledigt«, nicht aber für den Wehrdisziplinaranwalt und die Truppendienstrichter.
Diese erkannten 1968 wegen Dienstvergehens auf Aberkennung des Ruhegehalts.[60]
Im Klartext: Die bundeswehreigene Justiz strich dem in den Ruhestand versetzten
Oberfeldwebel die materielle Basis seines erzwungenen Ruhestands. Sein Anwalt
ging in Berufung: Die homosexuelle Veranlagung seines Mandanten sei »durch einen
Verwaltungsakt, die Versetzung in den Ruhestand, als Krankheit anerkannt worden«.
Hieran sei auch das Disziplinargericht gebunden. Die Richter des Wehrdienstsenats
wiesen diese Begründung zurück. Die Zurruhesetzung des Beschuldigten sei wegen

59 Urteil der 12. Kammer des Truppendienstgerichts Nord vom 16.9.1975, erwähnt in BVerwG,
    II WD, 57/75: Bundesverwaltungsgericht, 2. Wehrdienstsenat, Urteil vom 29.4.1976, gefun-
    den auf <jurion.de>.
60 BVerwG, II WD, 59/68: Bundesverwaltungsgericht, 2. Wehrdienstsenat, Urteil vom 10.6.1969,
    darin Bezugnahme auf das Urteil des Amtsgerichts Rheine vom 25.7.1967 und des
    Truppendienstgerichts vom 24.7.1968, <jurion.de>; auch im Folgenden.

der »aus seiner Veranlagung hergeleitete[n] Dienstunfähigkeit« erfolgt. Hingegen: »Grund für die disziplinare Bestrafung ist [...] nicht die gleichgeschlechtliche Veranlagung eines Soldaten, sondern ihre Betätigung«. Auch den Vorwurf der verbotenen Doppelbestrafung ließen die Richter des Bundesverwaltungsgerichts nicht gelten: Laufbahnstrafen würden nicht aufgrund der allgemeinen Strafgesetze verhängt, »sondern sind typische Disziplinarstrafen, die dem Disziplinarwesen und nicht dem Strafrecht zuzurechnen sind«.

Genau genommen waren Disziplinarstrafen de jure keine Strafen. Bundeswehrjuristen legen Wert auf die korrekte Bezeichnung »Disziplinarmaßnahme«.[61] Einer Disziplinarstrafe nach einer Verurteilung durch ein Amts- oder Landgericht stünde das rechtsstaatliche Verbot der Doppelbestrafung entgegen.

Allein durch die bloße Existenz und die Strafandrohung des § 175 StGB wurden gleichgeschlechtlich empfindende Männer in der Bundesrepublik in der Regel an einem ihrer Natur entsprechenden Leben gehindert, in ihrer Sexualität und ihrer Liebe gehemmt. Sie empfanden sich als gesellschaftliche Außenseiter einer ihnen feindlich entgegenstehenden Mehrheitsgesellschaft und von Staat und Justiz verfolgt.

In einem seltenen Extremfall schlugen drei Homosexuelle aus Rheinland-Pfalz, darunter ein Wehrpflichtiger, den radikalsten Weg der Abkehr von der Gesellschaft und ihren Normen ein und verübten 1969 einen Mord an vier unschuldigen Wachsoldaten in einem saarländischen Munitionsdepot. Der Fall erregte seinerzeit große öffentliche Aufmerksamkeit – nicht zuletzt stand die Homosexualität der Täter im Mittelpunkt des medialen Interesses.

6. Exkurs: Der Mord an vier Soldaten 1969

20. Januar 1969, nachts um 3 Uhr: Die wachhabenden Soldaten im Munitionslager des Fallschirmjägerbataillons im saarländischen Lebach wurden von dem heimtückischen Überfall auf ihr Wachlokal inmitten der ruhigen Nacht überrascht: Der Gefreite Dieter Horn, der Obergefreite Arno Bales und der Unteroffizier Erwin Poth wurden noch im Schlaf erschossen, der schwer verwundete Gefreite Ewald Marx erlag später seiner Verletzung. Ein weiterer Soldat überlebte schwer verwundet. Die beiden Täter entwendeten drei G3, zwei P1 sowie 1000 Schuss Munition. MAD, Polizei und Staatsanwaltschaft gingen bei ihren Ermittlungen zunächst von einem vermutlich politisch, d.h. linksradikal motivierten Überfall auf die Bundeswehr aus. Sie verdächtigten die damals sehr aktive Außerparlamentarische Opposition (APO) oder eine mögliche kommunistische Untergrundgruppe, die sich für einen Guerillakampf im Fall eines eventuellen Krieges mit dem Ostblock zu bewaffnen suchte. Der MAD hatte in seiner Analyse der möglichen Hintergründe sogar erwogen, dass Sympathisanten der Bundeswehr oder gar Angehörige der Streitkräfte mit dem Überfall auf gravierende Sicherheitslücken in der Bewachung aufmerksam machen wollten, dieses Erklärungsmuster aber als äußerst unwahrscheinlich verworfen

---

[61] Gerichtliche Disziplinarmaßnahmen, so die heutige Diktion (vgl. § 58 WDO), wurden in der alten Fassung der WDO als »Disziplinarstrafen« bezeichnet.

und sich auf den besagten linksradikalen politischen Hintergrund konzentriert. Der Fall wurde aber nicht vom MAD, sondern durch die ZDF-Sendung »Aktenzeichen XY ... ungelöst« und durch eine von den Tätern zuvor erpresste Wahrsagerin aus Remagen aufgeklärt.[62] Das Motiv überraschte Polizei wie MAD: Ein bis Dezember 1968 beim Fallschirmjägerbataillon 261 in Lebach als Wehrpflichtiger dienender junger Mann und sein Freund hatten den Überfall auf das dem Wehrpflichtigen gut bekannte Munitionslager geplant, um sich Waffen und Munition für Banküberfälle zu beschaffen. Dazu hatte der Wehrpflichtige bei einer Übung in Baumholder eine P38 gestohlen, sein Freund hatte als Justizsekretär eine weitere Pistole aus der Asservatenkammer des Amtsgerichts Landau entwendet. An der Planung des Überfalls beteiligt war zudem ein weiterer Freund, der zur Tatzeit seinen Wehrdienst im Bundeswehrkrankenhaus Koblenz ableistete. Das Motiv war der Wunsch der drei homosexuellen Freunde, ein gemeinsames Leben außerhalb der von ihnen als feindselig empfundenen deutschen Gesellschaft in Südamerika oder der Südsee zu finanzieren.[63] In der medialen Aufmerksamkeit für den Prozess vor dem Landgericht Saarbrücken im Sommer 1970 fand die sexuelle Orientierung der drei Angeklagten stets besondere Beachtung. Im *Spiegel* legte Prozessbeobachter Gerhard Mauz dem Landgerichtspräsidenten fiktive Worte des Verständnisses für die spezifische Problematik einer noch bis ins Vorjahr vom Strafrecht verfolgten Minderheit in den Mund:

»Herr Fuchs, könnte Herr Tholl sagen, mit Ditz und vor allem mit Wenzel haben Sie Neigungen verbunden, die man homosexuell zu nennen pflegt. Gegen diese Neigungen besteht ein Vorurteil. ›Abartig‹ nennt man sie, auch heute noch [...] Wir könnten den Weg erkennen, auf dem sie miteinander dazu gekommen sind, sich gegen eine Welt zusammenzuschließen, von der sie sich barbarisch ausgeschlossen und unwiderruflich verurteilt fühlten.«[64]

Das im August 1970 gesprochene Urteil des Landgerichts Saarbrücken lautete zweimal lebenslang wegen Mordes für die beiden Täter und sechs Jahre Haft für den Koblenzer Wehrpflichtigen wegen Beihilfe zum Mord. »Lebenslang« bedeutete für einen der beiden Haupttäter entsprechend der gängigen Praxis die Haftentlassung 1993 nach 23 Jahren. Der zweite Haupttäter, mittlerweile (2018) 75-jährig, lehnt es seit 30 Jahren ab, einen Prüfantrag auf Haftentlassung zu stellen, und sitzt weiterhin in Haft.[65] Diese erschreckende, sinnlose Tat war und ist nicht durch die damalige Verfolgung der Homosexualität zu rechtfertigen; die gleichgeschlechtliche Orientierung der Täter, ihr Dienst in der Bundeswehr und die Wirkmächtigkeit des Paragrafen 175 StGB standen dennoch im Brennpunkt des medialen Interesses.

---

[62] Gegenüber der Frau benutzte einer der Erpresser das gleiche Pseudonym wie später in den Bekennerschreiben zum Überfall in Lebach. Die Wahrsagerin hatte sich damals das Autokennzeichen des Erpressers notiert. Als sie den ihr erinnerlichen Namen im Fernsehen hörte und sah, informierte sie die Polizei. Das Autokennzeichen führte schnell zum Täter. Vgl. dazu die Fernsehdokumentation »Der Soldatenmord. Die Schüsse von Lebach« in der Reihe «Die großen Kriminalfälle«, Erstausstrahlung am 6.2.2001 in der ARD.

[63] Storkmann, 20. Januar 1969.

[64] Mauz, Warum so und später anders ...?

[65] Meyer, Lebacher Soldaten-Morde.

7. »Lex Bundeswehr«? Das BMVg in der Debatte um die Entkriminalisierung männlicher Homosexualität 1969

1969 wurden auch in Westdeutschland einvernehmliche sexuelle Handlungen zwischen volljährigen Männern (damals ab dem Alter von 21) straffrei gestellt. Juristen sprachen in Abgrenzung von den weiterhin strafbewehrten schweren Fällen von »einfacher Homosexualität«:

> »§ 175 StGB Unzucht zwischen Männern
> (1) Mit Freiheitsstrafe bis zu fünf Jahren wird bestraft:
>   1. ein Mann über achtzehn Jahre, der mit einem anderen Mann unter einundzwanzig Jahren Unzucht treibt oder sich von ihm zur Unzucht missbrauchen lässt,
>   2. ein Mann, der einen anderen Mann unter Missbrauch einer durch ein Dienst-, Arbeits- oder Unterordnungsverhältnis begründeten Abhängigkeit bestimmt, mit ihm Unzucht zu treiben oder sich von ihm zur Unzucht missbrauchen zu lassen,
>   3. ein Mann, der gewerbsmäßig mit Männern Unzucht treibt oder von Männern sich zur Unzucht missbrauchen lässt oder sich dazu anbietet.
> (2) In den Fällen des Absatzes 1 Nr. 2 ist der Versuch strafbar.
> (3) Bei einem Beteiligten, der zur Zeit der Tat noch nicht 21 Jahre alt war, kann das Gericht von Strafe absehen.«[66]

Die Strafrechtsreform betraf bei Weitem nicht nur den § 175 StGB, sondern unter anderem auch die bisherige Strafbarkeit von Ehebruch und »Kuppelei im Sinne des Partnertauschs«.[67] Öffentlich und auch hinter verschlossenen Türen wurde aber besonders über die Zukunft des »Homosexuellen-Paragrafen« gestritten. Hinter verschlossenen Türen hatten konservative Juristen und Politiker versucht, das in ihren Befürchtungen Schlimmste für die Bundeswehr abzuwenden. Das »Schlimmste« für Disziplin und Ordnung in den Streitkräften war demnach, wenn nun Männer ab 21 straffrei miteinander sexuell verkehren konnten – auch in einem engen Verband oder einer Gruppe, wie eben bei der Bundeswehr und dem Bundesgrenzschutz (BGS). Diese Problematik sei im Sonderausschuss des Bundestages und in der Großen Strafrechtskommission »eingehend erörtert« worden. Juristen des Verteidigungsministeriums spielten hinter den Kulissen eine gewichtige Rolle. Die Vertreter einer konservativen Linie (hier trifft der Begriff konservativ im doppelten Sinne zu, nicht nur als parteipolitische Strömung, sondern auch im Allgemeinen an traditionellen Werten und überlieferten gesellschaftlichen Strukturen festhaltend) setzten schon 1958 im Vorgriff auf die absehbare Reform des wackelnden § 175 StGB auf einen neuen Paragrafen, der Bundeswehr und Bundesgrenzschutz vor der »Freigabe« des Männersex' schützen sollte. Der neue § 222 StGB sollte im zweiten Absatz lauten: »Ebenso werden Männer bestraft, die in einem Verband oder eine Gruppe zusammenleben und miteinander Unzucht treiben«[68] – eine Lex Bundeswehr und

---

[66] Burgi/Wolff, Rechtsgutachten; Wortlaut seit 1.4.1970. Zuvor, in der Fassung vom 1.9.1969, stand statt »Freiheitsstrafe« das Wort »Gefängnis«.
[67] BArch, BW 1/187212: Rechtsausschuss des Bundestages, Beschlüsse der strafrechtlichen Abteilung, 19.9.1968.
[68] Schwalm, Die Streichung des Grundtatbestands, S. 85.

BGS. Der § 222 StGB wurde nicht eingeführt, aber er »wäre entschieden besser gewesen«, beklagte 1970 ein Jurist in der *Neuen Zeitschrift für Wehrrecht*.[69]

Beim Blick hinter die Kulissen des Unterausschusses des Bundestagsrechtsausschusses (im Folgenden vereinfacht wie in den Quellen: Strafrechtsausschuss) wird deutlich: Das besondere »Schutzalter« (21) gründete auf der Rücksichtnahme auf die Bundeswehr, die »eine Beeinträchtigung der militärischen Ordnung und im Ergebnis eine Verminderung der Schlagkraft der Bundeswehr«[70] befürchtete. Die Quellen zeigen, wie sehr das BMVg auf Sonderregelungen für die Streitkräfte drang. Genaugenommen waren es die dortige militärische Führung und ganz konkret Generalinspekteur General Ulrich de Maizière, die sich vehement für die Beibehaltung der Strafbarkeit homosexueller Handlungen von Soldaten aussprachen. Sie wollten damit nichts anders als eine »Lex Soldaten«, auch wenn es nicht so aussehen sollte.

»Trotz gewisser strafrechtsdogmatischer Bedenken« willigte der mit der Frage beauftragte Jurist des BMVg ein, die Forderung nach einer Sonderregelung für Soldaten im Ausschuss zu vertreten. Im Juristendeutsch hieß es nicht Sonderregelung, sondern »erweiterter Strafrechtsschutz für Soldaten«. Das BMVg forderte konkret die Aufrechterhaltung des »Strafrechtsschutzes« gegenüber unter 21-Jährigen, gegenüber Untergebenen und innerhalb umschlossener militärischer Anlagen.[71] Das Bundesjustizministerium lehnte den Vorschlag als »zu weitgehend« ab, erklärte sich aber bereit, ihn zu akzeptieren, falls der BMVg-Jurist den Strafrechtsausschuss des Bundestages überzeugen würde. So lag die Entscheidung in den Händen der Parlamentarierinnen und Parlamentarier und damit dort, wo sie hingehörte: beim Gesetzgeber. Der 16. Januar 1969 war der entscheidende Tag. Kurz vor der Sitzung trat ein Brigadegeneral an den BMVg-Juristen heran: Er müsse nach Rücksprache mit dem Generalinspekteur einen noch umfassenderen »Strafrechtsschutz« für Soldaten fordern. General de Maizière verlangte nun, dass »*jede* homosexuelle Betätigung eines Soldaten, wann, wo und wem gegenüber, immer strafbar sein müsse«. Aber daraus, so die Auflage de Maizières wörtlich, dürfe keine »Lex Bundeswehr« entstehen. Das eine war aber ohne das andere nicht zu haben. Auch der BMVg-Jurist nannte dies eine »praktisch unerfüllbare Forderung«, die auf eine Beibehaltung des § 175 StGB hinauslaufe, zu dessen Streichung der Ausschuss aber »fest entschlossen sei (einstimmig!)«.

Auch der damals für alle nichtmilitärischen Abteilungen des BMVg zuständige Hauptabteilungsleiter III beklagte in seinem Vermerk die »sehr viel weitergehenden« Forderungen des Generalinspekteurs unmittelbar vor Sitzungsbeginn des Ausschusses. Er und seine Rechtsabteilung seien darüber vorab nicht unterrichtet worden.[72] In der Vormittagssitzung stellte der Jurist dem Ausschuss die Formulierung eines neuen § 175 StGB nach den bisherigen, oben bereits genannten Vorstellungen des BMVg vor. Die Parlamentarier zeigten sich dafür laut Bericht »durchaus aufgeschlossen«.[73]

---

69 Ebd.
70 Burgi/Wolff, Rechtsgutachten, S. 33. Auf die politische und juristische Debatte in den 1960er und 1970er Jahren um die 1969 beschlossene Reform des § 175 StGB und deren Auswirkungen auf die Streitkräfte blickt auch Brühöfener, Contested Maculinities.
71 BArch, BW 1/187212: BMVg, VR II 7, 17.1.1969, auch im Folgenden (Hervorhebung im Original).
72 BArch, BW 1/187212: BMVg, Hauptabteilungsleiter III, 17.1.1969.
73 Ebd., BMVg, VR II 7, 17.1.1969.

In der Mittagspause formulierte der Jurist dann einen neuen Entwurf für einen
§ 175a mit den viel weitergehenden Forderungen des Generalinspekteurs:
  »Mit Freiheitsstrafe bis zu drei Jahren wird bestraft, wer
  1. als Soldat der Bundeswehr,
  2. als Vollzugsbeamter des Bundesgrenzschutzes oder der Bereitschaftspolizei oder
  3. als Angehöriger des Zivilschutzkorps oder des Ersatzdienstes mit einem anderen
     Manne Unzucht treibt oder sich zur Unzucht missbrauchen lässt, soweit die Tat nicht
     nach § 175 strafbar ist.«[74]
Auf dem Papier findet sich der handschriftliche Vermerk: »Erarbeitet aufgrund
der mil. Forderung, entspricht der engl. und Schweizer Lösung.« Vermutlich war
die hier erstmals zu findende Aufnahme der BGS-, Bereitschaftspolizei- und Zivil-
schutzkorpsbeamten der Versuch, den Eindruck eines Sonderstrafrechts für Soldaten
zu verwischen. Die Wirkung des neuen Vorschlags ging dahin, »dass die am
Vormittag erkennbare Bereitschaft des Ausschusses, den Belangen der Bundeswehr
entgegenzukommen, etwas gedämpft ist.«[75] Das war noch geschönt. Mit seiner Ma-
ximalforderung hatte de Maizière auch die Chancen des alten moderateren Vorschlags seines Hauses minimiert. Der Strafrechtsausschuss stand nun jeglichem
Ausnahmestrafrecht für Soldaten skeptisch gegenüber.
  Die Maximalforderungen gingen, bildlich gesprochen, nach »hinten los«. Da
die »militärische Seite« an ihrem Maximum festhalten wollte,[76] entschied Minister
Schröder (CDU) gegen die Militärs. Er beauftragte die Juristen seines Hauses, nur
noch die ursprüngliche moderate Forderung zu vertreten. Zwei Tatbestandsmerkmale
sollten »unbedingt« durchgesetzt werden: »a) aktiver und passiver Täter müssen beide Soldat sein; b) die Tat muss sachlich oder räumlich eine Beziehung zum militärischen Dienst haben.«[77] Damit war die Forderung de Maizières, *jede* homosexuelle
Betätigung eines Soldaten, auch mit Zivilpersonen, müsse strafbar sein, vom Tisch.
  Am Ende zogen die Juristen des Verteidigungsministeriums in diesem Ringen
hinter den Kulissen den Kürzeren. Sie konnten selbst die letzte Verteidigungslinie
der »sachlichen oder räumlichen Beziehung zum militärischen Dienst« nicht halten.
Doch konnte das BMVg die Beibehaltung des Verbots homosexueller Handlungen
für unter 21-Jährige als Minimalerfolg verbuchen. Diese Altersgrenze wurde nicht
zuletzt mit Rücksicht auf die Interessen der Bundeswehr festgesetzt. Die weiterhin
unter Strafandrohung stehende Altersgruppe war die der wehrpflichtigen Männer.
Tatsächlich führte die Altersgrenze »zu dem sachlich nicht gerechtfertigten Ergebnis,
dass gleichaltrige Männer, die ein homosexuellen Verhältnis unterhalten, bis zu ihrem 18. Lebensjahr straffrei sind, sich zwischen 18 und 21 strafbar machen und danach wieder straffrei sind.«[78]

---

74 BArch, BW 1/187212, Bl. 49: BMVg, VR II 7, Formulierungsvorschlag Lösung Nr. 1, un-
    datiert; auch im Folgenden. Im Entwurf stand »Zuchthausstrafe«, später wurde daraus hand-
    schriftlich »Freiheitsstrafe«.
75 Ebd., BMVg, VR II 7, 17.1.1969.
76 Ebd., BMVg, Hauptabteilungsleiter III, 17.1.1969.
77 BArch, BW 1/187212: BMVg, Ministerbüro, 17.1.1969 (mit handschriftlichen Vermerken
    von Verteidigungsminister Schröder), ebenso: VR II 7, 22.1.1969.
78 BArch, BM 1/6727, Bundesrat: Antrag des Landes Baden-Württemberg für die Sitzung des
    Bundesrats am 23.10.1970. Die Landesregierung in Stuttgart brachte mit dieser Begründ-

In Fachkreisen, wie der *Neuen Zeitschrift für Wehrrecht*, zerpflückten Juristen die Reform des § 175 StGB (»kein Meisterstück des Gesetzgebers«) und analysierten die Auswirkungen für die Streitkräfte. Dass die Bundeswehr diese Altersgrenzen wünschte, ändere nichts an der »Unausgeglichenheit der neuen Regelung«.[79] Doch liefe der oft geäußerte Vorwurf einer »Lex Bundeswehr« ins Leere, da es eben keine Sonderregelung für Gemeinschaften und Gruppen gäbe und die Altersgrenzen sowie die besonders geschützten Dienst-, Arbeits- und Unterordnungsverhältnisse nicht nur für die Streitkräfte, sondern allgemein galten.[80] Also keine »Lex Bundewehr«? Im Gesetzestext nicht, in dessen Intention aber durchaus.

Hinweise, dass die 1969 eingeführte besondere Altersgrenze 21 auf die Forderung der Bundeswehr zurückging, finden sich auch im internen Schriftverkehr des BMVg 1970. So äußerte sich der Führungsstab der Luftwaffe sehr zufrieden,

> »dass durch die Neufassung der gesetzlichen Vorschrift die Heranwachsenden und die durch ein Dienst- und Unterordnungsverhältnis Abhängigen weiterhin vor homosexuellen Angriffen geschützt werden. Damit ist insbesondere eine berechtigte Forderung der Bundeswehr berücksichtigt worden, die aufgrund der Eigenart des soldatischen Lebens gestellt wurde. Die Besonderheiten im militärischen Bereich haben sich in dieser Beziehung gegenüber früher nicht geändert. Der strafrechtliche Schutz ist deshalb weiterhin erforderlich. Er kann meines Erachtens nicht durch statusrechtliche oder disziplinare Maßnahmen ersetzt werden, zumal sie in ihren Auswirkungen nicht so umfassend sind wie eine gesetzliche Regelung.«[81]

Die Neuregelung des Sexualstrafrechts konnte das BMVg 1969 nicht verhindern. Doch so wie hier die Führung der Luftwaffe zeigte es sich zufrieden, wenigsten die 18- bis 21-jährigen Wehrdienstleistenden weiterhin durch das Strafrecht vor »homosexuellen Angriffen« geschützt zu sehen und sie zugleich – für den Fall eigener Begehren untereinander – unter dem Druck eben jenes Strafrechts zu wissen.

Wie sollten die Streitkräfte die neue Liberalität des Strafrechts in ihren Reihen umsetzen? Eine Militärstrafgerichtsbarkeit gab es in Westdeutschland nach 1945 nicht, mit gutem Grund.[82] Dass das neue liberale Sexualstrafrecht Folgen auch für Disziplinarmaßnahmen haben würde, erkannten die BMVg-Juristen schon vor der Reform: Ein Verhalten, dass nicht mehr strafbar sein werde, verliere auch als Dienstvergehen an »Gewicht«. Es werde Fälle geben, die »überhaupt nicht mehr« als Dienstvergehen angesehen werden können. Die Abschaffung der Strafbarkeit der

---

ihren Antrag in den Bundesrat ein, im § 175 Abs. 1 Nr. 1 das Wort »einundzwanzig« durch das Wort »achtzehn« zu ersetzen.

[79] Schwalm, Die Streichung des Grundtatbestands, S. 83, auch im Folgenden.

[80] Ebd. Schwalm prägte in seinem Aufsatz 1970 den Begriff »Lex Bundeswehr« für den § 175 StGB neuer Fassung. Wie bereits zitiert, hatte Generalinspekteur de Maizière diesen Begriff bereits im Januar 1969 verwendet – allerdings nur in einem internen Papier (BArch, BW 1/187212: BMVg, VR II 7, 17.1.1969). Ob Schwalm das bekannt war, ist fraglich. Es ist daher wahrscheinlich, dass er diesen Begriff aus eigenen Gedanken heraus kreiert hat, was nahelag. Er wurde in der Folge immer wieder aufgegriffen, so in Brühöfener, Contested Maculinities, S. 303.

[81] BArch, BM 1/6727: BMVg, FüL II 6, 7.10.1970.

[82] Es existiert in der Bundesrepublik aber das 1957 eingeführte Wehrstrafgesetz. Dieses Gesetz gilt für Straftaten, die Soldaten der Bundeswehr begehen.

einfachen Homosexualität werde für die Rechtspflege der Bundeswehr »erhebliche Probleme« bringen, warnten die Juristen schon 1968.[83]

1973 musste dann doch, bedingt durch die generelle Herabsenkung des Volljährigkeitsalters, die Altersgrenze auf 18 abgesenkt werden.

8. »Der lasche Umgang ziviler Instanzen mit Homosexualität«. Disziplinarurteile gegen Soldaten für einvernehmlichen Sex nach der Reform des § 175 StGB

Juristen des BMVg sahen 1970 keine grundsätzlichen Auswirkungen der Liberalisierung des »Sittenstrafrechts« auf die dienstrechtliche Beurteilung homosexueller Betätigung. Der im Soldatengesetz verankerte Pflichtenkatalog stehe selbstständig neben den Vorschriften des Strafrechts und werde daher von deren Änderungen »nicht unmittelbar berührt«, brachten die Juristen der Abteilung Verwaltung und Recht zu Papier. Daher könne gleichgeschlechtliche Betätigung »auch dann noch« ein Dienstvergehen sein, wenn die Tat nicht mehr »mit einer Kriminalstrafe bedroht« werde. Die Juristen wurden noch deutlicher: Die gleichgeschlechtliche Betätigung »von Soldaten mit anderen Soldaten, aber auch mit Dritten [!]«[84] sei grundsätzlich als ernstzunehmendes Dienstvergehen anzusehen.

»Zur Vermeidung von Unklarheiten« verschickte das BMVg im August 1969 an alle Kommandeure und Dienststellenleiter einen Hinweis zur neuen rechtlichen Lage. Der im Soldatengesetz verankerte »Pflichtenkatalog« stehe selbstständig neben den Vorschriften des materiellen Strafrechts, weil Straf- und Disziplinarrecht unterschiedliche Zwecke verfolgen. Die Liberalisierung des »Sittenstrafrechts« habe auf das Dienstrecht »keine grundsätzlichen Auswirkungen«. Gleichgeschlechtliche Betätigung von Soldaten werde auch künftig als Dienstvergehen angesehen, auch wenn die Tat nicht mehr mit einer Kriminalstrafe bedroht sei.[85] Als Handreichung für das künftig anzuwendende Dienstrecht fassten die BMVg-Juristen Fallgruppen zusammen:

»1. Die Tat *erfüllt* den Straftatbestand des *§ 175 StGB neuer Fassung.*

2. Die Tat *erfüllt* zwar *nicht* den Straftatbestand des *§ 175 StGB neuer Fassung*; es handelt sich aber um eine gleichgeschlechtliche Betätigung
   a) eines Soldaten mit einem anderen Soldaten, mit einem sonstigen Angehörigen der Bundeswehr oder mit einem Dritten innerhalb militärischer Anlagen oder Einrichtungen;
   b) eines Soldaten mit einem anderen Soldaten oder einem sonstigen Angehörigen der Bundeswehr außerhalb militärischer Anlagen oder Einrichtungen, vor allem eines Vorgesetzten mit einem Untergebenen, eines Soldaten einer höheren Dienstgradgruppe mit einem Angehörigen einer niedrigeren Dienstgradgruppe, eines Lebensälteren mit einem wesentlich Lebensjüngeren oder eines Soldaten mit einem anderen Soldaten oder einem sonstigen Angehörigen der Bundeswehr, der derselben Einheit oder Dienststelle angehört;

83 BArch, BW 1/187212, Bundeswehrdisziplinaranwalt, 27.9.1968.
84 BArch, BW 24/7180: BMVg, VR IV 1, 29.9.1970.
85 BArch, BW 2/31225: BMVg, FüS I 3, Az 16-02-02, 7.8.1969.

c) eines Soldaten gelegentlich der Wahrnehmung dienstlicher Aufgaben mit einem außenstehenden Dritten außerhalb militärischer Anlagen oder Einrichtungen;

d) eines Soldaten mit einem außenstehenden Dritten außerhalb militärischer Anlagen
   oder Einrichtungen in anderen Fällen als den unter a) bis c) genannten Fällen, wenn
   die Tat oder ihr Bekanntwerden dienstliche Interessen berührt.«[86]

Damit hatten es die Kommandeure und Dienststellenleiter schwarz auf weiß: Sie
konnten, ja mussten Soldaten für jeglichen Sex mit anderen Soldaten oder mit zivilen Bundeswehrangehörigen disziplinarrechtlich verfolgen, auch wenn dieser »außerhalb militärischer Anlagen«, also in der heimatlichen Wohnung oder im Hotel,
stattfand. Selbst Sex mit einem nicht zu den Streitkräften gehörenden Mann und
außerhalb von Kasernen war disziplinarrechtlich zu ahnden, wenn der Soldat dienstlich unterwegs war oder, selbst wenn dies nicht der Fall war, »wenn die Tat oder
ihr Bekanntwerden dienstliche Interessen« berührte. Allerdings öffneten die BMVg-
Beamten und -Juristen im Ausschlussverfahren erstmals auch die Tür, einvernehmlichen Sex mit einem nicht zu den Streitkräften gehörenden Mann außerhalb von
Kasernen nicht mehr als Dienstvergehen zu bewerten. Doch formulierten sie einen
Gummiparagrafen, der sich nach Belieben auslegen und auf jeglichen Fall von Sex
unter Männern anwenden ließ, sobald dieser bekannt wurde. Das war *immer* der
Fall, denn ohne dieses Bekanntwerden gab es für die Bundeswehr keinen Anlass,
disziplinar zu ermitteln: »Das Bekanntwerden der Tat und der Zugehörigkeit des
Täters zur Bundeswehr bedeutet für den Soldaten regelmäßig einen erheblichen
Verlust an Autorität und Vertrauenswürdigkeit, der das innere Gefüge der Truppe,
ihre Ordnung, ihre Disziplin und Kameradschaft sowie das Ansehen der Bw
beeinträchtigt«.[87] Im Grunde schrieben die Bonner Juristen, die Strafrechtsänderung
interessiere sie nicht. Bei Soldaten werde weiterhin nahezu jegliche Form homosexueller Betätigung disziplinarrechtlich geahndet. Die Eltern der Wehrpflichtigen
würden »mit Recht« erwarten, dass die Bundeswehr den dienstlichen Bereich und,
soweit dies möglich sei, »auch den außerdienstlichen Bereich [!] von homosexuellen
Beziehungen freihält«.[88]

Noch 1993 klagte der damalige Befehlshaber im Wehrbereichskommando III
(dessen Gebiet entsprach dem Land NRW), Generalmajor Manfred Würfel, im
Spiegel: »Wie aber kann ich meinen Leuten klarmachen, dass ich Homosexualität
in meinen Einheiten nicht dulden kann [...], wenn sie draußen in der Gesellschaft
nicht mehr strafbar ist?«[89] Dem Hamburger Magazin zufolge stand der General »auf
Kriegsfuß mit der bürgerlichen Gerichtsbarkeit«; er »fürchtet um die Disziplin der
Truppe, wenn in seiner ›Männergemeinschaft auf engstem Raum‹ der lasche Umgang
ziviler Instanzen mit der Männergemeinschaft der Homosexuellen um sich greift« –
wohlgemerkt 1993.

Das Bundesverwaltungsgericht urteilte aber schon 1970, homosexuelles Verhalten außerhalb des Dienstes und ohne besonderen Bezug zum Dienst stelle

---

86 Ebd. Hervorhebungen im Original.
87 BArch, BW 24/7180: BMVg, VR IV 1, 29.9.1970. Wortgleich auch in BArch, BW 24/7180:
    BMVg, FüS I 1, 9.9.1970.
88 Ebd.
89 »Versiegelte Briefe«.

kein Dienstvergehen (mehr) dar. Entschieden werden musste 1970 die Berufung
eines bereits in erster Instanz disziplinar verurteilten Obermaats. Es war die erste
Verhandlung homosexueller Handlungen von Soldaten nach der Reform des § 175
StGB – und dies hatte Konsequenzen.

Die mit Wirkung vom 1. September 1969 in Kraft getretene Entkriminalisierung
homosexueller Handlungen unter Erwachsenen wirkte sich unmittelbar zugunsten des Obermaats aus. Auf den sprichwörtlichen letzten Drücker, knapp vier
Tage vor Inkrafttreten des Strafrechtsänderungsgesetzes, verurteilte das Truppendienstgericht F den Obermaat zur Entfernung aus dem Dienstverhältnis unter
gleichzeitiger Dienstgradherabsetzung zum Hauptgefreiten. Vorgeworfen wurden
dem Unteroffizier der Marine homosexuelle Beziehungen im Privaten und versuchte
Annäherungen an Kameraden. Die letztgenannten Vorwürfe erwiesen sich in der
Beweisaufnahme des Truppendienstgerichts als nicht haltbar. Übrig blieben somit
ausschließlich Handlungen im rein privaten Bereich, teilweise bis ins Jahr 1963 zu-
rückreichend, lange bevor der Beschuldigte Soldat geworden war. Dennoch wurde
ein Dienstvergehen erkannt und die härtestmögliche Disziplinarstrafe verhängt.[90]
Der Richterspruch entsprach ganz der alten harten Linie. Im Berufungsverfahren
wischten die Richter des Wehrdienstsenats das erste Urteil vom Tisch. Bislang
habe es sich bei der disziplinaren Ahndung stets um Fälle eines zugleich kriminellen Verhaltens gehandelt. Erstmals liege hier dies nun anders. Dass das Verhalten
selbst vor dem 1. September 1969 datiere, sei bedeutungslos, da der Beschuldigte bis
zum 1. September 1969 strafgerichtlich nicht bestraft worden sei und danach mit
Rücksicht auf § 2 Abs. 2 StGB auch nicht mehr bestraft werden könne.[91]

Allerdings sei strafbares Verhalten nicht unbedingt Voraussetzung für ein pflicht-
widriges Verhalten im Sinne des § 17 Abs. 2 SG. »Die Entpönalisierung der einfachen Homosexualität bedeutet daher nicht, dass diese generell auch ihre disziplinare
Bedeutung verloren hat.« In diesem Falle schon, denn:

> »Anders verhält es sich allerdings in Fällen der vorliegenden Art, bei denen es sich um
> Vorgänge außerhalb der Bundeswehr ohne jeden Zusammenhang mit dem dienstlichen
> Bereich handelt. Ein solches Verhalten kann nunmehr weder als ansehensschädigend für
> die Bundeswehr noch als achtungsunwürdig im Hinblick auf den betreffenden Soldaten
> anerkannt werden. Der Wegfall der Strafbarkeit der einfachen Homosexualität beruht
> auf der Vorstellung, dass eine liberale Gesellschaft ein solches zwar von der Norm abwei-
> chendes, aber im Grunde zu der Intimsphäre des Menschen gehörendes Verhalten tole-
> rieren muss. Der Senat ist sich klar darüber, dass sich mit der Rechtsordnung nicht auch
> zugleich allgemein die Beurteilung geändert hat. Eine disziplinare Erheblichkeit kann
> aber einem Weiterbestehen der bisherigen – ohnehin dem Anschauungswandel unter-
> legenen – Ablehnung nicht zugebilligt werden; der Toleranzgedanke hat insoweit stärkere
> Bedeutung.«[92]

---

[90] Urteil der 6. Kammer des Truppendienstgericht F vom 28.8.1969, erwähnt in BVerwG,
      II WD, 73/69: Bundesverwaltungsgericht, 2. Wehrdienstsenat, Urteil vom 10.6.1970, gefun-
      den auf <jurion.de>.
[91] BVerwG, II WD, 73/69: Bundesverwaltungsgericht, 2. Wehrdienstsenat, Urteil vom 10.6.1970.
[92] Ebd.

Somit war der Obermaat freizusprechen. Ob der Freispruch aber dem Obermaat eine berufliche Zukunft in der Marine eröffnet hat, ist nach Aktenlage ungewiss. Denn bereits Ende 1968 war er »wegen Verdachts einer homosexuellen Veranlagung« zur Begutachtung in die neurologisch-psychiatrische Abteilung eines Bundeswehrlazaretts eingewiesen worden. Die Ärzte stellten fest, dass er »homosexuell veranlagt und deswegen dauernd verwendungsunfähig« sei. Zu der vom Disziplinarvorgesetzten angestrebten Entlassung wegen Dienstunfähigkeit gemäß § 55 Abs. 2 SG kam es durch die Einleitung des disziplinargerichtlichen Verfahrens nicht mehr. Ob nach dessen Ende im Freispruch nun wieder die »ärztliche Karte« gezogen wurde, um den Obermaat doch noch »loszuwerden«, darüber geben die Gerichtsakten keine Auskunft.

Unabhängig vom weiteren persönlichen Schicksal des Obermaats war es ein bahnbrechendes Urteil mit Signalwirkung, dessen waren sich die Richter bewusst. Die Reform des § 175 StGB konnte vor den Türen der Truppendienstgerichte nicht haltmachen. In juristischen Fachzeitschriften wurde das Urteil publiziert, kommentiert und sein Kern auf den Punkt gebracht:

> »Eine seit dem 1. September 1969 nicht mehr strafbare homosexuelle Betätigung außerhalb der Bundeswehr und ohne jeden Zusammenhang mit dem dienstlichen Bereich ist jedenfalls dann kein Dienstvergehen, wenn die gleichgeschlechtlichen Beziehungen nicht in anstößiger oder – bedingt durch besondere Umstände – auffallender Weise unterhalten worden sind.«[93]

Damit vollzogen die Wehrdienstsenate 1970 die bereits 1965 geänderte Rechtsprechung der Disziplinarsenate für zivile Beamte nach. Damals urteilte der Bundesdisziplinarhof erstmals, dass eine Disziplinarmaßnahme gegen einen Beamten wegen dessen Homosexualität nur dann verhängt werden dürfe, »wenn sein Verhalten im Dienst oder in der Öffentlichkeit geeignet sei, Anstoß zu erregen«.[94] Damit öffnete das höchste Disziplinargericht vier Jahre vor der Strafrechtsreform einen Weg für erkannte homosexuelle Beamte, im Dienst zu verbleiben, vorausgesetzt sie haben keinen »öffentlichen Anstoß erregt«. Konkret hieß das: Im Privaten konnte der homosexuelle Beamte endlich privat sein. Werde aber »Anstoß« erregt, schmälere das das Ansehen des Beamtentums und damit das des Staates. Hier lag wiederum eine Parallele zum besonders geschützten Rechtsgut des »Ansehens der Bundeswehr« vor.

> »Gleichgeschlechtliche Handlungen zwischen Angehörigen der Bundeswehr sind und bleiben – unabhängig von der inzwischen durch die Abschaffung des § 175 StGB bisheriger Fassung zum Ausdruck gekommenen Änderung ihrer strafrechtlichen Wertung – für eine so enge Männergemeinschaft, wie sie die Armee darstellt, unerträglich. Es ist nicht nur die moralische Sauberkeit, die durch sie beeinträchtigt wird, und auch nicht allein der Ruf der Einheit und die Vorstellung der Öffentlichkeit von der Bundeswehr insgesamt, die geschädigt werden. Höher zu veranschlagen ist die Gefahr einer Störung der inneren Ordnung, die von Disziplin und Autorität getragen werden muss.«[95]

---

93 Neue Zeitschrift für Wehrrecht, 1971, S. 31.
94 Gollner, Disziplinarsanktionen, S. 106 f.
95 BVerwG, 25.6.1970, II WD, 18/69, Urteil des 2. Wehrdienstsenats des Bundesverwaltungsgerichts vom 25.6.1970, gefunden auf <jurion.de>.

Diese klaren Worte fanden die Richter des 2. Wehrdienstsenats des Bundesverwaltungsgerichts 1970 im Urteil gegen einen Hauptfeldwebel, dem einvernehmliche sexuelle Handlungen, ja eine Liebesbeziehung mit einem jungen Gefreiten seiner Batterie, also einer Kompanie der Artillerietruppe, vorgeworfen wurden. Andere Soldaten der Batterie hatten 1967 wiederholt beobachtet, wie die beiden »in auffälliger Weise miteinander gerangelt hatten«, wie sie sich streichelten und sich küssten. Die Soldaten machten Meldung und wurden im späteren Verfahren zu wichtigen Belastungszeugen, da die beiden Beschuldigten abstritten. Die Staatsanwaltschaft stellte das Ermittlungsverfahren gegen den Hauptfeldwebel und den Gefreiten wegen Verdachts der Unzucht nach § 174 bzw. 175 StGB ein:

> »Ein hinreichender Tatverdacht einer strafbaren Handlung war jedoch nicht zu erweisen. Überwiegend handelt es sich um ›Batteriegespräche‹, also um Weitergabe von Gerüchten durch Soldaten, die einer Nachprüfung nicht standhielten [...] Schwerwiegender erscheint die Aussage des Zeugen [Feldwebel B.], er habe [...] beim Betreten der Stube des Beschuldigten gesehen, dass [dieser] und R. sich eng umschlungen gehalten und sich geküsst hätten. Auch diese Angaben werden von den beiden Beschuldigten bestritten. An der Richtigkeit der Aussagen des Zeugen Feldwebel B. bestehen keine Zweifel. Ein bloßer Kuss zwischen Männern wird jedoch von der Rechtsprechung und -lehre meist nicht als unzüchtig angesehen [...], anders beim sogenannten Zungenkuss. Nach BGH 1/298 ist ein Kuss – abgesehen von besonderen Verirrungen – *keine* unzüchtige Handlung. Da der Zeuge B. die beiden Beschuldigten nur ganz kurz beim Öffnen der Zimmertüre gesehen hat, lassen sich derartige erschwerende Umstände zulasten der beiden Beschuldigten nicht erweisen, ein etwaiger Zungenkuss wäre ohnehin kaum erkennbar gewesen.«[96]

Die bundeswehreigene Disziplinarjustiz kannte indes keine Zweifel zugunsten der Beschuldigten. Die 1. Kammer des Truppendienstgerichts D befand den Hauptfeldwebel eines Dienstvergehens schuldig und erkannte gegen ihn auf Entfernung aus dem Dienstverhältnis. Der Hauptfeldwebel legte Berufung ein, ohne Erfolg. Der 2. Wehrdienstsenat des Bundesverwaltungsgerichts bestätigte daher 1970 das erstinstanzliche Urteil gegen den (s)einen Gefreiten liebenden Hauptfeldwebel: Er hielt die Beobachtungen der diversen Zeugen für glaubwürdig und belastbar. »[D]ass es sich bei den Handgreiflichkeiten um den Ausdruck homoerotischer Beziehungen gehandelt hat«, davon war der Senat überzeugt.

> »Die äußere Ordnung und das innere Gefüge einer militärischen Einheit erfordern stets, dass sie von derart belastenden Verbindungen frei bleiben. Der Soldat, insbesondere aber der Vorgesetzte, hat sich insoweit Disziplin und Zurückhaltung aufzuerlegen; er muss vor allen Dingen jüngeren Kameraden ein Beispiel in Haltung und Pflichterfüllung und ein Garant für die Achtung von Würde und Ehre des Kameraden sein. Dagegen hat sich der Beschuldigte vergangen; er hat seine Autorität als Vorgesetzter verloren und das Vertrauen des Dienstherrn zu ihm selbst zerstört.«

Nachtrag: Aus den Gerichtsakten geht beiläufig hervor, dass beide Männer ihre »enge Freundschaft« auch nach Ende der Wehrdienstzeit des Gefreiten und nach der Suspendierung und späteren Entlassung des Hauptfeldwebels fortsetzten.

---

[96]   Hier und im Folgenden: Einstellungsverfügung der Staatsanwaltschaft T. vom 2.7.1968, zit. im Urteil des 2. Wehrdienstsenats des Bundesverwaltungsgerichts, II WD, 18/69, 25.6.1970 (Hervorhebung im Original).

a) »Sonst normal«. Das Urteil über einen
Stabsunteroffizier und fünf weitere Soldaten 1970

Einen weiteren Fall einvernehmlicher sexueller Aktivitäten zwischen Soldaten in der Kaserne verhandelte das Truppendienstgericht im April 1970. Es urteilte, dass »gleichgeschlechtliche Handlungen innerhalb einer engen Männergemeinschaft der inneren Ordnung der Truppe und ihrer Disziplin in hohem Maß abträglich sind« und auch nach der Strafrechtsreform weiterhin ein schweres Dienstvergehen darstellen. Vor den Richtern stand ein Stabsunteroffizier. Der lebensältere Zeitsoldat, verheiratet und Vater eines Kindes im schulpflichtigen Alter, hatte 1968 und 1969 mehrfach einvernehmlichen Sex mit einem anderen Stabsunteroffizier seiner Einheit. Noch vor der Strafrechtsreform kam der Fall vor das Amtsgericht. Per Strafbefehl erhielt der Stabsunteroffizier wegen eines Vergehens nach § 175 StGB anstelle von zwei Wochen Gefängnis eine Geldstrafe von 210 DM. Er stand nicht allein vor Gericht. In der Kompanie war ein Kreis von sechs miteinander sexuell aktiven Soldaten aufgedeckt worden. Drei Soldaten wurden in dem gleichen Verfahren ebenfalls mit Geldstrafen belegt. Ein weiterer Soldat wurde zu drei Wochen Gefängnis verurteilt, offenbar ohne Bewährung. Gegen einen Stabsunteroffizier, der als vielfacher Wiederholungstäter angesehen wurde, sprachen die Richter wegen Vergehens nach § 175 StGB in neun Fällen eine Gefängnisstrafe von drei Monaten aus.[97]

Vier der beteiligten Soldaten wurden nach § 55 Abs. 5 SG auf dem Verwaltungsweg zügig und fristlos aus der Bundeswehr entlassen, gegen zwei wurde ein gerichtliches Disziplinarverfahren eingeleitet. Da sie, darunter der Stabsunteroffizier, bereits das vierte Dienstjahr überschritten hatten, war eine vereinfachte Entlassung nach § 55 Abs. 5 SG nicht mehr möglich. Das Disziplinarverfahren gegen einen Leutnant endete mit einer Gehaltskürzung um ein Zwanzigstel für acht Monate. Das sehr milde Urteil basierte wiederum auf der Annahme der Truppendienstrichter, der Leutnant habe im Zustand der Volltrunkenheit gehandelt. Der ebenfalls vor dem Truppendienstgericht stehende Stabsunteroffizier konnte dagegen keinen nennenswerten Alkoholkonsum vor dem Sex nachweisen, mithin fehlte ihm dieses in den Augen der Richter entlastende Moment. Er galt somit als zumindest latent und gelegentlich tatsächlich gleichgeschlechtlich Interessierter, oder mit den Worten der Richter: »als sonst normal und bloßer Gelegenheitstäter«. Das Truppendienstgericht wertete die gleichgeschlechtlichen Aktivitäten des Stabsunteroffiziers als schweres Dienstvergehen. »Wer, wie der Beschuldigte, mit einem gleichrangigen Dienstgrad derartig intensiv homosexuell tätig werde, mache sich als Vorgesetzter untragbar.« Es folgte die Dienstgradherabsetzung zum Hauptgefreiten.[98] Dass der Stabsunteroffizier 1970 nicht aus den Streitkräften entlassen wurde, zeigt, dass die Strafrechtsreform ein Jahr zuvor auch in der Bundeswehr ihre mildernde Wirkung entfaltete. Für ähn-

---

97 Urteil des Amtsgerichts Ellwangen vom 21.4.1969, gefunden in BVerwG, II WD, 67/70, Urteil im Berufungsverfahren vor dem 2. Wehrdienstsenat des Bundeverwaltungsgerichts vom 12.11.1970, gefunden auf ‹jurion.de›.
98 Urteil der 1. Kammer des Truppendienstgerichts D vom 28.4.1970, gefunden in BVerwG, II WD, 67/70, Urteil im Berufungsverfahren vor dem 2. Wehrdienstsenat des Bundesverwaltungsgerichts vom 12.11.1970.

liche, ja sogar für weniger intensive sexuelle Handlungen waren Unteroffiziere zuvor in der Regel entlassen worden.

Im Dezember 1970 bestätigte das Bundesverwaltungsgericht in einem weiteren Urteil die neue liberale Linie. Der 1. Wehrdienstsenat hob die erstinstanzlich ausgesprochene Entfernung eines Stabsunteroffiziers aus dem Dienstverhältnis auf. Dieser hatte mehrfach junge Männer aufgefordert, vor seinen Augen mit seiner Ehefrau zu schlafen, was diese auch bereitwillig taten. Während des Geschlechtsverkehrs der Männer mit seiner Frau war der Mann anwesend und berührte die Männer intim. Das nächtliche Geschehen wiederholte sich mehrfach, auch mit anderen jungen Männern – stets zur Freude aller Mitmachenden –, bis sich ein Nachbar über die nächtliche Ruhestörung beschwerte und die Polizei rief. Die »flotten Dreier« (die Juristen fanden den nüchternen Begriff »Triolenverkehr«) wurden ein Fall für die Justiz. Das Landgericht Kempten verurteilte den Stabsunteroffizier wegen »versuchter schwerer gleichgeschlechtlicher Unzucht in Tatmehrheit mit fortgesetzter schwerer Kuppelei« zu einer Gesamtfreiheitsstrafe von einem Jahr ohne Bewährung[99] – für einvernehmlichen Sex im heimischen Schlafzimmer. Das Urteil hatte keinen Bestand. Im Berufungsverfahren verschob das Landgericht die Wertung leicht, aber bedeutsam auf »fortgesetzte schwere Kuppelei in Tateinheit mit gleichgeschlechtlicher Unzucht« und wandelte die Freiheitsstrafe in eine Geldstrafe um.

Das Truppendienstgericht urteilte im sachgleichen Disziplinarverfahren 1970 auf Entfernung aus dem Dienstverhältnis.[100] Auch dieses harte Urteil hatte keinen Bestand. Der Wehrdienstsenat kippte es – und formulierte im Urteil grundsätzliche Erwägungen für die disziplinare Ahndung von privatem sexuellem Verhalten: Auch bei der homosexuellen Betätigung von Soldaten liege wie »bei allen sonstigen außerdienstlichen Verfehlungen im geschlechtlichen Intimbereich eine Dienstpflichtverletzung nur vor, wenn die Verfehlung durch Störung der militärischen Ordnung den dienstlichen Bereich berührt.«[101] Das ergebe sich aus Wortlaut und Sinn des § 17 Abs. 2 SG. Die dort verankerte Pflicht zur Wahrung von Achtung und Vertrauen sei »nicht Selbstzweck«. Das Verbot des achtungs- oder vertrauensschädigenden Verhaltens diene ebensowenig dazu, »die Soldaten der Bundeswehr zu einer Art sittlichen Vorbilds für die übrige Bevölkerung zu machen – eine solche Zielsetzung wäre bei einer Wehrpflichtarmee von der Größe der Bundeswehr wohl auch von vornherein zum Scheitern verurteilt.« Fehle ein »räumlicher oder persönlicher Zusammenhang mit dem Dienst«, läge ein Dienstvergehen nur in Ausnahmefällen vor, »wenn die Handlung besonders verwerflich ist«.[102] Eine sehr niedrige, nur finanziell spürbare Disziplinarmaßnahme trat an die Stelle der Entfernung aus dem Dienstverhältnis.

In dem milden Urteil von 1970 war durchaus wieder der 1968 einsetzende Wind der gesellschaftlichen Veränderung spürbar, der auch durch das Bundesver-

---

99   BArch, Pers 12/45043, darin Urteil des Schöffengerichts beim Amtsgerichts Kempten vom 7.7.1969.
100 Urteile des Landgerichts Kempten vom 18.9.1969 sowie des Truppendienstgerichts D vom 4.3.1970, erwähnt in BVerwG, I WD, 4/70: Bundesverwaltungsgericht, 1. Wehrdienstsenat, Urteil vom 3.12.1970, gefunden auf <jurion.de>.
101 BVerwG, I WD, 4/70: Bundesverwaltungsgericht, 1. Wehrdienstsenat, Urteil vom 3.12.1970.
102 Ebd.

waltungsgericht zog. Unter den Urteilen der Wehrdienstsenate standen nun neue Richternamen. Neue Richter brachten neues Denken an die Gerichte. Mit ihrem sehr milden Urteil zogen die neuen Richter eine klare Linie zwischen dem, was dienstlich relevant war, und dem, was privat zu bleiben hatte. Sexuelle Spielchen im heimischen Schlafzimmer, selbst wenn sie bei anderen Stirnrunzeln oder heimliche Phantasien auslösten, waren in der Regel Privatangelegenheit. Die sexuelle Revolution hatte das Denken verändert, auch in den Köpfen der Richter. Davon zeugt etwa das Urteil des Landgerichts Kempten, das die erstinstanzlich ausgesprochene Freiheitsstrafe von einem Jahr ohne Bewährung in eine geringe Geldstrafe abgemildert hatte. Das Entscheidende daran war nicht der etwas kuriose Einzelfall, sondern dass die höchsten Disziplinarrichter erneut feststellten, nicht strafbare homosexuelle Handlungen oder Beziehungen eines Soldaten außerhalb des dienstlichen Bereichs stellten kein Dienstvergehen mehr dar. Dieser Grundsatz wurde in allen späteren Urteilen der Verwaltungsgerichte bestätigt.

b) Privat ist privat – oder doch nicht?

Die große Frage war, wie der dienstliche Bereich abzugrenzen war. Der für eine disziplinarrechtliche Ahndung notwendige dienstliche Bezug war natürlich gegeben, wenn ein Soldat einen anderen Soldaten gegen dessen Willen sexuell belästigte oder sich gar an diesem verging. Ebenso stellten einvernehmliche sexuelle Aktivitäten zwischen Soldaten in einer Kaserne weiterhin ein Dienstvergehen dar. »Maßgebliches Kriterium für den dienstlichen Bezug soll sein, ob [der] Partner der homosexuellen Betätigung ein Soldat ist«.[103] Aber wie sollten einvernehmliche sexuelle Aktivitäten zwischen Soldaten im rein Privaten, außerhalb der Kaserne und nach Dienstschluss, bewertet werden? Das Bundesverwaltungsgericht habe bislang diese Frage nie grundsätzlich entschieden, stellte ein Rechtsgutachten noch im Jahr 2000 fest.[104] Um die Problematik einmal konkret zu machen: War es ein Dienstvergehen, wenn sich zwei Männer in der Wohnung des einen zum Sex trafen und bei der Zigarette danach im Gespräch feststellten, dass sie beide Soldaten sind?

Für bestehende Vorgesetztenverhältnisse stellte sich die Frage nicht: Auch rein privat und außerhalb der Kaserne gelebte sexuelle Handlungen zwischen Vorgesetzten und Untergebenen wurden als Dienstvergehen geahndet. Dabei legten die Truppendienstgerichte einen engen Maßstab an: Es genügte ein abstraktes Vorgesetztenverhältnis nach den Regelungen der Vorgesetztenverordnung. So wurden Offiziere und Unteroffiziere für sexuelle Beziehungen mit dienstgradniederen Soldaten anderer Einheiten ihrer Kaserne disziplinar gemaßregelt. In Einzelfällen genügte dem Truppendienstgericht bei Soldaten entfernt dislozierter Bataillone eines Regiments oder einer Brigade, dass sich die betroffenen Soldaten bei gemeinsamen Übungen begegnen konnten und dann ein Vorgesetztenverhältnis bestehen würde. Der 2. Wehrdienstsenat des Bundesverwaltungsgerichts bestätigte 1980 das Urteil gegen zwei Soldaten unterschiedlicher Einheiten eines Regiments, die

---

[103] BArch, BW 1/502107: Gutachten Univ.-Prof. Dr. iur. Armin Steinkamm, Universität der Bundeswehr München, 25.1.2000, hier S. 2.
[104] Ebd.

sich durch reinen Zufall privat getroffen und dann miteinander Sex gehabt hatten. Im konkreten Fall wies das Urteil gar auf die Entfernung beider Kompanien von 100 km hin.[105] Wie der für die Feststellung eines Dienstvergehens notwendige dienstliche Bezug definiert wurde, lag in den Händen der Disziplinargerichte. Hier hatten die Truppendienstrichter einen großen Ermessensspielraum. Im Laufe der kommenden drei Jahrzehnte legten sie den Bezug zum Dienst zunehmend enger aus, im Umkehrschluss entzogen sich mehr und mehr Fälle privater sexueller Handlungen der disziplinaren Ahndung (die Bundeswehrjuristen nutzen gern das Wort »Würdigung«).

In seiner Antwort auf eine Anfrage der Bundestagsabgeordneten Herta Däubler-Gmelin betonte das Verteidigungsministerium 1979, für die »disziplinare Würdigung« von homosexuellen Handlungen gälten keine anderen Grundsätze als für andere sexuelle Handlungen, genannt wurde konkret Ehebruch.[106] Eine disziplinare Ahndung sei nur möglich, wenn die Handlung in einem engen räumlichen oder persönlichen Zusammenhang mit dem Dienst stehe und damit die militärische Ordnung störe. Dies sei der Fall, wenn die Handlung innerhalb dienstlicher Unterkünfte und Liegenschaften begangen wurde oder der beteiligte andere Partner ein Soldat oder sonstiger Angehöriger der Bundeswehr war.[107] Mit dieser Formulierung wurde genau betrachtet auch (wieder) einvernehmlicher Sex von zwei *nicht* dienstlich bekannten Soldaten als Dienstvergehen eingestuft. Um das oben skizzierte konkrete Bild aufzugreifen: Stellten die zwei Männer bei der »Zigarette danach« fest, dass sie zufällig beide Soldaten sind, konnten sie sich gleich ein Dienstvergehen attestieren. Aber es galt auch hier: wo kein Kläger, da kein Richter, auch kein Truppendienstrichter. Doch es blieb die Unsicherheit unter schwulen Soldaten, ob sie beim Sex mit einem anderen Soldaten daheim oder sonstwo ein Dienstvergehen begingen oder nicht.

Ordnung in das Wirrwarr um die disziplinarrechtliche Ahndung von sexuellen Handlungen von Soldaten nach Dienst und außerhalb der Kasernen zu bringen, war 1986 das Ziel eines Papiers des Referats FüS I 4. Der in die Form eines G1-Hinweises gebrachte Vorschlag an Generalinspekteur und Minister wollte *alle* Fragen zum Umgang mit Homosexualität verbindlich regeln. Für den die Disziplinarmaßnahmen regelnden Teil wurden konkrete Fallkonstruktionen entworfen, die alle denkbaren Konstellationen berücksichtigten: Als Dienstpflichtverletzungen sollten demnach sämtliche homosexuelle Handlungen gegenüber Untergebenen und dienstgradniedrigeren Soldaten gelten, »unabhängig davon, ob sie innerhalb oder außerhalb des Dienstes oder dienstlicher Unterkünfte oder ob sie gegen deren Willen oder mit deren Einverständnis vorgenommen werden«.[108] Man beachte: dienstgradniedriger, nicht etwa untergebener Soldat. Nach der etwas komplizierten Vorgesetztenverordnung ist bei Weitem nicht jeder dienstgradhöhere Soldat auch Vorgesetzter. Dennoch

---

[105] Bundesverwaltungsgericht, 2. Wehrdienstsenat, BVerwG, 2 WD, 80/79, Urteil vom 2.9.1980, gefunden auf <jurion.de>, bereits 1985 erwähnt und zit. in: Lindner, Homosexuelle in der Institution Bundeswehr, S. 213. Ausführlich zum Urteil in Kap. III.8.c).
[106] BArch, BW 1/304284: BMVg, VR I 1, 15.2.1979, sowie BMVg, Parl. Staatssekretär an MdB Herta Däubler-Gmelin (SPD), 23.2.1979.
[107] Ebd.
[108] BArch, BW 2/31225: BMVg, FüS I 4 an Minister über Parlamentarischen Staatssekretär, 22.10.1986, Anlage, identisch mit BArch, BW 2/31224: BMVg, FüS I 4, Juli 1986.

hätte dieser Mann sich eines Dienstvergehens schuldig gemacht – zumindest theoretisch. Neben der selbstverständlichen Ahndung von sexuellen Handlungen an Untergebenen gegen deren Willen hätte dies konkret bedeutet, dass sich ein Soldat bei einvernehmlichem Sex mit einem Mann in seiner oder dessen privater Wohnung eines Dienstvergehens schuldig gemacht hätte, wenn beide – um im zuvor gewählten Bild zu bleiben – bei der »Zigarette danach« festgestellt hätten, dass sie beide Soldaten sind und unterschiedliche Dienstgrade haben. Da die Wahrscheinlichkeit gering war, dass beide Männer den gleichen Dienstgrad trugen, wäre die große Mehrzahl solcher privater, auch zufälliger Begegnungen von Soldaten einer Dienstpflichtverletzung gleichgekommen.

Der Entwurf des BMVg sah weiterhin vor, homosexuelle Handlungen von Soldaten gegenüber anderen Soldaten und zivilen Bundeswehrangehörigen nicht nur innerhalb oder außerhalb des Dienstes in dienstlichen Unterkünften, sondern auch außerhalb der Kasernen und des Dienstes als Dienstvergehen einzustufen, wenn die »Achtungs- und Vertrauenswürdigkeit beeinträchtigt« werde. Was dies konkret bedeutete und wie diese Klausel auszulegen war, blieb offen. Auch mit dieser Formel wäre der disziplinaren Verfolgung von privaten sexuellen Begegnungen zwischen Männern, die zufällig beide beim Bund waren, sogar als Zivilbeschäftigte, das Tor geöffnet worden. Und schlussendlich wären in Umsetzung der bisherigen Urteilspraxis der Truppendienstgerichte auch homosexuelle Handlungen mit »Außenstehenden« ohne Bezug zur Bundeswehr als Dienstvergehen gesehen worden, wenn diese »in anstößiger oder – bedingt durch besondere Umstände – auffallender Weise« begangen worden wären.[109] Darunter fielen alle Straftaten nach dem StGB. Der Entwurf wurde nie umgesetzt – in diesen Punkten wohl zum Vorteil der schwulen Soldaten, denn diese Neuregelungen hätten zahlreiche neue potenzielle Dienstvergehen konstituiert. Es blieb bei Einzelfallentscheidungen der Truppendienstgerichte.

Einvernehmlicher Sex zwischen Soldaten, auch verschiedener Einheiten, selbst außer Dienst und außerhalb der Kaserne, wurde nach 1970 nach wie vor als Dienstvergehen bewertet, wenn ein Offizier oder Unteroffizier mit dienstgradniederen Soldaten in Kenntnis von deren Dienstgrad verkehrte. Diese Regel arbeitete das Bundesverwaltungsgericht 1980 exemplarisch am Fall eines Hauptfeldwebels heraus, dem Sex mit einem Gefreiten aus einer anderen Kaserne vorgeworfen wurde. Der Fall zeigt zugleich, dass die Trennlinie zwischen sexuellen Übergriffen und einvernehmlichen Handlungen nicht immer zweifelsfrei zu ziehen war. Oft stand Aussage gegen Aussage. Wo hörte einvernehmlicher Sex auf und wo fingen sexuelle Übergriffe an? Diese auch heute wieder oder vielmehr immer noch aktuelle Frage (»Me too«) stand 1979 im Mittelpunkt der Beweisaufnahme gegen einen Hauptfeldwebel.

c) 1980: Ein mildes Urteil gegen einen Hauptfeldwebel

Seinen Sommerurlaub 1978 verbrachte ein Hauptfeldwebel daheim an seinem Wohnort. Nachts um 2 Uhr traf er auf dem Heimweg aus einer Diskothek einen ebenfalls Zivil tragenden Gefreiten, der ihn fragte, ob er zur Kaserne fahre. Der

---

[109] Ebd.

Beschuldigte verneinte, erklärte sich aber bereit, ihn ein Stück weit mitzunehmen.
Zur Einordnung des Falls ist es wichtig zu wissen, dass sich beide nicht dienstlich
kannten und sich auch zuvor nie begegnet waren. Sie dienten an unterschiedlichen
Standorten – aber in einem Regiment; dies sollte im Urteilsspruch noch Bedeutung
erlangen. Um den Sachverhalt abzukürzen: Nach einer mit erheblichen Mengen
Alkohol in der Wohnung des Hauptfeldwebels durchgefeierten Nacht kam es am
späten Vormittag, als beide erwachten, zum Sex. Gegen Mittag verließ der Gefreite
dann den Hauptfeldwebel, nicht ohne sich zuvor noch ein weiteres Bier zu gönnen.
In der Kaserne eingetroffen, legte er sich übermüdet und mit einem »Kater« ins
Bett. Sein Fehlen im Dienst war nicht unbemerkt geblieben, sein Vorgesetzter weck-
te ihn und kündigte dem schon mehrfach vorher aufgefallenen Gefreiten disziplinare
Konsequenzen an.

Zum Batteriechef befohlen, wusste sich der Gefreite nicht anders zu helfen, als
über das vormittägliche Geschehen in der Wohnung des Hauptfeldwebels zu berichten – und es als sexuellen Übergriff darzustellen. Er erhoffte sich dadurch offenbar mildernde Umstände und er hatte richtig kalkuliert – zunächst zumindest:
Eine Maßregelung unterblieb, stattdessen stand nun der Hauptfeldwebel im Fokus.
Diesem wurde die Ausübung des Dienstes verboten, später folgte die vorläufige Dienstenthebung und die Einbehaltung von 50 Prozent seiner Dienstbezüge.
Die Staatsanwaltschaft ermittelte gegen ihn wegen des Verdachts der Beleidigung,
Körperverletzung und der sexuellen Nötigung, stellte das Verfahren aber im März
1979 ein, da keine strafbare Handlung nachzuweisen war. Die Glaubwürdigkeit des
einzigen Zeugen, des Gefreiten, erschien dem Staatsanwalt zu zweifelhaft.[110]

Damit hätte auch die Bundeswehr den Fall zu den Akten legen können. Der
Wehrdisziplinaranwalt führte das Verfahren jedoch weiter. Das Truppendienstgericht sah im September 1979, also 14 Monate nach der Tat, das »mit der Anschuldigungsschrift vorgeworfene Verhalten des Soldaten als erwiesen an und wertete es
als vorsätzliche Verletzung seiner Pflichten zur Achtungs- und Vertrauenswahrung
im außerdienstlichen Bereich (§ 17 Abs. 2 Satz 2 SG) und zur Kameradschaft (§ 12
SG) und damit als Dienstvergehen (§ 23 Abs. 1 SG), begangen unter der verschärften Haftung eines Soldaten in Vorgesetztenstellung (§ 10 Abs. 1 SG)«.[111] Denn:

> »Homosexuelle Handlungen von Unteroffizieren gegenüber Untergebenen seien wegen
> der möglichen schwerwiegenden Folgen als Verfehlung von ganz erheblichem Gewicht
> zu werten. Der damit für den Vorgesetzten verbundene Verlust an Ansehen und Autorität
> könne sich nachteilig auf die Disziplin und damit letztlich auf die Einsatzbereitschaft der
> Truppe auswirken. Ein Vorgesetzter begebe sich damit in gewisser Weise in die Hand sei-
> ner Untergebenen und könne die für die Ausübung von Führungsfunktionen notwendige
> Unabhängigkeit und Freiheit verlieren.«[112]

---

[110] Einstellungsverfügung der Staatsanwaltschaft beim Landgericht Itzehoe vom 13.3.1979,
erwähnt in Verwaltungsgericht, 2. Wehrdienstsenat, BVerwG, 2 WD, 80/79, Urteil vom
2.9.1980.
[111] Urteil der 6. Kammer des Truppendienstgerichts Nord vom 6.9.1979, zit. in: Bundesverwaltungsgericht, 2. Wehrdienstsenat, BVerwG, 2 WD, 80/79, Urteil vom 2.9.1980.
[112] Ebd.

Nach dieser wirkmächtigen Begründung überraschte das sehr milde Urteil: eine Gehaltskürzung von zehn Prozent für ein Jahr. Der Hauptfeldwebel habe nicht seine Vorgesetztenstellung missbraucht. Der Gefreite sei nicht sein Untergebener gewesen. Er diente zudem an einem anderen Standort. Nachteilige Auswirkungen im dienstlichen Bereich, insbesondere eine Beeinträchtigung der Vorgesetztenautorität, seien nicht eingetreten. »Die Sache« sei zwar im Unteroffizierkorps bekanntgeworden, »habe aber kein Aufsehen erregt«. Zudem: »Der Soldat sei vielmehr auch weiterhin im Kameradenkreis geachtet«. Zudem habe sich »der Vorfall« nicht in einer militärischen Anlage, sondern in der Privatwohnung abgespielt.

Auf Berufung des Wehrdisziplinaranwalts musste der 2. Wehrdienstsenat des Bundesverwaltungsgerichts verhandeln. Die Verfahrensakten und das Urteil des Berufungsverfahrens zeigen, wie akribisch die Münchner Richter das Geschehen im Bett des Hauptfeldwebels aufklärten, ja geradezu sezierten. Um auch hier abzukürzen: Die Richter glaubten weder den Einlassungen des Hauptfeldwebels, der Gefreite habe von sich aus mit den Zärtlichkeiten angefangen, noch schenkte es dem Gefreiten Glauben, er sei gegen seinen Willen zum Sex gezwungen worden. »Der Senat ist überzeugt, dass die Wahrheit in der Mitte zwischen beiden Darstellungen liegt [...] Beide haben dann nach Überzeugung des Senats im gegenseitigen Einvernehmen auf diese Weise sexuelle Befriedigung gesucht.«[113]

Auch wenn es sich um einvernehmlichen Sex außerhalb der Kaserne und ohne Vorgesetztenverhältnis handelte, lag für den Wehrdienstsenat ein Dienstvergehen des Hauptfeldwebels auf der Hand. Der dienstliche Bezug ergab sich aus dem Umstand, dass der Sexualpartner ein anderer – wehrpflichtiger – Soldat zwar nicht derselben Einheit, aber desselben Regiments war.

> »Es stellt [...] die Vertrauenswürdigkeit eines Soldaten in Vorgesetztenstellung ernsthaft in Frage, wenn er – sei es auch mit Zustimmung des Partners – gleichgeschlechtliche Beziehungen zu einem anderen Soldaten anknüpft. Seine Vorgesetzten haben keine Gewähr, dass er als Ausbilder junger Wehrpflichtiger eingesetzt werden kann, ohne eines Tages auch im engeren Bereich seiner Einheit oder Teileinheit solche Kontakte zu suchen und damit alle die negativen Auswirkungen auf die Disziplin und den Zusammenhalt in der Truppe hervorzurufen«.[114]

Doch sahen die Richter in diesem Fall eine ganze Reihe von mildernden Umständen: das fehlende konkrete Vorgesetztenverhältnis und vor allem die von den Richtern entgegen der Zeugenaussage des Gefreiten angenommene Einvernehmlichkeit beim Sex. Erschwerend sahen die Richter »die besondere Intensität der gleichgeschlechtlichen Handlungen, wie sie in dieser Form nur selten Gegenstand der Beurteilung durch die Wehrdienstsenate sind«. Sie hoben das Urteil auf und verschärften es auf ein Beförderungsverbot für die Dauer von drei Jahren.[115] Die über den Fall hinausgehende Bedeutung des Urteils lag in der Konkretisierung der Grundsatzentscheidung von 1970, wie einvernehmliche, rein private homosexuelle Handlungen zwischen

---

[113] Bundesverwaltungsgericht, 2. Wehrdienstsenat, BVerwG, 2 WD, 80/79, Urteil vom 2.9.1980, als Kopie in BArch, BW 1/546379.
[114] Ebd.
[115] Ebd.

Soldaten disziplinar zu bewerten seien, zumindest wenn Offiziere oder Unteroffiziere beschuldigt wurden: in der Regel weiterhin als Dienstvergehen.[116]

Nachtrag: Bereits nach Einstellung des staatsanwaltschaftlichen Ermittlungs-verfahren leistete der Hauptfeldwebel wieder regulär Dienst in seiner Einheit, wenige Wochen nach dem Urteil des Truppendienstgerichts wurde ihm wegen vorbildlicher Pflichterfüllung von seinem Batteriechef eine förmliche Anerkennung erteilt.[117]

d) »Abirrung der Triebrichtung unter
dem enthemmenden Einfluss von Alkohol«

Zweifelsfrei kein sexueller Übergriff, sondern einvernehmlich war der Sex zwischen ei-nem Oberstabsarzt und einem Obergefreiten während eines Übungsplatzaufenthaltes 1988. Dennoch sah der Wehrdisziplinaranwalt ein schweres Dienstvergehen. Dafür sprachen schon beider Dienstgrade und die sexuelle Aktivität in der dienstlichen Unterkunft, noch dazu beobachtet von anderen Soldaten, das klassische »auf frischer Tat ertappt«. Im Mittelpunkt der Beweisaufnahme vor dem Truppendienstgericht stand daher nicht die unbestrittene Tat, sondern die Differenzierung zwischen »echter« homosexueller Ausrichtung und lediglich einer »Verirrung« der Gefühle. Diese clevere Verteidigungsstrategie bewahrte den Oberstabsarzt am Ende vor der Dienstgradherabsetzung. Zunächst aber degradierte das Truppendienstgericht den Offizier in erster Instanz um einen Dienstgrad zum Stabsarzt. Als strafmildernd sahen die Richter, dass zwischen beiden Soldaten kein unmittelbares Vorgesetztenverhältnis bestanden habe, sondern nur eines aufgrund des Dienstgrads. Zudem sei der Obergefreite der Reserve »kein junger Wehrpflichtiger, sondern ein erwachsener Mann von 32 Jahren, der sich freiwillig und mit voller Billigung auf die homosexu-elle Betätigung des Soldaten eingelassen habe«.[118]

Entscheidend war für die Richter, dass ein Sachverständiger in seinem psy-chologischen Gutachten eine »prägende Neigung zur Homosexualität« bei dem Beschuldigten verneint habe; »die homosexuellen Handlungen seien allein auf eine Abirrung der Triebrichtung unter dem enthemmenden Einfluss von Alkohol zurückzuführen«[119].

Der Offizier hatte offenbar einen guten Anwalt. Dieser beharrte in seiner Beruf-ungsbegründung darauf, die gleichgeschlechtliche Betätigung seines Mandanten wäre »keine schwere Pflichtverletzung, da er unter hohem Alkoholeinfluss gestanden habe, mithin einer Abirrung der Triebrichtung erlegen sei«. Das sahen die Richter am Bundesverwaltungsgericht auch so. Zunächst wurden die Richter aber grundsätzlich,

<hr>

[116] Wegen seiner grundsätzlichen Bedeutung wurde das Urteil bereits 1985 erwähnt in Lindner, Homosexuelle in der Institution Bundeswehr, S. 213; später auch erwähnt in BArch, BW 1/546379, und in BW 1/502107, Gutachten Univ.-Prof. Dr. iur. Armin Steinkamm, Universität der Bundeswehr München, 25.1.2000.

[117] So erwähnt im späteren Urteil des Wehrdienstsenats.

[118] Urteil der 4. Kammer des Truppendienstgerichts Mitte vom 14.10.1987, zit. in: BVerwG, 2 WD, 6/88: Bundesverwaltungsgericht, 2. Wehrdienstsenat, Urteil vom 7.6.1988, gefunden auf <jurion.de>.

[119] Ebd.

betonten und bestätigten bisherige Bewertungen von »homosexuellem Fehlverhalten von Soldaten«. Dieses könne im dienstlichen Bereich nicht toleriert werden.

»Der Zusammenhalt der Truppe würde empfindlich gestört, wenn homosexuelle Beziehungen zwischen einzelnen Soldaten mit all ihren emotionalen Implikationen geduldet würden. Dabei ist insbesondere die homosexuelle Betätigung von Vorgesetzten mit Untergebenen schlechthin unerträglich, weil sie nicht nur die Autorität des Vorgesetzten, sondern auch die Gehorsamsbereitschaft der Untergebenen mindert, den Vorgesetzten erpressbar macht und damit dem Dienstbetrieb und dem Zusammenleben in der Truppe höchst abträglich ist. Bei einer die Persönlichkeit des Vorgesetzten prägenden Neigung zur Homosexualität und entsprechender Betätigung im dienstlichen Bereich hat seine Entfernung aus dem Dienstverhältnis deshalb die Regelmaßnahme der Ahndung zu sein.«[120] Der zitierte Auszug aus dem Urteil von 1988 wurde in den folgenden gut zehn Jahren Wort für Wort in einer Vielzahl von Stellungnahmen der Bundesregierung und ihrer Ressorts für Verteidigung und Justiz wiederverwendet und diente stets als höchstrichterliche Bestätigung der beibehaltenen Restriktionen gegen schwule Vorgesetzte.[121] Doch der konkrete Fall lag in den Augen der Richter anders. Das milde Urteil hob das erstinstanzliche Urteil auf, statt einer Dienstgradherabsetzung wurde lediglich ein dreijähriges Beförderungsverbot verhängt.[122]

Homosexuelle Handlungen zwischen Soldaten, im Dienst und in militärischen Anlagen, wie hier in der Übungsplatzunterkunft, und sogar zwischen Vorgesetzten und Dienstgradniederen konnten demnach auf die Milde der Disziplinarrichter hoffen – aber nur, wenn keine »echte« homosexuelle Neigung erkennbar war, sondern lediglich eine »Abirrung der Triebrichtung«, idealerweise unter Alkoholeinfluss. Die »Abirrung der Triebrichtung« im Zustand der Trunkenheit als »wesentlicher Milderungsgrund« findet sich nur in Papieren der Rechtsabteilung des BMVg. Sogar bei »homosexueller Zudringlichkeit, die »lediglich« dem »enthemmenden Einfluss von Alkohol entspringt«, könne gänzlich von einer »reinigenden Maßnahme«, also einer Dienstgradherabsetzung und Entfernung aus dem Dienstverhältnis, abgesehen werden.[123]

Auf die aus Sicht des Wehrrechts notwendige Unterscheidung zwischen »echter, d.h. fixierter« und »unechter« Homosexualität hatte der Jurist Georg Schwalm 1970 ausdrücklich hingewiesen, auch auf mögliche »Beeinträchtigungen des Hemmungsvermögens« für homosexuelle Handlungen, »z.B. Alkoholgenuss, langdauernde Isolierung in Männergemeinschaft«, die eine Zurechnungsunfähigkeit im juristischen Sinne begründen könnten.[124]

---

[120] BVerwG, 2 WD, 6/88: Bundesverwaltungsgericht, 2. Wehrdienstsenat, Urteil vom 7.6.1988.
[121] Beispielsweise in BArch, BW 2/31224: BMVg, VR I 5 an FüS I 4, 16.12.1992; BW 1/546379, BMJ, Bericht für den Rechtsausschuss des Bundestages zur Lage von Menschen mit gleichgeschlechtlicher Orientierung, 15.10.1997.
[122] BVerwG, 2 WD, 6/88: Bundesverwaltungsgericht, 2. Wehrdienstsenat, Urteil vom 7.6.1988.
[123] BArch, BW 2/31224: BMVg, VR I 5 an FüS I 4, 16.12.1992.
[124] Schwalm, Die Streichung des Grundtatbestands, S. 88.

9. Sexuelle Übergriffe.
Homosexuelle Soldaten als Täter

Die Akten offenbaren zahlreiche Fälle von sexuellen Übergriffen von Unteroffizieren und Offizieren auf dienstgradniedere und zumeist jüngere Soldaten. Die mediale und öffentliche Aufmerksamkeit richtet sich fast ausschließlich auf Frauen als Opfer. Männer, zumal Soldaten, als Opfer sexueller Übergriffe fanden bislang so gut wie keine Beachtung. Solche Taten schienen bislang völlig außerhalb der Reichweite des Radars der Medien, der Wissenschaft und der Öffentlichkeit gelegen zu haben.[125] Die *New York Times* durchbrach im September 2019 das Tabu: Etwa 100 000 Männer seien demnach in den vergangenen Jahren in den US-Streitkräften Opfer von sexuellen Übergriffen geworden, allein 2018 seien rund 7500 Männer betroffen gewesen. Zum Vergleich: Für das gleiche Jahr vermerkte das Pentagon 13 000 Soldatinnen als Opfer sexueller Übergriffe in seinen Streitkräften. Das Problem der Ermittlungsbehörden wie der Statistiken: Nur einer von fünf betroffenen männlichen Soldaten melde die sexuellen Übergriffe.[126] Nach Angaben der *New York Times* erhebt das Pentagon erst seit 2006 Zahlen über männliche Opfer sexueller Übergriffe. Man sei sich bis dahin sicher gewesen, dass es sich um ein weibliches Problem handle, zitierte die Tageszeitung das US-Verteidigungsministerium. Übergriffe seien entweder gar nicht erst gemeldet oder nicht weiter verfolgt worden.[127]

Auch für die Bundeswehr zeigen gerichtliche Entscheidungen und Disziplinarmaßnahmen, dass Männer während ihres Dienstes als Soldat nicht nur in einigen wenigen Ausnahmefällen Opfer sexueller Übergriffe oder gar sexuell motivierter Gewalt wurden. Diese und ähnliche Fälle würden (und werden) auch heute noch unabhängig von der Frage der Homosexualität selbstverständlich disziplinarrechtlich und gegebenenfalls strafrechtlich geahndet. Ein Referat der Personalabteilung fasste Anfang Januar 2000 nochmals zusammen, die disziplinare Relevanz homosexueller Betätigung sei grundsätzlich nicht anders zu bewerten als eine heterosexuelle Aktivität.[128] Nicht immer haben sexuelle Übergriffe eine rein sexuelle Motivation. Solche Taten können auch Machtdemonstrationen oder vielmehr Machtmissbrauch sein. Aus der erschreckend langen Reihe sollen einige ausgewählte Beispiel aufgezeigt werden.

»»Komm, ich zeige Dir ihn einmal‹, und ehe der Zeuge sich versah, hatte der Angeklagte sein Glied aus der Hose herausgeholt, das steif war, und als der Zeuge daraufhin fragte,

---

[125] Im Jahr 2018 durchbrach Élise Féron das Tabu mit der Veröffentlichung ihrer bahnbrechenden Forschungen über sexuelle Gewalt an Männern in Kriegen und Bürgerkriegen: Féron, Wartime Sexual Violence against Men.

[126] Die männlichen Opfer, meist jünger als 24 Jahre, hatten einen niedrigen Dienstgrad. Mehr als die Hälfte der Übergriffe ging nach Angaben des Pentagons von Männern aus. 30 % der betroffenen Männer gaben an, die Täter seien weiblich gewesen, in 13 % der Fälle habe es sich um mehrere Täter beiderlei Geschlechts gehandelt, gab *Der Spiegel* die renomierte Zeitung wider: »New York Times«: Zehntausende Männer im US-Militär sollen Opfer sexueller Übergriffe geworden sein«. Der Originalartikel der *New York Times* war überschrieben mit: »Phillips, More than 100,000 men have been sexually assaulted«.

[127] Ebd.

[128] BArch, BW 1/502107, o.Pag.: BMVg, PSZ III 1, 5.1.2000.

was denn das nun bedeuten solle, meinte der Angeklagte: ›Zeigen Sie doch mal Ihren,
damit wir sie vergleichen können.‹«[129]
Der im Urteil des Schöffengerichts Rendsburg benannte Zeuge war ein Obergefreiter,
der Angeklagte war ein Oberfeldwebel. Als der Obergefreite nicht auf dessen
Drängen einging, insistierte der Oberfeldwebel: »Stellen Sie sich doch nicht so an!«
und griff dem Soldaten zwischen die Beine an dessen Geschlechtsteil. Unter einem
Vorwand verließ dieser den Raum. Durch Gespräche mit einem Kameraden kam ans
Licht, dass ein anderer Obergefreiter eine Woche zuvor einen ähnlichen versuchten
sexuellen Übergriff durch den Oberfeldwebel erlebt, sich dem aber schnell entzo-
gen hatte. Das Schöffengericht urteilte 1957 auf eine Geldstrafe von 300 DM.[130]
Das Truppendienstgericht in Kiel erkannte im folgenden Disziplinarverfahren
1958 auf Entfernung aus dem Dienstverhältnis.[131] Der Wehrdienstsenat am
Bundesdisziplinarhof wies 1959 die Berufung des Beschuldigten zurück.[132]
Ebenfalls 1959 wies der Bundesdisziplinarhof die Berufung eines weiteren
Portepeeunteroffiziers gegen die erstinstanzlich ausgesprochene Entfernung aus
dem Dienstverhältnis zurück. Der Beschuldigte hatte laut Feststellung des zivilen
Schöffengerichts fünf ihm unterstellten Soldaten zum Teil mehrfach an deren Geschlechtsteile gefasst oder dieses versucht. Durch Urteil des Schöffengerichts Hamburg wurde der Beschuldigte wegen Verbrechens nach § 174 StGB in Tateinheit
mit Vergehen nach § 175 StGB in fünf Fällen zu einer Gesamtstrafe von neun
Monaten Gefängnis rechtskräftig verurteilt. Das Truppendienstgericht C erkannte
unter Zugrundelegung der strafgerichtlichen Feststellungen auf Entfernung aus dem
Dienstverhältnis. »Die Bundeswehr müsse der Öffentlichkeit die Gewähr bieten,
dass alles getan werde, um jungen Soldaten vor Belästigungen und Verführungen
dieser Art Schutz zu geben. Die Bundeswehr sei auch den Eltern der jungen Soldaten
und vor allem den Wehrpflichtigen gegenüber dafür verantwortlich.«[133]
Ähnlich lautete die Urteilsbegründung des Truppendienstgerichts gegen einen
Stabsunteroffizier 1961. Er hatte einen jungen Wehrpflichtigen mehrfach geküsst,
»teilweise mit Zungenküssen« und »vergeblich versucht, bei ihm den Afterverkehr
auszuführen«. Eine Woche später zeigte er das gleiche Verhalten gegenüber einem
weiteren jungen Soldaten. Das Schöffengericht verurteilte den Stabsunteroffizier
zu drei Monaten Gefängnis. Auf Berufung der Staatsanwaltschaft wurde er durch
die Große Strafkammer des Landgerichts wegen entwürdigender Behandlung eines
Untergebenen in zwei Fällen, davon in einem Fall in Tateinheit mit Unzucht zwischen Männern, zu einer Gesamtstrafe von fünf Monaten Gefängnis verurteilt. Die
Vollstreckung der Strafe wurde zur Bewährung ausgesetzt. Das Truppendienstgericht
erkannte auf Entfernung aus dem Dienstverhältnis und bewilligte dem Beschuldigten
einen Unterhaltsbeitrag von 50 Prozent der Versorgungsbezüge für ein Jahr. Auf die

129 BArch, Pers 12/45377: Urteil Schöffengericht Rendsburg vom 22.11.1957.
130 Ebd.
131 BArch, Pers 12/45377: Truppendienstgericht A, 1. Kammer, Urteil vom 20.6.1958.
132 Ebd., Wehrdienstsenat am Bundesdisziplinarhof, WD 12/58, Urteil vom 28.1.1959.
133 BVerwG, WD 5/59: Bundesdisziplinarhof, Wehrdienstsenat, Urteil vom 11.3.1959, darin
     Bezugnahme und Zitat aus dem erstinstanzlichen Urteil der 1. Kammer des Truppendienst-
     gerichts C vom 16.12.1958, gefunden auf <jurion.de>.

Berufung des Wehrdisziplinaranwalts wurde das Urteil des Truppendienstgerichts dahingehend abgeändert, dass der Unterhaltsbeitrag wegfiel.[134]

Für das Jahr 1962 verzeichnen die Quellen einen schwerwiegenden Fall aus Flensburg: Ein Fregattenkapitän und Kommandant eines Schiffes wurde der versuchten schweren Unzucht zumeist mit ihm unterstellten Soldaten in drei Fällen und der vollendeten Unzucht in weiteren drei Fällen beschuldigt und daher vorläufig festgenommen. Am nächsten Tag wurde die vorläufige Festnahme in Untersuchungshaft umgewandelt. Der regionale Kommandeur kam mit der Staatsanwaltschaft Flensburg überein, dass »zur Schonung des Ansehens der Bundeswehr« nur eine knappe Pressemitteilung veröffentlicht werden sollte: »Am 28.8.1962 wurde ein Offizier des Standortes Flensburg wegen des Verdachts des Vergehens gegen § 175 bzw. 175a StGB verhaftet.« Der Fall wurde wegen des (aus der dürren Pressemitteilung nicht herauslesbaren) hohen Ranges des Beschuldigten über den Generalstaatsanwalt und das Justizministerium der Staatskanzlei in Kiel zur Kenntnis gebracht.[135] Im November 1962 leitete das BMVg zudem das disziplinarrechtliche Ermittlungsverfahren ein.[136] Parallel und mit Vorrang liefen die strafrechtlichen Ermittlungen weiter. Im April 1962 fällte das Landgericht Flensburg sein Urteil. Der Fregattenkapitän wurde zu einer Gesamtfreiheitsstrafe von einem Jahr verurteilt.[137] Damit verlor der Stabsoffizier automatisch seinen Berufssoldatenstatus, seinen Dienstgrad und seine Versorgungsansprüche. Das noch laufende disziplinargerichtliche Verfahren wurde daher eingestellt.[138]

Signifikant ist, dass die Wehrdienstsenate in sehr vielen Fällen in ihren Urteilen über das der ersten Instanz hinausgingen, so auch 1964 gegen einen Hauptmann. Das Truppendienstgericht in Kiel hatte noch sehr mild auf eine Gehaltskürzung von einem Zehntel der Bezüge für 18 Monate erkannt. Dem Hauptmann wurden zwei Fälle von versuchten Annäherungen gegen Soldaten seiner Kompanie vorgeworfen. Nach abendlichem gemeinsamem Alkoholgenuss in seiner Privatwohnung wurde der Offizier zudringlich und versuchte die Soldaten zu streicheln und zu küssen. Beide Male verließen die Soldaten schnell die Wohnung und meldeten den Vorfall. Im Zuge der Ermittlungen kam ein dritter Vorfall ans Licht. Die Truppendienstrichter fanden im Urteil klare Worte: »Ein Offizier und Berufssoldat, der sich bei jungen Soldaten in den Verdacht und auch ins Gerede bringt, gleichgeschlechtlich veranlagt zu sein und entsprechende Annäherungsversuche unternommen zu haben, verdient eine nachhaltig abschreckend zu wirken geeignete Dienststrafe.«[139]

Dennoch entschieden sich die Richter für eine sehr geringe Disziplinarstrafe. Eine echte homosexuelle Veranlagung sei nicht nachzuweisen. Zudem sei der Haupt-

---

134 BVerwG, WD 8/62: Bundesdisziplinarhof, Wehrdienstsenat, Urteil vom 9.5.1962, darin Bezugnahme und Zitat aus dem erstinstanzlichen Urteil des Truppendienstgerichts C vom 15.11.1961, gefunden auf <jurion.de>.
135 BArch, BW 1/12609: Kommandeur Territorialer Verteidigungsstab I A Flensburg, Az 13-00-21, 29.8.1962, Besonderes Vorkommnis: hier Verhaftung des FKpt [...], Erster Zwischenbericht.
136 BArch, BW 1/12609: BMVg, P III 5–H, H 313/62 vom 29.11.1962.
137 BArch, BW 1/12609: Urteil Landgericht Flensburg, Az 6 KLE 2/62 (I 1475/62), 3.4.1963.
138 BArch, BW 1/12609: BMVg, P III 5–H, 18.10.1963.
139 BArch, Pers 12/45631: Urteil Truppendienstgericht A, 1. Kammer, 11.6.1964.

mann wegen des laufenden Disziplinarverfahrens in dieser Sache von der Wiederholung des bereits einmal erfolglos beendeten Stabsoffizierlehrgangs ausgeschlossen worden und stünde daher ohnehin vor dem vorzeitigen Ende seiner Dienstzeit. Die Oberstaatsanwaltschaft Kiel hatte den Tatbestand schließlich verneint, die Annäherungsversuche als Beleidigung eingestuft und die Ahndung mit einer Geldstrafe von 100 DM veranlasst. Gegen die Nachsicht der Staatsanwälte war der Wehrdisziplinaranwalt machtlos, gegen das milde Urteil der Truppendienstrichter ging er in Berufung. Der Wehrdienstsenat formulierte harte Kritik gegen das erstinstanzliche Urteil, hob es auf und erkannte auf sofortige Entfernung aus dem Dienstverhältnis.[140]

Entlassen wurde auch ein Oberbootsmann, der 1967 als Hörsaalleiter gegenüber Maaten seines Lehrgangs sexuell übergriffig geworden war: Unter Alkoholeinfluss betrat der Oberbootsmann nachts gegen 23 Uhr die Stube des Lehrgangsteilnehmers und griff dem im Bett liegenden, aber wachen Maat an dessen unbekleidetes Geschlechtsteil. Er lud diesen schließlich ein, auf ein oder zwei Bier mit auf seine Stube zu kommen. Dort kam es dann zum Oralverkehr. Das nächtliche Geschehen blieb nicht verborgen. Der Inspektionschef nahm disziplinare Ermittlungen auf und gab den Fall an die Staatsanwaltschaft ab. Das Amtsgericht Niebüll verurteilte den Oberbootsmann wegen Unzucht mit einem Mann nach § 175 StGB zu einem Monat Arrest, der gegen eine Geldbuße von 400 DM zur Bewährung ausgesetzt wurde. Von den schwerwiegenderen Vorwürfen der sexuellen Nötigung und des Ausnutzens eines Abhängigkeitsverhältnisses nach § 175a StGB sprach das Amtsgericht den Oberbootsmann frei. Es habe zwar ein direktes Vorgesetztenverhältnis bestanden, doch spielte dies nach Auffassung der Richter für den Maat zum Tatzeitpunkt keine Rolle. »Für ihn war entscheidend, dass er eine Flasche Bier bekommen sollte.« Auch räumte der Maat ein, sich die »Unzuchtshandlungen« gefallen lassen zu haben.[141]

Auf das Strafurteil folgte das Disziplinarurteil, und dieses lautete auf Entfernung aus dem Dienstverhältnis. Als besonders schwerwiegend würdigten die Richter, dass der Beschuldigte »das Geschlechtsteil des Maats in den Mund nahm«. Der Dienstherr müsse auf »Sauberkeit auf sittlichem Gebiet nicht nur der Soldaten untereinander schlechthin« achten, sondern insbesondere von Soldaten mit höherem Dienstgrad in Vorgesetztenfunktion gegenüber ihnen nachgeordneten Soldaten. Der Vertrauensverlust gegenüber dem Oberbootsmann wiege so schwer, dass die Fortsetzung des Dienstverhältnisses für den Dienstherrn unzumutbar sei.[142]

Härter als die erste Instanz urteilte der Wehrdienstsenat 1966 gegen einen Stabsunteroffizier. Dieser hatte 1963 und 1964 in drei separaten Fällen jeweils Mannschaftssoldaten an deren Geschlechtsteile gegriffen. Die Richter begründeten ihr Urteil mit deutlichen und grundsätzlichen Worten: »Dienstherr und Allgemeinheit müssen sich unter allen Umständen darauf verlassen können, dass sich länger dienende Soldaten nicht an jungen Wehrpflichtigen in homosexueller Richtung

140 BArch, Pers 12/45631: Urteil 2. Wehrdienstsenat am Bundesdisziplinarhof, II (I), WD 125/64 vom 9.3.1965.
141 BArch, Pers 12/45897: Urteil Amtsgericht Niebüll vom 26.6.1967.
142 Ebd., Urteil Truppendienstgericht A, 1. Kammer, 16.11.1967.

vergreifen.«[143] Der letzte versuchte Übergriff endete damit, dass ein Gefreiter und
ein weiterer Kamerad den Stabsunteroffizier mit Faustschlägen traktierten und
auf dessen Stube einschlossen. Das Schöffengericht in Neuburg (Donau) erkannte in der Hauptverhandlung gegen die beiden Mannschaftssoldaten auf Freispruch.
Den Stabsunteroffizier verurteilte es wegen »eines fortgesetzten Vergehens der tätlichen Beleidigung« zu einer Geldstrafe von 210 DM. Bemerkenswerterweise verneinte das Strafgericht sowohl den erfüllten Tatbestand nach § 175 als auch nach
§ 175a. Der Tatbestand des § 175a Ziffer 2 StGB setze voraus, »dass der Täter ein
Abhängigkeitsverhältnis dazu benutzt, den anderen zur Vornahme oder Duldung
unzüchtiger Handlungen zu bestimmen«. Eine solche Einwirkung ergäbe sich nicht
ohne Weiteres nur allein aus dem Bestehen eines Abhängigkeitsverhältnisses zwischen den Tatbeteiligten. Nach der Feststellung der Neuburger Schöffen »war ir-
gendein Druck auch keineswegs gegeben«. Das Truppendienstgericht verurteilte
den mittlerweile regulär aus den Streitkräften ausgeschiedenen Stabsunteroffizier in
der Hauptverhandlung zu einer Kürzung der Übergangsbeihilfe um die Hälfte. Es
beließ ihm aber, anders als in zahlreichen Fällen, den Dienstgrad und damit seine Vorgesetzteneigenschaften. Offenbar sah es den Beschuldigten nicht als »echt«
gleichgeschlechtlich orientiert an. Der Stabsunteroffizier hatte erfolgreich darauf
verwiesen, dass er verheiratet und Vater von fünf Kindern und somit keineswegs
homosexuell sei. Dem Wehrdisziplinaranwalt war so viel Milde zu viel. Auf dessen Berufung wurde das Urteil vom Zweiten Wehrdienstsenat im Strafausspruch
verschärft und der Stabsunteroffizier d.R. in den Dienstgrad eines Obergefreiten
herabgesetzt.[144]

Der Ansatz der Richter, die konkreten sexuellen Handlungen nach Ort und
Zeit mit den Vorschriften der Vorgesetztenverordnung abzugleichen, führte mitunter zu kuriosen Formulierungen wie: Der Oberfeldwebel sei »beim Onanieren
vor dem damaligen Sanitätssoldaten S. nicht dessen Vorgesetzter gewesen«.[145]
Dieser Satz fand sich 1987 im Urteil des Truppendienstgerichts Süd gegen einen
Oberfeldwebel. Ihm wurden fünf Taten sexueller Übergriffe auf Mannschaftssoldaten
seiner Kompanie zur Last gelegt. Nach der detaillierten Beweisaufnahme stellten
ihn die Truppendienstrichter von drei der fünf Tatvorwürfe frei. Zwei Fälle hielten die Richter für erwiesen und setzten den Oberfeldwebel im Dienstgrad zum
Feldwebel herab. Das sachgleiche zivile Strafverfahren war bereits zuvor unter
Auflage der Zahlung einer Geldbuße von 500 DM eingestellt worden. Das relativ

---

143 BVerwG, II WD, 19/66: Bundesdisziplinarhof, 2. Wehrdienstsenat, Urteil vom 26.7.1966,
    darin Bezugnahmen auf die Urteile des Schöffengerichts Neuburg (Donau) vom
    26.1.1965 sowie des Truppendienstgerichts D vom 29.11.1965, gefunden auf <jurion.de>.
    Nahezu wortgleich und ergänzt um die Warnung, dass derlei Taten auf die »sittliche Ent-
    wicklung« der Wehrpflichtigen keinen »nachhaltigen Einfluss« nähmen, in: 2. Kammer
    des Truppendienstgerichts C, Urteil vom 10.7.1968, zit. in: BVerwG, I WD, 54/68: Bun-
    desverwaltungsgericht, 1. Wehrdienstsenat, Urteil vom 12.2.1969, gefunden auf <jurion.de>.
144 BVerwG, II WD, 19/66: Bundesdisziplinarhof, 2. Wehrdienstsenat, Urteil vom 26.7.1966,
    darin Bezugnahmen auf die Urteile des Schöffengerichts Neuburg (Donau) vom 26.1.1965
    sowie des Truppendienstgerichts D vom 29.11.1965, gefunden auf <jurion.de>.
145 Urteil der 4. Kammer des Truppendienstgerichts Süd vom 9.7.1987, zit. in: BVerwG, 2 WD,
    69/87: Bundesverwaltungsgericht, 2. Wehrdienstsenat, Urteil vom 11.11.1988, gefunden auf
    <jurion.de>.

milde Urteil begründeten die Truppendienstrichter mit der seit den Taten vergangenen »erheblichen Zeit«, mit einer »günstigen Sozialprognose aufgrund der wieder intakten Familienverhältnisse« und mit der eingangs zitierten fehlenden konkreten Vorgesetzteneigenschaft zum Zeitpunkt einer der beiden Taten. Da im dienstlichen Bereich über die Tat nicht mehr gesprochen werde, sei »auch unter Berücksichtigung generalpräventiver Gesichtspunkte zur Ahndung des Dienstvergehens die gerichtliche Disziplinarmaßnahme der Herabsetzung in den Dienstgrad eines Feldwebels unerlässlich, aber auch ausreichend«.[146]

Der Wehrdisziplinaranwalt legte dagegen Berufung ein mit dem Ziel, den Oberfeldwebel aus dem Dienstverhältnis zu entfernen. Die Berufung des Wehrdisziplinaranwalts war erfolgreich. Der Wehrdienstsenat erörterte die Tatvorwürfe nochmals neu und in einer so selten in den Urteilen zu findenden Schärfe im Detail. Im Gegenzug sahen die Richter auch mildernde Umstände: Der Beschuldigte sei verheiratet und zuvor nie in »homosexueller Hinsicht« aufgefallen.

> »Deshalb war zugunsten des Soldaten davon auszugehen, dass seine Bereitschaft zu gleichgeschlechtlicher Betätigung nur latent vorhanden ist und, zum Teil jedenfalls, nur unter Alkoholeinfluss als Abirrung der Triebrichtung in Erscheinung tritt. Eine derartige Veranlagung ist aber leichter beherrschbar als eine echte Neigungshomosexualität und lässt in der Regel auch eine günstigere Zukunftsprognose zu.«[147]

In der Bemessung des Disziplinarmaßes standen die Richter aber vor einem formaljuristischen Problem:

> »Angesichts der bedeutenden Milderungsgründe in der Tat selbst wäre die Entfernung aus dem Dienstverhältnis an sich noch nicht verwirkt gewesen. Die reinigende Maßnahme der Dienstgradherabsetzung wäre hier jedoch unumgänglich gewesen. Allerdings war die von der Truppendienstkammer verhängte Dienstgradherabsetzung vom Oberfeldwebel lediglich zum Feldwebel der Art und Schwere des Dienstvergehens nicht angemessen. Der Senat hält den Soldaten nicht mehr für geeignet, als Vorgesetzter in der Dienstgradgruppe der Portepeeunteroffiziere zu verbleiben. Ist aber bei einem Portepeeunteroffizier die Herabsetzung in einen Mannschaftsdienstgrad oder auch in einen Unteroffizierdienstgrad nach Eigenart und Schwere eines solchen Dienstvergehens angemessen, so kann dies bei einem Berufssoldaten, der nur bis zum Feldwebel degradiert werden darf (§ 57 Abs. 1 Satz 1 WDO), nur zur Entfernung aus dem Dienstverhältnis führen.«[148]

Kurzum: Dem Oberfeldwebel wurden die Fallstricke des Disziplinarrechts zum Verhängnis. Aufgrund dieser besonderen Klausel in der Wehrdisziplinarordnung (WDO) blieb den Richtern keine andere Möglichkeit, als auf die Entfernung aus dem Dienstverhältnis zu entscheiden.

a) Parallelen zu den Ehrengerichtsurteilen der Kaiserlichen Marine

Wie in der Bundeswehr war auch in der Kaiserlichen Marine einvernehmlicher Sex zwischen Vorgesetzten und Untergebenen ein Dienstvergehen, ja aufgrund des § 175 StGB eine Straftat. Im Bundesarchiv lagern beispielsweise die Ehrengerichtsakten

---

146 Ebd.
147 Ebd.
148 Ebd.

des Kommandos der Marinestation Ostsee der Kaiserlichen Marine. Darin findet
sich das 1883 gefällte Urteil gegen einen Leutnant zur See, der wegen »Vergehens
gegen die Sittlichkeit und unzüchtiger Handlungen« mit Untergebenen aus dem
Offizierkorps entlassen wurde.[149] Zehn Jahre später verzeichnen die Akten das
Urteil gegen einen Kapitänleutnant wegen »widernatürlicher Unzucht« mit einem
Seekadetten: »Entlassung mit schlichtem Abschied«.[150] Ob es einvernehmlicher Sex
oder ein sexueller Übergriff war, geben die Quellen nicht preis, es war letztlich auch
unerheblich, da beides strafbar und ehrenrührig war.

    1904 sprach das Ehrengericht eine Warnung gegen einen Oberleutnant zur See
aus. Er hatte im angetrunkenen Zustand einen Unteroffizier in seine Kammer beordert und diesem befohlen, die Hosen runterzulassen und ihm seine Geschlechtsteile zu
zeigen.[151] Der Offizier kam mit einer sehr milden Strafe davon, weil er glaubhaft machen konnte, er habe den Unteroffizier lediglich auf etwaige Geschlechtskrankheiten
untersuchen wollen und keineswegs homosexuelle Ambitionen gehegt. Zudem –
und wohl vor allem – half ihm vor Gericht seine Trunkenheit zur Tatzeit. Dass der
Verteidigungsstrategie hier die innere Stringenz fehlte, übersahen die Ehrenrichter:
Der enthemmte Zustand der Trunkenheit und die umsichtige, fürsorgliche Absicht,
die Ausbreitung von Geschlechtskrankheiten zu verhindern, widersprechen
sich. Letzteres war wohl eine reine Schutzbehauptung, die aber geglaubt wurde.
Hauptsache der Offizier war kein »Neigungshomosexueller«. Zu einem ähnlichen
Urteil wären höchstwahrscheinlich auch die Truppendienstrichter der Bundeswehr
gekommen.

b) Disziplinarstrafen trotz Freisprüchen im Strafverfahren

Die Quellen überliefern zahlreiche Fälle, in denen die Wehrdienstsenate Soldaten homosexueller Handlungen auch nach vorherigen tatgleichen Freisprüchen durch die
Strafjustiz für schuldig befanden. Dies bedeutet aber nicht, dass die Entscheidungen
der Wehrdienstsenate rechtsfehlerhaft gewesen sind. Im Strafverfahren und im disziplinargerichtlichen Verfahren werden unterschiedliche rechtliche Schutzgüter abgewogen. Derselbe Sachverhalt kann bekanntlich strafrechtlich unbedenklich sein und
dennoch ein Dienstvergehen darstellen, was jedoch den Betroffenen nicht immer
leicht zu vermitteln war.

    Dies traf Mitte der 1960er Jahre beispielsweise einen Stabsunteroffizier und zeit-
weisen Offizieranwärter. Er wurde im sachgleichen Strafverfahren in erster Instanz
von der Anklage des »Unzuchttreibens mit einem Manne« in drei Fällen und in zweiter Instanz auch im verbliebenen vierten Fall freigesprochen. Ihm war in allen Fällen
vorgeworfen worden, Kameraden in sexueller Absicht an deren Geschlechtsteile gefasst zu haben, teils unbekleidet auf der Toilette und im Waschraum, teils über der

---

[149] BArch, RM 31/1857, Kommando der Marinestation Ostsee [der Kaiserlichen Marine], Urteil
       des Ehrengerichts vom 3.8.1883. Dank an Fregattenkapitän Dr. Christian Jentzsch, ZMSBw,
       für den Hinweis auf diese Quelle. Zu den Ehrengerichtsurteilen auch ausführlich: Jentzsch,
       Vom Kadetten bis zum Admiral.
[150] BArch, RM 31/1857, Urteil des Ehrengerichts vom 4.11.1893.
[151] BArch, RM 31/1857, Urteil des Ehrengerichts vom 26.1.1904.

Uniformhose. In allen Fällen haben sich die Soldaten gewehrt, einer mit den Worten, der Beschuldigte »habe wohl nicht genug mit Mädchen«. Das Schöffengericht stellte fest, keine der Handlungen von geringer Dauer und Intensität erfülle den Tatbestand des § 175 StGB, insoweit liege »nur ein Versuch der Unzucht gemäß § 175 StGB vor, der straflos sei«. Noch vor dem Berufungsverfahren vor dem Landgericht (und dem Freispruch) stellte der Stabsunteroffizier einen Antrag auf Entlassung aus der Bundeswehr. Das Truppendienstgericht fand den Beschuldigten in allen Fällen der vorsätzlichen Dienstpflichtverletzung schuldig, hielt aber eine Dienstgradherabsetzung des Reservedienstgrads für das Dienstvergehen nicht für angemessen und stellte das Verfahren ein. Auf Berufung des Wehrdisziplinaranwalts wurde das Urteil vom Bundesdisziplinarhof aufgehoben und der Stabsunteroffizier d.R. in den Dienstgrad eines Obergefreiten herabgesetzt.[152]

Um keinen falschen Eindruck aufkommen zu lassen: Nicht nur Offiziere und Unteroffiziere, sondern auch Mannschaftsoldaten standen wegen homosexuell motivierter Vergehen vor dem Disziplinarrichter, so 1966 beispielsweise ein Gefreiter (Unteroffizieranwärter). Dieser hatte mehrfach versucht, Kameraden auf dem WC oder durch den Hosenschlitz der Uniform an die Geschlechtsteile zu fassen, stets vergeblich, da sich die Soldaten dessen erwehrten. In dem sachgleichen Strafverfahren wurde der Beschuldigte im Berufungsverfahren nach vorausgegangenem erstinstanzlichem Freispruch auch durch das Landgericht von der Anklage einer versuchten schweren gleichgeschlechtlichen Unzucht freigesprochen, »da der Verführungswille nicht erwiesen sei«. Der Tatbestand des § 175 StGB sei »gleichfalls nicht gegeben, da der Beschuldigte in sämtlichen Fällen von den beiden Zeugen sogleich zurückgestoßen worden sei und versuchte gleichgeschlechtliche Unzuchtshandlungen nicht mit Strafe bedroht seien«.[153] Das Truppendienstgericht erblickte in dem festgestellten Verhalten »ehrverletzende und sittlich anstößige Handlungen« und hielt demgemäß den Beschuldigten »für überführt, gegen seine Pflicht zu achtungswürdigem Verhalten (§ 17 Abs. 2 SG) und zur Kameradschaft (§ 12 SG) verstoßen zu haben«. Verschärfend nach § 10 Abs. 1 SG würdigten die Disziplinarrichter, dass der Gefreite in einem Fall als Unteroffizier vom Dienst (UvD) Vorgesetzter aller Mannschaftsoldaten seiner Einheit gewesen sei. Es setzte den bereits in die Mannschaftslaufbahn zurückgestuften und zwischenzeitlich regulär nach Ablauf seiner Verpflichtungszeit von zwei Jahren aus dem Dienst ausgeschiedenen Gefreiten der Reserve im Dienstgrad zum Flieger der Reserve herab.[154]

Notiz am Rande: Das Gericht notierte, der ehemalige Soldat beabsichtigte wenige Tage nach der Verhandlung vor dem Wehrdienstsenat zu heiraten. Generell fiel beim Studium der den Urteilsbegründungen stets vorangestellten Darlegungen der persönlichen Verhältnisse der Beschuldigten auf, dass diese in der großen Mehrzahl der Fälle verheiratet und oftmals bereits Väter waren oder sich aber kurz

---

152 BVerwG, II WD, 8/66: Bundesdisziplinarhof, 2. Wehrdienstsenat, Urteil vom 21.4.1966, darin Bezugnahmen auf die Urteile des Schöffengerichts K. vom 10.10.1963, des Landgerichts K. vom 1.10.1964 sowie des Truppendienstgerichts E vom 20.9.1965, gefunden auf <jurion.de>.
153 BVerwG, II WD, 27/66: Bundesdisziplinarhof, 2. Wehrdienstsenat, Urteil vom 13.12.1966, darin Bezugnahmen auf die Urteile des Schöffengerichts P. vom 15.7.1965 sowie des Truppendienstgerichts B vom 13.4.1966, gefunden auf <jurion.de>.
154 Ebd.

vor dem Verfahren verlobten und zu heiraten gedachten. Die Ehe war, wie bereits im Kapitel II analysiert, nicht nur für Soldaten, sondern für viele gleichgeschlechtlich Empfindende ein oft gewählter Ausweg aus der Stigmatisierung als Homosexueller.

c) Trunkenheit als mildernder Umstand bei sexuellen Übergriffen

Zahlreiche truppendienstgerichtliche Entscheidungen zeigen in anderen Fällen, dass Alkoholeinfluss in der Regel maßnahmemildernd bewertet wurde und der schwere Vorwurf der homosexuellen Betätigung zugunsten der in deutlich milderem Licht stehenden Volltrunkenheit zurücktrat. Ein Urteil aus dem Jahr 1962 unterstreicht dies exemplarisch: Ein Stabsunteroffizier fuhr nach einem Kneipenbesuch in trunkenem Zustand seinen privaten PKW durch die Nacht zurück in die Kaserne, auf dem Beifahrersitz saß ein Gefreiter seiner Einheit. Als dieser eingeschlafen war, öffnete der Stabsunteroffizier dessen Hosenschlitz und spielte an dessen nacktem Geschlechtsteil.

> »Nachdem [der Gefreite] F. wach geworden sei und den Beschuldigten zurückgestoßen habe, sei dieser weitergefahren, habe jedoch kurz vor der Bw-Kaserne erneut angehalten und wiederum versucht, den Hosenschlitz des Schlafenden zu öffnen. Dieser habe sich nun energisch die Belästigung durch den Beschuldigten verbeten, worauf letzterer zur Kaserne gefahren sei.«[155]

Wegen dieser Taten wurde der Beschuldigte im sachgleichen Strafverfahren zunächst vom Amtsgericht wegen Vergehens gegen § 175 StGB und Übertretung der Straßenverkehrszulassungsordnung und des Straßenverkehrsgesetzes »zu drei Wochen Gefängnis und zwei Wochen Haft«[156] verurteilt. Das Truppendienstgericht setzte den Stabsunteroffizier mit Urteil vom 14. Dezember 1962 im Dienstgrad zum Unteroffizier herab. Der Wehrdienstsenat des Bundesdisziplinarhofs kritisierte zwei Jahre später im Berufungsverfahren die Urteilsfindung der ersten Instanz. Wie in zahlreichen anderen Fällen auch war die Trunkenheit im ersten Urteil zugunsten des Beschuldigten ausgelegt worden. Der homosexuelle Übergriff auf den schlafenden Gefreiten wurde damit »erklärt«, eine »echte« Homosexualität des Stabsunteroffiziers somit verneint. Nur durch diese Auslegung des nächtlichen Geschehens konnte das Truppendienstgericht ein erstaunlich mildes Urteil fällen und dem Beschuldigten den Dienstgrad eines Unteroffiziers und ihn damit in Vorgesetztenfunktion belassen. Kurzum: Trunkenheit am Steuer wurde als erheblich geringeres Dienstvergehen bewertet als »echte« homosexuelle Veranlagung. Im konkreten Fall ließ sich der nunmehrige Unteroffizier wenig später erneut gehen und wurde so zweier weiterer sexueller Annäherungsversuche gegenüber Unteroffizieren beschuldigt. Diesmal setzte ihn das Truppendienstgericht in den Dienstgrad eines Obergefreiten herab.[157] Die Berufung des Wehrdisziplinaranwalts gegen beide als zu milde angesehenen erstinstanzlichen Urteile wurde vom Bundesdisziplinarhof zurückgewiesen.

---

[155] BVerwG, II WD, 35/63: Bundesdisziplinarhof, 2. Wehrdienstsenat, Urteil vom 14.10.1964, darin Bezugnahme auf das erstinstanzliche Urteil des Truppendienstgerichts vom 14.12.1962, gefunden auf <jurion.de>.
[156] Ebd.
[157] Ebd., darin Bezugnahme auf das weitere Urteil des Truppendienstgerichts vom 27.1.1964.

Erheblicher Alkoholkonsum »rettete« im Nachhinein vielen Soldaten das Verbleiben in den Streitkräften – trotz sexueller Vergehen gegen dienstgradniedere Soldaten ihres direkten dienstlichen Umfelds, so auch 1967 im Fall eines Stabsunteroffiziers. Dieser hatte nach einer Feier im Kameradenkreis spätabends zweimal einen bereits im Bett liegenden Gefreiten auf dessen Stube aufgesucht, dessen Glied angefasst und manipuliert. Kameraden bemerkten dies und machten Meldung. Disziplinare Ermittlungen wurden aufgenommen, Vorgesetzte gaben zudem an die Staatsanwaltschaft ab, schließlich war womöglich auch der Tatbestand der Paragrafen 175 und 175a erfüllt. Vor dem Schöffengericht gab der Angeklagte an, er könne sich an die ihm zur Last gelegten Vorgänge nicht mehr erinnern. Er sei zur Tatzeit »total betrunken gewesen«. Für das Schöffengericht in Wuppertal kam, auch wenn der Tatbestand des (einfachen) § 175 StGB verwirklicht worden sei, eine Verurteilung nach diesem wegen der Volltrunkenheit des Angeklagten nicht in Betracht. Es verurteilte ihn stattdessen wegen Vollrausches zu einer Geldstrafe von 450 DM, ersatzweise zu 30 Tagen Gefängnis.[158] Das Truppendienstgericht erkannte im Disziplinarverfahren in der Trunkenheit ebenfalls mildernde Umstände und sprach lediglich die geringstmögliche Dienstgradherabsetzung zum Unteroffizier aus. Dies war möglich, da die Richter keine Belege für eine tatsächliche gleichgeschlechtliche Veranlagung des Beschuldigten erkannten. Andernfalls hätte der Stabsunteroffizier keineswegs mit Milde rechnen können, wie zahlreiche andere Urteile zeigten. Dem Wehrdisziplinaranwalt aber war dies zu viel der Milde. Auf dessen Berufung änderte der Wehrdienstsenat das Disziplinarmaß auf Dienstgradherabsetzung um einen weiteren Dienstgrad hinunter zum Hauptgefreiten, aber nicht wegen etwaiger Homosexualität (»Der Beschuldigte ist bisher nicht in homosexueller Richtung in Erscheinung getreten«), sondern wegen dessen »unmäßiger Trinkerei«.[159]

Ein bis in die Details sehr ähnlicher Fall lag ein Jahr zuvor, 1966, dem Amtsgericht Köln zur Entscheidung vor. Die Kölner Richter mussten über einen Stabsunteroffizier urteilen, der nach Alkoholkonsum nachts die Stube der Mannschaften betreten, sich zu einem schlafenden Gefreiten ins Bett gelegt und sich an dessen Penis zu schaffen gemacht hatte – bis dieser erwachte und dem Treiben ein »energisches« Ende bereitete. Obgleich die Richter am Amtsgericht Zweifel an der Volltrunkenheit des Stabsunteroffiziers äußerten, verurteilten sie ihn *in dubio pro reo* nicht nach § 175 StGB, sondern wegen Vollrauschs nach § 330a StGB zu einer Geldstrafe von 300 DM.[160] Die Bundeswehrjuristen und Beisitzer schlossen sich der Wertung des Amtsgerichts an: Der Beschuldigte sei »vorher nie in dieser Richtung irgendwie aufgefallen«, sodass keine Neigungshomosexualität, sondern »einmaliges persönlichkeitsfremdes Fehlverhalten« angenommen wurde. Das Truppendienstgericht setzte den Stabsunteroffizier im Dienstgrad zum Hauptgefreiten herab.[161]

---

158 BVerwG, II WD, 39/68: BVerwG, 2. Wehrdienstsenat, Urteil vom 5.12.1968, darin Bezugnahmen auf die Urteile des Schöffengerichts II in Wuppertal vom 2.2.1968 sowie des Truppendienstgerichts E vom 24.7.1968, gefunden auf <jurion.de>.
159 Ebd.
160 BArch, Pers 12/45828: Urteil Amtsgericht Köln vom 4.3.1966.
161 Ebd., Truppendienstgericht A, Kammer 1a, Urteil vom 17.8.1966.

Trunkenheit riss auch bei einem Feldwebel an einem Montagabend im Oktober
1979 alle Hemmschwellen nieder – und verschaffte diesem zugleich ein mildes
Urteil. Etwaige homosexuelle Ambitionen des Feldwebels fielen aus der Abwägung
der Richter heraus. Jener habe lediglich im Rausch »den bösen Anschein erweckt, er
suche gleichgeschlechtliche Befriedigung bei Untergebenen«.[162] Als Dienstvergehen
fiel dagegen der durch übermäßigen Alkoholkonsum schuldhafte Verstoß gegen
die Pflicht zum achtungs- und vertrauenswürdigen Verhalten schwer ins Gewicht.
Zugunsten des Feldwebels sahen die Richter eine »gewisse Kontaktschwäche« und
»Labilität«. Diese und weitere Probleme »mögen in einem unentwirrbaren Knäuel
von Ursache und Wirkung miteinander verknüpft sein«. Folglich ließen die Richter
große, ja erstaunliche Milde walten: Beförderungsverbot für zweieinhalb Jahre und
Gehaltskürzung von 1/20 für ein Jahr; keine Dienstgradherabsetzung des Feldwebels.
Dieser war bereits vor der Verhandlung in eine andere Kompanie versetzt worden.
Sehr wahrscheinlich war er über das glimpfliche Urteil glücklich, keine Seite legte
Berufung ein.[163]

Glimpflich kam 1987 gleichfalls ein Oberfeldwebel davon. Er hatte sich nachts
auf seiner Unterkunftsstube an einem Mannschaftssoldaten seines Zuges vergangen – und ihn unter Einsatz seiner Körperkraft zum passiven Oralverkehr genötigt sowie zum aktiven Oralverkehr aufgefordert. Dem Kanonier gelang es, sich aus
dem Griff zu befreien und zu fliehen. Die Truppendienstrichter verurteilten den
Oberfeldwebel lediglich zur Herabsetzung des Dienstgrades zum Feldwebel. Ein
ähnlicher Vorfall würde nach heutigen Maßstäben zweifelsohne viel härter geahndet werden. Ob der Vorgesetzte heute im Dienst verbleiben könnte, darf bezweifelt
werden. Nicht so 1987: Die Truppendienstrichter sahen »keine Veranlassung«, bei
dem »in homosexueller Hinsicht noch nicht aufgefallenen Soldaten von einer seine
Persönlichkeit prägenden Neigung zur Homosexualität auszugehen und damit die
Frage einer Entfernung aus dem Dienstverhältnis aufzuwerfen«.[164] Vielmehr gingen
die Truppendienstrichter wie in zahlreichen anderen Fällen auch von einer lediglich
alkoholbedingten »Abirrung der Triebrichtung« aus und kamen so zu dem Schluss:
»Trotz schwerwiegender homosexueller Betätigung gegen den Willen des Zeugen«
sei der Oberfeldwebel weiterhin als Portepeeunteroffizier tragbar.[165]

Es stelle die Vertrauenswürdigkeit eines Soldaten in Vorgesetztenstellung ernsthaft in Frage, wenn er sich gleichgeschlechtlich mit einem anderen Soldaten, sei
es auch mit dessen Zustimmung, in einer militärischen Anlage betätige. Derartige
Verhaltensweisen zwischen einem Vorgesetzten und einem Untergebenen seien
geeignet, ein Abhängigkeitsverhältnis zu schaffen, das nicht nur der Disziplin abträglich sei, sondern den Vorgesetzten auch erpressbar mache. Zudem dürften die
im Regelfall zum Wohnen in der Kaserne verpflichteten Mannschaften nicht der

---

[162] BArch, Pers 12/45309: Truppendienstgericht Mitte, 5. Kammer, Urteil vom 26.6.1980.
[163] Ebd.
[164] Urteil der 8. Kammer des Truppendienstgerichts Nord, 18.8.1987, zit. in: BVerwG, 2 WD,
      63/67: Bundesverwaltungsgericht, 2. Wehrdienstsenat, Urteil vom 8.6.1988, Kopie in BArch,
      BW 1/531591.
[165] Ebd.

Gefahr ausgesetzt werden, durch Vorgesetzte gegen ihren Willen zum Objekt sexueller Begierden gemacht zu werden.[166] Diese klaren, grundsätzlichen Sätze sind im Berufungsurteil gegen einen Hauptfeldwebel aus dem Jahr 1990 zu finden.

Drei Jahre zuvor (solange zog sich das Disziplinarverfahren hin) hatte dieser sexuellen Verkehr mit einem Mannschaftssoldaten seiner Dienststelle gehabt. Der Gefreite und der Hauptfeldwebel leerten abends gemeinsam eine Flasche Wodka. Laut Urteil des Amtsgerichts führte dann der Hauptfeldwebel bei dem Gefreiten den Analverkehr durch, ohne Kondom. Nach dem Geschlechtsverkehr offenbarte der Gefreite das Geschehen einem Kameraden und meldete sich im Sanitätsbereich. Aufgrund der Meldung des Gefreiten wurde wegen des Vorwurfs des sexuellen Missbrauchs Widerstandsunfähiger (§ 179 StGB) ermittelt. Zum Dienstbeginn am nächsten Tag wurde der Hauptfeldwebel von Polizisten in Handschellen aus der Dienststelle abgeführt. Der Chef ließ die Soldaten antreten und informierte sichtbar betroffen über das Geschehene. Unter den Soldaten kursierte das Gerücht, der Hauptfeldwebel habe dem Gefreiten für den Sex Geld geboten oder bezahlt.[167] Das Amtsgericht sprach den Angeklagten 1988 vom Vorwurf des sexuellen Missbrauchs Widerstandsunfähiger frei. Der Vorwurf ließ sich nicht zweifelsfrei erhärten.[168]

Der Wehrdisziplinaranwalt führte sein Ermittlungsverfahren fort, 1990 wurde der Fall vor dem Truppendienstgericht verhandelt. Die Truppendienstrichter waren dabei an den Freispruch im Strafverfahren gebunden, die Juristen sprechen von einer »Sperrwirkung«. Im Disziplinarverfahren dürfen dann nur noch Sachverhalte berücksichtigt werden, die keine Tatbestandsmerkmale einer Straftat erfüllen. Daher war auch der Vorwurf, gegen den Willen des Gefreiten den Analverkehr vollzogen zu haben, nicht mehr Gegenstand der Urteilsfindung. Dennoch kamen die Richter zu dem Schluss, das Dienstvergehen wiege schwer. Durch eine »Reihe von Milderungsgründen« habe aber von einer Dienstgradherabsetzung abgesehen werden können, an erster Stelle nannten die Richter wieder einmal den erheblichen Alkoholkonsum des Beschuldigten. Das Urteil: Beförderungsverbot für knapp zwei Jahre.[169] Wie so oft werteten die Richter Trunkenheit als entlastenden Umstand.

Gegen dieses Urteil legte der Wehrdisziplinaranwalt Berufung ein. Nach der bisherigen Rechtsprechung der Wehrdienstgerichte hätte der Beschuldigte aus dem Dienst entfernt, zumindest aber im Dienstgrad herabgesetzt werden müssen. Angesichts einer »derartig massiven und intensiven homosexuellen Betätigung« könne dem Soldaten eine alkoholbedingte Enthemmung nicht »zugute« gehalten werden, zumal der damalige Gefreite von sich aus keinerlei auf ein homosexuel-

---

166 BArch, BW 1/531592: Urteil der 8. Kammer des Truppendienstgerichts Mitte vom 8.10.1990, wiedergegeben in BVerwG, 2 WD, 5/91: Bundesverwaltungsgericht, 2. Wehrdienstsenat, Urteil vom 30.7.1991.

167 Zeitzeugengespräch H., Bruck an der Großglocknerstraße, 2.8.2018. H. war damals Soldat der betreffenden Einheit.

168 BArch, BW 1/531592: Urteil des Amtsgerichts L, vom 6.6.1988, wiedergegeben in BVerwG, 2 WD, 5/91: Bundesverwaltungsgericht, 2. Wehrdienstsenat, Urteil vom 30.7.1991.

169 BArch, BW 1/531592: Urteil der 8. Kammer des Truppendienstgerichts Mitte vom 8.10.1990, wiedergegeben in BVerwG, 2 WD, 5/91: Bundesverwaltungsgericht, 2. Wehrdienstsenat, Urteil vom 30.7.1991.

les Handeln gerichtete Initiative entwickelt habe.[170] (Man beachte die vielsagende
Formulierung des »Zugutehaltens« von Alkoholkonsum.)

Doch auch der Wehrdienstsenat sah eine Reihe mildernder Umstände zugunsten des Beschuldigten, allen voran die gutachterliche Einschätzung, wonach beim
Beschuldigten keine »Neigungshomosexualität« habe festgestellt werden können.
»Die homosexuelle Betätigung des Soldaten entsprang vielmehr einer Abirrung
der Triebrichtung unter dem enthemmenden Einfluss von Alkohol«, sie galt folglich als »Ausrutscher«. Der Hauptfeldwebel sei zudem »dabei nicht brutal vorge-
gangen«, »es lag demnach auch keine ›Vergewaltigung‹ vor«. Alleine diese Wertung
und Formulierung des Gerichts erscheint nach heutigen Maßstäben unverständlich, ebenso die milde Disziplinarmaßname: »Unter Berücksichtigung aller be- und
entlastenden Gründe war der Senat der Auffassung, dass der Soldat trotz gewisser
Bedenken noch in der Dienstgradgruppe der Unteroffiziere mit Portepee belassen
werden könnte. Eine Degradierung zum Feldwebel war deshalb angemessen.«[171]

Zur Erinnerung: Verhandelt wurde der homosexuelle Geschlechtsverkehr mit
einem direkt unterstellten Mannschaftssoldaten gegen dessen Willen oder zumindest ohne dessen Einwilligung. Es dürfte für den gegen seinen Willen von seinem
Vorgesetzten anal penetrierten Soldaten reichlich unerheblich gewesen sein, ob
der Hauptfeldwebel ein »echter« Homosexueller war oder er ihn in »Abirrung der
Triebrichtung« unter Alkoholeinfluss missbrauchte. Aber Wiedergutmachung für
das Opfer des sexuellen Übergriffs stand nicht im Mittelpunkt des Interesses der
Disziplinarrichter. Vielmehr oder nahezu ausschließlich interessierte sie die Wahrung
von Ordnung und Disziplin in der Truppe. Und ein angeblich »nur« »verirrter« oder
betrunkener Täter galt in den Augen der Richter als deutlich kleinere Gefahr für die
Truppe als ein »echter« Neigungshomosexueller. Dabei fehlte dieser immer wieder in
Urteilen der Disziplinargerichte zu findenden Milde gegenüber Gelegenheitstätern –
idealerweise unter Alkoholeinfluss – die innere Logik. Auch angesichts des Interesses,
Ordnung und Disziplin in der Truppe zu wahren, waren alkoholisierte, »verirrte«
sexuelle Übergriffe auf Soldaten keine kleinere Gefahr als die gleichen Taten »echter Homosexueller«. Selbst jemand, der alkoholisiert andere belästigte oder tätlich
übergriffig wurde, konnte Wiederholungstäter werden. Es erscheint nüchtern betrachtet sogar deutlich wahrscheinlicher, dass ein zu übermäßigem Alkoholgenuss
Neigender wiederholt die Kontrolle über sich und seine »Gefühle« verliert und andere Soldaten belästigt oder angreift. Aber die Bundeswehrjuristen richteten ihre
harten Disziplinarmaßnahmen nahezu ausschließlich auf als »echte« Homosexuelle
erkannte Täter.

Das Urteil gegen den Hauptfeldwebel fand seinen Weg in die Presse – und wurde
scharf kritisiert. So titelte die *taz*: »Männerliebe gefährdet die Bundeswehr. BVG bestätigt ein Urteil gegen Analverkehr im Dienst«.[172] Die *BZ* berichtete im Juni 1992 im

---

[170] BArch, BW 1/531592, Begründung des Berufungsantrags des Wehrdisziplinaranwalts, wiedergegeben in BVerwG, 2 WD, 5/91: Bundesverwaltungsgericht, 2. Wehrdienstsenat, Urteil
vom 30.7.1991.
[171] BArch, BW 1/531592, BVerwG, 2 WD, 5/91: Bundesverwaltungsgericht, 2. Wehrdienstsenat,
Urteil vom 30.7.1991, ausführlich wiedergegeben und kommentiert auch in NZWehrr,
2/1992, S. 78 f.
[172] Männerliebe gefährdet die Bundeswehr, zit. nach Schwartz, Homosexuelle, S. 283.

boulevardtypischen Ton: »Sex-Urteil des Verwaltungsgerichts: Soldaten dürfen keine Männer lieben«. Die Redaktion konnte sich aber offenbar nicht entscheiden, ob sie nun das Urteil als diskriminierend skandalisieren sollte oder doch eher die Tat an sich. Es sei keine Vergewaltigung gewesen, hätten die Richter festgestellt, »denn der Untergebene sei nicht willenlos gewesen«, auch wenn er sich bedingt durch Alkohol und Müdigkeit nicht gegen den Analverkehr gewehrt habe. Der Hauptfeldwebel sei »glimpflich« davongekommen, befand die *BZ*, er sei nur zum Feldwebel degradiert worden. Ausschlaggebend für das Gericht seien der »enthemmende Einfluss von Alkohol« und die »überdurchschnittlichen Leistungen« des »bisher unbescholtenen« Hauptfeldwebels gewesen.[173] Unter der Rubrik »Meinung« griff die *BZ* das Urteil nochmals auf: »Bundeswehr = Mittelalter?« Es folgte eine Philippika gegen die Streitkräfte: Alle Menschen seien gleich, aber bei der Bundeswehr gelte dieser Grundsatz offenbar nicht. Anders sei das Urteil »gegen Männerliebe« nicht zu verstehen:

> »Wenn ein Gefreiter eine Sanitätssoldatin liebt, passiert nichts. Wenn ein Major mit seiner Sekretärin schläft, passiert nichts. Wenn sich ein Hauptmann mit seiner Bundeswehrzahnärztin vergnügt, passiert auch nichts. Aber wenn ein homosexueller Hauptfeldwebel mit einem Untergebenen Sex hat, fliegt er unehrenhaft aus der Armee oder wird mindestens degradiert. Wie im Mittelalter. Hat denn die Armee diese Schwulenhatz nötig? Sind wir denn nicht endlich in der Lage, Minderheiten zumindest zu tolerieren?«[174]

Worum ging es noch mal? Verhandelt und gerichtet wurde über Geschlechtsverkehr mit einem direkt unterstellten Mannschaftssoldaten gegen dessen Willen oder zumindest ohne dessen Einwilligung. Wenn man sich die Tat in Erinnerung ruft, liest sich der Kommentar der *BZ* sehr merkwürdig. So berechtigt das Anliegen auch war, die Restriktionen gegen Schwule in der Armee zu beenden, so deplatziert wirkt es in diesem Fall. Da hatte sich die Redaktion den falschen Fall für ihre moralische Anklage gegen die Bundeswehr ausgesucht. Es machte (und macht auch heute) einen großen Unterschied, ob ein Gefreiter eine Sanitätssoldatin liebt oder ob ein Vorgesetzter seinen Untergebenen sexuell bedrängt und wie in diesem Fall (mindestens) ohne dessen Einverständnis körperlich in ihn eindringt, ihn also vergewaltigt. Dieser Fall würde auch 2021 selbstverständlich disziplinarrechtlich und ggf. strafrechtlich geahndet werden. Der Täter, und als solchen muss man den Hauptfeldwebel nun mal bezeichnen, war kein Opfer der angeblichen Schwulenfeindlichkeit der Bundeswehr. Im Gegenteil: Er kam, wie es die *BZ* richtig feststellte, »glimpflich« davon. Die Disziplinarrichter haben wirklich alles für seine Entlastung Sprechende gesucht, gefunden und in die Waagschale gelegt. Die Ahndung dieser Tat als Beweis für angebliche »Schwulenhetze« und »Mittelalterlichkeit« der Bundeswehr herzunehmen, ging in jeder Hinsicht völlig fehl.

Die wundersame, strafmildernde Nebenwirkung von Alkohol war kein nur auf Prozesse gegen Soldaten beschränktes Phänomen. Auch andere wissenschaftliche Forschungen kamen zu gleichen Erkenntnissen.[175] Übermäßiger Alkoholkonsum

---

[173] Soldaten dürfen keine Männer lieben.
[174] Küthe, Bundeswehr = Mittelalter.
[175] Bormuth, Ein Mann, S. 51.

war aber nicht in allen Fällen gleichsam eine Carte blanche. Truppendienstrichter
konnten auch anders, härter urteilen.

Auf die angebliche Volltrunkenheit seines Mandanten verwies auch der Anwalt
eines Oberfeldwebels 1980 vor dem Truppendienstgericht Mitte in Koblenz. Dem
Oberfeldwebel wurden versuchte sexuelle Übergriffe in sechs Fällen angelastet. Die
verhandelten nächtlichen Übergriffe auf unterstellte Soldaten lagen schon Jahre zurück. Stets hatten sich die Soldaten gegen die Annäherungen des Oberfeldwebels gewehrt. Ein Gefreiter drohte, er und seine Kameraden würden ihm »bei Gelegenheit
das Passende verabreichen«.[176] Dieser Gefreite meldete den Übergriff im November
1976 an den diensthabenden Unteroffizier. In den anlaufenden Ermittlungen kam
dann eine ganze Reihe ähnlicher Vorfälle zur Sprache, die bis ins Jahr 1973 zu-
rückreichten, aber nicht gemeldet worden waren. Die Soldaten erklärten dies mit
ihrem guten kameradschaftlichen Verhältnis zu dem Beschuldigten oder mit befürchteten Nachteilen für ihre Bewerbung für die Laufbahn als Unteroffizier. Dies
wirft ein Licht auf die wahrscheinlich hohe Dunkelziffer von damaligen sexuellen
Übergriffen auf Soldaten, die aufgrund falsch verstandener Kameradschaft, befürchteter Nachteile oder aufgrund von Drohungen des Vorgesetzten nie gemeldet
und geahndet wurden. Nur einer von fünf betroffenen männlichen Soldaten melde
die sexuellen Übergriffe.[177] Im Fall dieses Oberfeldwebels brachten die disziplinaren Ermittlungen außerdem mehrere unwahre dienstliche Meldungen, finanzielle Unregelmäßigkeiten und einen besonders kuriosen Vorgang ans Licht: In einer
Diskothek beförderte der Oberfeldwebel um Mitternacht zwei Flieger seiner Einheit
zum Gefreiten – ohne jegliche Rechtsgrundlage und noch dazu in West-Berlin, wo
aufgrund alliierter Vorbehaltsrechte die Bundeswehr damals ohnehin nicht existierte.
(Der Beschuldigte beließ es nicht bei der mitternächtlichen Diskozeremonie, sondern trug die Beförderungen mit seiner Unterschrift auch in die Truppenausweise
ein.) Die lange Liste der Dienstvergehen mitsamt den sexuellen Übergriffen ahndete
das Truppendienstgericht mit der Entfernung aus dem Dienstverhältnis.

Ebenso wenig konnte vorangegangener Alkoholgenuss die Richter am Truppendienstgericht Süd in Ulm gnädig stimmen, von der schärfsten Disziplinarmaßnahme
abzusehen. Zu urteilen hatten sie 1980 über einen Hauptmann, der kurz vor der
Übernahme einer Kompanie gestanden hatte, als er sich selbst alles Berufliche
zerstörte. Die Anschuldigungsschrift listete fünf Vorfälle auf, in denen sich der
Offizier und Heimoffizier einer Offizierheimgesellschaft (OHG) an zwei Abenden
im Dezember 1978 und im März 1980 in sexueller Absicht Ordonanzen genähert haben soll. Penibel führte das Urteil die zuvor konsumierten Mengen an Bier,
Weinschorlen (»bestehend aus 1/8 Liter Wein und 1/8 Liter saurem Sprudel«),
Gespritztes (»Asbach mit Cola«), Schnaps und Cognac auf. Angetrunken berührte
er mehrere Ordonanzsoldaten an deren Oberschenkeln und versuchte erfolglos ihre
Uniformhosen zu öffnen. Die Soldaten wichen aus. Ein Soldat sagte später aus, er
habe zwar die Hand des Hauptmanns »immer wieder weggeschoben«, aber nicht

---

[176] BArch, Pers 12/45181, Urteil Truppendienstgericht Mitte, 1. Kammer, 31.3.1980.
[177] Auf dieses Problem der Ermittlungsbehörden wie der Statistiken machten Jahre später (2006)
      die *New York Times* (Phillips, More than 100,000 men have been sexually assaulted) und in
      deren Folge *Der Spiegel* aufmerksam; siehe auch eingangs zum Kap. III.9.

»gewagt«, »mehr zu unternehmen, aus Angst vor dienstlichen Nachteilen«.[178] Nach beiden Abenden näherte sich der Offizier nachts den in der Unterkunftsstube der OHG übernachtenden Soldaten. Die Soldaten wichen seinen Berührungsversuchen aus, einer wehrte diese mit einem Faustschlag ab. Ein Sachverständiger attestierte dem Beschuldigen verminderte Schuldfähigkeit infolge starken Alkoholgenusses. Das Gericht schloss sich dem Gutachten an, doch reichten die »Milderungsgründe« nicht aus, von der schärfsten Disziplinarmaßnahme abzusehen. »Ein Hauptmann, der in mehreren Fällen sich an 19- bis 21-jährigen Mannschaftsdienstgraden vergreift, beeinträchtigt damit das Vertrauen seines Dienstherrn in seine Sauberkeit und Anständigkeit im dienstlichen Bereich so gravierend, dass er in der Regel für die Bundeswehr nicht mehr tragbar ist.«[179]

Die Bundeswehr sei es auch den Eltern von Soldaten schuldig, »alles zu tun, um ihre zumeist recht jungen und unerfahrenen Söhne vor homosexuellen Angriffen durch Vorgesetzte zu schützen«.[180] Dieser Begründung ist nichts hinzufügen. Sie hat völlig unabhängig von der sexuellen Orientierung auch heute ihre volle Berechtigung. Das Urteil der Ulmer Truppendienstrichter aber war im Vergleich zu ähnlichen oder gar deutlich schwereren Fällen sexueller Übergriffe auffallend hart. Die Urteilsbegründung las sich wie viele ähnlich gelagerte, die zu milderen gerichtlichen Disziplinarmaßnahmen geführt hatten. Ausschlaggebend dürfte die im Urteil ausdrücklich erwähnte Wiederholungsgefahr gewesen sein. Der »latent homosexuelle« Offizier laufe Gefahr, nach Alkoholkonsum erneut übergriffig zu werden. Dieses Risiko könne der Dienstherr nicht eingehen.

Über einen sehr ähnlich gelagerten Fall hatten die Richter des Truppendienstgerichts in Münster 1983 zu entscheiden. Vor ihnen stand wiederum ein Hauptmann und Kompaniechef. Die Anschuldigungsschrift warf ihm sieben detailliert ermittelte sexuelle Übergriffe gegen Mannschaftsoldaten seiner Kompanie innerhalb eines halben Jahres vor. Der im fünften Vorfall attackierte Soldat meldete das Geschehene im März 1982 seiner Vertrauensperson. Diese entgegnete, sie habe schon Ähnliches gehört, es sei eine »prekäre Lage«. Ja, die Lage war »prekär«: Noch in derselben Nacht wurde der Hauptmann gegen zwei weitere Soldaten übergriffig. Laut Urteil suchten der Kompaniefeldwebel und die Vertrauenspersonen der Mannschaften und Unteroffiziere nach einer Lösung, die Vorfälle zu melden, »ohne dass jemand von ihnen selber dabei zu Schaden käme«.[181] Wie schwer sich der Kompaniefeldwebel und die Vertrauenspersonen mit der Meldung über ihren Chef taten, zeigt schon der Zeitablauf: Nach den drei Vorfällen in der Märznacht dauerte es noch bis Anfang Juli, bis dem Hauptmann die Ausübung des Dienstes verboten wurde. Im Juni 1983 verhandelte das Truppendienstgericht. Es fand deutliche Worte: Junge Wehrpflichtige müssten erwarten können, »nicht den persönlichen

---

[178] Urteil des Truppendienstgerichts Süd, 1. Kammer, vom 7.10.1980, Az S 1–VL 10/80.
[179] Ebd.
[180] Ebd.
[181] BArch, BW 1/531591, Urteil der 14. Kammer des Truppendienstgerichts Nord vom 21.7.1983. Die sexuellen Übergriffe geschahen in einer Kaserne, die nach dem preußischen Kriegsminister General Karl von Einem benannt war. Von Einem trat als Verfechter einer besonders harten Linie gegen homosexuelle Offiziere hervor. Dazu ausführlich im Kap. *Zuvor. Anmerkungen zum Umgang früherer deutscher Streitkräfte mit Homosexualität.*

Begierden ihrer Vorgesetzten ausgesetzt zu werden«.[182] Die von der Verteidigung angeführte Liberalisierung des Sexualstrafrechts in Bezug auf Homosexualität kön-ne auf die Bundeswehr nicht angewandt werden. Letzteres war eine unglückliche Formulierung, denn selbstverständlich galt die Entkriminalisierung der einfachen Homosexualität auch für Soldaten und für die Streitkräfte. Die Bundeswehr kannte und kennt keine Militärstrafgerichtsbarkeit, wohl aber ein internes Disziplinarrecht – und dieses meinten die Richter sicherlich. Vor allem aber konnte die Liberalisierung des Sexualstrafrechts nicht als Entschuldigung sexueller Übergriffe herhalten. Konsequent das Urteil: Der Hauptmann sollte aus dem Dienstverhältnis entfernt werden.[183] Sein Anwalt legte Berufung ein – und scheiterte damit: Zwar sah der Wehrdienstsenat in den herausragenden dienstlichen Leistungen und mal wieder im Alkoholkonsum vor den Taten Milderungsgründe; »angesichts der Eigenart und Schwere seiner Verfehlung genügten diese Milderungsgründe aber nicht, um von der disziplinaren Höchstmaßnahme absehen zu lassen«.[184] Trotzdem beließen die Richter dem Hauptmann seinen Dienstgrad für die Reserve.

Der Schutz junger Wehrpflichtiger in den Kasernen vor »gleichgeschlechtlicher Verführung« war 1984 Thema im Deutschen Bundestag. Auf die entsprechende, im Protokoll mit »Lachen bei der SPD und den Grünen«[185] vermerkten Frage ei-nes CDU-Abgeordneten antwortete der Parlamentarische Staatssekretär Würzbach (ebenfalls CDU):

> »Ich meine, die eine oder andere Reaktion soeben erlebend, dass dies eine ganz ernste Frage ist. (Beifall bei der CDU/CSU) Denn wie würde einer von uns, von Ihnen, von den Eltern der Wehrpflichtigen reagieren, wenn sie berichtet bekommen müssen, dass ein Wehrpflichtiger einen Unteroffizier, einen Offizier, einen Vorgesetzten hat, der in einer bestimmten Form versucht, ein Abhängigkeitsverhältnis [...] auf diesem Gebiet herzustellen?«

Würzbach stellte im weiteren Verlauf der Debatte ausdrücklich klar, dass »solches [einvernehmliches homosexuelles] Betätigen [unter Erwachsenen] vom Gesetz her straffrei gestellt wird; darüber gibt es keinen Streit, keine zwei Meinungen.«

d) »Warum melden Sie diesen Vorfall erst nach über einem halben Jahr?« Ermittlungen gegen Offiziere der Marine

Ihm sei das Thema peinlich gewesen, zumal er nicht wusste, ob die Untersuchung im Intimbereich »rechtmäßig oder nicht rechtmäßig«[186] war, antwortete ein Gefreiter im Dezember 1989 auf die Frage des vernehmenden Offiziers, warum er den Vorfall erst nach über einem halben Jahr gemeldet habe. Er sei davon ausgegangen, dass die vermeintliche »Hygieneuntersuchung« korrekt gewesen sei, antwortete ein Maat auf

---

182 Ebd.
183 Ebd.
184 BArch, BW 1/531591, BVerwG, 2 WD, 57/83: Bundesverwaltungsgericht, 2. Wehrdienstse-nat, Urteil vom 25.7.1984, Kopie in.
185 Deutscher Bundestag, 10. Wahlperiode, 47. Sitzung, 19.1.1984, stenographisches Protokoll, S. 3378, auch im Folgenden.
186 BArch, Pers 12/46028, Truppendienstgericht Nord, 10. Kammer, Verfahrensakte Az N10 VL 9/90, Niederschrift über die Vernehmung eines Zeugen, 12.12.1989.

die gleiche Frage. Erst an einem Abend im November 1989 habe er von anderen Soldaten an Bord erfahren, dass sie ähnlich »untersucht« worden seien. Der Kreis der von den Untersuchungen ihrer Intimbereiche Betroffenen wurde schnell größer. Schließlich fragte ein Maat im Sanitätsbereich des Stützpunktes nach, ob derlei Untersuchungen zulässig seien. Der Sanitätsmeister wurde hellhörig; nein, das seien sie nicht. Die Vertrauensperson der Unteroffiziere erstattete im Dezember Meldung. Ein Hauptgefreiter gab in seiner Zeugenvernehmung zu Protokoll, er habe erst am Vortag erfahren, dass auch andere Besatzungsangehörige betroffen gewesen seien, und habe sich daher zur Meldung entschlossen.

Die Ermittlungen brachten weitere vier Fälle ans Licht: Ein Maat erklärte sein Unterlassen einer Meldung damit, dass er das Verhalten des Offiziers für einen »Ausrutscher« gehalten habe, zudem sei ihm der Vorfall peinlich gewesen. Ein anderer Maat, dem der Offizier über einen längeren Zeitraum besonders intensiv nachgestellt hatte und der dessen Drängen auf Sex schließlich einmal nachgab, erklärte dem Ermittler, er sei froh, dass »die Sache jetzt raus« sei.[187] Noch am Tag vor seiner Zeugenvernehmung habe ihn der beschuldigte Offizier vor einer Meldung gewarnt: »Sie werden sehen, was Sie davon haben!«[188] Der beschuldigte Offizier wurde aus der Besatzung herausgelöst und in einen Stab kommandiert. Der ermittelnde Offizier beantragte die Einleitung eines disziplinargerichtlichen Verfahrens gegen den Offizier, da eine einfache Disziplinarmaßnahme nicht ausreichend erscheine.[189]

Zugleich gab der ermittelnde Kommandant den Fall wegen des Verdachts des Missbrauchs der Befehlsbefugnis zu unzulässigen Zwecken (Straftat nach § 32 Wehrstrafgesetzbuch) an die Staatsanwaltschaft ab. Anfang Februar 1990 enthob der Befehlshaber der Flotte den Offizier vorläufig des Dienstes und verbot ihm, Uniform zu tragen. In den weiteren Ermittlungen des Wehrdisziplinaranwalts konkretisierten drei Betroffene ihre ersten Zeugenaussagen und belasteten den Beschuldigten damit noch stärker. Sie gaben zur Erklärung der früheren unvollständigen Aussagen ihre große Scham an, das Geschehen sei ihnen noch immer »außerordentlich peinlich«.[190] Und: »An Bord eines Kriegsschiffes wagt es keiner, einem Vorgesetzten so ohne Weiteres zu widersprechen.«[191] Die nichtöffentliche Hauptverhandlung des Truppendienstgerichts Nord in Hamburg im Juni 1990 bestätigte die Vorwürfe vorgeblicher »Hygieneuntersuchung« mit Berührungen im Intimbereich von sieben Soldaten, des gegenseitigen sexuellen Kontakts mit einem direkt unterstellten Soldaten sowie eines weiteren versuchten, aber abgewehrten sexuellen Kontakts. Für die Kammer bestand kein Zweifel, dass der Offizier seine Dienststellung ausgenutzt und seine Befehlsbefugnis missbraucht hatte, um seine Ziele zu erreichen. In einigen Fällen habe er die Soldaten über die Bordlautsprecheranlange zu sich befohlen. »Ein

---

187 Ebd., Niederschrift über die Vernehmung eines Zeugen, 13.12.1989.
188 Ebd.
189 BArch, Pers 12/46028, Truppendienstgericht Nord, 10. Kammer, Verfahrensakte Az N10 VL 9/90, Antrag auf Einleitung eines disziplinargerichtlichen Verfahrens, 18.12.1989.
190 »Ich habe mich bei dieser [ersten] Vernehmung geniert, dies so klar zum Ausdruck zu bringen.« BArch, Pers 12/46028, Wehrdisziplinaranwalt beim Truppendienstgericht Nord für den Bereich der Flotte, Zeugenvernehmungen vom 14.3.1990.
191 Ebd., Wehrdisziplinaranwalt beim Truppendienstgericht Nord für den Bereich der Flotte, Zeugenvernehmungen vom 19.3.1990.

Soldat, der die Menschenrechte seiner Untergebenen gröblichst verletzt, ist daher für die Streitkräfte nicht mehr tragbar.«[192] Das Gericht entschied, den Berufsoffizier aus dem Dienstverhältnis zu entfernen. Der Offizier legte keine Berufung gegen das Urteil ein.

Dass die für Disziplinarsachen zuständigen Richter hart durchgriffen, belegt auch ein Fall aus den 1990er Jahren, der hier der zeitlichen Nähe zu den Vorkommnissen und des herausgehobenen Dienstpostens des Beschuldigten wegen nur abstrakt skizziert werden kann: Der hochrangige Kommandant suchte über einen Zeitraum von knapp zwei Jahren wiederholt intime Kontakte zu einem Mannschaftssoldaten unter seinem direkten Kommando. Die detaillierte Anschuldigungsschrift des Wehrdisziplinaranwalts legte ihm unter anderem vier konkrete Handlungen versuchter und tatsächlich erfolgter, sexuell motivierter Berührungen des Geschlechtsteils dieses Soldaten zur Last, die der Betroffene stets abwehrte. In einem Fall jedoch kam es mit Zustimmung und aktivem Zutun des Soldaten zu tatsächlichen sexuellen Handlungen. Das Gericht stellte in seiner Beweisaufnahme fest, dass in diesem konkreten Fall die Initiative einzig vom Mannschaftssoldaten ausgegangen sei, und wertete dies zugunsten des Beschuldigten.[193]

Der Fall des liebenstrunkenen Kommandanten erinnert an ähnliche Vorkommnisse in der Historie älterer Heere und Flotten, die oftmals in die Literatur Eingang gefunden haben. So ließ Max René Hesse in seinem in der Reichswehr spielenden Roman den vor Leidenschaft für einen Fähnrich seines Regiments ins Verderben rennenden Oberleutnant gegenüber seinem Kompaniechef gestehen: »Ich kann ohne den Jungen nicht mehr leben. Ich muss den Jungen hören und sehen [...] Das ist der tiefste, betörendste Trank, den das Leben mischt. Das ist der Zauber. Ich kann nicht − −.«[194] Ähnliche, wenn auch modernere Worte der Leidenschaft fand der 1998 vor dem Truppendienstgericht stehende Kommandant: Er sei »emotional auf den Gefreiten abgefahren«.[195] Im Roman riet, nein: drängte der Kompaniechef seinen Oberleutnant, als Ausweg die Ehe mit einer Dame der Umgebung zu schließen. In der Bundeswehr der 1990er Jahre konnte und durfte es so ein Arrangement nicht geben. Hier war einem Mannschaftssoldaten von seinem Kommandanten über Monate nachgestellt worden; hier lagen wiederholt sexuelle Belästigungen eines unterstellten Soldaten vor, keine unschuldige Liebesträumerei; und es war nicht die einzige Beschuldigung. Schwer wog der weitere Vorwurf der »teils vollendeten, teils versuchten sexuellen Belästigung von drei zur eigenen Besatzung gehörenden Mannschaftsdienstgraden in sieben nachgewiesenen Einzelfällen«. Der Kommandant suchte wiederholt nachts den Schlafbereich der Mannschaften an Bord auf und versuchte, die schlafenden Soldaten an deren Genitalien zu berühren.

---

192 Ebd., Truppendienstgericht Nord, 10. Kammer, Urteil vom 27.6.1990.
193 10. Kammer des Truppendienstgerichts Nord, Urteil vom 16.1.1998, zit. in: BVerwG, 2 WD, 15/98: Bundesverwaltungsgericht, 2. Wehrdienstsenat, Urteil vom 23.2.1999, gefunden auf <jurion.de>.
194 Hesse, Partenau, S. 242 f.
195 Hier und im Folgenden: 10. Kammer des Truppendienstgerichts Nord, Urteil vom 16.1.1998, zit. in: BVerwG, 2 WD, 15/98: Bundesverwaltungsgericht, 2. Wehrdienstsenat, Urteil vom 23.2.1999.

Die Richter am Truppendienstgericht befanden den Stabsoffizier für schuldig und sprachen eine Entfernung aus dem Dienstverhältnis aus. Die Berufungsverhandlung sah die Vorwürfe als erwiesen an und bestätigte das erstinstanzliche Urteil. Die Richter fanden deutliche Worte:

> »Nach Art. 1 Abs. 1 GG ist die Würde des Menschen unantastbar. Sie zu achten und zu schützen, ist Verpflichtung aller staatlichen Gewalt. Dieses Gebot kann innerhalb und außerhalb der Streitkräfte nicht unterschiedlich gehandhabt werden. Es bildet auch die Grundlage der Wehrverfassung der Bundesrepublik Deutschland (§ 6 SG) und bedarf im militärischen Bereich sogar besonderer Beachtung. Eine homosexuelle Annäherung, Zudringlichkeit und Betätigung stellt regelmäßig eine ehrverletzende Behandlung von Kameraden dar, untergräbt deshalb die Kameradschaft, auf der der Zusammenhalt der Bundeswehr nach § 12 Satz 1 SG wesentlich beruht, zerstört die Autorität des Vorgesetzten und beeinträchtigt die Gehorsamsbereitschaft der Untergebenen.«

Der Stabsoffizier habe »durch sein Gesamtfehlverhalten sein Ansehen als Vorgesetzter nachhaltig erschüttert und einen erheblichen Autoritätsverlust erlitten«. Die daraus entstandene Unruhe habe das innere Gefüge des unterstellten Bereichs beeinträchtigt, die Einsatzbereitschaft und damit letztlich die Kampfkraft gefährdet.

Dem Verfasser dieser Studie stellte sich die Frage, wie ein solches, im unterstellten Bereich nicht unbemerkt gebliebenes Verhalten des höchsten Offiziers über fast zwei Jahre weiterlaufen konnte, ohne dass jemand eingriff. Eine mögliche Antwort liegt im hohen Ansehen des Offiziers und seiner fachlichen Kompetenz. Die Urteilsbegründung erwähnt unter anderem, die von den nächtlichen Übergriffen betroffenen Soldaten hätten dem Offizier in Anwesenheit seines Stellvertreters »›das Vertrauen ausgesprochen‹ und ihn gebeten, sein Kommando nicht zur Verfügung zu stellen, ›weil er eigentlich ein guter Kommandant sei‹.«

Dies erinnert an die 1908 unter dem Pseudonym Karl Franz von Leexow, einem »Kenner der Materie«, veröffentlichte Abhandlung über Homosexualität beim Militär, in der ein Unteroffizier auf die Frage, »ob denn nicht leicht von den Mannschaften geschlechtliche Dinge ausgeplaudert würden, die von konträren Offizieren vielleicht einmal im Rausche begangen werden«, erwidert: »Wir werden doch nicht die besten Offiziere verraten.«[196]

Eine juristische Fachzeitschrift äußerte sich 1999 zum obigen Urteil wie folgt: »Ein Soldat, der als Kommandant eines Schiffes und Disziplinarvorgesetzter eine persönlichkeitsprägende Neigungshomosexualität durch homosexuelle Handlungen gegenüber seinen Untergebenen offenbart, ist in der Truppe untragbar geworden und aus dem Dienstverhältnis zu entfernen.«[197]

---

[196] Leexow, Armee und Homosexualität, S. 109–111, auch zit. in: Hirschfeld, Von einst bis jetzt, S. 150.
[197] Neue Zeitschrift für Verwaltungsrecht – Rechtsprechungs-Report Verwaltungsrecht (NVwZ-RR), 11+12/1999, S. 513 f.

10. Statistische Zusammenfassungen

Belastbare statistische Erhebungen zu strafrechtlich und/oder disziplinar wegen homosexueller Handlungen geahndeten Soldaten finden sich in den Quellen nur vereinzelt für zeitlich, räumlich und organisatorisch begrenzte Bereiche.

a) 1956 bis 1966

Im Jahre 1966 teilte ein Oberst der Personalabteilung des BMVg mit, von 1956 bis 1965 habe die Bundeswehr gegen 36 Offiziere Disziplinarverfahren wegen homosexueller Betätigung eingeleitet. Wie diese Verfahren abgeschlossen wurden, ließ der Oberst offen. Zudem habe seine Abteilung 1964 und 1965 insgesamt 182 Disziplinarverfahren[198] wegen derartiger Vorfälle gegen Unteroffiziere und Mannschaften vermerkt. Bei einem Personalumfang von 450 000 Soldaten seien diese Zahlen »weder alarmierend noch bedenklich«.[199] Ein Oberstarzt hielt es für »eindrucksvoll«, dass, obgleich vier Prozent aller Männer als homosexuell galten, nur gegen sehr wenige Soldaten wegen derartiger Verhaltensweisen ein Disziplinarverfahren eröffnet wurde. Er stellte die Frage, »ob die anderen nicht ertappten homosexuellen Soldaten auch sonst ihren Dienst unauffällig verrichten« würden. Ein mit dem Thema befasster Psychologe versuchte den vermeintlichen Widerspruch damit zu erklären, dass wohl die Annahme von vier Prozent homosexueller Männer falsch sei. Bei den Musterungen würde man »bei wesentlich weniger Männern eine konstante Homosexualität« feststellen. Die aus heutiger Perspektive naheliegende Erklärung, dass sich die Mehrheit der gleichgeschlechtlich veranlagten Männer während des Militärdienstes unauffällig verhalten habe, hielt der Professor 1966 für unwahrscheinlich, ja ausgeschlossen, denn das sei »den meisten konstant homosexuellen Männern unmöglich«.

Eine interne Statistik der Marine über Vergehen nach § 175 StGB weist für 1963 56 verurteilte Marinesoldaten aus, für das Folgejahr vier und für 1965 nochmals 13.[200] Die jährlichen Schwankungen sind bemerkenswert, signifikant ist die im Vergleich extrem hohe Zahl von Verurteilungen 1963. Das Papier versuchte eine Erklärung für die erstaunlich hohen Zahlen in besagtem Jahr abzugeben: So seien darunter auch Fälle von sexuellen Handlungen oder »bloße Spielereien« unter Kameraden, ohne vorliegende konstante Homosexualität. Diese Fälle müssten »gerechterweise« aus der Statistik der Marine herausgerechnet werden, forderte der Marinejurist. Er erwähnte den Fall eines Hauptgefreiten, der auf einem Küstenwachboot »auf eigene Faust versuchte festzustellen, ob zwei ihm verdächtig vorkommende Kameraden homosexuell veranlagt seien«, und angeblich nur zu diesem Zweck selbst sexuell aktiv wurde.

---

[198] Ob darunter gerichtliche oder einfache Disziplinarverfahren oder alles fiel, geht aus dem Papier nicht hervor.

[199] Hier und im Folgenden BArch, BW 24/3736: BMVg, InSan: Arbeitstagung zur Beurteilung der Wehrdiensttauglichkeit und Dienstfähigkeit Homosexueller, 1966, hier Bl. 94.

[200] Für jedes der drei Jahre verzeichnen die Quellen zudem je vier Freisprüche oder Verfahrenseinstellungen. BArch, BW 24/3736: Erfahrungen mit homosexuellen Soldaten in der Marine. In: BMVg, InSan: Beurteilung der Wehrdiensttauglichkeit und Dienstfähigkeit Homosexueller, 1966, S. 64–77, hier S. 73.

Aber: »Alle drei Soldaten belasten die Statistik«, ebenso wie vier Marinesoldaten, die sich in Wilhelmshaven »im angetrunkenen Zustand gegen Dollar von einem englischen Seemann anheuern und zur Unzucht missbrauchen« ließen: »Alle vier Marinesoldaten wurden nach § 175 StGB verurteilt, obwohl keiner von ihnen homosexuell veranlagt war.«[201] Die in den Folgejahren stark gesunkene Zahl der Verurteilungen erklärte die Marine auch mit Entlassungspraxis. Es habe sich in der Marine »herumgesprochen«, dass die Stammdienststelle »großzügig« entließ, wenn Verdachtsmomente auf homosexuelle Veranlagung vorlägen. Dies hatten nicht Wenige genutzt, um die Marine zu verlassen.[202] Unausgesprochen sollte das wohl heißen: Ohne den Status als Soldat belasteten etwaige spätere Verurteilungen nicht mehr die Statistik der Marine.

Bei einer Personalstärke der Marine von 26 000 Mann entsprach dies 1963 einem Anteil von 0,2 Prozent, 1965 lag der Anteil der nach § 175 StGB verurteilten Marinesoldaten bei einem Personalumfang von 31 000 Mann bei 0,04 Prozent. Diese Berechnungen stützten die Einschätzung des Juristen von 1966, es gebe »in der Marine keine Anzeichen, [...] dass Homosexualität beunruhigende Ausmaße anzunehmen droht«.[203] Ungeachtet des statistisch kaum messbaren Anteils betonte der Marinejurist den von ihm und seinen Kollegen verfolgten Grundsatz der strengen Ahndung solcher Vorfälle. Heute würde man dafür wohl den Begriff »Null-Toleranz-Strategie« verwenden. In der Sprache des Jahres 1966 klang das so:

> »Es gilt ganz einfach, die Beziehungen zwischen Mann und Mann von sexuellen Einflüssen reinzuhalten. Die Erfahrungen haben gezeigt, dass sich bei längerem Aufenthalt an Bord von Schiffen infolge des engen Zusammenlebens besonders leicht Kontakte zwischen homosexuell veranlagten und homosexuell anfälligen Personen ergeben können, die in vielen Fällen zu einem sexuellen Hörigkeitsverhältnis führen (Nesterbildung). Diese Hörigkeits- und Abhängigkeitsverhältnisse, die sich auch zwischen Vorgesetzen und Untergebenen bilden können, zerstören nicht nur die Kameradschaft innerhalb der engen Lebensgemeinschaft an Bord eines Schiffes, sondern auch im wahrsten Sinne des Wortes die Manneszucht.«[204]

Der Marinejurist nannte als Beispiel ein Minensuchboot, auf dem sich mehrere Soldaten, die homosexuelle Veranlagung eines Obermaats ausnutzend, »gegen entsprechende Gefälligkeiten wachfrei verschafften«.[205] Die Abgabe eines homosexuellen Vorfalls, der während der Dienstzeit stattgefunden oder den dienstlichen Bereich berührt hatte, an die Staatsanwaltschaft, stand für den Juristen außer Frage. Er beklagte aber das inkonsequente Meldeverhalten von Soldaten wie auch von Vorgesetzten. Aufgrund seiner Ermittlungen als Wehrdisziplinaranwalt wisse er, »wie groß aus falsch verstandener Kameradschaft die Scheu einiger Soldaten ist, homosexuelle Annäherungsversuche eines Kameraden zu melden«.[206] Auch Disziplinarvorgesetzte scheuten nicht selten vor der Abgabe an die Staatsanwaltschaft zurück. Nach

---

[201] Ebd., S. 76.
[202] Ebd., S. 70.
[203] Ebd., S. 76.
[204] Ebd., S. 65.
[205] Ebd.
[206] Ebd., S. 74.

Einschätzung des Juristen lag die Dunkelziffer bei der Marine bei rund 25 Prozent, während sie für Vergehen nach § 175 StGB im zivilen Bereich bei 99 Prozent liege.[207]

Für 1964 liegen auch Zahlen für den Wehrbereich I, also teilstreitkräfteübergreifend für die Bundesländer Schleswig-Holstein und Hamburg, vor. Demnach wurden neun Soldaten rechtskräftig nach § 175 und weitere fünf nach 175a StGB verurteilt.[208]

Im Zuge der Debatte um die Strafrechtsreform erstellten die BMVg-Juristen für 1965 und 1966 eine Übersicht über die Zahl der nach dem Sexualstrafrecht verurteilten Soldaten. 1965 kam es nach § 175 StGB zu 38 Verurteilungen (davon zwei Offiziere, vier Unteroffiziere und 32 Mannschaften), acht Freisprüchen und zu einer Verfahrenseinstellung; nach § 175a StGB (Schwere Unzucht zwischen Männern) zu sechs Verurteilungen (davon vier Unteroffiziere und zwei Mannschaften) und zu zwei Freisprüchen. 1966 sah die Statistik wie folgt aus: Verurteilungen nach § 175 StGB: 39 (davon ein Offizier, zehn Unteroffiziere und 28 Mannschaften), drei Freisprüche, zwei Verfahrenseinstellungen; und nach § 175a StGB: acht Verurteilungen (davon fünf Unteroffiziere und drei Mannschaften), ein Freispruch.[209] Die Zahlen für 1965 und 1966 zeigen in ihren geringen Abweichungen eine Kontinuität von jährlich rund 45 verurteilten Soldaten.

Neben der Strafjustiz drohte schwulen Soldaten auch das bundeswehrinterne Disziplinarrecht, auch wenn Gerichte die Männer rechtskräftig freigesprochen hatten. Dazu der bereits zitierte Marinejurist 1966: »Die Bundesmarine hat in allen Fällen unsittlichen Verhaltens zwischen Männern disziplinar scharf durchgegriffen und personalrechtliche Konsequenzen auch da gezogen, wo ein ordentliches Strafgericht freigesprochen oder das Verfahren wegen Geringfügigkeit eingestellt hat.«[210] Der Jurist wurde etwas konkreter: Entlassen wurden sowohl der »aktive Teil« als auch der »andere, der sich zu Unzuchtshandlungen missbrauchen ließ« – und dies »ohne Rücksicht darauf, ob die Täter nachweisbar homosexuell veranlagt sind oder nicht«.[211]

b) 1976 bis 1991/92

Über bundeswehrinterne einfache oder gerichtliche Disziplinarmaßnahmen geben die Quellen nur vereinzelt und zeitlich eng begrenzte Auskunft. Belastbare Zahlen liegen für den Zeitraum 1981 bis 1992 vor. In Vorbereitung der Sitzung des Verteidigungsausschusses im September 1982 fragte das Ministerium bei den Teilstreitkräften die aktuellen Zahlen ab. Die Marine habe für 1981 »keine Fälle von Homosexualität erkannt bzw. gemeldet«, im ersten Halbjahr 1982 zwei Fälle.

[207] Ebd.
[208] Ebd., S. 56–63, hier S. 57.
[209] BArch, BW 1/187212, Übersicht »Abgeurteilte Soldaten nach §§ 172, 175, 175a und 175b 1965/1966«, ohne Verfasser und Datum.
[210] BArch, BW 24/3736: Erfahrungen mit homosexuellen Soldaten in der Marine. In: BMVg, InSan: Beurteilung der Wehrdiensttauglichkeit und Dienstfähigkeit Homosexueller, 1966, S. 64–77, hier S. 67.
[211] Ebd.

»Insgesamt jedoch existiert das Problem ›Homosexualität‹ in der Marine nicht.«[212]
Die Luftwaffe meldete für 1981 einen nach § 175 StGB (also für homosexuelle
Handlungen mit Minderjährigen) verurteilten Wehrdienstleistenden. Als perso-
nalrechtliche Maßnahmen wurden für 1980 und 1981 vermerkt: eine Entlassung
nach § 55 Abs. 5 SG, eine Entlassung nach § 29 Abs. 1 Wehrpflichtgesetz sowie
zwei Disziplinarmaßnahmen in Form von 21 bzw. sieben Tagen Arrest.[213] Der
Führungsstab des Heeres meldete, ihm lägen keine Zahlen vor, er nutze aber von
Neuem die Gelegenheit, Grundsätzliches zu Papier zu bringen.[214]

Im Oktober 1991 forderte das Bundesverteidigungsministerium von den drei
Truppendienstgerichten statistische Daten der in den zehn Jahren zuvor ergangenen Urteile im Zusammenhang mit »Homosexualität in den Streitkräften«, so der
vom BMVg formulierte Betreff.[215] Das Truppendienstgericht Nord in Münster/
Westfalen meldete für die Jahre 1981 bis 1991 28 Fälle und handschriftlich ergänzt für 1992 nochmals drei weitere: 1981 wurden ein Hauptmann in der
Funktion als Kompaniechef sowie zwei Hauptfeldwebel in einem gerichtlichen
Disziplinarverfahren verurteilt. Dem Kompaniechef wurde Fehlverhalten gegenüber
zwei Mannschaftssoldaten seiner Einheit vorgeworfen, die dafür ausgesprochene
Disziplinarmaßnahme sah wie folgt aus: Beförderungsverbot für zwei Jahre sowie
eine Gehaltskürzung von einem Zwanzigstel für ein Jahr, eine im Vergleichsmaßstab
recht milde Strafe. Ein Kompaniefeldwebel war gegenüber insgesamt sieben Soldaten
seiner Kompanie sexuell übergriffig geworden: Dienstgradherabsetzung um zwei
Dienstgrade zum Feldwebel. Einem weiteren Hauptfeldwebel wurden sieben Fälle
sexueller Übergriffe zur Last gelegt. Opfer waren ihm direkt unterstellte Soldaten
seines Zuges: Er erhielt als Strafe ein Beförderungsverbot für zwei Jahre sowie eine
Gehaltskürzung von einem Zehntel für ein Jahr, wiederum eine recht milde Strafe.
Welche Vergehen dem Hauptmann und dem Hauptfeldwebel konkret vorgehalten
wurden, geben die Statistiken nicht preis.

1982 wurden gleich drei Kompaniechefs verurteilt, darunter ein Hauptmann,
der aus dem Dienstverhältnis entfernt wurde. Er war gegenüber insgesamt sieben
Soldaten seiner Kompanie sexuell übergriffig geworden. Ein Major wurde wegen
eines Vorfalls im Dienstgrad zum Hauptmann herabgesetzt, ein weiterer Major erhielt eine Gehaltskürzung und ein Beförderungsverbot für vier Jahre. 1984 wurde
ein Oberfeldwebel wegen neun Fällen sexueller Übergriffe gegenüber ihm nicht direkt unterstellten Soldaten seiner Kaserne im Dienstgrad zum Hauptgefreiten herabgesetzt. Im gleichen Jahr wurden einem Oberfeldwebel sexuelle Übergriffe gegen-

---

212 BArch, BW 2/31225: BMVg FüM I 3, 4.8.1982.
213 Ebd.
214 »Im Bereich des Heeres kann das abartige Sexualverhalten Homosexueller dann nicht ge-
    duldet werden, wenn dadurch die Kameradschaft und der Zusammenhalt der militärischen
    Gemeinschaft [...] und die Disziplin der Truppe gestört werden. Sofern sich homoerotische
    Neigungen auf die außerdienstliche Privatsphäre beschränken, sind sie [...] zu dulden.« BArch,
    BW 2/31225: BMVg, FüH I 3, 6.8.1982.
215 Auslöser der Abfrage an die Gerichte war eine Anfrage des britischen Verteidigungsattachés
    in Bonn an das BMVg vom 9.9.1991. Das BMVg antwortete ihm am 5.11.1991 und bat
    um Verständnis für die Verzögerung: Das gewünschte Zahlenmaterial habe erst bei den
    Truppendienstgerichten angefordert werden müssen. BMVg, VR I 5, an britischen Verteidi-
    gungsattaché, 5.11.1991, BArch, BW 1/531592.

über sechs Soldaten vorgeworfen, die ihm in seiner Funktion als Kasinofeldwebel des Offizierheims der Kaserne direkt unterstanden. Die Disziplinarmaßnahme: Beförderungsverbot für vier Jahre sowie eine Gehaltskürzung von einem Zehntel für ein Jahr. In der Übersicht findet sich auch der bereits ausführlich dargelegte Fall des aus der Marine 1990 entlassenen Offiziers, der gegenüber sieben Besatzungsmitgliedern sexuell übergriffig geworden war. Ein Kompaniechef im Dienstgrad Major wurde 1984 von den Vorwürfen freigesprochen, ebenso wie 1987 ein Oberfeldwebel.[216] Die beiden Freisprüche lassen darauf schließen, dass die Vorwürfe unbegründet oder nicht nachweisbar waren. Die Freisprüche sind dagegen kein Indiz für etwaigen einvernehmlichen Sex. Denn auch dieser stellte ein Dienstvergehen dar. Auf einvernehmliche Kontakte deuten eher die erwähnten milden Disziplinarmaßnahmen hin.

Aufmerksamkeit verdient die Anzahl der jeweils von den sexuellen Übergriffen betroffenen Soldaten: In der Regel waren das keine Einzelvorfälle, in der Spalte Betroffene wurden fast immer mehrere Soldaten vermerkt, mehrfach bis zu sieben, in einem Fall sogar neun Mannschaftssoldaten. Diese Zahlen weisen auf eine andere Problematik hin: Die ersten betroffenen Soldaten haben anscheinend die Vorfälle nicht gemeldet, womöglich gänzlich geschwiegen, aus Verunsicherung, aus Scham, aus welchen Grüden auch immer. So konnten die Vorgesetzten erneut und mehrfach übergriffig werden, bevor es zu einer Meldung und damit zu Ermittlungen und ggf. Disziplinarmaßnahmen kam. Das oftmals zurückhaltende Meldeverhalten lässt auf eine hohe Dunkelziffer von nicht gemeldeten Fällen schließen. Meistens wurde erst eine spätere – aktuelle – Tat von den Betroffenen zur Meldung gebracht, die dann ausgelösten Ermittlungen brachten häufig frühere, nicht gemeldete ähnliche Vorfälle ans Licht. Diese vielfältig motivierte geringe Meldebereitschaft lässt Rückschlüsse auf eine zu vermutende hohe Dunkelziffer zu. Auf das inkonsequente Meldeverhalten von Soldaten wie auch von Vorgesetzten wies, wie oben ausgeführt, bereits 1966 ein Jurist der Marine hin. So ist die Zahl der (homo-)sexuell motivierten Übergriffe aller Wahrscheinlichkeit nach deutlich höher gewesen als die vor Truppendienstgerichten verhandelten Fälle. Zu den vermuteten fehlenden Meldungen traten noch jene Fälle, die ohne truppendienstgerichtliches Verfahren mit einer fristlosen Entlassung des Beschuldigten nach § 55 Abs. 5 SG geahndet wurden. Auch sie sind nicht statistisch erfasst.

Das Truppendienstgericht Mitte in Koblenz meldete für die Zeit zwischen 1981 und 1991 19 verhandelte Fälle: 14 Disziplinarmaßnahmen, aber auch vier Freisprüche und eine Verfahrenseinstellung. Höchste verurteilte Dienstgrade waren im Bereich des Truppendienstgerichts Mitte ein Major und ein Oberstabsarzt, die zum Hauptmann bzw. Stabsarzt degradiert wurden. Die härtesten Disziplinarmaßnahmen trafen 1982 einen Kompaniechef im Dienstgrad Hauptmann und 1990 einen Zugführer im Dienstgrad Oberfeldwebel, die beide aus dem Dienstverhältnis entfernt wurden. Der Hauptmann war gegenüber zwei Gefreiten der von ihm geführten Kompanie sexuell übergriffig geworden, der Oberfeldwebel gegenüber einem Flieger seines Zuges.[217]

---

216 BArch, BW 1/531592, Truppendienstgericht Nord, Der Präsident, Az 25-01-30, an BMVg, VR I 5, vom 17.10.1991.
217 BArch, BW 1/531592, Truppendienstgericht Mitte, Hauptgeschäftsstelle, Az 25-01-10, an BMVg, VR I 5, vom 14.10.1991.

Das Truppendienstgericht Süd in Ulm meldete in diesem Zeitraum neun Fälle und handschriftlich ergänzt allein für 1992 nochmals fünf abgeschlossene Vorgänge sowie einen weiteren eingeleiteten Fall. Nach Dienstgraden differenziert waren sieben der Beschuldigten Hauptleute, einer Oberleutnant, fünf Feldwebel und einer Stabsunteroffizier. Nach Positionen differenziert waren fünf als Disziplinarvorgesetzte gegenüber ihren direkt unterstellten Soldaten übergriffig geworden, zwei weitere als sonstige Vorgesetzte, drei Beschuldigte waren Vorgesetzte aufgrund ihres Dienstgrades. Die für 1992 nachgemeldeten Fälle wurden nicht entsprechend differenziert. Drei der Hauptleute und der Oberleutnant wurden aus dem Dienstverhältnis entfernt. Ein Hauptmann wurde 1982 von den Vorwürfen freigesprochen. Die übrigen Disziplinarmaßnahmen lagen im Bereich der Dienstgradherabsetzung, des Beförderungsverbots und der Gehaltskürzung.[218]

Der Vergleich der Meldungen der drei Truppendienstgerichte zeigt im Norden 31 Disziplinarmaßnahmen, in Bereich Mitte 14 und im Süden ebenfalls 14. Die hohe Zahl im Truppendienstgericht Nord ist letztlich auf den größeren Verantwortungsbereich und damit die deutlich höhere Personalstärke der Einheiten und Verbände unter der Jurisdiktion des Münsteraner Truppendienstgerichts zurückzuführen. Die Verantwortungsbereiche der Koblenzer und Ulmer Truppendienstgerichte waren deutlich kleiner. Somit sind keine belastbaren Rückschlüsse hinsichtlich der Vergleichbarkeit des Meldeaufkommens oder auf Härte und Milde bei der Behandlung der gemeldeten Fälle in Norden oder im Süden möglich.

Interessant wäre auch eine Aufschlüsselung nach Heer, Luftwaffe und Marine. Die Statistiken der Gerichte verzichteten auf diese Differenzierung, anhand der Dienstgradbezeichnungen kann auch nicht zwischen Heer und Luftwaffe unterschieden werden. Doch die Marine sticht mit ihren eigenen Dienstgraden heraus. Das Truppendienstgericht Nord verzeichnete fünf gerichtliche Disziplinarmaßnahmen gegen Offiziere, Bootsleute und Maate der Marine, fünf von insgesamt 31 Urteilen. Wird in Betracht gezogen, dass in den beiden südlicheren Truppendienstgerichtsbereichen nur wenige Marineangehörige stationiert werden, überrascht es nicht, dass dort keine Disziplinarmaßnahme gegen einen Marineangehörigen verzeichnet wurde. Von den 63 zwischen 1981 und 1992 in den Streitkräften verhandelten Fällen entfielen somit fünf auf die Marine, von den mit einer Disziplinarmaßnahme abgeschlossenen Fällen vier. Dies entsprach acht Prozent und damit erstaunlich exakt dem Anteil der Marine an der Personalstärke der Bundeswehr von knapp neun Prozent.[219] Damit lag entgegen mancher Vermutungen oder Vorurteile die Marine statistisch genau im Rahmen, es gab also an Bord nicht mehr und nicht weniger Fälle als im Schnitt aller Teilstreitkräfte.

Das BMVg fasste die Meldungen zusammen und schlüsselte für die Jahre 1981 bis 1991 55 Entscheidungen der Truppendienstgerichte auf: neun Entfernungen aus dem Dienstverhältnis, 18 Dienstgradherabsetzungen, acht zeitweilige Beförderungsverbote, zwei Gehaltskürzungen, zehn Kombinationsstrafen aus zeitweiligem

---

218 BArch, BW 1/531592, Truppendienstgericht Süd, Der Präsident, Az 25-01-35/06-2, an BMVg, VR I 5, vom 22.10.1991.
219 1985 Bundeswehr insgesamt 495 000 Soldaten, davon Marine 39 000 Soldaten, vgl. Weißbuch 1985, S. 238 und S. 240.

Beförderungsverbot und Gehaltskürzung. Sieben Verfahren endeten mit Freisprüchen, ein weiteres wurde eingestellt. Verhandelt wurde gegen 19 Offiziere, 30 Unteroffiziere mit Portepee und sechs Unteroffiziere ohne Portepee.[220] Statistisch wurden demnach jährlich gegen knapp fünf Soldaten gerichtliche Disziplinarmaßnahmen ausgesprochen.

Für 1992 wurden später handschriftlich acht weitere Verfahren ergänzt (gegen einen Offizier, fünf Unteroffiziere mit und zwei Unteroffiziere ohne Portepee), von denen fünf mit Disziplinarmaßnahmen endeten: zwei Dienstgradherabsetzungen und drei Beförderungsverbote. Ein Verfahren wurde eingestellt, zwei weitere waren noch nicht abgeschlossen.[221] Das Jahr 1992 bestätigte damit den für die zehn Jahre zuvor ermittelten jährlichen Durchschnitt von fünf verhängten gerichtlichen Disziplinarmaßnahmen. Der Direktor des SOWI gab zusammenfassend die Zahl der Disziplinarverfahren mit jährlich »lediglich 5,2« als »außerordentlich gering« an und schlussfolgerte, »im täglichen Dienstbetrieb [sei] Homosexualität ein eher akademisches Thema«.[222]

Jährlich im Schnitt fünf gerichtliche Disziplinarmaßnahmen wegen homosexueller Handlungen bezifferte das BMVg bereits 1979 für die Jahre zuvor.[223] (Gemeint waren vermutlich wiederum truppendienstgerichtliche Disziplinarmaßnahmen und wiederum sowohl sexuelle Übergriffe als auch einvernehmlicher Sex.) Zudem gab das Ministerium Auskunft über Verurteilungen von Soldaten nach § 175 und § 176 StGB: für 1976 21 Soldaten, für 1976 18 Soldaten und für 1977 15 Soldaten.[224] Auch diese Zahlen beinhalteten sowohl sexuelle Übergriffe als auch einvernehmlichen Sex. Beide grundverschiedenen Fallkategorien stellten nach damaligem Verständnis Dienstpflichtverletzungen dar. Daher sind alle Statistiken dieser Jahre für die Ermittlung der Zahl etwaig zu rehabilitierender Fälle einvernehmlicher homosexueller Handlungen nicht nutzbar.

11. Fristlose Entlassungen nach § 55 Abs. 5 Soldatengesetz

Die Unterlagen der Truppendienstgerichte sind weitestgehend vollständig überliefert, ebenso die Urteile der Berufungsverfahren vor den Wehrdienstsenaten. Diese Quellen geben ein detailliertes und facettenreiches Bild der vor der Disziplinarjustiz beider Instanzen verhandelten Fälle. Ein Dunkelfeld sind dagegen die Entlassungen nach § 55 Abs. 5 SG. Dieser Paragraf des Soldatengesetzes eröffnet (auch heute

---

[220] Daten mit Stand 31.10.1991, BArch, BW 1/531592: BMVg, FüS I 1 vom 3.3.1993; auch in BW 24/14249 und BW 2/31224: BMVg, VR I 5 an FüS I 4, 16.12.1992, Anlage.

[221] BArch, BW 1/531592: BMVg, FüS I 1, 3.3.1993; auch in BW 1/32553: BMVg, VR I 5, März 1993, und FüS I 4, 3.2.1993.

[222] Fleckenstein, Homosexuality and Military Service in Germany; ähnlich und nahezu zeitgleich im *Spiegel*-Artikel »Versiegelte Briefe«.

[223] BArch, BW 1/304284: BMVg, VR I 1, 15.2.1979, sowie BMVg, Parl. Staatssekretär an MdB Herta Däubler-Gmelin (SPD), 23.2.1979.

[224] BArch, BW 1/304284: BMVg, VR I 1, 15.2.1979. Bei der Bewertung dieser Zahlen ist wichtig zu beachten, dass § 175 StGB seit der Strafrechtsreform nicht mehr homosexuelle Handlungen unter Männern, sondern nur solche mit Jugendlichen unter 18 Jahren unter Strafe stellte. § 176 umfasste sexuelle Handlungen mit Kindern unter 14 Jahren.

noch) bei Dienstpflichtverletzungen und ernstlicher Gefährdung der militärischen Ordnung die Möglichkeit, einen Soldaten innerhalb der ersten vier Dienstjahre in einem vereinfachten Verfahren ohne disziplinargerichtliches Urteil fristlos aus der Bundeswehr zu entlassen.[225] Die Dienstvergehen waren vielfältig und bei Weitem nicht nur auf Fälle von Homosexualität beschränkt. Entlassungen nach § 55 Abs. 5 SG waren Routine im Truppenalltag, die Initiative ging in aller Regel von den Zugführern und Kompaniechefs aus, die ihre Soldaten kannten. Entschieden wurde in der Regel von den Personalabteilungen der Divisionen.[226]

Wo der einfache Weg der schnellen Entlassung nach § 55 Abs. 5 SG juristisch offenstand, bedurfte es keiner langwierigen Prozesse vor Truppendienstgerichten, noch dazu mit ungewissem Ausgang. Dies war die Konsequenz der gesetzlich vorgesehenen Entlassungsmöglichkeit nach § 55 Abs. 5 SG. Eine Entlassung nach dieser Norm setzte (und setzt) nicht voraus, dass das zugrunde liegende Dienstvergehen in einem gerichtlichen Disziplinarverfahren zu einer Entfernung aus dem Dienst führen würde. Sie war eine Personalmaßnahme, keine Disziplinarmaßnahme. Die fristlose Entlassung nach § 55 Abs. 5 SG ist terminologisch und sachlich zudem von der Entlassung wegen »*Nichteignung*« nach § 55 Abs. 4 SG zu unterscheiden. Die Personalabteilung verwies 1984 nochmals explizit auf den Weg,

> »in Fällen, in denen ein Soldat auf Zeit wegen homosexueller Handlungen disziplinar gemaßregelt oder strafrechtlich verurteilt worden ist, seine Entlassung während der ersten vier Dienstjahre [zu verfügen], wenn das Verbleiben im Dienstverhältnis die militärische Ordnung oder das Ansehen der Bundeswehr ernstlich gefährden würde (§ 55 Abs. 5 SG)«.[227]

Auch im 1986 erarbeiteten Entwurf eines alle Fragen zum Umgang mit Homosexualität regelnden G1-Hinweises fand sich die Entlassung innerhalb der ersten vier Dienstjahre nach § 55 Abs. 5 SG wieder.[228]

Die Unterlagen dieser Entlassungsverfahren wurden Teil der Personalakte der Betroffenen, die nach datenschutzrechtlichen Fristen zu vernichten war. Daher finden sich heute in den Quellen nur noch vereinzelt und eher zufällig Hinweise auf Entlassungen auf diesem Wege.

So wurde der Hauptgefreite, der in dem bereits ausführlich geschilderten Fall 1965 einen Leutnant beim Massieren nach dem Sport verführt hatte, schnell fristlos nach § 55 Abs. 5 SG entlassenen. In dem ebenfalls bereits dargelegten 1969 gegen gleich sechs Soldaten eingeleiteten Disziplinarverfahren wurden vier nach § 55 Abs. 5 SG zügig und fristlos aus der Bundeswehr entlassen. Nur gegen zwei wurde ein disziplinargerichtliches Verfahren eingeleitet. Da sie bereits das vierte Dienstjahr überschritten hatten, war eine vereinfachte Entlassung nach § 55 Abs. 5 SG nicht mehr möglich.

225 <www.gesetze-im-internet.de/sg/__55.html> (letzter Zugriff 31.3.2021).
226 Zeitzeugengespräch mit einem Generalmajor a.D., Potsdam, 15.5.2018.
227 BMVg, P II 1, Az 16-02-05/2 (C) R 4/84 vom 13.3.1984; nahezu wortgleich in BArch, BW 2/32553: BMVg, FüS I 4, 3.2.1993.
228 BArch, BW 2/31225: BMVg, FüS I 4 an Minister über Parlamentarischen Staatssekretär, 22.10.1986, Anlage; identisch mit BArch, BW 2/31224: BMVg, FüS I 4, Juli 1986.

Wenige weitere Fälle konnten durch Zufallsfunde oder Zeitzeugenhinweise identifiziert werden. So ergänzte ein früherer Offizier den hier zuvor bereits ausführlich
geschilderten Fall einer einvernehmlichen und aus gemeinsamen Jugendzeiten fortgesetzten sexuellen Beziehung eines Oberleutnants und eines Unteroffiziers 1966 um
den in den Gerichtsakten nicht zu findenden Hinweis, der Unteroffizier sei fristlos
nach § 55 Abs. 5 SG entlassen worden.[229]

Statistische Erhebungen für derlei Entlassungen fanden sich nur in einem Vortrag eines für die Marine zuständigen Juristen 1966. Demnach entließ die Stammdienststelle der Marine 1964 einen Unteroffizier und drei Mannschaftssoldaten
nach § 55 Abs. 5 SG. Im Folgejahr entließ die Marine sieben Mannschaftssoldaten
nach dem genannten Paragrafen. Ein weiteres Entlassungsverfahren war wegen
vom Soldaten eingelegter Berufung noch nicht abgeschlossen. Drei weitere Mannschaftssoldaten wurden nach homosexuellen Handlungen auf der Grundlage anderer Rechtsvorschriften entlassen, hier konkret nach § 55 Abs. 2 SG wegen Dienstunfähigkeit und nach § 54 Abs. 1 SG wegen Nichteignung zum Zeitsoldaten
zum regulären Ende der sechsmonatigen Probezeit.[230] (§ 54 Abs. 1 SG regelt die
Beendigung des Dienstverhältnisses mit Ablauf der festgesetzten Dienstzeit, in diesem
Fall des »Überprüfungshalbjahres«.) Alle diese Entlassungen betrafen Zeitsoldaten.
Zudem wurden 1965 vier Wehrpflichtige nach § 29 Abs. 1 Nr. 5 Wehrpflichtgesetz
entlassen.[231]

Gegenüber dem *Spiegel* erklärte 1993 ein Sprecher des BMVg, Oberleutnant
Ulrich Twrsnick, es gebe in der Bundeswehr »kein Verfolgungsgebot und keine
Hexenverbrennung«.[232] Es interessiere nicht, was Soldaten »außer Dienst machen«.
Auch bei Soldaten von gleichem Mannschaftsdienstgrad sah das BMVg »keine
Probleme, wenn sie ›bei homosexuellen Praktiken erwischt werden‹ [...] ›Beide tun
es freiwillig, beide sind 18, und es besteht kein Abhängigkeitsverhältnis‹. Anders
wäre es, so Twrsnick, ›wenn etwa drei, vier beginnen, eine Stube zu terrorisieren‹«.[233]
Der Aussage des Pressestabsoffiziers, es gäbe keine Probleme, wenn man Soldaten bei
homosexuellen Handlungen ertappte, lässt sich entnehmen, es gäbe in diesen Fällen
keine disziplinaren Ermittlungen, selbst wenn sexuell Aktive in der dienstlichen
Unterkunft oder in der Dienstzeit erwischt würden. Diese Regelung galt wohlweislich
nur für Mannschaftsdienstgrade und hier unausgesprochen nur für Wehrpflichtige.
Im Umkehrschluss lassen sich die Aussagen des Ministeriumssprechers auch anders lesen: Waren die »Erwischten« keine Mannschaftsdienstgrade, sondern Unteroffiziere,
Feldwebel oder Offiziere, gab es Probleme.

Probleme bekamen 1994 aber zwei Stabsunteroffiziere. Ein heutiger Oberstleutnant, damals als S2-Offizier für die militärische Sicherheit im Bataillon verantwortlich, erinnerte sich an deren fristlose Entlassung:

---

[229] Zeitzeugengespräch (anonymisiert), 19.6.2018.
[230] BArch, BW 24/3736: Erfahrungen mit homosexuellen Soldaten in der Marine. In: BMVg,
InSan: Beurteilung der Wehrdiensttauglichkeit und Dienstfähigkeit Homosexueller, 1966,
S. 64–77, hier S. 73.
[231] Ebd.
[232] »Versiegelte Briefe«, S. 54.
[233] Ebd., S. 49.

»Ich hatte erfahren, dass die beiden Stabsunteroffiziere aufgrund von sexuellen Handlungen während der Dienstzeit vor Ablauf ihrer vierjährigen Verpflichtungszeit entlassen worden waren. Ich war damals durchaus empört über diesen Umgang mit den beiden Männern [und] habe die beiden beim Gespräch in meinem Büro gefragt, warum sie nicht gegen die Entlassung Beschwerde eingelegt haben [...] Die beiden Soldaten sagten mir, sie ließen ›es gut sein‹. Ihre Dienstzeit wäre ohnehin bald abgelaufen und sie wollten nicht mehr dagegen vorgehen.«[234]

In der Folgezeit wurden die Angehörigen der betreffenden Kompanie von Soldaten anderer Einheiten mit dem Namen »rosa Kompanie« aufgezogen. »Ich meine aber, dass ich nicht der einzige war, dem die Entlassung der beiden Soldaten zu weit ging. Im Offizierkreis wurde dies aber meines Wissens nicht diskutiert. Diskussionen über dienstliche Entscheidungen hat der damalige Kommandeur aber ohnehin nicht gern zugelassen.« Der damals in Baden-Württemberg eingesetzte Zeitzeuge ergänzte, er sei damals schon der Meinung gewesen, »dass so eine Entlassung in Norddeutschland zu diesem Zeitpunkt nicht vorgekommen wäre«.

Vermutlich irrt er da. Die Vorschriften galten selbstverständlich auch im Norden der Bundesrepublik. Ob aber ein Kompaniechef ihm gemeldete Vorfälle nach »oben« weiter meldete und dann ein Kommandeur das Entlassungsverfahren einleitete, war abhängig von der Person des Kompaniechefs und des Kommandeurs. Diese hatten einen Ermessensspielraum. Zur Einordnung der Maßnahme gegen die beiden bei sexuellen Handlungen während der Dienstzeit ertappten Stabsunteroffiziere sei an dieser Stelle nochmals darauf hingewiesen, dass jegliche sexuelle Handlung innerhalb dienstlicher Unterkünfte und Anlagen untersagt war, auch nach Dienst und selbstredend erst recht während der Dienstzeit. Das galt natürlich ohne Abstriche in gleicher Weise für Heterosexuelle.[235] Ein Referat der Personalabteilung betonte Anfang Januar 2000 nochmals, die disziplinare Relevanz homosexueller Betätigung sei grundsätzlich nicht anders zu bewerten als heterosexuelle Aktivität.[236] (Im Jahr 2004 liberalisierte eine Neufassung des Erlasses »Umgang mit Sexualität in der Bundeswehr« auch die »sexuelle Betätigung« während der in der Kaserne verbrachten Freizeit.[237])

Ein weiterer anhand der Erinnerungen und Dokumente des Betroffenen rekonstruierter Fall einer fristlosen Entlassung betraf den bereits in Kapitel II in seinem kurzen soldatischen Lebenslauf vorgestellten Gefreiten der Marine Dierk Koch. Von seinem direkten Vorgesetzten, einem Obermaat, sexuell und dienstlich unter Druck gesetzt, vertraute sich der Gefreite seinem Kompaniechef an und bat um Versetzung. Der Dienstherr antwortete mit der fristlosen Entlassung nach § 55 Abs. 5 SG.[238] Die Recherche nach Unterlagen über die Entlassung des Gefreiten und die mögliche Entlassung des Obermaats im Bundesarchiv blieben erfolglos.[239] Leider sind bislang nur wenige Teile dieses umfangreichen Bestandes erschlossen, sodass ein spä-

---

234 E-Mail Oberstleutnant B. an Verfasser, 24.1.2017, auch im Folgenden
235 Dazu ausführlich Lutze, Sexuelle Beziehungen und die Truppe.
236 BArch, BW 1/502107, o.Pag.: BMVg, PSZ III 1, 5.1.2000.
237 Dazu ausführlich im Kap. VI.7. dieser Studie.
238 Dazu bereits in Kap. II.4.a).
239 Auch die auf Antrag des Betroffenen an das BMVg eingeleitete Prüfung blieb durch die »zeitablaufbedingt« unvollständige Aktenlage erfolglos: Die erhaltene Personalrumpfakte sowie die

terer Fund durchaus möglich ist. Diese Lücke konnte durch Originaldokumente
aus dem Besitz des damaligen Gefreiten für diesen in Teilen geschlossen werden.
Wahrscheinlich ist aber eine Entlassung des Obermaats nach § 55 Abs. 5 SG ohne
Truppendienstgerichtsverfahren. Ein kleiner Hinweis fand sich in der internen
Statistik der Marine über Vergehen nach § 175 StGB. Diese weist für 1964 drei gemäß § 55 Abs. 5 SG entlassene Mannschaften und einen so entlassenen Unteroffizier
der Marine aus.[240] Darunter könnte sich neben dem Gefreiten also durchaus auch
der Obermaat befinden.

Mit der Dienstgradherabsetzung und Entlassung aus der Marine war der Fall für die
Teilstreitkraft aber noch nicht erledigt. Deren Juristen holten die Staatsanwaltschaft
ins Boot. Der junge Mann fand sich 1965 vor dem Amtsgericht Cuxhaven wieder,
bei der der Obermaat neben ihm auf der Anklagebank saß. Der offenbar liberal ein-
gestellte Richter habe sich bei den Angeklagten, so in der Erinnerung von Koch,
entschuldigt, aber er müsse beide nach § 175 StGB verurteilen, allerdings nur zu einer Geldstrafe von 100 DM für den Gefreiten und einen etwas höheren (nach Koch
500 DM) für den Obermaat.[241] Der Richter war an das geltende Recht gebunden
und da der Sachverhalt unbestritten war, konnte er auch nicht im Zweifel für den
Angeklagten auf Freispruch entscheiden. Lediglich im Strafmaß nutzte der Richter
seinen Spielraum, um das absolute Minimum zu verhängen. Damit reiht sich das
Cuxhavener Urteil ein in die Reihe symbolischer Schuldsprüche gegen schwule Männer, die progressive Richter mitunter fällten, was aber eher die Ausnahme
blieb.[242]

12. Die Frage der Rehabilitierung

Auf Antrag des Verurteilten wurde das 1965 vom Amtsgericht Cuxhaven gefällte
Urteil im Jahr 2017 aufgehoben.[243] Im Juni 2017 verabschiedete der Deutsche
Bundestag das Gesetz zur strafrechtlichen Rehabilitierung der nach dem 8. Mai
1945 wegen einvernehmlicher homosexueller Handlungen verurteilten Personen
(StrRehaHomG). Am 22. Juli 2017 trat es in Kraft. Das Gesetz hebt strafrechtliche
Urteile und gerichtliche Unterbringungsanordnungen auf, die wegen einvernehmli-
cher homosexueller Handlungen aufgrund der (alten Fassungen der) §§ 175, 175a
StGB bzw. des § 151 des StGB der DDR ergangen sind.

Gesundheitskarte wurden gefunden, sie geben aber keine Hinweise auf Homosexualität oder
eine damit begründete fristlose Entlassung. BMVg, P II 1, an Dierk Koch, 26.2.2019.
[240] BArch, BW 24/3736: Erfahrungen mit homosexuellen Soldaten in der Marine. In: BMVg,
InSan: Beurteilung der Wehrdiensttauglichkeit und Dienstfähigkeit Homosexueller, 1966,
S. 64–77, hier S. 73.
[241] Zeitzeugengespräch mit Dierk Koch, Hamburg, 22.2.2018, und E-Mail Dierk Koch an den
Verfasser, 6.9.2019, sowie weiteres telefonisches Zeitzeugengespräch mit ihm am 7.9.2019,
auch erwähnt in Scheck/Utess, »Was wir damals gemacht haben, war kein Verbrechen«.
[242] Durch die Presse bekannt wurde 1951 das »3-Mark-Urteil«, die Verurteilung zweier Männer
wegen einvernehmlichem Sex zu je drei DM in der Berufungsverhandlung durch das
Landgericht Hamburg am 22.7.1961: Bormuth, Ein Mann, S. 28.
[243] Entscheidung Staatsanwaltschaft Stade, 19.9.2017.

»Das strafrechtliche Verbot einvernehmlicher homosexueller Handlungen und die daraus resultierende Strafverfolgung sind nach heutigem Verständnis in besonderem Maße grundrechts- und menschenrechtswidrig. Ziel des Gesetzes ist es, den Betroffenen den Strafmakel zu nehmen, mit dem sie bisher wegen einer solchen Verurteilung leben mussten.«[244]

»Ein später Akt der Gerechtigkeit. Aber für Gerechtigkeit ist es nie zu spät«, erklärte der damalige Bundesjustizminister Heiko Maas nach dem Beschluss im Bundestag, und weiter: »Mit dem § 175 StGB hat der Staat große Schuld auf sich geladen, weil er unzähligen Menschen das Leben erschwert hat. Die Norm hat unvorstellbares Leid angerichtet. Mit dem Gesetz können wir die Opfer rehabilitieren. Die verurteilten Homosexuellen müssen nicht länger mit dem Makel der Verurteilung leben.«[245]

Genauso sieht es auch Dierk Koch: »Die seit Jahrzehnten belastende Schmach ist von mir abgefallen, straffällig geworden zu sein [...] Der Abschluss dieser Aktion macht mich stolz und glücklich!«[246] Im Interview mit *Bild* wurde Koch noch deutlicher: »Ich bin inzwischen 77 Jahre alt. Ich wollte nicht als Verbrecher sterben. Was wir damals gemacht haben, war kein Verbrechen.«[247] Sein Dienstgradverlust und seine Entlassung aus der Marine wurden dagegen nicht aufgehoben oder getilgt. Ebenso wenig wurden alle anderen in dieser Studie dargelegten Fälle von Disziplinarmaßnahmen (oder vielmehr: -strafen) bis hin zu Entlassungen aus der Bundeswehr bislang juristisch neu bewertet, von den vielen in dieser Studie nicht berücksichtigten Fällen an Disziplinarmaßnahmen und Entlassungen ganz zu schweigen. Deren Rechtskraft und noch mehr deren Wirkmächtigkeit bestehen in der Lebenserinnerung der Betroffenen fort. Zur Aufhebung oder anderweitigen Bereinigung waren eigene Schritte des Bundesverteidigungsministeriums notwendig. Hier soll nicht der Aufhebung von Disziplinarmaßnahmen wegen sexueller Übergriffe das Wort geredet werden, auch nicht deren Verharmlosung. Aber Disziplinarstrafen oder Entlassungen wegen einvernehmlicher sexueller Handlungen zwischen Soldaten harrten einer Neubewertung oder zumindest einer anderweitigen Geste des Dienstherrn an die Betroffenen – bis ins Jahr 2020. Auch auf Basis der hier veröffentlichten Forschungsergebnisse hat die Bundesministerin der Verteidigung eine Gesetzesinitiative zur Aufhebung der in Rede stehenden Disziplinarmaßnahmen und -urteile angestoßen. Zugleich erfüllte Annegret Kramp-Karrenbauer den Wunsch zahlreicher Betroffener nach einer Geste: Sie bat ganz offiziell um Entschuldigung für all die erlittene Unbill.

Im hier vorgestellten konkreten Fall des Marinesoldaten antwortete das BMVg noch im Jahr 2019 ganz anders: Selbst wenn durch Aktenfunde der Nachweis der Entlassung wegen Homosexualität erbracht würde, könnte ihm aufgrund der Gesetzeslage keine formale Rehabilitierung gewährt werden. Das Gesetz zur strafrechtlichen Rehabilitierung der wegen einvernehmlicher homosexueller Handlungen

---

244 Stellungnahme des Bundesamtes für Justiz.
245 Presseerklärung des Bundesministeriums für Justiz und Verbraucherschutz vom 21.7.2017, <www.bmjv.de/SharedDocs/Pressemitteilungen/DE/2017/072117_Rehabilitierung_Paragraph_175.html> (letzter Zugriff 16.4.2018).
246 Koch, »Meine unvergessenen Freunde«.
247 Scheck/Utess, »Was wir damals gemacht haben, war kein Verbrechen«.

verurteilten Personen habe nur die Aufhebung von Strafurteilen zum Ziel. Dies sei
im Fall des Gefreiten bereits erfolgt. »Uns ist bewusst, dass diese Sachlage für die
Betroffenen nicht befriedigend ist. Aufgrund der während Ihrer Dienstzeit herrschenden Gesetzes- und Weisungslage ist nachvollziehbar, dass homosexuelle Soldaten
[während ihrer Wehrdienstzeit] Benachteiligungen befürchtet haben. Dies bedauern
wir sehr.«[248] Anzumerken ist dazu, dass die schwulen Soldaten Benachteiligungen
nicht nur »befürchtet«, sondern auch tatsächlich erlebt und erlitten haben. Die
Formulierung des BMVg ist hier aus Sicht der Betroffenen zumindest unzureichend.
   Der Arbeitskreis homosexueller Angehöriger der Bundeswehr (AHSAB) hatte
im April 2018 in einem Schreiben an die Ministerin nachgehakt und konkret die
Aufhebung der »aufgrund der bloßen einvernehmlichen homosexuellen Betätigung
gegen Soldaten aller Dienstgrade gefällten Urteile« durch Truppendienste gefordert.
Dazu solle das bestehende Strafrechtsrehabilitationsgesetz novelliert und auf trup-
pendienstgerichtliche Entscheidungen ausgeweitet werden.[249]
   In seiner Antwort vom April 2018 betonte das Ministerium die »hohe Wert-
schätzung« – »insbesondere aufseiten der Ministerin persönlich« – für das Engagement
des Arbeitskreises »für die Belange homosexueller Angehöriger der Bundeswehr«. Die
Forderungen nach Aufhebung der Truppendienstgerichtsurteile und nach finanzieller
Entschädigung für erlittene berufliche Nachteile wies das BMVg 2018 aber zurück.
Die damalige, heute überholte Argumentation: Das Strafrechtsrehabilitationsgesetz
könne keine Anwendung auf Disziplinarurteile finden; dies bedürfe einer neuen gesetzlichen Grundlage. Daher sei das Verteidigungsressorts bereits mit der Bitte an das
zuständige Justizministerium herangetreten, eine diesbezügliche Gesetzesänderung zu
prüfen und Disziplinarurteile einzubeziehen. Das Justizministerium habe den Vorstoß
des BMVg aber bislang abschlägig beschieden: Das Strafrechtsrehabilitationsgesetz
(StrRehaHomG) diene »allein der Beseitigung des durch eine strafrechtliche
Verurteilung erlittenen Strafmakels […] Sonstige, insbesondere berufsrechtliche
Rechtsfolgen aus der Verurteilung (namentlich der Verlust der beruflichen Stellung
sowie disziplinarrechtliche Folgen einer Verurteilung) wurden ausdrücklich aus-
geklammert.«[250] Zwar verkannte das Justizministerium »keinesfalls, dass die hier-
von Betroffenen ebenfalls einer erheblichen Diskriminierung ausgesetzt waren und
Nachteile erlitten hätten«. Doch sei besagten Nachteilen »gerade nicht der für das
StrRehaHomG allein relevante Makel einer strafrechtlichen Verurteilung eigen.«
Daher beabsichtigte das Justizministerium mit Stand 2018 keine Ausweitung dieses
Gesetzes auf »außerstrafrechtliche Tatbestände« wie Truppendienstgerichtsurteile.
Trotz der Stellungnahme des Justizministeriums werde die Rechtsabteilung des
BMVg »die Thematik im Auge behalten und weitere Möglichkeiten ausloten«.[251]
Die juristische Fachpresse stützte die damalige Einschätzung des BMVg. Das
Strafrechtsrehabilitationsgesetz berühre ausdrücklich nicht frühere disziplinarrecht-
liche Maßnahmen. Das Gesetz diene »ausschließlich der Beseitigung des durch die

[248] BMVg, P II 1, an Dierk Koch, 26.2.2019.
[249] Schreiben Arbeitskreis homosexueller Angehöriger der Bundeswehr an Bundesministerin der
      Verteidigung, 16.4.2018.
[250] BMVg, R I 5, an Arbeitskreis homosexueller Angehöriger der Bundeswehr, 16.8.2018.
[251] Ebd.

damalige Verurteilung erlittenen Strafmakels«.[252] Explizit wurde betont, dass die Rechtsprechung keine Verfassungswidrigkeit der Verurteilungen sehe.[253] Im Jahr 2019 schien es bereits einen ersten Lichtblick für die Betroffenen zu geben: Das Bundesjustizministerium erwäge »jedoch in der Zwischenzeit, auch für Personen, die nicht strafrechtlich verurteilt, jedoch auf andere Weise wegen ihrer Homosexualität verfolgt wurden, eine Regelung zu treffen«.[254]

Noch ein weiterführender Gedanke: Wer zu mehr als einem Jahr Freiheitsstrafe verurteilt wird, verliert automatisch die Rechtsstellung eines Soldaten. Wenn solche Urteile gegen homosexuelle Soldaten nach dem Strafrechtsrehabilitationsgesetz aufgehoben werden, welche Folgen hätte das dann dienstrechtlich? Wenn so ein Urteil nichtig wäre, wäre es auch der kraft Gesetzes eintretende Verlust der Rechtsstellung im Sinne des § 48 und des § 54 Abs. 2 SG? Müsste der Bund dann etwa einem Zeitsoldaten oder gar einem Berufssoldaten einen finanziellen Ausgleich für das entgangene Gehalt zahlen? Bislang ist das eine theoretische Frage.[255] Im Rahmen dieser Forschungen wurden keine Fälle gefunden, in denen Soldaten wegen einvernehmlicher gleichgeschlechtlicher Handlungen zu einer so hohen Freiheitsstrafe verurteilt wurden. Zahlreiche bislang recherchierte Fälle von Entlassungen gründeten durchaus auf zwar nunmehr aufzuhebenden Verurteilungen nach § 175 StGB, sie lagen aber stets deutlich unter einem Jahr Freiheitsstrafe. Die bisher gefundenen Fälle des Verlusts der Rechtsstellung von Zeit- und Berufssoldaten aufgrund von Freiheitsstrafen von mehr als einem Jahr gingen ausschließlich auf schwere sexuelle Übergriffe zurück; diese Urteile sind vom Strafrechtsrehabilitationsgesetz aber ausdrücklich ausgenommen.

Auch die eingangs dargelegten Verurteilungen des Unteroffiziers K. und des Gefreiten S. durch das Landgericht Lüneburg fallen in die Kategorie der zu rehabilitierenden Urteile nach § 175 StGB. Die nachfolgende Verurteilung des Unteroffiziers durch den Wehrdienstsenat erfolgte nicht nach dem Strafrecht, sondern nach dem Disziplinarrecht. Für eine etwaige Aufhebung dieses und anderer Urteile waren weitere, neue Schritte notwendig. So ist 2020 der Weg für ein neues Gesetz eingeschlagen worden: Im April und Mai 2021 wird der Bundestag das »Gesetz zur Rehabilitierung der wegen einvernehmlicher homosexueller Handlungen, wegen ihrer homosexuellen Orientierung oder wegen ihrer geschlechtlichen Identität dienstrechtlich benachteiligten Soldatinnen und Soldaten« beraten.

---

[252] Rampp/Johnson/Wilms, »Die seit Jahrzehnten belastende Schmach fällt von mir ab«, S. 1146.
[253] Vgl. außerdem die bereits ausführlich in dieser Studie analysierten Urteile des BVerfG von 1957 und 1973.
[254] BMVg, P II 1, an Dierk Koch, 26.2.2019. Die Richtlinie zur Entschädigung auch dieser Personengruppe trat am 13.3.2019 in Kraft.
[255] Dazu erklärte BMVg, R I 5, gegenüber dem Verfasser, diese Frage sei bereits beantwortet: § 1 Abs. 5 StrRehaHomG regele, dass die Aufhebung der Strafurteile keine Rechtswirkungen außerhalb dieses Gesetzes entfalte. Damit sei das »Wiederaufleben« eines durch Strafurteil beendeten Dienstverhältnisses ausgeschlossen. BMVg, R I 5, 27.4.2020.

IV. Ungeeignet als Vorgesetzte?

>»Solche homosexuellen Neigungen schließen
die Eignung eines Soldaten zum Vorgesetzten aus.«[1]

Auch unterhalb der Schwelle des Disziplinarrechts galt Homosexualität in der Bundeswehr bis zum Jahr 2000 als schwerer Makel, der in der Regel zu gravierenden dienstlichen Nachteilen führte. Wer sich »outete«, für den bedeutete dies unweigerlich das Ende der Karriere: So brachten die Juristen der Abteilung Verwaltung und Recht 1970, also ein Jahr nach der Strafrechtsreform, zu Papier, die Rechtsordnung verlange, »dass auch der homophil veranlagte Soldat seine militärischen Dienstpflichten beachtet und seine Neigung zügelt«.[2] Nun ist es eine Selbstverständlichkeit, seine Dienstpflichten zu erfüllen und im Dienst etwaige sexuelle Neigungen zu »zügeln«. Dies deckte sich mit dem erklärten dienstlichen Interesse der Bundeswehr, »homosexuelle Abhängigkeiten, Spannungen, Eifersüchteleien, Cliquenwirtschaft und Nesterbildung im militärischen Bereich zu unterbinden«.[3] Dies waren altbekannte Stereotypen über Homosexuelle – immer wieder aufs Neue aufgefrischt. Doch scheinen die Juristen keineswegs nur vom Dienst zu sprechen, sondern sie meinten offenbar das ganzheitliche Verhalten der Soldaten, auch im Privaten. Die Eltern der Wehrpflichtigen würden »mit Recht« erwarten, dass die Bundeswehr den dienstlichen Bereich und, soweit dies möglich sei, »auch den außerdienstlichen Bereich [!] von homosexuellen Beziehungen freihält«.[4] Weiter hieß es: »Dienstrechtlich unerheblich ist die homophile *Veranlagung* des Soldaten, solange er sich nicht entsprechend betätigt.«[5] Ob Angehörige der Bundeswehr, »deren homophile Veranlagung bekannt wird«, mit Laufbahnnachteilen oder gar mit Entlassung rechnen müssten,[6] beantworteten die Juristen mit: »Nein, solange sie ihrer Veranlagung nicht nachgehen und sich nicht homosexuell betätigen.«[7] Auch hier war keine Einschränkung des Dienstes zu erkennen.

Die Empfehlung, sich sexuell zu enthalten, um Nachteile zu vermeiden, mag nach heutigen Maßstäben wie Satire anmuten. Für die Betroffen war das aber bitterer Ernst. Noch in den 1950er und 1960er Jahren galt sexuelle Enthaltsamkeit

---

[1] Bundesverwaltungsgericht, 1. Wehrdienstsenat, Beschluss vom 25.10.1979, Az.: BVerwG, 1 WB, 113/78, gefunden auf <jurion.de>.
[2] BArch, BW 24/7180: BMVg, VR IV 1, 29.9.1970.
[3] Ebd.
[4] Ebd. Wortgleich auch in BArch, BW 24/7180: BMVg, FüS I 1, 9.9.1970.
[5] Ebd. (Hervorhebung im Original).
[6] BArch, BW 24/7180: Redaktion »Das andere Magazin« an BMVg, 17.8.1970.
[7] Ebd., BMVg, VR IV 1, 29.9.1970.

als probater Weg, mit der eigenen Homosexualität umzugehen. Letztlich erinnert es an das noch heute von der katholischen Kirche ihren Priestern, Ordensbrüdern und Bischöfen auferlegte Zölibat (das natürlich für jegliche Form der Sexualität galt und gilt). In späteren Jahrzehnten verlangte der militärische »Dienstherr« nicht mehr private Enthaltsamkeit, sondern »nur« Schweigen über Homosexualität. Auch das ähnelt der Praxis der christlichen Kirchen: der evangelischen Kirche in der Vergangenheit, der katholischen Kirche auch im 21. Jahrhundert.[8] Aber eine Armee ist nun mal keine Kirche, das Offizierkorps nicht der Klerus und ein Leutnant kein sich freiwillig dem Zölibat unterwerfender Priester. Der Rechtssoziologe Rüdiger Lautmann hatte schon 1984 beklagt, dass in der Bundeswehr, wie im Schulwesen und im Kirchendienst, Homosexuelle weiterhin von der »Praxis des Berufsverbots und der Einschüchterung« bedroht würden und deren »inner- und außerberufliches Auftreten dominiere«.[9]

Den Kampf gegen diese Ablehnung von offen Homosexuellen durch den Dienstherrn nahm 1972 ein Reserveoffizier auf. Vielleicht bedurfte es nur knapp drei Jahre, nachdem männliche Homosexualität straffrei geworden war, eines engagierten Reservisten für diesen ersten Anstoß. Betroffene Zeit- und Berufssoldaten standen unter ungleich schwererem Druck, durch so einen Schritt ihre berufliche Existenz zu gefährden.

1. »Von uns nicht zu klären«.
Reserveleutnant gegen Verteidigungsministerium 1972

Auslöser des folgenden jahrelangen Rechtsstreits war ein alltägliches Schreiben. Das Verteidigungsbezirkskommando 355 in Gelsenkirchen »bat« Herrn Leutnant der Reserve Rainer Plein im Juni 1972 »in den nächsten Tagen [...] zwecks Bekanntgabe Ihrer Beförderung vorzusprechen. Wehrpass bitte mitbringen«.[10] Nach nochmaliger Aufforderung antwortete der Angeschriebene, er sei »Gründer der Aktionsgruppe Homosexualität (HSM Münster) und selbst homosexuell«. Er werde seine Beförderungsurkunde nicht entgegennehmen, bevor seine »Situation und Stellung in der Bundeswehr [nicht] eindeutig geklärt ist«.[11]

Damit hatte Plein der Bundeswehr den Fehdehandschuh hingeworfen. Die sicherlich zunächst verdutzten Personalbearbeiter in Gelsenkirchen leiteten den Vorgang an das Personalstammamt der Bundeswehr in Köln weiter. Der Kommandeur des

---

8   Zum Umgang der evangelischen Kirche mit Homosexualität ausführlich: Fitschen, Liebe zwischen Männern? Zur Kontroverse um Homosexualität im katholischen Klerus und insbesondere im Vatikan ausführlich Martel, Sodom; dazu auch: Drobinski, Römisches Doppelleben. Drobinski fasst Martels Thesen knapp zusammen: »Je harscher einer Schwule verdammt, desto eher ist er selber einer; je rigider einer urteilt, desto größer ist die Wahrscheinlichkeit, dass er ein Doppelleben führt.« Viele Homosexuelle in Klerus und insbesondere im Vatikan hatten sich im »alten System der Verschwiegenheit und des Doppellebens eingerichtet«.

9   Lautmann, Der Zwang zur Tugend, S. 197 f.

10 Verteidigungsbezirkskommando 355, S1, 12.6.1972 (Kopie des Schreibens im Besitz des Verfassers).

11 Leutnant d.R. Rainer Plein, adressiert mit »Zur Weiterleitung an die zuständige Dienststelle der Bundeswehr«, 13.8.1972, Kopie in BArch, BW 24/7180.

Gelsenkirchener Verteidigungsbezirkskommando verfügte handschriftlich: »Grundsatzfrage, von uns nicht zu klären. S1: Vorgang mit Anlagen zur Weiterleitung an PersABw vorbereiten!«[12] Von dort schrieb das Referat San I 3 an Plein, er habe »ein grundsätzliches Problem aufgeworfen«,[13] sodass das Bundesministerium der Verteidigung bemüht werden müsse. In seinem Schreiben an das BMVg betonte der Amtschef des Personalstammamts, er halte es »unbeschadet der Neuregelung durch die Strafrechtsreform« für »nicht vertretbar, dass ein Reserveoffizier mit dieser Veranlagung« und einer Auffassung, wie sie in seinen Aktivitäten in der Homosexuellenbewegung deutlich werde, »als Vorgesetzter, dem junge Soldaten unterstellt sind«, übe.[14] Auf ein Schreiben des Amtschefs des Personalstammamts der Bundeswehr, in dem Plein darauf hinwies, dass er ungeachtet seiner Erklärung, homosexuell zu sein, der Wehrüberwachung unterliege, also Reservist sei, antwortete Plein mit einer längeren Erklärung, die erstmals sein eigentliches revolutionäres, gesellschaftspolitisches Anliegen enthielt:

> »Ich glaube, wenn Sie mich zum Oberleutnant machen – und die Beförderungsurkunde ist ja schon seit langer Zeit ausgefertigt und wartet nur darauf, von mir entgegengenommen zu werden – habe ich das Recht, kritische Fragen zu stellen. Mit dieser Beförderung stellen sich für mich erhöhte Anforderungen. Es ist deswegen nur allzu natürlich, dass ich mich in meiner Lage als Homosexueller fragen muss, wie sich die Bundeswehr zu diesem Faktum meiner Persönlichkeit stellt [...] Ich sehe einen Widerspruch, wenn man auf der einen Seite Homosexuelle bei der Musterung damit abqualifiziert, indem man ihnen ›Leistungsfunktionsstörungen‹ und damit absolute Untauglichkeit bescheinigt, einen anderen aber, noch im Offiziersrang, weiter befördert [...] Ich bitte nochmals – es sind immerhin schon zwei Monate vergangen – um eine *eindeutige und klare* Stellungnahme auf meine Frage.«[15]

Das Verteidigungsministerium reagierte und teilte Plein mit, es sei »vorläufig nicht beabsichtigt«, ihn zu weiteren Wehrübungen heranzuziehen, daher sei für eine Beförderung zum Oberleutnant der Reserve »zur Zeit kein Raum«.[16] Plein legte Widerspruch ein, dieser wurde zurückgewiesen. Das Schreiben der Juristen aus dem Verteidigungsministerium an den Reserveleutnant enthielt eine grundsätzliche Bewertung:

> »Auch ohne ärztliche Untersuchung ist davon auszugehen, dass bei Ihnen ein Fall konstanter Homosexualität vorliegt, die sich in gleichgeschlechtlichen Aktivitäten äußert. Sie sind daher voraussichtlich für den Wehrdienst untauglich. Konstant homosexuelle Männer sind im militärischen Bereich ein Störfaktor [...] Der militärische Bereich wird aber beeinträchtigt, weil eine solche Veranlagung meist mit anderen Eigenschaften und die homo-

---

12 Ebd., sowie Verteidigungsbezirkskommando 355 an Personalstammamt der Bundeswehr, 22.8.1972, BArch, BW 24/7180.
13 Personalstammamt der Bundeswehr, San I 3, 30.8.1972; unterzeichnet hat ein Oberstabsveterinär, was Plein offenkundig zusätzlich verärgerte und ihn zu dem handschriftlichen Kommentar veranlasste: »für Schweine zuständig?«.
14 BArch, BW 24/7180: Amtschef Personalstammamt der Bundeswehr an BMVg, P II 1, 4.9.1972.
15 Leutnant d.R. Rainer Plein an den Amtschefs des Personalstammamts der Bundeswehr, 9.10.1972 (Hervorhebung im Original).
16 BMVg, P II 1, 23.11.1972, und BMVg, P II 3, 12.12.1972.

sexuelle Betätigung mit anderen, militärisch nicht angepassten Verhaltensweisen gekoppelt ist, welche die Disziplin und Kampfkraft der Truppe gefährden. Dies gilt erst recht, wenn Homosexuelle in der Truppe als Offizier Vorgesetztenfunktionen wahrzunehmen haben und ihren Untergebenen ein beispielhaftes Verhalten vorleben sollen (§ 10 Abs. 1 SG).«[17] Das war die »eindeutige und klare Stellungnahme«, die Plein eingefordert hatte. Wie kaum anders zu erwarten, fiel sie negativ für ihn und alle Betroffenen aus. Plein klagte vor dem Verwaltungsgericht Münster: »Ich verlange, auch als Homosexueller zum Oberleutnant befördert zu werden. Die angegebenen Begründungen, warum man mich nicht befördert, halten exakten wissenschaftlichen Untersuchungen in keiner Weise stand und stellen im höchsten Grade eine Beleidigung und Diskriminierung meiner Person dar.«[18] In einer Stellungnahme an das Gericht antworteten die Juristen aus Bonn, es liege keine Diskriminierung des Klägers vor. Es entspreche »vielmehr aller Erfahrung, dass homosexuelle Männer im militärischen Bereich die Disziplin und Kampfkraft der Truppe gefährden«. Es ergäben sich »schwerwiegende Bedenken, wenn Homosexuelle in der Truppe als Offizier Vorgesetztenfunktionen wahrzunehmen haben und gleichzeitig ihren Untergebenen ein beispielhaftes Verhalten vorleben sollen«. Auch sei nicht ausgeschlossen, dass »angesichts der ausgeprägten Veranlagung des Klägers« eine »gleichgeschlechtliche Betätigung auch im militärischen Bereich stattfindet«.[19] Zudem bestehe die erhöhte Gefahr der Anbahnung nachrichtendienstlicher Kontakte.

Das Verwaltungsgericht Münster wies die Klage des Leutnants ab und folgte der Argumentation des Verteidigungsministeriums, wenn auch nicht in allen Punkten. So könne »eine erhöhte Gefahr der Anbahnung nachrichtendienstlicher Kontakte und die Möglichkeit von Erpressungen schwerlich dann angenommen werden, wenn ein Soldat sich offen zu seiner homosexuellen Veranlagung bekennt«. Auch die Argumentation des BMVg, wonach »militärisch nicht angepasste Verhaltensweisen die Disziplin und Kampfkraft der Truppe gefährden«, erschien den Richtern »einer Erläuterung und Klarstellung bedürftig«, um dann gleich im folgenden Satz wieder darauf zu verzichten: »Die Kammer hat jedoch eine ins einzelne gehende Erörterung [...] nicht für erforderlich gehalten«, weil die Erwägungen des BMVg »die angefochtenen Entscheidungen zu tragen vermögen«. Die Schlüsselsätze des Urteils weisen weg von der Truppe und hin zu generellen Einstellungen der breiten Bevölkerung:

»Ungeachtet der Tatsache, dass der Strafgesetzgeber die Strafbarkeit homosexueller Handlungen zwischen Männern weitgehend eingeschränkt hat, ist mit einem erheblichen Maß an Vorbehalten in der Bevölkerung gegenüber Homosexuellen zu rechnen. Angesichts dieses Umstands ist die Annahme der Beklagten [des BMVg], dass mit solchen Vorbehalten insbesondere auch bei den Mannschaften und Unteroffizieren in der Bundeswehr zu rechnen sei und dass deswegen nicht gewährleistet erscheine, dass der Kläger [...] als Oberleutnant d.R. ein hinreichendes Maß an Autorität haben werde, nicht zu beanstanden.«[20]

---

[17]   BMVg, VR I 1, 20.2.1973.
[18]   Rainer Plein an Verwaltungsgericht Münster, 23.3.1973.
[19]   BMVg, P II 7, an Verwaltungsgericht Münster, 16.7.1973.
[20]   Urteil Verwaltungsgericht Münster, 10.6.1974, Az 4 K 338/73.

Mit Blick auf die Zukunft öffneten die Münsteraner Verwaltungsrichter aber ein kleines Lichtfenster. Die Kammer verkenne nicht, dass in der öffentlichen Meinung und in der Einstellung der Bevölkerung gegenüber Homosexuellen eine »Tendenz zur Toleranz« erkennbar sei. Ob das nunmehrige Urteil in Zukunft bei »Fortdauer dieser Tendenz« Bestand haben könne, sei aber »hier nicht zu entscheiden gewesen«.[21]

Auch das Oberverwaltungsgericht des Landes Nordrhein-Westfalen folgte in zweiter Instanz dem Verteidigungsministerium und wies die Berufung Pleins zurück. Die Bonner Juristen hatten zuvor ihr argumentatives Schwert nochmals geschärft: »Nicht nur die Autorität, sondern auch das in der Truppe notwendige Vertrauen zu Vorgesetzten sowie die militärische Ordnung überhaupt hätten durch die Beförderung des Klägers zum Oberleutnant unter Berücksichtigung seiner Homosexualität eine nicht unerhebliche Beeinträchtigung erfahren«.

Die Juristen spitzten noch weiter zu: »Vorgesetzte mit der Veranlagung des Klägers stießen auf entschiedene Ablehnung in der Truppe. Gehorsamsverweigerungen seien nicht nur nicht auszuschließen, sondern mit Sicherheit zu erwarten. Homosexualität gelte zumindest in der Truppe als unmännlich. Daran könne auch die Gesetzesänderung – zumindest vorerst – nichts ändern.«[22]

Die Oberverwaltungsrichter hoben wiederum die in der Bevölkerung »und damit auch bei den Soldaten« zu findenden erheblichen Vorbehalte gegenüber Homosexuellen hervor. Die mögliche Beeinträchtigung von Disziplin und Kampfkraft der Truppe sei »ein einleuchtender Grund für die Differenzierung, d.h. für die Nichtzuerkennung der Eignung zum Vorgesetzten und damit zum Offizier der Bundeswehr«. In der Urteilsbegründung hieß es weiter: »Darauf, ob er [der Kläger] bisher in seinem militärischen Dienst sich irgendwie homosexuell betätigt und damit Anstoß erregt hat, kommt es nicht an, weil die Beklagte [das BMVg] zu Recht allein von seiner konstant homosexuellen Veranlagung ausgegangen ist.« Allgemeine Wertmaßstäbe und konkret der Gleichbehandlungsgrundsatz würden nicht verletzt: »Es liegt auf der Hand, dass in einer reinen Männergesellschaft wie den für den Kampfeinsatz im Verteidigungsfall bestimmten Teilen der Bundeswehr für konstant homosexuelle Männer andere Bedingungen gelten als für heterosexuell veranlagte Soldaten.« Die Bundeswehr könne auch nicht abwarten, ob im Einzelfall eine Gefährdung von Disziplin und Kampfkraft der Truppe eingetreten sei, »es also ›darauf ankommen‹ lassen«.[23]

Der letzte Akt des Rechtsstreits Leutnant d.R. Plein gegen Bundesrepublik Deutschland fand vor dem Bundesverwaltungsgericht statt. Dieses wies Pleins Beschwerde gegen die Nichtzulassung der Revision im Urteil des Oberverwaltungsgerichts zurück.[24] Das Verteidigungsministerium hatte sich in allen Instanzen durchgesetzt. Der Reserveoffizier hatte seinen sprichwörtlichen Kampf gegen Windmühlen verloren.

Bei der Bewertung des Vorgangs ist zu berücksichtigen, dass der Reserveoffizier einer der ersten Aktivisten der entstehenden Homosexuellenbewegung und, wie schon

[21] Ebd.
[22] Urteil Oberverwaltungsgericht für das Land Nordrhein-Westfalen, vom 4.9.1975, Az I 4 1108/74.
[23] Alle Zitate ebd.
[24] Beschluss BVerwG, 16.2.1976, Az VI B 83.75.

zu lesen, Begründer der Münsteraner Aktionsgruppe war. Er nutzte die sich ihm durch
den Brief des Verteidigungsbezirkskommandos bietende unverhoffte Gelegenheit,
seinen grundsätzlichen Kampf gegen die Diskriminierung von Schwulen und
Lesben nun auch auf dem Feld der Bundeswehr führen. Aus dem Routinevorgang
einer Reserveoffizierbeförderung wurde so auch für die Streitkräfte völlig unerwartet
eine brisante politische Frage mit potenziell gravierenden Auswirkungen. Plein hätte
die Beförderung ja ohne Weiteres annehmen oder ablehnen können. Es ging ihm
aber nicht um die Beförderung. Es ging um Grundsätzliches. Die Personalführer
im Verteidigungsbezirkskommando erkannten dies und verwiesen den Fall an das
Verteidigungsministerium. Das BMVg nahm den Fehdehandschuh auf und fuhr
sprichwörtlich schweres Geschütz auf. Der Streitwert hatte sich weit über die
Beförderung eines Reserveoffiziers hinaus gesteigert. Die aus den Plein-Prozessen
generierten Urteile der Verwaltungsgerichte legten nun grundsätzlich fest, dass
Schwule als nicht zum Ausbilder und Vorgesetzten geeignet anzusehen waren. Der
vom Zaun gebrochene Rechtsstreit zwang das Verteidigungsministerium, erstmals
eine Rechtsposition zur Frage der Eignung homosexueller Soldaten zum Vorgesetzten
zu formulieren und diese vor Gerichten zu verteidigen.

Der Urteilsspruch der Verwaltungsrichter blieb nicht ohne Widerspruch aus der
eigenen Zunft. Erhard Denninger, Jura-Professor aus Frankfurt am Main, kritisierte,
der Wehrdienstsenat habe nur auf eine »abstrakte Gefahr«, dass eine homosexuelle Orientierung in den dienstlichen Bereich »hineingetragen« werde, hingewiesen,
diese »Gefahr« aber für den konkreten Fall des Klägers verneint. So reiche schon
die angenommene Gefahr »einer möglichen Beeinträchtigung von Disziplin und
Kampfkraft der Truppe« aus, um »generell die Offizierstauglichkeit zu verneinen«.
Statt sich ein »individualisiertes Eignungs-Prognose-Urteil« zu bilden, fälle die
Bundeswehr eine »generelle Untauglichkeitserklärung« und verstoße damit gegen
das Diskriminierungsverbot des Artikels 3 Grundgesetz (GG).[25]

Im November 1976 starb Rainer Plein durch Suizid. Der *Stern* berichtete 1984
über den Fall und stellte eine Verbindung zwischen dem Freitod und dem letztins-
tanzlichen Urteil her.[26] Den hier und andernorts angedeuteten Verdacht, der Suizid
stehe mit den verlorenen Prozessen gegen das Verteidigungsministerium in engem
Zusammenhang, wies ein guter Bekannter Pleins zurück.[27] Die im Verfahren gegen
den Reserveleutnant formulierten Grundsätze hatten mehr als 25 Jahre Bestand.[28]

---

[25] Denninger, Entscheidungen Öffentliches Recht, S. 444–446.
[26] »Nach der letzten Entscheidung des Bundesverwaltungsgerichts nahm er sich 1976 das
      Leben.« Krause, »Da spiel' ich denen eine Komödie vor«.
[27] »Manche stellten die Causa Bundeswehr und den Suizid in einen engen Zusammenhang;
      die Bundeswehr war nach meiner persönlichen Anschauung (und nur mir vorliegendem
      Quellenmaterial) allenfalls ein Mosaikstein im Motiv.« E-Mail von Sigmar Fischer an den
      Verfasser, 19.3.2018. Zum Leben Rainer Pleins und zur Debatte, eine Straße nach ihm
      zu benennen: Heß, Der ungeliebte Aktivist; Fischer, Er organisierte Deutschlands erste
      Schwulendemo. Ausführlicher: Fischer, Bewegung. Die Benennung einer Straße nach Plein
      wurde 2013 auf Beschlussvorlage der Stadtverwaltung von der Bezirksvertretung Münster-
      Mitte noch mehrheitlich abgelehnt, 2017 aber angenommen. Seitdem gibt es einen Rainer-
      Plein-Weg.
[28] So auch Gollner, Disziplinarsanktionen, S. 116.

Veränderungen müssen oftals regelrecht angetoßen werden: Rainer Plein hatte einen ersten Stein ins Wasser geworfen. Nur wenn (mehrere) Mutige aufstehen und ihre Rechte einfordern, entsteht Veränderungsdruck. Den zweiten Stein warf wiederum ein Leutnant, diesmal aus der Truppe.

2. »Gefährdung von Disziplin und Kampfkraft«. Der Fall eines Leutnants 1977

Werde die homosexuelle Neigung eines Vorgesetzten bei seinen Untergebenen bekannt, so könne dies zu einer nachhaltigen Störung des Dienstbetriebes führen, dadurch die Kampfkraft der Truppe schwächen und in letzter Konsequenz den Verteidigungsauftrag der Bundeswehr beeinträchtigen, der seinerseits Verfassungsrang habe, so urteilte das Bundesverwaltungsgericht 1979. Geklagt hatte ein Leutnant, der im April 1977 dem BMVg schriftlich mitgeteilt hatte, dass er gleichgeschlechtlich veranlagt sei:

> »Hiermit melde ich Ihnen meine Homosexualität. Es ist mir nicht möglich, sie länger zu heucheln, und ich sehe auch gar keinen Grund, weshalb ich dies noch weiter tun sollte. Im privaten Bereich weiß jeder meiner Bekannten über mich Bescheid, und ich werde akzeptiert. Ich habe bisher nur positive Erfahrungen mit dem Bekenntnis meiner Homosexualität gemacht. Ich bekannte mich nicht spektakulär, sondern versuchte, meine Neigung als etwas Selbstverständliches darzustellen. Auch wenn ich sie hin und wieder dem einen oder anderen Kameraden mitteilte, nahmen sie es gelassen auf. Eine Beeinträchtigung meines Dienstes durch meine Veranlagung habe ich bisher noch nicht erfahren und könnte mir auch keine vorstellen. Mein Entschluss, meine Homosexualität zu melden, wurde mitbeeinflusst durch die Tatsache, dass ich mich für die Verwirklichung der Gleichberechtigung der Homosexuellen öffentlich engagieren möchte, und bevor Sie aus anderer Quelle von meiner Homosexualität erfahren, melde ich sie selbst.«[29]

Mit zwei weiteren Schreiben im Mai 1977 erneuerte und ergänzte der Leutnant seine Meldung und betonte, es sei »sein Ziel, Vorurteile in der Bundeswehr gegen die Homosexualität abzubauen«:

> »Von all den Gefahren für den Dienstbetrieb, die vorgeblich von einem homosexuellen Offizier ausgingen, habe er bisher noch nichts gemerkt und auch andere ihm bekannte homosexuelle Offiziere wüssten von einer Beeinträchtigung ihrer dienstlichen Tätigkeit nichts zu berichten. Es sei an der Zeit, die Diskriminierung der Homosexualität in der Bundeswehr abzubauen und sie ebenso zu akzeptieren wie die Heterosexualität.«[30]

Im März 1978 führte die Personalabteilung des BMVg mit dem Leutnant das von diesem beantragte Personalgespräch. Es eröffnete ihm, dass die gemeldete gleichgeschlechtliche Veranlagung die Eignung und Verwendung als Vorgesetzter sowie eine weitere Förderung und Beförderung ausschließe. Zudem wurde ihm empfohlen, einen Antrag auf Entlassung aus dem Dienst gemäß § 55 Abs. 3 SG zu stellen. (»Ein Soldat auf Zeit ist auf seinen Antrag zu entlassen, wenn das Verbleiben im Dienst

---

29 Zit. im Urteil des Bundesverwaltungsgerichts, 1. Wehrdienstsenat, vom 25.10.1979, Az.: BVerwG, 1 WB, 113/78.
30 Ebd.

für ihn wegen persönlicher, insbesondere häuslicher, beruflicher oder wirtschaftlicher Gründe eine besondere Härte bedeuten würde.«[31]) Der Leutnant lehnte dies ab und legte Beschwerde gegen den angekündigten Ausschluss weiterer Förderung und Beförderung ein: Es sei eine Pflichtverletzung der Vorgesetzten, ihm wegen seiner Neigung die Eignung zum Offizier abzusprechen. Er sei als Offizier ausgebildet und befähigt, werde aber nicht als solcher eingesetzt und in seiner Ausbildung nicht weiter gefördert. Hierin liege eine angreifbare Maßnahme, die mit einer angeblichen Gefährdung junger Wehrpflichtiger durch Homosexuelle im Vorgesetztenrang nicht begründet werden könne. Eine solche Gefährdung sei in seinem Fall nicht gegeben. Die Annahme einer solchen Gefährdung unterstelle homosexuellen Offizieren ohne jede Begründung disziplinloses Verhalten und sei empirisch nicht nachweisbar. Vielmehr sei seine Situation nicht viel anders gelagert als die weiblicher Sanitätsoffiziere in der Bundeswehr. Seine Versetzung auf eine Schüler-Planstelle z.b.V. im Heeresamt sei ebenfalls nicht nur ungewöhnlich, sondern auch nicht rechtmäßig. Desgleichen komme das BMVg seiner vertraglichen Verpflichtung zur weiteren Ausbildung an der Offizierschule des Heeres und an der Schule seiner Truppengattung nicht nach. Dagegen habe er, der Antragsteller, seine Dienstpflichten bislang – selbst durch die Meldung seiner Homosexualität – nicht verletzt. Das BMVg bat das Gericht, den Antrag zurückzuweisen. Der 1. Wehrdienstsenat entschied:

> »1. Der Antrag ist zulässig [...]
> 2. Der Antrag ist aber unbegründet: [...] Grund für die angefochtene Entscheidung des BMVg war die Meldung des Antragstellers, er sei homosexuell veranlagt. Solche homosexuellen Neigungen schließen die Eignung eines Soldaten zum Vorgesetzten aus.«[32]

Die Beurteilung der Frage, ob ein Soldat durch außerdienstliche homosexuelle Betätigung ein Dienstvergehen begehe, sei jedoch von der Frage der Eignung eines Soldaten mit homosexuellen Neigungen zum Vorgesetzten und zu weiterer Förderung zu trennen:

> »Unabhängig von dieser konkreten, von der Person des jeweiligen Soldaten abhängigen Gefahr kann aber bereits durch den [sic] Umstand, dass die homosexuelle Neigung eines Vorgesetzten bei seinen Untergebenen bekannt ist, zu einer nachhaltigen Störung des Dienstbetriebes führen. Auch Verhaltensweisen eines homosexuell Veranlagten, die bei heterosexuell Veranlagten als normal und üblich angesehen werden, können in den Augen Untergebener eine Bedeutung erlangen, die zu Redereien, Verdächtigungen, zur Ablehnung des Vorgesetzten und zu Schwierigkeiten bei der Befehlsgebung und Befehlsbefolgung führen können. Der BMVg braucht vor dieser Möglichkeit nicht im Hinblick auf Art. 3 GG die Augen zu verschließen.«[33]

Der in Artikel 3 GG verankerte Gleichheitsgrundsatz galt demnach für Homosexuelle in den Streitkräften nicht in Gänze. Die Bundeswehr müsse auch nicht den in der Truppe bestehenden Vorurteilen gegenüber Homosexuellen entgegentreten, indem sie den »vermeintlichen Anspruch homosexuell veranlagter Soldaten auf Gleichberechtigung gegen die allgemeine Meinung durchsetzt«. Denn dies

---

31 <www.gesetze-im-internet.de/sg/__55.html> (letzter Zugriff 31.3.2021).
32 Bundesverwaltungsgericht, 1. Wehrdienstsenat, Beschluss vom 25.10.1979, Az.: BVerwG, 1 WB, 113/78.
33 Ebd., auszugsweise zit. im *Stern*, 19.1.1984: Krause, »Da spiel' ich denen eine Komödie vor«.

»würde wegen der unausweichlich auftretenden dienstlichen Schwierigkeiten die Kampfkraft der Truppe schwächen und damit den Verteidigungsauftrag der Bundeswehr beeinträchtigen, der seinerseits Verfassungsrang hat«. Vielmehr dürfte das BMVg »auch nach Abschaffung der Strafbarkeit der ›einfachen‹ männlichen Homosexualität in Rechnung stellen, dass homosexuell Veranlagte in einer so eng verbundenen Männergemeinschaft wie der Bundeswehr nach wie vor ganz überwiegend nicht akzeptiert werden«.[34] Den Hinweis des Leutnants auf das Vorhandensein weiblicher Sanitätsoffiziere akzeptierte das Gericht nicht, da diese »wegen ihrer heterosexuellen Veranlagung einer Autoritätseinbuße nicht ausgesetzt« seien. Das Urteil des 1. Wehrdienstsenats wurde in der Fachpresse, vor allem wegen der darin formulierten beschränkten Anwendung des Gleichheitsgrundsatzes in Artikel 3 der Verfassung, publiziert und kommentiert.[35]

Ähnlich wie der Münsteraner Reservist fünf Jahre zuvor war der Leutnant in einen grundsätzlichen Kampf um die Rechte Homosexueller gezogen. Er drängte sein Anliegen der Bundeswehr förmlich auf. Offenbar negierte die Personalführung die Schreiben des Leutnants zunächst. Daher wandte er sich mehrfach direkt an das Verteidigungsministerium. Als dieses auf seine Beschwerden nicht zeitgerecht reagierte, legte er weitere Beschwerden ein. Nachdem fast ein volles Jahr vergangen war, führte das BMVg erst das beantragte Personalgespräch und eröffnete dem Leutnant die für ihn wenig überraschende Position der Bundeswehr gegenüber homosexuellen Soldaten in Vorgesetztenfunktionen. Dies war für den Leutnant der von ihm mit Ausdauer und gezielt herbeigeführte Anlass zu klagen. Es ging nicht mehr nur um die weitere Verwendung eines Leutnants mit absehbarem Dienstzeitende. Hinter die Motivation des Leutnants, sich so zu exponieren, kann zumindest ein Fragezeichen gesetzt werden. Dem Urteil des Bundesverwaltungsgerichts ist zu entnehmen, dass er nach Ablösung vom Studium an den beiden Hochschulen der Bundeswehr seine Restdienstzeit in der Truppe abzuleisten hatte. Wäre es dem Leutnant nur darum gegangen, für den Rest seiner Dienstzeit weiter regulär ausgebildet und verwendet zu werden, hätte er auf das Bekanntmachen seiner sexuellen Orientierung verzichten können. Ob hinter seinen Meldungen, Beschwerden und Klagen nur der lautere Versuch stand, die Lage von bekennenden Homosexuellen in der Bundeswehr zu verbessern, oder auch die Überlegung, als bekennender Homosexueller früher aus dem Dienstverhältnis ins zivile Berufsleben entlassen zu werden, bleibt Spekulation. Ungeachtet der Motive des Leutnants mündete der Streit, ähnlich wie das Verfahren 1976, in einem Grundsatzurteil. Der Leutnant hatte es durch seine offen kundgetane Absicht, sich »für die Verwirklichung der Gleichberechtigung der Homosexuellen öffentlich engagieren« zu wollen, dem BMVg und dem Gericht noch leichter gemacht, seine Klage zurückzuweisen: »Durch ein solches plakatives Zurschaustellen der eigenen Homosexualität würden sich die Wahrscheinlichkeit dienstlicher Schwierigkeiten und deren Umfang noch vervielfältigen«,[36] schrieben die Verwaltungsrichter in das Urteil.

---

[34] Bundesverwaltungsgericht, 1. Wehrdienstsenat, Beschluss vom 25.10.1979, Az.: BVerwG, 1 WB, 113/78; wiederum auch im *Stern* zitiert (19.1.1984).

[35] Beispielsweise in der Neuen Juristischen Wochenschrift (NJW), 21/1980, S. 1178.

[36] Bundesverwaltungsgericht, 1. Wehrdienstsenat, Beschluss vom 25.10.1979, Az.: BVerwG, 1 WB, 113/78.

Beide Urteile des Bundesverwaltungsgerichts waren Fixpunkte aller kommenden Gerichtsentscheidungen bis 1999. Sie wurden vom BMVg bis ins Jahr 2000 hinein stets zur Begründung der restriktiven Praxis herangezogen, so auch 1995 bei den über den Wehrbeauftragten an das Ministerium herangetragenen Fragen eines jungen Mannes. Die Rechtsabteilung schrieb in ihrer Antwort wörtlich aus dem Urteil von 1979 ab, ohne das Zitat als solches zu kennzeichnen:

> »Unabhängig von dieser konkreten, von der Person des jeweiligen Soldaten abhängigen Gefahr kann aber bereits der Umstand, dass die homosexuelle Neigung eines Vorgesetzten bei seinen Untergebenen bekannt ist, zu einer nachhaltigen Störung des Dienstbetriebes führen. Auch Verhaltensweisen eines homosexuell Veranlagten, die bei heterosexuell Veranlagten als normal und üblich angesehen werden, können in den Augen Untergebener eine Bedeutung erlangen, die zu Redereien, Verdächtigungen, zur Ablehnung des Vorgesetzten und zu Schwierigkeiten bei der Befehlsgebung und Befehlsbefolgung führen können. Der Bundesminister der Verteidigung braucht vor dieser Möglichkeit nicht im Hinblick auf Art. 3 Grundgesetz die Augen zu verschließen.«[37]

Die Bundeswehr sorgte dafür, dass das 1979er-Urteil auch in der Truppe bekannt wurde. In der Zeitschrift *Truppenpraxis* erschien dazu Anfang 1981 ein größerer Artikel mit der unübersehbaren Überschrift »Aktuelle Rechtsfälle: Homosexuelle Neigungen eines militärischen Vorgesetzten« und dem Fazit:

> »Homosexuelle Neigungen eines militärischen Vorgesetzten – namentlich eines Offiziers – schließen seine Beförderungseignung aus, weil solche Neigungen geeignet sind, die gerade im militärischen Bereich notwendigen engen dienstlichen und menschlichen Kontakte zu belasten. Für die Eignung eines Offiziers zur Verwendung als Vorgesetzter und für eine weitere Förderung gilt nichts anderes.«[38]

Die zivile Fachpresse brachte das Urteil und seine Auswirkung klarer auf den Punkt: »Homosexuelle Neigungen schließen die Eignung eines Soldaten zum Vorgesetzten aus.«[39] Mit dem Artikel in der *Truppenpraxis* hatten es Homosexuelle nun schwarz auf weiß, dass sie nur eine Chance in der Bundeswehr hatten, wenn sie ihre Neigung und ihr Privatleben weiterhin versteckten. Einer dieser Soldaten war Hauptmann Michael Lindner, Kompaniechef im ABC-Abwehrbataillon 610.

3. Thema im Bundestag:
Der Fall des Hauptmanns Lindner 1981

Dieses Urteil war für Hauptmann Lindner ein »Schock«, der sein ohnehin fragiles Selbstvertrauen als homosexueller Offizier und das Vertrauen in den Dienstherrn

---

[37] BArch, BW 1/531593: BMVg, VR II 7, an Herrn T., Bremen, 13.1.1995.
[38] Weidinger, Homosexuelle Neigungen eines militärischen Vorgesetzten.
[39] Neue Juristische Wochenschrift, 21/1980, S. 1178. Nicht unter den Tisch gekehrt werden darf aber auch der Name eines an der Bundeswehrhochschule Hamburg studierenden Leutnants, der 1977 nicht etwa wegen seiner homosexuellen Orientierung, sondern wegen seiner rechtsextremen politischen Aktivitäten aus dem Dienstverhältnis als Zeitsoldat entfernt wurde: Michael Kühnen erlangte später zweifelhafte Berühmtheit als »Deutschlands prominentester Rechtsextremist«, so die *taz* 1991: Wolgang Gast, Neonazi Michael Kühnen gestorben. In: taz, 26.4.1991.

erschütterte – und letztlich zu seinen psychischen Problemen, seinem zunehmend plakativen Bekenntnis und seiner Entlassung aus gesundheitlichen Gründen führte.[40] Seit 1980 bereits als dienstunfähig krankgeschrieben, wurde der Hauptmann zum 30. September 1982 krankheitsbedingt nach § 44 Abs. 3 und 4 SG in den Ruhestand versetzt.[41] Lindner kämpfte mit zahllosen Eingaben und Beschwerden an seine Vorgesetzten und das Bundesverteidigungsministerium, mit Veröffentlichungen und öffentlichen Vorträgen[42] um die Rechte schwuler Soldaten und damit auch für sich. Auf Unterstützung vom Deutschen Bundeswehrverwand (DBwV) konnte der Hauptmann dabei nicht hoffen. Ein Versuch, den Verbandsvorsitzenden für die Probleme homosexueller Soldaten zu gewinnen oder auch nur zu interessieren, scheiterte 1982. Auf keiner Bereichs- oder Hauptversammlung sei dieses Thema je angesprochen worden. Die »überwiegende Zahl der Soldaten« sei diesem Thema »nicht so zugetan, wie Sie es wohl erwarten«. Dies sei, wolle man »Auseinandersetzungen vermeiden, kein Thema für die Bundeswehr«, beschied der Verbandsvorsitzende Oberst Volland dem Hauptmann. Mehr noch: Hier werde »eher eine ablehnende Haltung eingenommen«. Es war das altbekannte Lied: »Eine Integration homosexuell veranlagter Soldaten müsste zu Unruhen in der Truppe führen.«[43] Auch das Büro des Wehrbeauftragten antwortete auf eine Eingabe Lindners 1980 mit der Wiederholung der Argumente des Ministeriums von »Gefährdung für Disziplin und Kampfkraft«.[44]

Lindner ließ sich nicht entmutigen. Er sorgte letztlich dafür, dass das Thema Homosexualität auf den Schreibtischen und damit in den Köpfen der Offiziere, Beamten und Juristen präsent blieb. Seine Briefe, Vorschläge, Informationen, aber auch Beschwerden und Klagen füllen etliche dicke Aktenordner mehrerer BMVg-Referate.[45] Im Juli 1981, noch im aktiven Dienst, aber krankgeschrieben, ließ Lindner den Verteidigungsminister wissen, er plane im Oktober eine internationale Pressekonferenz in Bonn. Deren Thema werde lauten: »Menschenrechte und Menschwürde in der Bundesrepublik Deutschland – dargestellt am Beispiel des Homosexuellen in der deutschen Bundeswehr«.[46]

Der Fall des Hauptmanns beschäftigte 1981 auch den Deutschen Bundestag. Lindner hatte die Hamburger Bundestagsabgeordnete Helga Schuchardt (FDP) eingeschaltet und für sein Anliegen gewonnen. Schuchardt richtete eine Anfrage an das Vereidigungsministerium:

---

40 Ausführlich dazu bereits in Kap. II.
41 BArch, BW 1/503302: BMVg, PSZ III 6, 29.6.2001; ebd., BMVg, PSZ I 8, 20.6.2002, auch erwähnt in »Soldaten als potentielle Sexualpartner«, S. 22.
42 Beispielsweise am 17.6.1982 zum Thema »Das Schicksal der Homosexuellen in der Bundeswehr« im Martin-Luther-King-Haus in Hamburg und am 9.2.1984 im von Lindner mitbegründeten Hamburger Magnus-Hirschfeld-Centrum zum damals aktuellen Skandal um General Kießling.
43 Deutscher Bundeswehrverband, Bundesvorsitzender, an Hauptmann Lindner, 21.7.1982.
44 Büro des Wehrbeauftragten des Bundestages an Hauptmann Lindner, 9.9.1980.
45 Unter anderem am 22.9.1981 an BMVg, Org. 1; am selben Tag in anderer Sache an BMVg, P II 1 am 30.9.1982 an die Chefredaktion der Zeitschrift *Truppenpraxis* und am 20.1.1983 unter dem Briefkopf »Unabhängige Homosexuelle Alternative (UHA), Arbeitsgruppe Öffentlichkeit«, Hamburg, an BMVg, FüS; alles archiviert in BArch, BW 2/31224.
46 BArch, BW 2/31224, Schreiben Hauptmann Michael Lindner an Bundesminister der Verteidigung, 29.7.1981.

»Wie begründet die Bundesregierung den Widerspruch, dass homosexuelle Männer zwar grundsätzlich wehrdienstfähig und vom längeren freiwilligen Dienst nicht auszuschließen sind, aber ihnen die Eignung zum Vorgesetzten abgesprochen wird, obwohl wissenschaftlich unumstritten ist, dass Homosexualität keine Krankheit, sondern ausschließlich eine Variante sexuellen Verhaltens ist?«[47]

Wie üblich wurde die Frage und deren Antwort im Plenum debattiert, zunächst einmal aber wurde die vorformulierte Antwort Wort für Wort verlesen. (Das Format solcher Fragestunden ist schon oft kritisiert worden.[48]) Für das BMVg antwortete 1981 der Parlamentarische Staatssekretär Wilfried Penner (SPD), die Bundesregierung sehe in der Gegenüberstellung keinen Widerspruch. Beide Tatbestände seien nicht vergleichbar. Bei der Wehrdienstfähigkeit sei die Frage der Integrationsfähigkeit des Betreffenden von ausschlaggebender Bedeutung. Die Eignung zum Vorgesetzten orientiere sich daran, »ob der Betreffende in dieser Funktion entsprechende Autorität ausüben kann.«[49] Letzteres werde in Übereinstimmung mit höchstrichterlicher Rechtsprechung verneint. Schuchardt reagierte mit einer »praktischen Frage«: Wenn Homosexuelle keine Führungsposition übernehmen können, wie groß beurteile der Staatssekretär dann die Wahrscheinlichkeit der Erpressbarkeit dieser Soldaten, »nämlich weil sie ihre Homosexualität verleugnen?«[50] Der Staatssekretär entgegnete, er habe sich in seiner Antwort auf das Problem der Autorität beschränkt. Auf die Zusatzfrage Schuchardts, worauf sich denn die Vermutung stütze, homosexuelle Soldaten oder Vorgesetzte hätten keine Autorität, antwortete der Staatssekretär kurz und knapp: »auf einer gewissen Lebenserfahrung«. Der Abgeordnete Ralph Herberholz (SPD) hakte nach: »Hängt die Fähigkeit zur Darstellung von Autorität vom sexuellen Verhalten des Individuums ab?« Penner entgegnete, »so wollte ich nicht verstanden werden«. Bedeutsam sei das Bekanntwerden eines bestimmten sexuellen Verhaltens, was seinen Noch-Parteifreund Karl-Heinz Hansen zu dem Zwischenruf »Aha! Also die Heuchelei des 19. Jahrhunderts!« veranlasste.[51] Daran schloss eine Frage der Abgeordneten Schuchardt an, ob die Bundesregierung die Auffassung teile, dass »dies«, also der Umgang mit homosexuellen Soldaten, mit der Reform des § 175 StGB von 1969 und 1973 nicht zu vereinbaren sei. Staatssekretär Penner: »Die Reformen des § 175 StGB haben für die Frage, ob sich homosexuelle

---

[47] Deutscher Bundestag, 9. Wahlperiode, 45. Sitzung, 24.6.1981, stenographisches Protokoll, S. 2541.
[48] Als »den schwächsten Teil des deutschen Parlamentarismus«, als »nicht vorzeigbar« und »in dieser Form politisch sinnlos« kritisierte der vormalige Bundestagspräsident Norbert Lammert das Format der Fragestunde im Bundestag in einem *Zeit*-Gespräch mit Roger Willemsen (Die Zeit, Nr. 17, 16.4.2014), Autor eines realsatirischen Buches (Das hohe Haus) über den Debattenalltag im Bundestag. Lammert: »Auf der Regierungsbank saß kein Minister, sondern nur der Staatssekretär [...] Die Fragen hatte die Opposition vorher schriftlich eingereicht. Und dann las der Staatssekretär eine vorformulierte Antwort vor.« Zit. nach Graw, Echter Schlagabtausch oder höfisches Ritual?
[49] Deutscher Bundestag, 9. Wahlperiode, 45. Sitzung, 24.6.1981, stenographisches Protokoll, S. 2541.
[50] Ebd.
[51] Hier und im Folgenden: ebd., S. 2542. Gegen den SPD-Bundestagsabgeordneten Karl-Heinz Hansen lief zu diesem Zeitpunkt ein Parteiausschlussverfahren wegen dessen harscher Kritik an der Nachrüstung, konkret wegen der Äußerung, Kanzler Schmidts Verteidigungspolitik sei »eine Art Geheimdiplomatie gegen das eigene Volk«.

Soldaten zum Vorgesetzten eignen, keine unmittelbare Bedeutung. Die Eignung zum Vorgesetzten kann nämlich auch dann verneint werden, wenn weder eine Straftat noch ein disziplinares Fehlverhalten vorliegt.« Die FDP-Abgeordnete war noch nicht fertig und fasste erneut in der Autoritätsfrage nach: »Verführt nicht die Gefahr des Bekanntwerdens den Betroffenen zur Heuchelei? Sind Sie nicht der Auffassung, dass Menschen, die zur Heuchelei neigen, als erste keine Autorität mehr haben können?« (*Der Spiegel* griff 1981 den als Frage formulierten Vorwurf auf: Die FDP-Abgeordnete habe dem Verteidigungsministerium vorgeworfen, »homosexuelle Soldaten geradezu zur Heuchelei anzustiften«.[52]) Dr. Penner antwortete, »die Schwierigkeiten, in denen sich der angesprochene Personenkreis befindet, sind hinreichend bekannt«. Es sei bisher nicht möglich gewesen, von den geschilderten Sicherheitsvorkehrungen abzusehen, doch könne es sein, dass die gesellschaftliche Entwicklung weitergehe. Die hoffnungsvolle Nachfrage Schuchardts, ob sie daraus schließen dürfe, dass eine gewisse Chance bestehe, den Meinungsbildungsprozess im Verteidigungsministerium in diesem Sinne voranzutreiben, beantwortete der Staatssekretär ausweichend: Er glaube nicht, dass es sich um eine Frage der Meinungsbildung im BMVg handele; »jedenfalls würde ich die Entwicklung nicht auf dieses Haus beschränken wollen. Ich glaube, es handelt sich um einen Meinungsbildungsprozess der Gesamtgesellschaft.«[53] Der Abgeordnete Herberholz hatte noch eine Nachfrage an seinen Parteifreund und legte den Finger in die Wunde einer offensichtlichen Unstimmigkeit der Position des BMVg:

> »Herr Staatssekretär, Sie haben eben gesagt, nur bei Bekanntwerden eines bestimmten sexuellen Verhaltens verliere man die Fähigkeit zur Ausübung von Autorität. Kann ich denn davon ausgehen, dass durch dem BMVg nicht bekanntes sexuelles Verhalten, grundsätzlich – was diesen Bereich angeht – die Fähigkeit zur Ausübung von Autorität gewährleistet ist? Wenn Sie das bestätigen: Wie stellt das BMVg eigentlich sexuelles Verhalten fest, wenn man es nicht gerade mit einem Schild auf dem Rücken trägt?«[54]

Staatssekretär Penner blieb nur zu versichern, dass sich das BMVg nicht nach den sexuellen Neigungen erkundige. Sein Parteifreund Lothar Löffler sprang dem Staatssekretär nun in Form einer Zusatzfrage zur Seite: Der als konservativ geltende Sozialdemokrat kleidete seine Position, dass die Beurteilung des sexuellen Verhaltens nicht durch Erlass des Verteidigungsministeriums geregelt werden könne, sondern ein gesamtgesellschaftliches Problem sei, in eine Frage. Dem konnte Penner leicht zustimmen: Das decke sich mit seiner Auffassung. Den Schlusspunkt der Debatte in Form einer Fragestunde setzte der CDU-Abgeordnete Claus Jäger. Mühsam in die formale Form einer Frage gekleidet, tat er kund, dass die Bundeswehr »bei der Gewinnung geeigneten Führungsnachwuchses zur Zeit ganz andere Sorgen drücken als die Auswirkungen der Reform des § 175 des Strafgesetzbuchs auf die Führungsfähigkeit von Soldaten«. Penner nahm diesen Ball der Opposition nicht auf: »Im Gegensatz zu Ihnen bin ich der Meinung, dass es dem Parlament sehr wohl ansteht, von Zeit zu Zeit, wo es geeignet erscheint, Diskriminierungen für verschie-

---

dene Personengruppen auch sichtbar zu machen.« Das Protokoll verzeichnete Beifall bei SPD und FDP und den Zwischenruf aus den Reihen der CDU/CSU: »Das hat er gar nicht gefragt!«[55]

Der Spiegel fragte 19 Jahre später, im Jahr 2000, den nunmehrigen Wehrbeauftragten Wilfried Penner nach seiner früheren Position zu homosexuellen Vorgesetzten. Er antwortete, ihm sei »damals schon nicht wohl« bei seinen Äußerungen im Bundestag gewesen. Inzwischen habe sich die Einstellung gewandelt, »die Jüngeren sehen das heute ohnehin viel lässiger«.[56]

Auf Anfrage der Bundestagsabgeordneten Hertha Däubler-Gmelin fasste das BMVg 1979 die Regelungen in Bezug auf »Verwendung und Förderung von homosexuellen Soldaten« zusammen. Ein homosexueller Soldat werde »grundsätzlich nicht anders behandelt als die heterosexuellen Soldaten auch«, betonte das von der Rechtsabteilung erarbeitete und vom Parlamentarischen Staatssekretär Andreas von Bülow unterzeichnete Papier eingangs. »Anderes gilt nur dann, wenn die homosexuelle Betätigung des Soldaten Auswirkungen auf den dienstlichen Bereich hat.«[57] In jedem Fall werde aufgrund der Umstände im Einzelfall entschieden, »ob der Soldat weiter gefördert werden kann, ob er in seiner Dienststellung verbleiben kann oder ob er anders zu verwenden ist [...] oder ob eine Entlassung in Betracht kommt«. Eine dienstlich bekannt gewordene homosexuelle Orientierung bleibe nicht mehr im Intimbereich, sondern greife auf den dienstlichen Bereich über. Dies habe zur Folge, dass dem betreffenden Soldaten die Eignung für eine höhere Verwendung fehle, da diese mit größeren Vorgesetztenbefugnissen verbunden sei. Eine Förderung des betreffenden Soldaten sei in der Regel nicht mehr möglich.

Beim genauen Lesen dieser Formulierungen zeigen sich Unterschiede zu den entsprechenden Ausführungen der 1980er und 1990er Jahre. Anders als in späteren Stellungnahmen war 1979 nicht von der generellen Nichteignung zum Vorgesetzten und Ausbilder von Soldaten die Rede. Auch fehlte im Gegensatz zu späteren Regelungen, wie denen im Fall des Leutnants Winfried Stecher (1998), der Hinweis auf die obligatorische Ablösung aus Vorgesetztenpositionen. Eine Versetzung und damit auch eine Ablösung vom Dienstposten wurde nach dem 1979er-Papier erst bei Beeinträchtigung der »Achtungs- und Vertrauenswürdigkeit« des betroffen Soldaten erforderlich. Diese Formulierung hätte es ermöglicht, dass Zugführer wie Leutnant Stecher und andere durchaus weiter auf ihren Dienstposten hätten bleiben können, denn dessen homosexuelle Orientierung hatte keine Auswirkungen auf den dienstlichen Bereich. Dies deutet an, was auch andere Quellenvergleiche zeigen: Das Verteidigungsministerium hat seine Position gegenüber homosexuellen Vorgesetzten in den 1980er und 1990er Jahren merklich verschärft und diesen strikten Kurs bis zur Jahrtausendwende unbeirrt beibehalten. Entscheidende Wegmarken waren zwei Papiere des BMVg aus den frühen 1980er Jahren.

---

[55] Alle Zitate ebd.
[56] »Im Kosovo noch lange benötigt«.
[57] BArch, BW 1/304284: BMVg, VR I 1, 15.2.1979, sowie BMVg, Parl. Staatssekretär an MdB Herta Däubler-Gmelin (SPD), 23.2.1979, auch im Folgenden.

4. Grundsatzpapiere 1982 und 1984

»Ein Offizier oder Unteroffizier, der angibt, homosexuelle Neigungen zu haben, muss damit rechnen, nicht mehr befördert oder mit höherwertigen Aufgaben betraut zu werden. Ferner kann er nicht mehr in einer Dienststellung als unmittelbarer Vorgesetzter in der Truppe (z.B. als Gruppenführer, Zugführer, Kompaniechef oder Kommandeur) verbleiben. Er muss eine Verwendung erhalten, in der er nicht mehr unmittelbarer Vorgesetzter von vorwiegend jüngeren Soldaten ist.«[58]

Diese Regelungen stammten aus dem Rundschreiben des Referats II 1 der Personalabteilung des BMVg vom 13. März 1984. Es war als Leitlinie der Personalbearbeiter gedacht und wurde auch so verwendet. Das Datum legt den Schluss nahe, dass besagtes Grundsatzpapier im Nachgang zur Wörner-Kießling-Affäre entstanden ist. Dem war aber nicht so: Die Formulierungen fanden sich wortgleich bereits in einem Papier des gleichen Referats vom August 1982.[59] Darin war von einer »verminderten Durchsetzungsfähigkeit« der schwulen Vorgesetzten die Rede. Das Personalreferat führte zudem den »Schutz des militärischen Untergebenen vor dem homosexuellen Vorgesetzten« ins Feld. »Weite Bevölkerungskreise«, nicht nur die Wehrpflichtigen und ihre Eltern, würden nach Einschätzung des Referats »kein Verständnis dafür aufbringen, dass Soldaten dem Einfluss von Vorgesetzten mit normabweichendem Verhalten ausgesetzt« würden. Die Nichteignung gleichgeschlechtlich Orientierter zum Vorgesetzen bedeutete für schwule angehende Offiziere das Aus ihrer Karriere, bevor sie überhaupt begonnen hatte. Bekannte sich ein junger Offizieranwärter zu seiner homosexuellen Orientierung, wurde er im vereinfachten Verfahren entlassen, da er sich »nicht zum Offizier eigne«.[60] Grundlage dafür war § 55 Absatz 4 SG.[61] (Ein heutiger Stabsoffizier erinnerte sich an ein Vorkommnis während seiner Offiziersausbildung 1995. Während des Offizieranwärterlehrgangs an seiner Truppenschule plante sein damaliger Freund einen Wochenendbesuch an der Schule. Korrekt wie er war, beantragte der Gefreite [OA] die Genehmigung der Übernachtung bei seinem Vorgesetzten. Der Hörsaalleiter fragte ihn, in welchem Verhältnis er zu dem Mann stehe. Mit dieser Frage stand urplötzlich die gesamte berufliche Karriere des angehenden Offiziers auf Messers Schneide. Ohne die

---

58 BArch, BW 2/31224: BMVg, P II 1, Az 16-02-05/2 (C) R 4/84, 13.3.1984, Kopie auch in BArch, BW 2/38355, wörtlich zuvor bereits in einer Antwort des BMVg auf das Schreiben eines Obermaats von Anfang Februar 1984, also auf dem Höhepunkt des Kießling-Skandals. BArch, BW 1/378197: BMVg, P II 1, an Obermaat G., 8.3.1984.
59 BArch, BW 1/304286: BMVg, P II 1, 12.8.1982.
60 Ebd.
61 »Ein Soldat auf Zeit kann in den ersten vier Jahren seiner Dienstzeit entlassen werden, wenn er die Anforderungen, die an ihn in seiner Laufbahn zu stellen sind, nicht mehr erfüllt. Ein Offizieranwärter, der sich nicht zum Offizier, ein Sanitätsoffizier-Anwärter, der sich nicht zum Sanitätsoffizier, ein Militärmusikoffizier-Anwärter, der sich nicht zum Militärmusikoffizier, ein Feldwebelanwärter, der sich nicht zum Feldwebel, und ein Unteroffizieranwärter, der sich nicht zum Unteroffizier eignen wird, soll unbeschadet des Satzes 1 entlassen werden.« Ist der Betroffene vor seiner Zulassung in die Laufbahn der Offiziere oder Feldwebel zuvor Unteroffizier oder Mannschaftssoldat auf Zeit gewesen, so soll er nicht entlassen, sondern in seinen früheren Status »zurückgeführt werden, soweit er noch einen dieser Laufbahn entsprechenden Dienstgrad führt.« Vgl. <www.gesetze-im-internet.de/sg/__55.html> (letzter Zugriff 31.3.2021).

Personalrichtlinien zu kennen, spürte der Offizieranwärter instinktiv die in einer ehrlichen Antwort liegende Gefahr – und entschied sich für die Unwahrheit: Ein alter Schulfreund sei er. Der Hörsaalleiter war's zufrieden. Der Freund kam am Wochenende zu Besuch. Die Offizierausbildung ging weiter; der Betroffene wurde Offizier und ist heute Oberstleutnant.)

Hatte der Offizieranwärter sich, wie in diesem Beispiel, »unauffällig« verhalten und es erfolgreich bis in den Rang eines Leutnants geschafft, drohte ihm aber dennoch das Aus: Auch ein Leutnant und ein junger Oberleutnant konnten bis zum Ende ihres dritten Offizierdienstjahres nach § 46 Abs. 4 SG entlassen werden. Als Begründung hierfür musste nun die »mangelnde Eignung als Berufssoldat« herhalten.[62]

Bei genauer Prüfung der Quellen ist unklar, ob diese Regelung alle Offiziere oder nur solche im Status eines Berufssoldaten betraf. Letztgenannte Auffassung vertrat das Personalreferat 1990: Die unterschiedliche Regelung zwischen Zeit- und Berufsoffizieren sei »wenig befriedigend«.[63] Bereits ein 1979 verfasstes Papier der Rechtsabteilung beschränkte diese Maßnahme dagegen ausdrücklich auf Leutnante im Dienstverhältnis eines Berufsoffiziers.[64] Die ebenfalls erwähnte Entlassung von homosexuellen Offizieranwärtern wegen Nichteignung zum Offizier galt unstrittig für alle angehenden Offiziere.[65]

Der Bannstrahl des BMVg traf nicht nur schwule Offiziere und Offizieranwärter. Sogar Wehrpflichtigen, die freiwillig als Mannschaftsdienstgrade länger dienen wollten, wurde dies verwehrt. Die Begründung hierfür: »Aus dieser Laufbahn rekrutieren sich nämlich auch weitgehend die Unteroffiziere der Bundeswehr.«[66] Und Homosexuelle waren ja nicht als Unteroffiziere geeignet. Selbst wenn die Obergefreiten oder Hauptgefreiten gar nicht die Absicht hatten, sich als Unteroffizier zu bewerben, hatten sie keine Chance bei der Bundeswehr, denn: »Zudem gelangen länger dienende Mannschaften auch ohne Zulassung zur Laufbahn der Unteroffiziere in Vertrauensstellungen ihrer Einheiten oder Verbände.«[67]

Ein als homosexuell bekannter Soldat auf Zeit hatte auch bei bislang besten Beurteilungen keine Chance, seine Verpflichtungszeit zu verlängern oder zum Berufssoldaten ernannt zu werden. Begründet wurde dies mit den eingeschränkten Verwendungsmöglichkeiten.[68] Seit dem Plein-Verfahren 1972 hatte sich die

---

[62] BArch, BW 2/31224: BMVg, P II 1, Az 16-02-05/2 (C) R 4/84 , 13.3.1984, Kopie auch in BArch, BW 2/38355. Dazu u.a. auch BArch, BW 2/32553: BMVg, FüS I 4, 3.2.1993.

[63] BArch, BW 2/31224: BMVg, P II 1, 2.3.1990.

[64] BArch, BW 1/304284: BMVg, VR I 1, 15.2.1979, sowie BMVg, Parl. Staatssekretär an MdB Herta Däubler-Gmelin (SPD), 23.2.1979.

[65] Ebd.

[66] BArch, BW 2/31224: BMVg, P II 1, Az 16-02-05/2 (C) R 4/84, 13.3.1984, wortgleich bereits zuvor in BArch, BW 1/304286: BMVg, P II 1, 12.8.1982, und in der Antwort des BMVg auf das Schreiben eines Obermaats von Anfang Februar 1984, also auf dem Höhepunkt des Kießling-Skandals. BArch, BW 1/378197: BMVg, P II 1, an Obermaat G., 8.3.1984.

[67] BArch, BW 2/31224: BMVg, P II 1, Az 16-02-05/2 (C) R 4/84, 13.3.1984, wiederum zuvor wortgleich in BArch, BW 1/304286: BMVg, P II 1, 12.8.1982, BArch, BW 1/378197: BMVg, P II 1 an Obermaat G., 8.3.1984.

[68] So rückblickend in ihrem Kommentar zum die Ernennung zum Berufssoldaten oder SaZ regelnden § 37 SG: Walz/Finkler/Sohm, Kommentar zum Soldatengesetz, S. 647 f.

Bundeswehrführung in diesem Punkt festgelegt: Homosexuellen Vorgesetzten fehle es an dem notwendigen Vertrauen der von ihnen geführten Soldaten.

> »Der Auffassung des BMVg liegt die Erfahrung zugrunde, dass wegen der überwiegenden Ablehnung homosexueller Verhaltensweisen in der Truppe sich Vorgesetzte mit homosexuellen Neigungen dort ohne schwere Einbußen in ihrer dienstlichen Autorität nicht behaupten können. Da die Laufbahnen der Unteroffiziere und Offiziere aus einer Folge von Verwendungen bestehen, die mehrheitlich in der Truppe wahrzunehmen sind, können gleichgeschlechtlich veranlagte Vorgesetzte nicht die Gleichbehandlung – insbesondere eine dienstliche Förderung – mit geschlechtlich normal veranlagten Soldaten beanspruchen.«[69]

Diese Argumentation wurde nun sogar auf länger dienende Hauptgefreite oder Stabsgefreite angewendet. So begründete die vermeintliche Nichteignung zum Vorgesetzten auch den Ausschluss Homosexueller aus den niederen Laufbahnen, bis hin zu Mannschaftsdienstgraden; eine in dieser Konstruktion schon damals wenig überzeugende, sich aber effektiv selbst stützende Argumentationskette. Dass bei Weitem nicht jeder Mannschaftssoldat Unteroffizier und nicht jeder Unteroffizier oder Offizier Berufssoldat werden wollte, spielte dabei keine Rolle. Die verschieden gelagerten Benachteiligungen stützten sich letztlich alle gegenseitig; der Kreis schloss sich und ließ einem als homosexuell bekanntgewordenen Soldaten keine Chance auf eine Karriere in der Bundeswehr.

Der Pressesprecher des BMVg machte aus dieser Praxis kein Geheimnis. Gegenüber dem *Spiegel* erklärte er 1993, wer seine Homosexualität schon bei der Bewerbung als Offiziersanwärter bekanntgebe, werde abgewiesen. Er sei »für die Laufbahn der Offiziere und Unteroffiziere grundsätzlich als nicht geeignet anzusehen«. Die Bundeswehrführung halte »Soldaten mit abweichendem Sexualverhalten für ein ›potenzielles Angriffsobjekt fremder Dienste‹«, so *Der Spiegel*. Der Verfasser des Artikels wies auf den bekannten historischen Fall des österreichischen Obersten Alfred Redl hin. Als weiteren Grund für die Restriktionen nannte der Pressesprecher des BMVg die »Polarisierung des Themas in der gesamtgesellschaftlichen Diskussion«.[70]

1977 riet eine der ersten wissenschaftlichen Veröffentlichungen zur Diskriminierung Homosexueller im Berufsleben, sie stammte von Günther Gollner, die Bundeswehr solle nicht auf Disziplinarmaßnahmen setzen. Es wäre vielmehr besser,

> »wenn sie Probleme mit Homosexualität auf der Ebene der Personalführung erledigen würde. Angelegenheiten, die nicht mehr zur Entfernung aus dem Dienst, sondern allenfalls zu einer Versetzung führen, erregen binnen Kurzem auch kein Aufsehen mehr; und was kein Aufsehen erregt, ist kaum geeignet, irgendjemandes Ansehen zu mindern.«[71]

Genauso verfuhren BMVg und Bundeswehr bereits. In der Annahme, dass Personalmaßnahmen, etwa Versetzungen, kein Aufsehen erregen würden, irrte Gollner aber.

> »Woher nehmen Sie eigentlich diese menschenverachtende Einstellung, a priori jeden homosexuellen Offizier oder Unteroffiziere als ungeeignet für eine Führungsverantwortung anzusehen? [...] Von Alexander dem Großen über Gaius Iulius Caesar bis hin zum Preußen

---

69 BArch, BW 2/31224: BMVg, P II 1, Az 16-02-05/2 (C) R 4/84, 13.3.1984.
70 »Versiegelte Briefe«, S. 51.
71 Gollner, Disziplinarsanktionen, S. 116.

Friedrich dem Großen sind deren homosexuelle Neigungen bekannt. Diesen Mannen wollen Sie doch kaum unterstellen, dass sie Schwierigkeiten in der Befehlsgebung und Befehlsbefolgung gehabt hätten. Ihr Automatismus schwule Vorgesetzte gleich ungeeignet als Vorgesetzte anzusehen, ist durch nichts außer Ihren Vorurteilen und/oder in Ihrer Homophobie begründet [...] Ich als homosexueller Soldat und Offizier empfinde Ihre Äußerungen als in höchstem Maße diskriminierend, weil stigmatisierend. Ich hatte bis dato geglaubt, dass man seitens des Verteidigungsministeriums spätestens nach der Kießling-Affäre aufgewacht sei und die Relikte der Verunglimpfung Homosexueller, die noch aus der Zeit der Nazi-Diktatur stammen, endlich abgelegt hätte. Es schmerzt mich sehr, von Ihnen das Gegenteil erfahren zu haben.«[72]

Dies war 1985 die Replik eines Hauptmanns auf die Antwort des BMVg auf seine Frage nach dem Umgang mit homosexuellen Vorgesetzten. Das Schreiben des BMVg habe ihm »gelinde gesagt einen ›kalten Schauer‹ den Rücken runterfahren lassen«.[73] Zwei Wochen nach dieser Antwort schickte der Hauptmann sein persönliches Bekenntnis zur eigenen Homosexualität verbunden mit der Bitte um eine Laufbahnprognose auf dem Dienstweg über seinen Vorgesetzten an die Personalabteilung des BMVg.[74] Er warf damit dem Dienstherrn den Fehdehandschuh hin. Dieser antworte binnen Tagen mit dem ganzen Programm an Restriktionen. Nach den geltenden Personalrichtlinien konnte die »Laufbahnprognose« nur noch lauten: Ende der Karriere, oder mit den Worten der Personaloffiziere und Juristen: »keine Führungsverwendungen, keine weitere Förderung und Beförderung«. Vier Tage nach Eingang des Schreibens bei seinem direkten Vorgesetzten wurde der Hauptmann seines Dienstpostens als Bereichsleiter eines Fernmeldesektors enthoben.

Auch die Presse griff den Fall auf. Im August 1986 berichtete die *taz* unter der Überschrift: »In einer Männergesellschaft nicht hinnehmbar«.[75] Die »Homosexuellenfeindlichkeit« lebe beim Militär auch nach der Wörner-Kießling-Affäre weiter. »Mit allen Mitteln werden Schwule zu Verlogenheit und Heimlichtuerei gezwungen.« Des Hauptmanns Status als Berufssoldat wurde in den eines Zeitsoldaten mit Verpflichtungszeit von zwölf Jahren umgewandelt, er werde die Bundeswehr »in knapp einem Jahr«, also im Sommer 1987, verlassen, so die *taz*.[76] Der Statuswechsel konnte aber nur im Einverständnis mit dem Betroffenen erfolgen. Denn: Als homosexuell erkannte Soldaten aller Dienstgrade wurden seit den 1970er Jahren in der Regel nicht mehr fristlos entlassen (wenn sie sich keines anderweitigen Dienstvergehens schuldig gemacht hatten). Das betraf Berufsoffiziere, die das dritte Offizierdienstjahr, und Offiziere und Unteroffiziere auf Zeit sowie Mannschaften,

---

72   Schreiben Hauptmann P. an Geheimschutzbeauftragten BMVg vom 8.10.1985. (Dieses und das nachfolgend zitierte Schreiben vom 21.10.1985 liegen dem Verfasser in Kopie vor. Dank für die Überlassung an Michael Lindner, Hamburg.)
73   Ebd.
74   Schreiben Hauptmann P. an BMVg, P IV 5, vom 21.10.1985, Nebenabdrucke u.a. an den Rechtsberater des Generalinspekteurs, den Wehrbeauftragten des Deutschen Bundestages, die Vorsitzenden des Deutschen Bundeswehrverbands, des Verteidigungsausschusses des Bundestages sowie der verteidigungspolitischen Arbeitsgruppen der Bundestagsfraktionen von CDU/CSU, SPD und FDP. Auszugweise auch zit. in: BArch, BW 2/31224: Truppendienstgericht Nord, 12. Kammer, Beschluss, Az N 12 BL a 3/86, vom 16.12.1986.
75   Wickel, In einer Männergesellschaft nicht hinnehmbar.
76   Ebd.

die das vierte Dienstjahr beendet hatten. In seinem Erlass vom März 1984 hatte
das BMVg nochmals eine vorzeitige Zurruhesetzung der »Betroffenen« ausgeschlossen, zumindest solange keine Dienstunfähigkeit vorliege – »und dazu zählt
die homosexuelle Orientierung nicht«.[77] Bereits 1983 hatte die Personalabteilung
festgehalten, eine »vorzeitige Zurruhesetzung, ohne dass diese auf Dienstunfähigkeit
oder gerichtlichem Urteil beruhe«, sei »derzeit« bei einem Offizier nicht möglich.[78]
Zehn Jahre später hielt ein BMVg-Referat erneut fest, Homosexualität sei »kein
Entlassungsgrund aus gesundheitlichen Gründen [sic]«.[79] Mit dieser Praxis war die
Bundeswehr in den späten 1970er Jahren weiter als viele andere NATO-Streitkräfte,
die Homosexuelle noch bis in die 1990er Jahre oder gar bis zum Jahr 2000 rigoros
entließen.[80]

Gegenüber den Medien machte das BMVg aus der Praxis im Guten wie im
Schlechten kein Geheimnis: *Der Spiegel* zitierte 1993 den Sprecher der Hardthöhe:
»Homosexuelle ›Soldaten, die bereits Offizier oder Unteroffizier sind, verbleiben,
wenn nicht besondere Umstände hinzutreten, in der Bundeswehr. Sie werden
allerdings nur auf Dienstposten verwendet, die keine Führungsverantwortung
beinhalten‹«.[81]

Das bereits zitierte Papier vom August 1982 beschränkte sich keineswegs auf die
Begründung der geltenden Restriktionen gegen homosexuelle Vorgesetzte, Offiziere
und Offizieranwärter. Der Verfasser in der Personalabteilung richtete seinen Blick
auch auf zukünftige Entwicklungen, auf die sich die Bundeswehr seines Erachtens
nach vorzubereiten habe. Es sind freimütige und undogmatische Überlegungen, die
die Veränderungen des Jahres 2000 schon erstaunlich genau vorwegnahmen. Sie verdienen daher wiedergegeben und bekannt zu werden. Die weitere Liberalisierung des
gesellschaftlichen Urteils über homosexuelles Verhalten könne zu einer veränderten
Rechtsprechung führen, »wenn es nicht gelingt, zwingende Gründe darzulegen, die
eine Übertragung dieser Liberalisierung auf die Streitkräfte ausschließen«.[82] Es sei
daher »notwendig, rechtzeitig streitkräfteverbindliche Vorstellungen zu entwickeln,
die einem gleichgeschlechtlich veranlagten Vorgesetzten auch eine weitere dienstliche Förderung durch den Zugang zu höher bewerteten Dienstposten ermöglichen«.
Auch kalkulierte das Papier schon 1982 die weitere Öffnung der Streitkräfte für
Frauen mit ein. Es sei fraglich, ob die Rechtsprechung dann noch das Argument
akzeptieren werde, »dass der homosexuell veranlagte Vorgesetzte stets der Gefahr
ausgesetzt sei, in seinen Untergebenen potenzielle Sexualpartner zu sehen und in
seiner Verhaltensweise gegenüber Untergebenen von sexuellen Motiven beeinflusst
zu sein«. Dies müsste dann »folgerichtig auch für heterosexuell veranlagte männliche oder weibliche Vorgesetzte gegenüber ihren jeweiligen andersgeschlechtlichen
Untergebenen gelten«.[83]

77　BArch, BW 2/31224: BMVg, P II 1, Az 16-02-05/2 (C) R 4/84, 13.3.1984, Kopie auch in
　　BArch, BW 2/38355.
78　BArch, BW 1/304286: BMVg, P II 1, 12.8.1982.
79　BArch, BW 2/32553: BMVg, FüS I 4, 3.2.1993, auch in BW 24/14249.
80　Dazu ausführlich in Kap. VII.
81　»Versiegelte Briefe«, S. 49.
82　BArch, BW 1/304286: BMVg, P II 1, 12.8.1982, auch im Folgenden.
83　Ebd.

Alle späteren Stellungnahmen und Antworten des BMVg zum Thema Homosexualität wiederholten unisono im Wortlaut den Erlass von 1984. Die Abteilung
InSan I 1 des BMVg ergänzte den zitierten Leitsatz 1990 jedoch um den Hinweis,
bewerbe sich ein Homosexueller als Zeit- oder Berufssoldat, ohne seine sexuelle Orientierung bekanntzugeben, werde er bei Eignung und Bedarf eingestellt.[84]
(»Eignung und Bedarf« waren und sind eine Standardformel der Bundeswehr in
sämtlichen Papieren zu Einstellungen oder späteren Personalentscheidungen.)
Zeitsoldaten könnten als Berufssoldaten übernommen werden. Kurzum: »Es steht
diesem Personenkreis eine ganz normale militärische Karriere offen, wie auch heterosexuellen Soldaten.« Es folgte aber noch in diesem Satz das einschränkende »soweit«:
»soweit ihre sexuelle Orientierung nicht auf irgendeine Weise dem Dienstherren bekannt wird«. Beachtung sollte die Formulierung »auf irgendeine Weise« finden. Sie
implizierte eben nicht nur eine freiwillige Offenbarung der Soldaten, sondern auch
zufälliges Bekanntwerden, die Ergebnisse der Überprüfungen durch den MAD und
gezielte Denunziationen. Damit wurde die versprochene »ganz normale militärische
Karriere« relativiert. In der Praxis änderte sich – nichts: Über den Köpfen schwuler
Offiziere und Unteroffiziere schwebte stets das Damoklesschwert des Karriereendes.
Es konnte jederzeit ohne Zutun und ohne die Möglichkeit der Einflussnahme durch
den Betroffenen auf diesen niedergehen. Nahezu alle vom Verfasser interviewten
Betroffenen berichten eindrücklich, wie sehr ihnen diese ständige Gefahr bewusst
war, wie sehr sie all das psychisch belastete und ihr Leben, auch ihr Privatleben,
einschränkte.

»Einen Erlass an alle personalbearbeitenden Stellen der Bundeswehr gab es nicht«,
betonte das BMVg im Jahr 2016.[85] Ein Widerspruch, gar eine falsche Aussage, um
die aus heutiger Sicht wenig vorteilhaften alten Papiere kleinzureden? Nein. Die
Personalabteilung des BMVg hob schon Anfang Januar 2000 ausdrücklich hervor, dass es einen an alle personalbearbeitenden Stellen verteilten »Erlass für die
Personalführung homosexueller Soldaten« nicht gebe. Das nach seinem Verfasser
intern als »Westhoff-Papier« bezeichnete Rundschreiben des Referats P II 1 sei 1984
nur an die Personalreferate der Führungsstäbe der Teilstreitkräfte und die zentralen personalbearbeitenden Stellen verteilt worden. Ungeachtet dieser Formalitäten
gebe es aber die »bis heute [Januar 2000] gültigen Grundsätze« wieder. Auf einen
zentralen Erlass sei 1984 bewusst verzichtet worden, da seinerseits im Ministerium
die Auffassung vertreten wurde, »dass der im Vergleich zur Gesamtbevölkerung vermutlich geringere Prozentsatz homosexueller Soldaten dies nicht rechtfertige«. Die
Zahl der vom Ministerium zu bearbeitenden Rechtsbehelfe, sprich Beschwerden und
Klagen, sei gering, »gleichwohl arbeitsintensiv«.[86]

Die Personalabteilung hatte im Vorfeld der Bundestagswahl 1998 einen zentralen Erlass im Entwurf erarbeitet. Dieser enthielt ausdrücklich »keine Auf-
weichungstendenzen«, sondern fasste die damalige Praxis in juristisch wohlgeform-
te Formulierungen, hätte also die Restriktionen zementiert. Die Streitkräfte regten

---

84 Hier und im Folgenden: BArch, BW 1/546375: BMVg, InSan I 1, an britischen Verteidigungs-
    attaché Bonn, 21.8.1990.
85 BMVg, P II 1, Az 16-02-5/2 vom 22.8.2016.
86 BArch, BW 1/502107: BMVg, PSZ III 1, 5.1.2000.

an, den Erlass »aus Gründen der Opportunität« still und leise in der Schublade verschwinden zu lassen. (Soldaten sprechen hier gern von der »Ablage P«, P wie Papierkorb.) Grund war ihre Sorge vor einem neuen »medienträchtigen Rummel«.[87] Auch habe der Vorsitzende des Bundeswehrverbandes dem klagenden Oberleutnant die Übernahme der Prozesskosten »bis in die letzte Instanz« zugesagt, sodass im Ministerium davon ausgegangen wurde, dass die Vertreter des Bundeswehrverbandes im Gesamtvertrauenspersonalausschuss (GVPA) einem neuen restriktiven Erlass ihre Zustimmung verweigern würden.[88] So blieb es bei der alten Praxis, ohne diese formell niederzuschreiben und auf dem dafür vorgesehenen Weg bestätigen zu lassen.

Noch bevor im März 1984 der Erlass der Personalabteilung verteilt wurde, machte das BMVg die darin zusammengefassten Regelungen publik, und zwar nicht irgendwo, sondern auf der wichtigsten Bühne der deutschen Politik, dem Plenum des Bundestages. Mitten in der »heißen« Phase des Wörner-Kießling-Skandals Mitte Januar 1984 debattierte das Parlament in Bonn über den Umgang der Bundeswehr mit homosexuellen Soldaten. Der Grünen-Abgeordnete Wolfgang Ehmke fragte unter anderem nach den Rechtsgrundlagen für die Entlassung homosexueller Soldaten und Vorgesetzter. Für das BMVg antwortete der Parlamentarische Staatssekretär Würzbach mit den Worten der wenig später verteilten Personalrichtlinie: Ein Soldat auf Zeit könne gemäß § 55 Abs. 5 SG während der ersten vier Dienstjahre aus der Bundeswehr entlassen werden, »wenn das Verbleiben in Dienstverhältnis die militärische Ordnung oder das Ansehen der Bundeswehr wesentlich gefährden würde«. Dies gelte unter anderem auch für die Fälle, in denen Soldaten auf Zeit wegen homosexueller Handlungen disziplinar gemaßregelt oder strafrechtlich verurteilt worden seien. Nach § 55 Abs. 4 SG sollte ein Offizieranwärter, der sich nicht zum Offizier eignete, entlassen werden. »Auch hier könnten im konkreten Einzelfall homosexuelle Handlungen Anlass für eine solche Maßnahme sein. Entsprechendes gilt nach § 46 Abs. 4 SG für Leutnante bis zum Ende des dritten Offizierdienstjahres.«[89] Zudem könne ein Soldat auf Zeit oder ein Berufssoldat bei schwerem disziplinarem Fehlverhalten, »z.B. wegen gleichgeschlechtlicher Beziehungen zu einem Untergebenen«, von einem Truppendienstgericht gemäß § 63 Wehrdisziplinarordnung zur Entfernung aus dem Dienstverhältnis verurteilt werden. Die Ausführungen Würzbachs gaben die Rechtslage sehr genau wieder. Die entsprechende Praxis des BMVg war also spätestens seit Januar 1984 den Parlamentariern und der Presse – und damit der Öffentlichkeit – bekannt. Auf die Nachfrage des SPD-Abgeordneten Dietrich Sperling, ob »ein Soldat, der seine Homosexualität freimütig bekennt und Offizier werden möchte, es ungleich schwerer hat, befördert und Vorgesetzter werden zu können [sic], weil er im Gegensatz etwa zu jemandem, der seine Weiberheldschaften freimütig bekennt, sich viel eindringlicher auf seine Tauglichkeit durchleuchten lassen muss als eben jener, der seine Potenz freimütig, freizügig heterosexuell auslebt«, antwortete der Staatssekretär unumwunden: »Herr Kollege, dies bestätige ich.«[90]

---

87 Ebd.
88 Ebd.
89 Deutscher Bundestag, 10. Wahlperiode, 47. Sitzung, 19.1.1984, stenographisches Protokoll, S. 3377.
90 Ebd., S. 3379.

Der Staatssekretär betonte, es seien »keine Aktivitäten in der Bundeswehr entwickelt worden, um homosexuelle Neigungen von Soldaten in Erfahrung zu bringen«. Dies entspreche »der Achtung des Dienstherrn vor dem Anspruch des Soldaten
auf Schutz seiner Privatsphäre«. Aus diesen Gründen gebe es »keine systematische
Erfassung der Fälle, in denen gleichgeschlechtliches Verhalten von Soldaten zur
Entlassung oder gerichtlichen Entfernung aus dem Dienstverhältnis geführt hat«.[91]
Im weiteren Verlauf der langen Debatte, deren Lektüre auch heute noch lohnt,
führte Staatssekretär Würzbach noch einen anderen für ihn wichtigen Aspekt aus:
Es gebe die Pflicht zur Fürsorge gegenüber homosexuell orientierten Soldaten, vor
allem »wenn sie besonders extrem gelagert« seien, denn es komme vor, »dass sich
Kameraden über einen so Veranlagten lustig machen, ihn veräppeln, dass sie versuchen, ihn zu einem bestimmten Verhalten zu bringen, zu drängen [...], zu zwingen
und zu erpressen«. Deshalb seien »bestimmte Maßnahmen innerhalb einer solchen
Organisation, wie die Streitkraft es ist, erforderlich«.[92]
Auf die spätere Frage des SPD-Abgeordneten Norbert Gansel, ob er die Ausführung
des Staatssekretärs so zusammenfassen könne, »dass in der Bundeswehr ein Soldat,
der homosexuell ist, der aber weder sich nach dem allgemeinen Strafrecht strafbar
gemacht hat, noch seine dienstliche Stellung missbraucht und sonst in geordneten
Verhältnissen lebt, in keiner Weise diskriminiert wird«, antwortete Würzbach: »Ja,
als ich dies auf die Dienstherren, die Vorgesetzten beziehe.« Der Staatssekretär fügte
hinzu, dass »in der menschlichen Praxis« eine Diskriminierung durch Kameraden
»nicht auszuschließen ist und, wie die Erfahrung lehrt, in der Regel einsetzt«.[93]
Die Teilstreitkräfte lehnten insbesondere die vom Personalreferat ins Spiel gebrachte Festlegung von Dienstposten eigens für homosexuell orientierte Soldaten
ab: »Die Festlegung und Kennzeichnung von Dienstposten für diesen Personenkreis
würde zwangsläufig dazu führen, dass auch heterosexuelle Soldaten auf ihnen verwendet würden, was diese möglicherweise als unzumutbar empfinden könnten.«[94]
Es gebe generell keinen Handlungsbedarf, die höchstrichterliche Rechtsprechung
reiche aus. Das für Innere Führung zuständige Referat nannte 1987 noch einen weiteren Grund, auf eine Thematisierung dieser Frage möglichst zu verzichten: »Da
Homosexuelle im Zusammenhang mit der Immunschwächekrankheit AIDS zu den
Hochrisikogruppen zählen, bringt dies eine neue Dimension in die Problematik, die
es gebietet, mit Rücksicht auf die politischen Auseinandersetzungen mit äußerster
Behutsamkeit vorzugehen.«[95]
Unter diesen Umständen und da keine neuen Erkenntnisse zu erwarten seien, sah
FüS I 4 von einer Besprechung ab. Das Referat P II 1 konnte dem »nicht beipflich-
ten« und bestand auf einer Besprechung:

> »Zwar teile ich Ihre Auffassung, dass das Thema äußerster Behutsamkeit bedarf, ebenso Ihre
> Bedenken gegen die Festlegung bestimmter Dienstposten oder gar Verwendungsfolgen
> für den fraglichen Personenkreis. Nicht zu teilen vermag ich Ihre Auffassung, dass die

---

91 Ebd., S. 3377.
92 Ebd., S. 3378.
93 Ebd., S. 3379.
94 BArch, BW 2/31224: BMVg, FüS I 4 an P II 1, 2.9.1987.
95 Ebd.

höchstrichterliche Rechtsprechung ausreiche, um die Bedarfsdecker in die Lage zu versetzen, im Einzelfall sachgerecht zu entscheiden.«[96]
Zudem würden sich Homosexuelle, auch Soldaten, »vermehrt zu ihrer Veranlagung« bekennen. Interessierte Kreise würden zunehmend eine Verpflichtung zum Schutz von Minderheiten geltend machen. Dabei ging es dem Personalreferat keineswegs um eine Revidierung der Position, eher um deren nochmalige Absicherung für die absehbaren juristischen und politischen Auseinandersetzungen:

> »Meines Erachtens sollte an der bisherigen Linie festgehalten werden. Nach aller Voraussicht wird dies zunehmend Beschwerde- und Gerichtsverfahren sowie Aktivitäten aus dem politisch-parlamentarischen Raum und seitens der interessierten Kreise zur Folge haben. Ich halte daher eine Abstimmung zwischen Bedarfsträgern und Bedarfsdeckern für unerlässlich.«[97]

(Bedarfsträger waren in der bundeswehreigenen Sprache die Teilstreitkräfte, Bedarfsdecker war die Personalführung.) Die Besprechung fand statt. Es wurde vereinbart:

> »1. Eine Förderung (Ausbildung für förderliche Verwendungen, Versetzung auf solche Dienstposten und entsprechende nachfolgende Beförderungen) ist generell ausgeschlossen. Die auftretenden Fälle werden unter dieser Prämisse geprüft. Ausnahmen sind nur in eng begrenztem Rahmen möglich.
> 2. Eine Kennzeichnung von Dienstposten, die auch für eine Besetzung mit homosexuell veranlagten Soldaten in Frage kommen, erfolgt nicht.
> 3. Eine Regelung (Erlass, G1-Hinweis) erfolgt ebenfalls nicht.«[98]

30 oder 40 Jahre zurückliegende Entscheidungen sollten und können nicht (ausschließlich) mit heutigen Wertmaßstäben gemessen werden. Die damalige Argumentationskette der Streitkräfte war aus deren Sicht durchaus plausibel: Die in der breiten Bevölkerung vorhandenen Vorbehalte gegen homosexuelle Männer spiegelten sich auch im Denken der Soldaten. Der Blick der Juristen des BMVg richtete sich in der Regel auf die Wehrpflichtigen und die jungen Zeitsoldaten, die die gesellschaftlichen Vorbehalte in die Bundeswehr hineintragen würden. Es wäre zu ergänzen, dass diese Vorbehalte sicherlich bei allen Alters- und Dienstgradgruppen zu finden waren. Die Vorbehalte konnten in der Bewertung der Bundeswehr zu einem Autoritätsverlust der als homosexuell bekannten Vorgesetzten führen. Der Rest der Argumentationskette ist schon mehrfach geschildert worden. Die BMVg-Juristen leiteten sie aus der Verfassung ab; sie hatten mit ihr eine sehr abstrakte, aber für Prozesse geschickte Begründung für ihre restriktive Haltung erarbeitet. Mit ihren Argumenten glaubten sie sich auch für eine eventuelle oder gar in der Zukunft wahrscheinlich werdende Klage vor dem Bundesverfassungsgericht gewappnet. Nach Logik des BMVg würden die Richter in Karlsruhe dann zwischen dem Verfassungsauftrag der Landesverteidigung und dem absehbaren Argument des Diskriminierungsverbotes abzuwägen und zu entscheiden haben. Da sahen die Bundeswehrjuristen für sich gute Karten. Nur hatte ihre Argumentation eine Schwachstelle. Der Beweis oder auch nur die Plausibilität ihrer Kausalkette stand aus. Gefährdeten homosexuelle Vorgesetzte

---

[96] BArch, BW 2/31224: BMVg, P II 1 an FüS I 4, 7.10.1987.
[97] Ebd.
[98] BArch, BW 2/31224: BMVg, P II 1, Vermerk über Besprechung vom 22.10.1987, Kopie in BArch, BW 2/31225.

tatsächlich die Einsatzbereitschaft der Streitkräfte? Letztlich spiegelten die Vorbehalte gegenüber Homosexuellen in den Köpfen der Juristen und Beamten im BMVg die Normen und Werte in den Köpfen der Gesamtgesellschaft wider.

Für die 1960er, die 1970er Jahre und die frühen 1980er Jahre mag diese Bewertung noch gegolten haben. Schwule (und lesbische) Lebensentwürfe stießen in der Gesellschaft aber mit jedem anbrechenden Jahrzehnt auf mehr Toleranz und Akzeptanz. Genau diese schon 1973 absehbare Tendenz hatten die Münsteraner Verwaltungsrichter in ihrem Urteil als Fenster für die Zukunft angedeutet.

Auf den Zusammenhang zwischen den Entwicklungen in Bundeswehr und Gesellschaft wies bereits 1993 der Sprecher des BMVg hin. Mit Blick auf die weiteren »Wandlungen gesellschaftlicher Moralbegriffe« schloss er gegenüber dem *Spiegel* nicht aus, »dass Homosexualität dereinst auch in Offizierskreisen kein Problemthema mehr sein könnte«.[99]

5. Exkurs: »Die Angst der Lehrer, sich zu outen«

Nicht nur Soldaten, sondern nahezu allen im öffentlichen Dienst Beschäftigten drohte bei erkannter Homosexualität das berufliches Aus. »Wer als Homosexueller im Staatsdienst nicht gegen bestehende Gesetze verstößt, hat trotzdem noch lange keine Gewähr dafür, in Ruhe gelassen zu werden«, beklagte ein Autor 1981: »Berufsverbote für Homosexuelle werden selten in der Öffentlichkeit bekannt, weil die meisten Betroffenen aus Angst vor ihrer Umwelt und berechtigter Sorge um ihren weiteren Berufsweg die tatsächlichen Gründe für ihre Nichteinstellungen oder Entlassungen verschweigen.«[100]

Bekannt wurde aber 1974 der Fall eines Juristen in Diensten der saarländischen Landesregierung. Wegen homosexueller Beziehungen sei der Jurist im Kultusministerium »möglicherweise öffentlichen oder geheimen Erpressungen« ausgesetzt. Der Regierungsrat quittierte zermürbt den Dienst, *Der Spiegel* berichtete.[101] Die Liste der wegen ihrer sexuellen Orientierung entlassenen Lehrer ist lang.[102] Noch viel länger wäre die nie erstellte Liste der wegen ihrer sexuellen Orientierung gar nicht erst als Angestellte im öffentlichen Dienst eingestellten oder ins Beamtenverhältnis übernommenen Männer. »Traut man sich nicht, dies offen mit der Homosexualität des Betroffenen zu begründen, finden sich meist Mittel und Wege, den Anwärter auf andere Art loszuwerden.«[103]

Auch im Beamtenrecht folgte die Bundesrepublik wie im Strafrecht den ausgetretenen Wegen vergangener Jahrzehnte. Seit der Jahrhundertwende habe im deutschen Beamtenrecht der Grundsatz gegolten, »dass kein Homosexueller im Dienst bleiben, geschweige denn hineinkommen kann«.[104]

---

[99] »Versiegelte Briefe«, S. 54.
[100] Stümke/Finkler, Rosa Winkel, S. 375.
[101] Ebd., S. 376 f.
[102] Dazu: Gollner, Disziplinarsanktionen, S. 117–124.
[103] Stümke/Finkler, Rosa Winkel, S. 377.
[104] Gollner, Disziplinarsanktionen, S. 106.

An verbeamtete oder angestellte Lehrer wurden und werden besondere Maßstäbe angelegt. So wurde 1979 ein Lehrer in Nordrhein-Westfalen durch Urteil der
Disziplinarkammer des Verwaltungsgerichts Düsseldorf aus dem Beamtenverhältnis
entfernt. Der Lehrer war zuvor von einem Amtsgericht wegen Vergehens gegen § 175 StGB (neuer Fassung) zu einer Geldstrafe verurteilt worden. Er hatte
nach Überzeugung der Strafrichter mit einem 15- und einem 16-jährigen Heranwachsenden mehrfach einvernehmliche homosexuelle Handlungen vorgenommen.
Die Disziplinarrichter des Landes NRW attestierten dem Beamten, dieser habe »im
Kernbereich seiner Pflichten als Lehrer versagt« und sei als solcher nicht mehr tragbar.[105] Die Berufung des vorläufig des Dienstes enthobenen Lehrers gegen das Urteil
der Disziplinarkammer wies der Disziplinarsenat des Oberverwaltungsgerichts für
das Land NRW zurück.[106]

Auf die schwierige Situation schwuler Lehrer noch in den 1970er Jahren blick-
te 2019 ein ehemaliger Berliner Lehrer zurück. Unter der Überschrift »Die Angst
der Lehrer, sich zu outen« ließ ihn *Der Tagesspiegel* zu Wort kommen: »Früher war
Homosexualität an Schulen ein absolutes Tabu, darüber sprach man nicht. Als wir
Anfang der 70er Jahre mit der Schwulenbewegung aktiv und sichtbar wurden, gab es
Berufsverbote und Diskriminierung am Arbeitsplatz.«[107]

6. »Dann sage ich eben, dass ich schwul bin.« Versuche, die eigene Dienstzeit zu verkürzen

Wie viele gute und sehr gute Offiziere und Unteroffiziere wegen der Restriktionen gegen Homosexuelle darauf verzichteten, einen Antrag auf Übernahme zum Zeit- oder
zum Berufssoldaten zu stellen, lässt sich nicht beziffern. Die Streitkräfte stießen sie
ab, ihr Potenzial blieb ungenutzt. Aus eigenem Erinnern an seine Offizierausbildung
ab 1995 und an das Studium an der Universität der Bundeswehr Hamburg ab 1997
kennt der Verfasser mehrere solcher Fälle dienstälterer Kameraden, darunter bestbe-
urteilte Offiziere. Den Streitkräften gingen dadurch hoch qualifizierte Führungskräfte
unwiederbringlich verloren.

Dass der Dienstherr unisono allen erkannten oder sich bekennenden Homo-
sexuellen die Eignung zum Vorgesetzten absprach, nutzten etliche Offiziere und
Unteroffiziere auf ganz eigene Weise zu ihrem Vorteil. Schon immer gab es in der
Bundeswehr Soldaten, die sich nach erfolgreichem Abschluss ihres Studiums an den
Bundeswehruniversitäten möglichst schnell in die freie Wirtschaft verabschieden
wollten. Für die besten Absolventen der technischen und wirtschaftswissenschaft-
lichen Studiengänge winkten statt des mitunter harten Truppenalltags gut bezahlte
Jobs bei Firmen. Das Problem: Die Bundeswehr ließ ihre Offiziere nach erfolgreichem
Studienabschluss nicht mehr so einfach ziehen und pochte auf Erfüllung der verein-
barten Dienstzeit. Einige versuchten das über einen Antrag als Kriegsdienstverweigerer

---

[105] Disziplinarkammer des Verwaltungsgerichts Düsseldorf, Az 15-0-12/79, Urteil vom 28.6.1979.
[106] Disziplinarsenat des Oberverwaltungsgerichts für das Land NRW, Az V–11/79, Urteil vom
7.10.1980.
[107] »Die Angst der Lehrer, sich zu outen«.

zu umgehen. Das Anerkennungsverfahren hatte in der Regel wenig Aussicht auf
Erfolg. Erfolgversprechender schien es anderen, sich als Homosexuelle erkennen zu
geben und so den Automatismus auf Entlassung zu starten. »Dann sage ich eben, dass
ich schwul bin«, galt als eine Option. Frühere Offiziere erinnern sich, bei Weitem
nicht jeder dieser so aus den Streitkräften entlassenen Offiziere sei tatsächlich homosexuell gewesen. Die sexuelle Neigung ließ (und lässt) sich bekanntlich nicht »nach-
prüfen«, zumindest nicht ohne elementare Standards der Menschenwürde zu verlet-
zen. So genügte letztlich eine mehr oder weniger glaubhafte Meldung der eigenen
gleichgeschlechtlichen Orientierung. Die Vorschriftenlage war ja eindeutig. Letztlich
schlugen diese Offiziere die Bundeswehr mit ihren eigenen Waffen.
    Einer dieser Offiziere war ein an der Technischen Akademie der Luftwaffe aus-
gebildeter Maschinenbauingenieur. Der nunmehr im Dienstgrad Hauptmann
auf Kosten des Dienstherrn an einer zivilen technischen Hochschule studierende
Berufssoldat stellte im letzten Studienjahr 1972 einen Antrag auf Entlassung wegen Dienstunfähigkeit nach § 44 Abs. 3 SG. Er begründete dies mit seiner Homosexualität. Der Antrag wurde von der Personalabteilung des BMVg abgelehnt.[108]
Das Ministerium wies auch die daraufhin eingelegte Beschwerde ab: Grundsätzlich
könne Homosexualität Verwendungsunfähigkeit nach § 44 Abs. 3 SG begründen.
Hierzu reiche »jedoch nicht jede homosexuelle Neigung aus, sondern nur eine zur
sexuellen Perversion erstarkte«. Dies sei bei dem Antragsteller nicht der Fall, da er
es in seiner bisherigen Dienstzeit verstanden habe, seine »Neigung soweit zu zügeln, dass die Grenzen des militärischen Dienstrechts und auch des Strafrechts nicht
berührt wurden«.[109] Daraufhin versuchte der Hauptmann es erneut, diesmal aber
auf dem Weg nach § 46 Abs. 3 SG wegen besonderer Härte. Diesem Antrag gab
die Bundeswehr statt, verlangte aber die Rückzahlung aller Ausbildungskosten in
Höhe von rund 38 000 DM. Dagegen erhob der ehemalige Offizier Klage. Das
Verwaltungsgericht Bremen gab der Klage statt und erklärte den zwischenzeitlich auf rund 13 000 DM herabgesetzten Kostenbescheid für rechtswidrig. In ihrer Begründung griffen die Bremer Richter die gängige Argumentation des BMVg
auf, warum Schwule als Vorgesetzte ungeeignet seien, und drehten sie zulasten der
Bundeswehr um. Das ist hier wörtlich zu verstehen, denn es war zu deren (und damit
des Steuerzahlers) finanziellen Lasten:

> »Wäre der Kläger weiter im Dienst geblieben, hätte das für ihn eine unverhältnismä-
> ßig schwere Belastung bedeutet. Homosexuelle erscheinen in der Männergesellschaft der
> Bundeswehr – ob berechtigt oder nicht, sei dahingestellt – trotz der inzwischen eingetre-
> tenen Liberalisierung noch immer als Fremdkörper. Dass der Kläger bei Bekanntwerden
> seiner homosexuellen Veranlagung in der Bundeswehr mit Schwierigkeiten mannigfacher
> Art hätte rechnen müssen, liegt deshalb auf der Hand. Auch seine Laufbahn als Offizier
> wäre [...] beeinträchtigt worden, denn gleichgeschlechtliche Neigungen schließen [...] die
> Eignung eines Soldaten zum Vorgesetzten aus [...] Es war deshalb für den Kläger unzu-
> mutbar, weiterhin Berufssoldat zu bleiben.«[110]

---

[108] BArch, BW 24/7180: BMVg, P IV 4, 23.5.1972.
[109] BArch, BW 24/7180: BMVg, VR I 1, 4.7.1972.
[110] BArch, BW 1/304284, Urteil des Verwaltungsgerichts Bremen, Az 3 A 342/79, vom 24.7.1980.

Auch die Rückforderung der Ausbildungskosten stelle mithin eine besondere Härte für den Kläger dar.[111] Die Juristen des BMVg verzichteten auf Berufung und nahmen das Urteil an – oder besser: hin. Vier Gutachten bestätigten die »zu einer echten Perversion erstarkte« Homosexualität des früheren Offiziers; die Feststellung der besonderen Härte durch das Gericht sei »nicht zu erschüttern«.[112]

Ganz so leicht machte der Dienstherr diese Abschiede jedoch nicht. In Quellen findet sich der Fall eines Leutnants aus dem Jahr 1988. Der Offizier mit einer Verpflichtungszeit von sechs Jahren wurde nach Nichtbestehen der Diplomvorprüfung an der Bundeswehruniversität vom Studium abgelöst und in die Truppe zurückversetzt, um seine weitere Verpflichtungszeit abzuleisten. Dieser für ihn offenbar wenig erfreulichen beruflichen Perspektive suchte der Leutnant zu entgehen, indem er seine Entlassung wegen Dienstunfähigkeit nach § 55 Abs. 2 SG beantragte. Zur Begründung gab er an, homosexuell zu sein. Das Personalreferat des BMVg lehnte den ersten Antrag des Leutnants ab. Nach dem Befund des Bundeswehrkrankenhauses bestehe uneingeschränkte Wehrdienstfähigkeit. Eine die Entlassung nach § 55 Abs. 2 SG rechtfertigende Krankheit oder Dienstunfähigkeit liege nach den Richtlinien der ZDv 14/5 nicht vor.[113] Der Anwalt des Offiziers legte Beschwerde ein: Sein Mandant sei homosexuell, er habe dies in den vergangenen Jahren immer stärker bemerkt und bekenne sich jetzt offen dazu. Unabhängig davon, ob Homosexualität im streng medizinischen Sinne als Krankheit anzusehen sei, hindere sie seinen Mandanten an der Erfüllung seiner Dienstpflichten. Der vom Leutnant beauftragte Anwalt drehte die bekannten Restriktionen gegen homosexuelle Vorgesetzte um und schoss sie als Munition in eigener Sache an das BMVg zurück:

> »Unser Herr Mandant gerät durch seine Veranlagung beim Dienst in der Truppe in eine ständige Konfliktsituation. Einerseits weiß er, dass es zu Schwierigkeiten kommen könnte, wenn seine Neigung im Kreise der Offiziere und der Mannschaften bekannt werden würde. Angesichts der durchaus unterschiedlichen Einstellungen zur Homosexualität in der Gesellschaft wäre zu befürchten, dass ein Teil der Offiziere das Vertrauen, ein Teil der Unteroffiziere und Mannschaften den Respekt vor unserem Herrn Mandanten verlieren würden. Unser Herr Mandant hat sich deswegen bisher bemüht, seine Neigung nicht in seiner Einheit bekannt werden zu lassen [...] Andererseits setzt der Dienst in der Bundeswehr Kameradschaft und Zusammenleben auf engstem Raum voraus. Es ist für unseren Herrn Mandanten fast unerträglich, sich unter diesen Bedingungen ständig verstellen zu müssen. Die Homosexualität hindert unseren Herrn Mandanten an der Erfüllung seiner Aufgaben als Offizier und kann letztendlich die Kampfkraft der Truppe beeinträchtigen. Bereits jetzt mussten unserem Herrn Mandanten sämtliche Führungsaufgaben entzogen werden.«[114]

Abschließend fragte der Anwalt, ob es stimme, dass Homosexualität bei Berufssoldaten ein Entlassungsgrund nach § 55 Abs. 2 SG sei, bei Zeitsoldaten jedoch nicht. Wäre

---

[111] Ebd.
[112] BArch, BW 1/304284: BMVg P II 8, 2.12.1980.
[113] BArch, BW 2/31224: BMVg, P III 5 Beschwerdebescheid, Adressat und Datum geschwärzt.
[114] BArch, BW 2/31224, Rechtsanwalt eines Leutnants, Beschwerde und Begründung, Absender und Datum geschwärzt.

dem so, wäre dies eine in keiner Weise nachvollziehbare Ungleichbehandlung.[115] Im Grunde hatte der Rechtanwalt nur die hinlänglich bekannten Argumente des Ministeriums abgeschrieben und an den Verfasser zurückgesendet. Doch dies beeindruckte die Juristen dort nicht:

> »Der Umstand, dass Sie nicht mehr in den wesentlichen Funktionen, die üblicherweise an einen Offizier mit dem Dienstgrad Leutnant verbunden sind, eingesetzt werden können, beruht allein auf der von Ihnen offenbarten homosexuellen Neigung. Diese [...] hat nach dem Ergebnis der ärztlichen Begutachtung jedoch keinen Krankheitswert und kann damit jedenfalls nicht als ein ›körperliches Gebrechen‹ im Sinne des § 55 Abs. 2 SG verstanden werden. Diese Neigung erfüllt auch nicht das Merkmal einer ›Schwäche der körperlichen oder geistigen Kräfte‹ im Sinne des gesetzlichen Tatbestandes. Die von Ihnen offenbarte homosexuelle Neigung begründet somit bei Ihnen einen Eignungsmangel anderer Art als diejenige, die zur Entlassung wegen Dienstunfähigkeit führen kann. Der Gesetzgeber hat – nicht zuletzt zum Schutz des Soldaten – davon abgesehen, bei jeder Art von Eignungsmangel dem Dienstherrn eine Entlassungsmöglichkeit von Amts wegen einzuräumen.«[116]

Allerdings deuteten die Bonner Juristen dem Leutnant einen anderen Weg aus der Bundeswehr an: »In Fällen homosexueller Neigung« seien häufig die Voraussetzungen einer Entlassung auf eigenen Antrag wegen besonderer Härte im Sinne des § 55 Abs. 3 SG gegeben. Ob die entsprechenden Voraussetzungen bei dem Antragsteller vorlägen, sei nicht zu prüfen gewesen, weil dieser nur die Entlassung wegen Dienstunfähigkeit nach § 55 Abs. 2 SG beantragt habe. Im Übrigen existiere keine Regelung, die bei Berufssoldaten eine Entlassung wegen Homosexualität nach § 55 Abs. 2 SG vorsehe.[117]

In der letzten Aussage scheint es – vorsichtig formuliert – unterschiedliche Bewertungen innerhalb des BMVg gegeben zu haben. Das Personalreferat hielt im März 1990 in einem explizit auf die Beschwerde des Leutnants bezugnehmenden Vermerk fest, dass Leutnante im Status eines Berufssoldaten bei Homosexualität nach § 46 Abs. 4 entlassen werden können, eine entsprechende Bestimmung für Offiziere auf Zeit fehle. Die unterschiedliche Regelung sei »wenig befriedigend«. Das Personalreferat regte intern erneut an, dem Beschwerdeführer unter »extensiver Auslegung« des Begriffs der »besonderen Härte« eine Entlassung nach § 55 Abs. 3 SG zu ermöglichen.[118]

Der Leutnant stellte keinen Antrag auf Entlassung wegen besonderer Härte, er setzte vielmehr seinen Dienst in der Truppe, genauer in einem Regimentsstab, fort. Nach rund einem Jahr im Stab bat er um eine Verwendung als Zugführer und Ausbilder. Dies wiederum lehnte das Personalamt mit Hinweis auf die ja aktenkundige Homosexualität des Offiziers ab. Dagegen legte der Leutnant wiederum Beschwerde ein. Am Ende wurde der Fall vor dem Bundesverwaltungsgericht entschieden. Nur diesem Umstand verdankt die Forschung Kenntnis vom vorherigen Antrag des Leutnants auf Entlassung wegen Dienstunfähigkeit. Solche persönliche und medizinische Belangen berührenden Vorgänge sind unter normalen Umständen nicht mehr

---

[115] Ebd. Zur Erläuterung: § 55 Abs. 2 SG gilt nur für Soldaten auf Zeit.
[116] BArch, BW 2/31224: BMVg, VR I 5. Beschwerdebescheid, Adressat und Datum geschwärzt.
[117] Ebd.
[118] BArch, BW 2/31224: BMVg, P II 1, 2.3.1990.

in den einsehbaren Quellenbeständen zu finden. Das Bundesverwaltungsgericht legte aber wie stets in seinen Entscheidungen einleitend die dienstliche Vorgeschichte
des Antragstellers ausführlich dar, was es ermöglicht hat, sie hier wiederzugeben.[119]

7. »Homosexuality and Military Service in Germany«.
Die SOWI-Studie von 1993

Für seine Studie stützte sich das Sozialwissenschaftliche Institut der Bundeswehr
(SOWI) auch auf eine selbst durchgeführte Umfrage unter grundwehrdienstleistenden Soldaten zu deren »Sexualmoral«. (Umfragen unter Soldaten zu verschiedensten
Themen gehörten zum Auftrag des damaligen SOWI; sie werden heute vom ZMSBw
weitergeführt.) 1992 wurden 433 Grundwehrdienstleistende in Westdeutschland und
882 im damals üblicherweise »fünf neue Länder« genannten Ostdeutschland ano-
nym nach ihrer Meinung zum unverheirateten Zusammenleben, zur Prostitution, zur
Abtreibung und eben auch zur Homosexualität befragt. Rund 32 Prozent der jungen
Soldaten im Westen und 28 Prozent im Osten fanden Homosexualität »in Ordnung«.
In beiden Gebieten identische 20 Prozent entschieden sich für die Antwort »nicht in
Ordnung«. Zehn bzw. 13 Prozent wählten die Antwort »schlimm«. Für »sehr schlimm«
votierten im Westen 35 Prozent und im Osten rund 42 Prozent.[120] Unter den jungen
Soldaten im Osten gab es eine stärkere klare Ablehnung der Homosexualität, unter
den Soldaten im Westen eine Tendenz zur Akzeptanz.

Bei der Bewertung der Unterschiede zwischen beiden Teilen des erst seit zwei
Jahren vereinten Deutschlands stellen sich methodische Fragen, die in der SOWI-
Studie nicht thematisiert wurden, vor allem die Frage der Trennung in Ost und
West. Zum Zeitpunkt der Umfrage dienten zahlreiche ostdeutsche Soldaten in
Kasernen im Westen, sie fuhren sonntags mit dem Auto oder Zug von Sachsen oder
Mecklenburg nach Niedersachen oder Schleswig-Holstein und am Freitagnachmittag
wieder nach Hause. In die entgegensetzte Richtung pendelten deutlich weniger
Soldaten. Wer sich in den 1990er Jahren auf den Parkplätzen von Kasernen in Baden-
Württemberg, Hessen oder Niedersachen umschaute, konnte die vielen ostdeutschen
Autokennzeichen nicht übersehen. Oft waren sie deutlich in der Überzahl. Wenn der
Ort der Kaserne den Ausschlag für die Zuordnung zu West oder Ost gab, dann fan-
den sich unter »West« sehr viele Soldaten ostdeutscher Herkunft und Sozialisation.
Dann wären die Werte für Westdeutschland deutlich stärker von der ostdeutschen
Sozialisation beeinflusst als umgekehrt. Sollte dagegen der Heimat- oder Wohnort
ausschlaggebend für die Ost-West-Zuordnung gewesen sein, wäre die Aussagekraft
der erhobenen Daten belastbarer. Beim ersten Blick auf die grafische Darstellung der
geografisch ausgewiesenen Umfragewerte fallen aber auch deren Ähnlichkeiten ins
Auge: So gravierend waren die Unterschiede zwischen Ost und West letztlich doch
nicht. Wird die geografische Unterscheidung außer Acht gelassen, so bleiben als un-

---

[119] BVerwG, 1 WB, 61/90: Bundesverwaltungsgericht, 1. Wehrdienstsenat, Urteil vom 8.11.1990,
      gefunden auf <jurion.de>.
[120] Fleckenstein, Homosexuality and Military Service in Germany.

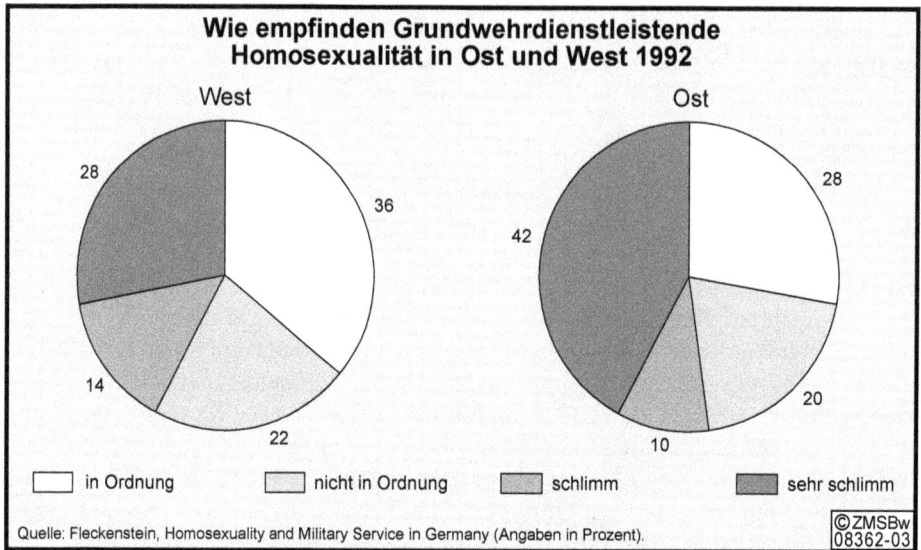

Wie empfinden Grundwehrdienstleistende Homosexualität in Ost und West 1992

West — 36, 28, 14, 22
Ost — 42, 28, 20, 10

in Ordnung   nicht in Ordnung   schlimm   sehr schlimm

Quelle: Fleckenstein, Homosexuality and Military Service in Germany (Angaben in Prozent).

©ZMSBw
08362-03

strittige Befunde, dass zwei Drittel der Grundwehrdienstleistenden Homosexualität »nicht in Ordnung«, »schlimm« oder »sehr schlimm« fanden.[121]

Auf diese Ergebnisse stützten sich das BMVg, die Streitkräfte, die Juristen und letztlich auch die Verwaltungsrichter, wenn sie in den 1990er Jahren den antizipierten drohenden Autoritätsverlust eines als homosexuell bekannten Vorgesetzen auf die fehlende oder mangelnde Akzeptanz der Homosexualität unter jungen Soldaten zurückführten. Die so wissenschaftlich verifizierte Ablehnung Homosexueller stand am Anfang der argumentativen Kausalkette, mit der dann eine Gefahr für Disziplin und Ordnung in den Einheiten und für die Einsatzbereitschaft begründet wurde – und letztendlich auch die Restriktionen gegen homosexuelle Vorgesetze. Zuletzt wurden die Umfragedaten mit der bekannten Schlussfolgerung im Januar 2000 in der Antwort der Bundesregierung auf die Fragen des Bundesverfassungsgerichts zur Klage des Oberleutnants Winfried Stecher präsentiert.[122]

Die Umfragewerte alterten, die daraus gezogenen Schlüsse blieben aber unverändert. Ob eine neue Studie mitsamt einer Umfrage unter Soldaten in Auftrag gegeben werden sollte, war Ende der 1990er Jahre Thema im Ministerium. Zwischen den beteiligten Referaten habe Einigkeit bestanden, dass eine sozialwissenschaftliche Studie zur Abklärung der »Akzeptanzproblematik« notwendig sei. Strittig war, ob das bundeswehreigene Sozialwissenschaftliche Institut damit beauftragt werden oder eine externe Vergabe erfolgen sollte. 1999 stellte der Stabsabteilungsleiter FüS I die Entscheidung über diese Studie bis zur Entscheidung des Bundesverfassungsgericht in der Klage des Oberleutnants Stecher zurück.[123] So stützte sich das BMVg noch im Jahr 2000 unverändert auf die alten Umfrageergebnisse von 1992 ab.

---

[121] Ebd., Tab. 2.
[122] BArch, BW 1/502107, o.Pag.: BMVg, Staatssekretär, Entwurf Antwort an Bundesverfassungsgericht, Az 2 BvR 2276/98, undatiert, hier S. 4.
[123] BArch, BW 1/502107, o.Pag.: BMVg, PSZ III 1, 5.1.2000.

Aufbauend auf der Umfrage referierte der Direktor des SOWI Professor Bernhard Fleckenstein 1993 im britischen Hull die deutsche Position zu »Homosexuality and Military Service«: Das deutsche Militär sei noch immer eine »Männergesellschaft auf engstem Raum«, wie es Generalmajor Manfred Würfel erst im Februar 1993 betont habe.[124] Die militärische Personalpolitik sei darauf »ausgerichtet, etwaige Probleme, die für das Gemeinschaftsleben in der Truppe durch homosexuell veranlagte Soldaten entstehen könnten, erst gar nicht aufkommen zu lassen«.[125] Konkret referierte Fleckenstein die in dieser Studie bereits ausführlich analysierte Praxis im Umgang mit homosexuellen Offizieren und Unteroffizieren.

Der SOWI-Direktor ging auf die scharfe Kritik von »Interessenverbänden« ein: Diese hatten moniert, die Bundeswehr bleibe »weit hinter dem Stand der gesamtgesellschaftlichen Entwicklung zurück« und mache sich »zum Vorreiter gesellschaftlicher Intoleranz«. In deren Augen verstieß die bisherige Spruchpraxis gegen den Gleichheitsgrundsatz der Verfassung und bedeute »eine Diskriminierung homosexueller Soldaten bis hin zur Zerstörung ihrer beruflichen Existenz«.[126] Fleckenstein formulierte einen Gegenstandpunkt:

> »Unbeschadet der politischen Kampfrhetorik, wie sie Pressemitteilungen eigen ist, geht es im Kern um die Frage, ob der militärischen Personalführung weiterhin ein Ermessensspielraum bei der Eignungsbeurteilung ihrer militärischen Führer und Ausbilder überlassen bleibt oder nicht. Primärer Auftrag der Personalführer ist eine kampfkräftige und funktionsfähige Bundeswehr. Dieses Ziel hat Verfassungsrang. Die Führung der Bundeswehr kann – bei lebensnaher Betrachtung – nicht die Augen davor verschließen, dass homosexuelle Soldaten – vor allem solche in Vorgesetztenfunktionen – in den Streitkräften nach wie vor nicht komplikationslos akzeptiert werden.«[127]

Nach geltender Rechtsauffassung sei der Bundesminister der Verteidigung auch nicht verpflichtet, »den (vermeintlichen) Anspruch homosexuell orientierter Soldaten auf Gleichbehandlung gegen die vorherrschende Meinung – und damit möglicherweise auf Kosten der Funktionsfähigkeit der Truppe – aktiv durchzusetzen«. Es gebe »auch eine Fürsorgepflicht des Dienstherrn gegenüber den mindestens 98 Prozent heterosexuellen Männern in den Streitkräften«. Ein junger Soldat habe dies gegenüber dem SOWI-Direktor so formuliert: »Ich respektiere die Intimsphäre meiner Kameraden; ich habe aber auch ein Recht darauf, von der Intimsphäre anderer verschont zu bleiben.«[128]

8. Einzelfallprüfung oder pauschales Nein?

In seiner Stellungnahme zum SOWI-Papier hob das Referat I 1 der Rechtsabteilung einleitend hervor, dass keine Rede davon sein könne, dass homosexuelle Soldaten

---

[124] Fleckenstein, Homosexuality and Military Service in Germany, S. 2 und Tab. 2, das Zitat des Generalmajors aus: »Versiegelte Briefe«.
[125] Ebd. Deutsches Original im BArch, BW2/32553.
[126] Ebd., S. 8, dort zit. aus der Pressemitteilung des Schwulenverbandes in Deutschland e.V. vom 27.1.1993.
[127] Ebd.
[128] Ebd., S. 9.

nicht ihrer Eignung gemäß befördert und verwendet werden würden. »Richtig ist
jedoch, dass trotz gewandelter Auffassungen in Teilen der Gesellschaft bei homosexuellen Soldaten die erforderliche Eignung für [...] höherwertige Verwendungen
nach Prüfung des Einzelfalls nicht uneingeschränkt bejaht werden kann«.[129] Bei der
Frage der Einzelfallprüfung geben die Quellen widersprüchliche Antworten. Die
Positionen wechselten nicht nur über einen längeren Zeitraum betrachtet, vielmehr
formulierten die diversen Abteilungen und Referate auf der Hardthöhe nahezu zeitgleich gegensätzliche Standpunkte. So stellte das Referat VR I 5 1993 die »Prüfung
des Einzelfalls bei homosexuellen Soldaten« heraus.[130] Und auch der Sprecher des
Verteidigungsministeriums hatte wenige Wochen zuvor gegenüber der Presse betont,
homosexuelle Soldaten würden nicht »pauschal diskriminiert«, vielmehr gebe es bei
Soldaten in Vorgesetztenfunktionen »Einzelfall-Überprüfungen«.[131] Dagegen war in
einem nahezu zeitgleich erstellten Papier des für Fragen der Inneren Führung zuständigen Referats FüS I 4 von einer Einzelfallprüfung bei der »Herauslösung« homosexueller Vorgesetzter aus Führungs-, Ausbildungs- und Erziehungsfunktionen
keine Rede.[132] Schon für 1990 findet sich ein Positionspapier des Referats, das
Ausnahmen von der Ablehnung als Vorgesetzte und Ausbilder explizit ablehnte:
»ohne Ausnahme«.[133]
    In zahlreichen Vermerken des Referats findet sich die immer gleiche klare
Position, so auch 1986 im Entwurf für einen alle Fragen zum Umgang mit Homosexualität regelnden G1-Hinweis: »Ein Offizier oder Unteroffizier, dessen homosexuelle Neigungen bekannt werden, kann nicht mehr in einer Dienststellung als
Vorgesetzter in der Truppe verbleiben. Er muss eine Verwendung erhalten, in der
er nicht mehr Vorgesetzter von vorwiegend jüngeren Soldaten ist.«[134] Die klaren
Worte ließen keinen Spielraum für abweichende Interpretationen: »kann nicht« und
»muss« – von einer Einzelfallentscheidung kein Wort. Auch die Entlassungen eines
Offizieranwärters nach § 55 Abs. 4 SG und eines Offiziers bis zum Ende des dritten
Offizierdienstjahres nach § 46 Abs. 4 SG standen unverändert im Papier.
    Der Entwurf wurde nicht umgesetzt. Generalinspekteur Wellershoff entschied,
ihn auf Eis zu legen. Er sehe »zur Zeit keinen Handlungsbedarf«[135] und bewerte
»Zeit und Ort als unzweckmäßig.«[136] Er brachte es schließlich wie folgt auf den
Punkt: »möglichst unauffällig, *auf keinen Fall aber jetzt!*«[137] Genau ein Jahr später, im
November 1987, entschied die Personalabteilung wiederum, dass es keiner Regelung
in Form eines Erlasses oder G1-Hinweises bedürfe. Aufgrund der begrenzten Zahl der

129 BArch, BW 2/32553: BMVg, VR I 1, 2.3.1993.
130 Ebd., BMVg, VR I 5, 29.3.1993.
131 Verteidigungsministerium: Zahl stimmt nicht annähernd – Keine »pauschale« Diskriminierung
     von Homosexuellen, 27.1.1993, 10.22 Uhr, BArch, BW 24/14249.
132 BArch, BW 2/32553: BMVg, FüS I 4, 3.2.1993.
133 BArch, BW 2/31224: BMVg, FüS I 4 an P II 5, 25.6.1990.
134 BArch, BW 2/31225: BMVg, FüS I 4 an Minister über Parlamentarischen Staatssekretär,
     22.10.1986, Anlage, identisch mit BArch, BW 2/31224: BMVg, FüS I 4, Juli 1986.
135 Ebd., BMVg, FüS I 4, 10.11.1986.
136 Ebd., BMVg, StAL FüS I, handschriftlicher Vermerk über Gespräch mit GenInsp, 4.11.1986.
137 Ebd., BMVg, weiterer handschriftlicher Vermerk über Gespräch mit GenInsp, 4.11.1986
     (Hervorhebung im Original).

Fälle sei eine »Einzelfallbehandlung möglich und ausreichend«.[138] Zudem müsse diese Problematik »behutsam« angegangen werden, da »eine Regelung als Bloßstellung und Diskriminierung empfunden« werden könnte.[139]

»Die ›Eignung‹ zum Vorgesetzten ist homosexuellen Soldaten durch ein höchstrichterliches Urteil abgesprochen worden«, konnten alle Soldaten und die an der Bundeswehr interessierte Öffentlichkeit 1991 in den Truppenzeitschriften *Heer, Luftwaffe* und *Blaue Jungs* lesen.[140] »Die Dienststellung könnte missbraucht werden; eine Ablehnung durch die Soldaten könnte die Autorität gefährden; das wiederum könnte den Dienstbetrieb stören, die Disziplin und die Kampfkraft schwächen«, fasste der Autor die Argumentation der Verwaltungsgerichte und des BMVg knapp zusammen, um dann den entscheidenden Punkt deutlich herauszustellen: »Entscheidend ist jeweils, dass dies möglich wäre – und nicht, ob es tatsächlich so ist.«[141]

Die Gesellschaft habe einen Anspruch auf »untadelige Vorgesetzte«:[142] FüS I 4 vertrat auch 1990 weiterhin die »Grundposition, dass homosexuelle Soldaten ohne Ausnahme aus Vorgesetzten- und Ausbildungsverwendungen zu entfernen und von einer derartigen Verwendung fernzuhalten sind.«[143] Den in internen Papieren des BMVg (auch des Referates FüS I 4) und in veröffentlichten Stellungnahmen in den 1980er und 1990er Jahren mitunter zu findenden Hinweisen auf Einzelfallentscheidungen erteilte das Referat hier noch eine klare Absage.

Dagegen hatte das Referat FüS I 4 im September 1994 in einem Schreiben an einen später seine Übernahme zum Berufssoldaten erfolgreich einklagenden Stabsarzt Einzelfallentscheidungen als künftigen Weg angekündigt:

»Homosexualität kann per se kein Ausschlusskriterium für eine bestimmte Verwendung sein, sie ist weder eine Gesundheitsstörung noch ein allgemeiner Straftatbestand, noch führt sie zwangsläufig zu einer eingeschränkten Fähigkeit zur Dienstpflichterfüllung. Aber es ist offensichtlich, dass zwischen Vorgesetzten und für Vorgesetztenfunktionen vorgesehenen Soldaten in der Bw, die ihre homosexuelle Bestimmung erkannt haben, und der heterosexuellen Mehrheit Problem- und Konfliktsituationen entstehen können; deshalb halte die Bundeswehr in diesen Fällen an der Notwendigkeit einer Einzelfallprüfung fest«.[144]

Im Januar 2000 unternahm das Referat FüS I 4 einen neuerlichen Anlauf, die restriktive Linie des generellen Ausschlusses zugunsten einer Einzelfallprüfung aufzugeben – vergeblich.[145] »Von den anderen Referaten wurde darauf hingewiesen, dass

---

138 Ebd., BMVg, P II 1, 23.11.1987.
139 Ebd.
140 Haubrich, Schwul und beim Bund?! Dazu bereits ausführlich im ersten Kapitel dieser Studie.
141 Ebd.
142 BArch, BW 2/31224: BMVg, FüS I 4 an P II 5, 25.6.1990.
143 Ebd.
144 BArch, BW 2/38357: BMVg, FüS I 4, 15.9.1994. Dieses Schreiben sollte in Zukunft noch Wirkung entfalten. So zitierte es das Verwaltungsgericht Hamburg in seinem Urteil vom 26.11.1997 (AZ 12 VG 5657/95, Kopie in BArch, BW 2/38353). Auch die Präsidentin des Bundesverfassungsgerichts Jutta Limbach fragte 1999 im Zuge der Klage eines Oberleutnants bei Scharping nach diesem Papier. BArch, BW 2/38357: Präsidentin des Bundesverfassungsgerichts an Bundesverteidigungsminister Scharping, 15.7.1999.
145 BArch, BW 2/38358: BMVg, FüS I 4, an Generalinspekteur, 14.1.2000, als Entwurf auch in BArch, BW 1/502107.

dies im Kern die Aufgabe der bisherigen Position bedeutet. Die Vertreter der TSK
[Teilstreitkräfte] waren dazu nicht bereit.«[146] Ein in der Personalführung auf allen
Führungsebenen bis hin zum Ministerium tätiger früherer Stabsoffizier stellte klar,
dass »pauschal und ohne Einzelfallprüfung«[147] entschieden worden sei: »Die militärische Führung wollte Ruhe in der Truppe; wenn es Einzelfälle zu entscheiden gab,
wurden diese nach geltender Erlasslage entschieden.« Es habe ja den Erlass von 1984
gegeben. In der Personalabteilung des BMVg habe die Prämisse gegolten, homosexuelle Offiziere müssten sofort aus der Truppe »entfernt werden«. Auf die damalige
Rückfrage, warum dies so sei, verwiesen die Juristen der Abteilung P I 1 auf deren
(vermeintliche) Erpressbarkeit und auf den »Schutz« der jungen Wehrpflichtigen.
Der in der Personalführung eingesetzte Zeitzeuge fand den Umgang mit homosexuellen Offizieren nach eigener Erinnerung bereits in den 1990er Jahren »völlig unmöglich«: »Ich habe das nie verstanden. Man suchte sich eine Gruppe, eine
Minderheit raus und schloss sie pauschal aus.«[148] In einer für den Generalinspekteur
ausgearbeiteten Sprechempfehlung hatte FüS I 4 im Januar 2000 nochmals klar die
Ablehnung jeder Einzelfallprüfung festgeschrieben.[149]

Summa summarum ist in dieser Frage keine stringente Linie des Ministeriums zu
erkennen: Mal wird die Einzelfallprüfung als Praxis betont, mal wird sie strikt ausgeschlossen. Es scheint, als ob der Verweis auf die Einzelfallprüfung selbst Gegenstand
einer Einzelfallentscheidung war und von der individuellen Position des gerade
zuständigen Referenten oder seines Referatsleiters abhing. Die widersprüchlichen
Positionen lassen mehrere Interpretationen zu: Auffällig ist, dass sich die Betonung
der Einzelfallentscheidung zumeist in nach außen gerichteten Stellungnahmen des
BMVg findet, deren klare Zurückweisung hingegen nur in internen Papieren. Das
lässt zwei Schlüsse zu:

(1) Die Positionierung des BMVg war nie intern verbindlich festgelegt, sondern
    wurde je nach Bedarf im anstehenden Einzelfall oder auch je nach persönlicher
    Auffassung des bearbeitenden Referenten neu justiert. Die militärischen Füh-
    rungsstäbe vertraten dabei die härteste Position.
(2) Die Position des BMVg hat sich im Laufe der 1990er Jahre auf Druck der mi-
    litärischen Seite des Hauses verhärtet, die 1993 und zuvor mitunter in Aussicht
    gestellte Einzelfallprüfung dann Ende der 1990er Jahre generell und strikt
    abgelehnt.

Der Volksmund weiß: keine Regel ohne Ausnahme. Auch im Umgang mit schwulen Offizieren fanden sich in den Akten solche Ausnahmefälle, also Einzelfallentscheidungen, wie etwa einem Vermerk des Personalreferats 1990 einen Hauptmann
der Luftwaffe betreffend zu entnehmen ist: »Entgegen meiner bisherigen Auffassung
bin ich nunmehr bereit, in diesem besonderen Fall meine grundsätzlichen Bedenken

---

146 Ebd., sowie undatierter Entwurf FüS I 4.
147 Zeitzeugengespräch mit Oberst a.D. Dieter Ohm, Meckenheim, 17.4.2019.
148 Ebd.
149 BArch, BW 2/38358: BMVg, FüS I 4, Sprechempfehlung für GenInsp für MFR am 19.1.2000,
    TOP 3.

gegen eine Teilnahme am GL FBS C und damit auch gegen eine eventuelle spätere Verwendung auf einem Stabsoffizer-Dienstposten zurückzustellen.«[150]

Im konkreten Fall habe der Offizier seine Homosexualität 1979 bekannt gegeben. In Kenntnis derselben habe ihn das Personalamt drei Wochen später in eine Verwendung als Disziplinarvorgesetzter gebracht und ihn nach drei Jahren 1982 zum Hauptmann befördert. »Bei Beachtung der Rechtsprechung des Bundesverwaltungsgerichts [...] und der bisherigen Praxis in der Personalführung hätte der Dienstherr den Soldaten darauf hinweisen müssen, dass für ihn aufgrund seiner homosexuellen Veranlagung eine weitere Förderung ausgeschlossen ist«, monierten die Personalreferenten im BMVg. »Dann hätte der Soldat damals mit 29 Jahren noch die Möglichkeit gehabt, sich beruflich umzuorientieren.« Stattdessen wurde der Offizier als Disziplinarvorgesetzter eingesetzt und befördert. »Damit musste für ihn der Eindruck entstehen, dass der Dienstherr seiner Veranlagung für seinen weiteren militärischen Werdegang keine entscheidende Bedeutung beimisst. Dementsprechend hat er es auch unterlassen, sich nach beruflichen Alternativen umzusehen.«[151]

Erst vier Jahre später, 1983, sei dem Offizier in einem Personalgespräch eröffnet worden, dass eine weitere Förderung für ihn »nicht in Betracht« komme. Der Fehler habe ausschließlich beim Dienstherrn gelegen. Der Offizier habe den Personalentscheidungen vertraut. Der Vertrauensschutz des Soldaten in Entscheidungen des Dienstherrn wog für das BMVg schwerer als die Durchsetzung der Grundsätze im Umgang mit Homosexuellen. Auch lag in diesem Fall kein besonderes Interesse an der Einhaltung der Grundsätze vor, weil die Homosexualität des Hauptmanns »nur einem sehr eng begrenzten Personenkreis« bekannt geworden sei. In der Abwägung des Einzelfalls sprach vieles für den Hauptmann:

> »3-jährige Bewährung als Disziplinarvorgesetzter; mindestens 11-jährige (seit Offenbarung) Bewährung und unauffällige Führung in der Truppe und als Lehroffizier; Befürwortung und positive Verhaltensprognose durch mehrere Disziplinarvorgesetzte [...]; Benachteiligung infolge Offenbarung aus eigenem Antrieb bedenklich; ohne eine solche wäre er wahrscheinlich bereits Stoffz [Stabsoffizier]. Aufgrund dieser Fakten [...] hält P II 1 nicht mehr an seiner ursprünglichen Auffassung fest und empfiehlt, dem Soldaten die Teilnahme am Lehrgang [...] zu ermöglichen.«[152]

Vor der positiven Einzelfallentscheidung hatte das BMVg 1989 zunächst gegen die Lehrgangteilnahme des Hauptmanns votiert.[153] Ohne den Grundlehrgang C an der Führungsakademie wäre der Hauptmann für den Rest seiner Dienstzeit in diesem Dienstgrad verblieben, was das Ende seiner Karriere trotz bester Beurteilungen bedeutet hätte – einzig aufgrund seiner sexuellen Orientierung. In weiteren Akten überlieferter Schriftverkehr zeigt, dass die Entscheidung, ob der Hauptmann an die Führungsakademie gehen dürfe, schon 1986 zu Kontroversen im BMVg geführt hatte. Die Juristen des Referats VR I 1 zeichneten die vom fe-

---

[150] BArch, BW 2/31224: BMVg, P II 1, 2.3.1990. FBS C ist der Grundlehrgang Fortbildungsstufe C für Hauptleute an der Führungsakademie in Hamburg als Voraussetzung für die Beförderung zum Stabsoffizier (Major und höher).
[151] Ebd.
[152] Ebd.
[153] Ebd., Entscheidung BMVg, P IV 3, 2.1.1989.

derführenden Personalreferat erarbeitete Ablehnung bereits 1986 nicht mit. Die
Entscheidungsvorlage lasse eine Einzelfallbeurteilung vermissen. Der Offizier sei
1982 »in Kenntnis seiner Veranlagung« zum Hauptmann befördert worden. Dessen
Vorgesetzte und die Personalführung hatten damals keine Bedenken gegen die
Teilnahme am Grundlehrgang an der Führungsakademie geäußert.[154] Die damaligen
Argumente der Juristen bewogen vier Jahre später auch die Personalführer, nunmehr
der Lehrgangsteilnahme zuzustimmen.

Für jeden anderen Offizier war die Teilnahme am Grundlehrgang C eine
Selbstverständlichkeit, ja Notwendigkeit. Im Fall eines homosexuellen Hauptmanns
befassten sich mit der Zulassung zu diesem Lehrgang mehrere Referate des
Ministeriums, über die Prüfung und Entscheidung dieser Frage gingen vier Jahre
ins Land. Der Hauptmann nahm die (zunächst) negative Entscheidung hin und
erklärte schriftlich, keine Rechtsbehelfe einlegen zu wollen. »Das heißt nicht,
dass ich damit einverstanden wäre.«[155] Die Begründung seines ungewöhnlichen
Rechtsmittelverzichts zeigt das tiefe und grundsätzliche, aber auch naive Vertrauen
des Offiziers in die Rechtmäßigkeit der Entscheidungen des Dienstherrn, selbst
wenn diese bei ihm subjektiv »Unbehagen« auslösten:

> »Wenn der Bescheid rechtens ist, fehlt letztlich – außer einem u.U. möglichen subjek-
> tiven Gefühl – die Grundlage für eine Anfechtung [...] Ist der Bescheid rechtswidrig
> oder auch nur rechtlich fragwürdig – warum wurde er überhaupt erlassen [...]? Warum
> muss ich dann in einem Verwaltungsgerichtsverfahren dies feststellen lassen? Ich meine,
> dass dieser Klärungsprozess – egal, in welchem juristischen Verfahren – vor dem Erlassen
> Sache der verfügenden Stelle ist.«

Dem Leser dieser Zeilen drängt sich das Bild eines streitunlustigen, recht naiven,
dem Dienstherren blind vertrauenden Offiziers auf. Doch raffte dieser sich dann
doch noch zu Kritik an der Position des BMVg auf: »Die mangelnde Eignung
zum Vorgesetzten und die mangelnde Beförderungseignung wird mit allen nur
denkbaren Möglichkeiten und Annahmen gestützt, aber nicht mit Fakten.« Seine
Gegenargumente brachte der Hauptmann dann für seinen Kommandeur ausführlich zu Papier:

> »Fragwürdig ist für mich – aber ich bin ja Partei – ob das Einbeziehen aller denkba-
> ren ungünstigen *Möglichkeiten* und aller möglichen negativen Annahmen, so notwen-
> dig es für die Personalplanung sein mag, erlaubt, die Tatsachen außer acht zu lassen
> (sofern nicht das Eingeständnis einer solchen Veranlagung schon schlimmer ist als je-
> des Gerichtsurteil); ob das ›gesunde Volksempfinden‹ der Mehrheit ein hinreichender
> Grund sein darf, um Rechtsansprüche und Wahrung/Schutz von Persönlichkeitsrechten
> zu unterlassen; ob homosexuell Veranlagte nicht doch einen *tatsächlichen* Anspruch auf
> ›Gleichberechtigung‹ haben [...]; ob nicht doch – immer! – eine hoheitlich tätige Instanz
> in ihrem (Verwaltungs-)Handeln die Rechte des einzelnen wahren und schützen, also
> möglicherweise auch gegen die ›breite Akzeptanz‹ durchsetzen müsste.«[156]

---

[154] BArch, BW 2/31225: BMVg, VR I 1, 5.12.1986.
[155] BArch, BW 2/31224, Hauptmann S. an seinen Kommandeur, 31.1.1989, hieraus auch die
folgenden Zitate.
[156] Gemeint war hier wohl *Nichtakzeptanz* statt »breite Akzeptanz«.

Dann stellte der Hauptmann die Frage aller Fragen, die den verfassungsrechtlichen Knackpunkt aller bisherigen Verwaltungsgerichtsentscheidungen markierte: »Und kann es tatsächlich angehen, dass vor dem Verteidigungsauftrag laut Verfassung unveränderliche und unveräußerliche Grundrechte und Verfassungsprinzipien nicht mehr gelten?« Damit hatte der Hauptmann 1989 die Schwachstelle der Argumentation des Dienstherrn und seiner Juristen klar benannt, zehn Jahre bevor die Verfassungsbeschwerde eines Oberleutnants vom Bundesverfassungsgericht zur Entscheidung angenommen wurde und zeitgleich der Europäische Gerichtshof für Menschenrecht die britischen Streitkräfte wegen Verstoßes gegen die Normen der Europäischen Menschenrechtskonvention verurteilte. 1989 beließ es der Hauptmann aber bei dem Schreiben an seinen Kommandeur, ja er verzichtete explizit auf Rechtsbehelfe. Statt auf Konfrontation zu gehen, reichte er der Personalführung die sprichwörtliche Hand: »Ich werde mich bemühen, meine Schlussfolgerungen nicht unzulässig zu verallgemeinern. Dass ich mit meiner Veranlagung der Abt. P[ersonal] und meinen Vorgesetzten mehr Arbeit mache als andere, tut mir leid.« Ob die Konzession des Hauptmanns an den Dienstherren wiederum die Konzessionsbereitschaft der Personalführung erhöhte, sei dahingestellt. Mit der eingangs beschriebenen Einzelfallentscheidung revidierte das BMVg 1990 seine Ablehnung vom Januar 1989. Ob der Hauptmann dann den Lehrgang an der Führungsakademie besuchte und weiter regulär befördert und verwendet wurde, gibt der ministerielle Vorgang nicht mehr preis. Vieles spricht aber dafür. Ungeachtet dessen liegt die Bedeutung für diese Studie darin, dass hier die Hardthöhe tatsächlich einmal eine Bewertung des konkreten Einzelfalls vornahm und entsprechend entschied – wenn auch erst nach einem vier Jahre währenden Hin und Her zwischen den Referaten.

9. Druck zu Veränderungen von Betroffenen, aus der Truppe und aus der Politik

»Die Beklagte wird verpflichtet, den Kläger in das Dienstverhältnis eines Berufssoldaten zu übernehmen.«[157] Die Beklagte war das BMVg, der Kläger war ein Stabsarzt eines Bundeswehrkrankenhauses. Das Urteil fällte das Verwaltungsgericht Hamburg.

a) »Völlig losgelöst von der Einzelpersönlichkeit«. Der jahrelange Kampf eines Oberstabsarztes um die Rechte homosexueller Soldaten

Michael Müller hatte sich nach eigenen Angaben seit 1987 »offen und nachdrücklich« für die Belange Homosexueller in der Bundeswehr eingesetzt und sich diesbezüglich erstmals im Juli 1991 direkt an den Verteidigungsminister und den Wehrbeauftragten

---

[157] Verwaltungsgericht Hamburg, Urteil vom 26.11.1997, Az 12 VG 5657/97, Kopie u.a. in BArch, BW 2/38353.

gewandt.[158] Die Hardthöhe antwortete im Oktober 1991, bei potenziellen Zeit- und Berufssoldaten schließe eine vorher bekannte Homosexualität die Übernahme in ein Dienstverhältnis als Berufsoldat aus. Dies sei jedoch keine »negative Würdigung und Bewertung der Einzelpersönlichkeit«.[159] Vielmehr sei »die Frage der Homosexualität in den Streitkräften völlig losgelöst von der Einzelpersönlichkeit des homosexuellen Vorgesetzten zu analysieren vor der sozialen Realität der deutschen Gesellschaft«. Wie schon in den vorangegangenen zwei Jahrzehnten hob das BMVg auch 1991 auf die durch die bekannt gewordene gleichgeschlechtliche Orientierung mögliche Gefährdung von Disziplin und Einsatzbereitschaft ab. Diese Gefahr müsse »frühzeitig durch geeignete Maßnahmen von vornherein« abgestellt werden. Dies gelte »natürlich« auch für Truppenärzte, »wenn die persönliche Ablehnung des homosexuell bekannten Truppenarztes durch die Soldaten zu Mängeln in der Gesunderhaltung und damit zu Beeinträchtigungen der Einsatzfähigkeit der Streitkräfte führt«. Im Übrigen diene diese Verfahrensweise »zugleich dem Schutz des homosexuellen Vorgesetzten«.[160]

Der Stabsarzt zog aus der klar formulierten Ablehnung durch den Dienstherrn seine Konsequenz – und beantragte 1993, seine Dienstzeit vorzeitig zu beenden. Formale Grundlage war die im Personalstärkegesetz eingeräumte Möglichkeit. Zur Begründung führte der Arzt aus, die widersprüchliche Haltung des BMVg sei für ihn nicht länger tragbar: Einerseits gebe man ihm seit Jahren Ausbilder- und Vorgesetztenfunktionen, andererseits sei aber keine Änderung der grundsätzlichen Haltung des BMVg erkennbar. Dadurch sei er in Zukunft weiterhin »der Willkür seiner Vorgesetzten« ausgesetzt. Der unmittelbare Vorgesetzte des Stabsarztes im Bundeswehrkrankenhaus unterstützte dessen Antrag auf Dienstzeitverkürzung. Dem Arzt hätte »aufgrund seiner hervorragenden Leistungen eine uneingeschränkte Förderung mit entsprechender Perspektive« attestiert werden müssen. Da weder dies noch eine »punktuelle Einzelfallbetrachtung« erfolgten, sollte der Arzt auf seinen Wunsch hin »konsequenterweise« entlassen werden. Der Arzt wurde nicht entlassen. Es herrschte schlicht ein großer Mangel an Laborärzten. Der Stabsarzt werde »dringend benötigt«.[161]

Nachdem er seine Unverzichtbarkeit auf Ministeriumspapier bestätigt bekommen hatte, drehte der Stabsarzt den Spieß um und beantragte seine Übernahme zum Berufsoldaten. Der Antrag wurde abgelehnt, ebenso eine Beschwerde dagegen zurückgewiesen. Damit hatte der Stabsarzt die widersprüchliche Haltung des BMVg in größtmöglicher Zuspitzung vorgeführt. Das war Munition für seinen juristischen

---

[158] BArch, BW 2/38353: Stabsarzt Michael Müller an Verteidigungsminister, 10.7.1991; Hinweis auf die Eingabe an den Wehrbeauftragten des Bundestages vom selben Tag in ebd., Wehrbeauftragter an BMVg, 26.8.1991.

[159] BArch, BW 2/38353: BMVg, FüS I 4, an Stabsarzt Müller, 29.10.1991, auch zit. in: Verwaltungsgericht Hamburg, Urteil vom 26.11.1997, Az 12 VG 5657/97.

[160] Alle Zitate ebd. Mit dieser Antwort gab sich Müller nicht zufrieden, Anfang 1992 richtete er weitere Schreiben an den Generalinspekteur und den Inspekteur des Sanitätsdienstes. BArch, BW 2/38353: Stabsarzt Michael Müller an General Klaus Naumann und Generaloberstabsarzt Dr. Desch, 7.1.1992.

[161] BMVg, Bescheid an Stabsarzt Michael Müller, 2.2.1994.

Kampf. Der Deutsche Bundeswehrverband sagte Prozesskostenübernahme zu und zahlte auch.[162] Gut gerüstet zog der Arzt vor Gericht – und bekam Recht.

Im Januar 1994 schrieb der Stabsarzt das Ministerium erneut an, diesmal mit einer 43-seitigen Dokumentation zum Umgang mit Homosexualität. Er verwickelte alles geschickt in einen argumentativen Disput, in dem es ihm gelang, die Widersprüche in der ministeriellen Argumentation noch stärker herauszuarbeiten. Seine Streitschrift verschickte der Stabsarzt unter anderem an den Generalinspekteur, alle Inspekteure der Teilstreitkräfte und des Sanitätsdienstes, fünf Referate im BMVg, die Amtschefs von Heeres-, Marine- und Luftwaffenamt, den Wehrbeauftragten und den Verteidigungsausschuss des Bundestages und alle vier damals im Bundestag vertretenen Fraktionen. Seine Anschreiben begann Müller mit dem Hinweis, er setze sich seit 1987 für die »Gleichberechtigung und Gleichstellung homosexueller Soldaten bei der Beurteilung ihrer Eignung, Dienst- und Verwendungsfähigkeit« ein.[163] Unterlagen belegen, dass der damalige Oberfähnrich z.S. tatsächlich schon 1987 in einem Schriftwechsel mit dem BMVg dessen Bewertung der Eignung Homosexueller als Offiziere und Vorgesetzte angefragt, die bekannten Positionen dann mehrfach hinterfragt und sich auch selbst »geoutet« hatte.[164]

Zu seiner damaligen Motivation gab Müller an, er habe gewollt, dass an ihn dieselben Maßstäbe angelegt werden wie an andere auch, ohne Berücksichtigung seiner sexuellen Orientierung. Er habe schlicht und einfach »fair und gerecht« behandelt werden wollen. Daher habe er in erster Linie um seine eigenen Interessen gestritten und, anders als andere, nie den Anspruch gehabt, messianisch für alle Homosexuellen in der Bundeswehr zu kämpfen. Stets habe er die nicht wenigen Angebote der Medien abgelehnt, in Gesprächsrunden aufzutreten, auch im Fernsehen. In seinem Ringen mit dem BMVg habe er immerzu die Unterstützung seiner Vorgesetzten im Sanitätsdienst gehabt, bis hinauf zu dessen Inspekteuren.[165]

Die Hardthöhe antwortete im April 1994, die Praxis des BMVg sei rechtmäßig und verstoße nicht gegen den Gleichbehandlungsgrundsatz des Artikels 3 GG. Wiederum verwies das Haus auf die Umfrage des SOWI von 1992, wonach die Hälfte der Wehrpflichtigen Homosexualität als »schlimm« oder »sehr schlimm« bewerte. Indem homosexuelle Soldaten nicht pauschal entlassen und nicht von jeglicher Verwendung ausgeschlossen seien, sei die Praxis verfassungsgemäß. Der Stabsarzt antwortete mit neuerlicher 23-seitiger Argumentation, in deren Kern er den offensichtlichen Widerspruch stellte: Einerseits halte das BMVg Homosexuelle generell nicht als Vorgesetzte und Ausbilder geeignet, andererseits habe die Bundeswehr ihn seit

---

[162] So fielen u.a. für die Klage vor dem Bundesverwaltungsgericht 4775 DM an. Schreiben Deutscher Bundeswehrverband, 12.5.1999.
[163] BArch, BW 2/38353: Stabsarzt Müller an Generalinspekteur General Klaus Naumann, 20.1.1994; wortgleich: BArch, BH 1/29162: Stabsarzt Michael Müller Inspekteur des Heeres, 20.1.1994. Der Führungsstab des Heeres vermerkte unter dem Satz handschriftlich »im Dienst? Mit dstl. Mitteln?«. Eine weitere Ausfertigung des Schreibens an einen anderen Adressaten im BMVg in BArch, BW 1/502107.
[164] Zeitzeugengespräch mit Dr. Michael Müller, Berlin, 1.8.2019, sowie Schreiben Oberfähnrich z.S. Michael Müller an BMVg, 2.2.1987, 19.3.1987, 22.4.1987, und Antworten des BMVg, P II 1, 9.3.1987 und 7.4.1987, sowie BMVg, P V 6, 10.7.1987.
[165] Zeitzeugengespräch mit Dr. Michael Müller, Berlin, 1.8.2019.

Jahren in Ausbilder- und Vorgesetztenfunktionen eingesetzt.[166] Für das Ministerium antwortete das Referat FüS I 4: Homosexualität sei »per se kein Ausschlusskriterium für eine bestimmte Verwendung«; sie sei weder eine Gesundheitsstörung noch ein Straftatbestand, noch führe sie »zu einer eingeschränkten Fähigkeit zur dienstlichen Erfüllung«.[167] Vielmehr bestehe die Notwendigkeit einer Einzelfallprüfung, »orientiert an den Kriterien Leistung, Befähigung und fachliche Eignung«. Die Eignung bekannt homosexueller Soldaten könne »regelmäßig nicht uneingeschränkt bejaht werden«, doch wenn eine Einzelfallprüfung »die Zweifel an der Eignung beseitige, sei eine förderliche Verwendungsentscheidung möglich«. Bei der Einzelfallentscheidung müssten das »grundgesetzliche Recht der homosexuellen Soldatinnen und Soldaten auf Gleichbehandlung und das Interesse der Streitkräfte an der uneingeschränkten Funktionsfähigkeit miteinander abgewogen werden«.[168]

Erstmals hatte das BMVg das »grundgesetzliche Recht der homosexuellen Soldatinnen und Soldaten auf Gleichbehandlung« eingeräumt und den Weg einer Einzelfallprüfung aufgezeigt, die im Erfolgsfall zur Öffnung bislang verschlossener Verwendungen führen konnte. In der Praxis der späteren 1990er Jahre jedoch verweigerten Streitkräfte, Personalführung und Ministerium weiterhin jedem Betroffenen eine Prüfung des konkreten Einzelfalls. Stattdessen wurde weiterhin allgemein-abstrakt mit einem möglichen Autoritätsverlust argumentiert. Das Schreiben des Referats FüS I 4 vom September 1994 sticht aus der sonst immer gleichen klar ablehnenden Argumentation des Hauses heraus, es erscheint wie ein Ausrutscher. Offenbar war die Antwort nicht mit anderen Referaten und den Juristen abgestimmt. Wie auch immer: Vor dem Hamburger Verwaltungsgericht würde der schwarz auf weiß vorliegende Verweis auf die Notwendigkeit einer Einzelfallprüfung dem klagenden Offizier später noch dienlich sein.

Die Juristen des BMVg präsentierten den Hamburger Richtern wieder die altbekannte Argumentationskette, wenn auch auf den konkreten Fall des Arztes fokussiert: Die Klage könne schon allein deshalb keinen Erfolg haben, weil der Kläger eine grundlegende Änderung in der Personalpolitik der Bundeswehr in Form einer Gleichbehandlung von homo- und heterosexuellen Sanitätsoffizieren zur Bedingung seiner Bereitschaft zur Weiterverpflichtung gemacht habe. Diese Bedingung könne die Bundeswehr nicht erfüllen. Insofern bestehe ein »offener Dissens« zwischen Kläger und beklagtem Ministerium. Der Kläger sei für die Verwendungen eines Berufsoffiziers »nicht uneingeschränkt geeignet«, und zwar aus folgendem Grund: »er ›sei nicht gewillt und nicht fähig‹, seine geschlechtlichen Vorlieben und Neigungen in dem Maße zu beherrschen, wie es für eine dauernde Verwendung eines Sanitätsoffiziers erforderlich ist.«[169]

---

[166] BArch, BW 2/38357: Antwort BMVg vom 12.4.1994 und erneutes Schreiben Stabsarzt Müller an BMVg, Generalinspekteur und elf weitere Adressaten, 12.6.1994, Kopie auch in BArch, BW 2/38353 (Kopie in BArch, BW 2/38353 und in BW 1/502107).

[167] BArch, BW 1/502107, o.Pag.: BMVg, FüS I 4, 15.9.1994, zit. in: Verwaltungsgericht Hamburg, Urteil vom 26.11.1997, Az 12 VG 5657/97.

[168] Ebd.

[169] BArch, BW 2/38353: Klageerwiderung des BMVg, zit. in: Verwaltungsgericht Hamburg, Urteil vom 26.11.1997, Az 12 VG 5657/97.

Dies sei zu beanstanden, befanden die Hamburger Richter: Die dem Kläger ausgesprochene Versagung sei rechtwidrig und verletzte diesen in seinen Rechten. Der
Kläger habe einen Anspruch auf Übernahme als Berufssoldat, er erfülle unbestritten
die Voraussetzungen hierfür. Es sei schlicht »sachwidrig, einem Soldaten allein wegen
seiner offengelegten Homosexualität die Eignung zum Berufssoldaten abzusprechen,
wenn seine dienstlichen Beurteilungen nicht einmal andeutungsweise Anhaltspunkte
dafür böten, dass dem betreffenden Soldaten die erforderliche Eignung fehlen könnte«. So liege der Fall auch hier.[170]

War das Urteil nun die vom Betroffenen ersehnte Wende? Nein, es änderte sich
weiterhin nichts. Das BMVg konnte sich darauf zurückziehen, dass es sich um den
Einzelfall eines Laborarztes im Bundeswehrkrankenhaus handelte, der nicht auf die
Truppe übertragen werden könne.[171] Das niedersächsische Oberverwaltungsgericht
pflichtete dem 1998 in der sachgleichen Klage eines Oberfeldwebels um Übernahme
zum Berufssoldaten bei: Das Hamburger Urteil sei nicht auf andere Klagen anzu-
wenden, in denen es um die Frage gehe, ob homosexuell veranlagte Soldaten als
Ausbilder verwendet werden können.[172]

Die Juristen der Hardthöhe taten alles, um die Wirkmächtigkeit des Hamburger Urteils einzudämmen. Ziel des BMVg war es, ein Grundsatzurteil des Bundesverwaltungsgerichts in diesem Fall zu verhindern. Das Verwaltungsgericht
Hamburg hatte den direkten Weg einer Sprungrevision ausdrücklich geöffnet, das
BMVg war dann auch gesprungen, der Fall lag vor dem Bundesverwaltungsgericht.
Offenbar wogen die Bonner Juristen nochmals ihre Erfolgschancen ab und zogen
dann zurück: Das BMVg erklärte, den Kläger zum Berufssoldaten zu übernehmen. Damit entfiel der Klagegrund.[173] Somit wurde ein Grundsatzurteil des Bundesverwaltungsgerichts in dieser für das BMVg ungünstigen Konstellation vermieden.[174] Seinem Ziel verpflichtet, »fair und gerecht und gleich« behandelt zu
werden, versuchten er und sein Anwalt, vor dem Bundesverwaltungsgericht nun
die Frage künftiger Verwendungseinschränkungen als Berufssoldat entscheiden zu
lassen. Vom Ausschluss solcher Einschränkungen machte Müller die Annahme der
Ernennungsurkunde zum Berufssoldaten abhängig.[175] Konsequenterweise lehnte der
Stabsarzt dies ab. Als Grund gab er an, seine künftigen Verwendungen seien weiterhin eingeschränkt. Das Bundesverwaltungsgericht machte da aber nicht mit: Eine

---

[170] BArch, BW 2/38353: Verwaltungsgericht Hamburg, Urteil vom 26.11.1997, Az 12 VG
       5657/97.
[171] Beispielsweise im Antrag BMVg auf Abweisung der Klage, zitiert aus: Verwaltungsgericht
       Lüneburg, Urteil vom 3.6.1999, Az 1 A 141/97, S. 3.
[172] Oberverwaltungsgericht Lüneburg, Beschluss vom 16.12.1998, Az 2 M 4436/98, dazu aus-
       führlich: NVwZ-RR, 11+12/1999, S. 772 f.
[173] Die Nachrichtenagentur Associated Press betitelte ihre Meldung mit: »Klage von homosexu-
       ellen Bundeswehrsoldaten erledigt. Bundesverwaltungsgericht sieht nach Übernahme keine
       Grundlage für Verfahren mehr«. AP-Meldung vom 15.1.1999, Kopie in BArch, BW 1/502107
       und BW 2/38353.
[174] Der Hinweis, eine »Grundsatzentscheidung ggf. zulasten des BMVg konnte damit vermieden
       werden«, findet sich wörtlich in: BArch, BW 2/38353: BMVg, FüS I 1, 19.1.1999.
[175] BArch, BW 2/38353: BMVg, FüS I 1, 19.1.1999.

»Änderung des Verfahrensgegenstands von der Grundsatzfrage der Übernahme zu der Frage der weiteren Verwendung« war in der Revision nicht möglich.[176]

Somit hatte das 1997 erstrittene Hamburger Urteil keine durchschlagende Wirkung auf die anderen Rechtsstreitigkeiten. Es blieb ein Solitär, der Ausnahmefall eines Arztes im Bundeswehrkrankenhaus. Die kommenden Urteile des Bundesverwaltungsgerichts in anderen Fällen bestätigten die alte restriktive Linie.

Oberstabsarzt Dr. Müller beließ es nicht beim Verfassen von Denkschriften und Briefen an das Verteidigungsministerium. Er bemühte sich auch, sich mit anderen Soldaten zu vernetzen und gemeinsam stärker zu werden. Diesem Ziel diente sein Auftritt mit Namen und Foto im von der evangelischen Militärseelsorge herausgegebenen Magazin *JS* unter der Überschrift »Schwule beim Bund«.[177] Müllers Idee hatte den erhofften Erfolg. Der Artikel war die Initialzündung zur Vernetzung. Aus den bislang kleinen Kreisen persönlich Bekannter und Befreundeter an den beiden Bundeswehruniversitäten entwickelte sich ein deutschlandweites Netzwerk schwuler Soldaten. Im Ergebnis gründeten sie einen Arbeitskreis, den BASS.

b) »Bundesweiter Arbeitskreis schwuler Soldaten«

In den Akten des BMVg findet sich neben der Ablichtung einer Pressemeldung der *Berliner Morgenpost* vom Januar 2000 über den »Arbeitskreis schwuler Soldaten« der handschriftliche Vermerk »FüS I: Ist dieser Arbeitskreis bei uns bekannt?«[178] Der Arbeitskreis war dem Ministerium seit 1995 bekannt. Mehr noch: Die schwulen Soldaten suchten ja den Kontakt zum BMVg und sandten dem Minister und der militärischen Führung seit 1996 immer wieder aufs Neue Schreiben mit Gesprächsangeboten.

Aus persönlichen Kontakten wuchs ein deutschlandweites Netzwerk. In den USA und Großbritannien bezeichnet man diese basisdemokratische Organisationsform als »grassroots movement«. Die Graswurzelbewegung schwuler Soldaten gab sich den typisch deutschen Namen »Bundesweiter Arbeitskreis schwuler Soldaten« und die Abkürzung BASS. An der konstituierenden Sitzung im Januar 1996 in München nahmen über »20 schwule und lesbische, aktive und ehemalige Soldaten« teil.[179] 1997, nach einem Jahr seines Bestehens, meldete der BASS 63 Beitritte.[180] Keimzelle des BASS seien die unabhängig voneinander entstandenen Netzwerke schwuler Offiziere an den beiden Bundeswehruniversitäten in München und Hamburg gewesen, die sich dort in den 1990ern herausgebildet hatten und schnell wuchsen, blickte einer der Initiatoren zurück. Zunächst sei es eher um gemeinsame Freizeitgestaltung und Erfahrungsaustausch gegangen. Ab 1995 seien die Inhalte zu-

---

[176] AP-Meldung vom 15.1.1999, Kopie in BArch, BW 1/502107 und BW 2/38353. Zum Vorgang rückblickend BArch, BW 1/503302: BMVg, PSZ I 8, 20.6.2002.

[177] Spiewak, Schwule beim Bund. Dazu bereits ausführlich in Kap. II.

[178] BArch, BW 2/38354: BMVg, FüS I 4, Ablichtung Artikel »Schwulenfeindliche Studie nicht von der Bundeswehr«.

[179] Presseinformation des Bundesweiten Arbeitskreises schwuler Soldaten, 4.2.1996, Kopie in BArch, BW 2/38354.

[180] Presseerklärung des Bundesweiten Arbeitskreises schwuler Soldaten, 27.1.1997, Kopie in BArch, BW 2/38354.

nehmend politischer geworden. Beide unabhängig voneinander gebildete Netzwerke nahmen miteinander Kontakt auf und trafen sich Ende 1995 in Hamburg. Hinzu sei ein kleiner Kreis bereits von Personalmaßnahmen Betroffener um den damaligen Oberstabsarzt Dr. Michael Müller gekommen. Aus diesem zunächst informellen Kern entstanden regelmäßige regionale Treffen (in München, Berlin, Hamburg, Köln und Kiel) und schließlich ein Gründungstreffen in den Räumlichkeiten der Schwulenberatung in Köln. Ab diesem Zeitpunkt seien immer mehr Soldaten aus allen Laufbahngruppen und allen Regionen hinzugekommen. Nach außen sichtbar wurde der Verein vor allem auf den einschlägigen Straßenfesten und den Paraden auch mit Infoflyern und Aktionen.[181] Zur vereinstypischen Organisationsform gehörten Mitgliederversammlungen und ein Sprecherrat. Erster Vorsitzender wurde der Initiator und Motor der Vernetzung, Oberstabsarzt Dr. Müller. 1997 wurde er aufgrund seiner starken dienstlichen Belastung von Major Bernhard Rogge abgelöst. Als ihr Ziel nannten die Soldaten, »Diskriminierungen aufgrund der sexuellen Orientierung aufzudecken und zu bekämpfen. Toleranz und Akzeptanz sollen eingefordert werden«.[182] Der Weg dahin ging über eine »konstruktive Auseinandersetzung mit den zuständigen Dienststellen der Bundeswehr«,[183] »politische Lobbybildung«[184] und möglichst große Medienpräsenz.[185] Das Ministerium sah das Ziel des Vereins eher verengt in der Gleichberechtigung und Gleichbehandlung Homosexueller bei Personalentscheidungen.[186] Jens Schadendorf charakterisierte den *BASS* auf der Basis von Gesprächen mit früheren dort Aktiven als »vor allem ein informelles Netzwerk zum Erfahrungsaustausch mit eher vagen Zielen«.[187]

Der Initiator und Motor des BASS erinnerte sich, dessen Zweck sei es gewesen, Interessen zu bündeln. Die Konfrontation mit dem Ministerium stand nicht auf der Agenda. Der BASS sei ja »nicht aufrührerisch gewesen«, betonte Müller rückblickend.[188] Das sah das BMVg freilich anders. Damalige BASS-Mitglieder erinnerten sich an zwei Strömungen: Die einen wollten keinen Druck auf das Ministerium ausüben, sondern dem Dienstherrn einen »gesichtswahrenden Ausweg« öffnen. Andere plädierten für eben diesen starken Druck durch Klagen, Presse- und Öffentlichkeitsarbeit und die Beteiligung von Politikern. Der BASS wählte eine

---

181 Zusammengefasst aus der E-Mail Erich Schmid an den Verfasser, 5.12.2017.
182 Presseinformation des Bundesweiten Arbeitskreises schwuler Soldaten, 4.2.1996, Kopie in BArch, BW 2/38354.
183 Ebd.
184 Presseerklärung des Bundesweiten Arbeitskreises schwuler Soldaten, 27.1.1997, Kopie in BArch, BW 2/38354.
185 Ebd. Medienpräsenz gelang dem BASS schon mit der Gründung. Die für eine schwule Zielgruppe gemachte Zeitschrift *Magnus* berichtete im April 1996 ausführlich und zitierte aus dessen Pressemitteilung. »Die etwas steif klingenden Wort der Pressmitteilung, die nicht verändert werden sollen, haben ihren Grund: Das Thema ist brisant, und Bonn versucht mit allen Mitteln, das Thema aus den Schlagzeilen zu halten, da kann man sich vorerst nur mit Vorsicht formulierten Mitteilungen an die Öffentlichkeit wenden. In dieser komplizierten Situation versucht BASS etwas zu bewegen, und das allein ist bewundernswert, angesichts der bürokratischen Steine, die ihnen in den Weg gerollt werden.« Glade, In Reih und Glied!, S. 10 f. Das BMVg-Referat FüS I 4 nahm eine Kopie des Artikels zu den Akten: BArch, BW 2/38355.
186 BArch, BW 2/38354: BMVg, FüS I 4, 1.2.2000.
187 Die Gruppe sei über die »wenigen Jahre ihres Bestehens schnell immer kleiner geworden« und habe sich »später fast unbemerkt aufgelöst«. Schadendorf, Der Regenbogen-Faktor, S. 71.
188 Zeitzeugengespräch mit Dr. Michael Müller, Berlin, 1.8.2019.

Kombination aus beiden Wegen. Nachdem die rechtliche Gleichbehandlung erreicht worden war, löste sich der BASS 2001 auf. Allerdings entschieden bereits am Tag seiner Auflösung einige Kameraden eine neue Interessenvertretung zu gründen. Der 2002 ins Leben gerufene neue Arbeitskreis Homosexueller Angehöriger der Bundeswehr (AHsAB) vermied unter Leitung seines ersten Vorsitzenden Alexander Schüttpelz jede weitere Konfrontation mit dem BMVg und wollte sich als Dialogpartner des Ministeriums verstanden wissen.[189]

Den Kampf um Gleichberechtigung führten die Soldaten des BASS auch innerhalb der Streitkräfte. Dazu bot der Arbeitskreis Beratung, Betreuung und Unterstützung lesbischer und schwuler Soldatinnen, Soldaten und Angehöriger der Wehrverwaltung »in allen Fragen der Diskriminierung aufgrund ihrer sexuellen Identität« an.[190] Zu seinen späteren Regional- und Bundestreffen lud der BASS auch über Anzeigen in der Bundeswehrverbandszeitschrift *Die Bundeswehr* ein.[191]

Unter dem Briefkopf des BASS schrieb dessen Sprecherrat mehrfach den Bundesminister der Verteidigung, den Generalinspekteur und die Inspekteure an. Der Rat beklagte die Praxis des BMVg bei der Beurteilung der Eignung und Verwendungsfähigkeit als »nicht mehr hinzunehmende Diskriminierung loyaler und pflichtbewusster Soldatinnen und Soldaten«.[192] Die vom Ministerium »immer wieder« als Bestätigung angeführte höchstrichterliche Rechtsprechung gründe sich noch immer nachweislich auf Einschätzungen aus den 1960er Jahren vor der Reform des »Schandparagrafen« 175 StGB. Die in den vergangenen zwei Jahrzehnten gewachsene Akzeptanz und Toleranz gegenüber Homosexuellen in der deutschen Gesellschaft habe bislang in der Bundeswehr keine Berücksichtigung gefunden.

»Die Angst vor Entdeckung prägt eine große Anzahl von Angehörigen der Bundeswehr, die zum Teil in Führungsverwendungen – sogar im BMVg selbst – ihren Dienst leisten [...] Beurteilungen mit weit überdurchschnittlichen positiven Ausprägungen sind sofort obsolet, wenn die Abteilung P oder die Stammdienststellen Kenntnis von der Homosexualität erhalten. Wozu dann die Mühe einer Einzelfallprüfung? Oder gibt es gar keine Einzelfallprüfung?«[193]

Unterstützung erhielt der BASS vom Schwulenverband in Deutschland (SVD), unter anderem logistisch beim Erstellen und Drucken von Flyern.[194]

Auch argumentativ ergriff der Schwulenverband Partei für die Soldaten. Sein Bundessprecher, der spätere Bundestagsabgeordnete Volker Beck, wandte sich bereits 1993 an Verteidigungsminister Volker Rühe. Neun Jahre nach dem Wörner-Kießling-Skandal wolle er auf die »immer noch untragbare Situation von Schwulen in der Bundeswehr« aufmerksam machen.

---

[189] Zeitzeugengespräch mit Fregattenkapitän Alexander Schüttpelz, Berlin, 24.1.2019. Zum AHsAB wiederum auf der Basis von Gesprächen mit dessen Aktivisten u.a. Schadendorf, Der Regenbogen-Faktor, S. 73 f.

[190] Presseerklärung des BASS, 27.1.1997, BArch, BW 2/38354.

[191] So beispielsweise zu den Regionaltreffen am 18.6.1999 in Berlin und zehn Tage später in Köln. Abgedruckt in Die Bundeswehr, 6/1999, S. 29.

[192] BArch, BW 2/38353: BASS an Verteidigungsminister Rühe, 27.1.1997, unterzeichnet Major Bernhard Rogge, Kopie auch in BArch, BW 2/38354.

[193] Ebd.

[194] Auch gab der BASS bei Schriftwechsel mit dem BMVg die Adresse des SVD Berlin-Brandenburg an.

»Der Anspruch vom Soldat als Bürger in Uniform, das Leitbild einer Armee im demokratischen Staat, ist solange nicht vollständig eingelöst, solange der schwule Bürger
bei der Bundeswehr noch aufgrund seiner sexuellen Identität bei Beförderungen oder
beim Erteilen von Sicherheitsbescheiden anders behandelt wird als sein heterosexueller
Kamerad [...] Wir halten Soldaten und Wehrpflichtige der Bundeswehr für hinreichend
lern- und demokratiefähig, um ihnen auch schwule Ausbilder und Vorgesetzte ›zuzumuten‹. Die gegenwärtige Praxis der Bundeswehr kommt einer Kapitulation vor dem
Vorurteil gleich.«[195]

Beck forderte von Rühe »endlich Gleichberechtigung von schwulen Wehrpflichtigen,
Soldaten und Offizieren«.

Die Soldaten bezahlten ihre Aktivitäten im BASS in der Regel teuer mit dem
Ende ihrer beruflichen Zukunft in den Streitkräften. Briefe an den Minister, die
Inspekteure der Teilstreitkräfte oder das Personalamt waren der entscheidende
Schritt aus dem Privaten heraus an die dienstliche Öffentlichkeit, der dann laufbahnrechtliche Sanktionen auslöste. Wer, um die Konsequenzen wissend, sich entschloss, diesen Schritt zu gehen, der war im besten Sinn des Wortes ein Aktivist. Er
kämpfte nicht mehr nur um seine Zukunft, sondern gefährdete diese im Interesse
des größeren Ziels, der Abschaffung der bestehenden Diskriminierung. Ein damaliger Kompaniechef, Gründungsmitglied des BASS, sei anders als etliche Offiziere
nicht an die Öffentlichkeit gegangen, sondern habe sich bedeckt gehalten: »Das
musste alles strikt getrennt vom Dienst ablaufen.«[196]

Die meisten der bei BASS aktiven Offiziere schieden nach Ende ihrer Dienstzeit
regulär aus. Viele von ihnen besetzen heute Führungspositionen in der freien
Wirtschaft. Andere blieben in den Streitkräften und wurden Berufssoldat. Außerhalb
des geschützten Kreises der Gleichgesinnten behielten sie ihre sexuelle Orientierung
für sich und vermieden sich zu exponieren. Der erste Offizier aus dem damaligen
BASS-Kreis hat inzwischen die Dienstgradgruppe Oberst/Kapitän zur See erreicht.
1996 sah die berufliche Zukunft derer, die sich im Namen des BASS für die Rechte
von Homosexuellen öffentlich oder intern gegenüber dem BMVg exponierten, noch
düster aus. Sie traf der Bannstrahl des Dienstherrn, so auch den folgenden Offizier
der Panzergrenadiertruppe.

c) Ein Brief an den Minister und seine Folgen.
Karriereende für einen Oberleutnant

Durch einen Bericht der *Berliner Zeitung* wurde 1998 der Fall eines jungen Offiziers
öffentlich, der ein Jahr zuvor von seiner Verwendung als Zugführer abgelöst und in
einen Stab versetzt worden war:

»Oberleutnant Erich Schmid darf keine Rekruten mehr ausbilden. Der 27-jährige Zeitsoldat, ehemals Zugführer in einem Brandenburger Panzergrenadierbataillon, wurde trotz
guter Beurteilungen seiner Vorgesetzten an den Schreibtisch versetzt. Auch als Berufssoldat will die Bundeswehr den vielversprechenden Offizier nicht übernehmen. Grund:

---

195 BArch, BW 2/38355: Schwulenverband in Deutschland an Verteidigungsminister Rühe,
     27.1.1993, unterschrieben von Volker Beck als Bundessprecher.
196 Zeitzeugengespräche mit Oberstleutnant D., Berlin, 31.3.2017 und 12.2.2018.

Erich Schmid ist schwul. Homosexuelle Soldaten eignen sich nicht als Ausbilder und für Führungspositionen, so das Bundesverteidigungsministerium. Erich Schmid hatte eine glänzende Karriere vor sich.«[197]
Auslöser dieser seine berufliche Zukunft vernichtenden Personalmaßnahmen waren Briefe des Offiziers an den Minister, den Generalinspekteur und die Inspekteure der Teilstreitkräfte. Unter dem Briefkopf des BASS beklagte der Oberleutnant 1996 den Umgang des BMVg mit homosexuellen Soldaten als »mit den gültigen Verfassungsnormen nicht mehr in Einklang zu bringen«. Eine »vorurteilsfreie Auseinandersetzung« und ein »konstruktiver Dialog« seien »zwingend erforderlich«.[198] Keiner der Adressaten habe den Brief je beantwortet.[199] In den Unterlagen des BMVg findet sich eine von FüS I 4 im Namen aller Adressaten erstellte Antwort, die Haltung der Bundeswehr entspreche der gültigen Rechtslage und stehe im Einklang mit dem Grundgesetz. Sie gründe weder auf Vorurteilen, noch bedeute sie, wie behauptet, eine Diskriminierung. Für eine Veränderung der Position bestehe daher kein Anlass. »Damit erübrigt sich die Notwendigkeit weiterer Erörterungen.«[200] Statt des Ministers und der Inspekteure antwortete das Personalstammamt; es lud den Offizier zu einem Personalgespräch. Statt des erhofften konstruktiven Dialogs eröffneten die Personalführer dem Oberleutnant das Ende seiner Karriere: »Trotz eines teilweisen Wandels der gesellschaftlichen Anschauungen« sei Homosexualität »aus Sicht der Personalführung nach wie vor ein Eignungsmangel«. Es sei daher beabsichtigt, den Oberleutnant als Zugführer abzulösen und auf einem Dienstposten ohne Führungsverantwortung zu verwenden. Bis zum Ende seiner Dienstzeit werde er auch in keiner weiteren Führungsverantwortung mehr eingesetzt werden. Darüber hinaus sei beabsichtigt, ihn »wegen des jetzt bekannt gewordenen Eignungsmangels entgegen der ursprünglich bestehenden Absicht nicht in das Dienstverhältnis eines Berufssoldaten zu übernehmen«.[201] (Genaugenommen war es keine bloße »Absicht«, sondern eine feste Zusage: Die spätere Übernahme zum Berufssoldaten bei erfolgreichem Bestehen des Offizierlehrgangs und des Studiums ohne weiteres Auswahlverfahren war dem damals wehrdienstleistenden Schmid bereits 1989 an der Offizierbewerberprüfzentrale verbindlich zugesagt worden.[202] Die Vermerke des BMVg bestätigen diese Angaben. Die Zusage sei 1990 vom Personalstammamt

---

[197] Bruhns, Homosexualität wird bei Outing zum »Eignungsmangel«.
[198] Die von Oberleutnant Erich Schmid unterzeichneten Schreiben des BASS an Minister Rühe und an Generalinspekteur General Hartmut Bagger vom 21.10.1996 in BArch, BW 2/38354, das wortgleiche Schreiben an den Inspekteur des Heeres Generalleutnant Helmut Willmann in BArch, BW 2/38358, auch zit. in: der Urteilsbegründung BVerwG, 1 WB, 48.97 vom 18.11.1997.
[199] Zeitzeugenbefragung mit Erich Schmid, Berlin, 5.12.2017. Das Schreiben an den Inspekteur des Heeres trägt u.a. die handschriftlichen Vermerke »Wer ist das? Wo stationiert?«, »Bitte rechtliche Prüfung veranlassen«, »kein Gesprächsangebot von uns« sowie »ggf. auch keine Antwort«: BArch, BW 2/38358.
[200] BArch, BW 2/38358: BMVg, FüS I 4, an BASS c/o SVD Berlin Brandenburg, 28.11.1996.
[201] BMVg, P III 2: Vermerk über das Personalgespräch vom 7.1.1997, Kopie in BArch, BW 2/38358. Alle relevanten Papiere und Schriftwechsel zum Vorgang Oberleutnant Schmid finden sich in Kopie in BArch, BW 2/38358. Sie bestätigen die im Urteil des Wehrdienstsenats vom November 1997 zu findenden Abläufe.
[202] Zeitzeugenbefragung Erich Schmid, Berlin, 5.12.2017.

gegeben worden.²⁰³) Laut Vermerk des Personalreferats bestand der Oberleutnant darauf, weiter als Panzergrenadierzugführer und mittelfristig als Kompaniechef verwendet zu werden. Das Referat wiederum bestand auf seiner Versetzung auf einen »Dienstposten ohne Führungsverantwortung zum frühestmöglichen Zeitpunkt«.²⁰⁴

Der frühere Offizier erinnerte sich, die Personalführung habe seinen Kommandeur und seinen Kompaniechef angewiesen, ihn zu befragen, ob er der Autor des Briefes sei. Dies habe er bestätigt. »Gleichzeitig eröffnete ich ihnen, dass ich auch als Betroffener geschrieben hatte. Beide nahmen dies sehr gefasst auf.« Seine Vorgesetzten seien eher ob der harschen Reaktionen der Personalführung überrascht gewesen. »Die Personalführung der Hardthöhe zeigte sich vom ersten Moment an sehr konsequent ablehnend und die Buchstaben der Vorschrift bedingungslos umsetzend.«²⁰⁵ Der Oberleutnant legte Beschwerde ein, den Vorschriften entsprechend zunächst bei seinem Kompaniechef als direktem Vorgesetzten. Unabhängig vom Dienstweg tätigte er eine Eingabe an die Wehrbeauftragte des Deutschen Bundestages: Die Ablösung als Zugführer stehe »offensichtlich im Zusammenhang mit meiner offen bekannten Homosexualität«.²⁰⁶ Dies stelle eine »massive Diskriminierung« durch das Ministerium dar. Seine Homosexualität sei nun seit mehr als fünf Monaten bekannt und habe zu keinem Zeitpunkt zu Einschränkungen seiner Autorität, zu »Respektverlust« oder zu Beeinträchtigungen des Dienstbetriebes geführt.²⁰⁷ Als ihm sein Kompaniechef im April untersagte, als dessen Vertreter Unterschriften zu leisten, legte der Oberleutnant auch dagegen direkt beim BMVg Beschwerde ein: »Mit welchen Überraschungen habe ich noch zu rechnen? Ist mit einer ›Schlammschlacht‹ oder mit Zermürbung nach der ›Salami-Taktik‹ zu rechnen?«²⁰⁸

Die Personalführung versetzte den Oberleutnant zum Juli 1997 in den Stab des Jägerbataillons 1 nach Berlin, nicht ohne den neuen Kommandeur vorab über den Grund der Versetzung, die Homosexualität des Oberleutnants, zu informieren. Der bisherige Bataillonskommandeur protestierte schriftlich gegen die Wegversetzung seines Zugführeroffiziers. In einer »unaufgeforderten Stellungnahme« wies der Kommandeur darauf hin, dass er bei dem Oberleutnant »keinen Eignungsmangel habe feststellen können; dieser habe vielmehr innerhalb des kurzen Zeitraumes seine Fähigkeit als Führer, Ausbilder und Erzieher von Wehrpflichtigen bewiesen«.²⁰⁹

Rückblickend meinte der frühere Offizier, der Kommandeur und alle Kompaniechefs hätten ihn unterstützt.²¹⁰ Nachdem sein Schreiben an das BMVg dienstliches Thema wurde und er von seinem Kommandeur und Kompaniechef dazu

203 BArch, BW 2/38358: BMVg, PSZ III 6, 12.4.2000.
204 Ebd., BMVg, P III 2, Vermerk über das Personalgespräch vom 7.1.1997, die formelle Ablehnung der Übernahme in das Dienstverhältnis eines Berufssoldaten erfolgte mit Schreiben BMVg, P III 2, vom 6.6.1997 (als Kopie ebd.), darin der explizite Hinweis, er habe »angegeben, homosexuelle Neigungen zu haben« und erfülle damit nicht die Voraussetzungen für die Übernahme, da er nicht uneingeschränkt verwendbar sei.
205 E-Mail Erich Schmid an den Verfasser, 5.12.2017, auch im Folgenden.
206 Oberleutnant Schmid, dienstliche Beschwerden vom 12.3.1997 und 17.3.1997 sowie Beschwerde an die Wehrbeauftragte vom 18.3.1997, als Kopien in BArch, BW 2/38358.
207 Ebd.
208 Oberleutnant Schmid, Beschwerde an BMVg P II 5, 23.4.1997, als Kopie in BArch, BW 2/38358.
209 Zit. in der Urteilsbegründung BVerwG, 1 WB, 48.97 vom 18.11.1997.
210 Hier und im Folgenden: E-Mail Erich Schmid an den Verfasser, 5.12.2017.

befragt worden sei, sei seine Homosexualität im Bataillon »sehr schnell bekannt« geworden. In Absprache mit seinem Kompaniechef habe er sich entschieden, das Offizierkorps des Bataillons und das Unteroffizierkorps der Kompanie aktiv zu informieren. Dies habe natürlich zur Folge gehabt, dass in kürzester Zeit nahezu jeder in der Kaserne Bescheid wüsste. Ähnlich sei es dann im Berliner Jägerbataillon 1 gewesen, zumal seiner Versetzung dorthin »das Zwangsouting durch die Personalführung vorausgegangen« sei, so Schmid. Er sei deshalb »vom ersten Tag an sehr offen damit umgegangen«. Zu Veranstaltungen in Offizier- und Unteroffizierkreisen mit Partnerinnen habe er »ganz selbstverständlich« seinen Lebenspartner mitgenommen. Auch in seinen Verwendungen im Berliner Stab habe er bis auf eine Ausnahme von den Kommandeuren in seiner Auseinandersetzung mit der Personalführung nur »offensive Unterstützung« erfahren, »sogar sehr aktiv durch Beurteilungen und – auch unaufgeforderte – Stellungnahmen«.

Der Oberleutnant beschwerte sich gegen die Versetzung und gegen die Bekanntgabe seiner sexuellen Orientierung gegenüber dem neuen Kommandeur. Er beantragte die Aufhebung der Versetzungsverfügung in den Stab mit folgender Begründung:

> »Die Auffassung des BMVg, wonach gleichgeschlechtlich veranlagte Berufs- und Zeitsoldaten nicht als unmittelbare Vorgesetzte mit Ausbildungs- und Führungsaufgaben eingesetzt werden könnten, sei überholt. Aufgrund des gesellschaftlichen Wandels und des Truppenalltags sei widerlegt, dass bei Bekanntwerden der Homosexualität eines Vorgesetzten dessen Autorität und damit die Einsatzbereitschaft der Truppe gefährdet seien. Schließlich sei auch seine Homosexualität in der Truppe bekannt, ohne dass dies zu einer Autoritätsbeeinträchtigung geführt habe. Überdies sei die Unterstellung diskriminierend, gleichgeschlechtlich veranlagte Vorgesetzte würden in jedem Untergebenen einen Sexualpartner sehen [...] Überdies sei die telefonische Mitteilung seiner Homosexualität durch den Leiter des Referats an den Kommandeur [...] ein massiver Eingriff in seine Privatsphäre, da die sexuelle Orientierung Bestandteil des Privatlebens sei und demzufolge nicht zum Gegenstand von Personalmaßnahmen gemacht werden dürfe.«[211]

Mit dem Abstand von mehr als 20 Jahren urteilte der damalige Offizier:

> »Im Gegensatz zu den meisten anderen, die vor mir deshalb in Konflikt geraten waren und bis vor die höchsten Gerichte zogen, brachte ich etwas mit, was diese nicht hatten: eine feste Zusage zur Übernahme [zum Berufssoldaten], die kurz vor der Einlösung stand und die eigentlich nur ich ablehnen konnte, nicht aber das BMVg [...] Die Überlegung war: Wenn es je eine Chance gab, erfolgreich zu sein, dann in dieser Konstellation. Die Unterschrift unter den Brief an den Minister 1996 war der höchstmögliche Einsatz unter Kenntnis des Preises.«[212]

---

[211] Zit. in der Urteilsbegründung BVerwG, 1 WB, 48.97 vom 18.11.1997.
[212] E-Mail Erich Schmid an den Verfasser, 15.11.2018, sowie eine spätere Ergänzung. Alle zuvor vor Gericht gezogene Soldaten hatten einen Nachteil, so Schmid: »Ihnen wurde ihre Homosexualität als Eignungsmangel unterstellt, bevor sie einen Laufbahn- oder Statuswechsel anstrebten. Mein Fall war anders. Der Dienstherr hatte meine Eignung und Befähigung bereits bestätigt. Ich musste die Option nur ziehen. Tat ich das, musste der Dienstherr sein mehrfach bestätigtes Urteil revidieren. Eine neue Konstellation. Deshalb ging ich mit dem Brief in die Offensive. Bereit juristisch bis zur höchsten Stelle zu klagen und politisch bis in höchste Kreise zu agieren.« E-Mail Erich Schmid an den Verfasser, 5.12.2017.

Das BMVg legte die Beschwerde dem Bundesverwaltungsgericht als Antrag auf Entscheidung vor und wollte den Antrag des Soldaten zurückgewiesen wissen:

»Die Nichteignung des Antragstellers ergebe sich aus seiner homosexuellen Veranlagung.
Eine andere Gesamtwertung folge auch nicht aus dem Vorbringen des Antragstellers, dass
in seiner konkreten Situation keine Umstände erkennbar seien, die die Annahme einer
Autoritätsgefährdung rechtfertigen könnten. Im Gegensatz zum Wandel der gesellschaft-
lichen Anschauung zur Homosexualität und einer zunehmenden Toleranz in Teilen der
Bevölkerung, bestehe nach wie vor die nicht unerhebliche Gefahr, dass gleichwohl noch
vorhandene klischeehafte Vorstellungen über Verhaltensweisen homosexuell veranlagter
Männer auf den Antragsteller übertragen würden und so seine Autorität entscheidend in
Frage gestellt werde, ohne dass er dies beeinflussen könne [...] Auch die Unterrichtung
des Kommandeurs als zukünftigen Vorgesetzten über die Hintergründe der Versetzung
des Antragstellers sei rechtmäßig gewesen. Die Tatsache der homosexuellen Veranlagung
sei nicht ausschließlich eine Privatangelegenheit, sondern auch eine Frage der Eignung
und der Verwendbarkeit, sodass der nächste Disziplinarvorgesetzte hiervon zu unterrichten sei.«[213]

In Erwiderung dessen führte der Oberleutnant in einer ergänzenden Stellungnahme
aus, das Verteidigungsministerium

»verkenne, dass die Einstellung über sexuelle Verhaltensweisen einer Fortentwicklung unterliege. Es gebe zwar im Bereich der Sexualität nach wie vor Tabus, die Homosexualität
oder Gleichgeschlechtlichkeit gehöre jedoch nicht dazu. Wenn dessen ungeachtet der
BMVg ihn wegen seiner Homosexualität mit einem ›Bündel von Maßnahmen‹ über-
ziehe, lasse er die gesellschaftliche Entwicklung in den beiden letzten Jahrzehnten
unberücksichtigt«.[214]

Kein Soldat des von ihm zuvor geführten Unteroffiziervorlehrgangs und auch der von
ihm geleiteten Allgemeinen Grundausbildung habe angedeutet, dass er »Probleme«
mit seiner Person oder seiner Homosexualität gehabt habe, betonte der Oberleutnant;
ganz im Gegenteil, man habe »sein Engagement für seine Überzeugung bewundert
und gefragt, wie man ihn unterstützen könne«.[215]

Das Bundesverwaltungsgericht wies die ihm vom BMVg zur Entscheidung vorgelegte Beschwerde als »teils unzulässig, teils unbegründet« ab: Die Versetzungsverfügung
des BMVg sei rechtmäßig und verletze den Antragsteller nicht in seinen Rechten. Das
Bundesverwaltungsgericht habe wiederholt entschieden, »dass es rechtlich nicht zu
beanstanden ist, homosexuell veranlagte Soldaten nicht als Ausbilder in der Truppe
zu verwenden«. Hieran sei auch für den vorliegenden Fall festzuhalten:

»Selbst wenn sich in Teilen der Gesellschaft die Bewertung homosexueller Neigungen
seit 1990 weiter gewandelt haben und in diesem Zusammenhang eine zunehmende
Toleranz zu verzeichnen sein sollte, kann jedenfalls bei auszubildenden Soldaten, insbesondere bei Wehrpflichtigen, keine allgemeine Toleranz in einem Ausmaß vorausgesetzt
werden, das die Erwägung des BMVg als sachwidrig erscheinen ließe. Es ist nicht auszuschließen, dass ein Teil der wehrpflichtigen jungen Soldaten selbst oder auch deren
Angehörige kein Verständnis dafür hätten, wenn homosexuell veranlagte Soldaten als

---

213 Zit. in der Urteilsbegründung, BVerwG, 1 WB, 48.97 vom 18.11.1997.
214 Ebd.
215 Ebd.

ständige oder vorübergehende Ausbilder und somit auch als Erzieher eingesetzt würden. Selbst bei einer größeren Toleranz gegenüber gleichgeschlechtlicher Veranlagung könnten im Übrigen auch heute noch Verhaltensweisen eines homosexuell veranlagten Soldaten, die bei heterosexuell Veranlagten als normal und üblich angesehen werden, in den Augen Untergebener eine Bedeutung erlangen, die zu Gerede, Verdächtigungen, zur Ablehnung des Ausbilders und damit zu Schwierigkeiten im dienstlichen Bereich führen können. Insoweit kommt es nicht entscheidend darauf an, dass es während der bisherigen Verwendung des Antragstellers als Zugführer nach der Stellungnahme seines damals nächsten Disziplinarvorgesetzten keinen Anlass zu Beschwerden oder sonstigen Beanstandungen im Hinblick auf dessen Homosexualität gegeben hat. Entscheidend für die weitere Verwendung des Antragstellers ist allein die Tatsache, dass dessen homosexuelle Veranlagung in der Truppe bekannt geworden ist.«[216]
Im Vergleich fällt auf, dass diese Begründung in den entscheidenden Sätzen den Urteilen der 1970er und 1980er Jahre im Wortlaut glich. Es scheint, als seien die Richter in der gleichen Zeitkapsel gefangen gewesen wie die Politiker, Beamten, Juristen und Offiziere im BMVg.

Weiterhin entschied das höchste Verwaltungsgericht, die Unterrichtung des zukünftigen Kommandeurs durch den Referatsleiter des Personalstammamtes über die homosexuelle Veranlagung des Antragstellers stelle keine gegen den Antragsteller gerichtete truppendienstliche Maßnahme dar. Es habe sich bei diesem Telefongespräch »vielmehr um einen rein innerdienstlichen Vorgang ohne Außenwirkung«[217] gehandelt.

Der Beschluss zuungunsten des Oberleutnants fand auch ein mediales Echo. Die *Süddeutsche Zeitung* titelte im April 1998 »Schwuler Offizier darf nicht Chef sein«.[218] Die *Berliner Zeitung* befragte den Pressesprecher des Bundesverteidigungsministeriums und zitierte dessen Antworten: Ein Vorgesetzter verliere an Autorität, wenn die Untergebenen von seiner Veranlagung erfahren würden; es sei passiert, dass Soldaten schwulen Offizieren den Befehl verweigerten. Konkrete Fälle konnte der Pressesprecher nicht nennen, sagte aber, dass so im Einsatz ein schwuler Offizier indirekt zum Tod seiner Kameraden beitragen könnte. »Wie sollen wir das den Hinterbliebenen erklären?« Doch räumte der Pressesprecher laut *Berliner Zeitung* »Ungereimtheiten« in der Haltung der Bundeswehr ein. »Solange wir nichts davon wissen, ist Homosexualität kein Eignungsmangel.«[219] So war Männerliebe nur ein Problem, wenn die Bundeswehr davon erfuhr.

»Notfalls gehe ich bis zum Bundesverfassungsgericht, um meine Übernahme [zum Berufssoldaten] einzuklagen«, zitierte die *Berliner Zeitung* den Oberleutnant.[220] Eine Verfassungsbeschwerde war laut dem Betroffenen auch in Vorbereitung, als der Gang eines anderen Oberleutnants nach Karlsruhe im Jahr 2000 zum Einlenken des

---

[216] BVerwG, 1 WB, 48.97 vom 18.11.1997; auch veröffentlicht unter der Überschrift »Keine gleichgeschlechtlich veranlagten Soldaten als Ausbilder«.
[217] Ebd.
[218] Müller-Jentsch, Schwuler Offizier darf nicht Chef sein, vom BMVg zu den Akten genommen, BArch, BW 2/38353.
[219] Bruhns, Homosexualität wird bei Outing zum »Eignungsmangel«.
[220] Ebd.

BMVg führte.[221] Auch das für die kommende Verfassungsbeschwerde Schmids bereits eingeholte Rechtsgutachten von Prof. Dr. Armin Steinkamm riet dem Ministerium »eindringlich, eine höchstwahrscheinliche Niederlage in Karlsruhe zu vermeiden«.[222]

Oberst Bernhard Gertz, Vorsitzender des Bundeswehrverbandes, sagte der *Berliner Zeitung,* die Rolle der Bundeswehr müsse es sein, »Vorurteile abzubauen und nicht, sie zu zementieren«. Gertz weiter: »Wenn ein Vorgesetzter gute Arbeit leistet, ist es den Soldaten egal, mit wem er schläft«. Nach geltender Rechtsprechung sah der Vorsitzende des Bundeswehrverbandes 1998 aber »kaum eine Chance« für den Oberleutnant. »Das könnte sich jedoch bald ändern«, schloss die *Berliner Zeitung:* »In Norddeutschland hatte Ende 1997 ein schwuler Zeitsoldat mit seiner Klage auf die Übernahme als Berufssoldat Erfolg. Die Bundeswehr hat Revision beantragt, jetzt liegt der Fall beim Oberverwaltungsgericht in Berlin. ›Wenn das Gericht anders entscheidet, werden wir uns danach richten‹«, zitierte sie den Rühe-Sprecher.[223]

Wohl ausgelöst durch die Zeitungsberichte über den Fall des Oberleutnants Schmid fand das Anliegen der homosexuellen Soldaten im Sommer 1998 erstmals einen Widerhall im Fernsehen. Im ZDF-Morgenmagazin vertrat der Sprecher des Verteidigungsministeriums die altbekannte Position seines Hauses. Der Vorsitzende des Bundeswehrverbandes widersprach vor laufender Kamera: Die Position des Ministeriums sei »mit Verlaub hanebüchener Unsinn«.[224] Oberst Gertz: »Wie jemand sein Sexualleben gestaltet, kann nur noch derjenige als sicherheitsrelevant ansehen, der in den Kategorien des Kalten Krieges denkt. Es kommt darauf an, welche Persönlichkeit ein Vorgesetzter hat, wenn seine Persönlichkeit überzeugt, ist es den Soldaten egal, mit wem er schläft.«[225]

Der Bundeswehrverband leistete auch Rechtsschutz für klagende Mitglieder, die nur aufgrund ihrer sexuellen Orientierung versetzt oder entlassen wurden.[226] Auch für die Verfassungsbeschwerde des Oberleutnants Stecher trug der Bundeswehrverband die Anwaltskosten, da der Gang nach Karlsruhe nicht von dessen Rechtsschutzversicherung abgedeckt gewesen sei.[227] Das BMVg vermerkte intern, der Vorsitzende des Bundeswehrverbandes habe dem klagenden Oberleutnant die Übernahme der Prozesskosten »bis in die letzte Instanz« zugesagt. Daraus schlussfolgerte das zuständige Referat, dass die Vertreter des Bundeswehrverbandes im Gesamtvertrauenspersonenausschuss (GVPA) einem neuen restriktiven Erlass ihre Zustimmung verweigern würden.[228] (Das BMVg beerdigte daher intern den bereits im Entwurf fertiggestellten Erlass.) Auf Nachfrage vonseiten der Medien erklärte der Bundeswehrverband 1999, für alle Soldaten müssten die Verwendungsgrundsätze

---

221 Dazu ausführlich im Kap. VII.
222 E-Mail Erich Schmid an den Verfasser, 15.11.2018. Zum Gutachten von Prof. Dr. Armin Steinkamm vom Januar 2000 ausführlich in Kap. VI dieser Studie.
223 Bruhns, Homosexualität wird bei Outing zum »Eignungsmangel«.
224 Die Äußerungen des Sprechers Streitkräfte im BMVg, Oberstleutnant i.G. Kaatz, und von Oberst Gertz im ZDF-Morgenmagazin vom 16.7.1998 wurden zehn Tage später in der vom BMVg herausgegebenen Wochenzeitung *Bundeswehr aktuell* abgedruckt, Ausgabe vom 27.7.1998.
225 Ebd.
226 Schwule bei der Bundeswehr.
227 Zeitzeugengespräch mit Winfried Stecher, Hamburg, 25.1.2018.
228 BArch, BW 1/502107, o.Pag.: BMVg, PSZ III 1, 5.1.2000.

»Eignung, Befähigung und Leistung« angewendet werden. Die sexuelle Orientierung komme in diesem Kriterienkatalog nicht vor.[229]

Epilog: Von Juli 1997 bis zum Ende seiner Verpflichtungszeit 2002 blieb Erich Schmid in verschiedenen Verwendungen im Bataillonsstab. 1999 wurde er zum Hauptmann befördert. Dies zeigt erneut, dass es zumindest in den späten 1990er Jahren keine generellen Beförderungssperren für als homosexuell erkannte Offiziere mehr gab.

Auch gegen die Verweigerung der zugesagten Übernahme zum Berufssoldaten reichte Schmid Klage vor dem Verwaltungsgericht Berlin ein. Die Richter forderten das BMVg im Januar 2000 zu einer Stellungnahme auf und verwiesen dabei explizit auf das gegen die britischen Streitkräfte und gegen deren Praxis der Entlassung homosexueller Soldaten im September 1999 gefällte Urteil des Europäischen Gerichtshofs für Menschenrechte.[230] Die Klage Schmids wurde nicht mehr entschieden, im Jahr 2000 bot das BMVg eine außergerichtliche Einigung an.[231]

Dass keineswegs nur das plakative Bekenntnis zur eigenen Homosexualität, sondern schon eine eher spontane und unvorsichtige Äußerung ausreichten, um Restriktionen in Gang zu setzen, zeigt ein anderer Vorgang aus den Jahren 1996/97. Ein routinemäßig geführtes Personalgespräch brachte einen Hauptbootsmann in die Mühlen der »Personalmaßnahmen«. Im persönlichen Gespräch mit seinem Personalführer bat er, bei der beabsichtigten Versetzung auch die Belange seines Partners zu berücksichtigen, mit dem er eine feste Bindung eingegangen sei und zusammenlebe. »Diese sehr persönlichen Informationen, die nur für meinen Personalführer bestimmt waren, werden nun gegen mich in Anwendung gebracht«,[232] beklagte der Hauptbootsmann später in einem Schreiben an den Verteidigungsausschuss des Bundestages.

> »Der Koloss Bundeswehr, der sich gerade in den Zeiten des politischen Umbruchs 1990/91, für mich als ehemaligen Soldaten der NVA, gerecht und vertrauenswürdig darstellte und auch so handelte, wankt gewaltig und hat eine tiefe Vertrauenskrise, ob der Rechtsstaatlichkeit seiner Personalpolitik, in mir hervorgerufen.«[233]

In einer Beschwerde an das BMVg prangerte der Hauptbootsmann den Versuch an, seine homosexuelle »Veranlagung, die ich mir nicht aussuchen konnte, justiziabel zu machen«. Dies sei »Unrecht«. Der Dienstherr habe Naturgesetze zu akzeptieren und sie ihm nicht zum Nachteil zu machen.[234]

Was war der Hintergrund? Unmittelbar nach dem vertraulichen Gespräch mit seinem Personalführer in der Stammdienststelle der Marine rollten die nach Bekanntwerden der homosexuellen Orientierung üblichen Personalmaßnahmen an: Der Hauptbootsmann sei »nur noch eingeschränkt verwendbar«, er dürfe »nicht als unmittelbarer Vorgesetzter in Führungs-, Ausbildungs- und Erziehungsfunktionen

---

229 Schwule bei der Bundeswehr.
230 BArch, BW 2/38358: BMVg, PSZ III 6, 12.4.2000. Zu dem europäischen Urteil ausführlich im Kap. VI.
231 Dazu wiederum Kap. VI.
232 BArch, BW 2/38358: Hauptbootsmann F. an Verteidigungsausschuss des Bundestages, 10.9.1997.
233 Ebd.
234 BArch, BW 2/38358: Hauptbootsmann F. an BMVg, 19.6.1997.

eingesetzt werden«. Er wurde zudem unverzüglich von einem laufenden Lehrgang
abgelöst.[235] Gegenüber der Wehrbeauftragten Claire Marienfeld und in zahlreichen
weiteren Beschwerden führte der Soldat aus, das Vorgehen der Bundeswehr verstoße
gegen den Gleichheitsgrundsatz des Artikel 3 GG. Er fühle sich »zum Menschen der
›zweiten Klasse‹ gestempelt«. Hier spiele es »keine Rolle, wie gut oder schlecht ein
Soldat ist«. Es sei »an der Zeit zu erkennen, dass es das ›Problem Homosexualität‹
auch in der Bundeswehr gibt«.[236] Das Büro der Wehrbeauftragten antwortete, die von
der Stammdienstdienstelle der Marine getroffene Entscheidung sei »in mehreren vergleichbaren Fällen durch gerichtliche Entscheidung als rechtens bestätigt worden«.[237]
Die Verfahrensweise der Personalführung sei daher »nicht sachfremd«, im Übrigen
habe der Soldat seine sexuelle Veranlagung »ohne Not« eröffnet. Die Maßnahme
sei erfolgt, »um mögliche Reaktionen Ihres Umfeldes – Ablehnung, Provokation,
Preisgabe der Lächerlichkeit – von Beginn an zu vermeiden und somit die Gefahr
der Einbuße von Autorität und von Beeinträchtigung der Disziplin auszuschließen«.
Dann wurde das Büro der Wehrbeauftragten grundsätzlich: Die Bundeswehr müsse
die noch bestehende gesellschaftliche Ablehnung der Homosexualität berücksichtigen. »Es kann auch nicht Aufgabe der Bundeswehr sein, eine Vorreiterrolle für die
Anerkennung von Homosexualität in der Gesellschaft zu übernehmen.«[238] Auch das
Verteidigungsministerium wies die Beschwerde zurück.[239]

Dass sich Soldaten selbst durch unvorsichtige Äußerungen in Urlaubsstimmung
um ihre Karriere bringen konnten, zeigt ein erstaunlicher Vorgang aus dem Jahr
1999. RTL II drehte sein »Sommer Spezial 99 – Urlaub endgeil« auf Mykonos.
Die Sendung sah auch ein Hauptmann aus einem Bundeswehrkrankenhaus – und
erkannte zwei seiner Soldaten. Der Hauptmann war Kompaniechef einer Sani-
tätsschülerkompanie, einer der von ihm auf RTL II entdeckten Soldaten war ein in
seiner Kompanie auszubildender Oberfeldwebel. Der Hauptmann meldete an den
Chefarzt, die beiden Soldaten hätten sich im Fernsehen zu ihrem Schwulsein bekannt und »freimütig die Möglichkeiten [geschildert], die Mykonos ihrer Neigung
entsprechend bietet«. Der Oberfeldwebel sei daher »angreifbar« und für die vorgesehene Verwendung als Ausbilder und Zugführer »nicht tragbar«.[240] Das Krankenhaus
beantragte schon zwei Tage später bei der Personalführung, die Verwendungsplanung
»zur Aufrechterhaltung der Disziplin und aus Fürsorge dem Soldaten gegenüber« zu
ändern. Er sei als Vorgesetzter und Ausbilder »nicht mehr haltbar«. Dabei betonte
das Krankenhaus ausdrücklich, die sexuelle Neigung des Oberfeldwebels sei »bisher
in keiner Form auch nur im Ansatz im dienstlichen Bereich zutage getreten«.[241] Der
Oberfeldwebel legte am selben Tag Beschwerde ein: Bislang sei seine Autorität nie in

235 BArch, BW 2/38358: Stammdienstdienstelle der Marine, Vermerk vom 29.10.1996.
236 BArch, BW 2/38358: Hauptbootsmann F. an Wehrbeauftragte des Bundestages, 3.12.1996.
237 Ebd., Wehrbeauftragte des Bundestages an Hauptbootsmann F., 9.1.1997.
238 Ebd.
239 BArch, BW 2/38358: BMVg, P II 7, an Hauptbootsmann F., 12.7.1997. Ob der Soldat sein
     Anliegen auf dem Klageweg weiter verfolgte, konnte nicht geklärt werden. Es fanden sich bis-
     lang keine Hinweise auf eine gerichtliche Entscheidung.
240 BArch, BW 2/38357: Meldung vom 8.9.1999 (Zum Schutz der beteiligten und betroffenen
     Personen wird auf konkretere Angaben verzichtet).
241 Ebd., Antrag an Stammdienststelle des Heeres vom 10.9.1999.

Frage gestellt worden. »Dienst und Privatleben wurden und werden zukünftig von mir streng getrennt.«[242]

d) »Im Namen des Volkes: Der Kläger hat einen Rechtsanspruch auf Übernahme in das Dienstverhältnis eines Berufssoldaten«

Auch andere um ihr Recht kämpfende Soldaten beschritten den Klageweg. In der Presse bekannt wurde 1998 die Klage eines Oberfeldwebels der Panzeraufklärungstruppe. Der Fall wurzelte im Jahr 1995. Der MAD hatte bei der routinemäßigen Sicherheitsüberprüfung die sexuelle Orientierung des Mannes herausgefunden und weitergemeldet. Der Oberfeldwebel hatte sich in der Truppe nicht selbst als Homosexueller zu erkennen gegeben und war auch während seiner gesamten bisherigen Dienstzeit nicht als solcher aufgefallen oder bekannt geworden. Nun aber wurde ihm unter Verweis auf seine sexuelle Orientierung eine »Eignungseinschränkung im Verwendungsaufbau« attestiert und mithin seine Nichteignung zum Berufssoldaten.[243]

Seine Beschwerde wurde 1997 vom BMVg zurückgewiesen.[244] Der Oberfeldwebel klagte. Er sah sich in seinen Grundrechten auf Gleichbehandlung, auf freie Berufswahl und auf gleichen Zugang zu öffentlichen Ämtern verletzt. Es sei »verfassungsrechtlich problematisch, ein nur behauptetes, ja nur vermutetes Fehlen von Akzeptanz bei Untergebenen in den Begriff ›Eignung‹ hineinzuinterpretieren«.[245] Das Verteidigungsministerium beantragte, die Klage abzuweisen, denn

> »die Eignung eines homosexuellen Soldaten in Führungsverwendungen [...] begegne schon abstrakt grundsätzlichen Zweifeln, ohne dass es auf die bisherige Wahrnehmung dienstlicher Pflichten ankomme. Die abstrakte Gefahr eines Autoritätsverlustes bestehe unabhängig davon, ob sich die gesellschaftliche Einstellung großer Teile der Bevölkerung zur Homosexualität gewandelt habe«.[246]

In welche Richtung die Richter der ersten Instanz urteilen würden, ließ sich schon aus der einstweiligen Anordnung herauslesen. Das Verteidigungsministerium wurde mit Beschluss vom 7. September 1998 angewiesen, den Oberfeldwebel über dessen zum 30. September 1998 anstehendes reguläres Dienstzeitende hinaus vorläufig bis zum rechtskräftigen Abschluss des Klageverfahrens im Dienst zu belassen.[247] Die nächsthöhere Instanz hob auf Antrag des BMVg diesen Beschluss wieder auf.[248] Der Oberfeldwebel wurde 1998 nach Ablauf der Dienstzeit entlassen.

Das Urteil im Hauptsacheverfahren stand aber noch aus. Die Lüneburger Richter der ersten Instanz ließen sich vom Ukas der Oberverwaltungsrichter nicht beeindru-

---

[242] Ebd., Beschwerde vom 10.9.1999. Der Ausgang des Beschwerdeverfahrens und der Personalmaßnahme konnte nicht ermittelt werden.

[243] Ebd., BMVg, PSZ III 6, 12.4.2000. Auch der *Focus* berichtete: »Schwule in die Bundeswehr«. Zum Agieren des MAD in diesem Fall im folgenden Kap. V dieser Studie.

[244] BArch, BW 2/38358: BMVg, PSZ III 6, 12.4.2000.

[245] Klagebegründung vom 11.9.1997, zit. aus: Verwaltungsgericht Lüneburg, Urteil vom 3.6.1999, Az 1 A 141/97, Kopie in BArch, BW 2/38357.

[246] Antrag BMVg. In: ebd.

[247] Verwaltungsgericht Lüneburg, Beschluss vom 7.9.1998, Az 1 B 53/98.

[248] Niedersächsisches Oberverwaltungsgericht, Beschluss vom 16.12.1998, Az 2 M 4436/98, dazu ausführlich: NVwZ-RR, 11+12/1999, S. 772 f.

cken und fällten im Juni 1999 ein deutliches Urteil zugunsten des Antragstellers: »Im Namen des Volkes: [...] Die zulässige Klage ist begründet. Der Kläger hat einen Rechtsanspruch auf Übernahme in das Dienstverhältnis eines Berufssoldaten.«[249] Die Urteilsbegründung brandmarkte die Position des Dienstherrn als Verstoß gegen die Grundrechte des Klägers: Das Grundgesetz, oder vielmehr dessen Auslegung durch das Bundesverfassungsgericht, habe den Sexualbereich als Teil der Privatsphäre unter den in Artikel 2 festgeschriebenen verfassungsrechtlichen Schutz der freien Entfaltung der Persönlichkeit in Verbindung mit der in Artikel 1 garantierten unantastbaren Würde des Menschen gestellt. Es widerspräche daher dem Grundgesetz, »zulasten des Klägers allein und ausschließlich an dessen – dienstlich wie außerdienstlich völlig unauffällige – sexuelle Identität anzuknüpfen«.[250]

Das Anknüpfen an die Homosexualität »als einzig verbleibenden Ablehnungsgrund« stelle einen Verstoß gegen die Artikel 1 und 2 GG und gegen das Willkürverbot des Artikels 3 GG dar: »Im Geltungsbereich der freiheitlich-demokratischen Grundordnung des Grundgesetzes mit ihrer Betonung der menschlichen Würde« könne einem Soldaten »nicht die Eignung [...] mit dem Ergebnis abgesprochen werden, dass er allein um seiner – unauffälligen – Sexualität willen zurückgestellt, ausgegrenzt und diskriminiert würde«. Dies verletze den Würdeanspruch des Klägers als eines Menschen »mit einer zufällig anders gearteten Sexualität (als sie der Mehrheit von Menschen eigen ist).«[251] Die Richter hielten dem Verteidigungsministerium dessen eigenen Erlass aus dem Jahr 1994 vor, in dem es hieß, »Homosexualität kann per se kein Ausschlusskriterium für eine bestimmte Verwendung sein« und dass die Bundeswehr an einer Einzelfallprüfung festhalte.[252] Die »Möglichkeit eines Autoritätsverlustes besteht unabhängig von der [...] sexuellen Präferenz – ob homosexuell, lesbisch oder heterosexuell – erst dann, wenn der jeweilige Vorgesetzte nicht mit seiner Sexualität [...] umzugehen versteht«.[253] Als Beleg verwiesen die Richter auf Fälle von sexueller Belästigung von Soldatinnen durch einen Inspektionschef und einer weiblichen Zivilangestellten durch einen Regimentskommandeur. Eine für den Einzelfall des Klägers »nicht einmal greifbar konkretisierte, nur allgemein befürchtete ›Gefahr‹« könne nicht zu dessen Lasten hergeleitet werden. Vielmehr habe das BMVg »selbst eingeräumt, der Kläger habe bisher seine dienstlichen Pflichten besonders gut erfüllt«.[254]

Die Lüneburger Richter schlugen eine Bresche in die Mauer der »gefestigten Rechtsprechung« der Verwaltungsgerichte gegen homosexuelle Soldaten. Auf der Hardthöhe schrillten die Alarmglocken, die Personalabteilung berief eine Besprechung ein.[255] Noch war es keine Krisensitzung. Die sollte sechs Monate später

---

[249] Verwaltungsgericht Lüneburg, Urteil vom 3.6.1999, Az 1 A 141/97, Kopie in BArch, BW 2/38357.
[250] Ebd.
[251] Ebd.
[252] BMVg, FüS I 4 vom 15.9.1994, Az 35-04-00.
[253] Neben diesem Satz in der Kopie des Urteils findet sich der handschriftliche Vermerk: »falsche Argumentation«, vermutlich des BMVg. Verwaltungsgericht Lüneburg, Urteil vom 3.6.1999, Az 1 A 141/97, Kopie in BArch, BW 2/38357.
[254] Verwaltungsgericht Lüneburg, Urteil vom 3.6.1999, Az.: 1 A 141/97, Kopie in BArch, BW 2/38357.
[255] Eingeladen waren vier Referate der Personalabteilung, das Grundsatzreferat der Rechtsabteilung und das Referat FüS I 4. BArch, BW 2/38357: BMVg, PSZ III 6, 1.7.1999.

folgen. Der *Focus* schrieb: »Sieg vor Gericht: Als erster schwuler Soldat zwang der 30-Jährige die starke Truppe vor Gericht in die Knie«.[256] Noch aber ging das Verteidigungsministerium nicht »in die Knie«, sondern legte Berufung beim niedersächsischen Oberverwaltungsgericht (ebenfalls in Lüneburg) ein. Das erstinstanzliche Lüneburger Urteil vom Juni 1999 wurde somit noch nicht rechtskräftig. Zu einer Entscheidung kam es nicht mehr. Eine andere laufende Klage überrollte die anhängige Berufung.[257]

e) Die Ablösung eines Leutnants als Zugführer 1998

»Der 29jährige Winfried Stecher konnte eigentlich ganz zufrieden sein. Sein Beruf als Ausbilder bei der Bundeswehr war für ihn gleichzeitig Herausforderung und Erfüllung. Seine Vorgesetzten und seine Untergebenen haben ihn geschätzt. Er wurde gar als Vorzeigesoldat bezeichnet. Alles aus und vorbei. Ein Vorgesetzter fragte Stecher, ob er homosexuell sei. Sein ›Jawohl‹ kam in die Personalakte und Stecher in die Schreibstube.«[258] Schon an der Offizierschule der Luftwaffe zeigte der Offizieranwärter Stecher echte Führungsqualitäten, erinnerten sich seine Lehrgangskameraden. Der als Stabsunteroffizier mit viel Erfahrung als Ausbilder in der Truppe in die Offizierlaufbahn Übernommene sei der unangefochtene informelle Führer seines Hörsaals gewesen. Aber nicht nur wegen seiner Vorerfahrung, sondern schon allein aus seiner Persönlichkeit heraus sei Stecher das klassische »Alphatier« gewesen, eine echte Führungspersönlichkeit, so ein damaliger Hörsaalkamerad. Alle seien sich sicher gewesen, Stecher würde seinen Weg in der Luftwaffe erfolgreich gehen und eine gute Karriere machen. Es kam anders. Winfried Stecher war mit Leib und Seele Soldat, sagen die, die ihn an der Offizierschule und in der Truppe kannten. Der Soldatenberuf war sein Leben, Stecher stand mit beiden Füßen fest auf dem Boden des Dienstes als Offizier. Es war *seine* Bundeswehr, die ihm diesen Boden unter den Füßen wegzog.

Seit 1996 baute Leutnant Stecher einen Flugabwehrzug im Objektschutzbataillon eines Fliegerhorstes auf und führte dann diese Teileinheit. Seine Leistungen waren hervorragend beurteilt. Im Februar 1998 änderte sich alles. Laut *FAZ* war eine Mitteilung des MAD für das Bekanntwerden der sexuellen Orientierung des Leutnants verantwortlich.[259] Auf direkte Frage seines vorgesetzten Staffelchefs bejahte der Leutnant seine Homosexualität. Er lebe seit Längerem mit seinem festen Freund zusammen. Auch vor dem Bataillonskommandeur bejahte der Offizier gleichlautende Fragen.[260] Er stellte rückblickend fest, seine Vorgesetzten interessierten sich »primär für den Dienstgrad und noch mehr für die Teilstreitkraft seines Lebenspartners«. Hintergrund des Interesses war die Vorgesetztenverordnung. Wäre der Leutnant mit einem Unteroffizier oder Mannschaftssoldaten der Luftwaffe, gar aus seiner Kaserne,

---

256 Schwule in die Bundeswehr.
257 Dazu ausführlich in Kap. VI.
258 Schwule bei der Bundeswehr.
259 Zur Rolle des MAD in diesem konkreten Fall ausführlich im Kap. V.
260 BArch, BW 1/502107, Bl. 65–118: Verfassungsbeschwerde Oberleutnant Stecher vom 23.12.1998, Sachverhalt, hier Bl. 69.

zusammen gewesen, hätten die Regelungen der Vorgesetztenverordnung gegriffen und er sich eines Dienstvergehens schuldig gemacht. Seine Vorgesetzten waren daher spürbar erleichtert, als sie hörten, sein Freund sei Obermaat (der Marine).[261] Der Kommandeur führte dann Gespräche mit den Soldaten des Flugabwehrzuges. Alle Soldaten verneinten jegliche Probleme mit der nun bekannt gewordenen Homosexualität ihres Zugführers; sie sprachen dem Leutnant ihr Vertrauen aus und wandten sich gegen dessen mögliche Versetzung.[262] Die Mannschaften des Zuges ergriffen zudem die Initiative und verfassten einen von 21 Soldaten unterzeichneten Brief an den Kommandeur, in dem sie sich nochmals gegen die geplante Ablösung ihres Zugführers aussprachen.

> »Leutnant Stecher hat seinen Zug stets so geführt, wie man es von einem Zugführer erwartet [...] Falls durch die Versetzung ein Schutz für Unterstellte erreicht werden soll, sehen wir dafür keine Notwendigkeit, da es in der Vergangenheit keine Vorfälle gab, die auf seine Homosexualität hingewiesen hätten. Sollte es aber der Fall sein, dass Leutnant Stecher versetzt wird, da er seine Homosexualität verschwiegen hat, möchten wir doch zu denken geben, dass in unseren Augen die private und dienstliche Seite eines Vorgesetzten ganz klar voneinander getrennt werden sollte. Unserer Ansicht nach ist die Art und Weise, wie man mit Leutnant Stecher verfährt, sehr diskriminierend.«[263]

Auch im Rückblick kann sich Stecher an keine negativen Reaktionen in seiner Staffel erinnern. Er habe »durchweg Zustimmung und Aufmunterung« erfahren. Besonders sei ihm in Erinnerung geblieben, wie aus einem anderen Zug »ein stark tätowierter und generell als härtester Hund der Staffel« geltender Mannschaftssoldat auf ihn zukam und sagte: »Wenn einer was zu Ihnen sagt, dann bekommt er es mit mir zu tun!«[264] Mit Schreiben vom 20. April 1998 meldete der Bataillonskommandeur den Fall Stecher über den Divisionskommandeur an das Personalamt der Bundeswehr. Er informierte zeitgleich den Betroffenen darüber: »Nach eingehender Prüfung und Einholen rechtlicher Expertise« habe er »aufgrund der im BMVg vorherrschenden Rechtsauffassung« den Sachverhalt zu melden. Das Personalamt werde »über weitere Maßnahmen bzw. die Konsequenzen entscheiden«.[265] Zugleich betonte der Bataillonskommandeur, er habe dem Personalamt auch die Stellungnahmen der Soldaten des Zuges und der Vertrauenspersonen zugunsten des Verbleibs des Leutnants mitgeteilt. Auch erwarte er selbst »keine homosexuelle Annäherung Ihrerseits gegenüber den Soldaten Ihres Zuges«;[266] und er sehe keine Erpressbarkeit. Tatsächlich empfahl der Bataillonskommandeur dem Personalamt zu prüfen,

> »ob nicht eine liberalere Sichtweise angezeigt sei und ein Verbleib des Antragstellers auf dem Dienstposten [...] in Betracht gezogen werden könne. Die Bedenken, die der Bundesminister der Verteidigung (BMVg) üblicherweise gegen homosexuelle Soldaten als

---

[261] Zeitzeugengespräch mit Winfried Stecher, Hamburg, 25.1.2018.
[262] Ebd., sowie BArch, BW 1/502107, Bl. 114 f., Anl. 12: Kdr ObjSBtlLw an Leutnant Stecher, 20.4.1998.
[263] BArch, BW 1/502107, Bl. 65–118: Verfassungsbeschwerde Oberleutnant Stecher vom 23.12.1998, hier Bl. 107, Anl. 8: Brief der Mannschaften des II. Zuges 3./ObjSBtlLw, 1.4.1998.
[264] Zeitzeugengespräch mit Winfried Stecher, Hamburg, 25.1.2018
[265] BArch, BW 1/502107, Bl. 65–118: Verfassungsbeschwerde Oberleutnant Stecher vom 23.12.1998, hier Bl. 114 f., Anl. 12: Kdr ObjSBtlLw an Leutnant Stecher, 20.4.1998.
[266] Ebd.

Vorgesetzte hege, träfen auf den Antragsteller nicht zu. Er werde trotz seiner homosexuel-
len Veranlagung weiterhin akzeptiert und besitze das Vertrauen seiner Untergebenen. Die
Truppe könne und würde seinen Verbleib positiv mittragen. Die Vorgesetzten (Staffelchef
und Kommandeur) könnten und würden die Situation verantworten.«[267]
Auch der Staffelfeldwebel (»Spieß«) hob gegenüber der Wehrbeauftragten hervor,
Leutnant Stecher sei »ein untadeliger, vorbildlicher Offizier«, den »Engagement,
Tatendurst und Führen durch Vorbild« auszeichneten.[268] All dies, die Empfehlung
des Bataillonskommandeurs, der sich auch der Divisionskommandeur angeschlossen
hatte, und der Brief des Spießes, nützte nichts.

Durch die Meldung des Staffelchefs an den Bataillonskommandeur war eine
Meldekette losgetreten worden, die dann im Personalamt die Vorschriften greifen
ließ. Der Bataillonskommandeur hätte wohl noch die Chance gehabt, das ihm
gemeldete »Problem« intern und mit Augenmaß für den konkreten Fall zu lösen.
Durch seine Befragungen der »betroffenen« Soldaten der Staffel war er ja schon auf
dem richtigen Weg, entschloss sich dann aber für den im Militär allzu üblichen
Weg, nach oben zu melden. »Melden macht frei und belastet den Vorgesetzten«
ist eine alte Soldatenweisheit. Die Meldung des Staffelchefs brachte einen Stein ins
Rollen, der sich zu einer Lawine entwickelte. Diese Lawine walzte am Ende das ohnehin morsch gewordene Gebäude der Restriktionen gegen homosexuelle Soldaten
nieder. Dem Staffelchef aber die alleinige »Schuld« anzulasten, ginge fehl. Der ganze Umgang der Bundeswehr, des BMVg, des MAD und der Personalführung mit
Homosexuellen war, gelinde gesagt, unglücklich, sodass es früher oder später zu
einer schweren Konfliktsituation wie der um den Leutnant kommen musste. Das
Personalamt entschied, den Leutnant in den Geschwaderstab zu versetzen. Dennoch
wurde er im Juli 1998 zum Oberleutnant befördert – erneut ein Hinweis darauf, dass
das Beförderungsverbot für bekannt gewordene homosexuelle Offiziere zumindest in
den späten 1990er Jahren nicht mehr bestand oder nicht mehr angewendet wurde.

Die Entscheidung des Personalamts sei mit »großer Empörung, vor allem von den
Wehrpflichtigen seines Zuges, aufgenommen« worden. »Als loyaler Untergebener
muss ich die Entscheidung mittragen, aber ich sehe die Motivation und das innere
Gefüge nachhaltig gestört.«[269] Auch die Vertrauensperson der Offiziere der Staffel
schrieb in gleicher Intention an die Wehrbeauftragte des Bundestags:

> »Ich hätte mir gewünscht, dass BMVg PersABw von dieser Personalmaßnahme Ab-
> stand genommen hätte, da aus Sicht aller Beteiligten vor Ort diese nicht erforderlich
> war [...] Nicht nur bei dem Betroffenen, sondern auch im Kameradenkreis entsteht
> der Eindruck, dass aufgrund der derzeitigen Sichtweise durch BMVg der Soldat ohne
> Berücksichtigung seiner bisherigen Leistungen und seiner persönlichen Umstände aus-
> gegrenzt wird [...] Es hat den Anschein, dass gegen homosexuell veranlagte Soldaten
> grundsätzlich mit den gleichen Mitteln und nach einem Schema vorgegangen wird, ohne

---

[267] Kdr ObjSBtlLw an PersABw, 20.4.1998, zitiert im Urteil Bundesverwaltungsgericht,
       1. Wehrdienstsenat, 19.11.1998, BVerwG, 1 WB, 54.98.
[268] BArch, BW 1/502107, Bl. 65–118: Verfassungsbeschwerde Oberleutnant Stecher vom
       23.12.1998, hier Bl. 107, Anl. 9: Brief Staffelfeldwebel 3./ObjSBtlLw an die Wehrbeauftragte
       des Deutschen Bundestages 22.5.1998.
[269] Ebd.

hierbei wesentlich Rücksicht auf die Stellungnahmen und Empfehlungen der zuständigen Disziplinarvorgesetzten und insbesondere auf die der Vertrauensperson zu nehmen [...] Die Zahl der homosexuell veranlagten Soldaten und Soldatinnen dürfte nicht unerheblich sein. Aufgrund der restriktiven Haltung des Dienstherrn gelangen jedoch nur wenige Fälle an die Öffentlichkeit, da die Masse der Betroffenen sich aufgrund der negativen Folgen nicht zu ihrer Veranlagung bekennt. Ich möchte Sie nun [...] bitten, sich der Problematik [...] anzunehmen. Dies erscheint mir erforderlich, da es zwischen der allgemeinen gesellschaftlichen Akzeptanz dieser Personengruppe und der innerhalb der Personalführung erhebliche Unterschiede gibt, welche sich aufgrund des allgemeinen Wandels innerhalb der Gesellschaft so nicht mehr begründen lassen.«[270]

Stecher beantragte gegen die Versetzung eine Entscheidung des Bundesverwaltungsgerichts. In ihrer Antragsbegründung betonte die Anwältin des Oberleutnants, anders als in vorherigen zu entscheidenden Fällen trenne ihr Mandant

»seine Homosexualität als Teil seines Intimbereichs strikt vom dienstlichen Bereich. Seine Soldaten hätten ihm in Kenntnis seiner Homosexualität das Vertrauen als Zugführer und Offizier ausgesprochen und wollten ihn auch als Vorgesetzten behalten. Sicherheitsbedenken bestünden nicht, weil er aufgrund seines Eingeständnisses nicht erpressbar sei. Auch sei seine dienstliche Autorität bisher stets akzeptiert worden.«

Die Anwältin hielt zudem fest: »Es sei rechtswidrig, homosexuell veranlagte Soldaten grundsätzlich nicht als Ausbilder in der Truppe zu verwenden. Die allgemeine Einstellung zu homosexuellen Neigungen habe sich grundlegend geändert. Es gebe keine Lebenserfahrung, dass bei wehrpflichtigen jungen Soldaten insoweit eine geringere Toleranz bestehe.«[271] Das BMVg, gefangen in seiner Zeitkapsel, wiederholte in seiner Stellungnahme die seit Jahrzehnten vorgetragenen Argumente:

»Homosexuelle eigneten sich indes nicht uneingeschränkt als militärische Vorgesetzte, da das Bekanntwerden ihrer Homosexualität die Minderung der dienstlichen Autorität in der Vorgesetztenposition zur Folge haben könne. Eine sich daraus ergebende mögliche Gefährdung der Einsatzbereitschaft der Streitkräfte müsse der BMVg nicht hinnehmen.«[272]

Auf die konkreten Argumente des klagenden Oberleutnants erwiderten die Bonner Juristen, es sei »nicht auszuschließen, dass noch vorhandene Vorstellungen über Verhaltensweisen homosexuell Veranlagter auch auf ihn übertragen würden, selbst wenn er dazu objektiv keinen Anlass biete. Die derzeit bestehende Akzeptanz durch Vorgesetzte und Untergebene widerlege diese Prognose nicht.«[273]

Die Richter des 1. Wehrdienstsenats entschieden im November 1998 gegen den Oberleutnant; dessen Antrag sei »zulässig«, aber »nicht begründet«. Die Versetzungsverfügung sei »rechtmäßig und verletzt den Antragsteller nicht in seinen Rechten«. Ein Soldat habe »keinen Anspruch auf eine bestimmte örtliche oder fachliche Verwendung«. Der Senat habe »wiederholt entschieden, dass es rechtlich

---

[270] Ebd., Anl. 11: Brief Vertrauensperson 3./ObjSBtlLw an die Wehrbeauftragte des Deutschen Bundestages, 4.8.1998
[271] Antragsbegründung, zitiert im Urteil Bundesverwaltungsgericht, 1. Wehrdienstsenat, 19.11.1998, BVerwG, 1 WB, 54.98.
[272] Stellungnahme BMVg, zit. in ebd.
[273] Ebd.

nicht zu beanstanden ist, homosexuell veranlagte Soldaten nicht als Ausbilder in der
Truppe zu verwenden«, zuletzt im November 1997[274]:

> »Entscheidend für die weitere Verwendung des Antragstellers ist allein die Tatsache,
> dass dessen homosexuelle Veranlagung in der Truppe bekannt geworden ist. Allein da-
> durch bleibt sie nicht mehr im Intimbereich, sondern greift in den dienstlichen Bereich
> der Bundeswehr über. Dass der Antragsteller seine Veranlagung nicht ausdrücklich [...]
> nach außen tragen, sondern sie als Teil seines Privatbereichs vom dienstlichen Bereich
> trennen will, ändert daran nichts. Mit der Kenntnis im dienstlichen Bereich ist sie Teil
> dieses Bereichs geworden. Die Eignungsfeststellung des BMVg verletzt auch nicht die
> Kameradschaftspflicht nach § 12 SG [...] Der Antragsteller wird nicht generell als Soldat
> und Kamerad für ungeeignet gehalten, sondern nur für die Ausbildung in der Truppe.«[275]

Auch den Hinweis des Klägers auf die Dienstleistung weiblicher Soldaten in – damals erst – einigen Bereichen der Streitkräfte wiesen die Richter zurück. Der Dienst
weiblicher Soldaten als Vorgesetzte sei mit dem homosexuell veranlagter männlicher
Soldaten »nicht vergleichbar«. Es gehe »nicht um eine Gefahr sexueller Annäherung,
sondern um die Auffassung des BMVg, dass homosexuell veranlagte Männer noch
immer verbreitet bei heterosexuellen Männern nicht akzeptiert werden«. Es bestehe die Gefahr, dass dadurch »ein nicht hinzunehmender Autoritätsverlust« entstehe.[276] (Eine dieser Frauen in Uniform erinnerte sich, wie entrüstet sie über den aus
der Presse bekannten Umgang mit dem Oberleutnant gewesen sei. Sie wollte eine
Anfrage an den Verteidigungsminister senden und ihn um Erläuterung bitten, warum auf der einen Seite homosexuelle Soldatinnen und Soldaten, so wie sie selbst,
eingestellt und auf der anderen Seite homosexuelle Vorgesetzte diskriminiert werden.
Das sei ihrem Gerechtigkeitssinn zuwidergelaufen, so die Ärztin. Ihren Dienst hat sie
aber wegen dieser Frage nicht quittiert.[277])

Die Richter am Bundesverwaltungsgericht standen auch 1998 fest zum Verteidigungsministerium. Der Oberleutnant zog vor das Bundesverfassungsgericht. Am
Ende würde er das morsch gewordene Gebäude der jahrzehntealten Argumente zum
Einsturz bringen. Doch hatten die Streitkräfte schon viele gut qualifizierte Soldaten,
Unteroffiziere und Offiziere sowie potenzielle Bewerber verloren oder abgeschreckt,
einzig weil sie homosexuell waren. Dies war der Preis, den die Bundeswehr zahlte –
oder ihr eigentliches Ziel.

Trotz der bekannten Restriktionen entschieden sich homosexuelle Männer für
den Soldatenberuf. Mitunter tauchte bei öffentlichen Vorträgen des Verfassers dieser
Studie bei den Zuhörern die verständnislose Frage auf, wie man als Homosexueller
denn überhaupt als Berufssoldat zur Bundeswehr gehen konnte und warum man
sich freiwillig diesem »schwulenfeindlichen Umfeld« aussetzte. Warum sollte eine
Frau oder ein Mann, die oder der den Beruf der Soldatin/des Soldaten ergreifen
wollte, sei es, weil sie/er vom Auftrag der Bundeswehr überzeugt war, sei es, weil sie/
er einfach gerne Soldatin/Soldat sein wollte, nur wegen der sexuellen Orientierung
auf ihren oder seinen Berufswunsch verzichten? Wegen der Restriktionen die-

---

274 Urteil Bundesverwaltungsgericht, 1. Wehrdienstsenat, 19.11.1998, BVerwG, 1 WB, 54.98.
275 Ebd.
276 Ebd.
277 Zeitzeugengespräch, 28.11.2019.

sen Wunsch von vornherein beiseite zu schieben, wäre einer Selbstaufgabe, einer Eigendiskriminierung gleichgekommen. Auf einer Internetseite für Schwule brachte 1999 der Autor eines Artikels über den juristischen Abwehrkampf des BMVg gegen klagende homosexuelle Offiziere seinen eigenen Meinungswandel ein:

> »Mit 18 hätte ich mir gewünscht, die Bundeswehr wäre so intolerant wie die venezolanische Armee und schickte schwule Wehrpflichtige nach Hause. Dafür hätte ich mich sogar geoutet. Aber es gibt eben auch Schwule, die Soldaten werden wollen. Und so ganz verstehen kann ich nicht, warum sie das nicht dürfen sollen. Vielleicht stellen sich manche Generäle kreischende Tunten vor, die auf dem Schlachtfeld mit Wattebällchen nach den Panzern werfen. Was weiß ich. Und die Bundeswehr ist ja nun nicht gerade als progressiver Teil der Gesellschaft bekannt.«[278]

Über Oberleutnant Erich Schmid und Oberleutnant Winfried Stecher sprechen Zeitzeugen noch heute voller Hochachtung. »Das waren die ersten jungen Offiziere, die ihren Kopf aus der Deckung hoben«.[279] Dabei sollte stets im Kopf behalten werden, dass der damalige Leutnant Stecher zwangsgeoutet wurde und sich dadurch gezwungen sah, in den juristischen und medialen Kampf zu ziehen – dies dann aber mit aller Entschlossenheit.

f) Druck aus der Politik

Immer wieder versuchten Bundestagsabgeordnete, mit direkten Anfragen an das BMVg oder über den Umweg über den Wehrbeauftragten eine Änderung der Position zu erreichen oder aber zumindest den Druck auf das Ministerium aufrechtzuhalten. Und selbst wenn beide Ziele verfehlt wurden, so zwangen die Anfragen aus dem Bundestag die Offiziere und Beamten auf der Hardthöhe doch, sich immer wieder mit dem Thema zu befassen. Jede Anfrage brachte die Bürokratie in Bewegung, Antwortentwürfe wurden verfasst, andere Referate im Mitzeichnungsgang beteiligt. Die Zahl der Anfragen aus dem Bundestag und den Parteien war erstaunlich hoch; die Formulierung der Antworten aus dem BMVg fiel weniger erstaunlich aus, sie klang nahezu immer gleich. Es ist daher müßig, die sich beinahe wörtlich wiederholenden Antworten der Hardthöhe hier wiederzugeben. Von Interesse und Relevanz sind aber die Namen derer, die sich früh für die Rechte homosexueller Soldaten eingesetzt haben oder zumindest das BMVg nach dessen Umgang mit homosexuellen Soldaten fragten: Herta Däubler-Gmelin (SPD) 1978,[280] Helga Schuchardt (FDP) 1981,[281] Wolfgang Ehmke (Die Grünen) 1984,[282] Andreas von Bülow (SPD) 1985,[283] Herbert Rusche (Die Grünen) 1986,[284] Jutta Oesterle-Schwerin (Die Grünen)

---

278 Schwule bei der Bundeswehr.
279 Hier als Beispiel Zeitzeugengespräch mit Oberstleutnant D., Berlin, 12.2.2018.
280 BArch, BW 1/304284: BMVg, Büro Parl. Staatssekretär, 21.12.1978, sowie BMVg, Parl. Staatssekretär an MdB Herta Däubler-Gmelin (SPD), 23.2.1979.
281 Dazu bereits ausführlich im Kap. IV.3.
282 BArch, BW 2/31224: Antwort des BMVg auf Frage des Abgeordneten Wolfgang Ehmke in der Fragestunde des Bundestages am 18./19.1.1984, auch in BW 1/546375.
283 BArch, BW 2/31225: Andreas von Bülow, MdB, an BMVg, StS Würzbach, 28.5.1985.
284 BArch, BW 2/31224: Antwort der Bundesregierung vom 16.12.1986 auf die kleine Anfrage des Abgeordneten Herbert Rusche und der Fraktion die Grünen, Drucksache 10/6333.

1988,[285] Vera Wollenberger (damals Bündnis 90/Die Grünen) 1993,[286] Wolf-Michael Catenhusen (SPD) 1995,[287] Günther Nolting (FDP, mit einer Frage zur Ablösung eines Oberleutnants als Panzergrenadierzugführer 1997[288]), Peter Zumkley (SPD) 1998,[289] Gabriele Iwersen (SPD, 1999 in der Angelegenheit des Oberleutnants Stecher, der in ihrem ostfriesischen Wahlkreis stationiert war[290]), Hildebrecht Braun (FDP, der 1999 ebenfalls für den zwangsversetzten Oberleutnant Partei ergriff[291]), Volker Beck (Bündnis 90/Die Grünen) u.a. 1999[292] sowie Christina Schenk (PDS) ebenfalls 1999.[293] Ruprecht Polenz (CDU) sorgte sich als direkt gewählter Münsteraner Abgeordneter 1995 um etwaige aus der unterschiedlichen Praxis im Umgang mit Homosexuellen entstehenden Probleme im dortigen deutsch-niederländischen Korpsstab.[294] Der Bundestagsabgeordnete Heinrich Graf von Einsiedel (PDS) stellte 1997 eine Kleine Anfrage zu »Gewalt gegen Schwule und Diskriminierung von Schwulen in der Bundeswehr«.[295]

Politische Unterstützung erhielten schwule Soldaten und lesbische Soldatinnen im Besonderen von der FDP. Deren Jugendorganisation brachte schon 1993 einen Antrag für den Bundesparteitag der Liberalen ein:

»Homosexuelle Menschen erfahren auch heute noch in vielen Lebensbereichen Diskriminierung. In der Bundeswehr ist diese Diskriminierung besonders ausgeprägt. Während schwule Männer wie andere ihren Wehrdienst ableisten müssen, ist Zeit- und Berufssoldaten sowie Reservisten der Aufstieg in der Bundeswehr dann verwehrt, wenn ihre Homosexualität öffentlich wird. Ohne Prüfung des Einzelfalls und auch ohne das Vorkommen sexueller Handlungen im Dienst wird homosexuellen Soldaten in der Bundeswehr die Vorgesetzten-Eignung abgesprochen [...] Die F.D.P. fordert die Bundestagsfraktion auf, beim Bundesverteidigungsministerium eine Änderung der internen Dienstvorschriften zu erwirken. Darüber hinaus fordert die F.D.P. eine klarstellende

---

285 BArch, BW 2/31224: Jutta Oesterle-Schwerin, MdB, an den Wehrbeauftragten des Bundestages, 28.6.1988; diesbezüglich Wehrbeauftragter des Bundestages an GenInsp, 15.7.1988; BMVg, FüS I 4, 11.10.1988, Antwortentwurf für den GenInsp auf die Anfrage des Wehrbeauftragten (auch in BW 2/32553), ebd., Zuarbeit BMVg, P II 1 an FüS I 4, 9.8.1988; außerdem BW 2/31224: Große Anfrage zu Rechten Homosexueller auf informationelle Selbstbestimmung, Bundestagsdrucksache 11/2586, ebenfalls aus dem Jahr 1988.
286 BArch, BW 2/32553: BMVg, Parlaments- und Kabinettsreferat, 15.2.1993.
287 BArch, BW 2/38355: Wolf-Michael Catenhusen an Verteidigungsminister Volker Rühe, 13.9.1995
288 BArch, BW 2/38358: Günther Nolting, MdB, an BMVg, 28.2.1997. Zur Ablösung des Oberleutnants als Zugführer und dessen Versetzung in einen Stab bereits zuvor ausführlich.
289 Im Juni 1998 im Gespräch mit Generalleutnant Olboeter. BArch, BW 2/38358: BMVg, StAL FüS I, 11.8.1998.
290 BArch, BW 2/38357: Gabriele Iwersen, MdB, Vermerk vom 26.1.1999.
291 Ebd., Hildebrecht Braun, MdB, an Vorsitzenden Verteidigungsausschuss, 23.6.1999.
292 Beispielsweise ebd., Volker Beck, MdB, an Verteidigungsminister Scharping, 2.6.1999.
293 BArch, BW 2/38358: Christina Schenk, MdB und Fraktion der PDS, Kleine Anfrage an Bundesregierung, 1.10.1999 (handschriftlich korrigiert auf 5.10.1999), Bundestagsdrucksache 14/1750. Die Abgeordnete Schenk hatte bereits im Juni 1999 einen Fragenkatalog an das BMVg gerichtet. BArch, BW 2/38357: Christina Schenk, MdB, 8.6.1999.
294 BArch, BW 2/38353: Ruprecht Polenz, MdB, an Verteidigungsminister Volker Rühe, 29.11.1995. Zur Problematik des D/NL-Korps in Kapitel VII.
295 BArch, BW 2/38358: Deutscher Bundestag, 13. Wahlperiode, Kleine Anfrage des Abgeordneten Heinrich Graf von Einsiedel und der Gruppe der PDS, Drucksache 13/8676, siehe auch <http://dipbt.bundestag.de/doc/btd/13/089/1308950.pdf> (letzter Zugriff 16.5.2019).

Ergänzung des [§] 3 des Soldatengesetzes. In den Katalog der Diskriminierungsverbote soll explizit die ›sexuelle Orientierung‹ aufgenommen werden.«[296]
Der Antrag wurde im Einvernehmen mit dem Antragsteller in den Bundesfachausschuss Friedens- und Sicherheitspolitik »zu einer ausführlichen Beratung« überwiesen. Neun Monate später, im März 1994, wurde zwar kein Kind in Form eines Beschlusses geboren, aber immerhin das Thema im Fachausschuss behandelt. Das BMVg vermerkte, es handele sich um die »geschäftsmäßige Nachbereitung des Bundesparteitags«.[297] Das sollte wohl unausgesprochen heißen: kein Grund zur Aufregung, das Thema werde im Ausschuss beerdigt.

Die Jungen Liberalen blieben am Thema dran. 1997 forderte die FDP-Jugend plakativ: »Jetzt Berufsverbote für Schwule in der Bundeswehr stoppen!«[298] Anders als noch 1993/94 griffen nun auch die Bundespartei und die Bundestagsfraktion der FDP die Forderungen der Parteijugend auf. Die Arbeitsgruppe Sicherheitspolitik der Bundestagsfraktion befasste sich im Juli 1997 unter Tagesordnungspunkt 1 mit den Laufbahnnachteilen von homosexuellen Soldaten und richtete vorab 16 Fragen an das BMVg.[299] Die Liberalen verfolgten die Sache weiter und brachten im Oktober 1999 einen Antrag in den Bundestag ein: »Der Deutsche Bundestag fordert die Bundesregierung auf sicherzustellen, dass im Geschäftsbereich des Bundesministeriums der Verteidigung Soldatinnen und Soldaten nicht wegen ihrer sexuellen Orientierung diskriminiert werden.«[300]

10. Stille Toleranz?

Im Vorfeld einer angesichts mehrerer Klagen von Betroffenen im BMVg anberaumten Besprechung im Januar 2000 fasste ein Referat der Personalabteilung die damalige Vorschriftenlage und deren Praxis kurz zusammen. Seit dem Jahr 1984 hatte sich nichts geändert: »Trotz Wandels der gesellschaftlichen Anschauungen zur Homosexualität [...] stellen die mit einer gleichgeschlechtlichen Veranlagung von Soldaten verbundenen *Verwendungseinschränkungen* nach wie vor einen grundsätzlichen *Eignungsmangel* dar. Dies gilt für männliche wie weibliche Soldaten«.[301] Hier wurde erstmals im BMVg der Umgang mit lesbischen Soldatinnen zu Papier gebracht.

---

[296] BArch, BW 2/38355: Bundesvorstand Junge Liberale, Antrag Nr. 16 für den Bundesparteitag der FDP, Münster, 11.–13.6.1993.
[297] Ebd., BMVg, Parlaments- und Kabinettreferat, 22.2.1994, dabei Entwurf Tagesordnung für die Sitzung des Bundesfachausschuss Friedens und Sicherheitspolitik am 11./12.3.1994.
[298] Junge Liberale, 17.8.1998, Kopie in den Akten des BMVg in BArch, BW 2/38358.
[299] BArch, BW 2/38358: Fax Günter Nolting, MdB, an BMVg, 17.6.1997, in Vorbereitung Sitzung Arbeitsgruppe Sicherheitspolitik der FDP-Bundestagsfraktion am 23.6.1997. Die FDP fragte auch nach der Praxis in den anderen NATO-Streitkräften und löste damit eine Abfrage an die Militärattachés aus. Dazu ausführlich in Kap. VII.
[300] Deutscher Bundestag, 14. Wahlperiode, Drucksache 14/1870, Antrag der Abgeordneten Hildebrecht Braun (Augsburg), Günter Nolting, Jörg van Essen, weiterer Abgeordneter und der Fraktion der FDP: Bekämpfung jeder Art von Diskriminierung in der Bundeswehr, 27.10.1999, <http://dipbt.bundestag.de/doc/btd/14/018/1401870.pdf> (letzter Zugriff 16.5.2019). Dazu ausführlich im Kap. VI dieser Studie.
[301] Hier und im Folgenden: BArch, BW 1/502107, o. Pag.: BMVg, PSZ III 1, 5.1.2000 (Hervorhebungen im Original).

Für sie galten die gleichen Restriktionen wie für ihre männlichen Kameraden: Diese wurden nicht als Führer und Ausbilder in der Truppe eingesetzt (konkret benannt wurden die Dienstposten Zugführer, Kompaniechef und Bataillonskommandeur), ebenso nicht in »bestimmte[n] herausgehobene[n] *Truppenverwendungen mit besonderem Aufgabenbereich*« wie Kompaniefeldwebel (der »Spieß«) oder in Verwendungen, die ein »besonders enges Vertrauensverhältnis« erforderten, wie beispielsweise als Truppenarzt. »In Unkenntnis ihrer gleichgeschlechtlichen Veranlagung auf solchen ›kritischen‹ Dienstposten verwendete Soldaten werden nach Bekanntwerden dieses Umstandes *wegversetzt*.« Begründung hierfür war wie vor mehr als 25 Jahren die drohende Autoritätsminderung und mithin die

> »*Gefährdung der Einsatzbereitschaft* der Truppe [...] Unwesentlich ist hierbei, wodurch die Veranlagung bekannt geworden ist. Unerheblich ist auch, ob sie im Einzelfall von Untergebenen akzeptiert wird. Auf dauerhafte *Akzeptanz* ist regelmäßig – insbesondere im Einsatz – aus Gründen des Personalaustausches und deshalb kein Verlass, weil ein an sich unverfängliches Verhalten des homosexuellen Vorgesetzten missdeutet werden kann, ohne dass er dies beeinflussen könnte.«

Der frühere Staatssekretär Peter Wichert meinte rückblickend, dass die damalige Wehrpflichtarmee »die Dinge etwas erschwerte«. Unter den Soldaten habe es nicht nur Abiturienten oder großstädtisch geprägte tolerante Menschen gegeben, sondern eben auch »Männer vom Land«, die gesellschaftlich konservativ geprägt waren und weit weniger tolerant und weltoffen als andere. Es galt, Unfrieden oder gar Unruhe in der Truppe zu vermeiden.[302] Wichert betonte gegenüber dem Verfasser: »Anders als heute bei der intensiven Prüfung von Bewerbern konnte die Bundeswehr bei der sehr pauschalen Musterung Fremdenfeindlichkeit, Rassismus, Homophobie u.ä. nicht erkennen.« Die Gefahr von Fehlverhalten gegenüber homosexuellen Soldaten sei groß gewesen, weitaus größer als heute. »Stärker als jede andere Institution hätte die Bundeswehr dann in der öffentlichen Kritik gestanden«, so Wichert.[303] Ziel der militärischen Führung sei es stets gewesen, die Institution Bundeswehr vor Schaden zu bewahren.[304]

Viele Interviews mit heute pensionierten schwulen Soldaten aller Dienstgradgruppen bestätigen, dass die Toleranz in der Truppe zumindest in den 1990er Jahren oftmals viel größer war, als dies die Vorschriften eigentlich zuließen. Ein als schwul erkannter Offizier oder Feldwebel konnte eigentlich nicht in Vorgesetztenfunktion bleiben. In der Praxis jedoch gab es nicht wenige, deren Homosexualität in der Kaserne ein offenes Geheimnis war und die weiter als Vorgesetzte ihren Dienst leisteten. Das sieht rückblickend auch Peter Wichert so: Die Realität habe sich deutlich von den Forderungen in den Vorschriften (»Regelungsmaxime«) unterschieden. Die »Handlungsmaxime« in der Truppe sei davon abgewichen. Es habe die Praxis der »stillen Toleranz« gegeben.[305] Wichert reklamiert mit seinem Hinweis auf die Handlungsmaxime diese Toleranz auch für den Dienstherrn. Ein Schriftwechsel aus dem Jahr 1995 untermauert seine Sicht: Die Bundeswehr müsse »das in unserer

---

[302] Zeitzeugengespräch mit Staatssekretär a.D. Peter Wichert, Bad Münstereifel, 10.4.2019.
[303] E-Mail Staatssekretär a.D. Peter Wichert an den Verfasser, 26.4.2019.
[304] Zeitzeugengespräch mit Staatssekretär a.D. Peter Wichert, Bad Münstereifel, 10.4.2019.
[305] Ebd.

Verfassung verankerte Recht des einzelnen Bürgers beachten, seine Persönlichkeit im Rahmen unserer Rechtsordnung zu entfalten«.[306] Dies gelte »selbstverständlich auch für den Soldaten, sofern nicht der Dienstbetrieb und die Einsatzbereitschaft der Streitkräfte beeinträchtigt werden«.[307] Diese klaren Worte fanden sich in der Antwort des Ministeriums an Herrn S. aus der Umgebung von Hannover. (Heute würde man ihn wohl mit leicht ironischem Unterton als einen »besorgten Bürger« bezeichnen.) 1995 galt dessen »Sorge« dem Umgang der Bundeswehr mit Homosexualität:

> »Seit einigen Monaten erlebe ich, wie in meinem Bekanntenkreis ein Hauptmann der Bw mit einem anderen Mann in gleichgeschlechtlicher Beziehung zusammenlebt. Dies geschieht unter völliger Trennung beider Lebensbereiche, also beruflich und privat. Was mich, Jahrgang 1950 und etwas altmodisch erzogen, daran irritiert, ist die Tatsache, dass ein deutscher Offizier, der doch sicherlich Befehlsgewalt über viele ihm unterstellte Soldaten hat, solch einen Lebenswandel hat.«[308]

Das zuständige Referat FüS I 4 dankte für das Schreiben und kam dem Herrn zunächst entgegen: Auch wenn sich die Einstellung der Gesellschaft zur Homosexualität in den letzten Jahrzehnten gewandelt habe, so stehe er in der Ablehnung des »geschilderten Verhaltens sicher nicht allein«. Diese Haltung müsse die Bundeswehr in ihrem Umgang mit homosexuellen Soldaten »natürlich bedenken«. Dann drehte sich die Argumentation. Es folgte der zitierte Hinweis auf das in der Verfassung verankerte Recht auf freie Entfaltung der Persönlichkeit. Daraus zog der Referent den eindeutigen Schluss, »solange das Verhalten dieses Offiziers also keine Auswirkungen auf den Dienst« habe, unterliege es »auch keiner dienstlichen Bewertung«.[309] Solange das Private privat blieb und nicht in den Dienst übergriff, sah das BMVg keinen Handlungsbedarf. Wichert: Nur wenn jemand »aktivistisch« wurde, also seine eigene Homosexualität stellvertretend für die Rechte aller Homosexueller demonstrativ gegen die Personalführung ins Feld führte oder gar an die Öffentlichkeit ging, sei der Dienstherr aktiv geworden. Dann entschieden Personalamt und ggf. Ministerium strikt entlang der »Regelungsmaxime: »Wir konnten es nicht zulassen, dass die Regeln für jeden offensichtlich verletzt wurden«.[310]

Die Frage der Sagbarkeit war (und ist) der entscheidende Gradmesser der Akzeptanz in der Gesellschaft – und auch in den Streitkräften. Sich zur eigenen Homosexualität offen zu bekennen war der große Schritt, der dann in der Regel die Vorschriften greifen ließ. Wer sich outete, der wurde für die Personalführung zum sprichwörtlichen roten Tuch. Solange homosexuelle Offiziere oder Unteroffiziere einfach ihr Leben lebten, ohne dies an die sprichwörtliche »große Glocke« zu hängen, konnten sie erstaunlich ungehindert ihren Weg in der Armee gehen und Karriere bis in höchste Verwendungen machen.

Die Karriere hatte ihren Preis: Der Druck, sich im Dienst verstecken und verstellen zu müssen, endete nicht bei Dienstschluss und auch nicht am Kasernentor. Vielmehr reichte der Druck tief ins Privatleben, ins Familienleben hinein. Wer selbst im zwang-

306 BArch, BW 2/38355: BMVg, FüS I 4, an Wolfgang S., 24.10.1995.
307 Ebd.
308 Ebd., Wolfgang S. an BMVg, 11.10.1995.
309 Ebd., BMVg, FüS I 4, an Wolfgang S., 24.10.1995
310 Zeitzeugengespräch mit Staatssekretär a.D. Peter Wichert, Bad Münstereifel, 10.4.2019.

losen Kameradenkreis niemals unbefangen von seinem Wochenende oder seinen Urlaubserlebnissen berichten konnte, wer aufpassen musste, seinen Lebenspartner nicht zu erwähnen oder aus »ihm« stets eine »sie« zu machen, der lebte (und diente) ständig unter einer enormen Belastung. Diese Belastung hinterließ oft tiefe Spuren bei den betroffenen Soldaten und machte einige sogar psychisch krank. *Die Zeit* beklagte noch 1999 eindringlich die »psychische Selbstverstümmelung, die die Bundeswehr ihren Soldaten antut«.[311] Schon 1981 hatte die FDP-Bundestagsabgeordnete Helga Schuchardt dem Verteidigungsministerium vorgeworfen, »homosexuelle Soldaten geradezu zur Heuchelei anzustiften«.[312]

Die für eine schwule Zielgruppe gemachte Zeitschrift *Magnus* ließ 1996 unter anderem einen Zeitsoldaten, als Franz vorgestellt, zu Wort kommen. Franz sah »keinen Widerspruch zwischen Schwulsein und Soldatsein«. Er könne Männer nicht verstehen, »die die Bundeswehr nur aufgrund des eigenen Schwulseins ablehnen. Diese Leute scheinen außer ihrer Sexualität keine weiteren Prägungen zu besitzen.«[313]

Viele schwule Soldaten wünschten sich ein offeneres, freieres Leben ohne Heimlichkeiten. Auf der anderen Seite wollte aber bei Weitem nicht jeder homo- oder bisexuelle Mann sein Intimleben öffentlich machen. Viele dieser Männer hatten nicht die Absicht, ihre sexuellen Vorlieben gegenüber ihrer Familie, ihren Freunden oder gar ihrem Arbeitgeber offenzulegen. Sie zogen es vor, ihre Lust diskret oder gar anonym auszuleben. Wenn diese Männer Soldaten waren, kam ihnen die Erwartungshaltung des Dienstherrn, die eigene Homosexualität nicht bekannt werden zu lassen, durchaus entgegen, mehr noch: Die geforderte Diskretion entsprach voll den Lebensentwürfen dieser Männer. Jedefrau und jedermann hat ein selbstverständliches Recht auf Privatsphäre. Dies gilt in besonderem Maße für das Intimleben. Und viele Männer und Frauen lebten und leben nach dem Grundsatz der strikten Trennung von Beruflichem und Privatem. Dem stand aber auf der anderen Seite wiederum der Militärische Abschirmdienst entgegen, für den es die explizite Trennung zwischen Beruflichem und Privatem nicht gab und der sexuelles Verhalten mit Erpressungspotenzial zu den abzuprüfenden Sicherheitsrisiken zählte.

---

[311] »Helden wie wir«.
[312] »Berufliches«: Michael Lindner, S. 176.
[313] Glade, In Reih und Glied! (Das BMVg nahm eine Kopie des Artikels zu den Akten: BArch, BW 2/38355.)

V. Unter Verdacht. Homosexualität als Sicherheitsrisiko

> »Die homosexuelle Veranlagung eines Generals
> wie jedes anderen Soldaten kann zu Sicherheits-
> bedenken führen, wenn sich aus ihr eine Erpress-
> barkeit ergibt. Die homosexuelle Veranlagung
> stellt für sich allein kein Sicherheitsrisiko dar.«[1]

Auch wenn Homosexualität nicht explizit in den Fragebögen zur Sicherheitsüberprüfung abgefragt wurde, so stieß der Dienst bei Recherchen im persönlichen
Umfeld der zu Überprüfenden naturgemäß schnell auf deren sexuelle Neigungen. Von
großem Forschungsinteresse war, wie der MAD mit diesen sensiblen Informationen
umging.

Es liegt in der Natur der Arbeit von Geheimdiensten, sich nicht auf die Finger
oder in die Unterlagen schauen zu lassen. Jeder Geheimdienst hütet die Interna seiner
Arbeit, seine Methoden, seine technischen Möglichkeiten und vor allem seine Quellen
vor allzu neugierigen Blicken. Dies gilt auch für den Militärischen Abschirmdienst
der Bundeswehr. Umso interessanter ist jeder kleine Blick hinter die Kulissen.[2]

1. »Personelle Sicherheitsrisiken«.
Die Richtlinien zur Sicherheitsüberprüfung

Der Dienst unterschied in seinen Bewertungen grundsätzlich zwischen »merkmalsrelevant« und »vorfallsrelevant«. Die homosexuelle Orientierung eines Soldaten
wurde bei dessen Sicherheitsüberprüfung nicht explizit abgefragt. Es gab daher in
den auszufüllenden langen Fragebögen kein Feld, in dem eine etwaige homosexuelle Orientierung anzugeben oder anzukreuzen war. Ehemalige Mitarbeiter des

---

[1]   BArch, BW 2/31224: BMVg, P II 1, Az 16-02-05/2 (C) R 4/84, 13.3.1984, Kopie auch in
      BArch, BW 2/38355.
[2]   Für dieses Kapitel wie für die Studie insgesamt wurde nur auf nicht als Verschlusssachen
      eingestufte Quellen zurückgegriffen. Als VS-NfD eingestufte Dokumente wurden nur nach
      Ablauf der Dreißigjahresfrist berücksichtigt. In seiner umfassenden Geschichte des MAD
      geht Helmut Hammerich auch auf die Sicherheitsüberprüfungen durch den MAD ein,
      aber eher allgemein und mit vielen statistischen Angaben. Die konkrete Durchführung der
      Sicherheitsüberprüfungen, gar unter Berücksichtigung des Merkmals sexuelle Orientierung,
      beleuchtet er nicht. Er erwähnt nur einen entsprechenden Fall aus dem Herbst 1981. Ham-
      merich, »Stets am Feind!«, S. 240–260.

Dienstes betonen, dass gleichgeschlechtliche sexuelle Orientierung kein abzuprü-
fendes Attribut und daher nicht »merkmalsrelevant« war. Nur wenn es strafrechtlich
Relevantes gab, beispielsweise Sex mit Minderjährigen, wurde dem Betroffenen der
erfolgreiche Abschluss der Sicherheitsüberprüfung verweigert. Hier lagen dann »vor-
fallsrelevante« Erkenntnisse vor.[3] So ein relevanter Vorfall betraf 1967 den MAD in
den eigenen Reihen.

Wenn homosexuelle Mitarbeiter des Dienstes ihre gleichgeschlechtlichen Vorlieben
verheimlichen mussten, waren sie in besonderem Maße durch Anbahnungsversuche
des nachrichtendienstlichen Gegners gefährdet. Einer der seltenen in der Presse bekannt gewordenen Fälle war der des Obermaats Walter Gant. Gegen den in der
Mainzer MAD-Gruppe IV dienenden Marineangehörigen wurde 1967 polizeilich
wegen Verstoß gegen den § 175 StGB ermittelt. Einer Vorladung zur Vernehmung
durch die Mainzer Kriminalpolizei entzog sich Gant im Dezember 1967 durch
Flucht in die DDR. Der Obermaat hatte Fahnenflucht begangen, mehr noch: Er gab
seine internen Kenntnisse über den MAD an das Ministerium für Staatssicherheit
der DDR weiter und ließ sich zudem noch auf propagandistische Auftritte im DDR-
Fernsehen ein.[4] Die gewöhnlich gut informierte *FAZ* berichtete im April 1968 über
die Flucht des MAD-Mannes und ließ dabei den Fluchtgrund nicht unerwähnt: die
polizeilichen Ermittlungen wegen § 175 StGB.[5] In der DDR hielt es Gant aber nicht
lange aus. 1973 stellte er drei Ausreiseanträge zur Rückkehr in die Bundesrepublik.
Nach deren Ablehnung nutzte Gant seine Anstellung bei der Handelsmarine der
DDR, ging in Dänemark von Bord und zurück nach Westdeutschland. Dort erwartete ihn die Mainzer Kriminalpolizei. Gant wurde wegen »schwerer Unzucht mit
Männern« und Fahnenflucht zu drei Jahren Haft verurteilt.[6]

a) »Der homosexuelle Staatsfeind«?

Sicherheitsrelevante Vorkommnisse im Nachrichtendienst seien sehr komplex, meist
kein einzelnes isoliertes Tatmotiv, sondern ein »Motivbündel«.[7] Doch spielten hierbei »sexuelle Perversionen schwerpunktartig eine bevorzugte Rolle«, so die Aussage
auf Basis »unserer Erfahrung im Nachrichtendienst« und nach Auswertung von etwa
200 sicherheitsrelevanten Vorgängen. Noch vor »Exhibitionismus – Pornografie«,
»Hypersexualität – Unzucht mit Minderjährigen« und »Sodomie« sei Homosexualität
eine »höchst entscheidende Sicherheitsgefährdung«. Auch wenn es keine ausreichend
belastbaren Untersuchungen über einen Zusammenhang zwischen Homosexualität
und Kriminalität gebe, ging ein 1966 zu »sexuellen Perversionen als sicherheitsgefähr-

---

3   Telefonisches Zeitzeugengespräch mit Oberfeldwebel a.D. S., 27.3.2017. Dieser war über
    zehn Jahr bis 1990 im MAD tätig, auch als Befrager und Auswerter bei laufenden Sicher-
    heitsüberprüfungen.
4   BArch (MAD-Archiv), BW 31/1203: Abschlussbericht Obermaat Gant, 9.7.1974. Dank an
    Oberstleutnant Dr. Helmut Hammerich, ZMSBw, für den Hinweis. Zu Gant ausführlich:
    Hammerich, »Stets am Feind!«, S. 352–354.
5   »Der Fluchtgrund des MAD-Manns«.
6   BArch (MAD-Archiv), BW 31/1203: Abschlussbericht Obermaat Gant, 9.7.1974.
7   BArch, BW 24/3736: Sexuelle Perversionen als sicherheitsgefährdende Faktoren. In: BMVg,
    InSan: Beurteilung der Wehrdiensttauglichkeit und Dienstfähigkeit Homosexueller, 1966,
    S. 78–81, hier S. 78 f.

dende Faktoren« im BMVg Vortragender von einer »positiven Korrelation zwischen Homosexualität und Kriminalität« aus. Zudem »neigen wir zu der Ansicht, dass die Homosexualität überwiegend mit anderen wenig angepassten Verhaltensweisen einher geht«.[8] »Wir«, das waren hier der Referent sowie die Psychologen im Dienste eines nicht genannten Nachrichtendienstes. Sicherheitsrelevant sei konkret die fälschlich als Erpressung bezeichnete Nötigung der Homosexuellen. Basis der Nötigung seien die Ächtung, das Schamgefühl und die Furcht vor möglicher Bestrafung. Gegnerische Nachrichtendienste würden derlei Faktoren »rücksichtslos« ausnutzen. Zudem neige »der Homosexuelle [...] zu Unaufrichtigkeit, Aggression gegenüber Andersgearteten [und] Hassgefühle[n]«.[9] Seine Kaskade von Vorurteilen fortsetzend, berichtete einer der Psychologen, bei Homosexuellen sei »der Hang zur pervertierten Neigung« stärker als »das Verantwortungsgefühl gegenüber staatsethischer Verpflichtung«. Der in Gefahr einer Nötigung stehende Personenkreis umfasse nicht nur den Homosexuellen, sondern auch dessen Familienangehörige. Der entscheidende Schritt zur Absicherung sei das Erkennen der »Gefährdungspunkte«[10] – unausgesprochen also der homosexuellen Veranlagung einer Person in sicherheitsrelevanter Tätigkeit. Der hier auf einer Arbeitstagung im BMVg 1966 referierende Geheimdienst-Psychologe stand sicher nicht allein mit seiner Einschätzung. In die gleiche Richtung, wenn auch deutlich weniger drastisch, argumentierte ein Psychiater der Bundeswehr 1969 – und dies nicht hinter verschlossenen Türen, sondern in einer Fachzeitschrift: Homosexuelle Verhaltensweisen von Soldaten böten »Agenten anderer Mächte Gelegenheit, sie zum Verrat zu nötigen, dadurch dass sie ihnen drohten, ihre homosexuellen Betätigungen bekannt zu machen«.[11] Besagter Psychiater, Oberfeldarzt Dr. Brickenstein, führte aus: »Zu Verrätern werden Homosexuelle also nicht, weil sie von Haus aus asozial oder kriminell sind, sondern weil diese oft selbstunsicheren und ängstlichen Männer bei der Wahl zwischen Schande und Strafe oder Verrat sich eher für diesen entscheiden.«[12] Brickenstein klang deutlich milder und verständnisvoller als sein Kollege aus dem Geheimdienst drei Jahre zuvor. Wie auch immer, die empfohlene Konsequenz war die gleiche: Homosexuelle seien als Vorgesetzte und insbesondere für den Umgang mit vertraulichen Dokumenten ungeeignet, da stets der Gefahr der Erpressung und des Verrats ausgesetzt. Dies war ein altbekanntes Stereotyp in nahezu allen Staaten und zu allen Zeiten, das immer wieder aufgefrischt wurde.[13] Geheimdienste hegten ein tiefes Misstrauen gegen den »homosexuellen Staatsfeind«.[14]

Der sich in den frühen 1950er Jahren als »Kommunistenjäger« inszenierende US-Senator Joseph McCarthy nahm auch Homosexuelle ins Visier. Für ihn und seine Ermittler »unamerikanischer« Umtriebe in Regierung, Streitkräften und Gesellschaft

8 Ebd.
9 Ebd., S. 80.
10 Ebd.
11 Brickenstein, Probleme der Homosexualität im Wehrdienst, S. 150.
12 Ebd.
13 Dazu in einem weiten historischen Bogen vom Eulenburg-Skandal 1907/08 über Oberst Redl bis hin zu angeblichen »homosexuellen Geheimclubs und Spionagegruppen« im Kalten Krieg ausführlich in Schwartz, Homosexuelle.
14 Hierzu: Nieden, Der homosexuelle Staatsfeind.

standen homosexuell Orientierte gleich neben angeblichen oder tatsächlichen Linken als Sicherheitsrisiko. Der gleichgeschlechtlichen Orientierung Verdächtige vor allem im Außenministerium waren den Umtrieben McCarthys und seines Chefermittlers Roy Cohn ausgesetzt.[15] Das pikante: Der für sein Amt erstaunlich junge Cohn war selbst homosexuell. Er holte seinen erst 25-jährigen engen Freund G. David Schine, obwohl ohne jede Qualifikation, in sein Büro und somit an die Seite McCarthys. Als Schine zum Wehrdienst einberufen wurde, versuchte Cohn seinen Freund aus der Armee herauszuholen. Er setzte die U.S. Army und deren Spitze kraft seiner Ermittlungen unter Druck. Dies löste die scharfe Konfrontation mit der Army aus, die letztlich zum raschen Niedergang und zum politischen Ende McCarthys führte. Über den Senator und die beiden gutaussehenden jungen Männer an seiner Seite (»all bachelors at the time«) gab es bereits zeitgenössische Gerüchte über deren angebliche Homosexualität.[16] Zumindest für Roy Cohn kann es als gesichert angenommen werden.

b) 1971: »Abnorme Veranlagung auf sexuellem Gebiet«

Das hier kurz angerissene grundsätzliche Problem im Umgang mit der gleichgeschlechtlichen Orientierung war kein MAD-Spezifikum. Die vorgebrachten Bewertungen spiegelten sich in ihrer Konsequenz in den 1971 in Kraft gesetzten Richtlinien für die Sicherheitsüberprüfung von Bundesbediensteten wider. Diese Richtlinien lagen nicht in der Verantwortung des BMVg oder des MAD, sondern unterlagen der Federführung des Bundesinnenministeriums und galten für alle Ressorts der Bundesregierung.

Punkt 7.3. nannte »Sicherheitsrisiken, die in der Person des Bediensteten liegen«, unter anderem:

»a) ernste, geistige und seelische Störungen,
b) abnorme Veranlagung auf sexuellem Gebiet,
c) Trunk- oder Rauschgiftsucht.«[17]

Das Sicherheitsrisiko einer »abnorme[n] Veranlagung auf sexuellem Gebiet« fand für den Geschäftsbereich des BMVg wortgleich Eingang in den Katalog besonderer Sicherheitsrisiken in Anlage C 1 Nr. 3 (hier wiederum als Ziffer b) der ZDv 2/30.

In die aus diesen äußerst knapp gehaltenen Vorgaben erwachsende Praxis der Nachrichtendienste gewährte der damit befasste Regierungsdirektor Arthur Waldmann 1980 auf einer Arbeitstagung des Wehrmedizinischen Beirats beim BMVg einen Einblick. Bei der Prüfung, ob im konkreten Einzelfall ein Sicherheitsrisiko vorliege, lasse sich der jeweilige Bearbeiter von drei Fragen leiten:

---

15   Ausführlich dazu: Marquez, Persecution of Homosexuals in the McCarthy Hearings.
16   »Mr. Cohn, Mr. Schine and Senator McCarthy [...] were snickering suggestions that the three men were homosexuals, and attacks such as that by the playwright Lillian Hellman who called them ›Bonnie, Bonnie and Clyde‹.« Krebs, Roy Cohn.
17   Bundesministerium des Innern: Richtlinien für die Sicherheitsüberprüfung von Bundesbediensteten vom 15.1.1971, Punkt 7, als Kopie in BArch, BW 1/378197: BMVg, Abt. KS an StS Dr. Rühl, 25.1.1984.

»– Besteht die Möglichkeit eines ›Kompromats‹? (Kompromat besagt: Beweismaterial oder Wissen, deren Freigabe an Dritte geeignet ist, eine Person bloßzustellen)
– Kann ein Abhängigkeitsverhältnis auf homosexueller Basis ausgeschlossen werden?
– Ist bei unbefugter Weitergabe des Wissens über die homosexuelle Veranlagung eine Geringschätzung oder Ächtung in der Gesellschaft, im Dienstbereich oder im Kameradenkreis nicht ausschließbar, auch und obwohl die Veranlagung dem MAD und dem unmittelbaren Vorgesetzten bekannt ist?«[18]

Ein weiterer MAD-Angehöriger, Oberstleutnant Oskar Schröder, ergänzte später, die Anwerbung mittels Kompromaten »setzt die Furcht des Kandidaten vor Enthüllung, Offenbarung und Diskriminierung voraus. Sie [...] schließt im Allgemeinen die Entstehung eines Vertrauensverhältnisses zwischen Führungsoffizier und Agenten aus«.[19] Mehr als eine Fußnote: Der spätere Oberst Schröder und Waldmann waren drei Jahre später entscheidend bei der Auslösung des Wörner-Kießling-Skandals.

Auf dieser Tagung referierte auch der bereits mehrfach zitierte, auf Fälle von Homosexualität spezialisierte Bundeswehrpsychiater Brickenstein aus seiner Erfahrungspraxis. Zum Problem der Erpressbarkeit meinte er, »massive Nötigungen« homosexueller Vorgesetzter seien »nicht allzu selten«, was auch immer das quantitativ heißen mochte. »Schon wegen dieser Erpressbarkeit als Vorgesetzte können sie nicht als Geheimnisträger eingesetzt werden. Darüber habe ich ausgiebige Erfahrungen.«[20] Als Beispiel schilderte Brickenstein den Fall eines Stabsoffiziers: »38 Jahre, in einem sehr hohen Stab, glänzend qualifiziert, verheiratet, 3 Kinder, eröffnet seinem Vorgesetzten, dass er von seinem homosexuellen Freund zu Geldzahlungen mit der Drohung erpresst wird, dass er bei Nichtzahlung seine homosexuelle Betätigung [...] publik machen werde. Dann sei seine Karriere zu Ende.« Der Vorgesetzte habe für die Offenheit gedankt und versichert, er werde keine Nachteile dienstlicher Art befürchten müssen. Aber der Stabsoffizier wurde nicht mehr zu vertraulichen oder geheimen Verhandlungen hinzugezogen, sondern sein Vertreter. Schließlich habe man ihm die Versetzung nahegelegt. Wegen seiner guten Qualifikation sei er bei anderen Dienststellen zunächst »begrüßt« worden, »aber nach einer Rückfrage, warum sich die vorige Dienststelle von diesem Offizier trennen wolle«, stets abgelehnt worden. Der Stabsoffizier sei in eine tiefe Depression geraten. Er musste wegen Dienstunfähigkeit in den Ruhestand versetzt werden – und sei später dem Alkohol verfallen.[21]

»Die Liberalisierung des Sittenstrafrechts darf nicht darüber hinwegtäuschen, dass die Mehrheit der Bevölkerung die homosexuelle Betätigung nach wie vor moralisch missbilligt und der Homosexuelle in Kenntnis dieser Tatsache das Bekanntwerden seiner Neigung scheut«, brachten die Juristen der Abteilung Verwaltung und Recht

---

18 BArch, BW 24/5553: Regierungsdirektor Arthur Waldmann, Sachverständigenreferat aus sicherheitsmäßiger Sicht. In: Sitzung des Ausschusses Gesundheitsvor- und -fürsorge, militärische Untersuchungen des Wehrmedizinischen Beirats beim BMVg, 18.4.1980, auch in BArch, BW 2/31225.
19 Ebd.
20 BArch, BW 24/5553: Oberstarzt Dr. Rudolph Brickenstein, Sachverständigenreferat aus psychiatrischer Sicht. In: Sitzung des Ausschusses »Gesundheitsvor- und -fürsorge, militärische Untersuchungen« des Wehrmedizinischen Beirats beim BMVg, 18.4.1980, auch in BW 2/31225; bereits 1985 zusammenfassend wiedergeben in: Lindner, Homosexuelle in der Institution Bundeswehr, S. 225.
21 BArch, BW 24/5553: Oberstarzt Dr. Rudolph Brickenstein, Sachverständigenreferat.

1970, also ein Jahr nach der Strafrechtsreform, zu Papier. Hier lägen »Ansatzpunkte für eine nachrichtendienstliche Ausspähung der Bundeswehr.«[22]

Zehn Jahre später stellte der MAD fest, durch die Liberalisierung des Strafrechts und auch des Dienstrechts (gemeint waren hier wohl die Einschränkungen in der Anwendung des Disziplinarrechts für homosexuelle Handlungen im Privaten[23]) habe sich die Gefährdung Homosexueller durch Kompromate erheblich verringert. Dennoch lägen »gesicherte nachrichtendienstliche Erkenntnisse« vor, dass »gegnerische Nachrichtendienste Verbindungen zu homosexuell veranlagten Angehörigen der Bundeswehr suchen«. Der Agent sei in aller Regel ebenfalls homosexuell. Sein Ziel sei es, ein »Abhängigkeitsverhältnis auf homosexueller Basis« zu schaffen.[24]

Bislang habe der MAD »in fast allen Fällen« homosexueller Soldaten, die bekannt und überprüft wurden, den Sicherheitsbescheid[25] versagen oder aufheben müssen, stellte Waldmann 1980 fest. Das Bundesverwaltungsgericht stützte diese Praxis:

> »Die Erfüllung des Verteidigungsauftrags ist nur dann gewährleistet, wenn allein solche Soldaten Zugang zu Verschlusssachen haben, bei denen keinerlei Sicherheitsbedenken bestehen. Die dadurch bedingte Überprüfung von Angehörigen der Bundeswehr auf Sicherheitsbedenken ist eine vorbeugende Maßnahme. Sie soll Sicherheitsrisiken ausschließen. Sicherheitsbedenken bestehen immer dann, wenn der betroffene Soldat als potentielles Angriffsobjekt fremder Dienste erscheint.«[26]

Die Konsequenz war der Ausschluss von nahezu allen gehobenen und höheren Dienstposten. Schon 1973 brachte das BMVg im Fall Plein zu Papier: »Ohne den Sicherheitsbescheid der Stufe 1 kann ein Offizier, von Ausnahmen abgesehen, nur beschränkt in dem seinem Dienstgrad entsprechenden Aufgabengebiet eingesetzt werden. Eine derartige Einschränkung der Verwendungsfähigkeit eines Offiziers kann grundsätzlich nicht hingenommen werden.«[27]

Der MAD-Beamte Waldmann räumte 1980 unumwunden ein, die Folgen dieser Maßnahmen seien »beträchtlich«. Für Berufssoldaten und Zeitsoldaten mit mehr als vier Jahren Dienstzeit bedeute dies in der Regel

> »Herauslösung aus seiner bisherigen Dienststelle und damit verbundene Wegversetzung vom bisherigen Dienstort; Ablösung von einem [...] Lehrgang; keine Förderungsmöglichkeiten mehr, da nicht mehr voll verwendungsfähig; Verwendung auf einem nicht sicherheitsempfindlichen Dienstposten, was bedeuten kann, dass ein Oberstleutnant bis zu seiner Pensionierung auf einem A 11 [Hauptmann]-Dienstposten eingesetzt oder dass ein Hauptmann trotz Qualifikation nicht mehr befördert wird«.[28]

---

22 BArch, BW 24/7180: BMVg, VR IV 1, 29.9.1970.
23 Dazu bereits ausführlich in Kap. III.
24 BArch, BW 24/5553: Regierungsdirektor Arthur Waldmann, Sachverständigenreferat aus sicherheitsmäßiger Sicht. In: Sitzung des Ausschusses Gesundheitsvor- und -fürsorge, militärische Untersuchungen des Wehrmedizinischen Beirats beim BMVg, 18.4.1980, auch in BW 2/31225.
25 Ein Sicherheitsbescheid bestätigt das Ergebnis einer Sicherheitsüberprüfung und ist je nach Stufe die Grundlage für den Zugang zu geheimen oder streng geheimen Dokumenten und damit zwingende Voraussetzung für viele wichtige Dienstposten.
26 BVerwG, 2 WB, 60/79: Bundesverwaltungsgericht, 1. Wehrdienstsenat, Urteil vom 12.1.1983, gefunden auf <jurion.de>.
27 BMVg, P II 7, an Verwaltungsgericht Münster, 16.7.1973. Kopie im Besitz des Verfassers
28 BArch, BW 24/5553: Regierungsdirektor Arthur Waldmann, Sachverständigenreferat aus sicherheitsmäßiger Sicht. In: Sitzung des Ausschusses Gesundheitsvor- und -fürsorge, mili-

Die eingangs betonte Einschränkung auf Zeitsoldaten mit mehr als vier Jahren Dienstzeit war wichtig. Für die nicht darunterfallenden kürzer dienenden Soldaten waren die Folgen der Versagung oder Aufhebung des Sicherheitsbescheids noch gravierender. Sie würden nach § 55 Abs. 5 SG entlassen, »wenn die homosexuellen Verhältnisse gleichzeitig ein Dienstvergehen darstellen«. Eine Verlängerung der Dienstzeit sei nicht möglich, da hierfür ein gültiger Sicherheitsbescheid vorliegen müsse.[29]

Kurzum, der MAD-Beamte umriss ein düsteres, nahezu ausweisloses Bild für Homosexuelle im Dienst der Streitkräfte. Damit hatte er die deprimierende Realität und den Druck, unter dem diese Menschen standen, schonungslos benannt. Einen kleinen Lichtblick hatte der Regierungsdirektor aber zu bieten: Wer in einer »gleichsam festen Lebensgemeinschaft« mit seinem Partner lebe und dies »nachweisen« könne, bei dem könnten Sicherheitsbedenken zurückgestellt werden. Voraussetzung dafür seien die Einbeziehung des Partners in die Sicherheitsüberprüfung und deren Abschluss »ohne nachteilige Erkenntnisse«, keine erkennbare Beeinträchtigung des Dienstbereiches und die »Verpflichtung, bei Trennung den neuen Partner dem MAD zu melden«.[30]

Der MAD-Beamte war auch in diesem Punkt erstaunlich kritisch gegenüber dem Agieren seines Dienstes: Die »Problematik« liege in der Vereinbarkeit mit den Artikeln 1 und 2 GG (Die Würde des Menschen und das Recht auf die freie Entfaltung seiner Persönlichkeit). In Anbetracht der »besonderen (Zwangs-) Situation«, in der sich ein Homosexueller in der Bundeswehr befinde, sei es »offen«, ob diese geforderten Angaben »mit unserer Rechtsordnung noch vereinbar« seien. Was auf den ersten Blick überraschend kritisch und verständnisvoll für die Zwangslage der Betroffenen aussah, wendete der MAD-Mann aber sofort gegen diese: Sollten die vom MAD verlangten Angaben als rechtswidrig eingestuft werden, müsste »bei jedem Homosexuellen in der Bundeswehr das [...] festgestellte Sicherheitsrisiko zu nicht zurückstellbaren Sicherheitsbedenken führen«.[31] Das hieß die Versagung oder Aufhebung des Sicherheitsbescheids mit den bereits dargelegten gravierenden Konsequenzen.

Auf eben diese Konsequenzen verwies das BMVg 1979 auf Anfrage der Bundestagsabgeordneten Hertha Däubler-Gmelin. Dem als homosexuell bekannt gewordenen Soldaten werde »in der Regel« der Sicherheitsbescheid entzogen, »weil die Gefahr besteht, dass er durch gegnerische Nachrichtendienste [...] leichter erpressbar ist«. Der Entzug des Sicherheitsbescheids führe zu einer »erheblichen« Einschränkung der Verwendungsbreite.[32]

Es könne offen bleiben, ob ein sich freiwillig zu seiner gleichgeschlechtlichen »Veranlagung« bekennender Soldat als Sicherheitsrisiko anzusehen sei, hielt ein Papier des BMVg im August 1982 fest, und dass »in diesen Fällen die Gefahr der nachrich-

---

tärische Untersuchungen des Wehrmedizinischen Beirats beim BMVg, 18.4.1980, auch in BW 2/31225.
29 Ebd.
30 Ebd.
31 Ebd.
32 BArch, BW 1/304284: BMVg, VR I 1, 15.2.1979, sowie BMVg, Parl. Staatssekretär an MdB Herta Däubler-Gmelin (SPD), 23.2.1979.

tendienstlichen Erpressbarkeit als gering einzuschätzen« sei.[33] Diese Wertung war
ihrer Zeit etwas voraus, sie stammte aus der Personalabteilung und nicht aus der für
derlei Fragen und die Aufsicht über den MAD zuständigen Abteilung Recht. Sie
nahm die Novelle der Richtlinien vorweg. Nach deren noch geltender Fassung stellte
bekanntlich jede »abnorme Veranlagung auf sexuellem Gebiet« ein Sicherheitsrisiko
dar. Die Vorschriften für die Sicherheitsüberprüfung oder vielmehr deren praktische
Anwendung ignorierte somit nach 1969 die Entkriminalisierung der Homosexualität
unter Erwachsenen. »Stutzt da keiner?«, fragten die *Nürnberger Nachrichten* im
Januar 1984 im Zuge des Wörner-Kießling-Skandals. »Hält sich diese Gesellschaft
nicht längst einiges darauf zugute, Homosexualität zwar als ›anders‹, aber doch nicht
mehr als abnorm einzuordnen?«[34] Die Nürnberger Redaktion stellte diese Vorschrift
in den Kontext des Umgangs der Streitkräfte mit Homosexualität und forderte: »Die
Bundeswehr wird das Tabu Homosexualität endlich aufzubrechen haben«.[35] Erst
mit den 1983 überarbeiteten Richtlinien vollzogen die Dienste die strafrechtliche
Entwicklung zumindest teilweise nach – mit 14 Jahren Verspätung.

c) 1988:
»Sexuelles Verhalten, das zu einer Erpressung führen kann«

Die mit Entwurf vom November 1983 überarbeiteten Richtlinien führten unter § 5
Absatz 2 als »personelle Sicherheitsrisiken« unter anderem nach »Straftaten« sowie
»Trunk- oder Drogensucht« auf: »sexuelles Verhalten, das zu einer Erpressung füh-
ren kann«.[36] Die beabsichtigte geänderte Formulierung war mehr als eine Formalie.
Im Ergebnis bedeutete die Neufassung der Richtlinien, dass die offen bekannte
Homosexualität eines Soldaten für den MAD nicht mehr sicherheitsrelevant war.
Anders lagen weiterhin die Fälle, in denen Soldaten oder Beamte ihre homo- oder
bisexuelle Orientierung vor ihrer Familie, ihrer Ehefrau, im Freundeskreis und natürlich in erster Linie vor dem Dienstherrn verheimlichten. Hier sah der MAD die
potenzielle Gefahr einer Kontaktaufnahme und einer Erpressung durch gegnerische
Nachrichtendienste. Unabhängig von der Frage der sexuellen Orientierung ergab
sich ein Erpressungspotenzial in allen Fällen, in denen das nach außen präsentierte
Bild und das dahinterstehende unsichtbare nicht übereinstimmten. Wenn das aufgebaute Image für die berufliche Karriere dann auch noch von Bedeutung oder gar es-
senziell war, wurde die Gefahr, dieses durch Offenlegung entgegenstehender Fakten
zu zerstören, für den Betroffenen durchaus zu einer existenziellen Frage, sprich:
Je stärker das Interesse des Betroffenen, den Schein zu wahren, desto größer seine
Anfälligkeit für Erpressungsversuche.
    Beachtenswert ist der Zeitpunkt der Neufassung der Richtlinien zur Sicherheits-
überprüfung. Eine Quelle gibt als Datum des Entwurfs den 10. November 1983
an, gut zwei Monate nach den ersten Ermittlungen des Düsseldorfer MAD im Fall

---

33 BArch, BW1/304286: BMVg, P II 1, 12.8.1982.
34 Fh, Das Tabu, zit. nach Schwartz, Homosexuelle, S. 302.
35 Ebd, S. 303.
36 BArch, BW 1/378197: Bundesministerium des Innern: Richtlinien für die Sicherheitsüber-
     prüfung bei den Bundesbehörden, Entwurf Stand 10.11.1983.

Kießling in der Kölner Homosexuellenszene.[37] Ob in der auffallenden zeitlichen Nähe auch ein kausaler Zusammenhang bestand oder ob es eine zufällige zeitliche Parallelität mit der ohnehin vorgesehenen Neufassung gab, muss offenbleiben.

In der Öffentlichkeit wurde die 1984 bekannt gewordene, beabsichtigte Neuregelung als Konsequenz (und Lehre) aus dem Wörner-Kießling-Skandal gesehen. Mehr noch: Die mitregierende FDP schrieb sich die Initiative zur Neuregelung auf die eigenen Fahnen. Die Liberalen kündigten im Juli 1984 an, die Sicherheitsrichtlinien würden »auf Initiative der FDP so gefasst werden, dass sie Minderheiten nicht diskriminieren. Vielmehr soll allgemein auf Lebensumstände abgehoben werden, die zur Erpressung führen können. Gegenstand der Beurteilung [...] soll der konkrete Einzelfall sein.«[38] Ob die Initiative zur Neuregelung hinter den Kulissen vom FDP-geführten Justizministerium ausging, konnte nicht geklärt werden. Zuständig war das CSU-geführte Innenministerium. Durch Quellen nachweisbar ist aber, dass die Neufassung vom November 1983 stammte und damit sicher keine Konsequenz aus der öffentlichen Aufregung um den Skandal war. Die FDP hatte es aber geschickt verstanden, diesen Kontext zu vermitteln – und sich damit zu rühmen. Mehr noch: In den heftigen Bundestagsdebatten im Januar 1984 erinnerten die Liberalen den ehemaligen Bundeskanzler Brandt per Zwischenruf daran, dass die nun so heftig kritisierten Sicherheitsrichtlinien 1971 unter seiner Kanzlerschaft in Kraft gesetzt worden seien.[39]

In einer Erläuterung für den zuständigen Staatssekretär Lothar Rühl vom Januar 1984, auf dem Höhepunkt des Skandals um General Kießling, wies das für die Dienstaufsicht über den MAD zuständige Referat explizit auf die Neubewertung hin:

> »Sexuelles Verhalten ist als ›persönliches Sicherheitsrisiko‹ nur noch beachtlich, *wenn es zu einer Erpressung führen kann*. Dieser Gesichtspunkt wird auch bisher berücksichtigt, jedoch dürfte die Neufassung dazu führen, dass bei der Beurteilung z.B. homosexueller Verhaltensweisen in weniger Fällen Sicherheitsbedenken geltend gemacht werden. (Allerdings ist zu bedenken, dass es auch im Bereich heterosexuellen Verhaltens und in Fällen von Sodomie zur Erpressbarkeit kommen kann [...]).«[40]

Das Referat betonte, dass »sexuelles Verhalten, das zu einer Erpressung führen kann«, in der Neuregelung an fünfter Position von insgesamt zehn Merkmalen aufgeführt werde, hingegen bislang die »abnorme Veranlagung auf sexuellem Gebiet« an zweiter von neun Positionen rangierte. Daraus sei zu folgern, »dass die Bedeutung derartiger Verhaltensweise nicht (mehr) als ›überdurchschnittlich‹ anzusehen« sei.[41]

Rühls umfangreichen handschriftlichen Anmerkungen zeigen seine Skepsis gegenüber der Neufassung: Diese könne »für uns«, also das BMVg und dessen nachgeordneten Bereich, »eine Bürde« werden, »die in keinem Verhältnis zu realen Sicherheitsrisiken und zum Aufwand stehen könnte«.[42] Im Grunde sollte die neue

---

37   Ausführlich dazu im Kap. V.3.
38   Cs, FDP setzt sich mit rechtstaatlichen Forderungen durch. In: Die neue Bonner Depesche, Juli 1984, zit. nach Schwartz, Homosexuelle, S. 315.
39   Schwartz, Homosexuelle, S. 317.
40   BArch, BW 1/378197: BMVg Abt. KS an StS Dr. Rühl, 25.1.1984 (Hervorhebung im Original).
41   Ebd.
42   Ebd., handschriftliche Bemerkungen von StS Dr. Rühl in dem Dokument BMVg, Abt. KS, an StS Dr. Rühl, 25.1.1984.

Fassung »nur eine Diskriminierung der homosexuellen Veranlagung beseitigen.«
Der neu formulierte Punkt des »sexuellen Verhaltens, das zu einer Erpressung führen kann«, werde nun auch heterosexuelles Verhalten betreffen. Die Last dieser
Neufassung werde in der Bundesverwaltung ganz überwiegend bei Bundeswehr und
BMVg liegen: »Wir haben rund 700 000 Bedienstete, die in der Masse als sexuell
normal anzusehen sind.«[43] Die »›Erpressbarkeit‹ bei normalem sexuellem Verhalten«
stehe in Zusammenhang mit außerehelichem Verkehr. Staatssekretär Rühl sah hier
eine »Büchse der Pandora« geöffnet und »ein reales Problem im Verhältnis der
Sicherheitsbestimmungen zu dem Wesen und zum Begriff der persönlichen Freiheit
und zum Schutz der Privatsphäre in unserem freiheitlichen Rechtsstaat«.[44] Da hatte
der Staatssekretär zweifelsohne recht. Doch genau dieses von ihm problematisierte
Spannungsverhältnis zwischen den Sicherheitsinteressen auf der einen Seite und der
persönlichen Freiheit und der Privatsphäre auf der anderen war ja der Arbeit von
Geheimdiensten inhärent – und ist es unverändert bis heute. Und eben diesen Eingriff
in Privat- und Intimsphäre mussten homosexuelle Soldaten über sich ergehen lassen.
Mit Blick auf die als »normal sexuell« bezeichneten Heterosexuellen fiel es nun der
Leitung des BMVg wohl erstmals überhaupt als Problem auf. Möglicherweise galt
auch hier die alte Weisheit, persönliche Betroffenheit relativiere bekanntlich Vieles.

Die Neufassungen der Sicherheitsrichtlinien wurden ungeachtet der Vorbe-
halte des Staatssekretärs in Kraft gesetzt, allerdings noch nicht 1984. In einem
Urteil des Bundesverwaltungsgerichts vom April 1985 wurde weiterhin die alte
Fassung der in einer »abnormen Veranlagung auf sexuellem Gebiet« liegenden
Sicherheitsrisiken als geltende Vorschriftenlage genannt.[45] Nach Auskunft des zuständigen Geheimschutzbeauftragten des BMVg verzögerte das vom Bundesverfassungsgericht in der strittigen Frage der Volkszählung im Dezember 1983 gefällte
Grundsatzurteil[46] neben anderen datenschutzrechtlich relevanten Vorschriften auch
die Novellierung der Richtlinien zur Sicherheitsüberprüfung. Deren Inkrafttreten
scheine nun erst nach der Novellierung des Verfassungsschutzgesetzes möglich,
vermerkte der Geheimschutzbeauftragte des BMVg im Oktober 1985.[47] Einem
Papier des Bundesinnenministeriums zufolge traten die neuen Richtlinien zur
Sicherheitsüberprüfung zum 1. Mai 1988 in Kraft.[48] Nach deren § 4 Abs. 2 wurde
ein Sicherheitsrisiko »erst dann« angenommen, wenn »Umstände« vorlagen, die
eine »besondere Gefährdung durch Anbahnungs-/Werbungsversuche fremder
Nachrichtendienste« sowie eine mögliche Erpressbarkeit begründeten.[49] So sah es
auch das die Aufsicht über den MAD führende Referat im BMVg: Der »abstrakte

43 Ebd.
44 Ebd.
45 BArch, BW 2/31224 sowie BW 2/31225, BVerwG, 1. Wehrdienstsenat, Az 1 WB 152/84
    vom 11.4.1985.
46 Bundesverfassungsgericht, Entscheidung vom 15.12.1983, Az. 1 BvR 209, 269, 362, 420, 440,
    484/83.
47 BMVg, Geheimschutzbeauftragter, Org 6, an Hauptmann P., 4.10.1985. Das Schreiben liegt
    dem Verfasser in Kopie vor.
48 BArch, BW 2/31224: Bundesministerium des Innern, Referat O I 4, 6.12.1988, Antwort-
    entwurf auf die Große Anfrage von Frau Oesterle-Schwerin, MdB, Bundestagsdrucksache 11/
    2586, Anlage.
49 BArch, BW 1/546375: BMVg Org 6, 14.11.1991.

Umstand« der Homosexualität reiche »für sich alleine nicht aus, um Sicherheitsbedenken zu erheben«.[50] Wie groß der Ermessensspielraum des MAD war, deutet
eine Formulierung in bundeswehrinternen Zeitschriften 1991 an: »Entscheidend
ist jeweils, dass dies möglich wäre –nicht, ob es tatsächlich so ist. Das gilt auch
für den Sicherheitsbescheid, der bei ›Sicherheitsbedenken‹ herabgestuft oder entzogen werden kann«, konnten alle Soldaten und die an der Bundeswehr interessierte
Öffentlichkeit 1991 in den Truppenzeitschriften *Heer*, *Luftwaffe* und *Blaue Jungs* lesen.[51] »Hierfür haben viele Schwule sogar Verständnis. Aber dann ist in ihren Augen
jemand, der mit Prostituierten verkehrt, genauso ›erpressbar‹ [...] wie jemand, der als
Rechtsextremer oder Trinker bekannt ist.«[52]

Der Erste Wehrdienstsenat des Bundesverwaltungsgerichts bestätigte 1983, dass
es gerechtfertigt sei, bei strafrechtlich relevanter gleichgeschlechtlicher Betätigung
wegen der damit einhergehenden Kompromittierbarkeit die Erteilung des Sicherheitsbescheids zu verweigern. Ob aber schon allein die gleichgeschlechtliche Veranlagung für die Verweigerung ausreiche, ließen die Richter »ausdrücklich« offen.[53]

Alle überlieferten internen Papiere des BMVg wiederholten unisono diese Position, so auch der 1986 erarbeitete Entwurf eines alle Fragen zum Umgang mit
Homosexualität regelnden G1-Hinweises: »Homosexualität gilt bei der Bundeswehr
nicht generell als Sicherheitsrisiko. Nicht eine abnorme Veranlagung auf sexuellem Gebiet, sondern ein sexuelles Verhalten, das zu einer Erpressung führen kann,
wird als Sicherheitsrisiko angesehen. Eine entsprechende Feststellung ist nur nach
Prüfung und Bewertung im Einzelfall zulässig.«[54] Ein drei Monate zuvor vom gleichen Referat verarbeiteter erster Entwurf hatte deutlich ausführlichere Regelungen
vorgesehen:

> »Die Entscheidung, ob in der Person des Soldaten ein militärisches Sicherheitsrisiko liegt,
> ist unter Beachtung und Würdigung spezifisch militärischer Belange durch die dazu be-
> rufenen Dienststellen der Bundeswehr zu treffen [...] Die Entscheidung der zuständigen
> militärischen Stelle darüber, ob ein Soldat ein Sicherheitsrisiko darstellt oder nicht, darf
> allerdings wegen ihrer Auswirkungen auf die Rechte des Betroffenen weder für jenen un-
> zumutbar noch willkürlich sein; sie muss stets auf den Einzelfall abstellen und darf nicht
> die Folge einer unzulässigen Verallgemeinerung sein.«[55]

Ob nun in seiner langen und kurzen Fassung, der geplante G1-Hinweis wurde nie
umgesetzt. Für die Frage der Bewertung eines Sicherheitsrisikos war er aber ohnehin müßig, da hierfür die Regelungen der ZDv 2/30 und der ressorteinheitlichen
Richtlinien für die Sicherheitsüberprüfung maßgeblich waren.

---

50 Ebd.
51 Haubrich, Schwul und beim Bund?!
52 Ebd.
53 Urteil BVerwG, 1. Wehrdienstsenat, vom 12.1.1983; vgl. BArch, BW 1/502107: Gutachten
    Univ.-Prof. Dr. iur. Armin Steinkamm, Universität der Bundeswehr München, 25.1.2000,
    S. 2. Zur Entscheidung des Wehrdienstsenats ausführlich im Folgenden.
54 BArch, BW 2/31225: BMVg, FüS I 4 an Minister über Parlamentarischen Staatssekretär,
    22.10.1986, Anlage; identisch mit BArch, BW 2/31224: BMVg, FüS I 4, Juli 1986. Die For-
    mulierung folgte wörtlich einem Vorschlag des Geheimschutzbeauftragten BMVg. BArch,
    BW 1/378197: BMVg Org – Geheimschutzbeauftragter, 18.6.1986.
55 BArch, BW 2/31224: BMVg, FüS I 4, Juli 1986, wiederum übernommen aus BW 1/378197:
    BMVg Org – Geheimschutzbeauftragter, 18.6.1986.

2. Die Praxis der Sicherheitsüberprüfungen

Einen ungewöhnlichen, weil seltenen Blick hinter die Kulissen der Sicherheitsüberprüfungen durch den MAD verdanken wir der Beschwerde eines Oberleutnants gegen die Nichtzuerkennung des Sicherheitsbescheids 1977. Seine Sicherheitsbescheide der Stufen I und II waren zwei Jahre zuvor aufgehoben worden,
nachdem »im Zuge von Ermittlungen gegen Zivilpersonen bekannt [geworden war],
dass der Antragsteller homosexuelle Beziehungen – auch zu Jugendlichen – unterhalten hatte«.

1977 beantragte der Oberleutnant die Wiedererteilung der Sicherheitsbescheide
beider Stufen I und II, was das Amt für Sicherheit der Bundeswehr (ASBw) jedoch
ablehnte. Hiergegen legte der Antragsteller schriftlich Beschwerde ein, die durch
Bescheid des Stellvertreters des Generalinspekteurs der Bundeswehr zurückgewiesen
wurde. Mit der weiteren Beschwerde machte der Oberleutnant geltend, er werde zu
Unrecht als Sicherheitsrisiko angesehen:

> »Seine homophilen Neigungen seien bekannt, damit entfalle eine Erpressbarkeit. Er unter-
> halte seit zwei Jahren keine homophilen Kontakte mehr und wolle solche auch nicht mehr
> aufnehmen. Er nehme seinen Beruf als Soldat ernst und wolle diesen auch weiter ausüben.
> Eventuellen Erpressungsversuchen könne man dadurch entgegenwirken, dass entsprechen-
> de Anbahnungsversuche umgehend dem zuständigen Vorgesetzten gemeldet würden.«[56]

Auch diese Beschwerde wurde vom BMVg zurückgewiesen, der Antragsteller stelle
»nach wie vor ein Sicherheitsrisiko« dar.

> »Dem Umstand, dass der Antragsteller nach seinem Vorbringen seit zwei Jahren keine
> homosexuellen Kontakte mehr unterhalte, komme keine entscheidende Bedeutung
> zu, weil seine entsprechende Veranlagung weiter bestehe. Dass diese Veranlagung im
> Dienstbereich bekannt sei, mindere zwar die Kompromittierbarkeit des Antragstellers,
> schließe sie jedoch nicht aus.«[57]

Der Oberleutnant beantragte eine Entscheidung des Bundesverwaltungsgerichts.
Diesem Umstand verdankt die Forschung, dass der Vorgang heute wie alle Entscheidungen dieses Gerichts einsehbar ist. Der Antragsteller machte gegenüber dem
Gericht zunächst geltend, es sei »unzutreffend, dass bei ihm eine abnorme Veranlagung auf sexuellem Gebiet vorliege«. Eine solche »Beurteilung durch Nichtfachleute«
könne er nicht hinnehmen. Durch bereits eingeholte Gutachten von Fachärzten
für Neurologie und Psychiatrie der Bundeswehr sei seine Verwendungsfähigkeit als
Offizier bestätigt worden.

> »Er habe seine Veranlagung nie in seinen dienstlichen Bereich gezogen. Sie sei seine
> Privatsache; Belange der Bundeswehr seien nicht berührt worden. Einer nachrichten-
> dienstlichen Anbahnung oder Kompromittierung könne er mit Gelassenheit entgegense-
> hen. Er werde jeden Anbahnungsversuch melden.«[58]

---

[56] Beschwerdebegründung des Antragstellers vom 18.8.1978, zit. in: BVerwG, 2 WB, 60/79:
      Bundesverwaltungsgericht, 1. Wehrdienstsenat, Entscheidung vom 12.1.1983, gefunden auf
      <jurion.de>.
[57] Ablehnungsbescheid des BMVg vom 6.10.1978, zit. in: BVerwG, 2 WB, 60/79:
      Bundesverwaltungsgericht, 1. Wehrdienstsenat, Entscheidung vom 12.1.1983.
[58] BVerwG, 2 WB, 60/79: Bundesverwaltungsgericht, 1. Wehrdienstsenat, Urteil vom 12.1.1983.

Das BMVg entgegnete, der Antragsteller stelle weiterhin ein Sicherheitsrisiko dar:

»Der notwendigerweise durch eine homosexuelle Veranlagung bedingte Mangel an vertrauensvollem und kameradschaftlichem Kontakt führe dazu, dass entsprechend veranlagte Offiziere in der Bundeswehr fernstehende Kreise gedrängt würden. Solchen Offizieren würde von den Kameraden nicht das nötige Vertrauen entgegengebracht. Es würde als unangebracht empfunden werden, wenn diese Offiziere wie alle anderen die Sicherheitsstufen zuerkannt erhielten und ihnen der Zugang zu Verschlusssachen eröffnet würde.«[59]

Die Argumentation des BMVg hieß im Klartext nichts anderes, als dass es selbst offen schwul lebende Soldaten als Sicherheitsrisiko bewertete. Das sonst immer als Argument ins Feld geführte Erpressungsrisiko war nicht relevant. Denn bei offen lebenden Homosexuellen fiel das Erpressungspotenzial weg. Vielmehr erklärte das BMVg vor dem Bundesverwaltungsgericht alle homosexuellen Offiziere zu Außenseitern und als quasi unwürdig, mit anderen, sprich: »normalsexuellen« Soldaten in sicherheitsrelevanten Belangen auf eine Stufe gestellt zu werden. Diese sehr aufschlussreiche Argumentation fand sich in den sonstigen öffentlich zugängigen Quellen nicht.

Das Hin und Her der Argumente durchbrachen die Bundesverwaltungsrichter auf ungewöhnliche Weise. Sie stellten den Fall wieder auf den Boden der Tatsachen und wiesen die Sache an den MAD und das ASBw zurück mit der Maßgabe, den Antragsteller einer erneuten Sicherheitsüberprüfung zu unterziehen, selbstredend ohne ihn darüber vorab zu informieren. MAD-Mitarbeiter ermittelten im homosexuellen Milieu der nahegelegenen Großstadt und wurden fündig: Der Oberleutnant kontaktiere »Strichjungen, die er in einschlägigen Lokalen und anderen Treffs suche«, möglicherweise auch Minderjährige. Durch seine »umfangreichen sexuellen Aktivitäten« (»fast jeden Abend«) sei es wahrscheinlich, dass »den Strichjungen und einem großen Kreis der einschlägigen Szene seine Zugehörigkeit zur Bundeswehr und sein Status als Berufsoffizier bekannt seien«.[60]

Das ASBw entschied aufgrund dieser Feststellungen 1982, dass die Sicherheitsbescheide der Stufen I und II nach wie vor nicht wiedererteilt werden könnten. Das war ein klarer Punktsieg für den MAD, hatte doch der Offizier in seinen Beschwerden und vor dem Bundesverwaltungsgericht mehrfach erklärt, sich seit 1976 aller homosexueller Beziehungen enthalten und alle früheren Kontakte abgebrochen zu haben.

Der Oberleutnant zeigte sich von den MAD-Ermittlungsergebnissen, zumindest scheinbar, unbeeindruckt und versuchte offensiv, die argumentative Deutungshoheit zurückzuerlangen:

»2. Die Darstellung, dass mein Verhalten ein besonderes Sicherheitsrisiko sein soll, muss entschieden verneint werden, da die Einschleusung von Agenten in den homosexuellen Kreis durch den gegnerischen Nachrichtendienst in wesentlich geringerem Umfang durchgeführt wird als die Einschleusung von weiblichen Agenten. Wieso wird vom ASBW und BMVg ein unverheirateter Mann (heterosexuell) [mit häufigem Partnerinnenwechsel] nicht als ein ebenso großes Sicherheitsrisiko eingestuft?

---

59 Schriftliche Erklärung des BMVg vom 15.3.1979, ebd.
60 Entscheid des ASBw vom 16.7.1982, ebd.

3.   Von einer Erpressbarkeit kann ebenfalls nicht die Rede sein, da meine Veranlagung
      bei den zuständigen Bw-Behörden bekannt ist [...]
6.b) [...] Wie rechtfertigt man es, für immer ein Sicherheitsrisiko zu haben, da ich doch
      wohl kaum bis zum Ende meiner Dienstzeit meine homosexuelle Veranlagung ver-
      lieren oder ablegen könnte?«[61]

Dann verwies der Oberleutnant auf die erkannten Homosexuellen drohenden
Nachteile in Karriere- und Verwendungsfragen und verknüpfte dies mit seiner
unabänderlichen homosexuellen Veranlagung und damit mit dem unabänderlichen Fortbestehen eines Sicherheitsrisikos. Er schloss mit Verweis auf die Grund-
gesetzartikel 1 und 3: »7. Durch all dies fühle ich mich diskriminiert. Ich fühle mich
in meiner Würde verletzt (Art. 1 GG) und vermisse die Achtung des Artikels 3 des
Grundgesetzes.«[62]

Derlei überzeugte die höchsten Verwaltungsrichter nicht. Der Antrag sei unbegründet, der Antragsteller habe keinen Anspruch auf Erteilung eines Sicherheitsbescheids. Sie führten zur Begründung aus:

»Die Entscheidung, ob in der Person des Soldaten ein militärisches Sicherheitsrisiko
liegt, ist unter der Beachtung und Würdigung spezifisch militärischer Belange durch die
dazu berufenen Dienststellen der Bundeswehr zu treffen. Ihnen steht dabei wie in allen Eignungsfragen ein gerichtlich nur beschränkt nachprüfbarer Beurteilungsspielraum
zu [...] Es kann im vorliegenden Fall dahinstehen, ob die homosexuelle Veranlagung
des Antragstellers eine abnorme Veranlagung im Sinne des Buchst. b [der ZDv 2/30
Anlage C 1 Nr. 3] ist, und er bereits deshalb als Sicherheitsrisiko betrachtet werden müsste. Der Antragsteller hat jedenfalls nicht bestreiten können, dass er bei seinen wechselnden
sexuellen Kontakten auch solche mit Männern unter 18 Jahren knüpft und dass er sich
dabei nach § 175 Abs. 1 StGB strafbar macht (Buchst. i). Damit wird er erheblich über
das Maß hinaus kompromittierbar, dem ein Mann mit homosexuellen Praktiken ausgesetzt ist, die nicht strafbar sind. Allein die mögliche Bedrohung mit einem Strafverfahren
wegen strafbarer sexueller Verhaltensweisen kann bei labilen Persönlichkeiten oder unter besonders ungünstigen Umständen objektiv gesehen gegnerischen Diensten einen
Anknüpfungspunkt geben. Es ist nicht zu beanstanden, wenn das ASBw und der BMVg
dieses Risiko im Fall des Antragstellers nicht dadurch als ausgeräumt ansehen, dass dieser erklärt hat, er werde entsprechende Versuche gegnerischer Dienste sofort melden.
Denn einmal können solche Kontaktaufnahmen unter Umständen erst dann für den
Antragsteller erkennbar werden, wenn bereits eine Verstrickung eingetreten ist, oder der
Antragsteller kann sich in einer psychischen Verfassung befinden, die ihm das sich jetzt
vorgestellte Verhalten nicht (mehr) erlaubt.«[63]

Abschließend betonten die Bundesrichter, »der Antragsteller wird durch die Verweigerung der Sicherheitsbescheide nicht unzumutbar oder willkürlich betroffen.
Die negative Entscheidung orientiert sich an objektiven Gegebenheiten und stellt
keine gezielte Diskriminierung des Antragstellers und seiner Veranlagung dar.«[64]

---

61   Schriftliche Erklärung des Antragstellers vom 30.8.1982, ebd.
62   Ebd.
63   Ebd.
64   Ebd.

In der erweiterten Sicherheitsüberprüfung (SÜ) der Stufe 3 wurden Referenzpersonen als Auskunftspersonen über den »zu Überprüfenden«, vom MAD intern als
»z.Ü.« abgekürzt, befragt. Ehemaligen MAD-Mitarbeitern zufolge wurden dabei in
Zusammenhang mit den privaten Lebensumständen auch die sexuelle Orientierung
und Neigung routinemäßig abgefragt, immer mit dem Ziel, mögliche »Kompromate«,
also Anknüpfungspunkte für Ansprech- und Erpressungsversuche anderer Nachrichtendienste, zu erkennen. Dies betraf bei Weitem nicht nur Homosexualität, sondern auch Fremdgehen, gemeinsame Besuche mit der Frau im Swingerclub usw. Bei
der einfachen SÜ 1 und der SÜ 2 seien keine Referenzpersonen befragt worden.
Wenn aber im Gespräch des MAD mit dem z.Ü. dessen Homosexualität von diesem
selbst angesprochen oder anderweitig zur Sprache kam, prüfte der MAD wiederum
routinemäßige mögliche »Kompromate« ab. Diese sah der Dienst, wenn der z.Ü.
privat nicht geoutet war. War der Soldat nur im dienstlichen Umgang ungeoutet,
aber in seinem privaten Umfeld offen, habe dies in der Regel dem Dienst genügt, um
ein Erpressungspotenzial auszuschließen, so die damaligen Befrager.

Andere Zeitzeugen bestätigten, dass der MAD sich auch proaktiv über die vermutete Homosexualität von »auffällig« gewordenen Soldaten erkundigte. Wie denn
der MAD Fälle von Homosexualität behandele, fragte ein Kompaniechef im ABC-
Abwehrbataillon 610 in Albersdorf den ihn in einer anderen Angelegenheit aufsu-
chenden MAD-Mitarbeiter. Zu diesem Zeitpunkt in der zweiten Hälfte der 1970er
Jahre war der Hauptmann noch ungeoutet. Offenbar allein auf diese Frage hin sprachen später zwei Mitarbeiter des Dienstes beim S2-Offizier des Albersdorfer Bataillons
vor und fragten nach Informationen über den Hauptmann und dessen Privatleben.[65]
Nachdem die Homosexualität des Hauptmanns dann spätestens 1979 bekannt
geworden war, trat der für Sicherheitsfragen zuständige G2-Stabsoffizier der dem
Bataillon vorgesetzten 6. Panzergrenadierdivision an den Bataillonskommandeur
heran und empfahl die Aberkennung des Sicherheitsbescheids. Der Kommandeur
lehnte dies ab und informierte den betroffenen Hauptmann über das Ansinnen des
G2.[66]

Ein schon zu aktiven Dienstzeiten relativ offen schwuler Stabsfeldwebel erinnerte
sich, ein ebenfalls homosexueller Stabsunteroffizier seiner Kompanie habe sich ihm
gegenüber als (angeblicher) Informant des MAD zu erkennen gegeben und versucht,
ihn über einen vermuteten homosexuellen Hauptmann einer anderen Dienststelle
auszufragen.[67] Ein Einzelfall?

Dass der Gedanke, Homosexuelle seien per se erpressbar, durchaus Substanz hatte,
zeigt eine Rückblende in die nicht allzu ferne Vergangenheit. 1922/23 hatte Magnus
Hirschfeld in seiner Artikelserie zur Geschichte der homosexuellen Bewegung »Von
einst bis jetzt« unter dem Kapitel Erpressung ungeschönt formuliert:

---

[65] Zeitzeugengespräch mit Michael Lindner, Hamburg, am 7. und 14.2.2017, Sachverhalt gegenüber dem Verfasser durch den damaligen S2-Offizier am 20.4.2017 telefonisch bestätigt.
[66] Das Gespräch des G2 mit dem Bataillonskommandeur soll am 25.2.1980 stattgefunden haben. Zeitzeugengespräch mit Michael Lindner, Hamburg, am 7. und 14.2.2017.
[67] Zeitzeugenbefragung S., Freiburg, 21.6.2017. Der angebliche Informant des MAD bestritt
   gegenüber dem Verfasser strikt eine solche Tätigkeit.

»Noch vor einem Menschenalter hatte nahezu jeder Urning [ein Ausdruck Hirschfelds
für homosexuelle Männer] seinen Erpresser. Er gehörte zu ihm wie der Parasit zu dem
Lebewesen, in dem und von dem er lebt. Wie eine leibhaftige Drohung begleitete der
Mitwisser einer schwachen Stunde den Urning durch sein Leben. Es gab wohlhaben-
de Homosexuelle, die in ihrem Jahresetat von vornherein einen beträchtlichen Posten
aufnahmen, der die Bezeichnung ›Erpresserunkosten‹, wenn auch meist unter irgendei-
nem Decknamen, führte. Noch viel bezeichnender ist die Tatsache, dass, als in Berlin
die Kriminalpolizei in verschiedene Abteilungen geteilt wurde, das Erpresserdezernat mit
dem der Homosexuellen zu einer Einheit verschmolzen wurde, eine Verbindung, die bis
zum heutigen Tage fortdauert und sich als höchst praktisch bewährt hat.«[68]
Hirschfeld vergaß nicht die Wurzel dieses Erpresserunwesens zu benennen: die gesellschaftliche Ablehnung der Homosexualität und vor allem deren strafrechtliche
Verfolgung. Hirschfeld zitierte in diesem Zusammenhang den damaligen Leiter des
Erpresser- und Homosexuellendezernats der Berliner Kriminalpolizei: »Was den
Paragraphen [175] von allen anderen unterscheidet, ist vielmehr das, dass er nur für
die Erpresser Wert hat.«[69] In der Bundesrepublik der 1950er und 1960er Jahre war
die Lage unverändert. Ein vor 1945 wegen Homosexualität zur Todesstrafe verurteilter und den Krieg im KZ Neuengamme qualvoll überlebender früherer Polizist
erinnerte sich, sein früherer Liebhaber habe 1946 versucht, ihn zu erpressen. »Es war
ekelhaft [...] Gott sei Dank blieb ich hart.«[70]
Die Verortung Homosexueller als Sicherheitsrisiko entsprach nach zeitgenössischer medialer Wahrnehmung dem Meinungsbild der damaligen breiten Mehrheit
der Bevölkerung. »Wann immer [von] Mord, Totschlag, Erpressung oder Landesverrat
im Zusammenhang mit Homosexualität [...] berichtet wird, sieht sich die Mehrheit
[...] bestätigt«, diagnostizierte *Der Spiegel* 1969.[71]
Der bereits in den biografischen Skizzen wiedergegebene Fall eines Hauptmanns,
dessen Partner durch einen unglücklichen Zufall in die von dem Hauptmann geführte Kompanie versetzt worden war,[72] rief auch den MAD auf den Plan. Beim
Grenzübertritt anlässlich einer Reise nach West-Berlin wurden die beiden Männer
von Grenzkontrolleinheiten der Staatssicherheit der DDR als homosexuell erkannt.
Der Hauptmann meldete den Vorfall dem MAD, um eine Kompromittierung durch
den gegnerischen Nachrichtendienst auszuschließen. Sein Freund war zu diesem
Zeitpunkt noch nicht Soldat, daher sah der Offizier keine Gefahr für seine berufliche Zukunft. Nach späterem Kenntnisstand des Offiziers hatte der MAD nach
Auswertung der Meldung die nunmehr bestehende Beziehung zu einem direkt unterstellten Soldaten an die Division gemeldet – mit den bekannten Folgen.[73] Bereits
im August 1981, drei Tage vor der Verfügung der Division, den Hauptmann sofort
als Kompaniechef abzulösen und ihn vorläufig des Dienstes zu entheben, hatte der
MAD dessen Sicherheitsbescheide der Stufen 1 und 2 aufgehoben. Das damalige

---

[68] Hirschfeld, Von einst bis jetzt, S. 23.
[69] Ebd., S. 29.
[70] Augenzeugenbericht Hans G. in Stümke/Finkler, Rosa Winkel, S. 301–306, hier S. 306
[71] »Homosexualität: Späte Milde«, S. 58.
[72] Siehe Kap. II.4.e).
[73] Ebd.

Amt für Sicherheit in der Bundeswehr begründete dies mit »Sicherheitsbedenken im Sinne der Anlage C 1 zur ZDv 2/30«.[74]

Nach dem Freispruch in zweiter Instanz durch den Ersten Wehrdienstsenat trat der Hauptmann im Juni 1982 wieder seinen Dienst an, nicht mehr in seiner alten Kompanie, sondern im Brigadestab. Es folgte eine Verwendung in der unter anderem für die Planung von Übungen und Manövern zuständigen G3-Abteilung des Divisionsstabes. Hinderlich war, dass ihm weiterhin der Sicherheitsbescheid für den Zugang zu vertraulich oder geheim klassifizierten Unterlagen verwehrt wurde. Der MAD begründete dies mit seiner Homosexualität. Dabei hatte die Panzerbrigade bereits im Juni 1982 beim MAD eine Ergänzungsüberprüfung des Hauptmanns mit dem ausdrücklichen Ziel beantragt, ihm den Sicherheitsbescheid der Stufe 1 wieder zu erteilen. Die niedrigste Stufe 1 berechtigt zum Zugang zu »VS [Verschlusssache]-Vertraulich« klassifizierten Unterlagen und ist für die Arbeit in der G3-Abteilung des Brigadestabs nahezu unumgänglich. Das ASBw wies den Antrag ab; dagegen und zugleich auf die höhere Sicherheitsstufe 2 gerichtete Beschwerden des Hauptmanns wies der dem ASBw vorgesetzte Stellvertreter des Generalinspekteurs der Bundeswehr im Oktober 1983 zurück. In der Zwischenzeit hatte der MAD im April 1983 entschieden, dem Hauptmann die Sicherheitsstufe 1 wieder zu erteilen. Somit richtete sich die weitere Beschwerde des Betroffenen jetzt nur noch auf die höhere Sicherheitsstufe 2. Nachdem das BMVg die weitere Beschwerde im August 1984 zurückgewiesen hatte, stellte der Hauptmann einen Antrag auf Entscheidung des Bundesverwaltungsgerichts.

Er machte geltend, schon 1980 durch seine sofortige Meldung des Zwischenfalls an der Grenze zur DDR Verantwortungsbewusstsein bewiesen zu haben und daher auch künftig kein »›potenzielles Angriffsobjekt gegnerischer Nachrichtendienste‹« zu sein. Durch Vorenthaltung der Sicherheitsstufe 2 werde ein Berufssoldat »praktisch von jeder Förderung ausgeschlossen«; »eine derartig einschneidende Maßnahme« sei in seinem Fall »nicht gerechtfertigt«.[75]

Das BMVg stützte sich im Gegenzug auf die Regelungen der ZDv 2/30 ab. Das Sicherheitsrisiko einer »abnorme[n] Veranlagung auf sexuellem Gebiet« werde als besonderes Sicherheitsrisiko in Anlage C 1 Nr. 3 b) der Vorschrift benannt. Diese Bewertung setzte ausdrücklich »keine krankhafte Störung der Sexualität voraus, vielmehr reiche jegliche homosexuelle Betätigung als ein von den Praktiken und Vorstellungen der Mehrheit abweichendes sexuelles Verhalten aus«.[76] Der Soldat sei »in der Regel wegen der bei Bekanntwerden zu befürchtenden Nachteile« in besonderem Maße daran interessiert, Umstände geheimzuhalten, aus denen eine Kompromittierbarkeit erwachsen könnte.[77] Damit brachten die Juristen des BMVg das große Dilemma homosexueller Soldaten auf den Punkt, freilich ohne auf die Idee zu kommen, eine Änderung der »befürchteten Nachteile« anzuregen und da-

---

74 ASBw, 4.8.1981, zit. in: BArch, BW 2/31224 sowie BW 2/31225: Urteil BVerwG, 1. Wehrdienstsenat, Az 1 WB 152/84 vom 11.4.1985.
75 Begründung des Antragstellers, zit. in: BArch, BW 2/31224: Urteil BVerwG, 1. Wehrdienstsenat, Az 1 WB 152/84 vom 11.4.1985.
76 BArch, BW 2/31224: Antragserwiderung des BMVg.
77 Ebd.

mit das Dilemma aufzulösen. Stattdessen konzentrierten sich die Bonner Juristen auf die Frage, ob in der Sexualität des Antragstellers weiterhin ein Sicherheitsrisiko zu erkennen sei. So drehte sich der Streit der Anwälte um Formulierungen eines extra eingeholten fachärztlichen Gutachtens eines Bundeswehrpsychiaters um des Hauptmanns Sexualität und deren Auslegung. Auch das Argument, der Hauptmann habe durch seine Meldung an den MAD Verantwortungsbewusstsein bewiesen, ließen die Juristen der Hardthöhe nicht gelten: Vielmehr habe dieser gegenüber dem MAD versucht, das homosexuelle Verhältnis zu verbergen und zunächst ein Verwandtschaftsverhältnis angegeben. Der Antragsteller »leugne« auch weiterhin »eine abnorme Veranlagung auf sexuellem Gebiet im Sinne der ZDv 2/30 Anlage C 1 Satz 1 i.V.m. [in Verbindung mit] Nr. 3 b)«.[78] Eine »Risikovergrößerung« sah das BMVg in der weiterhin bestehenden Kenntnis dieser Veranlagung durch DDR-Behörden.

Der Erste Wehrdienstsenat entschied, der Antrag des Hauptmanns sei zulässig, aber nicht begründet. Dem Antragsteller stünde kein »Anspruch« auf Erteilung eines Sicherheitsbescheides zu. Die Richter holten in ihrer Begründung weit aus und führten den grundgesetzlichen Verteidigungsauftrag ins Feld, genau wie in ihren Urteilen in Fällen von Versetzungen oder Nichtweiterverpflichtungen von als homosexuell bekannten Soldaten:

> »Die Erfüllung des Verteidigungsauftrags ist nur dann gewährleistet, wenn allein solche Soldaten Zugang zu Verschlusssachen haben, bei denen keinerlei Sicherheitsbedenken bestehen. Die dadurch bedingte Überprüfung [...] auf Sicherheitsrisiken ist eine vorbeugende Maßnahme [...] Sicherheitsbedenken bestehen immer dann, wenn der betroffene Soldat als potenzielles Angriffsobjekt fremder Dienste erscheint.«[79]

Es könne im vorliegenden Fall »dahinstehen, ob die homosexuelle Veranlagung des Antragsstellers eine abnorme Veranlagung in Sinne des [ZDv 2/30, Anlage C 1 Nr. 3] Buchstaben b) sei und ob er bereits deshalb als Sicherheitsrisiko betrachtet werden müsste«. Wenn MAD und BMVg bei dem Antragsteller ein Sicherheitsrisiko annähmen, sei dies rechtlich nicht zu beanstanden. Es sei auch nicht zu beanstanden, wenn MAD und BMVg das Risiko für einen Soldaten nicht dadurch als ausgeräumt ansehen, dass dieser erklärt, er werde entsprechende Versuche gegnerischer Dienste sofort melden: »Denn solche Kontaktaufnahmen können unter Umständen erst dann für den Antragsteller erkennbar werden, wenn bereits eine Verstrickung eingetreten ist; außerdem kann sich der Antragsteller dann in einer psychologischen Verfassung befinden, die ihm das sich jetzt vorgestellte Verhalten nicht (mehr) erlaubt.«[80]

Die Richter werteten die Verweigerung des Sicherheitsbescheids der Stufe 2 als nicht »rechtsfehlerhaft«, der Soldat wäre dadurch nicht »unzumutbar oder willkürlich betroffen [sic]«. Die Entscheidung orientiere sich an »objektiven Gegebenheiten«, sie sei »keine gezielte Diskriminierung des Antragstellers und seiner Veranlagung«.[81]

78 Ebd.
79 BArch, BW 2/31224: Urteil BVerwG, 1. Wehrdienstsenat, Az 1 WB 152/84 vom 11.4.1985.
80 Ebd. Nahezu wortgleich in einem früheren Urteil des Ersten Wehrdienstsenates vom 12.1.1983, BVerwG, 2 WB, 60/79.
81 BArch, BW 2/31224: Urteil BVerwG, 1. Wehrdienstsenat, Az 1 WB 152/84 vom 11.4.1985.

Die Richter referierten ausführlich ihre Standardbegründungen aus Entscheidungen der Wehrdienstsenate in Disziplinarsachen oder wegen Personalmaßnahmen gegen homosexuelle Soldaten (insbesondere aus dem bereits an anderer Stelle ausführlich analysierten Urteil vom 25. Oktober 1979[82]), um dann klarzustellen, dass die Beurteilung der Frage ob ein Soldat durch außerdienstliche homosexuelle Betätigung ein Dienstvergehen begehe, von der Frage zu trennen sei, ob ein Sicherheitsrisiko bestehe:

»Die [...] negative Beurteilung der Homosexualität in der Bundeswehr hat sich bis heute kaum geändert. Deshalb wird der gleichgeschlechtlich veranlagte Soldat in der Regel bemüht bleiben, sich nicht zu offenbaren. Denn er muss – wird seine Veranlagung in seiner jeweiligen Verwendung bekannt – mit den in dem Beschluss vom 25. Oktober 1979 näher dargestellten Schwierigkeiten rechnen. Bereits hier beginnt die Gefahr der Erpressung. Nicht nur potenzielle oder wirkliche Sexualpartner, nicht nur untergebene Soldaten, sondern jedermann, der von der Veranlagung weiß, kann – nicht nur für einen besonders labil strukturierten Menschen – zur Gefahr werden. Wenn er sein Wissen preisgibt, sind damit für den Betroffenen in der Regel schwerwiegende, im Einzelfall auch gelegentlich existenzielle Probleme verbunden. Um das abzuwenden, wird der Betroffene nicht selten bereit sein, dafür einen Preis zu zahlen. Diese Erpressbarkeit kann gegnerischen Nachrichtendiensten einen Anknüpfungspunkt geben [...] Der Senat übersieht dabei nicht, dass auch in der Bundeswehr Fälle denkbar sind, in denen diese Erpressbarkeit deshalb wesentlich geringer ist, weil der homosexuelle Soldat sich bewusst und betont zu seiner Veranlagung bekennt.«[83]

Die ausdrückliche Rückkopplung zur im Oktober 1979 im Fall einer Personalmaßnahme gegen einen Leutnant getroffenen Entscheidung ist bemerkenswert. In ihrer damaligen Urteilsbegründung hatten die Richter auf die trotz der Entkriminalisierung der Homosexualität weiterhin in der Bevölkerung und damit auch unter den Soldaten zu findenden großen Vorbehalte abgehoben. Demnach war neben der Haltung des Dienstherrn auch die tatsächliche oder antizipierte Ablehnung der Kameraden ein Grund, die eigene Sexualität zu verstecken. Diese Vorbehalte rechtfertigten Personalmaßnahmen gegen homosexuelle Vorgesetzte und begründeten nun auch die Verweigerung der Sicherheitsbescheide. Der Wehrdienstsenat hat 1985 nichts Anderes niedergeschrieben, als dass es für homosexuelle Vorgesetzte einen kaum durchkreuzbaren Kreislauf der Restriktionen gebe. Mit anderen Worten: Die in der Bundeswehr bei erkannter Homosexualität drohenden vielfältigen Sanktionen und die Vorbehalte und die Ablehnung ihrer Kameraden machten es für Soldaten notwendig, ihre Sexualität zu verstecken oder zu verneinen. Dadurch wurden sie potenziell erpressbar und in der Bewertung des MAD zum Sicherheitsrisiko.

Doch zurück zum konkreten Fall des Hauptmanns: Erst vier Jahre später, 1989, bahnte ihm ein Gutachten der Chefärztin eines Bundeswehrkrankenhauses den Weg zurück zum Sicherheitsbescheid. Im Gutachten wurde betont, offen gelebte Homosexualität berge kein Erpressungspotenzial und daher auch kein Sicherheitsrisiko in sich. Das Gutachten der allgemein als resolut bekannten späteren

---

82 Urteil BVerwG, 1 WB 113/78, vom 25.10.1978, hierzu ausführlich bereits im Kap. IV.2.
83 BArch, BW 2/31224: Urteil BVerwG, 1. Wehrdienstsenat, Az 1 WB 152/84 vom 11.4.1985.

(1994) ersten Generalärztin der Bundeswehr habe den MAD letztlich dazu gebracht, ihm den Zugang zu geheim klassifizierten Unterlagen zu öffnen.[84]

Das Truppendienstgericht Nord in Kiel hatte 1986 über den Antrag eines Hauptmanns zu befinden, die Aberkennung seiner Ermächtigung zum Zugang zu »streng geheimen« Verschlusssachen als rechtwidrig festzustellen. Nach Auffassung des Truppendienstgerichtes war diese Entscheidung des Kommandeurs ermessens-fehlerhaft. Die ungewöhnlich klaren Worte der Richter verdienen es, ausführlich wiedergegeben zu werden:

> »Ein Ermessensfehler ist nämlich dann anzunehmen, wenn eine Maßnahme [...] zu einem gravierenden Verstoß gegen das sich gleichfalls aus der Verfassung ergebende Übermaßverbot führt. In diesem Falle begründet der Kommandeur [...] seine Entscheidung allein damit, dass der Antragsteller homosexuell veranlagt ist. Irgendwelche sonstigen [...] Erkenntnisse, dass damit ein Sicherheitsrisiko gegeben sei, besaß er nicht. Das Gegenteil war der Fall. Der Antragsteller hatte sich zu seiner Veranlagung seinen Vorgesetzten ge-genüber bekannt. Mit dieser Offenbarung hat er erkennbar Ansatzpunkte für eine denk-bare, die Sicherheit der Bundeswehr betreffende Erpressung beseitigt [...] Darüber hinaus führte die Maßnahme, ohne dass hierfür ein sicherheitsbedeutsamer Grund vorlag, auch zu einem erheblichen Eingriff in die Rechtssphäre des Antragstellers. Es ist zwar nicht Aufgabe der Bundeswehr, gesellschaftliche Spannung und gesellschaftliche Entwicklung innerhalb ihres Bereiches auszutragen [...] Dennoch darf dies nicht dazu führen, dass zur Erfüllung des Verteidigungsauftrages, insbesondere wenn kein Sicherheitsrisiko er-kennbar ist, unzumutbare Eingriffe zu dulden sind. Die Herabsetzung der Ermächtigung von ›streng geheim‹ auf ›geheim‹ mit der alleinigen Begründung, der Antragsteller sei ein Homosexueller, ohne dass weitere, die Sicherheit berührende Erkenntnisse vorliegen, stellt einen die Identität eines Menschen und den dienstlichen Werdegang eines Soldaten betreffenden schwerwiegenden Eingriff dar. Es ist daher festzustellen, dass die Maßnahme des Kommandeurs [...] ermessensfehlerhaft war.«[85]

Der Antragsteller war Hauptmann und Berufssoldat und als Bereichsleiter eines Fernmeldesektors in sicherheitsempfindlicher Tätigkeit eingesetzt. Er hatte im Okto-ber 1985 »auf dem Dienstwege«, also über seinen direkt vorgesetzten Regiments-kommandeur, der Personalabteilung des BMVg mitgeteilt, dass er homosexuell veranlagt sei, und angesichts dessen um eine persönliche »Laufbahnprognose« gebe-ten. Im November 1985 beantragte der Regimentskommandeur beim MAD, dem Hauptmann den Sicherheitsbescheid der Stufe II zu entziehen. Zugleich setzte der Kommandeur kraft eigener Entscheidung die Ermächtigung des Hauptmanns von »streng geheim« auf »geheim« herab.[86]

Im Dezember 1985 wurde der Hauptmann in einen höheren Kommandostab am anderen Ende Deutschlands kommandiert und im März 1986 dann auf sei-nen Dienstposten an einer höheren Lehreinrichtung versetzt. Der Hauptmann be-

84   Zeitzeugengespräch mit Oberstleutnant a.D. N., 20.7.2018.
85   BArch, BW 2/31224: Truppendienstgericht Nord, 12. Kammer, Beschluss, Az N 12 BL a 3/86 vom 16.12.1986, Kopie auch in BArch, BW 1/531591.
86   Die Ermächtigung zu »streng geheim« entspricht der Sicherheitsstufe III. Warum der Haupt-mann offenbar nur die Stufe II hatte, aber dennoch für »streng geheim« ermächtigt war, muss an dieser Stelle offenbleiben. Möglicherweise war er im Zuge einer laufenden Sicherheits-überprüfung der Stufe III vorläufig für »streng geheim« ermächtigt.

schwerte sich, konkret »über das diskriminierende Verhalten seiner Vorgesetzten, nachdem diese von seiner homosexuellen Veranlagung erfahren hätten«. Dabei hob der Hauptmann insbesondere auf die im Personalgespräch von seinem Regimentskommandeur gemachten Äußerungen ab:

>»Sexualität sei für ihn von der Natur her dazu bestimmt, die Artenerhaltung zu garan-
>tieren. Insofern gehörten – nicht zuletzt auch vor Gott – Mann und Frau zusammen.
>Alles andere sei maximal eine Kulturerscheinung und damit ›unnatürlich‹. Außerdem
>sei für ihn Sexualität im Allgemeinen und Homosexualität im Besonderen eine reine
>Privatangelegenheit, mit der man nicht an die Öffentlichkeit gehen könne.«[87]

Schließlich habe der Oberst erklärt, eine weitere Verwendung des Antragstellers am Standort halte er für ausgeschlossen, weil die Homosexualität des Antragstellers im Ort bekannt geworden und »Stadtgespräch« sei. Er, der Oberst, »habe ein Regiment zu führen und müsse auf die öffentliche Meinung Rücksicht nehmen«.[88]

Wie eingangs ausführlich zitiert, gab das Kieler Truppendienstgericht dem Antrag tatsächlich statt und befand, dass die Entscheidung des Regimentskommandeurs, die Ermächtigung des Hauptmanns von »streng geheim« auf »geheim« herunterzu-stufen, rechtswidrig war. Dies war aber nur einer von vielen Beschwerdepunkten. Den Antrag, auch die Ablösung vom Dienstposten als Bereichsleiter eines Fern-meldesektors und die anschließende Kommandierung und Versetzung für rechtwid-rig zu erklären, verwies das Gericht zuständigkeitshalber an den Wehrdienstsenat des Bundesverwaltungsgerichts. Die Beschwerde wegen des Antrags des Regiments-kommandeurs an den MAD, den Sicherheitsbescheid Stufe II des Hauptmanns abzuerkennen, erklärte der Wehrdienstsenat für unzulässig. Erst der tatsächliche Entzug des Sicherheitsbescheids könnte »unter Umständen« einen derartigen An-trag begründen. Die gegen die Äußerungen des Regimentskommandeurs im Per-sonalgespräch vorgebrachte Beschwerde erklärten die Richter ebenfalls für unzulässig. Es handelte sich nach Auffassung des Gerichts nicht um eine dienstliche Maßnahme, sondern um eine »in dienstlichem Zusammenhang abgegebene Privatmeinung. Derartige Privatmeinungen können zwar unter dem Gesichtspunkt des § 12 SG [...] Gegenstand einer Kameradenbeschwerde sein. Sie können jedoch nicht im Rahmen eines gerichtlichen Antragsverfahrens angefochten werden.«[89]

Angefangen hatte alles mit einem Gespräch des Hauptmanns mit einem MAD-Offizier im Mai 1985. Dabei sprachen die Offiziere nach Darstellung des Hauptmanns auch über die »sehr unerfreuliche ›Kießling-Affäre‹«. Auf die Frage des Hauptmanns nach des MAD-Mannes Haltung zu Homosexuellen in der Bun-deswehr habe dieser, wiederum nach Darstellung des Hauptmanns, entgegnet: »Solche Leute, insbesondere als Offiziere, sind in einer Männergesellschaft wie der Bundeswehr nicht hinnehmbar.«[90] Er, der Hauptmann, sei »über diese äußerst dis-

---

87 Beschwerde des Hauptmanns an das Luftwaffenführungsdienstkommando vom 8.11.1985,
    zit. in: BArch, BW 2/31224: Truppendienstgericht Nord, 12. Kammer, Beschluss, Az N 12
    BL a 3/86 vom 16.12.1986, Kopie auch in BW 1/531591.
88 Ebd.
89 BArch, BW 2/31224, Truppendienstgericht Nord, 12. Kammer, Beschluss, Az N 12 BL a 3/86
    vom 16.12.1986, Kopie auch in BW 1/531591.
90 Schreiben Hauptmann P. an den Bundesminister der Verteidigung vom 15.5.1985. Kopie im
    Besitz des Verfassers.

kriminierende Haltung Homosexuellen gegenüber sehr erschrocken«. Die Nach-
frage, »ob er denn alle Homosexuellen unisono aus der Bundeswehr entfernen wol-
le, vorausgesetzt er könnte sie ausfindig machen«, habe der MAD-Offizier nach
Darstellung des Hauptmanns mit »ja« beantwortet. Entsetzt und erzürnt über die
Aussagen, entschloss sich der Hauptmann, Verteidigungsminister Wörner direkt zu
schreiben: »Ich frage Sie, ob Sie die Aussage dieses MAD-Hauptmanns bestätigen.«[91]
Im Weiteren berichtete der Hauptmann von den Zwängen, denen sich homosexuelle
Soldaten ausgesetzt sähen, freilich noch ohne sich selbst als homosexuell zu outen:

> »Hinsichtlich der Erpressbarkeit und damit des Sicherheitsrisikos ist es sicherlich interes-
> sant, einmal darüber nachzudenken, warum viele Homosexuelle ihre Veranlagung nicht
> publik machen wollen. In der Regel ist es doch die Angst vor beruflichen und damit
> gesellschaftlichen Sanktionen. Ist es nicht an Ihnen als oberstem Diensherrn hier mit
> gutem Beispiel voran zu gehen und evtl. Diskriminierungen in Ihrem Bereich bereits im
> Keim zu ersticken?«[92]

Anfang Oktober ging die Antwort des Ministeriums beim Hauptmann ein. Ausgiebig
referierte der Geheimschutzbeauftragte die bekannten Positionen des Diensherrn zu
Homosexuellen als Vorgesetzte. Im Kern seines eigenen Kompetenzfeldes teilte der
Geheimschutzbeauftragte mit, die Entscheidung, »ob in der Person des Soldaten
ein militärisches Sicherheitsrisiko liegt, ist unter Beachtung und Würdigung spe-
zifischer militärischer Belange [...] zu treffen«. Den zuständigen Stellen stehe dabei ein »gerichtlich nur beschränkt nachprüfbarer Beurteilungsspielraum« zu. Die
Entscheidung dürfe »wegen ihrer Auswirkungen auf die Rechte des Betroffenen weder für jenen unzumutbar noch willkürlich sein«, sie müsse »stets auf den Einzelfall
abstellen« und dürfe »nicht die Folge einer unzulässigen Verallgemeinerung« sein, referierte der Geheimschutzbeauftragte die vom BMVg und von Verwaltungsgerichten
mehrfach genau so formulierte Position.[93]

»MAD kann Schwulen-Hatz nicht lassen«, so titelte die *taz* im Mai 1988 in
großen Lettern, darunter stand der Teaser: »Schwuler Unteroffizier der Bundeswehr
zum zweiten Mal zwangsversetzt/Homosexualität macht erpressbar und wird zum
Sicherheitsrisiko, glaubt der Geheimschutzbeauftragte, auch wenn man sich zu ihr
bekennt.«[94] Laut *taz* stellte sich der Fall des namentlich genannten Stabsunteroffiziers
so dar: Im August 1986 sei dem Stabsunteroffizier einer Fernmeldezentrale der
Luftwaffe der Sicherheitsbescheid der »strengsten Geheimhaltungsstufe II« entzogen und er infolgedessen in eine andere Dienststelle versetzt worden, »wo man
anscheinend weniger zu verbergen hat«. Zur Begründung sei ihm laut *taz* eröffnet worden, er biete »entsprechend festgestellten sexuellen Verhaltens nicht die
Gewähr, Inhalte von Verschlusssachen [...] entsprechend den Bestimmungen zur
Geheimhaltung zu behandeln«.[95] Zudem sei, obwohl sich der Stabsunteroffizier
seit Langem offen zu seiner Homosexualität bekenne, Erpressbarkeit nicht auszu-

---

[91] Ebd.
[92] Ebd.
[93] BMVg, Geheimschutzbeauftragter, Org 6, an Hauptmann P., 4.10.1985. Kopie im Besitz des
      Verfassers.
[94] Thomas, MAD kann Schwulen-Hatz nicht lassen; Kopie in BArch, BW 2/31224.
[95] Ebd.

schließen. Das sah der Betroffene ganz anders. Gegen die Versetzung begehrte er Rechtsschutz vor dem Bundesverwaltungsgericht – und verlor. Über die Versetzung eines Soldaten entscheide der Vorgesetzte, sofern ein dienstlicher Bedarf gegeben sei, nach eigenem Ermessen. Die Versetzung des Klägers sei weder unverhältnismäßig noch ermessensfehlerhaft.[96] Zusätzlich beantragte der Stabsunteroffizier die Entscheidung des Truppendienstgerichts Süd in Karlsruhe gegen die Aberkennung des Sicherheitsbescheids – und bekam Recht.[97] Der Sicherheitsbescheid wurde wieder erteilt, oder mit den Worten der *taz*: »Der Soldat bekam also wieder Zugang zu belauschten Funkgesprächen aus dem Osten.«[98] Doch:

> »Die Vorstellung, dass ein Schwuler weiterhin Zugang zu geheimen Verschlusssachen hat, fuchste den Geheimschutzbeauftragten der Hardthöhe offenbar jedoch so sehr, dass er im Februar – kein halbes Jahr nach dem Urteil aus Karlsruhe – [...] anwies, das Spiel von vorne zu beginnen. Wieder wurde dem 25-Jährigen das magische Papier entzogen [...] Ermittlungen des MAD hätten ergeben, dass der Soldat ›neben der Dauerpartnerschaft auch kurzfristige und wechselnde Partnerbeziehungen in der Trierer Homosexuellenszene angestrebt‹ hätte. Weil aber alle Welt über [X.]s Homosexualität Bescheid weiß, wird er jetzt nach Überzeugung der Hardthöhe deshalb erpressbar und zum Sicherheitsrisiko, weil er seinen Partner schützen wolle: ›Der Antragsteller ist gewillt – und verhält sich entsprechend –, alles zu unterlassen, was die berufliche Entwicklung seines Partners beinträchtigen und das Bekanntwerden der Partnerschaft fördern könnte‹«.[99]

Der Südwestfunk griff das Thema wenige Tage nach dem *taz*-Artikel auf und sendete in seinem populären Radioprogramm SWF 3 einen ausführlichen, dem *taz*-Artikel entsprechenden Bericht und ein Interview mit dem Stabsunteroffizier.[100] Mehrere BMVg-Referate hatten die Presseberichte zum Fall genau verfolgt und sorgsam archiviert. Wie der erneute Anlauf des Geheimschutzbeauftragten zur Aberkennung des Sicherheitsbescheids ausging, geben die ministeriellen Akten leider nicht preis. Wohl aber zeigen sie das von der *taz* erwähnte Urteil des Truppendienstgerichts. Die *taz* hatte es zugespitzt formuliert, aber in der Sache korrekt wiedergegeben. Das Entziehen des Sicherheitsbescheids und damit des Zugangs zu Verschlusssachen war rechtswidrig und daher aufzuheben. Die Richter konnten bei dem offen homosexuell lebenden Stabsunteroffizier kein Erpressungspotenzial und mithin kein Sicherheitsrisiko erkennen.[101] Infolge des Urteils kam der Inspekteur der Luftwaffe nicht umhin, der Beschwerde des Stabsunteroffiziers gegen seine Versetzung stattzugeben und die Versetzung aufzuheben.[102]

In anderen Fällen agierte der MAD vorsichtig und zurückhaltend. Ein Beispiel, dass aufgrund der Persönlichkeitsrechte des Betroffenen hier nur knapp angerissen

---

96 BVerwG, 1. Wehrdienstsenat, Az 1 WB 11/87, 18.3.1987, Kopie in BArch, BW 1/531591.
97 Truppendienstgericht Süd, 4. Kammer, Az S 4-BLa 1/87, Beschluss vom 27.8.1987, Kopie in BArch, BW 1/546375 und BW 2/31224.
98 Thomas, MAD kann Schwulen-Hatz nicht lassen.
99 Ebd.
100 Gesendet in SWF 3, 8.40 Uhr (Wortlaut der Sendung in BArch, BW 1/546375 und BW 2/31224).
101 Truppendienstgericht Süd, 4. Kammer, Az S 4-BLa 1/87, Beschluss vom 27.8.1987, Kopie in BArch, BW 1/546375 und BW 2/31224.
102 BMVg, Inspekteur der Luftwaffe, 20.11.1987, Kopie in BArch, BW 1/546375 und BW 2/31224.

werden kann: Durch eine vertrauliche Information der Kriminalpolizei erhielt der
MAD im September 1981 Hinweise, dass ein hoher Stabsoffizier mit einem jungen
männlichen Prostituierten verkehre. Fast zeitgleich spielte die Ehefrau des Offiziers
einer anderen MAD-Stelle ähnliche und noch weit brisantere Meldungen zu. Der
Stabsoffizier verneinte gegenüber dem MAD generell eine homosexuelle Veranlagung
und insbesondere die Vorhaltungen seiner Ehefrau.[103] Wegen der schweren, das in-
nerste Leben der Familie betreffenden Vorwürfe erhob eine Staatsanwaltschaft im
ersten Halbjahr 1982 Anklage gegen den Stabsoffizier; im BMVg wurde parallel
ein sachgleiches disziplinargerichtliches Verfahren eingeleitet. Im zweiten Halbjahr
1982 stellte ein Amtsgericht das Verfahren gegen Zahlung einer hohen Geldbuße
ein.[104] Das sachgleiche disziplinargerichtliche Verfahren wurde Anfang 1983 durch
Entscheidung des Stellvertretenden Generalinspekteurs »trotz des noch fortbestehen-
den Verdachts« eingestellt, da »eine ernsthafte Beeinträchtigung der Achtungs- und
Vertrauenswürdigkeit [des Stabsoffiziers] nicht mit letzter Sicherheit nachzuweisen«
sein werde.[105] Der MAD entschied daraufhin, dass der Offizier kein Sicherheitsrisiko
darstelle, ein Angriffspunkt für eine gegnerische nachrichtendienstliche Annäherung
nicht gegeben sei und der Stabsoffizier den Zugang zu streng geheim klassifizierten
Dokumenten behalte.

1984 erreichten den MAD von Neuem Hinweise auf die vermutliche Homosexualität dieses Stabsoffiziers. Der MAD stellte dazu fest, die Aufhebung des
Sicherheitsbescheids setze den »mit an Sicherheit grenzender Wahrscheinlichkeit«
geführten Nachweis voraus. »Vermutungen reichen insoweit nicht aus.«[106] Weitere
Ermittlungen gegen den Offizier könnten »nur bei Anwendung nachrichtendienstlicher Mittel« geführt werden. Dies scheide jedoch aus Rechtsgründen aus. Zudem
sei zu berücksichtigen, dass der zu Überprüfende in seiner gesamten militärischen
Dienstzeit nicht mit homosexuellen Neigungen aufgefallen sei. In der Abwägung
kam der Dienst zu der Entscheidung, dass der vorliegende Ermittlungsstand nicht
zur Feststellung eines Sicherheitsrisikos berechtige. Daher sei der Sicherheitsbescheid
aufrechtzuerhalten.[107] Hier agierte der MAD in Abwandlung des lateinischen
Grundsatzes »in dubio pro reo«, im Zweifel für den Verdächtigen. Der hohe Dienstgrad des Betroffenen mag hier bei der Bewertung ebenso ins Gewicht gefallen sein
wie die Schockwirkung des gerade erst wenige Monate zurückliegenden Skandals um
General Kießling. Nach übereinstimmenden Erinnerungen mehrerer als Zeitzeugen
befragter früherer MAD-Mitarbeiter fasste der Dienst, nachdem er sich bei Kießling
»die Finger verbrannt« hatte, das Thema Homosexualität nur noch »mit ganz spitzen
Fingern« an – oder, wenn »irgendwie vertretbar«, gar nicht mehr. Dies deckt sich mit
den Erfahrungen vieler betroffener homosexueller Soldaten. Jedem dieser Zeitzeugen
stellte der Verfasser die Frage, ob er Probleme mit dem MAD gehabt habe. Einige

---

[103] BArch, N 724/42: MAD-Amt, 5.12.1984. Den Sachverhalt bestätigte ein früherer hoher MAD-
Offizier in seiner E-Mail an den Verfasser vom 15.1.2017.
[104] Einstellungsverfügung des Amtsgerichts erwähnt in BVerwG, 21 WB, 73/83: Bundesverwaltungsgericht, 1. Wehrdienstsenat, Urteil vom 29.51984.
[105] Einstellungsverfügung des disziplinargerichtlichen Verfahrens zit. in: BVerwG, 21 WB, 73/83:
Bundesverwaltungsgericht, 1. Wehrdienstsenat, Urteil vom 29.5.1984.
[106] BArch, N 724/42: MAD-Amt, 5.12.1984.
[107] Ebd.

bejahten dies, und teils hatten sie erhebliche Schwierigkeiten und dienstliche Nachteile zu gewärtigen gehabt (zu diesen Fallbeispielen später in diesem Kapitel). Der bereits im vorangegangenen Kapitel vorgestellte einstige Zugführer Erich Schmid, der wegen eines Schreibens an den Minister und den Generalinspekteur unter dem Briefkopf des Bundesweiten Arbeitskreises schwuler Soldaten von seinem Zugführerdienstposten entfernt worden war, berichtete, während seines Konflikts mit BMVg und Personalamt sei auch der MAD aktiv geworden. So habe der Dienst kurzzeitig an mehreren Wochenenden von Mai bis August 1998 sein Wohnumfeld und seine Freizeitaktivitäten »observiert«, Nachbarn seien mehrfach befragt worden. Auch hätten die Öffentlichkeitsarbeit des BASS während der Christopher-Street-Day-Wochen in Berlin, Köln, München und Hamburg und Mitgliedertreffen des Arbeitskreises im Fokus des MAD gestanden.[108] (Zu beachten ist bei der Bewertung dieser durch den Verfasser nicht verifizierbaren Erinnerungen, dass es sich nicht um eine Routinesicherheitsüberprüfung handelte, sondern der Oberleutnant und der Verein in einem – auch öffentlich ausgetragenen – Disput mit dem BMVg standen.)

Die große Mehrheit der Interviewten verneinte die Frage nach Problemen mit dem MAD, teils schlicht deshalb, weil sie damals mangels eines festen Partners diesen nicht in den Fragebögen angeben und sich damit »outen« mussten, teils weil sie ihre Sicherheitsüberprüfungen erst nach dem Jahr 2000 über sich ergehen lassen mussten. So erinnerte sich ein Oberstleutnant, aufgrund fehlender Lebenspartner sei er nicht gezwungen gewesen, diese gegenüber dem MAD zu nennen. Er sei vom MAD aber auch nie nach seiner sexuellen Orientierung befragt worden.[109] Und ein früherer Stabsfeldwebel habe seine erste SÜ 2 erst nach Änderung der Einstellung des Dienstherrn zur Homosexualität im Jahr 2000 beantragen müssen. Als der Mitarbeiter des MAD bei ihm vorsprach, habe der damalige Feldwebel nach eigener Erinnerung kess gefragt, ob der MAD denn wenigstens wisse, mit welchem Mann er jetzt zusammen sei. Der MAD-Mitarbeiter habe den richtigen Namen gekannt, was der Feldwebel, so seine Erinnerung, wiederum mit einem »Na, dann sind Sie ja gut informiert« kommentiert habe.[110]

Auch zahlreiche andere Interviewte bezeugten, wegen ihrer Homosexualität nie Schwierigkeiten mit dem MAD gehabt zu haben. Selbst als er seinen Partner erstmals 2006 in der SÜ angegeben habe und sich daraus quasi rückwirkend die früheren falschen Angaben im Fragebogen (immerhin seit 1991) herleiten ließen, sei dies vom MAD im Nachhinein nicht problematisiert worden, erinnerte sich noch immer etwas erstaunt ein früherer Stabsfeldwebel.[111]

Ein weiterer Zeitzeuge, als hoher Stabsoffizier inzwischen pensioniert, gab an, ebenfalls keine Probleme mit dem MAD gehabt zu haben, selbst als der Dienst 1999 herausgefunden hatte, dass der Offizier entgegen seiner Angaben im Rahmen der Sicherheitsüberprüfung mit seinem Partner zusammenlebte. Daraufhin habe ein längeres Gespräch mit zwei Herren vom MAD in seinem Büro stattgefunden.

---

108 E-Mail Erich Schmid an den Verfasser, 5.12.2017.
109 Zeitzeugenbefragung (anonymisiert), Berlin, 17.12.2017, nahezu wortgleich die Erinnerung von Stabsfeldwebel R., Potsdam, 5.1.2018.
110 Zeitzeugengespräch mit Stabsfeldwebel a.D. W., 29.3.2018.
111 Zeitzeugengespräch mit Stabsfeldwebel a.D. S., Freiburg, 21.6.2017.

Der Stabsoffizier gab an, in seinem dienstlichen Umfeld wüssten einige Kameraden Bescheid, nur gebe es »keinen erkennbaren Grund« für ihn, »diese private Angelegenheit offensiv öffentlich zu machen«.[112] Auf die Frage, ob er bereit sei, seinen Vorgesetzten und seine Personalführung zu informieren (die Herren vom MAD haben angeführt, aufgrund einer dienstlichen Geheimhaltung könnte er eventuell erpressbar sein), erklärte der Befragte nochmals seinen »prinzipiellen Standpunkt«, dass es sich ihm nicht erschließe, warum er seine »normalen Lebensumstände« oder seine sexuelle Orientierung »offensiv« bekanntgeben solle. Natürlich würde er auf Nachfragen nicht lügen, er könne jedoch nicht erkennen, dass er an seine Vorgesetzten herantreten müsste. Letztlich erklärte er sich bereit, seinen Vorgesetzten zu informieren und anschließend wiederum die MAD-Stelle davon zu unterrichten. Diese Entscheidung machte er im Laufe des nächsten Tages wieder rückgängig und informierte den MAD darüber. Der MAD wiederum bat darum, zumindest die Sicherheitserklärung und die Anlage C 11 zur ZDv 2/30 neu auszufüllen und seinen Partner anzugeben. Dem kam der Offizier nach.

a) »Legalitätsprinzip« und »Opportunitätsprinzip«

Der MAD bekam viele anonyme Hinweise (intern als »Meldeaufkommen Truppe« bezeichnet) oder aus dem Freundes- und Bekanntenkreis von Soldaten. Davon seien 90 bis 95 Prozent »Quatsch« gewesen, so ein früherer Oberst in leitender Funktion beim MAD.[113] Zu den übrigen fünf bis zehn relevanten Prozent gehörte beispielsweise der anonyme Hinweis, ein Offizier des MAD selbst sei häufiger Besucher eines Saunaclubs für homosexuelle Männer in Köln. Eine Verifizierung vor Ort bestätigte den Hinweis. Da der Offizier nicht als homosexuell bekannt war, lag nach den Richtlinien ein Sicherheitsrisiko vor. Man fand eine einvernehmliche Lösung: Der Offizier konnte sich einen neuen Dienstort und eine neue Tätigkeit aussuchen, nur im MAD zu bleiben war nicht mehr möglich. Der neue Dienstposten durfte zudem keine Sicherheitsüberprüfung erfordern. Gemeinsam mit dem Personalamt der Bundeswehr sei die Versetzung unkompliziert und zügig realisiert worden.[114]

Befragte frühere Mitarbeiter auf mittlerer Ebene des Dienstes betonten unisono, es habe immer das strenge »Legalitätsprinzip« gegolten: Alles, was das Sicherheitsüberprüfungsgesetz (SÜG) nicht erlaube, werde auch nicht gemacht, also »keine Tricks«, um Soldaten zu Bekenntnissen oder gar Handlungen zu bewegen, die diese von sich aus nicht machen würden. Kurz: »Wo nichts ist, da ist auch nichts.«[115] In der SÜ seien niemals konspirative Methoden zur Anwendung gekommen, sondern immer offene Befragungen, betonte ein weiterer früherer MAD-Offizier.[116] Ein anderer hoher MAD-Offizier a.D. ergänzte, in leitenden Funktionen habe für seine Arbeit das »Opportunitätsprinzip« gegolten, und er selbst habe in einer

---

[112] E-Mail eines Oberstsen a.D. an den Verfasser, 17.12.2017, sowie Aktennotiz des damaligen Oberstleutnants aus dem Jahr 1999, auch im Folgenden.
[113] Zeitzeugengespräch mit Oberst a.D. Heinz Kluss, Wachtberg, 13.2.2018.
[114] Ebd.
[115] Zeitzeugenbefragung eines Hauptmanns, Potsdam, 18.1.2018.
[116] Zeitzeugengespräch mit Hauptmann H., 12.6.2018.

»Grauzone« entschieden und agiert: Wenn möglich wurden einvernehmliche Lösung gesucht, auch abweichend von der reinen Lehre und den Vorschriften, in den Worten des Zeitzeugen: »weiße Salbe auf die Wunden schmieren«.[117] Opportunitätsprinzip bedeutet letztlich nichts Anderes als Handlungsfreiheit innerhalb eines gesteckten rechtlichen Rahmens. Als Umsetzung des Opportunitätsprinzips kann auch die Lösung gesehen werden, die der MAD Anfang der 1980er Jahre im Fall eines älteren und hochrangigen Stabsoffiziers fand. Er war am Kölner Hauptbahnhof bei einer tätlichen Auseinandersetzung mit einem jungen Mann von der Polizei vorläufig festgenommen worden. Als bei der polizeilichen Vernehmung der hohe militärische Dienstgrad des Mannes bekannt wurde, riefen die Beamten den MAD hinzu. Es stellte sich heraus, dass der junge Mann Sex gegen Geld anbot, ein sogenannter Strichjunge und, wie sich in der Befragung des Offiziers herauskristallisierte, »*sein* Strichjunge« gewesen sei. Die beiden hatten eine längere sexuelle Beziehung, für die vermeintliche »Treue« zahlte der Offizier dem jungen Mann Wohnung und Lebensunterhalt. Als der Offizier seinen exklusiv geglaubten Partner wieder seinem Gewerbe am Hauptbahnhof nachgehend antraf, wurde er wütend – und ohrfeigte ihn: »Das Schwein ist ein Doppelverdiener«. Das Bekanntwerden dieses Vorfalls stellte für den MAD ein Sicherheitsrisiko dar: Der hohe Stabsoffizier war verheiratet, ein Familienvater mit Doppelleben. Es drohte ihm der Verlust des Sicherheitsbescheids und infolgedessen zwangsläufig auch der seines Dienstpostens. Der MAD fand mit dem Offizier eine einvernehmliche Lösung: Er wurde um wenige Jahre früher pensioniert. Eine entsprechende Entscheidung der Personalführung wurde »arrangiert«. Alle waren es zufrieden.[118]

b) Pragmatische Lösungen schon 1916

Pragmatische Lösungen im Umgang mit homosexuell auffällig gewordenen eigenen Mitarbeitern zu finden war kein Spezifikum des MAD. Ein Blick in Quellen älteren Datums zeigt einen sehr ähnlichen Fall aus dem Jahr 1916. Den vor Kurzem publizierten Tagebuchaufzeichnungen des Chefs der Abteilung IIIb in der Obersten Heeresleitung (OHL) und damit Chef des deutschen Nachrichtendienstes im Ersten Weltkrieg, Oberst Walter Nicolai, ist authentisch zu entnehmen, wie der geheime Dienst für einen homosexuell auffällig gewordenen Offizier in den eigenen Reihen eine pragmatische Lösung fand. Rittmeister Hans Freiherr von Gebsattel diente an der Westfront als Nachrichtenoffizier im Stab des deutschen und preußischen Kronprinzen Wilhelm. Im Mai 1916 erreichte den Chef des Nachrichtenwesens das Gesuch des persönlichen Mitarbeiters des Rittmeisters, ihn von seinem Dienstposten abzulösen. Die Angabe von Gründen verweigerte Hauptmann d.R. von Heimendahl.

---

[117] Zeitzeugengespräch mit Oberst a.D. Heinz Kluss, Wachtberg, 13.2.2018.

[118] Ebd. In seiner Geschichte des MAD erwähnt Helmut Hammerich den Fall eines Stabsoffiziers, der im Herbst 1981 »bei einem Sondereinsatz der Polizei in der ›Stricherszene‹ am Kölner Hauptbahnhof aufgefallen« war. Die Ermittlungen des MAD haben »keine hinreichenden Belastungsmomente« und mithin kein Sicherheitsrisiko feststellen können. Der Sicherheitsbescheid sei daher nicht aufgehoben worden. Vgl. Hammerich, »Stets am Feind!«, S. 274. Ob es sich dabei um den hier auf Basis einer Zeitzeugenerinnerung wiedergegebenen Fall handelt, muss offenbleiben, ist aber wahrscheinlich.

Als der Chef des Nachrichtenwesens darauf bestand, erklärte der Hauptmann, er sei
»durch Zufall Zeuge geworden, dass dieser [der Rittmeister] ungesund im Sinne des
§ 175 veranlagt« sei. Es sei ihm daher »unmöglich, weiterhin unter dem Rittmeister
v.G. zu arbeiten«. Oberst Nicolai entschied, »die Sache würde umgekehrt geschehen«,
der Hauptmann würde bleiben und »v.G. gehen«.[119] So einfach war die Ablösung aber
nicht. Deutlich verkompliziert wurde die Sache durch die zwischenzeitlich gewachsene Freundschaft zwischen dem Kronprinzen und dem Freiherrn von Gebsattel.
Der Chef des Generalstabs des Kronprinzen, General Constantin Schmidt von
Knobelsdorff, lehnte die Entlassung oder auch nur Ablösung des Rittmeisters strikt
ab. Oberst Nicolai hielt die Argumente von Knobelsdorffs in seinem Tagebuch fest:
»Der Kronprinz würde ohne Angabe der Gründe es sehr übel vermerken, wenn ihm
v.G. genommen würde. Die Gründe zu nennen, würde eine Zerstörung der Existenz des
Herrn v.G. bedeuten, die aus Rücksicht auf die Familie, besonders den Vater, vermieden
werden müsste, ebenso wie mit Rücksicht auf die schweren Kämpfe vor Verdun die starke
Erregung, die dieses für den Vater sowie den Kronprinzen mit sich bringen würde. Ich
hätte Herrn v. Heimendahl erwidern sollen: ›Scheren Sie sich raus, Sie Denunziant!‹
Während ich für die angeführten Gründe Verständnis aufbringe, ist mir diese letzte
Auffassung unverständlich. Ich denke zurück an die Vorgänge mit dem Fürsten Philipp
v. Eulenburg, dessen Entfernung vom Kaiser gerade der Kronprinz ins Rollen brachte, ich
meine, dass meine Auffassung also der seinen entsprechen würde und dass Knobelsdorff
nicht recht hat, ihn unbewusst einem Unwürdigen seine Freundschaft schenken zu lassen
[...] Der zunächst Verantwortliche ist aber der Generalstabschef des Kronprinzen, ich
kann mich also im Augenblick ihm gegenüber nicht durchsetzen.«[120]
Dem Nachtrag zu diesem Tagebucheintrag vom 30. Mai 1916 ist zu entnehmen,
dass Nicolai doch noch die Versetzung des Rittmeisters durchsetzen konnte – im
Sommer 1916 nach Rumänien. Dort war ein neuer Nachrichtenoffizierdienstposten
zu besetzen gewesen; Knobelsdorff und der Kronprinz wurden nicht beteiligt, sondern per »Kabinettsordre« vor vollendete Tatsachen gestellt. Dem aufgebracht anru-
fenden Knobelsdorff entgegnete Nicolai, er habe inzwischen erfahren, »dass ähnliche
Vorgänge das Ausscheiden v.Gs aus dem Militärdienst vor dem Weltkriege veranlasst
hatten«.[121] Auch der Vater des Rittmeisters, General der Kavallerie Ludwig Freiherr
von Gebsattel, seines Zeichens Kommandierender General des III. Bayerischen
Armeekorps, hatte bereits im Oktober 1915 persönlich bei Nicolai vorgesprochen
und ihm erklärt, »er habe schon Sorgen durch den Sohn gehabt und hoffe, dass er
sich bewähren wird.«[122]

Mit der dienstlich begründeten Versetzung ins ferne Rumänien hätte die Angelegenheit für den Rittmeister wie für das Heer sein Bewenden haben können,
ohne dass jemals die eigentlichen Hintergründe wieder zur Sprache gekommen
wären. Doch dem standen der Rittmeister und der Kronprinz selbst im Wege.
Sie nutzten offenbar zur Aufrechterhaltung ihres persönlichen und nunmehr aus-

---

[119] Nicolai, Geheimdienst und Propaganda im Ersten Weltkrieg, S. 255–257. Dank an Oberst-
    leutnant Dr. Christian Stachelbeck, ZMSBw, für diesen Hinweis.
[120] Ebd.
[121] Ebd., S. 257.
[122] Ebd., S. 256.

schließlich privaten Kontakts zwischen Rumänien und der Westfront die chiffrierten Fernsprechkanäle. Der neue Nachrichtenoffizier beim Kronprinzen musste jede Nachricht chiffrieren und dechiffrieren – und machte Meldung an seinen Chef. Nicolai verbot von Gebsattel die Nutzung des Diensttelegrafen für nicht dienstliche persönliche Zwecke. Gebsattel beschwerte sich darüber beim neuen Chef der Obersten Heeresleitung Generalfeldmarschall Paul von Hindenburg, der daraufhin von Nicolai eine Stellungnahme verlangte:

> »›Sie werden ja wissen, warum, und sind wohl so gut und schreiben mir eine Antwort auf?‹ Die Antwort war, dass G. aus meinem Dienst verschwand. Es blieb mir nichts Anderes übrig, als Hindenburg diese Entscheidung durch Darlegung der Vorgänge zu erläutern. Er stimmte mir zu und dankte mir unter Bedauern für den mit ihm befreundeten Vater für meine Auffassung und die Art ihrer Durchführung.«[123]

Eine pragmatische, alle Beteiligten schonende Lösung war schon gefunden, wurde aber letztlich durch das uneinsichtige Beharren des Betroffenen torpediert. Mit der Versetzung nach Rumänien und noch stärker im Verweigern einer Ablösung durch den Chef des Generalstabs wurde dem »Opportunitätsprinzip« der Vorzug vor dem »Legalitätsprinzip« gegeben, wie so oft, wenn hohe oder höhergestellte Offiziere betroffen waren. Nach dem Legalitätsprinzip hätte die von einem Hauptmann gemeldete »ungesunde Veranlagung nach § 175« auch zu strafrechtlichen Ermittlungen führen müssen.

c) »Zulässige, erforderliche und gebotene Maßnahme mit großem Augenmaß«

Bereits ausführlich dargelegt wurde der Fall des Leutnants Winfried Stecher. Er diente als Zugführer in einem Objektschutzbataillon der Luftwaffe und wurde 1998 von seinem Dienstposten abgelöst, »nachdem der Militärische Abschirmdienst von seiner homosexuellen Neigung erfahren hatte«.[124] Für diese Studie gelang es, die sich hinter diesem knappen Halbsatz verbergenden Abläufe zu rekonstruieren. Bei deren Wiedergabe musste das wissenschaftliche Erkenntnisinteresse gegen die Persönlichkeitsrechte der anderen Beteiligten und die zu schützenden Interessen des MAD abgewogen werden.

Bereits 1997 habe es in der Staffel Gerüchte über die Homosexualität des Leutnants gegeben. Dies wurde dem MAD mitgeteilt. Dessen Ermittler sprachen daraufhin mit dem (nebenamtlich) für Sicherheitsfragen zuständigen Soldaten der Einheit und dem Staffelchef. Man vereinbarte, künftige neue Erkenntnisse über den Leutnant dem Dienst zu melden. Der MAD ging in seiner späteren Aufarbeitung des Vorgangs davon aus, dass die Gespräche des Dienstes mit dem Staffelchef Auslöser für dessen Fragen an den Leutnant nach dessen Homosexualität waren.

Der MAD kam zu dem Schluss, dass seine Mitarbeiter »mit großem Augenmaß« die nach einer solchen Meldung »notwendigen Maßnahmen« ergriffen und dabei die Vorgaben des Sicherheitsüberprüfungsgesetzes eingehalten hätten. Das Gespräch

---

[123] Ebd., S. 257.
[124] »Homosexueller darf nicht ausbilden«.

mit dem zuständigen Disziplinarvorgesetzten sei die »zulässige, erforderliche und gebotene Maßnahme« gewesen, »um mit dem geringstmöglichen Eingriff in die Rechte des Betroffenen die möglichen sicherheitserheblichen Informationen zu verifizieren«. Dabei wurde explizit auf Ermittlungen und auch auf eine Befragung oder ein Gespräch mit dem Betroffenen verzichtet. Nach dem »Eingeständnis der Homosexualität« (gegenüber dem Staffelchef) gelangte der Dienst zu der Bewertung, dass keine Gefahr der Erpressbarkeit und mithin kein Sicherheitsrisiko vorliege; der Dienst habe daher keinen Handlungsbedarf gesehen.

In seiner Stellungnahme an den Verteidigungsminister sah auch die Personalabteilung in Abstimmung mit dem die Fachaufsicht über den MAD führenden Referat die Nachfragen der MAD-Ermittler beim Staffelchef als ausschlaggebend für dessen Fragen nach der Homosexualität des Leutnants an. Der MAD habe sich, ohne eigenständig zu ermitteln, allein auf »Sachstandanfragen« beim Staffelchef beschränkt.[125]

Was lief schief im Fall des Leutnants? Frühere, mit dem konkreten Fall *nicht* betraute Mitarbeiter des MAD betonten mit Blick auf diesen Vorgang, dass der Dienst korrekt und entsprechend seiner Vorschriften und Regeln agiert habe. Das Ansprechen der aus der Truppe eingegangenen Hinweise bei dem jeweiligen Disziplinarvorgesetzten sei das gängige Verfahren gewesen. Andere Soldaten der Staffel seien »zur Wahrung der schutzwürdigen Interessen des Betroffenen« nicht befragt worden. Der Disziplinarvorgesetzte sei in der Regel in seiner Vertrauensposition der erste und auch einzige Ansprechpartner des MAD in der Einheit. Die Ansprache durch den Dienst sei nur wegen der vertraulichen Verifikation der sensiblen persönlichen Informationen und keineswegs mit dem Ziel oder gar der Vorgabe erfolgt, die Personalführung des Betroffenen einzuschalten. Genau dies tat aber der Staffelchef. Er meldete den ihm nun bekannten Verdacht gegen seinen Zugführer an den Bataillonskommandeur. Dieser meldete an die nächsthöhere Stelle und diese dann an das Personalamt. Die Personalführer hatten damit einen offiziellen Vorgang auf dem Tisch, den sie nach damals geltender Erlasslage behandelten und entschieden. Der bereits an anderer Stelle ausführlich analysierte Erlass des BMVg von 1984 attestierte einem bekannt homosexuellen Offizier die Nichteignung zum direkten Vorgesetzten und Ausbilder.[126] Stecher war in seiner Funktion beides. Nun wurde er in einen Stab versetzt.

Frühere MAD-Mitarbeiter verwiesen auf die in § 21 Sicherheitsüberprüfungsgesetz festgelegte Zweckbindung der erhobenen Daten. Danach sei eine Weitergabe der in der SÜ erfahrenen persönlichen Lebensumstände an Stellen außerhalb des MAD, abgesehen von den Geheimschutzbeauftragten der Kommandobehörden und des BMVg, streng untersagt und mithin gesetzlich ausgeschlossen gewesen, dass das Personalamt oder der Kommandeur über die Homosexualität oder andere Persönlichkeitsmerkmale informiert wurden. Auch eine indirekte Information oder Indiskretion gegenüber Personen in der Kompanie, dem Bataillon oder in höhe-

---

[125] BArch, BW 1/502107, o.Pag: BMVg, PSZ III 1 an Minister über Staatssekretär, 29.11.1999.
[126] Kap. IV.4. dieser Studie.

ren Stäben sei damit verboten gewesen, betonten die früheren MAD-Mitarbeiter. Die Wahrung der schutzwürdigen Interessen der Betroffenen habe Priorität gehabt. Schon in der Ausbildung wurde (und werde) jedem MAD-Mitarbeiter intensiv die Bedeutung des § 21 SÜG nahegelegt. Allerdings war (und ist) es gängige Praxis des MAD, bei Erhalt einer Meldung oder einem anderweitigen Bekanntwerden eines Verdachts gegen einen Soldaten zunächst mit dem direkten Disziplinarvorgesetzten des Betroffenen zu sprechen und die Meldung oder den Verdacht zu verifizieren. Andere Soldaten der Einheit oder des Bataillons dürfen zunächst nicht befragt werden, »um das Umlaufen von Gerüchten zu vermeiden«. Aus diesem Grund werde in der Regel auch der Betroffene vom MAD im Gespräch nicht über Informationen in Kenntnis gesetzt, die der Dienst von anderen über seine Person erhalten habe. Der Soldat solle nicht durch das Gerede über ihn in seiner Kompanie verunsichert werden. Allerdings gelange der Disziplinarvorgesetzte auf diesem Weg in Kenntnis sensibler und manchmal heikler Informationen über unterstellte Soldaten, die er (oder sie) alle zwei Jahre beurteilen muss. Hier wäre durchaus ein im Verfahren liegender Widerspruch zum Verbot der Weitergabe von Informationen zu sehen, aber kein Verstoß gegen die Zweckbindung der erhobenen Daten gemäß § 21 SÜG. Das Gespräch mit den Vorgesetzten diene dazu, Hinweise auf ihre Glaubwürdigkeit und die Belastbarkeit der Meldungen abzuklären, betonten die früheren Befrager.

Der Fall des Leutnants Stecher zeigte, dass sich auch in dieser Konstellation durchaus erhebliche Probleme ergeben konnten. Auf der Suche nach einem »Schuldigen« wäre in erster Linie der Staffelchef zu nennen: Dieser hätte die Information des MAD vertraulich und diskret behandeln müssen und keinesfalls »nach oben« weitermelden dürfen. Dann wäre die sensible Information im Büro des Staffelchefs und beim MAD geblieben. Der Dienst hätte bei weiteren belastbaren Erkenntnissen eine Sicherheitsüberprüfung des Betroffenen eingeleitet oder fortgesetzt und nach deren Abschluss einen Bescheid erstellt, aus dem nicht der Grund für die etwaige Aberkennung der Sicherheitsstufe herauszulesen gewesen wäre. Die befragten MAD-Mitarbeiter wiesen insbesondere darauf hin, die Ermittlungen im Zuge oder im Vorfeld einer Sicherheitsüberprüfung sollten von ins Vertrauen gezogenen Disziplinarvorgesetzten auch vertraulich – oder besser: diskret – behandelt und keinesfalls gleich der Personalführung mitgeteilt werden. Im Fall des Luftwaffenleutnants sei »alles schiefgelaufen«. Durch die Meldung des Staffelchefs an den Bataillonskommandeur wurde eine Meldekette losgetreten, die dann im Personalamt die Vorschriften greifen ließ. Dem Staffelchef aber die alleinige »Schuld« anzulasten, ginge fehl. Der ganze Umgang der Bundeswehr, des BMVg, des MAD und der Personalführung mit Homosexuellen war so aufgestellt, sodass es früher oder später zu einer schweren Konfliktsituation wie der um den Leutnant kommen musste.

d) »Es geht niemanden etwas an, mit wem ich ins Bett gehe«

1998 machte ein Oberfeldwebel seinen Fall öffentlich. Laut eigenen Angaben gegenüber dem Magazin *Focus* sei er erst durch die Sicherheitsüberprüfung dienstlich

als Homosexueller bekannt geworden – mit der Folge, dass ihm die bereits zugesagte Übernahme zum Berufssoldaten verweigert wurde.[127] Der MAD habe bei der
routinemäßigen Sicherheitsüberprüfung seine sexuelle Orientierung herausgefunden
und weitergemeldet. Der Oberfeldwebel hatte sich in der Truppe nicht selbst als
Homosexueller zu erkennen gegeben und war während seiner gesamten bisheri-
gen Dienstzeit auch nicht als solcher aufgefallen oder bekannt geworden. Auf die
Ursächlichkeit der Sicherheitsüberprüfung für das Bekanntwerden der sexuellen
Orientierung des Oberfeldwebels wies das Verwaltungsgericht Lüneburg in seinem
Urteilsspruch hin.[128] Auch die *FAZ* machte »Nachforschungen des MAD« für das
Bekanntwerden der Homosexualität des Oberfeldwebels verantwortlich.[129] Im *Focus*-
Interview gab der damalige Oberfeldwebel Einblick in seinen Fall:

> »Ich habe mich nie offen zu meiner Homosexualität bekannt Es geht niemanden etwas
> an, mit wem ich ins Bett gehe [...] Der MAD machte eine Sicherheitsüberprüfung und
> schnüffelte in meinem persönlichen Umfeld herum. Die MAD-Leute haben dabei auch
> mit Bekannten von mir gesprochen. Einer sagte ihnen, dass ich keine Freundin, sondern
> einen Freund habe. Damit war ich trotz exzellenter Beurteilungen ein Sicherheitsrisiko
> für die Bundeswehr. Obwohl ich schon eine schriftliche Zusage hatte, lehnte die Führung
> mich als Berufssoldaten ab. Aber diese Diskriminierung lasse ich mir nicht gefallen.«[130]

Auch für diesen Fall musste wiederum das Rechercheergebnis gegen die schutzbedürf-
tigen Interessen des MAD abgewogen werden. Daher wird das Agieren des Dienstes
hier nur skizziert. Es bestätigte sich, dass der Oberfeldwebel vom MAD im Rahmen
der von ihm beantragten, weil dienstlich geforderten Sicherheitsüberprüfung auf
Widersprüche zwischen seinen Angaben und den Aussagen von ebenfalls befragten
anderen Personen hingewiesen wurde. Die Befragung von Auskunftspersonen durch
Ermittler des MAD ist routinemäßiger Teil der Sicherheitsüberprüfung für höhere Stufen. Die »Widersprüche« bezogen sich auf die bislang vom Betroffenen dem
MAD nicht mitgeteilte Homosexualität. Laut MAD haben dessen Mitarbeiter den
Betroffenen in diesem Gespräch auf die übliche Bewertung nicht eingestandener
Homosexualität als mögliches Erpressungspotenzial und damit als Sicherheitsrisiko
aufmerksam gemacht. Die Ermittler des MAD hatten dem Oberfeldwebel auch die
Konsequenzen eines möglichen negativen Ergebnisses seiner Sicherheitsüberprüfung
erläutert, aber niemals etwaige weitere laufbahnrechtliche Konsequenzen angesprochen. Das Gespräch habe sich nur um die Sicherheitsüberprüfung und das
in der Bewertung des Dienstes mögliche Sicherheitsrisiko gedreht. Nach dem
»Eingeständnis der Homosexualität« gelangte der Dienst zu der Bewertung, dass
nunmehr keine Gefahr der Erpressbarkeit, mithin kein Sicherheitsrisiko vorliege,
und erteilte dem Oberfeldwebel einen positiven Sicherheitsbescheid.

Auf die Nachfrage der Leitung des BMVg an die Personalabteilung, ob der
MAD den Oberfeldwebel unter Zusage, dass ihm keine Nachteile drohten,
dazu veranlasst habe, sich als homosexuell zu erklären, antwortete diese in
Abstimmung mit dem die Fachaufsicht über den MAD führenden Referat. Die

---

127 »Schwule in die Bundeswehr«.
128 Verwaltungsgericht Lüneburg: Urteil vom 3.6.1999, Az.: 1 A 141/97, hier S. 2.
129 »Homosexueller darf nicht ausbilden«.
130 »Schwule in die Bundeswehr«.

MAD-Ermittler hätten dem Oberfeldwebel keine Zusagen gemacht, dass ihm
»bei einem Eingeständnis seiner Veranlagung keine laufbahnrechtlichen Nachteile
drohen würden«. Und: »Zu keinem Zeitpunkt habe sich das Gespräch auf außerhalb des Sicherheitsüberprüfungsverfahrens liegende – etwa laufbahnrechtliche –
Gesichtspunkte erstreckt.«[131] Wie das »Eingeständnis der Homosexualität«, so der
Wortlaut von MAD und BMVg, dann der Personalführung bekannt und damit
zum Hemmschuh für die Übernahme zum Berufssoldaten wurde, konnte für diese
Studie nicht ausreichend belastbar geklärt werden. Die befragten ehemaligen MAD-
Mitarbeiter legten stets großen Wert auf die Feststellung, der Dienst habe von nie-
manden verlangt, sich im Dienst zu outen – »auf keinen Fall«.[132]

Über den internen Umgang des MAD mit dem Sicherheitsrisiko Homosexualität
berichtete ein früherer, selbst homosexueller MAD-Offizier, als lange Zeit Ungeouteter
habe er keine Angst vor Entdeckung oder vor Konsequenzen gehabt. Er habe aus
der täglichen Praxis als Ermittler und Befrager gewusst, »dass der Dienst sich an
das Thema Homosexualität nicht herantraute«.[133] Aber die homosexuellen Soldaten
in der Truppe hatten »natürlich Respekt und sogar Angst vor Entdeckung durch
den MAD«. Ihnen erschien der Dienst »allwissend und omnipräsent«, doch »auch
der MAD koche nur mit Wasser«. Der Umgang mit Homosexualität sei auch in der
MAD-internen Ausbildung »nur kurz am Rand unter ferner liefen« zur Sprache gekommen. Der Offizier hatte den Eindruck, der MAD mache »einen großen Bogen
um das Thema«. In der besonderen sicherheitsempfindlichen Tätigkeit im MAD
seien auch besondere Anforderungen an das Privatleben gestellt worden. Gerade
für die Mitarbeiter des Dienstes hieß es Erpressungsrisiken auszuschließen. Ein ver-
stecktes Leben als Homosexueller galt als solches. Der Offizier habe daher schon in
den späten 1990er Jahren kein Geheimnis mehr aus seiner gleichgeschlechtlichen
Veranlagung gemacht. Auf seinem Eigenheimgrundstück wehte am Fahnenmast
offen die Regenbogenflagge der Homosexuellenbewegung. Wer ihn im Dienst »geradeheraus« gefragt habe, ob er schwul sei, dem habe er ebenso »geradeheraus« geantwortet: ja. Wer aber, wie erstaunlicherweise seine Vorgesetzten im MAD, in der
Frage »herumeierte«, der bekam auch nur »Herumeiern« zurück. Im Jahr 2003 habe
sich der Offizier dann entschlossen, »reinen Tisch zu machen«. Er meldete sich bei
seinem Vorgesetzten: Die Gerüchte über ihn würden stimmen.

Für homosexuelle Soldatinnen galten übrigens die gleichen Vorgaben und
Anforderungen: Gleich am Anfang ihrer Dienstzeit 1991, noch als Eignungsübende,
stellte sich für eine angehende Truppenärztin die Frage, ob sie das Zusammenleben
mit ihrer Partnerin und damit ihre sexuelle Orientierung gegenüber dem Sicherheitsbeauftragten der Dienststelle offenlegen sollte. Sie entschied sich dafür und füllte »pflichtgemäß« den Fragebogen zur SÜ wahrheitsgemäß mit den Angaben zu ihrer
Lebenspartnerin aus. Als der Sicherheitsbeauftragte den Fragebogen durchlas, fragte
sie ihn offen heraus, ob er »damit ein Problem habe«. Der Stabsfeldwebel sei sprach-
los gewesen, habe die Gesichtsfarbe gewechselt. Es folgte ein Gespräch mit dem S2-
Offizier der Dienststelle. Dreimal in kurzer Zeit seien anschließend auch Mitarbeiter

---

[131] BArch, BW 1/502107, o.Pag: BMVg, PSZ III 1 an Minister über Staatssekretär, 29.11.1999.
[132] Unter anderem Zeitzeugenbefragung eines Hauptmanns, Potsdam, 18.1.2018.
[133] Zeitzeugengespräch mit Hauptmann H., 12.6.2018, auch im Folgenden.

des MAD zum Gespräch angereist. Nach eigener Erinnerung empfand die damalige Stabsärztin das Auftreten der Herren vom MAD »unangemessen, ja unverschämt, so nach dem Motto, ich würde ja jede Frau flachlegen«.[134] Der Dienst entschied, den Sicherheitsbescheid von der Auflage abhängig zu machen, dass sich die damalige Stabsärztin ihrem aktuellen und allen künftigen Disziplinarvorgesetzten als lesbisch offenbare. Im ersten Gespräch mit dem Sicherheitsbeauftragten der Dienststelle hatte dieser sich noch darauf beschränkt, das geforderte Bekenntnis zur Homosexualität in einem verschlossenen Umschlag zur Sicherheitserklärung zu nehmen. Der Umschlag durfte ausdrücklich »Personen, die nicht mit der SÜ befasst sind, nicht zugänglich gemacht werden«.[135] Vielmehr wurde der Ärztin »anheimgestellt«, ihre künftigen Disziplinarvorgesetzten »zu gegebener Zeit und in der notwendigen Weise selbst in Kenntnis zu setzen«. Nach dieser ersten Konfrontation habe die Ärztin nie mehr Probleme mit dem Dienst gehabt. »Die haben mich in Ruhe gelassen.« Die Stabsärztin tat wie gefordert und meldete sich bei ihrem Vorgesetzten. Auf dessen freundlich-fröhliches »Was gibt's denn, Doktorin?« folgte das vom MAD geforderte Outing. Der Oberst habe es sehr gelassen genommen: »Wenn Sie es nicht wie Hella von Sinnen halten«, habe er kein Problem damit.[136]

Abgesehen von den anfänglichen Friktionen mit dem MAD habe sie im Dienst wegen ihrer sexuellen Orientierung nie Probleme bekommen, betonte die Ärztin. Ihr Fazit im Jahr 2019: »Heute wissen viele junge Soldaten gar nicht mehr, was der § 175 war. Sie können es kaum glauben, wenn ihnen die früheren Restriktionen gegen gleichgeschlechtlich Liebende bekannt gemacht werden.«[137] Auch eine von 1994 bis 2008 als Unteroffizier auf Zeit dienende Zeitzeugin kann sich an keine Probleme mit dem MAD erinnern.[138]

3. Ein Orkan fegt über das Tabu:
Der Skandal um General Kießling 1983/84

Ein General wird nach § 50 SG in den einstweiligen Ruhestand versetzt – ein nicht alltäglicher, aber doch vollkommen normaler Vorgang. Aus der langen Liste der so entlassenen Generale sticht ein Name hervor: Günter Kießling. Dass aus der Zurruhesetzung Kießlings 1983 der größte Skandal der Bundeswehrgeschichte erwuchs, hat auch viel mit dem Tabu der Homosexualität und dem daraus gestrickten (vermeintlichen) Sicherheitsrisiko zu tun. Der fälschlich der Homosexualität bezichtigte General kämpfte um seine Ehre – mittels seines exzellenten Anwalts, seiner wenigen Unterstützer im Offizierkorps und vor allem mittels der Medien, die den Skandal an die Öffentlichkeit brachten und so die Rehabilitierung Kießlings erreichten oder vielmehr erzwangen. Nachdem Informationen und Gerüchte an die Öffentlichkeit gelangt waren, entwickelte sich eine Affäre, die im Januar 1984

---

[134] Zeitzeugengespräch, 28.11.2019.
[135] Akademie des Sanitäts- und Gesundheitswesend der Bw, S2, 6.2.1991.
[136] Zeitzeugengespräch, 28.11.2019.
[137] Ebd.
[138] Zeitzeugenbefragung Hauptfeldwebel d.R. Martina Riedel, Hamburg, 23.1.2020.

in einer Machtdemonstration des Verteidigungsministers gipfelte, der sich durch Kießlings Kampf um seine Ehre so in die Enge getrieben sah, dass er seinen Apparat sprichwörtlich mit aller Gewalt gegen den General weiter ermitteln ließ.

> »Dies – und nicht die zwanzigste ›Enthüllung‹ oder der einundzwanzigste nachgeschobene ›Beweis‹ – war das eigentliche Thema der Fernsehdiskussionen in diesen Tagen, in denen von offenen Bademänteln, Barhockern, Stammgästen in der Szene und schmuddeligem Milieu, von großer Pflicht und kleiner Neigung die Rede war – aber nur selten von des Pudels Kern, der Brandmarkungsfähigkeit eines Menschen, den man glaubt zu den Existenzen und Typen einer Randgruppe zählen zu können.«[139]

Der Historiker Heiner Möllers, Experte in Sachen Kießling, brachte es auf den Punkt: »Es ging um den Kern des Selbstverständnisses der Bundeswehr: den Staatsbürger in Uniform und die viel gepriesene Innere Führung«[140].

Alles begann mit Gerüchten in NATO-Kreisen: Vier-Sterne-General Günter Kießling, Stellvertreter Oberster Alliierter Befehlshaber Europa, sei »homosexuell veranlagt« und werde daher von seinem Chef, dem NATO-Oberbefehlshaber Europa US-General Bernhard W. Rogers, abgelehnt. Seine Homosexualität mache den höchsten deutschen NATO-General zudem erpressbar und damit zum Sicherheitsrisiko.

Am 29. Juli 1983 ordnete das Amt für Sicherheit der Bundeswehr (ASBw) eine Sicherheitsüberprüfung an und beauftragte den Militärischen Abschirmdienst, gegen den General »wegen des Verdachts der Homosexualität« zu ermitteln. Der Kommandeur der zuständigen Bonner MAD-Gruppe S verfügte jedoch, »keinerlei Maßnahmen zu ergreifen«. Da es sich um einen der höchsten Generale handele, sei ein solcher Auftrag nicht auf der Arbeitsebene zuzustellen, sondern zuvor die »politische und militärische Führung zu unterrichten«. Zudem sei der Auftrag »zu wenig spezifiziert, dürftig im Inhalt, ja oberflächlich und damit unqualifiziert«.[141]

Daraufhin wurde die Düsseldorfer MAD-Gruppe III beauftragt, in der Kölner Homosexuellenszene zu ermitteln. Wieso gerade dort? Wären nicht Hamburg, seit 1979 wohnte Kießling im schleswig-holsteinischen Rendsburg, und Brüssel, in dessen Nähe das NATO-Hauptquartier lag, naheliegend gewesen? Oder gab es einen konkreten konspirativen Hinweis aus Köln? Laut Auskunft des damaligen Leiters des Düsseldorfer MAD, Oberst a.D. Heinz Kluss, sei man auf Köln gekommen, weil dort die größte schwule Szene bestand und auch viele Auswärtige und Durchreisende dort

---

139 Momos: Fernseh-Kritik: Ein kleiner Fall Dreyfus.
140 Möllers, Die Affäre Kießling, hier aus dem Werbetext auf dem Umschlag. Heiner Möllers hat zu Recht darauf hingewiesen, dass, »anders als bei manchem Beschaffungsskandal«, hier »das Menschenbild des Militärs im Mittelpunkt der öffentlichen Wahrnehmung« gestanden habe. Zum Skandal um General Kießling sind neben der 2019 publizierten Monografie aus der Feder Möllers bereits zahlreiche Forschungsergebnisse veröffentlicht worden. Eine ausführliche Analyse dieses »größten Skandals der Bundeswehr« (Möllers) hätte den Rahmen dieser Studie gesprengt und vom Schwerpunkt des Forschungsinteresses abgelenkt. Die Skizze der komplexen Affäre stützt und beschränkt sich an dieser Stelle auf meine eigenen Forschungsergebnisse, die größtenteils bereits 2014 und 2018 erschienen sind, sowie auf neue, bislang unveröffentlichte Forschungsergebnisse, die hier erstmals präsentiert werden. Vgl. Storkmann, Cui bono?, sowie Storkmann, Generalverdacht. Zum Skandal und insbesondere zu dessen Auswirkungen auf die weitere Arbeit des MAD ausführlich: Hammerich, »Stets am Feind!«, S. 261–283.
141 BArch, Bw 32/5, o.Pag.: Kommandeur MAD-Gruppe S, Vermerk 30.1.1984.

verkehrten.[142] Der MAD hatte demnach quasi auf gut Glück ohne konkrete Hinweise in einer beliebigen, wenn auch naheliegenden Stadt und dort in beliebigen, so doch gut besuchten Bars nach Hinweisen gesucht. Selbst wenn dem so war, lässt sich dieses Vorgehen nur schwerlich als »vorfallsrelevant« einstufen. Vielmehr lag dem Dienst mit den vagen Gerüchten über des Generals Homosexualität einzig eine »merkmals-relevante« Information vor. Dennoch wurde ermittelt. So trennscharf schien also die Unterscheidung zwischen »merkmalsrelevant« und »vorfallsrelevant« zumindest am Anfang einer Sicherheitsüberprüfung nicht gehandhabt worden zu sein.

Wie der Untersuchungsausschuss des Bundestags[143] und die investigative Presse später herausfanden, kontaktierte nun ein Stabsfeldwebel des MAD einen ihm per-sönlich bekannten Beamten der Kriminalpolizei Köln, der wiederum einen Kollegen einbezog. Letztgenannter zeigte ein retuschiertes Bild Kießlings zunächst in zwei Schwulenbars bzw. -clubs. Beiden Wirten kam der Mann sofort bekannt vor: Er sei einer »von der Bundeswehr«, heiße Günter oder Jürgen, »jedenfalls irgendwas mit ü«.[144] In dem MAD-internen Vermerk heißt es: »Durch geeignete Ermittlungen in der Kölner Homo-Szene [...] wurde der z.Ü. [zu Überprüfende] aus einer Serie von Fotos eindeutig als ›Günter‹ von der Bundeswehr erkannt.«[145] Auch sei in einem »ein-schlägig« als »Disco für jugendliche Stricher und Straftäter« bekannten Szenelokal »der z.Ü. eindeutig als ›Günter von der Bundeswehr‹ identifiziert [worden]: Günter verkehre dort auch heute noch monatlich und pflege Kontakte zu jugendlichen Strichern gegen Bezahlung.«[146] Die angeblichen Nachforschungen des MAD, oder genauer: im Auftrag des MAD, in der Kölner Schwulenszene wurden 1984 auf dem Cover des *Spiegel* plakativ zugespitzt.[147] Kluss schrieb rückblickend dazu:

> »Einerseits war damit der Anfangsverdacht erhärtet worden, andererseits handelte es sich bloß um ein Foto. Verwechslungen waren da immer möglich, bei telefonischer Übermittlung schleichen sich leicht Fehler ein – das sind Allerwelt-Weisheiten. Auch war die Glaubwürdigkeit der Auskunftspersonen (Wirt, Barmann, Zufallsgäste) zweifelhaft.«[148]

Wohl wegen dieser Zweifel hatte Kluss die Meldung in einem besonderen Feld auf der rechten Seite des Formulars notiert:

> »Alles was innerhalb dieses rot umrandeten Feldes steht, galt als unausgegorene Infor-mation, die innerhalb des MAD bleiben soll [...] Es ist eine vage Spur, die weiterverfolgt

---

[142] Dazu diverse Zeitzeugenbefragungen des Verfassers mit Oberst a.D. Heinz Kluss per E-Mail zwischen 2014 und 2016 und persönlich am 13.2.2018. Kluss war von 1981 bis 1985 Kommandeur der Düsseldorfer MAD-Gruppe III.

[143] Deutscher Bundestag, Kießling-Untersuchungsausschuss.

[144] »Irgendwas mit ü« wurde in späteren Presseberichten über den Fall Kießling zum viel zitierten Bonmot, siehe u.a. Range, Irgendwas mit ü.

[145] Aktenvermerk der MAD-Stelle III, Referat III–1 E B, Düsseldorf, 9.9.1983, abgebildet im bislang unveröffentlichten Manuskript von Heinz Kluss, »Kein Versöhnungsbier in Moskau. Die Affäre Kießling und der Militärische Abschirmdienst. 30 Jahre danach als Lehrstück von einem mitverantwortlichen Akteur ausufernd erzählt«, darauf aufbauend erstmals als Faksimile publiziert in Storkmann, Generalverdacht, S. 294–307, und später auch in Möllers, Die Affäre Kießling, S. 75.

[146] Ebd.

[147] Der Spiegel, 4/1984.

[148] Kluss, Kein Versöhnungsbier, S. 15. Zu den Kluss-Erinnerungen und dem MAD-Vermerk erstmals 2014 Storkmann, Cui bono?, später dazu auch: Möllers, Die Kießling-Affäre, S. 517–550.

werden muss, mehr nicht [...] Ich war sicher, damit alles mir mögliche getan zu haben, um den General gegen [sic] Indiskretionen zu schützen [...] Mit Ausnahme des Generals Behrendt [Chef des dem MAD vorgesetzten ASBw] hat niemand von uns den Namen des ›zu Überprüfenden‹ erfahren.«[149]
Brigadegeneral Behrendt musste unverzüglich den Bundesverteidigungsminister in Kenntnis setzen.

Anmerkung am Rande: In einem Schreiben an Staatssekretär Dr. Günter Ermisch bestätigte der MAD im April 1984, dass es »im Zusammenhang mit der Sicherheitsüberprüfung des Generals Dr. Kießling Bearbeitungsmängel im Tätigkeitsbereich der Abt. I des ASBw« gegeben habe. Diese und die »erneuten schweren Mängel in einem weiteren der Leitung BMVg bekanntgewordenen Fall« machten es aus Sicht des Dienstes erforderlich, »die fatalen Auswirkungen fehlerhafter Bearbeitung für die betroffenen Bundeswehrangehörigen wenn nicht zu vermeiden«, so doch zu reduzieren.[150]

a) »Keine Fritschaffäre«

Die persönlichen Aufzeichnungen des damaligen Adjutanten von Verteidigungsminister Manfred Wörner, des seinerzeitigen Oberst i.G. Jörg Schönbohm, geben Aufschluss über die Gespräche und Überlegungen *hinter* den verschlossenen Türen des Ministerbüros. Über den Vortrag des Chefs des dem MAD vorgesetzten ASBw schrieb Schönbohm am 14. September 1983, Brigadegeneral Helmut Behrendt habe den Minister zunächst allein gesprochen (»Thema nicht erwähnt«, »etwas Besonderes« notierte der Adjutant mit Blick auf die Gründe, aus denen der MAD-Chef um den dringenden Termin bei Wörner gebeten hatte). Als der Adjutant »wenige Minuten später« zum Gespräch hinzutrat, wirkte »BM [Bundesminister] betroffen«.[151]

In Anwesenheit Schönbohms trug Behrendt dem Minister vor: »Gen. Dr. K. [Kießling] anhand von Photos sofort + eindeutig als regelmäßiger Besucher von 2 Homolokalen identifiziert – Günter von der Bw [Bundeswehr]; – erscheint monatlich, kauft sich gegen Geld Strichjungen – zur Zeit keine weiteren Ermittlungen möglich, um Informant zu schonen + Unruhe in der Szene zu vermeiden; mindestens 2 Wochen warten (Szene hochkriminell).«[152] Der Oberst notierte eingangs erneut: »BM betroffen«.[153] Behrendts Verweis auf einen »Informanten« deutet im Übrigen darauf hin, dass es doch Verbindungen in die Kölner Homosexuellenszene gegeben hatte. Wenn dem so war, würde das erklären, wieso die Beamten bei der Suche nach Zeugen sofort zwei Treffer landeten. Dagegen führte Kluss 33 Jahre später aus, er

---

149 Kluss, Kein Versöhnungsbier, S. 16. Quellenkritisch zum Kluss-Vermerk Möllers, Die Affäre Kießling, S. 74–76. Im Bericht des Kießling-Untersuchungsausschusses wurde das MAD-interne Formular nur kurz mit dem Fachbegriff »Quellenschutzbericht« angedeutet. Vgl. Kießling-Untersuchungsbericht, S. 91.
150 MAD, Abt. KS, an BMVg StS Dr. Ermisch, 18.4.1984, Az 06-24-00, VS-NfD eingestuft (durch Fristablauf seit 1.1.2015 offen).
151 Nachlass Generalleutnant a.D. Jörg Schönbohm, abgegeben an das ZMSBw, Forschungsbereich Militärgeschichte nach 1945, vorläufige Signatur VJS 07, Aufzeichnungen vom 14.9.1983 (Hervorhebungen im Original).
152 Ebd.
153 Ebd.

habe eine Drei-Wochen-Frist in die Meldung an den MAD-Chef eingefügt, um zu signalisieren, dass der Minister drei Wochen Zeit habe, eine einvernehmliche Lösung zu finden.[154] Demnach hätte der Geheimdienstchef gegenüber dem Minister den Informanten selbst hinzugefügt, möglicherweise, um seinem Vortrag mehr Gewicht zu verschaffen. Den Notizen des Adjutanten sind die starken Zweifel Wörners an den ihm vorgetragenen Informationen des MAD zu entnehmen, die aber vom Chef des Dienstes als unbegründet abgewiesen wurden: »*Auf Frage BM* [Bundesminister]: – Verwechslung ausgeschlossen + Polizei/Kripo bestätigt«. Und später nochmals: »Kluss Auftrag von Waldmann[155], ob verifiziert werden kann, dass K. homo Neigungen«, mit dem Ergebnis: »nach Bericht von MAD-Gruppe III von Kripo Köln bestätigt«. Über das Gespräch mit dem Staatssekretär notierte Schönbohm: »StS Dr. Rühl fragt nach Polizei«, »Eindeutigkeit der Identifizierung« und »*Beweismittel*: Beamte der Kripo«.[156] Mehrfach findet sich in den Notizen das Wörner-Zitat: »keine Fritschaffäre«. Dies kann als Mahnung gelesen werden, dass es einen ähnlichen Skandal wie den um den 1938 als homosexuell denunzierten Oberbefehlshaber des Heeres Werner Freiherr von Fritsch nicht geben dürfe, wie auch als Versicherung, es werde nicht dazu kommen. Die vollständige Aktennotiz der Besprechung, an der neben Wörner, Behrendt und Rühl nun auch Generalinspekteur General Wolfgang Altenburg und der Abteilungsleiter Personal teilnahmen, lautet: »Sachvortrag AC [Amtschef] wie zuvor! Diskussion über Glaubwürdigkeit/Verwechslungsmöglichkeit; Ergebnis: An der Eindeutigkeit des Ermittlungsergebnisses nicht zu zweifeln; Verdacht begründet, dennoch Info verdichten; Indiskretionen vermeiden! *Keine Fritschaffäre.*«[157]

Schönbohms Notizen zufolge besprach der engste Kreis um Wörner mehrfach das Sicherheitsrisiko dieses Falles. Der Minister gab dem Amtschef des ASBw den Auftrag, die Informationen »in Zusammenwirken mit Kripo« zu verdichten und die Leitung der Kriminalpolizei über die Brisanz zu unterrichten. In den Notizen dieser Besprechung findet sich mehrfach die Warnung Wörners vor Indiskretionen. Abschließend notierte der Adjutant, »GenInsp [Generalinspekteur] spricht am 15. [September] mit Gen. Dr. K. + danach BM ggf.« Die unter »Abschlussfragen« notierten Mitschriften geben erneut Zeugnis von Wörners Zweifeln, die aber vom MAD wiederum ausgeräumt wurden: »– Intrige möglich; – Verwechslung ausgeschlossen; – steht die Polizei dazu; – Indiskretionen«.[158]

In der weiteren Diskussion thematisierte der engste Kreis um Verteidigungsminister und Generalinspekteur das schwierige Verhältnis von General Kießling zum amerikanischen NATO-Oberbefehlshaber Europa: »1.) Verhältnis zu SACEUR: Bruch [...] bekannt!«, und die aus der Angelegenheit möglicherweise erwachsenden Risiken, wiederum beginnend mit der Warnung

---

154 E-Mail Heinz Kluss an den Verfasser, 23.6.2017.
155 Zu Regierungsdirektor Artur Waldmann, einer Schlüsselfigur in der Auslösung des Skandals, siehe auch dessen Vortrag zu Homosexualität »aus sicherheitsgemäßer Sicht« vom 18.4.1980, BArch, BW 1/378197.
156 Aufzeichnung Adjutant BM vom 14.9.1983, Nachlass Schönbohm im ZMSBw, vorläufige Signatur VJS 07.
157 Ebd.
158 Ebd.

»2.) Indiskretionen möglich; Auswirkungen auf [...] Ansehen NATO, Bundeswehr; Dr. K. keine Autorität mehr;

3.) [...] Erpressung möglich;

4.) Sicherheitsrisiko; sicherheitsgefährdende Verstrickung prüfen/zurückweisen«.

Erneut findet sich der fast schon beschwörende Hinweis der Runde an sich selbst:

»5.) keine Fritschaffäre«.[159]

Minister Wörner, Generalinspekteur Altenburg und MAD-Chef Behrendt waren sich also des Eskalationsrisikos voll bewusst. »Das Problem war nicht die [angebliche] Homosexualität; das Problem war das [vermeintliche] Sicherheitsrisiko«, betonte Altenburg rückblickend.[160]

Wörner handelte zügig. Am 19. September 1983 verständigten er und Kießling sich in Anwesenheit des Generalinspekteurs darüber, dass Kießling zum 31. März 1984 vorzeitig in den Ruhestand gehen werde. Kießling legte großen Wert darauf, dass dies nicht als »Schuldeingeständnis« zu werten sei. Wörner wies im Gegenzug den MAD an, alle Ermittlungen einzustellen. Damit widerrief Wörner seinen Auftrag an den MAD, die Informationen zu verdichten.

Anfang November 1983 ordnete Staatssekretär Joachim Hiehle, nach mehrmonatiger Krankheit an seinen Schreibtisch zurückgekehrt, überraschend die Wiederaufnahme der MAD-Ermittlungen an. Er handelte damit entgegen der ersten Entscheidung des Ministers, der sich von Hiehle hatte überzeugen lassen, so zu verfahren. Der Jurist Hiehle war der Meinung, ein General dürfe nicht anders behandelt werden als jeder andere Soldat; eine Übereinkunft, wie sie Wörner und Kießling getroffen hatten, lehnte er grundsätzlich ab.

Der am 6. Dezember 1983 vorgelegte ASBw-Bericht wiederholte letztlich nur die Meldung vom September, es hätte gemäß Wörners letzter Weisung keine neuen Ermittlungen gegeben. Der Bericht nannte nun allerdings (fälschlicherweise) das Landeskriminalamt (LKA) Nordrhein-Westfalen als Quelle. Brigadegeneral Behrendt empfahl dringend, sich »bei der weiteren Behandlung dieser Angelegenheit nicht an der üblichen Vorgehensweise zu orientieren«, denn ein Bekanntwerden des Vorgangs in der Öffentlichkeit »würde im Hinblick auf die exponierte Stellung des General Dr. K. dem Ansehen der Bundesrepublik Deutschland abträglich sein und schweren Schaden bewirken«. Daher sei die Aufhebung des Sicherheitsbescheids Kießlings »nicht zweckmäßig«.[161] Wie recht der MAD-Chef mit seiner Warnung hatte, zeigte der spätere Skandal, der das Ansehen der Bundeswehr, des Verteidigungsministers und des MAD enorm beschädigte. Die Führung des BMVg hielt sich weder an diesen Ratschlag noch an das bereits mit dem General vereinbarte absehbare Ende seiner Dienstzeit.

Am 8. Dezember entschied Wörner, Kießling bereits zum Jahresende in den einstweiligen Ruhestand zu versetzen, ohne eine weitere Anhörung des Generals und – für den General besonders bitter – ohne militärische Ehren. Die Gründe dafür sind bis heute unbekannt.

---

159 Ebd.
160 So General a.D. Wolfgang Altenburg gegenüber dem Verfasser telefonisch am 5.7.2017.
161 Der Wortlaut des ASBw-Berichts in: Kießling-Untersuchungsausschuss, S. 101–103.

»Eine mögliche Erklärung ist, dass man im Ministerium die Reaktionen der Opposition
und der Presse, die wie das Amen in der Kirche kommen würden, völlig falsch einschätz-
te. Erwartet wurde der Vorwurf, Wörner schütze einen Freund. Um dieser Kritik vorzubeugen, wollte man Kießling so schnell wie möglich von Bord haben. Niemand hatte sich
vorstellen können, dass genau das Gegenteil eintrat, nämlich dass Medien, Öffentlichkeit
und Politik sich leidenschaftlich auf die Seite des Generals schlagen würden, weil man
ihn als Opfer menschlicher Niedertracht, bürokratischer Willkür und geheimdienstlicher
Intrige begriff.«[162]

Hinzu kam, dass Homosexualität von vielen Menschen nicht mehr als skandali-
sierungswürdig akzeptiert wurde.[163] Letztlich gaben für die Entscheidung Wörners
wohl die Argumente Hiehles den Ausschlag.

Am 23. Dezember 1983 erhielt Kießling seine Entlassungsurkunde, ausgerechnet aus den Händen des Staatssekretärs, und übergab diesem zugleich ein nur aus
zwei Sätzen bestehendes Schreiben, in dem er ein Disziplinarverfahren gegen sich
selbst beantragte: »Begründung: Ich bestehe auf Klärung der gegen mich erhobenen
Vorwürfe.«[164] Er reichte zudem im Januar 1984 Klage vor dem Verwaltungsgericht
Köln ein.[165] Viel wichtiger und am Ende entscheidend war die Pressekampagne, mit
deren Hilfe Kießling sich in den Kampf um seine Ehre stürzte.[166]

Die Presseberichte sollten im Januar die Schlagzeilen der Zeitungen und Zeitschriften und die Abendnachrichten von ARD und ZDF beherrschen. Sie wühlten
auch viele Menschen auf, die zuvor noch nie etwas von General Kießling gehört hatten, so wie diesen Münchner, der dem General im Januar 1984 einen persönlichen
Brief in feinstem Bairisch schrieb:

»Bevor Sie in der Zeitung g'stand'n san, hab' i garnet g'wußt, dass es Sie gibt. Das, was
ma mit Eahna macht, des stinkt mia. Dabei ist mia Wurscht, ob's stimmt oda net. Ich bin
grantig, weil jemand, der sich so verhält, wia's Strafgesetz erlaubt, auf oamal erpreßbar sei
sollt [...] Oan's g'fallt ma vo Eahna aba net. Warum s'san auf oinmal krank g'worn? Könna
Sie net kämpf'n?«[167]

Was der Herr aus München nicht wissen konnte: Kießling kämpfte hinter den Kulissen mit Hilfe seines Anwalts und mittels gezielter Informationen an die Presse sehr
geschickt – und am Ende erfolgreich.

---

[162] Kluss, Kein Versöhnungsbier, S. 27.
[163] So auch Schwartz, Homosexuelle, S. 298: Bereits in der Debatte um den Wörner-Kießling-
        Skandal habe es in der Presse Stimmen gegeben, »die dem Minister nicht nur die Entlassung
        eines Generals wegen (unbewiesener) Homosexualität zum Vorwurf machten, sondern auch
        die damit verbundene generelle Stigmatisierung aller Homosexuellen in Deutschland.«
[164] BArch, Bw 1/535370, Bl. 1.
[165] BArch, Bw 1/237515: Handakte des Parlamentarischen Staatssekretärs im BMVg Peter Kurt
        Würzbach.
[166] Zur bedeutenden Rolle der Medien in dieser Affäre ausführlich Möllers, Die Affäre Kießling,
        und zuvor bereits Möllers, Die Kießling-Affäre.
[167] BArch, N 851/82: Nachlass Kießling, Schreiben Helmut S., München, an General Kießling,
        15.1.1984.

b) Ermittlungen – mit allen Mitteln

Formell aufgrund des von Kießling gegen sich selbst beantragten Disziplinarverfahrens begannen Anfang Januar 1984 neue Ermittlungen. In der Ermittlungsakte findet sich eingangs der undatierte Vermerk des (Personal-)Referats P II 5: »Sind überhaupt disz[iplinar]rechtl[iche] Vorwürfe erhoben?; – m.E. nur Sicherheitsris[i]k[o]!; – zunächst Zulässigkeit des Antrags prüfen; – Sachaufklärung erst auf W[ei]s[un]g«; später wurde noch ergänzt: »erteilt am 9.1.«[168] Beteiligt waren die BMVg-Referate ES (Ermittlungen in Sonderfällen), P II 5 und FüS II 6, wiederum das ASBw und der MAD sowie der Wehrdisziplinaranwalt und sogar das Ministerbüro selbst. Mit aller Macht des Apparats suchte das BMVg nun nach »Beweisen« zur Belastung Kießlings – und zur Entlastung Wörners: »Dann ist *allen* Pflichtverletzungsmöglichkeiten nachzugehen, nicht nur denen, die im Zusammenhang mit dem Zurruhesetzungsverfahren zu sehen sind.«[169]

Im von der oppositionellen SPD verfassten Teil des Bundestagsuntersuchungsberichts hieß es denn später auch, die Ermittlungen seien »in einem unfassbaren Umfange in jede nur vorstellbare Richtung« vorangetrieben worden, »deren allein erkennbares Ziel es gewesen, eine nachträgliche Rechtfertigung der rechtswidrig vorgenommenen Pensionierung des Generals zu finden«.[170] Vor allem:

> »Eine solche lückenlose Durchleuchtung persönlicher Verhältnisse ist mit tragenden Verfassungsgrundsätzen der Bundesrepublik Deutschland [...] nicht in Einklang zu bringen; sie verstößt gegen das Gebot zur Achtung und zum Schutz der Menschenwürde aus Artikel 1 Abs. 1 des Grundgesetztes und auch gegen den im Rechtsstaatsprinzip wurzelnden Verhältnismäßigkeitsgrundsatz«,[171]

kritisierte die Opposition. Auch die beiden Fahrer des Generals seien »in massiver Weise zu ihrem Intimleben, insbesondere zu ihrem Sexualleben befragt worden. Eine solche Befragung ist mit dem Gebot der Achtung ihrer Menschenwürde nicht in Einklang zu bringen.«[172]

Die Opposition hatte Recht. Die nun einsehbaren Ermittlungsakten zeigen, wie die ministeriellen Ermittler die jungen Fahrer, einen Stabsunteroffizier und einen Oberfeldwebel, der an drei Tagen jeweils mehrere Stunden vernommen wurde, nach deren eigenen sexuellen und explizit homosexuellen Erfahrungen befragten.[173]

Das Gerede um seine angebliche Homosexualität begleitete Kießling seit Jahren auf allen Stationen seiner Karriere. Es erreichte auch das NATO-Hauptquartier – noch vor seinem dortigen Dienstantritt. Der britische General Sir Anthony Farrar-Hockley hatte später übertrieben als »Dossier« bezeichnete Meldungen (eher Briefe) an den SACEUR über Kießling verfasst.[174] Hohe deutsche NATO-Offiziere versuchten 1982 Kießlings Wechsel zur NATO zu verhindern. Sie wandten sich mit dem Hinweis auf dessen vermeintliche Homosexualität an den stellvertretenden Leiter

168 BArch, BW 1/535370, o.Pag, vor Bl. 1.
169 Ebd. (Hervorhebung im Original).
170 Kießling-Untersuchungsausschuss, S. 171 f.
171 Ebd.
172 Ebd., S. 172 f.
173 Die Vernehmungsprotokolle in BArch, BW 1/535370.
174 Dazu Möllers, Die Affäre Kießling, S. 57 f.

der Personalabteilung des BMVg, ohne Erfolg.[175] So brodelte die Gerüchteküche – von Kießling unbemerkt oder ignoriert – weiter, bis sprichwörtlich der Deckel auf dem überhitzten Gerüchtekochtopf hochging und der Skandal seinen Lauf nahm.

Unter den Offizieren der Bundeswehr war das Echo auf den nunmehr alles beherrschenden Skandal geteilt.[176] Nicht wenige hielten es für möglich, ja wahrscheinlich, dass der General homosexuell sei. Ein »komischer Kauz« sei er auf alle Fälle gewesen, so 30 Jahre nach dem Skandal ein Oberstleutnant, der, damals noch ein junger Offizier, Kießling in seiner Funktion als Divisionskommandeur der 10. Panzerdivision erlebt hatte.[177] Die, die Kießling besser kannten, wussten, dass an den Vorwürfen nichts dran sein konnte.[178] In Kießlings Nachlass finden sich mehrere sehr persönlich gehaltener Briefe von zuvor von ihm als Kommandeur geführten Soldaten, Unteroffizieren und Offizieren. Sie alle zeugen von der Hochachtung und dem Respekt für ihren alten Vorgesetzten, der nun so unter Beschuss stand. Drei Beispiele seien hier stellvertretend aufgeführt: Ein damals im Auslandseinsatz in Djibouti dienender Oberstleutnant nannte den Umgang mit Kießling schlicht eine »Sauerei«: »Herr General, für Ihren großen Fight gegen praktisch Ost und West möchte ich Sie aus Afrika – immerhin als kampfstarker Oberstleutnant – moralisch unterstützen«[179]; ein Hauptfeldwebel aus Heidelberg beklagte die »entehrende Behandlung« und die »unglaublich schlampigen Methoden/Recherchen des MAD«[180]; zwei Hauptgefreite aus Westerburg schrieben nach Kießlings Rehabilitation, »dies stärkt unser Vertrauen in das Prinzip der Rechtsstaatlichkeit«.[181]

Aus seiner Erfahrung als früherer Gruppenkommandeur des MAD und als Referatsleiter in der für Nachrichtenwesen zuständigen BMVg-Abteilung FüS II berichtete ein pensionierter Brigadegeneral an Kießling, freilich »ohne Einzelheiten« und »ohne die Hintergründe« des konkreten Falls zu kennen:

> »Nachrichtendienste neigen dazu, im 6. Stock zu kombinieren, ohne im Parterre Beweise zu haben. Da sie keine Exekutivbefugnisse haben, wird dies auch selten offenbar [...] Da der MAD etwas tun muss, was völlig atypisch für Streitkräfte ist, [...] wurde er jahrelang – auch in Anbetracht des Personalegoismus der TSK – nach dem Motto bedient: ›MAD kann jeder‹ [...] sicher keine Garantie für eine positive Personalauswahl für den MAD [...] Hierzu kommen allgemein menschliche Schwächen. Etwa, wenn jemand jahrzehntelang Mühe hatte, seine und die Existenzberechtigung seiner Mitarbeiter nachzuweisen, weil nachrichtendienstlich gesteuerte Sabotage im Frieden nicht stattfindet und auch ansons-

---

[175] Vernehmungen Kapitän z.S. J. und Oberstleutnant B. vom 10.1.1984 und Bericht BMVg, P II 5, vom 16.1.1984, BArch, BW 1/535370. Die Aussagen wurden vom BMVg vor Vorlage der Akten an den Untersuchungsausschuss geschwärzt. Erstmals erwähnt 2014 in Storkmann, Cui bono, S. 720. Möllers' intensive Forschungen bestätigen den Briten Sir Farrar-Hockley als Quelle der Gerüchte und geben eindrucksvoll Aufschluss über deren Weg zu General Rogers und das NATO-Hauptquartier. Vgl. Möllers, Die Affäre Kießling, S. 57 f.
[176] Ausführlich dazu Möllers, Die Affäre Kießling.
[177] Aus einem persönlichen Gespräch des Verfassers mit dem ihm gut bekannten Oberstleutnant, 2014.
[178] Dazu mehrere Zeitzeugengespräche mit Generalarzt a.D. Dr. Horst Hennig, Köln. Hennig war einer der ältesten und engsten Freunde Kießlings.
[179] BArch, N 851/82: Nachlass Kießling, Schreiben Oberstleutnant L., Djibouti, an General Kießling, 26.1.1984.
[180] Ebd., Hauptfeldwebel L., 19.1.1984.
[181] Ebd., Hauptgefreite J. und G., 6.2.1984.

ten, aus welchen Gründen auch immer, dazu neigt, Sicherheitsrisiken vorwiegend unterhalb der Gürtellinie zu suchen, ist [...] der Ärger vorprogrammiert.«[182]
Er schreibe ihm, Kießling, damit dieser sich »nicht den Kopf über Ursachen zer-
brechen«[183] möge.

In einer der vom Generalinspekteur zur Durchführung in der ganzen Truppe be-
fohlenen Informationsveranstaltungen zum laufenden Skandal habe ein Hauptmann
»die Tragik – unter starkem Beifall der anwesenden Soldaten – auf den Punkt gebracht: ›Wenn man heute in der Bundeswehr nicht einmal einem 4-Sterne-General
sein Ehrenwort glaubt, wer glaubt dann mir bei solchen Anschuldigungen? Ich werde ab sofort keine 4-Augen-Gespräche mehr durchführen!‹«[184]

Die Erinnerung stammt von einem späteren Brigadegeneral. Bereits pensioniert, schrieb dieser 2005 einen längeren Brief an Bundeskanzler a.D. Helmut
Kohl und richtete seinen Blick auf den Skandal, den er auf seinem Dienstposten
im NATO-Hauptquartier erlebt hatte. Sein Kontakt zu General Kießling endete im
Spätherbst 1983, als dieser ihm im Hauptquartier sehr aufgewühlt mitgeteilt habe,
dass er völlig unbegründet nach Deutschland zurückberufen worden sei. Kießling
habe keine näheren Angaben gemacht. Des Generals Bemerkung, »es gäbe leider
nicht die Möglichkeit, ins feindliche Feuer zu gehen«, veranlasste den Zeitzeugen,
Kießling »das Versprechen abzunehmen, sich nicht das Leben zu nehmen«.[185] Der
Zeitzeuge sei »ahnungslos« geblieben. Entgegen anderen Berichten aus dem NATO-
Hauptquartier erinnerte er sich, es habe *keine* Gerüchte gegeben.

Ein im Januar 1984 den Lehrgang für angehende Kompaniechefs an der Schule
der Nachschubtruppe in Bremen besuchender Hauptmann wusste 35 Jahre später zu
berichten, der Schulkommandeur habe den Hörsaal aufgesucht und seine Ansprache
an die angehenden Kompaniechefs mit den Worten begonnen, sie hätten ein Recht
zu erfahren, wie ihr Schulkommandeur zum Skandal um General Kießling stehe.
Des Kompaniechefs Standpunkt sei gewesen: Der Verteidigungsminister müsse
zurücktreten.[186]

Im Januar 1984 war der nun öffentlich gewordene Skandal unter aktiven Offizieren Thema Nummer eins, auch in Gesprächen am Telefon – und die DDR hörte
mit, wie die Aufzeichnung des folgenden Ferngesprächs eines hier nicht namentlich
zu nennenden Generals beweist:

»Wir kennen uns ja seit vielen Jahren und ich habe ihm [Kießling] gesagt, das was er
unter Ehrenwort aussagt, ich ihm alles glaube und das ist auch so und da kann man sich
bestimmt darauf verlassen. Wenn er [K.] sagt, er hat das Lokal nie betreten, er kennt das
gar nicht, dann ist das so und da können die da ermitteln, was sie wollen. Er war ja immer

[182] Ebd., Schreiben eines Brigadegenerals a.D. an General Kießling, 30.3.1985.
[183] Ebd. »Im Grund ist es völlig egal, ob der CI [Counter Intelligence]-Dienst der NATO mit
     dem MAD ›Nachrichten‹ ausgetauscht hat und auf wessen Veranlassung. So oder so bleibt es
     für den MAD und unseren Herrn Oberbefehlshaber eine Riesenblamage, die nicht von denje-
     nigen ausgebadet werden muss, die sie zu verantworten haben, sondern von den vielen ›grauen
     Mäusen‹, die brav und engagiert ihre Arbeit machen wollen.« Ebd.
[184] Brigadegeneral a.D. Lorenz Huber an Bundeskanzler a.D. Dr. Helmut Kohl, 8.11.2005.
     Dank an Herrn Huber für die Überlassung einer Kopie.
[185] Ebd.
[186] Zeitzeugenerinnerung Oberst a.D. Prof. Dr. Winfried Heinemann, Berlin, 9.8.2019.

ein Einzelgänger und ein etwas komischer Kauz. Aber das habe ich schon von Anfang an bezweifelt und auch wenn er das jetzt beteuert, hab ich überhaupt keine Zweifel mehr.«[187] Der abgehörte General war der Überzeugung, nicht Wörner (»Der Minister selbst war ja im Urlaub«), sondern dessen »unmittelbare Ratgeber« seien die »Hauptschuldigen« des Skandals. Der Gesprächspartner, ein Oberst, erwiderte, »einem General vorzuwerfen, er sei für die Republik ein Sicherheitsrisiko, das ist doch ein dicker Hund«. Der General steigerte sich in seinem Ärger noch: »Der Minister sagt, ich werfe ihnen keine Dienstvergehen vor. Sie sind nur ein Sicherheitsrisiko ([der Oberst] lacht). Das ist ein schöner Staat.« Der General hatte am 13. Januar am Telefon auch schon eine Lösung im Kopf: Wenn sich die Unschuld Kießlings herausstellen sollte, »dann muss natürlich ein Großer Zapfenstreich und alles her, denn jeder kann sich ja mal irren«.[188] Es war exakt die Lösung, auf die sich Kießlings Anwalt Konrad Redeker und für den CDU-Vorsitzenden Helmut Kohl (formell nicht für den Bundeskanzler) der Jurist der CDU-Bundestagsfraktion Paul Mikat als »Parlamentär«[189] am 1. Februar einigten: sofortige Wiederernennung und Versetzung in den einstweiligen Ruhestand zum 31. März mit Großem Zapfenstreich. Aber noch war es nicht so weit: Die nächsten zwei Wochen nach dem Telefonat nahm der Skandal immer absurdere Züge an.

Am 19. Januar 1984 wurden zwei obskure selbsternannte »Auskunftspersonen« aus der Kölner Homosexuellenszene ins Ministerbüro gebeten. Sie hatten sich Wörner angeboten, letztlich aber nichts Konkretes zu berichten – und drehten doch die Gerüchteschleuder weiter. Am nächsten Tag empfing Wörner dann den Züricher Journalisten, Schriftsteller und Schauspieler Alexander Ziegler, der ihm per Brief neues belastendes Material gegen Kießling in Aussicht gestellt hatte. Ziegler war offen homosexuell. An dem über mindestens zweieinhalb Stunden geführten Gespräch nahm neben dem (zumindest zeitweise anwesenden) Minister und dessen neuem Adjutanten, Oberst i.G. Klaus Reinhardt (späterer Vier-Sterne-General), auch der Chef des Bundeskanzleramts Waldemar Schreckenberger teil. Ziegler bekundete, dass Kießling Kontakte zu einem Düsseldorfer »Strichjungen« unterhalten habe. Daraufhin wurden rechtswidrig die Datensätze von 304 Wehrpflichtigen überprüft, die denselben Namen wie der angebliche Strichjunge trugen; die Akten von 22 dieser Männer wurden aus den Kreiswehrersatzämtern angefordert – freilich ohne Ergebnis.[190] Die sehr schnell in die Presse gelangten Aussagen Zieglers etwa über angebliche Treffen Kießlings mit Strichern waren der sprichwörtliche Tropfen, der das Fass zum Überlaufen brachte. Die inzwischen einsehbaren Protokolle der obsku-

---

[187] Diese Worte eines Generals (der genaue Generalsrang soll hier aufgrund des Persönlichkeitsschutzes nicht angegeben werden) im Telefongespräch mit einem Oberst wurden von der DDR-Funkaufklärung mitgehört und aufgenommen, BStU, MfS BV Suhl, Abt. III, Nr. 2040, Bl. 1 f.: Abhörprotokoll der DDR-Funkaufklärung, aufgenommen am 13.1.1984. Besagter General rief am 20. Januar auch erstmals direkt Kießling an und versicherte ihm seine Unterstützung. Siehe Möllers, Die Affäre Kießling, S. 174.

[188] BStU, MfS BV Suhl, Abt. III, Nr. 2040, Bl. 1 f.: Abhörprotokoll der DDR-Funkaufklärung, aufgenommen am 13.1.1984.

[189] Möllers, Die Affäre Kießling, S. 230.

[190] Ein junger Soldat als vermeintlicher Prostituierter – das erinnert an ein tatsächliches Geschehen im Kaiserreich, als sich Rekruten im Berliner Tiergarten und den Potsdamer Parks für käuflichen Sex anboten. Siehe dazu Domeier, »Moltke als Schimpfwort!« Zum damaligen Skandal um Eulenburg und Moltke ausführlich Schwartz, Homosexuelle, S. 16–76.

ren Zeugenbefragungen durch Wörner und insbesondere die Abschrift eines von Ziegler mit nach Bonn gebrachten Tonbandmitschnitts dürften wohl das Seltsamste sein, was jemals im Büro eines Bundesministers zu Papier gebracht worden ist, bis hin zu schon pornografisch zu nennenden, angeblichen anatomischen Details über den General.[191] General a.D. Gerd Schmückle, einer der Vorgänger Kießlings auf dessen NATO-Dienstposten, warf Wörner »die Mobilisierung der internationalen Stricherszene« vor.[192] Auch General a.D. Altenburg erinnerte sich, dass er empört dem Minister mit seinem Rücktritt als Generalinspekteur gedroht habe für den Fall, dass das Vorgehen gegen Kießling nicht aufhöre.[193]

Aus abgehörten Telefonaten Wörners notierte die DDR-Auslandsaufklärung, der Minister sei noch am 27. Januar der festen Überzeugung gewesen, »im Falle Kießling völlig korrekt gehandelt zu haben, auch wenn das auf Kießlings eigenen Wunsch durchgeführte Verfahren völlig schief gelaufen sei«.[194] Das MfS hörte auch mit, als Wörner den wohl einflussreichsten Mann im Axel-Springer-Verlag am Telefon bat, »die in der Presse gegen ihn [Wörner] geführte Kampagne zumindest über das Wochenende einzustellen«.[195] Wörner stellte weiterhin infrage, ob er den General »rehabilitieren« werde, und beklagte sich, Franz Josef Strauß würde »gegen ihn agieren«.[196] Und der DDR-Geheimdienst hörte mit, als in Bonn Gerüchte verbreitet wurden, nicht Kießling, sondern Wörner selbst sei homosexuell.[197] Anderen Telefonaten entnahm die DDR-Funkaufklärung, »Ermittlungsdienste der BRD« recherchierten auch am 27. Dezember 1983 mit einem Foto Kießlings in der Kölner Homo-Szene.[198] Kießling selbst vermerkte später im unveröffentlichten Manuskript seines Buches »Meine Entlassung«, ein Observationsteam des MAD habe im Januar 1984 die bekannten Kölner Szenelokale beobachtet, in der Hoffnung, den Ex-General dort zu sichten.[199] Andere interne Papiere belegen, dass der MAD einen neuen Ermittlungsauftrag in der Causa Kießling erhalten hatte. Da trotz des enormen Ermittlungsaufwands nichts »Belastendes« gegen Kießling gefunden wurde, änderte Wörner seine Haltung.[200] Kießling wurde am 1. Februar wieder in den aktiven

---

191 Auch Heiner Möllers, der diese und weitere Akten ebenfalls eingesehen und dazu publiziert hat, spricht von »obszönen« Inhalten. Er sieht in Wörners Treffen mit Ziegler den Wendepunkt der öffentlichen Berichterstattung zur Affäre zugunsten Kießlings. Möllers, Die Kießling-Affäre, hier S. 539 f.

192 Wörner – »der Lächerlichkeit preisgegeben«.

193 Zeitzeugengespräch mit General a.D. Wolfgang Altenburg, Lübeck-Travemünde, 11.6. und 7.8.2014.

194 BStU, MfS HA III 9289, Bl. 89 f: HA III, »Quelle 1«, Information Nr. 0655/1/1, aufgenommen am 27.1.1984, str. geh.

195 Bei dem Anruf zeigt sich eine erstaunliche Parallele im Agieren Wörners und von Bundespräsident Christian Wulff, der im Dezember 2011 bei Bild-Chef Kai Dieckmann anrief.

196 Ebd. Telefonaten einflussreicher und gut informierter Männer entnahm das MfS, Franz Josef Strauß, Alfred Dregger oder Friedrich Zimmermann seien als Wörner-Nachfolger im Gespräch. Ebd., Bl. 113, Information vom 27.1.1984, str.geh, sowie ebd., Bl. 148, Information vom 30.1.1984, str. geh.

197 Ebd., Bl. 142, aufgenommen am 30.1.1984, str. geh.

198 Ebd., Bl. 31, Information Nr. 0597/1/1-84, aufgenommen am 25.1.1984, str. geh.

199 BArch, N 851/156: Nachlass Kießling, unveröffentlichtes Manuskript »Meine Entlassung«.

200 Möllers rekonstruiert das zum Einlenken Wörners führende Geschehen hinter verschlossenen Türen mit Akribie, insbesondere auch das energische Eingreifen von Bundeskanzler Kohl. Möllers, Die Affäre Kießling, S. 223–240.

Dienst übernommen, um dann zum Monatsende März 1984 mit allen militärischen Ehren erneut in den Ruhestand verabschiedet zu werden.

Er habe später General Kießling den Vorwurf gemacht, dass er durch die Annahme des Großen Zapfenstreichs den erforderlichen Aufarbeitungsprozess in der Bundeswehr verhindert habe, betonte ein früherer Brigadegeneral. Für die Mehrheit der Soldaten sei es weder ein »Fall Kießling« noch ein »Fall Wörner« gewesen, sondern ein »Führungsversagen der Generalität der Bundeswehr, dargestellt am sogenannten Fall Kießling«.[201]

Verteidigungsminister Wörner wurde mit Häme und ätzendem Spott bedacht, auch im Deutschen Bundestag. Den Höhepunkt der Debatte am 8. Februar 1984 lieferte der Grünen-Abgeordnete Joschka Fischer, den nicht der vorzeitige Rücktritt des Generals erschütterte, sondern »wie Herr Wörner und sein Panikorchester auf der Hardthöhe den Menschen Günter Kießling öffentlich und moralisch fertigzumachen versuchten, als sie politisch unter Beweisdruck gerieten«. Scharf ging Fischer Wörner an:

> »Die Jauchekübel ließ er andere bedienen [...] Ob Günter Kießling homosexuell war oder nicht, er musste es jetzt sein! Ob er erpressbar war oder nicht, er musste es jetzt sein! Ob er eine Gefahr war oder nicht, er musste es jetzt sein! [...] Hier wurde die öffentlich ins Werk gesetzte moralische Hinrichtung eines Mannes versucht, um einen wehrverliebten Minister im Amt zu halten.«[202]

Mit großer Ernsthaftigkeit sprach dagegen der SPD-Vorsitzende Willy Brandt über die Bedeutung von »Ehre im Allgemeinen« und »Offiziersehre im Besonderen«. In dieser Affäre seien »diese [...] Begriffe gebogen und gewendet worden, bis Karikaturen davon übrigblieben«. Brandt mahnte »den Schutz einzelner Bürger vor nicht hinreichend qualifizierten [...] womöglich auch noch zu Übermut neigenden Nachrichtendiensten – deutschen oder ausländischen«[203] an; ein auch heute wieder (oder immer noch) hochaktuelles Thema.

> »Für uns besteht der eigentliche Skandal darin, dass Homosexualität heute immer noch für private, und was noch viel schlimmer ist, für politische Intrigen und Erpressungsversuche benutzt werden kann. Dabei ist es unserer Meinung nach völlig unerheblich, ob es sich dabei um tatsächliche oder unterstellte Homosexualität handelt. Hinzu kommen in Ihrem Fall die skandalösen Praktiken eines ins Zwielicht geratenen Geheimdienstes, ein offensichtlich überforderter Minister und die Denunziationsversuche intriganter ›Trittbrettfahrer‹. Soweit wir dies beurteilen können, billigen weder die meisten homosexuellen noch die meisten heterosexuellen Mitbürger solche skandalösen Vorgänge.«[204]

So wie hier in der Redaktion der Zeitschrift *Du und ich* richtete sich die Empörung der homosexuellen »Community« und ihrer Presse gegen den als Denunzianten gesehenen Alexander Ziegler.[205]

---

[201] Brigadegeneral a.D. Lorenz Huber an Bundeskanzler a.D. Dr. Helmut Kohl, 8.11.2005.
[202] Deutscher Bundestag, 52. Sitzung am 8.2.1984, S. 3695 f.
[203] Ebd., S. 3687 und S. 3690.
[204] BArch, N 851/155: Nachlass Kießling, Schreiben Redaktion *Du und ich*, Hannover, an Kießling, 26.1.1984.
[205] Ebd., Schreiben »gay liberation front«, Köln, an Ziegler, 27.1.1984, in Kopie an Kießling und von diesem archiviert.

Der Angegriffene versuchte, sich bei Kießling zu erklären und zu entschuldigen. Er habe sich mit der »Geschichte« des Düsseldorfer Strichjungen »über seine intime Beziehung zu einem [...] ›hohen Tier‹ bei der Bundeswehr mit dem Namen ›Günther Kießling‹« an den Verteidigungsminister gewandt, »um eine sofortige polizeiliche Abklärung dieser mysteriösen Information zu bewirken und dadurch zu verhindern, dass der Informant u.U. damit selber an die Öffentlichkeit gelangen könnte«. Ziegler sah sich nun selbst als »Opfer einer großangelegten Pressekampagne mit hässlichsten Verleumdungen« und stand nach eigenen Angaben »am Rande eines physischen und psychischen Zusammenbruchs«.[206] Er nahm sich 1987 das Leben.

Die Aufregung in der schwulen Community ob des völlig unerwarteten medialen Hypes um einen angeblichen schwulen General und die Kölner Homoszene zeigte sich anschaulich in der kleinen Szenezeitschrift *Gay Journal*. Die Blattmacher widmeten der Bundeswehraffäre fünf volle Seiten ihrer Februarausgabe 1984.[207]

c) Schutz der Privatsphäre oder Sicherheitsinteresse?

In der öffentlichen Debatte um die Kießling-Affäre wurde erstmals hinterfragt, ob der MAD überhaupt legitimiert sei, so tief in das Privateste, in das Intimste eines Soldaten, eines Menschen einzudringen. Diese Frage ließ sich mit Blick auf den Auftrag des Dienstes beantworten – und bejahen. Als Stellvertretender NATO-Oberbefehlshaber Europa und einer von nur drei aktiven westdeutschen Vier-Sterne-Generalen war Kießling eine exponierte Persönlichkeit nicht nur in der Bundeswehr und in der Allianz, sondern auch in der Öffentlichkeit. Die Fallhöhe war enorm. Allein dadurch war in der Bewertung des MAD das (angenommene) Erpressungsrisiko erheblich. Zudem hatte der General Zugang zu *top secret* eingestuften Dokumenten. Den Hinweisen nachzugehen, erschien aus Sicht des MAD daher unbedingt notwendig. Ziel der anlaufenden Ermittlungen des MAD war, zunächst die Gerüchte möglichst diskret zu verifizieren. Dass diese Erkundigungen in der Kölner Szene Hinweise auf Kontakte zu käuflichen Sex anbietenden Jugendlichen und jungen Männern ergeben hatten (die sich später als falsch herausstellten), ließ in der Risikobewertung des Dienstes vollends alle Warnleuchten hell aufblinken.

Da der General sich nicht zu einer homosexuellen Orientierung bekannte, war in der Bewertung des MAD das Erpressungsrisiko erheblich.[208] Die Hinweise auf Kontakte zu jungen Männern, die Sex gegen Geld anboten, ließen dieses (angenommene) Risiko nochmals ansteigen (weil dies ggf. als Straftat unter den § 175 StGB gefallen wäre).

Aber nicht alles, was legal ist, ist auch legitim, zumal nicht, wenn ethische und moralische Aspekte in die Bewertung einbezogen werden. Es muss einen Kernbereich der privaten Lebensführung geben, der vor Eingriffen des Staates, hier konkret des Dienstherrn und seines Geheimdienstes, zu schützen ist. Die Partnerschaft eines

---

[206] Ebd., Schreiben Ziegler an Kießling, 30.1.1984.
[207] Gay Journal, 2/1984, Titel und S. 4–7, insb. S. 6.
[208] Hammerich sieht dagegen die Feststellung der MAD-Verantwortlichen, Homosexualität sei in jedem Fall ein Sicherheitsrisiko, als »sehr spezielle Auslegung« der damals gültigen Sicherheitsrichtlinien und als schweres Versäumnis. Hammerich, »Stets am Feind!«, S. 273 f.

Menschen und erst recht seine Intimsphäre sind Kernpunkte der grundgesetzlich geschützten privaten Lebensführung. Sie sollten unter ethischen Gesichtspunkten nicht Gegenstand staatlichen Handelns sein – und damit auch nicht Ziel geheimdienstlicher »Ermittlungen«. Dieses ethisch zu begründende Verbot gilt selbstredend nur, solange der Mensch sich im gesetzlichen Rahmen bewegt, also in seinem Intim- und Sexualleben keine Vergehen oder Straftaten/Verbrechen begangen hat oder begeht.

Auf der anderen Seite der Waage steht der Auftrag des MAD, die Sicherheit in der Bundeswehr zu gewährleisten. In Fällen, in denen Soldaten oder Beamte ihre homo- oder bisexuelle Orientierung vor ihrer Familie, ihrer Ehefrau, im Freundeskreis und natürlich in erster Linie vor dem Dienstherrn verheimlichten, sah der MAD die potenzielle Gefahr einer Kontaktaufnahme mit nachfolgender Erpressung durch gegnerische Nachrichtendienste. Unabhängig von der Frage der sexuellen Orientierung ergab sich ein Erpressungspotenzial in allen Fällen, in denen das nach Außen präsentierte Bild und die dahinterstehende Realität nicht übereinstimmten. Wenn das aufgebaute Image für die berufliche Karriere dann auch noch von essenzieller Bedeutung war, wurde die Gefahr, dieses durch Offenlegung entgegenstehender Fakten zu zerstören, für den Betroffenen durchaus zu einer existenziellen Frage, sprich: je stärker das Interesse des Betroffenen, sein Bild aufrechtzuerhalten oder vielmehr den Schein zu wahren, desto größer seine Anfälligkeit für Erpressungsversuche.[209] Sicherheitsinteressen der Bundeswehr oder des Staates allgemein und die unter dem Schutz der Verfassung stehende Privatsphäre stehen sich also gegenüber und müssen gegeneinander abgewogen werden. Wie weit darf der Staat in die Privatsphäre seiner Bürger eindringen, um eine potenzielle Gefahr für die Interessen des Staates zu erkennen? Wie weit dürfen die Bundeswehr und ihr Geheimdienst die Intimsphäre der Soldaten und zivilen Mitarbeiter durchleuchten? Diese Fragen sind keinesfalls nur historisch; sie sind hochaktuell, wie die Debatten über Vorratsdatenspeicherung und Telekommunikationsüberwachung zeigen.

Auf das Vorgehen gegen Kießling 1983/84 angewandt, hieß das: Ob der General homosexuell orientiert war und irgendwelche Bars in Köln besuchte, war für den MAD durchaus sicherheitsrelevant. Homosexualität unter Erwachsenen stellte aber seit 1969 keine strafbare Handlung mehr dar. Durften derlei Gerüchte über Kießling dann Gegenstand geheimdienstlicher Nachforschungen sein? Aus Sicht des MAD durchaus: Da der General sich nicht zu der ihm zugesprochenen homosexuellen Orientierung bekannte, hatte er in der Bewertung des MAD etwas zu verbergen. Die in der Affäre liegende Tragik begann schon damit, dass Kießling mit an Sicherheit grenzender Wahrscheinlichkeit nicht homosexuell war, er daher auch nichts zu offenbaren und nichts zu verheimlichen hatte. Die ganze Richtung der anlaufenden Ermittlungen war letztlich absurd. Die danach gemachten Fehler ergaben sich beinahe zwangsläufig. Nur ist diese Bewertung die Sicht nach Bekanntwerden aller Umstände des Falls. Hinterher ist man bekanntlich immer schlauer.

---

[209] So ähnlich sah es auch Schwartz, Homosexuelle, S. 283: »Je höher die Position, die ein klandestiner Homosexueller einnahm, desto eher der Generalverdacht, dass er zum Geheimnisverrat gezwungen werden könnte.«

Aus Gerüchten erwuchs durch eine Verkettung von unglücklichen Zufällen, Verwechslungen, falschen Informationen, deren ungenügend kritischer Bewertung und Fehlentscheidungen ein Skandal mit großer Sprengkraft – für das Ansehen der westdeutschen Streitkräfte, für die NATO, für den Minister und vor allem für den MAD. Mit seinen bereits am 14. September 1983 vorgebrachten Zweifeln an der Glaubwürdigkeit der Geheimdienstinformationen hatte Manfred Wörner richtiggelegen: Es war ein Kießling ähnlich sehender, bei der Bundeswehr beschäftigter ziviler Wachmann, der in der Kölner Szene verkehrte und für Kießling gehalten worden war.

Was bleibt nun als Erkenntnis aus den Erfahrungen dieses Skandals? Hätten sich die Untersuchungsbehörden damit zufriedengeben können, dass ein Verdacht der Homosexualität nicht bewiesen werden konnte? Wohl kaum. Davon ausgehend, dass die (nicht eingestandene) Homosexualität eines hochrangigen Militärangehörigen ein Sicherheitsrisiko darstellte, konnte die Sache nicht im Sinne eines »Freispruchs aus Mangel an Beweisen« oder eines »Im Zweifel für den Angeklagten« beigelegt werden; solange ein Zweifel nicht ausgeräumt war, bestand ein Sicherheitsrisiko. Diese Haltung gegenüber Homosexuellen brachte die beteiligten Institutionen in ein Dilemma, das falschen Verdächtigungen und übler Nachrede Tür und Tor öffnete. Ob ein Betroffener nun schwul war oder nicht – wie hätte er sich wehren, unzutreffende Gerüchte widerlegen und beweisen können, dass ihm übel mitgespielt wurde und sein Lebenswandel keinerlei Anlass zu Besorgnis gab?

Alle befragten früheren MAD-Mitarbeiter unterschieden in der Erinnerung an die Arbeit des Dienstes stets »vor und nach Kießling«: Seit 1984 sei das Thema Homosexualität vom MAD »nur noch mit spitzen Fingern«[210] angefasst und sehr streng entlang der gesetzlichen Vorgaben gehandhabt worden. In der Kießling-Affäre hatte sich der MAD in Sachen Homosexualität »die Finger verbrannt«. Dies sollte kein zweites Mal passieren, daher habe der Dienst bei Homosexualität »lieber die Augen zugedrückt, wenn es zu verantworten war, statt das heikle Thema zu den Akten zu nehmen und damit eventuell den Startschuss für einen neuen Skandal zu geben«.[211]

d) »Was werden sie mit mir machen?«
Auswirkungen der Causa Kießling auf homosexuelle Soldaten

Die mediale Erregung um die Ermittlungen gegen den fälschlich als homosexuell denunzierten General Kießling machte auch erstmals den Umgang der Streitkräfte mit schwulen Soldaten zum großen Thema: »Soldaten als potentielle Sexualpartner« formulierte *Der Spiegel*.[212] Auch *Die Zeit* verknüpfte ihre Kießling-Berichte im Januar 1984 mit den Diskriminierungserfahrungen eines Hauptmanns und (hinter-)fragte:

---

[210] Beispielsweise die Wertung eines Hauptmanns: »In meiner persönlichen Bewertung bedeutete die Kießling-Affäre, deren Aufarbeitung innerhalb und außerhalb des Dienstes und die daraus resultierende Neupositionierung für den MAD eine deutliche stärkere Zäsur als die Wende [die Deutsche Einheit].« Zeitzeugenbefragung eines Hauptmanns, Potsdam, 18.1.2018. Die Formulierung »nur noch mit spitzen Fingern« fiel wortgleich in der Befragung eines weiteren früheren MAD-Offiziers. Zeitzeugengespräch Hauptmann H., 12.6.2018.

[211] Ebd.

[212] »Soldaten als potentielle Sexualpartner«, S. 22.

»Homosexualität – ein Sicherheitsrisiko?«[213] Der betroffene ehemalige Offizier, der seit Mitte der 1970er Jahren um die Gleichberechtigung homosexueller Soldaten kämpfte, sah rückblickend die Kießling-Affäre »als Schub, der auch meinen Fall wieder ins Interesse der Presse brachte«. Schon am 9. Februar 1984 trug er in dem von ihm mitbegründeten Hamburger Magnus-Hirschfeld-Centrum seine Bewertung der Affäre in einem überfüllten Saal vor: »Ich schäme mich für mein Ministerium«.[214]

Die Wörner-Kießling-Affäre sei nicht nur eine »Staatsaffäre« gewesen, sondern habe auch eine breite gesellschaftliche Wirkung gehabt, so ein 1984 persönlich Betroffener: »Nur wenige Male in meinem Leben wurde ich (geboren 1954, *Coming-out* gegenüber Familie und Freunden Anfang der 1970er, Leistungssportler, kräftig, mutig und keine ›Tunte‹) wegen meiner Homosexualität angefeindet, aber in der Zeit dieser Affäre habe ich mir viele schwulenfeindliche Kommentare anhören dürfen.« Der Skandal um den General sei »sehr krass« gewesen und habe homophobe Einstellungen verstärkt.[215] So seien er und sein damaliger Freund, ebenfalls Leistungssportler, im Januar 1984 beim Spaziergang durch München-Schwabing von einer Gruppe Jugendlicher als Schwule beschimpft worden. Obwohl ein Kausalzusammenhang mit der Kießling-Berichterstattung in den Medien nicht nachzuweisen war, so sei es doch wahrscheinlich, dass die Jugendlichen durch das in diesen Wochen in den Medien allgegenwärtige Thema »Schwule« zu ihrer Verbalattacke inspiriert wurden.[216]

Die durch die Presse ab Januar 1984 ans Licht kommenden Details der Ermittlungen zum Intimleben des Generals erschreckten die ihre Homosexualität versteckt lebenden Offiziere. Ein im Januar 1984 zum Oberleutnant beförderter 25-jähriger Offizier erinnerte sich auch nach mehr als dreißig Jahren sehr genau an seine Angst von damals: »Wenn die das sogar mit dem höchsten General machen können, was werden sie mit mir machen, wenn sie mich entdecken?«[217] Die Kießling-Affäre habe eine enorme Wirkung auf ihn ausgeübt, so der heutige Oberstleutnant a.D. Den Jahreswechsel 1983/84 habe er daheim bei den Eltern in einer ländlichen Gegend verbracht, als er im Fernsehen Nachrichten über den »wegen angeblicher Homosexualität entlassenen General« hörte: »Tief verunsichert und auch peinlich bemüht, die Eltern nicht meine Verunsicherung spüren zu lassen«, da seine Homosexualität auch den Eltern nicht bekannt gewesen sei. Der junge Offizier mied fortan aus Angst vor Entdeckung schwule Bars und Clubs in der nahen Großstadt und fuhr zum Ausgehen in weit entfernte Städte. Seine Angst vor Entdeckung sei so weit gegangen, dass er sich nicht zutraute, sich in dortigen Hotels mit seinem echten Namen anzumelden, stattdessen habe er sich stets unter einem Pseudonym an der Rezeption eingeschrieben. Seine Angst vor Entdeckung und um seine berufliche Existenz wurden noch größer. Aus der Kießling-Affäre nahm der Offizier eine große Angst vor dem MAD mit auf seinen weiteren Weg in der Bundeswehr: »Die

[213] »Homosexualität – ein Sicherheitsrisiko?«.
[214] Zeitzeugengespräch mit Michael Lindner, Hamburg, am 7. und 14.2.2017.
[215] E-Mail Harry K. an den Verfasser, 5.2.2018.
[216] Telefonisches Zeitzeugengespräch mit Harry K., 26.2.2018.
[217] Zeitzeugengespräche mit Oberstleutnant D., Berlin, 31.3.2017 und am 12.2.2018, auch im Folgenden.

Kießling-Affäre hat mein ganzes Leben als Offizier geprägt.« Dem Werben des MAD: »Öffnen Sie sich, vertrauen Sie sich uns an!« habe der Offizier auch Jahrzehnte später kein Vertrauen entgegenbringen können: »Ich dachte immer, wenn ich meinen Lebenspartner und damit meine Homosexualität dem Dienst offenbare, dann öffne ich selbst die Falltür zur Schlangengrube, in die auch General Kießling fiel«. Daher habe der Offizier bei den obligatorischen Sicherheitsüberprüfungen nie seinen langjährigen Lebenspartner angegeben – bis zum Jahr 2013. Dann traute er sich – mit ungeahnten Folgen.[218]

Ein Jahr nach seiner Übernahme als Sanitätsoffizieranwärter der Marine war einem jungen Seekadetten durch den Skandal um General Kießling bewusst geworden, welche Gefahren für homosexuelle Offiziere beim Bund lauerten: »Was sollte ich jetzt machen? Ich liebte meinen Soldatenberuf«, ließ der Zeitzeuge einen Einblick in seine Gedankenwelt des Jahres 1984 zu. Er sei mit der Kießling-Affäre als Soldat »groß geworden«, dies habe sein Bewusstsein als schwuler Offizier geprägt.[219] So wie diesem Seekadetten ging es auch anderen Betroffenen. Ein heute pensionierter Stabsfeldwebel (1984 Soldat im ersten Dienstjahr, noch Wehrpflichtiger, aber mit der Ambition, Unteroffizier zu werden), hatte die Affäre in der Presse sehr genau verfolgt und seine eigenen Lehren daraus gezogen: »Oje, oje. Wenn das dem General passiert, dann muss ich hier aber echt aufpassen, dass die mich nicht entdecken.«[220] Das BMVg musste öffentlich dementieren, Listen mit den Namen von (angeblichen oder tatsächlichen) homosexuellen Soldaten zu führen.[221]

Der Fall Kießling führte unmittelbar zu dem bereits ausführlich zitierten Rundschreiben der Personalabteilung des BMVg vom März 1984, das den Umgang mit homosexuellen Soldaten regelte. Der kausale Zusammenhang mit der Affäre zeigte sich auch in der ansonsten etwas merkwürdig und deplatziert anmutenden expliziten Erwähnung der homosexuellen Orientierung von Generalen: »Die homosexuelle Veranlagung eines Generals wie jedes anderen Soldaten kann zu Sicherheitsbedenken führen, wenn sich aus ihr eine Erpressbarkeit ergibt. Die homosexuelle Veranlagung stellt für sich allein kein Sicherheitsrisiko dar.«[222]

e) »Kann ein Homo Offizier der Bundeswehr werden?«
Reaktionen der Bevölkerung auf den Kießling-Skandal

Das Verteidigungsministerium erreichten im Zuge des Wörner-Kießling-Skandals 1984 unzählige Briefe von Bürgern. Deren Meinungsspektrum war breit, es umfasste beide Extreme. Die Briefeschreiber ließen das Ministerium ihre Meinung zu homosexuellen Soldaten ganz alllgemein und zum Umgang der Bundeswehr mit diesen im Besonderen wissen.

---

[218] Dazu im abschließenden Unterkap. V.6.
[219] Zeitzeugengespräch mit Dr. Michael Müller., Berlin, 1.8.2019.
[220] Zeitzeugengespräch mit Stabsfeldwebel a.D. W., 29.3.2018.
[221] Pressemitteilung dpa, 20.1.1984.
[222] BArch, BW 2/31224: BMVg, P II 1, Az 16-02-05/2 (C) R 4/84, 13.3.1984, Kopie auch in BArch, BW 2/38355, wörtlich zuvor bereits in einer Antwort des BMVg auf das Schreiben eines Obermaats von Anfang Februar 1984, also auf dem Höhepunkt der Kießling-Skandals. BArch, BW 1/378197: BMVg, P II 1, an Obermaat G., 8.3.1984.

So nahm der *Verband von 1974 e.V.*, nach eigenem Bekunden »einer der größten überregionalen Interessenverbände homo- und bisexueller Menschen«, die
»Vorgänge um General Dr. G. Kießling« zum Anlass, vom Bundesjustizminister eine
Reform der Sicherheitsrichtlinien zu fordern. Seit der Reform des § 175 StGB 1969
sei »einschlägigen« Erpressungsversuchen die Grundlage entzogen, dies sei im
Übrigen auch ein Argument für die Reform gewesen. Homosexuelle Offiziere sei-
en »Erpressungsversuchen nur deshalb ausgeliefert, weil die Sicherheitsrichtlinien
selbst die Grundlage für diese Erpressbarkeit legen«.[223] Die Betroffenen würden
»in den schweren psychischen Konflikt gestürzt, ihre Homosexualität verleugnen zu müssen, wenn sie nicht Gefahr laufen wollen, als Sicherheitsrisiko entlassen oder zumindest [...] nicht mehr befördert zu werden [...], weil einem Offizier,
der seinen Beruf liebt, letztlich gar keine andere Wahl bleibt«, als seine Neigung
zu verschweigen. Der Verband forderte vom Bundesjustizminister, sich für eine
Änderung der Sicherheitsrichtlinien einzusetzen, sodass Homosexualität allein kein
Entlassungsgrund mehr sei und »Homosexuelle auch als Soldaten der Bundeswehr
selbstbewusst und ohne sich verstecken zu müssen leben können«.[224]

Die Argumentation im Schreiben eines Hamburger Arztes an Verteidigungsminister
Wörner (»persönlich«) lässt sich auf die knappe Formel bringen, dass »homosexuelle Männer nicht erpressbarer als heterosexuelle Männer seien«.[225] Anlass für das
Schreiben war der Kießling-Skandal. Die Haltung der Bevölkerung gegenüber
Schwulen habe sich »abgesehen von Teilen der katholischen Kirche« größtenteils
der Gesetzeslage (von 1969) angepasst. Grundlage der Erpressbarkeit von Soldaten
seien »jetzt ausschließlich« die Sicherheitsrichtlinien der Bundeswehr, »die eine
Beförderung von Soldaten, deren Homosexualität bekannt ist, zu Offizieren [...] un-
tersagen«. Diese Sicherheitsrichtlinien seien unverzüglich zu ändern, forderte der
Arzt. Es sei »längst bekannt«, dass Geheimnisträger weitaus häufiger durch Frauen
erpresst würden. Die meisten Spionagefälle seien aus Affären mit Frauen entstanden.

»Die Haltung der Bundeswehr gegenüber Homosexualität ist durch eine durch nichts ge-
rechtfertigte ›Homophobie‹ und ›Hysterie‹ gekennzeichnet. Die ganze Ahnungslosigkeit
und mangelnde Sachkenntnis der verantwortlichen Stellen des MAD kommt schon in
der äußerst unwahrscheinlichen Annahme zum Ausdruck, dass ein in Jahrzehnten be-
währter General seine Sexualpartner in einem Stricherlokal suchen würde [...] Mir sind
aus der Fronterfahrung des letzten Krieges eine Reihe von Fällen bekannt, in denen hoch-
qualifizierte Kommandeure regelmäßig mit ihren Fahrern oder Putzern geschlafen haben,
ohne dass dadurch der Disziplin oder der Sicherheit geschadet wurde. Andererseits sind
mir mehrere Fälle in der heutigen Bundeswehr bekannt, in denen befähigte Offiziere
wegen außerhalb der Truppe in der Privatsphäre stattgehabten homosexuellen Verhaltens
zum Selbstmord getrieben oder aus der Bundeswehr ausgeschlossen wurden. Hier muss
ein Umdenken bei der Bundeswehr einsetzen.«[226]

---

[223] BArch, BW 2/31224: Schreiben Verband von 1974 e.V., Hamburg, an Bundesjustizminister
        Hans Engelhardt, 5.2.1984, gleichlautendes Schreiben auch an Bundesinnenminister
        Friedrich Zimmermann, Kopie beider Schreiben in BArch, BW 1/378197.
[224] Ebd.
[225] BArch, BW 1/378197: Schreiben Dr. med. S., Hamburg, an BMVg Manfred Wörner,
        25.2.1984.
[226] Ebd.

Dann legte der Arzt seine Finger in die offene Wunde des widersprüchlichen Agierens des BMVg: »Man kann nicht homosexuelle Wehrpflichtige zum Wehrdienst einziehen und ihnen andererseits trotz Qualifikation die Beförderung zu höheren Dienstgraden verweigern. Homosexuelle Offiziere sind nicht selten besonders geeignete und verantwortungsbewusste Truppenführer.«[227] Der Brief des Arztes fand auf der Hardthöhe Beachtung, die Einstufung mit »Grünkreuz« bedeutete eine Vorlage bis auf Ministerebene. Daraus resultierte eine aufwendige Mitzeichnungsrunde des Antwortentwurfs, inklusive Generalinspekteur und Parlamentarischem Staatssekretär. In Vertretung des Ministers unterzeichnete Staatssekretär Günter Ermisch. Er stellte richtig, dass die kritisierten Sicherheitsrichtlinien nicht vom BMVg zu verantworten seien, sondern für alle Bundesbehörden gälten. Auch sei die Annahme falsch, die Sicherheitsrichtlinien würden ein Beförderungsverbot enthalten. Für den Kern der Richtlinien sei anzumerken, dass die homosexuelle »Veranlagung« alleine noch kein Sicherheitsrisiko begründe.[228]

Briefe mit extremen Positionen und Formulierungen waren dabei in aller Regel, anders als heute in den sozialen Medien, namentlich gekennzeichnet, also mit Absenderangaben versehen. (Davon ausgehend, dass die Angaben richtig waren, zeigte dies, dass auch Absender mit einer extrem ablehnenden Haltung gegenüber Schwulen keine Bedenken und keine Scheu hatten, ihren vollen Namen anzugeben. Auch dies ist ein Zeugnis des noch 1984 herrschenden Zeitgeistes.) Da fragte ein Willy M. die Hardthöhe im März 1984 mit Blick auf den Wörner-Kießling-Skandal: »Kann ein Homo Offizier der Bundeswehr werden?«; dann: »Wird vor einer Beförderung zum Offizier eine Ermittlung vorgenommen, die sich auf diesen Aspekt bezieht und gibt es darüber Fragebögen, nach denen die Betroffenen selbst Auskunft über die heikle Frage geben müssen?«; und schließlich: »Wenn ein Homo kein Offizier werden kann nach den Bundeswehrgesetzen, müsste ein Betroffener dann nicht eine eidesstattliche Erklärung abgeben, ob oder ob nicht?« Anlass seiner Fragen war nach eigenem Bekunden »die Beförderung eines Homosexuellen in Hamburg zum Leutnant«.[229]

Da er offenbar nach drei Wochen noch keine Antwort aus Bonn erhalten hatte, fragte Willy M. erneut nach, »da diese Angelegenheit doch sehr wichtig« sei: »Es könnte doch sein, dass, wenn dieser Leutnant später mal höherer Offizier würde, sich solch ein Debakel wie im Falle Kießling wiederholen könnte.«[230]

Bezugnehmend auf einen Artikel im *Münchener Merkur* vom 16. Januar 1984 unter der Überschrift »Bei der Bundeswehr gibt es mindestens 65 000 Homosexuelle« ließ Alfred-Carl G. das Verteidigungsministerium wissen:

> »Ich finde das ganz großartig! Für den Fall, dass es tatsächlich 65 000 Homosexuelle in der Bundeswehr geben sollte, rege ich dringend an, drei Divisionen ›Homosexueller‹ zu bilden [...] Bitte stellen Sie sich einmal vor, welche Schlagkraft diese drei Divisionen im Ernstfall haben werden! Den in dem Beitrag erwähnten Bundeswehrhauptmann Michael Lindner,

---

[227] Ebd.
[228] BArch, BW 1/378197: BMVg, Dr. Ermisch i.V. des Ministers, an Dr. S., Hamburg, undadierter Entwurf.
[229] BArch, BW 2/31224: Schreiben Willy M. an Bundesverteidigungsminister, 31.3.1984.
[230] Ebd., Schreiben Willy M. an Bundesverteidigungsminister, 24.4.1984.

der sich, wie es in der Zeitung heißt, ›wissenschaftlich‹ mit der ›Problematik Soldaten und Homosexualität‹ befasst, sollte man möglichst gleich zum Divisionskommandeur bei einer der A...-...-Divisionen ernennen. Sodann kann er vollkommen ungehemmt seinen ›wissenschaftlichen‹ Studien nachgehen [...] Erfreulicherweise sind meine beiden Söhne ›heil‹ durch die Bundeswehr hindurchgegangen. Offensichtlich ist es ihnen erspart geblieben, mit dem Hauptmann Michael Lindner in Verbindung zu kommen. Bei den Truppenteilen, bei denen ich immerhin fast sechs Jahre gedient habe (Kreta/Afrika/Italien/Westoffensive 1944), wäre Herr Lindner zumindest windelweich geschlagen worden. Schade, dass sich hierzu niemand mehr bereitfindet!«[231]

Für den Bundesverteidigungsminister antwortete der Referatsleiter FüS I 4:

»Die Bandbreite der Auffassungen zur Homosexualität ist in unserem Land überaus groß. Das tatsächliche Urteil in der Bevölkerung deckt sich dabei nicht unbedingt mit der Gesetzeslage. Für die Bundeswehr ist es deshalb auch nicht einfach, für jedermann einsichtig zu begründen, unter welchen Voraussetzungen homosexuell orientierte Männer dienst- bzw. wehrdienstfähig sind bzw. wann nicht. Sie können aber sicher sein, dass der Zusammenhalt in der militärischen Gemeinschaft und die Kameradschaft unter den Soldaten die entscheidenden und übergeordneten Kriterien für entsprechende dienstrechtliche Regelungen bleiben.«[232]

Im Grunde gab der Referatsleiter die Position des BMVg in der knappest möglichen Form wieder, doch irritiert aus heutiger Bewertung, dass das Ministerium die scharfen persönlichen Angriffe gegen einen früheren Hauptmann der Bundeswehr bis hin zur Befürwortung physischer Gewalt nicht verurteilt oder zumindest zurückgewiesen hat. Diese Auslassung kann wiederum als Ausdruck des auch im BMVg in dieser Frage noch 1984 herrschenden Zeitgeistes gewertet werden. Briefeschreiber mit entgegengesetzter Intention erhielten anderslautende Antworten, unterzeichnet vom selben Referatsleiter:

»Lassen Sie mich jedoch mit aller Deutlichkeit feststellen, dass homosexuelle Soldaten bzw. Vorgesetzte grundsätzlich dienstfähig sind, wenn sie sonst ausreichend anpassungs-, leistungs-, belastungs- und gemeinschaftsfähig sind. Die diskriminierungsfreie Integration homosexuell orientierter Soldaten in die militärische Gemeinschaft bleibt allerdings so lange ein ernstzunehmendes Problem, wie homosexuelles Verhalten noch in weiten Bevölkerungskreisen unserer Gesellschaft mit einem Unwerturteil behaftet ist und allgemeinen Erziehungszielen entgegensteht.«[233]

Auch hier hat der Referatsleiter die Position des BMVg korrekt wiedergegeben. Doch waren der Fokus und die Wortwahl deutlich anders als bei der zuvor zitierten Antwort an den Herrn G. Das Referat war in seinen Formulierungen flexibel und kam der Position der Briefeschreiber durchaus entgegen, ohne dabei die Linie des Ministeriums zu verlassen. Diese war offenkundig so breit aufgestellt, dass sich daraus zufriedenstellende Antworten in entgegengesetzte Richtungen formulieren ließen. Das Schreiben von Frau Katharina H. war jedenfalls in der Intention wie in der Wortwahl das Gegenteil des zuvor zitierten Schreibens des Herrn G. Frau H. hatte eine klare Meinung:

---

[231] Ebd., Schreiben Alfred-Carl G. an Bundesverteidigungsminister, 15.3.1984.
[232] Ebd., BMVg, FüS I 4, an Alfred-Carl G., 6.4.1984.
[233] Ebd., BMVg, FüS I 4, an Katharina H., 20.2.1984.

»Homosexualität ist kein Straftatbestand [...] Wieso wird bei dieser Sachlage in der Bundeswehr das Bekanntwerden der Tatsache, dass ein Mann homosexuell veranlagt [...] ist, [...], ja der bloße Verdacht eines solchen naturbestimmten Verhaltens als derart ehrenrührig angesehen, dass ein solcher Mann, ist er aufgrund seiner Fähigkeiten zu einem Offizier hohen Ranges avanciert, dann ohne militärisches Zeremoniell aus der Wehrmacht [sic] entlassen werden muss, auch wenn er im strafrechtlichen Sinne nicht auffällig geworden ist? Es kann doch in diesem unserem Lande jeder, auch ein Bürger in Uniform, sofern er den gebotenen Rahmen des Anstandes, vor allem der Gesetze, nicht bricht, nach seiner Façon selig werden!«[234]

Das am 13. Januar 1984 verfasste Schreiben zeigt schon am Datum, dass der Skandal um General Kießling Frau H. motiviert hat. Aus ihrer Sicht gebe es »nur zwei ›saubere‹ Lösungen«:

»Entweder man erkennt auch in der Bundeswehr an, dass ein Homosexueller, von seinen für die Militärtauglichkeit nun wirklich irrelevanten Sexualpraktiken abgesehen, ein Mann wie jeder andere ist. Dann muss er nicht nur als einfacher Soldat, sondern auch als Offizier, gleich welchen Ranges, wehrwürdig sein. Zweifellos gibt es unter den Homosexuellen einige effeminierte Typen – genauso wie es unter den Heterosexuellen einige ›Schlappies‹ gibt. Aber: nicht wenige Homosexuelle sind prächtige Mannsbilder, und wenn diese den Wunsch haben, in der Bundeswehr [...] zu dienen, besteht bei Vorhandensein der entsprechenden soldatischen Fähigkeiten keinerlei Grund, ihnen den Aufstieg in die Offiziersränge zu verwehren. Oder man macht die Liberalisierung des § 175 ganz offiziell wieder rückgängig und erlässt für die Bundeswehr eine Art Berufsverbot für Homosexuelle.«[235]

Frau H. hat mit ihrem sarkastisch zugespitzten »oder« sicherlich die heimlichen Wünsche einiger Offiziere, Beamten und Juristen in Ministerium und Bundeswehr zu Papier gebracht. Zugleich hat sie, ohne es zu wissen, die 1969 vor der Strafrechtsreform intern diskutierte Position des BMVg wiedergegeben. Der Ruf nach einem Sonderstrafrecht für die Streitkräfte (und ggf. die Bereitschaftspolizei) hatte 1969 keine Chance auf Realisierung. Aber er war tatsächlich eine vom BMVg ernsthaft verfolgte Option.[236]

4. Der Bundestag debattiert das »Sicherheitsrisiko Homosexualität«

Mit der Bewertung der Homosexualität von Soldaten als Sicherheitsrisiko befasste sich auch mehrfach der Bundestag. Noch mitten in der »akuten« Phase des Skandals Mitte Januar 1984 debattierten die Abgeordneten in Bonn über den Umgang des MAD mit homosexuellen Soldaten. Anlass waren zwei Fragen des Grünen-Abgeordneten Jürgen Reents an das BMVg, ob, wie in mehreren Zeitungen gemeldet, das Bonner Verteidigungsministerium geäußert habe, »homosexuelle Handlungen, in denen der dienstliche Bereich berührt wird, können in einer so engen Männergemeinschaft

---

234 Ebd., Schreiben Katharina H. an Bundesverteidigungsminister, 13.1.1984.
235 Ebd.
236 Dazu bereits ausführlich im Kap. III.7.

wie der Bundeswehr nicht hingenommen werden« und »es bringt erhebliche Komplikationen und Unruhe mit sich, wenn bekannt wird, dass in einer Einheit Schwule sind«.[237] Der Parlamentarische Staatssekretär Würzbach (CDU) antwortete: Diese Zitate stammten nicht aus Äußerungen des Verteidigungsministeriums. Dies sei seine »sehr klare und präzise Antwort« auf die gestellte Frage.[238] Der SPD-Abgeordnete Dietrich Sperling durchschaute die Antwort Würzbachs:

> »Herr Staatssekretär, nachdem Sie den Wortlaut, aber nicht den Geist der in der Presse wiedergegebenen Zitate als nicht authentisch bezeichnet haben, würde ich von Ihnen gerne wissen, ob Sie meine Auffassung teilen, dass es für die Bundesregierung nötig ist, die verschiedensten Mitarbeiter, insbesondere Ärzte in Bundeswehrkrankenhäusern und Mitarbeiter des MAD, auf Art. 1 des Grundgesetzes hinzuweisen, damit sie diesen Art. 1 des Grundgesetzes und die Wahrung der Menschenwürde auch bei Minderheiten achten.«[239]

Würzbach entgegnete, er teile den »Geist« der Frage, halte aber eine Belehrung nicht für erforderlich, weil »klar« sei, »dass man sich an die Artikel des Grundgesetzes zu halten hat. Ich halte es nicht für erforderlich, heute nun zu dem einen Artikel und morgen zu irgendwelchen anderen Artikeln extra Hinweise diesbezüglich zu geben, dass diese Gesetz und Gebot bei allen einzelnen Verhaltensweisen zu sein haben.«[240] Würzbach betonte, es werde kein Soldat »aufgrund irgendeines Verdachtes [...] egal, in welcher Richtung [...] aus der Bundeswehr entlassen«. Nachdem Antje Vollmer (Die Grünen) dies frei interpretierte, niemand werde also »aufgrund von Homosexualität oder anderer sexueller Praktiken aus der Bundeswehr entlassen«, sah sich der Staatssekretär gezwungen, nochmals auf die präzise Wiedergabe seiner Worte hinzuweisen: Keiner werde »wegen eines Verdachtes – welches Verdachtes wegen welcher Verhaltensweise auch immer – aus der Bundeswehr entlassen«.

Antje Vollmer fragte auch, ob »homosexuelle Bundeswehrmitglieder als Homosexuelle registriert werden und ob Verdachte und Hinweise registriert werden«[241]. Würzbach stellte klar, es würden keine Listen geführt, es würden keine Überwachungen durchgeführt. Der Abgeordnete Wolfgang Ehmke (Die Grünen) wollte vom Staatssekretär erfahren, wie er zu der Annahme gelange, »dass ein Bundeswehrmitglied [...] wegen einer Angelegenheit, die vollkommen legal ist und im Bereich seiner Privatsphäre liegt, erpressbar oder ein Sicherheitsrisiko sei«.[242] Würzbach: »Ein Soldat kann erpressbar sein, andere Personen können erpressbar sein, wenn sie etwas, was sie taten, verbergen wollen und wenn es Personen gibt, die wissen, dass dies getan wurde, und möchten, dass es bekannt sei. Da gibt es mannigfaltige Situationen im menschlichen Leben, wo dies der Fall ist«.[243] Es war wiederum der SPD-Abgeordnete Sperling, der das Problem auf den Punkt brachte und »gern wissen« wollte, »ob – da bei einer bestimmten Veranlagung gewisse Gaststätten aufgesucht werden, die für

---

[237] Deutscher Bundestag, 10. Wahlperiode, 47. Sitzung, 19.1.1984, stenographisches Protokoll, S. 3372 f.
[238] Ebd., S. 3373.
[239] Ebd.
[240] Ebd.
[241] Ebd., S. 3374.
[242] Ebd.
[243] Ebd., S. 3375.

andere weniger interessant sind – denn diese Gaststättenbesuche einen Grund zur
Entlassung aus der Bundeswehr bieten können, und ob Sie nicht lieber die Soldaten
warnen sollten, welche Gaststätten sie besser meiden.«[244]
Die Anspielung auf die Observation von Homosexuellen besuchter Bars in Köln
durch den MAD lag auf der Hand. Würzbach ging darauf nicht ein: Er wolle die für den
nächsten Tag angesetzte Aktuelle Stunde zur Causa Kießling nicht vorwegnehmen.
Generell sei »die Gaststätte ein Bereich außerhalb der Kaserne, außerhalb des direkten
dienstlichen Bezugsbereiches«. Der Abgeordnete Peter Conradi (SPD) fragte gezielt
nach, ob Homosexualität oder der Umgang mit Homosexuellen nach Auffassung
der Bundeswehr ein Sicherheitsrisiko begründe. Würzbach: »Grundsätzlich nicht,
Herr Kollege; aber sie können es.«[245] Es komme auf den Einzelfall an. Auf Nachfrage
eines Fraktionskollegen Conradis führte der Staatssekretär aus, es gebe Fälle, bei denen bekannt sei, dass der Dienstposteninhaber »diese Veranlagung« habe, sie auch
offen bekenne und »wo kein Anlass bestehe, dass er irgendetwas verbergen will« und
dadurch die Gefahr der Erpressbarkeit nicht gegeben sei. Der Abgeordnete Norbert
Gansel (ebenfalls SPD) hakte nach: »Ist es möglich, dass in der Bundeswehr ein
Soldat, der sonst nach Kriterien des Verteidigungsministeriums durchaus in geordneten Verhältnissen, aber in einer quasi eheähnlichen Gemeinschaft mit einem anderen Mann lebt, Disziplinarvorgesetzter, Offizier sein kann?«[246]
Für Würzbach wäre dies ein »Grenzfall«, dann müsse »bis in die letzten Lücken
des Details der Einzelfall überprüft werden. Es gibt keine generelle, pauschale
Bestimmung, die dieses quer über alle Dinge hinweg schablonenhaft regelt.« Auf die
Nachfrage eines weiteren SPD-Abgeordneten, ob er Würzbachs Ausführungen entnehmen könne, dass ein hoher Offizier, der auf Befragen hin seine Homosexualität
zugebe, in keiner Weise befürchten müsse, dass ihm die Sicherheitsbescheide entzogen würden, entgegnete der Staatssekretär, dies könne der Abgeordnete so nicht. Es
komme auf den Einzelfall an: »Zum Einzelfall gehören die Funktion, die Person und
die Umstände.«[247]
Nun schaltete sich der SPD-Abgeordnete Horst Jungmann ein. In einem Papier
des Wissenschaftlichen Beirats für das Sanitätswesen beim BMVg finde sich die
Formulierung, Homosexualität sei »ein abnormes sexuelles Verhalten« und bedeute, »nach den Sicherheitsvorschriften der Bundeswehr die Sicherheitsbescheide zu
entziehen«. Könne der Staatssekretär diese Feststellung des Beirats »revidieren«?[248]
Der Angesprochene antwortete in gekonnter Politikermanier ausweichend: Seine
vor dem Plenum gemachten Aussagen »fußten auf allen verbindlichen Aussagen,
Unterlagen, Gesetzen und Vorschriften, die in Kraft sind«.[249] Das Entscheidende

[244] Ebd.
[245] Ebd.
[246] Ebd., S. 3376.
[247] Ebd.
[248] Ebd., S. 3380. Der Abgeordnete bezog sich damit höchstwahrscheinlich auf die bereits ausführlich wiedergegebenen Ausführungen von hohen MAD-Mitarbeitern in der Sitzung des
Ausschusses Gesundheitsvor- und -fürsorge, militärische Untersuchungen des Wehrmedizinischen Beirats beim BMVg am 18.4.1980. Vgl. BArch, BW 24/5553, auch in BW 2/31225.
[249] Deutscher Bundestag, 10. Wahlperiode, 47. Sitzung, 19.1.1984, stenographisches Protokoll,
S. 3380.

sagte der Staatssekretär nicht: Das von Jungmann Zitierte war weit mehr als nur die
Feststellung in einem Papier des Wissenschaftlichen Beirats für das Sanitätswesen
beim BMVg; es war die 1984 noch immer geltende Rechtslage in den Richtlinien
für die Sicherheitsüberprüfung für alle Bundesbehörden.

Zwei Jahre später stand das Sicherheitsrisiko Homosexualität erneut auf der
Tagesordnung des Bundestages. Am Donnerstag, den 20. März 1986, rief Vizepräsidentin Annemarie Renger (SPD) in der Fragestunde auch die Frage 39 des Abgeordneten Herbert Rusche (Die Grünen) auf:

> »Welches sexuelle Verhalten kann nach Ansicht des Bundesministeriums der Verteidigung
> zu einer Erpressung führen, wenn es anstelle ›abnorme Veranlagung auf sexuellem
> Gebiet‹ jetzt bei der Beschreibung eines Sicherheitsrisikos ›sexuelles Verhalten, das zu
> einer Erpressung führen kann‹ heißt, wie die Tageszeitung Express vom 14. Februar 1986
> meldet?«[250]

Würzbach versuchte die Frage mit dem knappen Verweis auf die Antwort des
Staatssekretärs beim Bundesminister des Innern in vorangegangenen Fragestunden
abzuwehren – vergeblich. Vizepräsidentin Renger gab dem Grünen-Abgeordneten
die Chance zu einer Zusatzfrage.

> »Herr Staatssekretär, da 1984 ein sehr unerfreulicher Skandal, ein auch für die Bundes-
> regierung sehr unerfreulicher Skandal, um den Vier-Sterne-General Kießling stattgefun-
> den hat, habe ich es als nötig angesehen, diese Frage noch mal ganz besonders an das
> Verteidigungsministerium zu stellen. Ich möchte sie von Ihnen noch mal beantwortet
> haben, und zwar vor allem im Zusammenhang mit meiner nächsten Frage, ob solche
> Skandale in der Bundeswehr künftig nicht mehr möglich sind.«

Würzbach entgegnete: »Jeder Skandal ist unerfreulich, und man ist klug beraten,
alles zu tun, sie zu vermeiden.«

Der Kießling-Skandal sei »umfangreich untersucht und kritisch gewürdigt«,
Entstehung und Ablauf seien bis in die Details »von den unterschiedlichen Seiten
dieses Hauses gewürdigt« worden. Dem habe er nichts hinzuzufügen. Anders der
Abgeordnete Rusche, der durchaus noch etwas anzumerken hatte: »Teilt die Bundesregierung die Ansicht der oben zitierten Zeitschrift, dass es Nachforschungen
wie beim früheren Vier-Sterne-General Kießling nun nicht mehr geben kann, wenn
ja, wie begründet sie das?« Und dann konkret: »Wird es also nicht mehr Praxis des
MAD sein, Soldaten, Vorgesetzten von Soldaten und Generalen in irgendwelchen
Homosexuellenbars oder anderen Lokalitäten in Bonn und Umgebung nachzuspio-
nieren?« Würzbach erwiderte: »Ich begebe mich nicht auf die Ebene der Erörterung
irgendwelcher hypothetischer, theoretischer Möglichkeiten.«

Rusche wandte sich dem Thema Erpressbarkeit zu. Diese entstehe dadurch, dass
die Homosexuellen in der Bundeswehr ihre Homosexualität verheimlichten und darauf bedacht sein müssten, dass sie nicht publik werde. »Jetzt ist meine Frage: Ist
ein Sicherheitsrisiko dann nicht mehr gegeben, wenn ein homosexueller Mitbürger
bei der Bundeswehr offen und ehrlich mit seiner Homosexualität gegenüber seinen
Vorgesetzten, gegenüber der Truppe umgeht?«

---

[250] Hier und im Folgenden: Deutscher Bundestag, 10. Wahlperiode, 207. Sitzung, 20.3.1986,
stenographisches Protokoll, S. 15891–15893.

Würzbach gab eine in merkwürdiger Ich-Form gehaltene Antwort: »Ich kann nur erpresst werden, wenn ich etwas tue, was ich die anderen nicht wissen lassen will. Ein Risiko kann nur dann eintreten, wenn sich jemand so verhält, aber die Öffentlichkeit den Eindruck hat, als täte er nicht dies, sondern genau das Gegenteil.« Der ebenfalls der Fraktion der Grünen angehörende Abgeordnete Norbert Mann fasste nach:

> »Herr Kollege Würzbach, um noch einmal im Klartext zu fragen: Ist es ungeachtet des Einzelfalles, der natürlich immer zu prüfen ist, nach der Neufassung der Richtlinien nunmehr nicht so – es heißt dort: ›sexuelles Verhalten, das zu einer Erpressung führen kann‹ –, dass homosexuell und sexuell normal Veranlagte im Wesentlichen gleich behandelt werden, d.h. dass z.B. jemand, der verheiratet ist und ein Verhältnis zu einer Frau unterhält, genauso ein Sicherheitsrisiko ist wie jemand, der möglicherweise homosexuell ist und ein Verhältnis zu einem Mann oder zu mehreren Männern unterhält?«

Würzbach wich aus und verwies auch auf nochmalige Nachfrage auf die Antwort des Innenministeriums. Der ebenfalls zu den Grünen gehörende Abgeordnete Willi Tatge drängte: »Herr Staatssekretär, hat ein Vorgesetzter, wenn er seine Homosexualität eingesteht, in seiner Position als Vorgesetzter von Soldaten Konsequenzen zu erwarten?«

Aus welchem plötzlichem Antrieb heraus auch immer – aber nun wurde Staatssekretär Würzbach doch noch sehr konkret und ausführlich:

> »Herr Kollege, in der kurzen Antwort, zu der ich nach der Geschäftsordnung gehalten bin, ist das nur vereinfachend darzustellen […] Ich will hier aber — trotz der gebotenen Kürze, einen Gedanken hinzufügen: Fragen Sie bitte einmal viele, viele Väter und Mütter und Freundinnen und Bekannte und Brüder eines wehrpflichtigen Soldaten – ich beleuchte diese Frage bewusst einmal aus der Ecke –, den wir rufen und auffordern, 15 Monate Dienst in der Bundeswehr zu leisten, und der so erzogen ist, dass er – als Mann – keinen Umgang mit Männern haben will, sondern mit einer Frau zusammen sein möchte, fragen Sie einmal den Vater, die Mutter, den Bruder, die Freunde, was sie davon halten, wenn der Wehrpflichtige am Wochenende nach Hause kommt und sagt: Mein Vorgesetzter ist etwas anders veranlagt als ich. Stellen Sie diese Frage einmal von daher. Nun fragen Sie einmal den Vorgesetzten dieses Vorgesetzten, ob es in Einzelfällen – darauf will ich wieder hinweisen – nicht besser wäre, diesen Mann nicht zum Vorgesetzten von anderen Soldaten zu machen, sondern ihn entsprechend seinen Kenntnissen und Fähigkeiten auf einen Dienstposten zu setzen, von dem aus er andere und auch sich selbst nicht in diese Lage bringt. – Einzelfallprüfung, Herr Kollege!«

Diese klaren Worte des Staatssekretärs waren ein gefundenes Fressen für die Presse, vor allem für die *taz*: »Der sonst so schneidige« Staatssekretär habe »nach Worten« gerungen, »entwaffnend ehrlich« habe dieser auf die Frage der Grünen geantwortet.[251]

»Homosexualität als Sicherheitsrisiko im öffentlichen Dienst« war Gegenstand einer Anfrage der Bundestagsabgeordneten Jutta Oesterle-Schwerin an die Bundesregierung im Januar 1988.[252] Wie üblich befasste sich das Plenum des Bundestags mit der Anfrage. Der Parlamentarische Staatssekretär im Bundesinnenministerium, Carl-Dieter Spranger (CSU), stand im Februar 1988 Rede und Antwort. Er referierte zu den im Mai des Jahres in Kraft tretenden neuen Sicherheitsrichtlinien und stell-

---

251 Wickel, In einer Männergesellschaft nicht hinnehmbar.
252 Deutscher Bundestag, Anfrage Jutta Oesterle-Schwerin, MdB, Bundestagsdrucksache 11/ 1734, Januar 1988.

te klar: »Umstände, die bekannt sind und zu denen sich eine Person offen bekennt, können in aller Regel kein Mittel für eine Erpressung sein; sie stellen daher regelmäßig auch kein Sicherheitsrisiko dar. Das gilt grundsätzlich auch für die in der Frage angesprochene Homosexualität.«[253] Die neuen Sicherheitsrichtlinien seien zudem, anders als die alten, nicht als Verschlusssachen eingestuft. Somit könne sich jeder Bundesbedienstete darüber informieren, was als Sicherheitsrisiko angesehen werde.[254] Der Abgeordnete Peter Sellin (Die Grünen) wollte vom Staatssekretär wissen: »wie können Sie die Angst ausräumen, dass jemand, der sich zu seiner Homosexualität bekennt und sich im sicherheitsrelevanten Bereich bewirbt, Nachteile erleidet?«[255] Spranger verwies erneut auf § 4 der Sicherheitsrichtlinien. Es sei »davon auszugehen, dass Umstände, zu denen sich eine Person offen bekennt und die nun bekannt gemacht werden können, da ja keine Nachteile zu befürchten sind, in aller Regel kein Mittel der Erpressung sein können. Deswegen wurde die Bestimmung so getroffen«.[256]

Ihre weitere Frage hatte die Abgeordnete Oesterle-Schwerin mündlich eingereicht: »Teilt die Bundesregierung die Ansicht, dass die negativen Konsequenzen, die schwule Männer und lesbische Frauen bei einem Bekenntnis zu ihrer Homosexualität drohen (z.B. für den Verlust der Sicherheitsbescheide bei Offizieren, oder wenn ein Bekenntnis zur Homosexualität negative Auswirkungen auf die Karriere hat) dazu führen, dass Menschen ihre Homosexualität verbergen müssen, wodurch Sicherheitsrisiken unnötigerweise erst entstehen, und welche Initiativen gedenkt die Bundesregierung zu ergreifen, um die Befürchtungen des Betroffenen auszuräumen und durch klare Richtlinien die Betroffenen zur Vermeidung von Erpressungen und unnötigen Risiken zum Bekenntnis zu ihrer Homo- oder auch Bisexualität zu ermutigen?«[257]
Als Spranger kurz und knapp auf seine Antwort auf die erste Frage verwies, konterte die Abgeordnete: »Sie machen es sich schon wahnsinnig einfach. Daran merkt man, wie schwer es Ihnen fällt, über dieses Thema zu sprechen.«[258]
Als der Staatssekretär auch auf zwei Nachfragen kurz und ausweichend antwortete, versuchte Oesterle-Schwerin es ganz konkret zu formulieren: »Wie will die Bundesregierung den enormen Druck negativer Auswirkungen eines offenen Auftretens als Homosexuelle auf den Beruf auf der einen Seite und der Angst davor, entdeckt zu werden, auf der anderen Seite, von den Betroffenen nehmen, und was gedenkt sie zu tun, um Schwulen und Lesben diesen Konflikt zu ersparen?«[259] Der Staatssekretär ließ sich nicht einfangen und wich erneut aus.
Die Abgeordnete ließ nicht locker und stellte noch im selben Jahr eine weitere, diesmal Große Anfrage an die Bundesregierung zu den Rechten Homosexueller auf informationelle Selbstbestimmung auch und gerade in der Anwendung der Sicherheitsrichtlinien. Das für die Beantwortung federführende

---

[253] Deutscher Bundestag, 11. Wahlperiode, 57. Sitzung, 3.2.1988, stenographisches Protokoll, S. 3939.
[254] Ebd.
[255] Ebd., S. 3940.
[256] Ebd.
[257] Ebd.
[258] Ebd., S. 3941.
[259] Ebd.

Bundesinnenministerium nahm in seiner Vorbemerkung ausführlich zur Praxis bei Sicherheitsüberprüfungen Stellung:

> »Informationen über die sexuelle Veranlagung von Personen sind bei den Nachrichtendiensten des Bundes im Rahmen des personellen Geheimschutzes nur insofern von Bedeutung, als diese im Einzelfall ein Sicherheitsrisiko darstellen *können*. Auch bei festgestellten homosexuellen Neigungen ist dies nicht ohne weiteres der Fall. Vielmehr ist [...] ein Sicherheitsrisiko nur dann angenommen, wenn Umstände vorliegen, die eine besondere Gefährdung durch Anbahnungs-/Werbungsversuche fremder Nachrichtendienste, insbesondere die Besorgnis der Erpressbarkeit, begründen. Dieser Regelung liegt der Gedanke zugrunde, dass sich bei sexuellen Verhaltensweisen keine generellen Kategorien bilden lassen, die automatisch zur Annahme eines Sicherheitsrisikos führen, sondern dass es wesentlich auf die Berücksichtigung und Abwägung der jeweiligen besonderen Umstände des Einzelfalls ankommen muss [...] Eine bekannt gewordene homosexuelle Neigung begründet aber für sich allein in keinem Fall die Aufnahme einer Person in Dateien, Listen oder sonstigen Aufzeichnungen bei den Nachrichtendiensten des Bundes. Insbesondere werden keine eigenen Merkmale zum Sexualverhalten einer Person in Dateien gespeichert [...] ›Homosexualität‹ bildet – wie dargelegt – kein Sicherheitsrisiko im Sinne der Sicherheitsbehörden des Bundes.«[260]

Seinen Antwortentwurf hatte das Innenministerium mit dem Bundesamt für Verfassungsschutz, dem Bundeskanzleramt und dem Verteidigungsministerium abgestimmt. Die Hardthöhe schlug unter anderem vor, in dem zuletzt zitierten Satz das Wort »allein« zu ergänzen, sodass der Satz lautete: »›Homosexualität‹ bildet – wie dargelegt – allein kein Sicherheitsrisiko im Sinne der Sicherheitsbehörden des Bundes.«[261] Das für die Aufsicht über den MAD zuständige Referat Org 2 begründete seine Ergänzung ausführlich: Durch das Einfügen des Wortes »allein« werde hervorgehoben, »dass bei der Beurteilung der Homosexualität als Sicherheitsrisiko besondere Umstände hinzukommen müssen, die eine negative Sicherheitsentscheidung rechtfertigen«: »Für den Bereich der Bundeswehr, in dem Männer auf engem Raum zusammenleben und die auf ein vertrauensvolles, von Sexualität freies Vorgesetztenverhältnis im militärischen Bereich angewiesen ist, liegt es nahe, dass die Offenbarung homosexueller Neigungen zurückgehalten wird oder eine Offenbarung den Dienstbetrieb erheblich stört.«[262]

Daher haben die Wehrdienstsenate des Bundesverwaltungsgerichts mehrfach die Zulässigkeit des Entzuges oder die Verweigerung eines Sicherheitsbescheides der Stufe 2 bestätigt.[263]

---

260 BArch, BW 2/31224: Bundesministerium des Innern, Referat O I 4, 6.12.1988, Antwortentwurf auf die Große Anfrage Frau Oesterle-Schwerin, MdB, Bundestagsdrucksache 11/2586, Anlage.
261 BArch, BW 2/31224: BMVg, Referat Org 2 an BMI, Referat O I 4, 16.1.1989.
262 Ebd.
263 Ebd.

5. Zwischen Skylla und Charybdis

Ein »Frag nicht!« konnte es für den MAD nicht geben. Es lag (und liegt) in den
Aufgaben des Dienstes, im Rahmen der Sicherheitsüberprüfungen Soldaten zu befragen und deren Angaben zu überprüfen. Der obligatorische Fragebogen des MAD
hielt für nicht wenige der zu überprüfenden Soldaten auch ohne die explizite Abfrage
der eigenen sexuellen Orientierung daher eine Falle parat, aus der es kein Entkommen
gab: die geforderten Angaben zum Ehepartner oder Lebensgefährten. Diese Angaben
und das familiäre Umfeld des Partners wurden entsprechend den Bestimmungen
des Sicherheitsüberprüfungsgesetzes in die Ermittlungen einbezogen. Ein schwuler Soldat musste, wenn er in einer festen Beziehung lebte, wahrheitsgemäß seinen
Lebensgefährten angeben. Damit schnappte die Falle zu. Der Soldat war durch die
Pflicht zur wahrheitsgemäßen Angabe zum Bekenntnis zu seinem Lebensgefährten
gezwungen – und damit zur Offenlegung seiner Homosexualität. Verschwieg er dem
MAD seinen Lebensgefährten, verlor er (bei Bekanntwerden) in der Bewertung des
Dienstes seine Glaubwürdigkeit. Zweifel an der Verlässlichkeit waren ein weiterer
Grund, dem zu Überprüfenden die Zuerkennung der Sicherheitsstufe zu verwehren.
Zudem machte sich der Betreffende in der Bewertung des Dienstes angreifbar für
Erpressungsversuche des nachrichtendienstlichen Gegners.[264]

Der 1982 in den Ruhestand versetzte Hauptmann Lindner wies schon 1985 auf
die »fatale Situation« hin: Bekennen sich Schwule, werden sie nicht mehr befördert und als Vorgesetzte verwendet; verschweigen sie angesichts dessen ihre sexuelle
Orientierung, werden sie erpressbar und damit zum Sicherheitsrisiko.[265] Für Lindner
ein »Teufelskreis«, der homosexuelle Vorgesetzte zum »ständigen Verleugnen und
Versteckspiel« zwinge. Viele würden ein Doppelleben führen, »um wenigstens den
Anschein der ›Normalität‹ zu erwecken«.[266]

1986 griff das von der evangelischen Militärseelsorge herausgegebene Magazin
JS die Formulierung »Teufelskreis« auf. In einem solchen befänden sich homosexuelle Vorgesetze.[267] *JS* und zuvor Lindner hatten es mit diesem Wort auf den Punkt
gebracht: Die in der Bundeswehr drohenden vielfältigen Sanktionen machten es für
Offiziere und teilweise auch für Unteroffiziere notwendig, ihre Sexualität zu verstecken und zu verleugnen. Dadurch erst wurden sie potenziell erpressbar und in der

---

[264] Auch Stefan Waeger stellte im Jahr 2001 heraus, direkte Fragen nach der sexuellen Orientierung
würden im Rahmen der Sicherheitsüberprüfungen nicht mehr gestellt, ausdrücklich werde
aber nach Personen gefragt, mit denen der/die Überprüfte in eheähnlicher Gemeinschaft
lebe. »[D]as Verschweigen homosexueller Lebensgemeinschaften [wurde] wiederholt als Indiz
der Erpressbarkeit und damit als potenzielles Sicherheitsrisiko eingestuft [...] Ein gerichtliches Vorgehen gegen die Versagung oder Entziehung eines Sicherheitsbescheides schien in
der Vergangenheit wenig erfolgversprechend, da bislang durch die Gerichte den beurteilenden Vorgesetzten ein großzügiger Ermessensspielraum eingeräumt wurde.« Waeger, Sexuelle
Ausrichtung und Führungsverantwortung, Kap. 4.1.3.2.
[265] Lindner, Homosexuelle in der Institution Bundeswehr, S. 212. Ähnlich, aber mit anderen
Worten formulierte es Schwartz, Homosexuelle, S. 280: »Was die Bundeswehr anging, machte
der Zwang zur Geheimhaltung aus Sicht derselben Institution, die ihn erzeugte, homosexuelle
Soldaten – zumal Offiziere und erst recht Generale – für feindliche Geheimdienste erpressbar
und damit hochgradig bedrohlich.«
[266] Lindner, Homosexuelle in der Institution Bundeswehr, S. 212.
[267] Wickel, Männer im Schatten. Ausführlich in Kap. II.

Bewertung des MAD zum Sicherheitsrisiko. Wurde dieses vom MAD erkannt, drohten weitere negative Konsequenzen. Allein schon das Wissen um diese drohenden
Sanktionen verschärfte nochmals den Druck auf die homosexuellen Soldaten, sich
bestmöglich zu tarnen oder zu verstecken. Auch der MAD sollte ja möglichst nicht
hinter das Geheimnis der Homosexualität kommen. Also verhielten sich schwule
Soldaten teilweise regelrecht konspirativ. Sie gingen aus Angst, entdeckt zu werden,
nicht in die schwulen Szenen in nahegelegenen Städten, sondern fuhren in weit
entfernt liegende Orte. Sie suchten diskrete, anonyme sexuelle Kontakte und gingen
dadurch neue, andere Risiken ein. Erkannte der MAD das konspirative Verhalten
der zu Überprüfenden, verstärkte dies seine Bewertung des Sicherheitsrisikos nochmals. Der Kreislauf beschleunigte sich. Letztlich war es eine sich selbst erfüllende
Prophezeiung, die dem MAD viel Arbeit und den Betroffenen unaufhörliche Angst
vor Entdeckung brachte. Homosexuelle Unteroffiziere und Offiziere scheinen aber
sprichwörtlich wie Odysseus zwischen den antiken Meerungeheuern Skylla und
Charybdis gesegelt zu sein. Skylla war der MAD, Charybdis war die Personalführung.
  Der Sprecher des Verteidigungsministeriums machte gegenüber der *Frankfurter
Allgemeinen Zeitung* 1999 ungewollt selbst auf die durch das Zusammenspiel von
MAD und Personalführung auswegslose Lage homosexueller Vorgesetzter aufmerksam:
    »Die Bundeswehr habe grundsätzlich nichts gegen Homosexuelle. Wehrpflichtige und
    Soldaten würden nicht nach ihrer sexuellen Neigung gefragt. Der Sprecher gestand aber zu,
    dass Informationen über sexuelle Neigungen im Rahmen der Sicherheitsüberprüfungen
    durch den MAD Bedeutung beigemessen werde. Wenn sich herausstelle, dass jemand
    seine homosexuelle Neigung verschwiegen habe, habe der Soldat ›schlechte Karten‹. So
    bestehe bei Soldaten, die versuchten, etwas zu verheimlichen, die Gefahr, dass sie erpress-
    bar seien. Der Sprecher sagte, die Bundeswehr betrachte Homosexuelle als ungeeignet für
    Führungs- und Ausbildungsaufgaben.«[268]
Die *Frankfurter Rundschau* zitierte 1999 den BMVg-Pressesprecher: »Wenn sich
bei einer Sicherheitsüberprüfung von Führungsoffizieren [sic] Hinweise auf deren
Homosexualität ergeben, dann wird der MAD diesen im Hinblick auf eine mögliche Erpressbarkeit nachgehen.‹«[269] Und: »Wer seine Homosexualität verheimliche,
sei ein Sicherheitsrisiko, wer seine Homosexualität bekannt mache, der könne dagegen einen Autoritätsverlust erleiden«, gab die Zeitung den BMVg-Sprecher zusammengefasst wieder. Ob der Pressesprecher dies tatsächlich so gesagt hatte, sei
dahingestellt. Falls ja, dann hat er das ganze Dilemma der betroffenen Soldaten
ungewollt auf den Punkt gebracht. Ungewollt und ohne Empathie, denn: »Wir
empfinden diese Bestimmungen nicht als diskriminierend‹«, zitierte die Zeitung den
BMVg-Sprecher.[270]
  Das »Problem« stellte sich nicht nur für Unteroffiziere und Offiziere in der
Truppe, sondern bis hinauf auf die Ministeretage der Hardthöhe. Im engeren Umfeld

---

[268] »Homosexueller darf nicht ausbilden«.
[269] »Rot und Grün streiten über homosexuelle Bundeswehrsoldaten«. Der in der Bundeswehr
    nicht verwendete Begriff *Führungsoffizier* ist unglücklich gewählt. So wurden im Ministerium
    für Staatssicherheit der DDR die Führer von Informellen Mitarbeitern genannt. Die *FR* ver-
    wendete den Begriff dagegen im Sinne von *Vorgesetzter*. Es ist schwer anzunehmen, dass der
    zitierte BMVg-Pressesprecher dieses Wort so in den Mund genommen hat.
[270] Ebd.

des Verteidigungsministers diente um die Jahrtausendwende ein homosexueller Stabsoffizier, wie sich mehrere Zeitzeugen unabhängig voneinander erinnerten. Für diesen stellte sich das Problem der potenziellen Erpressbarkeit und damit der möglichen Intervention des MAD mit dem Ziel, seinen Zugang zu geheim oder streng geheim klassifizierten Verschlusssachen zu blockieren. Die Lösung: Der Stabsoffizier verfasste ein schriftliches Bekenntnis zu seiner Homosexualität, das Papier wurde im Safe auf der Ministeretage hinterlegt. Für den Fall einer Intervention des MAD oder gar der direkten Aufhebung des Sicherheitsbescheids hätte dem Geheimdienst das Bekenntnis des Offiziers entgegengehalten werden können. Damit hätten die durchaus berechtigten und vorschriftenkonformen Bedenken des MAD gekontert und vermutlich ausgeräumt werden können. Wissentlich oder unwissentlich folgte die Umgebung des Ministers damit dem Vorgehen, das *Der Spiegel* schon 1993 als möglichen Ausweg aus dem Dilemma zwischen Outing und Sicherheitsrisiko erwähnt hatte: In Einzelfällen hatten sich Stabsoffiziere in versiegelten Briefen zu ihrer Homosexualität bekannt, um nicht als erpressbar zu gelten.[271] Dies war eine Möglichkeit, einen Ausweg aus der tobenden See zwischen den beiden Ungeheuern zu finden.

Stefan Waeger nannte »die Problematik von Sicherheitsüberprüfungen für homosexuell orientierte Soldaten« im Jahr 2001 sachlich einen

> »Interessenkonflikt, der einerseits aus ihrer Verpflichtung entsteht, gemäß ihrer soldatischen Wahrheitspflicht im Rahmen der Sicherheitsüberprüfung vollständige und wahrheitsgemäße Angaben zu machen und andererseits [aus] der Tatsache, dass bei offenem Bekenntnis homosexueller Ausrichtung die angesprochenen Eignungs- und Verwendungseinschränkungen festgestellt wurden«.[272]

Das Verschweigen homosexueller Neigungen führte Waeger neben familiären Gründen vor allem auf die negativen dienstlichen Konsequenzen zurück. Die »potenzielle Erpressbarkeit entstand damit aus einer Situation, die der Dienstherr mit seiner Haltung zu Homosexuellen selbst geschaffen hatte«.[273] Das BMVg sah dieses »Dilemma« durchaus. Ein Vermerk des Referats FüS I 1 vom Februar 2000 zeigt das Problembewusstsein in bemerkenswerter Klarheit:

> »Das bisherige Verfahren bei der Sicherheitsüberprüfung erscheint unter dem Gesichtspunkt der Inneren Führung problematisch: Der MAD erklärt dem Betroffenen, dass er den für die BS [Berufssoldat]-Übernahme angestrebten Sicherheitsbescheid nur erhält, wenn er seine Homosexualität gegenüber seinen Vorgesetzten eröffnet; die sich aus der Meldung an die Vorgesetzten ergebenden Folgen sind [...] aber die gleichen wie ein verweigerter Sicherheitsbescheid, nämlich keine BS-Übernahme [...] Damit wird für die Betroffenen ein Dilemma deutlich, dem sie nicht entkommen können: Entweder sie sind ein Sicherheitsproblem oder zum BS nicht geeignet, da nicht als Vorgesetzte einsetzbar.«[274]

Der Vermerk trägt die aufschlussreiche spätere handschriftliche Ergänzung: »Die Besprechung bei StS Dr. Wichert am 17.2.2000 ergab keinen neuen Sachstand. Es bleibt beim Dilemma.«[275]

---

271 »Versiegelte Briefe«, S. 54.
272 Waeger, Sexuelle Ausrichtung und Führungsverantwortung, Kap. 4.1.3.2.
273 Ebd.
274 BArch, BW 2/38358: BMVg, FüS I 4, 20.1.2000, handschriftlich geändert auf 15.2.2000.
275 Ebd., handschriftlicher Vermerk vom 17.2.2000.

Einen Ausweg aus diesem »Dilemma« konnte es nur durch eine Änderung der Haltung der Bundeswehr zur Homosexualität geben. Diesen von den Betroffenen lange erhofften und geforderten Schritt ging der Dienstherr noch im Jahr 2000 – wenige Monate nach dem Vermerk vom Februar, es bleibe beim Dilemma.

6. Neue Rechtsgrundlagen und Vorschriften: »für das Sicherheitsüberprüfungsverfahren unerheblich«

Das Ende der Restriktionen gegen homosexuelle Offiziere und Unteroffiziere bedeutete nicht das Ende der Überprüfung etwaiger sicherheitsrelevanter »Erkenntnisse« durch den MAD oder mit den Worten des BMVg in seiner Stellungnahme an den Wehrbeauftragten vom Februar 2004:

> »Dass sich die Rechtsgrundlagen generell (z.B. Partnerschaftsgesetz) und die Vorschriften im Geschäftsbereich BMVg (z.B. keine Verwendungseinschränkung wegen Homosexualität) im Sinne einer Liberalisierung gewandelt haben, ist für das Sicherheitsüberprüfungsverfahren insoweit unerheblich, als die Homosexualität sicherheitsrechtlich [...] ausschließlich unter dem Gesichtspunkt einer möglichen Erpressbarkeit bewertet wird.«[276]

Diese Einschätzung war sachlich richtig: Aus Sicht des mit der Fachaufsicht über den MAD beauftragten Referats hatte sich an der Notwendigkeit, eine mögliche Erpressbarkeit aufgrund verschwiegener Lebensumstände auszuschließen, nichts geändert. Auslöser für die Stellungnahme war die Beschwerde zweier Soldaten. Sie lebten als Paar zusammen und standen im Zuge ihrer beiden Sicherheitsüberprüfungen vor der Entscheidung, ob sie ihre Partnerschaft und damit ihre sexuelle Orientierung offenbaren sollten. Wie bei so vielen anderen homosexuellen Offizieren und Unteroffizieren in den Jahrzehnten zuvor befanden sich die beiden schon beim Ausfüllen des obligatorischen Fragebogens in der Zwickmühle, weder falsche Angaben machen zu wollen (und zu dürfen), noch ihre sexuelle Orientierung in der Dienststelle bekannt werden zu lassen. Weil er, nach eigener Aussage, dem Sicherheitsbeauftragten seiner Dienststelle nicht vertraute und ihm nicht durch diesen Eintrag seine sexuelle Orientierung offenbaren wollte, hatte der eine seinen Lebenspartner zunächst nicht angegeben. Stattdessen entschieden sich beide Männer, den MAD direkt zu kontaktieren und um ein persönliches Gespräch zu bitten.

Einer der beiden Soldaten erinnerte sich im Zeitzeugeninterview an das Gespräch mit der Geheimschutzbeauftragten einer höheren Kommandobehörde und deren Mitarbeiterin: Dieses habe in einem Kellerraum der Behörde stattgefunden, der ihm und seinem Partner »wie ein Verhörraum in einem Film« vorgekommen sei. Die Damen drangen laut Erinnerung des Soldaten darauf, die beiden müssten sich vor ihren Vorgesetzten und dem Sicherheitsbeauftragten in der Kaserne als homosexuell outen. Zudem sei ein Eintrag in die Personalakten notwendig. Nur so sei ein

---

[276] BArch, BW 1/532308: BMVg, Org 6, an den Wehrbeauftragten des Bundestages, 16.2.2004. Auch für die Darlegung dieses Falls wurde nur auf nicht VS-eingestufte Materialien zurückgegriffen. Die als VS-NfD eingestuften Dokumente wurden, da die 30-Jahresfrist noch nicht abgelaufen ist, nicht berücksichtigt.

Erpressungs- und mithin Sicherheitsrisiko auszuschließen und der Zuerkennung des Sicherheitsbescheids stünde nichts im Wege. Dies lehnten die beiden Soldaten mit dem Kommentar ab, »die Zeit der rosa Winkel ist vorbei«.[277] Ihr Versuch, irgendeinen »Kompromiss« zu finden, sei von den Damen »brüsk« zurückgewiesen worden. Ohne Einigung wurde das Gespräch beendet. Es folgte eine Eingabe (zunächst) des einen der beiden Feldwebel beim Wehrbeauftragten. Kern der Eingabe war die nach seinen Angaben ihm gegenüber getätigte Aufforderung durch MAD-Mitarbeiter, sich seinem direkten Disziplinarvorgesetzten zu offenbaren.[278] Das Büro des Wehrbeauftragten fragte beim BMVg an, inwieweit »ein ›Outing‹ gegenüber den Disziplinarvorgesetzten und dem Sicherheitsbeauftragten verlangt werden« könne.[279] Das Ministerium leitete die Frage mit dem Entwurf einer Stellungnahme zwecks fachlicher Stellungnahme an das MAD-Amt weiter. Den Rückläufer aus Köln weitgehend aufgreifend, antwortete das Verteidigungsministerium im Februar 2004 dem Wehrbeauftragten. Es stellte zunächst fest, auf die Angabe des (gleichgeschlechtlichen) Lebenspartners und dessen Einbeziehung in die Sicherheitsüberprüfung des Betroffenen könne nach eindeutiger Rechtslage nicht verzichtet werden. Infolgedessen erhielten somit der Sicherheitsbeauftragte der Dienststelle und der MAD Kenntnis von der gleichgeschlechtlichen Partnerschaft.

> »Es kann zwar nicht mit Sicherheit ausgeschlossen werden, dass der Dienststellenleiter bzw. der Disziplinarvorgesetzte von dem Sicherheitsbeauftragten unterrichtet wird; eine Offenbarungspflicht des Betroffenen gegenüber dem Disziplinarvorgesetzten besteht jedoch nicht.
>
> Da Vorgesetzte häufig wechseln, käme der Betroffene immer wieder in die Situation, einem neuen Vorgesetzten seine Veranlagung mitteilen zu müssen. Nach dem Grundsatz der Verhältnismäßigkeit ist es durchaus ausreichend, wenn sich der Betroffene *einmal* gegenüber seiner personalbearbeitenden Stelle offenbart.«[280]

Grundsätzlich sei Homosexualität kein Sicherheitsrisiko.

> »Eine vom Betroffenen geheim gehaltene Homosexualität kann jedoch Grundlage für die Feststellung eines Sicherheitsrisikos gemäß § 5 Abs. 1 Satz 1 Nr. 2 Sicherheitsüberprüfungsgesetz (SÜG) sein, wenn sie einen tatsächlichen Anhaltspunkt für eine besondere Gefährdung durch Anbahnungs- und Werbungsversuche fremder Nachrichtendienste, insbesondere die Besorgnis der Erpressbarkeit (Kompromatssituation), darstellt.«[281]

Bekenne sich der Betroffene offen zu seinen Neigungen oder Beziehungen, seien diese als Druckmittel unwirksam.

> »Bei einer erkannten kompromittierenden, persönlichen Schwäche und deren andauerndem Verborgenhalten – trotz Belehrung des Betroffenen über seine mögliche Erpressbarkeit – muss der MAD auf die Feststellung eines Sicherheitsrisikos votieren, da nach § V 14 Abs. 3 Satz 2 SÜG im Zweifel das Sicherheitsinteresse Vorrang vor anderen Belangen hat.«[282]

---

[277] Zeitzeugengespräch mit Stabsfeldwebel H., 29.3.2018.
[278] Hauptfeldwebel H., Beschwerde an den Wehrbeauftragten des Bundestages, 9.11.2003.
[279] BArch, BW 1/532308: Wehrbeauftragter des Deutschen Bundestages an BMVg, 18.12.2003.
[280] Ebd., BMVg, Org 6, an Wehrbeauftragten, 16.2.2004 (Hervorhebung im Original).
[281] Ebd.
[282] Ebd.

Das Schreiben schloss mit der eingangs zitierten Feststellung, dass die neue Rechts-
und Vorschriftenlage für den Umgang mit Homosexualität im Allgemeinen und mit
homosexuellen Soldaten im Besonderen für das Sicherheitsüberprüfungsverfahren
unerheblich sei.

Der konkrete Fall der beiden vom MAD zu überprüfenden Soldaten eskalierte in der Folgezeit. Der Schriftverkehr zeigt eine sich stetig steigernde Verkettung
von Missverständnissen, Misstrauen der beiden Männer gegenüber dem MAD und
tatsächlichem fehlerhaftem oder zumindest unglücklichem Agieren mehrerer MAD-
Mitarbeiter, die wiederum das Misstrauen der Betroffenen verstärkten. Davon zeugen
zwei im April 2004 abgesandte Ergänzungen der Eingabe an den Wehrbeauftragten,
die im Kern um den sich bei den Petenten verstärkenden Eindruck kreisten, der MAD
wolle sie unter Druck setzen, sich bei ihren Vorgesetzten zu »outen«. Dies lehnten beide Männer strikt ab, zumal einer der beiden kurz vor der Beurteilung stand und vor
allem einen Antrag auf Übernahme zum Berufssoldaten gestellt hatte. Beides wollte
er keinesfalls durch die Offenbarung seiner Homosexualität gegenüber Vorgesetzten
gefährden. Der MAD seinerseits betonte, keinen der beiden Soldaten unter Druck
gesetzt zu haben, sondern lediglich auf die geltende Rechtslage in Bezug auf geheim
gehaltene Homosexualität hingewiesen zu haben. Die verpartnerten Soldaten fanden
schließlich einen zeitweiligen Ausweg auf dem Dilemma: Sie erklärten, mit der vermeintlich geforderten Offenbarung gegenüber ihren Vorgesetzten bis zum Abschluss
des laufenden Eingabeverfahrens beim Wehrbeauftragten warten zu wollen. Und so
zog sich auch die Sicherheitsüberprüfung über mehrere Jahre hin. Zwei Jahre später richteten beide Soldaten eine weitere Eingabe an den Wehrbeauftragten. Unter
anderem hielten sie einem Offizier des MAD vor, sich im persönlichen Gespräch
im Zuge der Sicherheitsüberprüfung ihnen gegenüber als schwul offenbart zu haben. Laut Eingabe sagte dieser zu ihnen, ein »Outing« sei kein Problem, er sei auch
bereit, die beiden Soldaten zum Gespräch beim Disziplinarvorgesetzten und beim
Sicherheitsbeauftragten zu begleiten. Mittlerweile misstrauisch und bösgläubig gegenüber dem MAD, hielten die beiden Soldaten dies für einen Trick, ihr Vertrauen
zu gewinnen. Und selbst wenn der MAD-Mann tatsächlich homosexuell sei, sei es
unzulässig und verwerflich, die eigene Homosexualität zum Erreichen des gewünschten Zieles einzusetzen, beanstandeten die beiden Soldaten.[283] In seiner Antwort an
den Wehrbeauftragten stellte das BMVg klar, seitens des MAD-Offiziers sei dies
lediglich als »gut gemeinter kameradschaftlicher Hinweis« gedacht gewesen, auf keinen Fall aber als eine »Provokation unter falscher Flagge«.[284] Der Offizier sei tatsächlich homosexuell. Daraus könne aber »keine Strategie im Sinne eines zielge-
richteten Einsatzes« abgeleitet werden. Ein »taktisches Kalkül des MAD [...], eine
sexuelle Ausrichtung eines MAD-Angehörigen vorzutäuschen, um das Verhalten
eines Dritten zu manipulieren«, schloss das BMVg gänzlich aus.[285] Unter den für
diese Studie befragten Zeitzeugen waren auch mehrere frühere Offiziere des MAD.
Zufällig ergaben sich bei einem dieser Interviews Hinweise auf den bereits aus den

---

[283] BArch, BW 1/532308: Hauptfeldwebel H., Beschwerde an den Wehrbeauftragten des Bundestages, 15.9.2006.
[284] Ebd., BMVg, Org 6, an Wehrbeauftragten, 30.11.2006.
[285] Ebd.

Quellen bekannten, hier kurz skizzierten Fall. Der so zufällig befragte MAD-Offizier war der seinerzeit Beteiligte. Er betonte nochmals, seine Offenbarung gegenüber den Soldaten sei »keineswegs ein Trick« gewesen, er sei tatsächlich homosexuell und wollte den beiden »nur gut gemeint kameradschaftlich helfen«.[286]

Bei allen Missverständnissen und unglücklichen Verkettungen bleibt von diesem Vorgang der Eindruck, dass das in Jahrzehnten der Repressionen gewachsene Misstrauen homosexueller Soldaten gegen den Dienstherrn und gegenüber dem MAD im Besonderen auch nach der Jahrtausendwende nicht schwand. Die zuvor erlebten oder von älteren Kameraden mitgeteilten negativen Erfahrungen hatten sich in den Köpfen festgesetzt und wirkten nach.

Dies bestätigte sich im Gespräch mit einem anderen Zeitzeugen. Der heutige Stabsfeldwebel stand im Jahr 2010 beim Ausfüllen des Fragebogens zur SÜ 2 vor der Frage, ob er wie gefordert seinen im Haushalt lebenden Partner angeben solle oder besser nicht. Beim Lesen des Fragebogens kamen dem Portepeeunteroffizier Bedenken, ob er »einem Geheimdienst diese privaten, intimen Informationen anvertrauen« könne. Er verneinte dies für sich.[287] Seine Bedenken speisten sich aus der Erinnerung an die Kießling-Affäre, die, mehr als 25 Jahre zurückliegend, in den Köpfen nicht weniger homosexueller Soldaten noch immer sehr lebendig war (und ist). Nun würde er dem Geheimdienst die gleichen Informationen geben, mit denen damals im Jahr 1983 einem General dienstlich »das Genick gebrochen wurde«.[288] Aber dieser Vergleich hinkte, allein deswegen, weil Kießling dem MAD niemals Informationen über einen männlichen Partner gegeben hat und auch mangels homosexueller Orientierung gar nicht hätte geben können. Solche Details waren dem Portepeeunteroffizier aber nicht bekannt. Der von ihm ins Vertrauen gezogene Sicherheitsbeauftragte seiner Einheit hatte noch weniger Ahnung von der Kießling-Affäre. Diese war ihm überhaupt kein Begriff. So erklärte der Portepeeunteroffizier dem Sicherheitsbeauftragten den Skandal des Jahres 1983, oder zumindest das, was er darüber wusste. Sein Problem im Jahr 2010 war nicht nur der Rückblick, sondern auch die Sorge um die zukünftige Entwicklung. Er habe angenommen, seine Sicherheitsakte würde nunmehr »einen rosa Reiter«, also einen »Homosexuellen-Vermerk« bekommen. Sollte sich der gesellschaftliche Wind in Zukunft einmal drehen und die Intoleranz gegenüber Homosexuellen zurückkehren, wäre es möglich, mit einfacher Datenabfrage alle gemeldeten homosexuellen Soldaten zu identifizieren. Das bereitete dem Portepeeunteroffizier erhebliche »Bauchschmerzen«. Doch er füllte den Fragebogen zur SÜ 2 wie gefordert wahrheitsgemäß aus. Bislang (bis zum Jahr 2018) habe der MAD keinerlei Interesse an seiner Homosexualität oder an seinem Lebenspartner gezeigt. Inzwischen hätten sich auch die »Bauchschmerzen« gelegt, der MAD »habe sicherlich Anderes, Wichtigeres zu tun«.[289]

Die Scheu der Soldaten, ihre Partnerschaft und damit ihre Sexualität gegenüber ihren Disziplinarvorgesetzten, der Personalführung und eben auch notwendigerweise dem MAD mitzuteilen, zeigt deren verständliche Vorsicht und Sorge, mögli-

---

[286] Zeitzeugengespräch mit Hauptmann H., 12.6.2018.
[287] Zeitzeugengespräch mit Stabsfeldwebel H., Berlin, 2.7.2018.
[288] Ebd.
[289] Ebd.

cherweise doch Opfer von versteckter Ablehnung zu werden. Vertrauen aufzubauen braucht Zeit. Und nur die Zeit heilt bekanntlich die alten Wunden.

Alte Wunden können wieder aufreißen – auch nach langer Zeit und unerwartet. Der MAD vergisst nicht so schnell. Das musste ein lebensälterer Oberstleutnant erfahren, der all die Jahre seiner langen Dienstzeit seine gleichgeschlechtliche Orientierung im Dienst verheimlicht und Karriere gemacht hatte. In den obligatorischen Sicherheitsüberprüfungen hatte er seinen langjährigen Lebensgefährten niemals genannt. 14 Jahre nach der Liberalisierung der Haltung des Dienstherrn traute er sich, seinen Partner bei der erneut anstehenden Wiederholungsüberprüfung durch den MAD anzugeben. Für ihn war es ein großer Schritt raus aus der Heimlichkeit, im Vertrauen auf die neue Haltung des Dienstherrn. Der Offizier hatte aber die Rechnung ohne den MAD gemacht. Dessen Mitarbeiter suchten ihn auf und befragten ihn. Nicht Homosexualität war nun das Problem, sondern die falschen Angaben in den vorangegangenen Sicherheitsüberprüfungen. Nach den Maßstäben des Dienstes ergaben sich daraus ernste Zweifel an der Verlässlichkeit des Offiziers, die Aberkennung der Sicherheitsstufe war die Folge.[290] Der Stabsoffizier nahm sich einen Anwalt und erreichte nach dessen Intervention später zumindest die Erteilung des Sicherheitsbescheids unter Auflagen. Diese sahen unter anderem so aus, dass halbjährlich vom Sicherheitsbeauftragten seiner Dienststelle die Vertrauenswürdigkeit des Stabsoffiziers bewertet und an den MAD gemeldet werden musste. Das Pikante daran: Der Sicherheitsbeauftragte aus der Dienstgradgruppe der Feldwebel unterstand disziplinarisch direkt dem zu bewertenden Stabsoffizier. Selbst als der Stabsoffizier sich nach seiner Pensionierung im Jahr 2018 zu einer Reservewehrübung im BMVg bereit erklärte, verfolgte ihn der noch immer gültige Auflagenbescheid. Ihm blieb nichts anderes übrig, als die Hintergründe offenzulegen und damit, in seinen eigenen Worten, »die Hosen runterzulassen«[291], also sich als homosexuell zu outen – nunmehr 18 Jahre nach der Liberalisierung. Die Schatten der Vergangenheit und der alten Restriktionen wirk(t)en mitunter lange nach.

---

[290] Zeitzeugengespräch mit Oberstleutnant D., Berlin, 12.2.2018 sowie nochmalige Verifizierung im Gespräch am 7.8.2019.
[291] Ebd.

VI. Jahrtausendwende – Zeitenwende

>»Betreff: Personalführung homosexueller Soldaten [...]
> Homosexualität stellt keinen Grund für Einschränkungen
> hinsichtlich Verwendung oder Status und somit auch
> kein gesondert zu prüfendes Eignungskriterium dar«[1].

Auch der Regierungswechsel zu Rot-Grün 1998 brachte für Schwule und Lesben in der Bundeswehr zunächst keine Verbesserung. Dabei hatten sie sich von den Grünen und der SPD und namentlich vom neuen Verteidigungsminister Rudolf Scharping Großes erwartet. Der Schwulenverband in Deutschland (SVD) verband Ende 1998 seine Glückwünsche an Scharping zum neuen Amt mit der Hoffnung »auf eine zügige Änderung der derzeitigen Personalpolitik in Bezug auf die sexuelle Identität«.[2] Die Schwulen und Lesben in Deutschland versprachen sich insbesondere wirksame Maßnahmen gegen fortbestehende Diskriminierungen auch und gerade bei der Bundeswehr.[3] Scharping aber blieb der bisherigen harten Haltung treu. Für den Minister antwortete der Parlamentarische Staatssekretär Walter Kolbow (ebenfalls SPD): Es sei »rechtlich und tatsächlich nicht zu beanstanden, lesbisch bzw. homosexuell veranlagte Soldatinnen und Soldaten von Verwendungen als Führer und Ausbilder in der Truppe fernzuhalten, sobald ihre Neigung bekannt wird«.[4] Kolbow lag ganz auf der seit Jahrzehnten altbekannten Linie des Hauses, und doch bot seine Antwort etwas Neues: Erstmals wurden lesbische Soldatinnen erwähnt. Diese hatten bis dato in den Papieren des BMVg keine Aufmerksamkeit gefunden. Mit diesem Schreiben war klar, dass die Restriktionen auch für homosexuelle Frauen in Uniform galten. Sozialdemokraten und Grüne legten bekanntlich schon in den Formulierungen großen Wert auf volle Gleichberechtigung von Frauen. Diesem Grundsatz folgend galten die Restriktionen gegen schwule Soldaten gleichermaßen für Frauen. Ansonsten standen wieder die alten Argumente im Raum: Selbst wenn in der Gesellschaft eine »zunehmende Toleranz zu verzeichnen« sei, könne bei Soldaten und »insbesondere bei Wehrpflichtigen eine allgemeine Toleranz nicht grundsätzlich vorausgesetzt werden«. Vielmehr sei davon auszugehen, »dass ein Teil der wehrpflichtigen jungen Soldaten selbst oder auch deren Angehörige kein Verständnis für

---

1   BMVg, PSZ III 1, 3.7.2000.
2   BArch, BW 2/38358: Schwulenverband in Deutschland, Landesverband Berlin/Brandenburg, an Rudolf Scharping, 25.11.1998.
3   BArch, BW 2/38357: Schwulenverband in Deutschland, Sprecher Manfred Bruns, an Rudolf Scharping, 4.12.1998.
4   BArch, BW 2/38358: BMVg, Parlamentarischer Staatssekretär Walter Kolbow an SVD, 26.2.1999, auch im Folgenden.

den [...] Einsatz von homosexuell veranlagten Vorgesetzten haben«. Im dienstlichen Umfeld bekannte Homosexualität von Vorgesetzten könne deren Autorität »erschüttern«. Diese sei aber für die Einsatzbereitschaft »unverzichtbar«. Kurzum: auch unter dem SPD-Minister nichts Neues von der Hardthöhe – außer der Erwähnung lesbischer Soldatinnen.

Die im BASS engagierten schwulen Soldaten machten aus ihrer Enttäuschung über Scharping und die rot-grüne Bundesregierung keinen Hehl. In einem offenen Brief an Scharping hieß es, der Regierungswechsel und Scharping als neuer Minister hätten »in vielen schwulen Soldaten einen Funken der Hoffnung ausgelöst«.[5] Schließlich habe Scharping selbst noch im Juli 1998 gesagt, dass die SPD sich für »eine aktive Politik zum Abbau von Diskriminierung und Benachteiligung von Lesben und Schwulen« einsetzen werde. Stattdessen wehre sich das BMVg »mit Händen und Füßen gegen die Gleichbehandlung von Schwulen innerhalb der Bundeswehr«. Betroffene, wie ein um seine Übernahme zum Berufssoldaten vor Gericht kämpfender Oberfeldwebel, beklagten öffentlich, wie hier im *Focus* im August 1999, Scharping sei für sie »die größte Enttäuschung«: »Vor der Bundestagswahl kündigte er an, im Fall eines Wahlsiegs alle Diskriminierungen von Homosexuellen abzuschaffen. Doch kaum war er im Amt, zog er den Schwanz ein. Sein Ministerium duldet weiter keine Schwulen als Berufssoldaten. Scharping ist ein Wahlbetrüger.«

1. Die europäische Dimension:
Das Urteil des Europäischen Gerichtshofs
für Menschenrechte gegen die britischen Streitkräfte 1999

Neue Unbill für das BMVg und seinen Minister kam im Herbst 1999 aus Straßburg. Wie eine dunkle Wolke schwebte ein erst wenige Wochen altes Urteil des Europäischen Gerichtshofs für Menschenrechte über der Hardthöhe. Konnten die Politiker, Beamten und Offiziere sie einfach ignorieren? Die Frage war, ob aus der dunklen Wolke auch Blitze auf die Hardthöhe niedergehen würden. Der EGMR (in den damaligen Papieren des BMVg fälschlich mit dem für den Europäischen Gerichtshofs stehenden Kürzel EuGH abgekürzt) hatte die bereits 1996 eingereichten Klagen mehrerer britischer Soldaten angenommen.[6] Im September 1999 sprachen die Straßburger Richter ihr Urteil: Die 1994 ausgesprochene unehrenhafte Entlassung von vier Angehörigen der britischen Streitkräfte aufgrund ihrer gleichgeschlechtlichen Veranlagung verstoße gegen die Europäische Menschenrechtskonvention (EMRK). Gleiches gelte für die den Entlassungen vorangegangenen »außergewöhnlich ein-

---

5   Alle Zitate in: »Schwule bei der Bundeswehr«. In: Focus, 31/1999, 2.8.1999.
6   Dass der EGMR die Klagen annehmen und entscheiden konnte, war eine direkte Folge der erst im Vorjahr in Kraft getretenen Reform der europäischen Menschenrechtskonvention. Deren 11. Zusatzprotokoll stärkte den Schutzmechanismus der Konvention und markierte die Geburtsstunde des EGMR in seiner heutigen Form. Nunmehr wurde die Individualbeschwerde möglich. Diese war unmittelbar an den Straßburger Gerichtshof zu richten, der wiederum alleinig darüber entscheiden konnte. Die Reform führte in den Folgejahren zu einer starken Zunahme der Beschwerden.

dringlichen« Befragungen zum Sexualleben. Das Vorgehen der britischen Streitkräfte stellte nach Auffassung der Richter einen nicht zu rechtfertigenden Eingriff in das durch Artikel 8 der EMRK geschützte Recht auf Privatsphäre dar.[7] London hatte mit einem Gutachten des Homosexuality Policy Assessment Team (HPAT) argumentiert, das in »Animositäten vonseiten der Heterosexuellen« Probleme für Kampfkraft und Einsatzbereitschaft sah. Der EGMR hegte jedoch Zweifel an der Aussagekraft des HPAT-Gutachtens. Dessen Verfasser waren keine unabhängigen Sachverständigen, sondern Mitarbeiter des Verteidigungsministeriums und der Streitkräfte. Die Umfrage unter Soldaten sei nicht anonym, sondern namentlich gewesen, zudem seien Suggestivfragen gestellt worden. Selbst unter Annahme zutreffender Umfrageergebnisse würden die dort festgestellten negativen Einstellungen heterosexueller Soldaten gegenüber Homosexuellen die harten Restriktionen gegen Letztgenannte nicht rechtfertigen, ebenso wenig wie »ähnliche negative Einstellungen gegenüber Personen anderer Rasse, Herkunft oder Hautfarbe«.[8] Zudem habe London den befürchteten Schaden für Moral und Kampfkraft der Truppe nicht überzeugend nachgewiesen. Für die Straßburger Richter bestanden daher »keine gewichtigen und überzeugenden Gründe«, die die Entlassung der Soldaten hätten rechtfertigen können. Der in der Entlassung und Befragung liegende Eingriff in die Privatsphäre war daher mit Artikel 8 EMRK unvereinbar.[9] Die Straßburger Richter sprachen keinen Wiedereinstellungsanspruch der Kläger aus, stattdessen begründete die Diskriminierung einen finanziellen Entschädigungsanspruch. Die britische Regierung akzeptierte das Urteil. Laufende Entlassungsverfahren gegen homosexuelle Soldaten setzten die britischen Streitkräfte bis zur Auswertung der Urteilsbegründung aus.[10]

Das Straßburger Urteil wurde im deutschen Verteidigungsministerium eingehend ausgewertet. Staatssekretär Peter Wichert wies bereits am Tag nach dem Urteil seine Juristen an, mögliche Konsequenzen für die Personalführung der Bundeswehr abzuklären. Die Rechtsabteilung legte zwei Tage später eine erste Bewertung vor und gab Entwarnung für die eigene Position:

>»8. Ungeachtet der atmosphärischen Effekte auf interessierte Kreise verlangt die Entscheidung keine Änderung der Verfahrenspraxis der Bundeswehr [...]
>
> 9. Der Gesichtspunkt der peinlichen Befragung ist bereits deswegen ohne Belang, weil die Bundeswehr derartige Inquisitionen im Rahmen der Personalführung nicht vornimmt.
>
> 10. Das Urteil ist aber auch deshalb nicht übertragbar, weil die Bundeswehr an die Homosexualität keine automatischen und ausnahmslosen Entlassungsfolgen knüpft,

---

7   Urteil EGMR vom 27.9.1999, dazu BArch, BW 1/502107, o.Pag.: BMVg, R I 1 an Staatssekretär Wichert, 30.9.1999. Zur zeitgenössischen juristischen Bewertung des Urteils auch: Schmidt-Radefeldt, Streitkräfte und Homosexualität. Über das Urteil wurde u.a. in der vom BMVg herausgegebenen Wochenzeitung *Bundeswehr aktuell* ausführlich informiert: Bundeswehr aktuell, 4.10.1999, S. 4.
8   Urteil EGMR vom 27.9.1999, vgl. dazu BArch, BW 1/502107: Gutachten Univ.-Prof. Dr. iur. Armin Steinkamm, Universität der Bundeswehr München, 25.1.2000, hier S. 5 f., Zitat auf S. 6.
9   Ebd.
10   BArch, BW 1/502107, o.Pag.: BMVg, R I 1 an Staatssekretär Wichert, 30.9.1999.

auf die das Urteil hingegen abhebt. Auch das Argument der unzulässigen voreinge-
nommenen Ablehnung Homosexueller durch Heterosexuelle dient dem Gerichtshof
lediglich zur Begründung seiner Entscheidung mit Blick auf den schwerwiegenden
Eingriff in die Berufsfreiheit der Betroffenen [...]

12. Angesichts des vom Europäischen Gerichtshof gesetzten Schwerpunkts, der den
    Menschenrechtsverstoß in der Intensität des statusrechtlichen Eingriffs sieht, wä-
    ren die Aussichten des Oberleutnants Stecher auf einen Erfolg vor dem Euro-
    päischen Gerichtshof, den er nach einer zurückweisenden Entscheidung des Bundes-
    verfassungsgerichts anrufen könnte, wohl gering einzuschätzen.

13. Ob der Gerichtshof auch die Praxis der Bundeswehr im Hinblick auf die Übernahme
    in das Dienstverhältnis eines Berufssoldaten billigen würde, ist dagegen nicht mit
    gleichen Erfolgsaussichten zu prognostizieren [...] Zur Stützung dieser Praxis müss-
    te der Gerichtshof letztlich der Argumentation folgen, dass nicht in die gefestigte
    Rechtsposition eines bestehenden Dienstverhältnisses eingegriffen, sondern die Er-
    weiterung und Fortführung eines Rechtsverhältnisses abgelehnt wird, auf die kein
    Anspruch besteht.«[11]

Die Juristen schlossen ihre Vorlage an den Staatssekretär mit der Empfehlung, die
bisherige Praxis beizubehalten. Wenige Tage darauf legte die Personalabteilung ihre
Bewertung des Straßburger Urteils vor. Auch die dortigen Beamten sahen die deutsche Praxis der Nichtverwendung bekanntgewordener Homosexueller als Vorgesetzte
und Ausbilder nicht tangiert. Deutlich stärker als die Juristen sahen sie aber den
»praktischen Ausschluss vom Status des Berufssoldaten« als »gefährdet« an:

»Der EuGH [sic] hat jedoch die auch von der Bundeswehr sowohl zur Begründung der
restriktiven Verwendungspraxis als auch im Hinblick auf den praktischen Ausschluss
von Status des Berufssoldaten vorrangig verwendete Argumentation der Gefährdung
der Einsatzbereitschaft als unbeachtlich bewertet. Diese gründe lediglich auf Vorurteilen
der heterosexuellen Mehrheit. Dem könne durch entsprechende Verhaltens- und Dis-
ziplinarregeln begegnet werden, mit denen man in der britischen Armee auch Ras-
senvorurteilen und Vorbehalten gegenüber Frauen entgegengetreten sei. Vor diesem
Hintergrund wäre bei einer Befassung des Gerichts mit einem konkreten Einzelfall zumindest unsere Übernahmepraxis in das Dienstverhältnis des Berufssoldaten gefährdet.«[12]

Mehr noch als die Juristen der Rechtsabteilung sahen die Beamten und Juristen
der Personalabteilung nach dem europäischen Urteil, dass die Übernahme zum
Berufssoldaten nicht mehr generell verweigert werden konnte. Genau so ein
Verfahren war nach dem erstinstanzlichen Urteil des Lüneburger Verwaltungsgerichts
zugunsten eines Oberfeldwebels auf dem Weg durch die Instanzen; es würde in
nicht allzu ferner Zukunft in Karlsruhe und dann ggf. in Straßburg landen. Die
internen Bewertungen zeigen: Dieser Fall machte dem BMVg perspektivisch große
Sorgen und einigen Personen im Ministerium sogar größere Sorgen als die aktuell in Karlsruhe zur Entscheidung anstehende Verfassungsbeschwerde Oberleutnant
Stechers wegen seiner Ablösung als Zugführer.

---

[11] Ebd. Zu den britischen Streitkräften ausführlich in Kap. VII.
[12] BArch, BW 1/502107, o.Pag.: BMVg, PSZ III 1 an AbtLtr PSZ, 4.10.1999.

In dem Papier der Personalabteilung war auch von einem weiteren Klageverfahren eines homosexuellen Offiziers die Rede, welches beim Verwaltungsgericht Berlin anhängig sei. Es handelte sich um die Klage des Oberleutnants Schmid, der von seinem Dienstposten als Zugführer eines Panzergrenadierbataillons wegversetzt worden war und dem die zusagte Übernahme zum Berufssoldaten verweigert wurde.[13] Diese dritte Klage stand Ende 1999 erst am Anfang ihres Weges durch die Instanzen, das Personalreferat warnte aber bereits, dass auch hier die »Ausschöpfung des Rechtsweges« bis Karlsruhe und Straßburg möglich sei.

Das Straßburger Urteil wurde nicht nur in den Büros auf der Hardthöhe auf seine möglichen Konsequenzen für die Bundeswehr abgeklopft, sondern ebenso auf der Gegenseite, bei den Fürsprechern der homosexuellen Soldaten. Dort wuchs die Hoffnung auf Veränderung. Der vom Beirat Innere Führung mit der Erstellung eines Rechtsgutachtens beauftragte Armin Steinkamm, Professor für öffentliches Recht an der Universität der Bundeswehr München, analysierte die Straßburger Urteilsbegründung auf Auswirkungen auf die laufenden Klagen von Bundeswehrsoldaten. Der EGMR habe sich nur mit der Frage der Beendigung eines bereits bestehenden Dienstverhältnisses befasst, Fragen der Neueinstellung und von Beförderungen innerhalb bestehender Dienstverhältnisse blieben offen. Die vor Installation des EGMR zuständige frühere Europäische Menschenrechtskommission habe stets entschieden, dass kein gesetzlicher Anspruch bestehe, in ein Dienstverhältnis eingestellt oder übernommen zu werden. Auch verneinte die Kommission bislang sich aus der Europäischen Menschenrechtskonvention ergebende Rechtsansprüche auf Beförderung oder eine bestimmte Verwendung in den Streitkräften. Das Urteil des EGMR mache dagegen deutlich, dass »den nationalen Streitkräften kein ›rechtsfreier Raum‹ zugebilligt« werde. Vielmehr unterlägen die Streitkräfte »den gleichen Konventionsstandards wie jeder andere Hoheitsträger«. Straßburg gewähre »keinen erweiterten Beurteilungsspielraum aus Gründen der nationalen Sicherheitspolitik, wenn intime Bereiche der Privatsphäre berührt sind«.[14] Die Urteilsbegründung der Europarichter sei so allgemein gehalten, dass zu erwarten sei, »dass der EuGH jedwede Diskriminierung von Homosexuellen in öffentlichen Ämtern, die mit Vorurteilen gegenüber Homosexuellen begründet werde, als unvereinbar mit Art. 8 EMRK ansehen würde«.[15] Dies würde dann auf die anstehenden Klagen von Bundeswehrsoldaten wegen Verwendungsausschlüssen Anwendung finden. Steinkamm schloss sich der an anderer Stelle geäußerten Auffassung an, »die Postulate der demokratischen-europäischen Gesellschaft wie Pluralismus und Toleranz [dürften] ›vor den Toren der Kasernen‹ nicht halt machen, sondern [müssten] gerade hier eine besondere Relevanz entfalten«.[16]

Für die laufenden Klagen von Bundeswehrsoldaten hinsichtlich der verweigerten Übernahme zum Berufssoldaten und Verwendungsausschlüssen spiegelte der Neubiberger Rechtsprofessor die Straßburger Urteilsbegründung an den relevanten

13 Ebd., BMVg, PSZ III 1, 5.1.2000. Dazu bereits ausführlich im Kap. IV.
14 BArch, BW 1/502107: Gutachten Univ.-Prof. Dr. iur. Armin Steinkamm, Universität der Bundeswehr München, 25.1.2000, hier S. 9 f.
15 Ebd., S. 20.
16 Ebd., S. 11.

nationalen Rechtskonventionen: den Artikeln 3 und 33 Abs. 2 GG. Letztgenannter
Artikel garantiert jedem Deutschen »nach seiner Eignung, Befähigung und fachlichen Leistung gleichen Zugang zu jedem öffentlichen Amte«. Homosexuelle
Soldaten *allein* wegen ihrer homosexuellen Veranlagung nicht als Berufssoldat oder
Soldat auf Zeit zu übernehmen, sei nach seiner Lesart des Straßburger Urteils nicht
mit Artikel 33 Abs. 2 GG vereinbar.[17] Homosexuelle Soldaten nur wegen ihrer homosexuellen Veranlagung nicht als Ausbilder oder Vorgesetzte zu verwenden und
nicht zu befördern, verstoße gegen Artikel 3 GG. Der Neubiberger Rechtsprofessor
schloss sein Gutachten mit einem Appell: »Es wäre im Interesse der Bundeswehr,
geeignete Maßnahmen zu ergreifen, rechtzeitig einer Rechtsentwicklung vorzubeugen, die den Bemühungen der europäischen Gemeinschaft zur Bekämpfung von
Diskriminierungen nicht zuwiderläuft.«[18]

Christina Schenk und die Fraktion der PDS hatten bereits im Oktober 1999
eine kleine Anfrage zu »Schwule und Bundeswehr« eingereicht. Sie fragten unter anderem, ob die Gründe für das Urteil des Europäischen Gerichtshofs für
Menschenrechte gegen die britischen Streitkräfte nicht auch für die Bundeswehr
zuträfen und ob die Bundesregierung angesichts dieses Urteils ihre Position gegenüber Homosexuellen in der Bundeswehr revidieren werde. Und: Werde die
Bundesregierung die bereits eingelegten Rechtsmittel gegen die Entscheidung des
Lüneburger Verwaltungsgerichts im Fall des klagenden Oberfeldwebels zurückneh-
men und der ebenfalls klagende Oberleutnant wieder als Ausbilder eingesetzt?[19]
Die Antworten des Verteidigungsministeriums fielen, wie meist bei Anfragen der
Opposition, denkbar knapp aus: Das Urteil gegen die britischen Streitkräfte sei nicht
»ohne Weiteres« übertragbar, da die Bundeswehr an die Homosexualität »keine auto-
matischen und ausnahmslosen Entlassungsfolgen« knüpfe. Dadurch erübrigten sich
für das BMVg die Antworten auf die weiteren konkreten Fragen.[20]

Auch wenn es das BMVg zumindest nach außen nicht so sah, seine Brisanz gewann
das Europäische Urteil durch die Verfassungsbeschwerde eines Bundeswehroffiziers.
Würde auch er bis vor das Straßburger Gericht gehen?

2. Die rechtliche Dimension: Die Verfassungsbeschwerde
eines Oberleutnants und Fragen aus Karlsruhe an das BMVg

»Ich erhebe Verfassungsbeschwerde gegen die [...] Entscheidung des Bundesministers der
Verteidigung [...] wegen Verletzung des allgemeinen Persönlichkeitsrechts (Art 1 I i.V.m.
2 I GG), des Gleichheitssatzes (Art. 3 I GG) und des Rechts auf gleichen Zugang zu jedem
öffentlichen Amte nach Eignung, Befähigung und fachlicher Leistung (Art. 33 II GG).
    Ich stelle folgende Anträge:

---

17 Ebd., S. 17.
18 Ebd., S. 21.
19 BArch, BW 2/38358: Christina Schenk, MdB und Fraktion der PDS, Kleine Anfrage an
    Bundesregierung, 1.10.1999 (handschriftlich korrigiert auf 5.10.1999), Bundestagsdruck-
    sache 14/1750.
20 BArch, BW 2/38358: BMVg, Parlamentarischer Staatssekretär Walter Kolbow, 14.12.1999.

1.) Die genannten Entscheidungen werden aufgehoben.

2.) [...] der Bundesminister der Verteidigung wird verpflichtet, den Beschwerdeführer wieder auf seinem früheren Dienstposten eines Zugführeroffiziers bei der 3. Staffel des Objcktschutzbataillons der Luftwaffe einzusetzen.«[21]

In ihrer als »verfassungsrechtliche Würdigung« formulierten Begründung führte die Anwältin des Oberleutnants aus, das BMVg stütze sich auf die »gültige Rechtslage«, nach der »ein Offizier, der sich zu seiner Homosexualität bekenne, nicht in einer Verwendung eingesetzt werde, in der er unmittelbar mit Aufgaben der Führung, Erziehung und Ausbildung von unterstellten Soldaten beauftragt sei«. Doch was bedeute hier »sich zu seiner Homosexualität zu bekennen«? »Hätte der Beschwerdeführer seine Homosexualität der Wahrheit zuwider abstreiten, seinen Kommandeur und seinen Staffelchef belügen müssen, um weiter als Ausbilder eingesetzt werden zu können?«[22]

Wenn das Bundesverwaltungsgericht darauf hinweise, »dass homosexuell veranlagte Männer noch immer verbreitet bei heterosexuellen Männern nicht akzeptiert werden und daraus ein nicht hinzunehmender Autoritätsverlust entstehen kann«, so sei dies »eine bloße Vermutung im ›luftleeren Raum‹«. Dem Bundesverwaltungsgericht sei »der grundsätzliche Vorwurf zu machen, dass es sich mit der konkreten Situation in der Truppe überhaupt nicht beschäftigt«.[23] Im Fall des Oberleutnants haben sich »alle Beteiligtem, Vorgesetzte wie Untergebene, für [einen] Verbleib [...] auf seinem Posten als Zugführer ausgesprochen«.[24] Eine solche Personalmaßnahme »wäre im sonstigen öffentlichen Dienst heutzutage absolut undenkbar«. Die Bundeswehr beanspruche »eine Sonderstellung [...], die in Zeiten zunehmender gesellschaftlicher Akzeptanz gegenüber der Homosexualität immer fraglicher erscheint«.[25]

Das ist im Rückblick erstaunlich: Die Verfassungsbeschwerde des Oberleutnants war die erste, die Karlsruhe erreichte. Zuvor endeten alle Klagen spätestens vor dem höchsten Verwaltungsgericht. Ob allerdings die Verfassungsrichter in den 1970er oder 1980er Jahren schon zugunsten eines klagenden homosexuellen Soldaten entschieden hätten, bleibt Spekulation und wohl höchst fraglich. Der gesellschaftliche Wertewandel brauchte Zeit, noch mehr Zeit brauchten Gerichte, um diesen Wertewandel in Urteile umzusetzen. Mit einer Niederlage in Karlsruhe 1980 oder 1990 wäre dem Anliegen der homosexuellen Soldaten vermutlich ein Bärendienst erwiesen worden. Im Jahr 1999 schienen die Vorzeichen einer Verfassungsbeschwerde deutlich günstiger zu sein. Doch zunächst musste der Oberleutnant in Karlsruhe eine Zurückweisung verkraften: Das Bundesverfassungsgericht lehnte am 31. August 1999 einen Eilantrag der Anwältin des Oberleutnants ab, diesen auf seinen alten Dienstposten zurückzuversetzen. Da der Kläger zur Durchführung einer Fachausbildung für längere Zeit vom militärischen Dienst freigestellt sei, sei mithin kein dringender Handlungsbedarf geboten.[26]

---

[21] BArch, BW 1/502107, Bl. 65–118: Verfassungsbeschwerde Oberleutnant Stecher vom 23.12.1998, hier Bl. 65 f.
[22] Ebd., Bl. 74.
[23] Ebd., Bl. 77 f.
[24] Ebd., Bl. 75.
[25] Ebd., Bl. 79.
[26] Bundesverfassungsgericht, 17.8.1999, 2 BvR 2276/98.

Für die Entscheidung in der Hauptsache forderte das höchste deutsche Gericht die Bundesregierung im Oktober 1999 zu einer Stellungnahme bis zum 28. Januar 2000 auf. Die Präsidentin des Bundesverfassungsgerichts, Jutta Limbach, gab der Bundesregierung allgemein Gelegenheit zur Äußerung, fragte aber auch: »auf welcher tatsächlichen Grundlage beruht die den angefochtenen Entscheidungen des Bundesministers der Verteidigung zugrundliegende Einschätzung einer möglichen Störung des Dienstbetriebs« und wie die Bundesregierung die »erhobenen verfassungsrechtlichen Rügen vor dem Hintergrund der Rechtsprechung des Bundesverfassungsgerichts« beurteile. Zudem interessierte sich das Bundesverfassungsgericht für die diesbezügliche Praxis in den anderen NATO-Staaten: »Werden in den verbündeten NATO-Streitkräften homosexuell veranlagte Soldaten unmittelbar mit der Führung, Erziehung und Ausbildung Untergebener betraut?«[27]

In seinem mit dem Briefkopf von Staatssekretär Wichert versehenen Antwortentwurf betonte das Referat Recht II 2 einleitend, es halte die »gefestigte Rechtsprechung des Bundesverwaltungsgerichts [...] für zutreffend«. Im konkreten Fall sei die Behauptung, der Kläger sei auf einen Dienstposten im Geschwaderstab versetzt worden, der nicht seiner Befähigung und fachlichen Leistung entspreche, unzutreffend. Vielmehr sei diesem dort »eine verantwortungsvolle Tätigkeit übertragen« worden.[28]

Auf die erste Frage schlug die Rechtsabteilung als Antwort vor, die »Feststellung eines Eignungsmangels des Beschwerdeführers für seinen früheren Dienstposten beruhte nicht auf Störungen des Dienstbetriebes, Akzeptanzproblemen oder sonstigen konkreten, seine Eignung in Frage stellenden Vorkommnissen«. Grundlage der Entscheidung sei vielmehr eine *abstrakte Gefahr* für seine Autorität als militärischer Führer und Ausbilder in der Truppe, die sich aus seiner mittlerweile bekanntgewordenen gleichgeschlechtlichen Veranlagung ableiten ließ«.[29]

In seiner Herleitung des antizipierten Autoritätsverlustes homosexueller Vorgesetzter wiederholten die Juristen des BMVg ihre seit den 1970er Jahren immer wieder vor Verwaltungsgerichten vorgetragenen Hinweise auf die fehlende gesellschaftliche Akzeptanz, und zwar wortwörtlich:

> »Ferner spricht viel dafür, dass auch heute noch Verhaltensweisen von homosexuell veranlagten Vorgesetzten, die bei heterosexuell Veranlagten als völlig unauffällig angesehen würden, zu Gerede, Verdächtigungen, Ablehnung und in der Folge zu erheblichen Autoritätseinbußen für den Vorgesetzten und somit zu einer Störung des Dienstbetriebes führen könnten.«[30]

Als Beleg dieser These führte das Rechtsreferat R II 2 die bereits an anderer Stelle dieser Arbeit wiedergegebene Umfrage unter Wehrdienstleistenden aus der Studie des Sozialwissenschaftlichen Instituts der Bundeswehr aus dem Jahr 1992 an: Lediglich ein Drittel der befragten Rekruten habe Homosexualität »für in Ordnung«

---

27 BArch, BW 1/502107, o.Pag.: Bundesverfassungsgericht, Az 2 BvR 2276/98, vom 6.10.1999.
28 BArch, BW 1/502107, o.Pag.: BMVg, Staatssekretär, Entwurf Antwort an Bundesverfassungsgericht, Az 2 BvR 2276/98, undatiert, erarbeitet von R II 2, 21.12.1999, auch alle weiteren Zitate (Hervorhebung im Original).
29 Ebd.
30 Ebd.

gehalten, rund die Hälfte habe sie dagegen als »schlimm« oder »sehr schlimm« bewertet. (Zu ergänzen ist, dass die damaligen Umfrageergebnisse mit den 20 Prozent für die weitere Antwortalternative »nicht in Ordnung« gar eine Zweidrittelmehrheit der Ablehnung zeigten.[31]) »Behauptungen einer zunehmenden Akzeptanz von Homosexualität müssen [aber] hinterfragt werden.«[32] Zur Herleitung der beschworenen »abstrakten Gefahr« führte das Referat R II 2 als neues Argument erstmals Auslandseinsätze ins Feld. Bislang habe der Zug des Oberleutnants an keinem Einsatz teilgenommen. »Gerade den besonderen Belastungsproben [...] einer kleinen Kampfgemeinschaft [...] im Ausland und unter kargen Lebensbedingungen« habe sich die Teileinheit bislang nicht stellen müssen. Konkret benannte das Ministerium die »beengte Unterbringung« und die »sehr beschränkten Möglichkeiten, sich sexuell zu betätigen«. Die Argumentation wurde weiter zugespitzt:

> »Auch ein akzeptierter und angesehener Vorgesetzter kann in Grenzsituationen kommen, in denen ihm das formale Prinzip von Befehl und Gehorsam keine ausreichende Basis bietet, sich gegenüber Untergebenen durchzusetzen [...] Gerade mit Blick auf die speziellen Belastungen im Einsatz verlieren konkrete Beurteilungen und Bewährungen eines homosexuellen Offiziers im Friedensbetrieb im Inland ihre Tauglichkeit, die oben dargelegten Akzeptanzprobleme zu widerlegen.«[33]

Die in der Antwort zu Frage 2 wiedergegebenen Regelungen anderer NATO-Staaten werden im Kapitel VII dieser Studie näher betrachtet. In seiner Antwort auf die in Frage 3 von Karlsruhe erbetene Beurteilung der »erhobenen verfassungsrechtlichen Rügen vor dem Hintergrund der Rechtsprechung des Bundesverfassungsgerichts« antworteten die Juristen des BMVg mit einem Griff in die tiefe Schublade alter Verwaltungsgerichtsurteile – bis hin zu einem Urteil aus dem Jahr 1975: den bereits in Kapitel IV dieser Studie ausführlich analysierten Fall des Leutnants der Reserve Rainer Plein aus Münster. Den Bonner Juristen fiel Anfang 2000 zur Untermauerung ihrer Haltung tatsächlich nicht viel mehr ein, als sich auf ein 25 Jahre altes Urteil zu berufen und ausgiebig daraus zu zitieren.[34] Die Juristen schlugen vor, das BMVg solle gegenüber Karlsruhe betonen, der Dienstherr habe bei Verwendungsentscheidungen einen erheblichen Ermessensspielraum.

> »Die Akzeptanz homosexueller Vorgesetzter hat nach Auffassung der Bundesregierung in den Streitkräften noch nicht den Stand erreicht, der es ausschlösse, die *bekanntgewordene* Homosexualität zum ausschlaggebenden Grund einer Verwendungsentscheidung [...] zu machen. Denn einerseits hat ein homosexueller Soldat Möglichkeiten, seine homosexuelle Orientierung unter Ausgrenzung des Dienstes im privaten Bereich auszuleben. Andererseits sind bei einer Abwägung der Verfassungsauftrag der Streitkräfte und die existenzielle Gefahr, der Soldaten ausgesetzt sind, wenn der Dienstherr Störfaktoren nicht begegnet, hinreichende Rechtfertigungsgründe, Soldaten zu verpflichten, auf-

31 Ausführlich dazu in Kap. IV dieser Studie.
32 BArch, BW 1/502107, o. Pag.: BMVg, Staatssekretär, Entwurf Antwort an Bundesverfassungsgericht, Az 2 BvR 2276/98, undatiert, erarbeitet von R II 2, 21.12.1999, ebenso im Folgenden.
33 Ebd.
34 Urteil Oberverwaltungsgericht des Landes Nordrhein-Westfalen vom 4.9.1975, Az I 4 1108/74. Im Übrigen ordneten die Bonner Juristen das Urteil des Oberverwaltungsgerichts NRW fälschlich dem Oberverwaltungsgericht des Landes Rheinland-Pfalz in Koblenz zu.

grund ihrer persönlichen sexuellen Neigung gewisse Beschränkungen ihrer dienstlichen Verwendbarkeit hinzunehmen.«[35]

Im Mitzeichnungsgang, eigentlich Routine, entstand teils heftiger Widerspruch – Ausdruck der Differenzen in den Positionen zwischen den Referaten und Abteilungen. Dies zeigt: Die restriktive Haltung des BMVg wurde Anfang 2000 nicht mehr von allen Beamten und Offizieren im Ministerium mitgetragen. Die Beamten des Referats III 5 der Personal-, Sozial- und Zentralabteilung (PSZ) zeichneten zwar mit, rieten aber ebenfalls, auf die Wiedergabe des Urteils von 1975 völlig zu verzichten. Sie regten zudem eine kurzfristige neue Studie des SOWI an, um »zu einer tragfähigeren Argumentation zu kommen«.[36] Die Juristen eines anderen Rechtsreferats meinten, die Kollegen mögen doch ihre Ausführungen zu dem Urteil von 1975 überarbeiten. Die aus dem Urteil gezogenen Argumente stellten nicht mehr den aktuellen Stand der Rechtsprechung dar: »Ein Hinweis auf diese alte Rechtsprechung könnte die Position der Bundesregierung in dem Verfahren daher eher schwächen.«[37] Zudem kritisierten sie, das Argument möglicher Verwerfungen im Einsatz greife nicht, da die Teileinheit des betreffenden Leutnants noch nicht an einem Einsatz teilgenommen habe.[38] Das Referat PSZ III 6 verweigerte dagegen die Mitzeichnung und ließ es in seiner Stellungnahme gegenüber der Rechtsabteilung nicht an deutlichen Worten fehlen: Deren Antwort an Karlsruhe vermöge »nicht zu überzeugen«.[39] Das Heranziehen der Studie des britischen Homosexuality Policy Assessment Team sei »geradezu kontraproduktiv«. Die Briten hatten »Animositäten vonseiten der *Hetero*sexuellen ebenso wie Angriffe auf Homosexuelle, ihre Schikanierung und Belästigung sowie Ächtungs- und Vermeidungsverhalten« als problematisch für Kampfkraft und Einsatzbereitschaft ausgemacht. Dieses Argument in Karlsruhe vorzutragen, würde folgerichtig bedeuten, »dass beispielsweise Soldaten außereuropäischer Herkunft ebenso als ›Störer‹ mit Auswirkungen auf die Einsatzbereitschaft der Bundeswehr gesehen werden könnten, falls ihre Kameraden sie nicht akzeptierten. ›Das kann ja wohl nicht sein!‹«[40]

Die Personalabteilung kritisierte zudem, dass sich die hauseigenen Juristen immer noch auf Umfragen aus dem Jahr 1992 stützten. Die von den Juristen angenommene weiterhin mangelnde Akzeptanz müsse »erneut durch Tatsachen belegt werden«. Der Brief der Mannschaftssoldaten des vom damaligen Leutnant geführten Zuges spreche eine andere Sprache als die alte Umfrage. Scharf ging das Personalreferat auch mit dem Antwortentwurf auf die dritte Karlsruher Frage ins Gericht: Dem Bundesverfassungsgericht vorzutragen – und dabei ein Urteil des Oberverwaltungsgerichts Koblenz von 1975 zitierend –, dass »»für homosexuell Ver-

---

[35] BArch, BW 1/502107, o.Pag.: BMVg, Staatssekretär, Entwurf Antwort an Bundesverfassungsgericht, Az 2 BvR 2276/98, undatiert, erarbeitet von R II 2 (Hervorhebung »bekanntgeworden« im Original).
[36] BArch, BW 1/502107, o.Pag.: BMVg, PSZ III 5 an R II 2, 18.1.2000, auch in BArch, BW 2/38358.
[37] BArch, BW 1/502107, o.Pag.: BMVg, R I 1, 18.1.2000, auch in BArch, BW 2/38358.
[38] Ebd.
[39] BArch, BW 1/502107, o. Pag.: BMVg, PSZ III 6 an R II 2, 11.1.2000 (Hervorhebung im Original), auch in BArch, BW 2/38358.
[40] Ebd.

anlagte die anderen Soldaten als Sexualpartner in Betracht kommen, was für heterosexuell Veranlagte nicht der Fall ist« und demzufolge Verhaltensweisen gegenüber
Kameraden oder Untergebenen »von sexuellen Motiven beeinflusst« sein könnten, sei
im Jahr 2000 »angesichts von zur Zeit über 3000 weiblichen Soldaten nicht haltbar«.[41]

Das Referat PSZ III 6 stand mit seiner scharfen Kritik nicht allein, auch das
Referat III 1 der Personal-, Sozial- und Zentralabteilung schloss sich den vorgebrachten Bedenken »ohne Einschränkung« an, ohne jedoch die Mitzeichnung des
Antwortentwurfs zu verweigern: »Da wir jedoch offenkundig keine anderen oder
besseren Argumente zur Verfügung haben, müssen wir uns auf die von Ihnen gewählten Gründe in der Hoffnung abstützen, dass das Bundesverfassungsgericht sie
in unserem Sinne in die Entscheidungsfindung einbezieht.«[42]

Groß schien diese Hoffnung in der Personalabteilung nicht gewesen zu sein.
Warum sie das Papier dennoch mitzeichnete, also mittrug, erschloss sich aus den
ersten Sätzen der Stellungnahme: »Die Personalführung muss sich an der mit der
neuen MFR-Vorlage von FüS I 4 erneut dokumentierten Absicht der Bedarfsträger
orientieren und die bisherige restriktive Linie beibehalten.« Auch die Rechtsabteilung diene »letztlich diesem Ziel«.[43] Die hier genannten »Bedarfsträger« sind die
Teilstreitkräfte Heer, Luftwaffe und Marine. MFR ist die Abkürzung für »Militärischer
Führungsrat«, in dem sich neben anderen die Inspekteure der Teilstreitkräfte und der
Generalinspekteur intern beraten und abstimmen. Das Papier des Personalreferats
belegt den Druck der militärischen Führung auf die anderen Abteilungen des BMVg
und wohl auch auf die politische Leitung, die bisherige restriktive Linie beizubehalten.

Das von den Juristen der Hardthöhe erarbeitete Schriftstück hat Karlsruhe nie erreicht. Nicht nur im BMVg verweigerten, wie aufgezeigt, Referate die Mitzeichnung
oder meldeten erhebliche Bedenken an. Auch die Bundesministerien des Innern und
der Justiz taten ein Gleiches.[44]

Karlsruhe forderte eine Antwort der Bundesregierung. Der Antwortentwurf des
Verteidigungsressorts wurde dem Innen-, dem Justiz- sowie dem Familienministerium
zur Mitzeichnung zugeleitet. Alle drei Ressorts lehnten das Papier der Hardthöhe
ab. Die drei Ministerien hielten die Linie des Verteidigungsministeriums »nicht
mehr für zeit- und verfassungsgemäß«. Das von der Sozialdemokratin Christine
Bergmann geführte Bundesministerium für Familie, Senioren, Frauen und Jugend
sah auch den rot-grünen Koalitionsvertrag verletzt. Auf nochmalige Nachfrage des
federführenden BMVg-Referats erklärten alle drei Ressorts, auch »auf Arbeitsebene
bestünden keine Spielräume für eine Annäherung«.[45] Dies deutet darauf hin, dass
die jeweiligen Positionen von den politischen Leitungen der Häuser bestimmt
wurden, was der spätere Hinweis bestätigte, dass die ablehnende Stellungnahme
des Justizministeriums mit Bundesministerin Herta Däubler-Gmelin abgestimmt
wurde. Der »Dissens« sollte auf »Leitungsebene«, sprich zwischen den Ministern,

41 Ebd.
42 BArch, BW 1/502107, o.Pag.: BMVg, PSZ III 1 an R II 2, 18.1.2000, auch in BArch, BW 2/
    38358.
43 Ebd.
44 BArch, BW 2/38358: BMVg, FüS I 4, Sprechzettel für Generalinspekteur für Kollegium am
    24.1.2000.
45 BArch, BW 1/502107, o.Pag.: BMVg, R II 2 an Staatssekretär Wichert, 20.1.2000.

gelöst werden.[46] Die Bundesregierung erbat daher eine Fristverlängerung bis Ende
März 2000. Damit tickte die Uhr. Das Verteidigungsministerium hatte zwei weitere
Monate Zeit, für eine Antwort an Karlsruhe – oder eine Veränderung der Position.
Jetzt war die Stunde für eine politische Entscheidung durch Verteidigungsminister
Rudolf Scharping gekommen.

3. Die politische Dimension

Die Versetzung des Oberleutnants wurde 1999 zum Politikum. Der Streit zog sich
quer durch die rot-grüne Koalition und durch die SPD selbst. Er eskalierte in öffentlich ausgetragenen Schlagabtauschen zwischen Scharping und einigen seiner
Kabinettskollegen, auch aus der eigenen Partei.

So wandte sich die Bundesentwicklungshilfeministerin Heidemarie Wieczorek-
Zeul im Mai 1999 in der Causa Oberleutnant Stecher an den Bundesverteidigungs-
minister und bat ihn, seine Position zur Frage der sexuellen Orientierung von
Soldaten allgemein und zum konkreten Fall zu erläutern.[47] Scharping dankte für die
»Gelegenheit, einige unsachliche Veröffentlichungen der letzten Zeit korrigieren« zu
können:

> »Die meist einseitigen Darstellungen in den Medien erwecken den Eindruck, die Bun-
> deswehr ignoriere den Wegfall der Strafbarkeit homosexuellen Verhaltens und weigere
> sich, gesellschaftliche Entwicklungen zur Kenntnis zu nehmen. Richtig ist jedoch, dass
> die Bundeswehr sich – mehr als viele andere Armeen – dem gesellschaftlichen Wandel
> stets geöffnet hat.«[48]

Bei Führern und Ausbildern in der Truppe sei »jedoch eine andere Bewertung ange-
zeigt. Trotz größerer Toleranz in der Gesellschaft kann nämlich noch nicht von einer
allgemeinen Akzeptanz ausgegangen werden.« Daher bestehe bei Bekanntwerden
der gleichgeschlechtlichen »Veranlagung« eines Vorgesetzten die Gefahr eines
Autoritäts- und Vertrauensverlustes bei Untergebenen. Toleranz könne nicht ver-
ordnet werden. Die für das Ministerschreiben im Entwurf verantwortlich zeichnen-
de Personalabteilung paraphrasierte dann ausführlich aus den bekannten Urteilen
der Verwaltungsgerichte und betonte wie diese eine nicht hinnehmbare Gefährdung
der Einsatzbereitschaft. Die zwischenzeitlich erfolgte Beförderung Stechers zum
Oberleutnant führte das BMVg als Beleg ins Feld, dass es den gleichgeschlechtlichen
Lebensentwurf eines Soldaten »nicht mit einem moralischen Unwerturteil« verse-
he. Vielmehr orientiere sich das Ministerium »an der gesellschaftlichen Wirklichkeit
und deren Folgen für den Auftrag der Streitkräfte«.[49]

---

[46] BArch, BW 2/38358: BMVg, FüS I 4, Sprechzettel für Generalinspekteur für Kollegium am
      24.1.2000.
[47] BArch, BW 1/502107 und BW 2/38357: Bundesministerin für wirtschaftliche Zusammen-
      arbeit und Entwicklung an BMVg, 19.5.1999.
[48] BArch, BW 2/38357: BMVg, Minister, an Bundesentwicklungshilfeministerin Wieczorek-
      Zeul, 24.6.1999, auch im Folgenden; der von PSZ III 1 erstellte Entwurf des Ministerschreibens
      in BW 1/502107.
[49] Ebd.

Aber gerade daran, ob die Bundeswehr noch mit der »gesellschaftlichen Wirklichkeit« des Jahres 1999 im Einklang stand, hatten immer mehr Menschen starke Zweifel. Der Parlamentarische Staatssekretär im Bundesjustizministerium Eckhart Pick (SPD) sah dies offenkundig auch so. Er trug den vom BMVg erstellten Entwurf einer Antwort der Bundesregierung auf Fragen der Abgeordneten Christina Schenk (PDS) nicht mit. Er verwies ausdrücklich auf die Koalitionsvereinbarung, in der es wörtlich hieß: »»Niemand [...] darf wegen [...] sexueller Orientierung als Schwuler oder Lesbe diskriminiert werden««.[50]

Für den zwangsversetzten Oberleutnant trat auch Bundesumweltminister Jürgen Trittin (Bündnis 90/Die Grünen) ein.[51] Trittin beließ es nicht bei einem Brief an seinen Kabinettskollegen. Er ergriff öffentlich und leidenschaftlich Partei und erinnerte Scharping daran, dass es sich die Koalition zur Aufgabe gemacht habe, »Minderheiten zu schützen und ihre Gleichberechtigung und gesellschaftliche Teilhabe zu erreichen«.[52] Trittin habe Scharpings Begründung, wonach Untergebene homosexuelle Vorgesetzte bei der Bundeswehr nicht ausreichend akzeptierten, als »lebensfremd« bezeichnet.[53] Der Umweltminister betonte, es könne auch nicht im Sinne der Inneren Führung sein, »antihomosexuellen Ressentiments einfach nachzugeben und sie damit auch noch zu bestärken«.[54] Trittins Parteifreundin Angelika Beer griff Scharpings Ministerium schärfer an: Im Koalitionsvertrag sei eindeutig festgelegt, dass niemand wegen seiner sexuellen Orientierung benachteiligt werden dürfe. Sie sei »entsetzt, dass diese Diskriminierung jetzt einfach fortgesetzt wird und man sich dabei auch noch auf angebliche Vorbehalte in der Bevölkerung beruft«.[55] Die *Frankfurter Rundschau* zitierte unter der Überschrift »Rot und Grün streiten über homosexuelle Bundeswehrsoldaten« im Juni 1999 den Pressesprecher Scharpings mit dem Satz: »Die Bundeswehr stützt sich auf Gesetze, und nicht auf Koalitionsverträge.«[56]

Die in Koblenz, dem damaligen größten Bundeswehrstandort, erscheinende *Rhein-Zeitung* titelte: »Streit zwischen Trittin und Scharping: Schwuler Offizier zwangsversetzt«.[57] Auch Scharping kam in der *Rhein-Zeitung* zu Wort; ihm fielen bloß die schon bekannten Argumente ein, wie sie seit den 1970er Jahren scheinbar in Stein gemeißelt waren: »Homosexualität begründet erhebliche Zweifel an der Eignung [zum Vorgesetzten] und schließt eine Verwendung in solchen Funktionen aus, die an Führung, Erziehung und Ausbildung von Soldaten gebunden ist«. Die Bundeswehr habe sich »mehr als viele andere Armeen einem gesellschaftlichen Wandel geöffnet«. Es ginge jedoch »an den gesellschaftlichen Realitäten vorbei, den Streitkräften gerade dort eine Vorreiterrolle zuschreiben zu wollen, wo sich ernsthafte Konflikte mit Wertvorstellungen vieler Bürger abzeichnen««, so der Minister.

---

50   Ebd., BMJ, Parlamentarischer Staatssekretär Eckhart Pick an BMVg, Parlamentarische Staatssekretärin Brigitte Schulte, 15.6.1999.
51   Ebd., Bundesminister Jürgen Trittin, MdB, an Verteidigungsminister Scharping, 21.1.1999.
52   »Streit zwischen Trittin und Scharping: Schwuler Offizier zwangsversetzt«.
53   »Rot und Grün streiten über homosexuelle Bundeswehrsoldaten«.
54   »Streit zwischen Trittin und Scharping: Schwuler Offizier zwangsversetzt«.
55   »Rot und Grün streiten über homosexuelle Bundeswehrsoldaten«.
56   Ebd.
57   »Streit zwischen Trittin und Scharping: Schwuler Offizier zwangsversetzt«, auch die folgenden Zitate.

Die Welt titelte: »Homosexuelle Soldaten: Sager kritisiert Scharping«[58] und berichtete, die grünalternative Hamburger Gleichstellungssenatorin Krista Sager habe die Diskriminierung homosexueller Soldaten beklagt. Die Akzeptanz Homosexueller in der Bundeswehr sei in der Gesellschaft erheblich gestiegen, das gelte auch für Soldaten in Führungspositionen.

Nicht nur bei den Grünen, auch in der eigenen Partei geriet Scharping im Laufe des Jahres 1999 immer stärker unter Druck:

> »Die besten Kritiker der SPD kommen aber immer noch aus der SPD selbst. Und so forderte der Vorsitzende der Schwusos Niedersachsen, Achim Schipporeit, den Kanzler auf, ein Machtwort zu sprechen [...] Schweigt der Kanzler, so mache er sich ›mitschuldig an der Verletzung der Menschenwürde schwuler Soldaten‹. Schipporeit wörtlich: ›Wie lange noch will sich die rot-grüne Koalition in dieser Frage von Scharping auf der Nase herumtanzen lassen?‹«[59]

Die damalige Parlamentarische Staatssekretärin Brigitte Schulte (SPD) erinnerte sich an den zunehmenden Druck auf die und aus der SPD. »Es gab ja eine Verabredung im [rot-grünen] Koalitionsvertrag, die Diskriminierung Homosexueller in allen Bereichen zu beenden.« Schulte ging davon aus, dass das Thema in der SPD-Fraktion nicht besprochen worden war, »sonst hätte es Rabatz gegeben«.[60] Es gab aber Rabatz in der SPD-Fraktion. Der zweite Parlamentarische Staatssekretär, Walter Kolbow, musste den Ärger über sich ergehen lassen. Er hatte sich »gegen massive Vorwürfe aus der gesamten Fraktion zu verteidigen«.[61]

Die *FAZ* berichtete im September 1999 unter der Überschrift: »Homosexueller darf nicht ausbilden.« Der Sprecher des Verteidigungsministeriums wiederholte die Position seines Dienstherrn auch gegenüber dieser Tageszeitung: Homosexualität werde »noch nicht allgemein in der Gesellschaft anerkannt und damit auch nicht bei allen Soldaten akzeptiert«. Deshalb sei ein Autoritätsverlust des Vorgesetzten zu erwarten. Dies sei nicht hinzunehmen, »da der Verteidigungsauftrag der Bundeswehr unbedingtes Vertrauen zum Vorgesetzten und uneingeschränkte Einsatzbereitschaft verlange«. Den Soldaten »könne nicht ›per Erlass‹ vorgeschrieben werden, Homosexualität zu akzeptieren«.[62]

Politische Unterstützung erhielten schwule Soldaten und lesbische Soldatinnen erneut von den Liberalen, deren Bundestagsfraktion im Oktober 1999 einen Antrag in den Bundestag einbrachte: »Der Deutsche Bundestag fordert die Bundesregierung auf sicherzustellen, dass im Geschäftsbereich des Bundesministeriums der Verteidigung Soldatinnen und Soldaten nicht wegen ihrer sexuellen Orientierung diskriminiert werden.«[63] Bundesminister Scharping sowie Staatssekretär Wichert erklär-

---

58 »Homosexuelle Soldaten«.
59 Schwule bei der Bundeswehr.
60 Zeitzeugeninterview Parlamentarische Staatssekretärin a.D. Brigitte Schulte, Wachtberg, 16.4.2019.
61 BArch, BW 2/38357: BMVg, FüS I 4, 11.11.1999, mit Bezug auf die Sitzung der Arbeitsgruppe Sicherheitspolitik der SPD-Bundestagsfraktion am 9.11.1999.
62 »Homosexueller darf nicht ausbilden«.
63 Deutscher Bundestag, 14. Wahlperiode, Drucksache 14/1870, Antrag der Abgeordneten Hildebrecht Braun (Augsburg), Günter Nolting, Jörg van Essen, weiterer Abgeordneter und der Fraktion der FDP: Bekämpfung jeder Art von Diskriminierung in der Bundeswehr.

ten, dass Homosexualität »nachhaltige Zweifel an der Qualifikation von Soldaten für die Aufgabe als Vorgesetzte wecke, da ihre Autorität leiden könnte«. Dem widersprachen die Liberalen. Sie führten die Öffnung der Streitkräfte für Frauen ins Feld:

> »Es ist längst selbstverständlich, wenn in der Bundeswehr Soldatinnen und Soldaten Vorgesetzte von Untergebenen des jeweils anderen Geschlechts sind. Die vom Bundesverteidigungsministerium erhobene Forderung nach unterschiedlicher Behandlung von homosexuell bzw. heterosexuell veranlagten Vorgesetzten kann daher nur das Ergebnis der vorurteilsbelasteten Vorstellung sein, homosexuelle Vorgesetzte könnten dazu neigen, ihren möglichen sexuell motivierten Wünschen im dienstlichen Umfeld eher nachzugeben, als dies bei der Mehrheit der Vorgesetzten, die heterosexuell angelegt sind, der Fall wäre. Es gibt aber keinen Erfahrungssatz dafür, dass diese Annahme gerechtfertigt wäre. Es mag zutreffen, dass das Bekanntwerden der Homosexualität von Vorgesetzten zunächst zu unangemessenen Reaktionen führt, die die Folge ungenügender Informiertheit junger Soldatinnen und Soldaten ist. Es ist dann allerdings Aufgabe der örtlichen Vorgesetzten, durch entsprechende Informationen darauf hinzuwirken, dass junge Menschen mit dem Wissen um Homosexualität umzugehen lernen. Die Bundeswehr darf weder vor der vorhandenen Bereitschaft zur Diskriminierung zurückweichen noch sie gar durch eigene bewusste Diskriminierung bestätigen und verstärken. Der Deutsche Bundestag bekennt sich klar zur Forderung einer diskriminierungsfreien Bundeswehr. Kein Mitglied der Bundeswehr darf wegen seiner Rasse, seiner Religion, seines Geschlechts, seiner landsmannschaftlichen Zugehörigkeit oder wegen seiner sexuellen Orientierung in irgendeiner Weise diskriminiert werden. Es ist vielmehr Aufgabe der Bundeswehr, eventuell bei Angehörigen der Bundeswehr noch vorhandene Vorurteile zu bekämpfen und aufklärend zu wirken.«[64]

Der FDP-Antrag wurde im März 2000 im Plenum debattiert – und in den Verteidigungsausschuss verwiesen.[65] Scharping sah den Antrag der FDP und dessen Absteuerung in den Verteidigungsausschuss »als eine gute Gelegenheit an, über diese Fragen in Ruhe miteinander zu reden und nicht zu versuchen, die Dinge auf der Grundlage einer irgendwie gearteten Aufgeregtheit zu lösen«[66].

»Scharpings Bundeswehr-Studie: Schwule sind krank«

Presseberichten zufolge gab der sozialdemokratische Verteidigungsminister beim als sehr konservativ verorteten Verein »Christen in der Offensive« und dem ihm angeschlossenen »Institut für Jugend und Gesellschaft« in Reichelsheim eine Studie in Auftrag, die zeigen sollte, dass Homosexuelle in der Bundeswehr für Führungs- und Ausbildungsfunktionen nicht geeignet seien – laut *taz* mit »dubiosen Zahlen aus den 50er-Jahren«. Die angeblich vom BMVg beauftragte Studie sorgte im Januar 2000 für helle Aufregung in der Presse. Die *taz* titelte: »Scharpings Bundeswehr-Studie: Schwule sind krank.«[67] In der *Berliner Zeitung* stand: »Schwule fordern

---

[64] Ebd.
[65] Deutscher Bundestag, Stenographischer Bericht der 95. Sitzung vom 23.3.2000, Plenarprotokoll 14/95, S. 8844 f.
[66] Ebd.
[67] Lange, Scharpings Bundeswehr-Studie.

Entschuldigung von Scharping«.[68] Der Bundestagsabgeordnete Volker Beck (Bündnis 90/Die Grünen) warf Scharpings Ministerium die Verbreitung »schwulenfeindlicher Pamphlete« vor.[69] Laut *taz* argumentierte die Studie noch immer aus einem Verständnis gleichgeschlechtlicher Sexualität als Krankheit; gleichgeschlechtliches Begehren werde jedoch nicht mehr als therapiebedürftig angesehen. »Aber eine genaue Analyse hat man offenkundig im Hause Rudolf Scharpings nicht gewollt. Denn so beraten, scheint es wenig verwunderlich, dass man im Verteidigungsministerium weiterhin verhindern will, dass Schwule beim Bund aufsteigen«, schlussfolgerte die Zeitung.[70]

Was war das für eine Studie? Wurde sie tatsächlich vom BMVg oder gar vom Minister persönlich in Auftrag gegeben? Die Realität stellte sich deutlich anders dar, als es die Presseschlagzeilen suggerierten. Im September 1999 sandte das »Institut für Jugend und Gesellschaft« in Reichelsheim dem BMVg unaufgefordert die später in der Presse zerpflückte Studie zu. Das Papier wurde im Presse/InfoStab des BMVg zu den Akten gelegt. Ende Dezember 1999 fragte ein Redakteur des Magazins *MAX* beim Verteidigungsministerium zum Thema homosexuelle Soldaten an. Eine Beamtin des Presse/InfoStabs gab per Fax neben einer kurzen Zusammenfassung der bekannten Position des BMVg auch die Studie aus Reichelsheim heraus, nach späterer Erklärung aber ausdrücklich nur als Beispiel, wie von außen versucht werde, in dieser Frage Einfluss auf das Ministerium zu nehmen. Die Beamtin setzte die maschinelle Schlussformel und ihre Unterschrift allerdings auf die letzte Seite des Schreibens – direkt unter die Reichelsheim-Studie. Dies nutzte der *MAX*-Redakteur, um die obskure Schrift als BMVg-eigene Studie darzustellen – und fertig war die Aufreger-Story. Bald nach der *MAX*-Veröffentlichung unter dem Titel »Rosa Armee Fraktion«[71] trafen Anfragen des *Spiegel* und anderer Redaktionen ein. Das BMVg stellte das Missverständnis klar[72] und konnte somit das mediale Feuer austreten, zunächst jedenfalls. Eine Woche später loderte das Pressefeuer dann doch noch voll auf. Am 26. Januar 2000 berichtete das Boulevardblatt *B.Z.*, einen Tag später folgte die *taz*, später andere Zeitungen. Der Presse/InfoStab hatte nun alle Hände voll zu tun, die Geschichte wieder einzufangen. Am 28. Januar titelte die *Berliner Morgenpost*: »Schwulenfeindliche Studie nicht von der Bundeswehr«;[73] am 29. Januar druckte auch die *taz* eine Berichtigung.[74] Unabhängig von Thema zeigte der Vorgang, wie wichtig es war (und ist), im Umgang mit der Presse besondere Vorsicht und Sorgfalt walten zu lassen. Schon eine an falscher Stelle gesetzte Unterschrift kann von interessierten Medien zur Skandalisierung genutzt werden.

---

68 »Schwule fordern Entschuldigung von Scharping«, als Kopie in BArch, BW 1/582743.
69 Der auf einer Meldung der Nachrichtenagentur AP basierende Presseartikel »Diffamierung Homosexueller« wurde im Pressespiegel des BMVg wohl fälschlich der *Berliner Morgenpost* vom 28.1.2000 zugeordnet (als Kopie in BArch, BW 1/582743). Auch die *taz* zitierte Beck, es sei »›eine tiefe Beleidung‹, wenn eine Studie für das Verteidigungsministerium die Lebensweise von schwulen und lesbischen BürgerInnen ›als Krankheit und damit als nicht legitime, minderwertige Lebensform diffamiert‹«. Lange, Scharpings Bundeswehr-Studie.
70 Ebd.
71 Baum, Rosa Armee Fraktion.
72 BArch, BW 2/38358: BMVg, Presse/Info-Stab, 21.1.2000.
73 »Schwulenfeindliche Studie« nicht von der Bundeswehr, Kopie in BArch, BW 1/582743.
74 Berichtigung, taz, 29.1.2000, Kopie in BArch, BW 1/582743.

4. »TSK-Haltung zu Homosexualität betonhart«.
Die streitkräfteinterne Dimension

Scharping wollte 1998 kein Ministeramt übernehmen, schon gar nicht das für Verteidigung.[75] Er fremdelte merklich mit seiner neuen Aufgabe und hatte keine Erfahrung mit Bundeswehrthemen. Er verließ sich auf die Staatssekretäre, insbesondere auf den erfahrenen Peter Wichert (seit 1989 im BMVg), und hörte auf den Rat der militärischen Führung. Scharping habe das Ministerium und die Streitkräfte nach dem Grundsatz geführt, »man müsse schon auf den Apparat vertrauen«, betonte ein damals in der Führungsebene des Ministeriums tätiger Zeitzeuge, der seinen Namen nicht veröffentlich sehen möchte. Der neue Minister wollte zunächst viel zuhören, ähnlich wie Helmut Schmidt es hielt: »in die Bw hineinzuhorchen, was den Soldaten auf den Nägeln brennt und was sie umtreibt«.[76]

Bei den Gesprächen mit Soldaten sei das Thema Homosexualität nicht aufgekommen.[77] Warum es in den Gesprächen mit dem Minister nicht thematisiert wurde, dazu konnte ein anderer Zeitzeuge, damals Stabsoffizier am Zentrum Innere Führung in Koblenz, seine Erinnerung beisteuern: Eine dieser Gesprächsrunden sollte der Minderheitenproblematik gelten. Auch das sei zunächst vom BMVg nicht vorgesehen gewesen. Der Zeitzeuge habe den Minister aber von der Notwendigkeit einer solchen weiteren Gesprächsrunde überzeugen können. Dessen Konzeption habe auch die Einladung von homosexuellen Soldaten vorgesehen. Das BMVg habe aber diese und damit das Thema generell aus der Ministerrunde gestrichen. Scharping sei dadurch Anfang 1999 auf muslimische, jüdische und russlanddeutsche Soldaten getroffen, sogar ein Sikh sei dabei gewesen. Nach Einschätzung des Offiziers habe kein Entscheidungsträger im BMVg das heikle Thema homosexuelle Soldaten in einer Runde mit dem Minister wiederfinden wollen. »Dabei waren schon rein statistisch nach der Normalverteilung mit fünf bis zehn Prozent der Bevölkerung Homosexuelle auch die mit Abstand größte Gruppe der Minderheiten in den Streitkräften, weitaus größer als Muslime, Juden, Russlanddeutsche und [1999] Frauen zusammen.«[78]

Scharping persönlich habe »keine Berührungsängste mit dem Thema gehabt, aber auch keinen dringenden Handlungsbedarf gesehen«,[79] betonte der Zeitzeuge aus dem direkten Umfeld des Ministers. Im Ministerium »dümpelte das Thema so vor sich hin«, kam »ab und an durch laufende Vorgänge, insbesondere die Klagen, auf den Schreibtisch«. Homosexuelle Soldaten seien »ein großes Thema in bestimmten Kreisen« gewesen, »aber diese Kreise waren eng begrenzt«.[80] Die breite Öffentlichkeit habe die Frage der Homosexualität, anders natürlich als die Betroffenen selbst, nicht als das entscheidende Thema in der Bundeswehr angesehen. Die mit Scharping ins Ministerium gekommene Parlamentarische Staatssekretärin Schulte (SPD) erinnerte sich:

---

75 Brief Parlamentarische Staatssekretärin a.D. Brigitte Schulte an den Verfasser, 2.6.2019.
76 Telefonisches Zeitzeugengespräch (anonymisiert), 13.5.2019.
77 Ebd.
78 Zeitzeugengespräch mit Oberstleutnant d.R. Joachim Meier, Karlsruhe, 16.7.2018.
79 Telefonisches Zeitzeugengespräch (anonymisiert), 13.5.2019.
80 Ebd.

»Der Fall des Oberleutnants Stecher müsste ihm [Scharping] durch Staatssekretär Dr. Wichert und die noch von einem General geführte Personalabteilung nach Amtsantritt 1998/99 vorgelegt worden sein. Von dem neuen Minister, der sich im Schnellverfahren in den riesigen Aufgabenbereich der Verteidigung einarbeiten musste, wollte man die genehme Antwort erreichen. Dies war unfair und unklug!«[81]
Als Schulte gewahr wurde, dass ein Oberleutnant entlassen werden sollte, weil er homosexuell war, sei ihre spontane Reaktion gewesen: »Das kommt überhaupt nicht in Frage! Die Zeit ist nun wirklich vorbei.«[82] Staatssekretär Wichert habe ihr geantwortet: »Das machen wir immer so.« Personalangelegenheiten fielen in seine Zuständigkeit. Schulte: »Ich war ganz fassungslos, dass es bei der Bundeswehr 1999 noch so was gab. Ich hätte gedacht, die sozialliberale Koalition hätte das Thema schon abgeräumt. Das hätten wir [die SPD-Verteidigungspolitiker] früher besser machen müssen.«[83] Und doch ließ sich Scharping mehr als ein Jahr Zeit, bis er die Neujustierung dieser Position anging. Enge Mitarbeiter Scharpings meinten, Homosexualität sei »nicht das alles beherrschende Thema« im BMVg gewesen, »bei Weitem nicht«. Auch Scharping habe dieses Thema nicht als Schwerpunkt gesehen: »Das war nicht Teil seiner vorrangigen Agenda, als er ins Ministerium kam.« Sie erklärten das Zögern Scharpings mit dessen Überzeugung, manche Dinge müssten reifen, bis sie entscheidungsreif seien. Von daher seien die laufenden Klagen der Offiziere »doch ganz hilfreich« gewesen. Sie stellten das BMVg unter Entscheidungsdruck und vor die konkrete Frage: »Räumen wir das Thema ab oder lassen wir die Klagen laufen?«[84] Peter Wichert erinnerte sich sehr ähnlich: Minister Scharping sei auch bei diesem Thema gelassen geblieben: »Warum etwas neu regeln, wo es nichts zu regeln gibt?« Scharping und er, Wichert, verfolgten die Maxime: »Lasst das doch laufen!« Sie wollten an der Praxis der »stillen Toleranz« festhalten. Aber die »stille Toleranz« habe den Betroffenen nicht mehr genügt. Diese hatten eine starke Lobby, auch in der Politik, und mediale Unterstützung gehabt, sie bauten so »enormen gesellschaftlichen Druck« auf.[85]
Nach gut einem Jahr im Amt ging Scharping das Thema Homosexualität an. Den archivierten internen Unterlagen zufolge hatte der Verteidigungsminister bereits am 22. Dezember 1999 im Kollegium an seinen Auftrag erinnert, »eine militärische Position zum Thema Homosexualität in den Streitkräften zu entwickeln und zu seiner Unterrichtung vorzutragen«.[86] (Hinter dem Kollegium verbarg sich die engere Spitze des Hauses, bestehend aus dem Minister [intern BM abgekürzt] und den Staatssekretären; der Generalinspekteur nahm an den Sitzungen teil.[87]) Der Minister drängte, er erwartete diese Information noch im Januar 2000. Neue bundeswehrinterne Studien oder Umfragen hielt Scharping nicht für nötig.[88]

81   Brief Parlamentarische Staatssekretärin a.D. Brigitte Schulte an den Verfasser, 2.6.2019
82   Zeitzeugeninterview Parlamentarische Staatssekretärin a.D. Brigitte Schulte, Wachtberg, 16.4.2019.
83   Ebd.
84   Telefonisches Zeitzeugengespräch (anonymisiert), 13.5.2019.
85   Zeitzeugengespräch mit Staatssekretär a.D. Peter Wichert, Bad Münstereifel, 10.4.2019.
86   BArch, BW 2/38358: BMVg, Stellvertreter des Generalinspekteurs, Vermerk vom 23.12.1999 über Sitzung des Kollegiums am 22.12.1999.
87   BArch, BW 2/21537, o.Pag.: Die Führungsgremien im BMVg, April 1983.
88   BArch, BW 2/38358: BMVg, Stellvertreter des Generalinspekteurs, Vermerk vom 23.12.1999 über Sitzung des Kollegiums am 22.12.1999.

Die militärische Führung forderte nun eine neue empirische Untersuchung über die Einstellung der Soldaten zur Homosexualität. Es sollte vermutlich ein Spiel auf Zeit werden. Soldaten kennen aus der Taktikausbildung die Gefechtsart Verzögerung, wenn die eigenen Kräfte nicht für eine lineare Verteidigung ausreichen oder der Gegner zu stark ist. Offenbar wandten die Generale auf der Hardthöhe jetzt die Verzögerungstaktik an, um den erkennbaren politischen Willen zur Veränderung zu bremsen.

Die Frage, ob eine solche Studie mitsamt einer Umfrage unter Soldaten in Auftrag gegeben werden sollte, war Ende der 1990er Jahre ein Dauerthema zwischen den beteiligten Referaten. Die letzte empirische Studie stammte aus dem Jahr 1992. Die Forderung nach einer neuen Umfrage wurde zuerst von Befürwortern einer Änderung erhoben. Sie erwarteten angesichts des zwischenzeitlichen Wandels des gesellschaftlichen Klimas Daten aus der Bundeswehr, die diese größere Toleranz repräsentierten. Bislang hatten die Führungsstäbe der Gesamt- und Teilstreitkräfte eine solche Umfrage stets als nicht notwendig abgelehnt. Sie wollten das für sie unangenehme Thema nicht in den Streitkräften hochkochen. 1999 stellte der Stabsabteilungsleiter FüS I die Entscheidung über diese Studie bis zur Entscheidung des Bundesverfassungsgerichts in der Causa Oberleutnant Stecher zurück.[89] Nun, im Januar 2000, kämpften die Generale für eine neue Studie – und die zur Veränderung tendierende politische Führung des Hauses hielt diese nicht mehr für notwendig.

Im Vorfeld der für den 19. Januar 2000 angesetzten Sitzung des Militärischen Führungsrats[90] mit dem Tagesordnungspunkt 3 »Homosexualität in den Streitkräften« lud FüS I 4 für den 6. Januar 2000 zu einer Koordinierungsbesprechung mit Vertretern von insgesamt zehn Referaten aus den Führungsstäben aller Teilstreitkräfte, der Personalabteilung und der Rechtsabteilung ein. Ziel war es, »einen gemeinsamen Kenntnisstand« bezüglich der Problematik homosexueller Soldaten in Vorgesetztenfunktion herbeizuführen und festzustellen, ob es einen Spielraum für Veränderungen in der bisherigen Haltung gebe. Um es vorwegzunehmen: Veränderungsspielraum gab es nicht; Heer, Luftwaffe und Marine mauerten: »Das Festhalten der TSK an der bisherigen Position lässt eine Veränderung der Haltung gegenüber der Homosexualität in den Streitkräften derzeit nicht zu.«[91] Angesichts der angesetzten Besprechung fasste ein Referat der Personalabteilung die Möglichkeiten des Handelns kurz zusammen, »ohne dem Ergebnis vorgreifen zu wollen«: Eine Verschärfung der Restriktionen sei »rechtlich bedenklich« und »politisch [...] nicht durchsetzbar«.[92] Eine Aufhebung hänge von einer Änderung der Position der »Bedarfsträger«, sprich der Streitkräfte, ab. Für »praktikable Zwischenlösungen« gebe es keinen Raum, sodass in der Besprechung mit den Vertretern der Teilstreitkräfte zu klären sei, ob deren Führungsstäbe die geltenden »Restriktionen beibehalten oder

[89]   BArch, BW 1/502107, o.Pag.: BMVg, PSZ III 1, 5.1.2000.
[90]   Der Militärische Führungsrat (MFR) »diente der gemeinsamen militärischen Willensbildung«. Vertreten waren in ihm unter Vorsitz des Generalinspekteurs die Inspekteure der drei Teilstreitkräfte und des Sanitätsdienstes sowie der Stellvertreter des Generalinspekteurs. BArch, o.Sign.: BMVg, Minister, VR I 1, Neuordnung des Ministeriums, 7.2.1964, Anl. 2.
[91]   BArch, BW 2/38358: BMVg, FüS I 4 an Generalinspekteur, 14.1.2000, als Entwurf auch in BArch, BW 1/502107.
[92]   BArch, BW 1/502107, o.Pag.: BMVg, PSZ III 1, 5.1.2000, auch in BArch, BW 2/38358.

aufheben« wollen. Die bisherige »günstige Spruchpraxis der Gerichte« zwinge das Ministerium nicht, an der Praxis festzuhalten. Das Personalreferat warnte bereits, sollte das Bundesverfassungsgericht die Verfassungswidrigkeit der Verwendungspraxis feststellen, sei auch die Verweigerung der Übernahme zum Berufssoldaten nicht länger zu halten.[93]

Ein weiterer Vermerk des Referats FüS I 1 vom Januar 2000 zeigt das Problembewusstsein in bemerkenswerter Klarheit:

> »Die Nichteignung homosexueller Soldaten für die unmittelbare Vorgesetztenverwendung in der Truppe kann durch die Bundeswehr weder im Allgemeinen noch im konkreten Einzelfall belegt werden. Ausgangspunkt der Haltung ist vielmehr die Annahme einer Ablehnung solcher Vorgesetzter durch ihre Untergebenen und durch erhebliche Teile der Bevölkerung.«[94]

Die Schlussfolgerung des Referats ließ es nicht an Deutlichkeit missen: »Höchstrichterliche Urteile gegen die Bundeswehr würden die Aufgabe der bisherigen Position erzwingen. Ein Urteil gegen die Verwendungsentscheidung würde auch unsere Haltung zur BS-Übernahme zu Fall bringen.«[95]

Das Referat FüS I 4 bemühte sich nach Kräften, die notwendigen Konsequenzen aus diesem Schluss zu ziehen, konnte aber die anderen beteiligten Referate und Abteilungen nicht überzeugen. Die Koordinierungsbesprechung auf Referatsebene wurde nach dem typischen Schema einer militärischen Entscheidungsfindung mit einer Lagefeststellung durch FüS I 4 eröffnet: Die Position des BMVg sei allen bekannt: »keine Krankheit, kein Dienstvergehen«, aber Einschränkungen für Verwendungs- und Statusentscheidungen. »Position gegenüber homosexuellen Vorgesetzten gründet sich auf vermuteten Problemen mit der Akzeptanz und in Folge mit der Autorität, die die Einsatzbereitschaft tangieren«.[96] Die Position des BMVg sei politisch umstritten, Abgeordnete von Bündnis 90/Die Grünen und SPD (hier auch deren Arbeitsgruppe Sicherheitspolitik) kritisierten sie »massiv« und fanden Zustimmung bei der Parlamentarischen Staatssekretärin Schulte. »Vor diesem Hintergrund ist der Auftrag BM zu sehen; dieser will eine Position, die auch trägt, d.h. auch in der Bundeswehr Akzeptanz findet.« In typisch militärischer Diktion einer Lagebeurteilung im Gefecht führte FüS I 4 aus, es gebe »drei Möglichkeiten des Handelns: Beibehalten der bisherigen Position, ggf. bis Änderungszwang durch Urteil; Aufgabe der bisherigen Position; Beibehalten der bisherigen Position, gleichzeitig Informations- und Erziehungskampagne in Richtung Toleranz.«[97]

Die Referenten waren sich einig, dass die Fälle des Oberleutnants Stecher, des Oberleutnants Schmid und eines Oberfeldwebels »in der Öffentlichkeit zu erheblichem Aufsehen« führen würden.[98] Bei diesen drei handele es sich um gut beurteilte Soldaten. »Ihre ›Nichteignung‹ für Vorgesetztenverwendungen ergibt sich aus-

---

93 Ebd.
94 BArch, BW 2/38358: BMVg, FüS I 4, an GenInsp, 24.2.2000.
95 Ebd., BMVg, FüS I 4, an GenInsp, 17.2.2000, im Entwurf vom 20.1. in leichter sprachlicher Variation.
96 BArch, BW 2/38358: BMVg, FüS I 4, Eingangsstatement für Besprechung am 6.1.2000.
97 Ebd.
98 BArch, BW 2/38358: BMVg, FüS I 4 an Generalinspekteur, 14.1.2000, auch im Folgenden; als Entwurf auch in BArch, BW 1/502107.

schließlich aus der vermuteten möglichen Ablehnung durch ihre Untergebenen und der angenommenen Einschränkung der Einsatzbereitschaft, für die es im konkreten Einzelfall allerdings keine Belege gibt«. Die Erfolgsaussichten des BMVg im vor dem Bundesverfassungsgericht liegenden Fall des Oberleutnants Stecher bewertete die Runde intern offen als »zweifelhaft«. Eine höchstrichterliche Entscheidung würde »in jedem Fall die Aufgabe der bisherigen Position erzwingen«. Eine Entscheidung gegen die Verwendungsentscheidung im Fall Stecher würde auch die Haltung zur Berufssoldatenübernahme zu Fall bringen, schätze die Runde wiederum offen und selbstkritisch ein.

Auf diese einvernehmliche Lagefeststellung folgte aber kein gemeinsamer Vorschlag für einen Ausweg aus dem absehbaren Dilemma. Das Referat FüS I 4 hatte es vergeblich versucht: Die restriktive Linie des generellen Ausschlusses sollte zugunsten einer Einzelfallprüfung aufgegeben werden. Eine »Nichtverwendung oder Abversetzung wird dann nur noch bei ›Auffälligkeit‹ unter den gleichen Kriterien wie bei einem heterosexuellen Soldaten erfolgen«.[99] Einzelfallentscheidungen hatte das Referat bereits im September 1994 in einem Schreiben an einen später seine Übernahme zum Berufssoldaten erfolgreich einklagenden Stabsarzt als künftigen Weg angekündigt. In der Praxis änderte sich nichts. Eine Prüfung der konkreten Umstände des Einzelfalls wurde explizit verweigert. Dabei blieb es auch im Januar 2000:

> »Von den anderen Referaten wurde darauf hingewiesen, dass dies im Kern die Aufgabe der bisherigen Position bedeutet. Die Vertreter der TSK waren dazu nicht bereit. Die TSK nehmen an, dass ein erheblicher Teil der Gesellschaft und auch der Soldaten der Bundeswehr die persönliche Konfrontation mit Homosexualität ablehnt [...] Insbesondere machen sie geltend, dass schon allein die Gefahr/Vermutung einer Einsatzeinschränkung und Fürsorgegründe die bisherige Haltung rechtfertigen.«[100]

Fast schon resignierend klang die weitere Feststellung: »Der von den Streitkräften angenommene Eignungsmangel lässt sich weder generell noch im Einzelfall belegen.«[101] Die von Befürwortern einer Neuregelung angeführte gewachsene gesellschaftliche Akzeptanz der Homosexualität werde »von den für die Einsatzbereitschaft [der Streitkräfte] Verantwortlichen bezweifelt«. »Dem (unterstellten) Wunsch BM nach einem Abrücken der Streitkräfte von der bisherigen Position kann damit nicht entsprochen werden.« Nur wenn neue Studien und Umfragen eine Haltungsänderung der Soldaten in dieser Frage belegen würden, seien die Streitkräfte »gegebenenfalls« zu einer Neuregelung bereit. Der Minister halte neue Studien und Umfragen aber nicht für erforderlich. »Das Festhalten der TSK an der bisherigen Position lässt eine Veränderung der Haltung gegenüber der Homosexualität in den Streitkräften derzeit nicht zu«, resümierte FüS I 4. »Der zu erwartende Weg durch die Instanzen wird dieses Thema immer wieder zum Problem werden lassen und setzt die Streitkräfte ständigem Rechtfertigungsdruck aus.« Es bestehe die Gefahr, dass die Haltung des BMVg »gerichtlich keinen Bestand« haben

---

[99] Ebd.
[100] BArch, BW 1/502107, BMVg, FüS I 4, Entwurf der nahezu gleichlautenden Vorlage an GenInsp vom 14.1.2000 (diese in BArch, BW 2/38338).
[101] BArch, BW 2/38358: BMVg, FüS I 4 an Generalinspekteur, 14.1.2000, auch im Folgenden; als Entwurf auch in BArch, BW 1/502107, S. 688.

werde. Die Bundeswehr setze sich »dem Vorwurf aus, gesellschaftlichen Entwicklungen nur unter massivem Druck Rechnung zu tragen«.[102]

Das ganze Dilemma zeigte sich im Entscheidungsvorschlag des Referats für den Generalinspekteur: der Bestätigung der bisherigen Position im Militärischen Führungsrat. Etwaige Neuregelungen würden »entweder als Folge eines entsprechenden Untersuchungsergebnisses [einer Studie oder Umfrage], einer Ministerweisung oder eines höchstrichterlichen Urteils« erfolgen. In der finalen Fassung wurde dem Generalinspekteur zudem die »Anregung einer empirischen Untersuchung der Akzeptanz homosexueller Ausbilder/Vorgesetzter«[103] vorgeschlagen. Dies war, wie bereits analysiert, die letzte Idee im Verzögerungsgefecht der militärischen Führungsstäbe. Resignierend vermerkte der Referatsleiter FüS I 4 nach der Koordinierungssitzung am 6. Januar: »TSK-Haltung zu Homosexualität war in meiner Besprechung betonhart: Beibehaltung bisheriger Policy.«[104] Der für den Generalinspekteur erarbeitete Vermerk in Vorbereitung der für den 19. Januar 2000 angesetzten Sitzung des Militärischen Führungsrats bedurfte noch der üblichen ministeriellen Mitzeichnungsrunde. Ein Referat der Personalabteilung schlug vor, deutlicher zu formulieren, dass das Plädoyer von FüS I 4 für eine Einzelfallprüfung »keine Zwischenlösung« darstelle, »sondern eine völlige Abkehr von der bisherigen Position«.[105] Das für personelle Grundsatzfragen zuständige Referat des Führungsstabs des Heeres zeichnete ebenfalls mit, allerdings nur, wenn maßgebliche Anmerkungen und Änderungen berücksichtigt würden. Zum einen hinterfragte das Heer die pessimistische Bewertung der Erfolgsaussichten der laufenden Klagen. Auch müsse das Untersuchungsergebnis einer neuen Studie oder Umfrage »nicht zwingend zu einer Veränderungsbereitschaft führen«.[106] Vor allem sollten die von FüS I 4 formulierten Entscheidungsvorschläge ersatzlos gestrichen werden, vermutlich in der stillen Hoffnung: keine Vorschläge gleich keine Änderung. Das beteiligte Referat R II 2 zeichnete ebenfalls mit, betonte aber: »Die Bereitschaft, einer Weisung des Ministers Folge zu leisten, muss m.E. nicht erwähnt werden. Das ist eine Selbstverständlichkeit. Gleiches gilt für die Pflicht zur Umsetzung von Urteilen.«[107]

Die Inspekteure von Heer, Luftwaffe und Marine stärkten im Militärischen Führungsrat dem Generalinspekteur in seinem Beharren auf der bisherigen Position gegenüber dem Minister den Rücken: Veränderung nur, »wenn uns Gerichtsurteile dazu zwingen« oder der Minister es befehle.[108] So gestärkt ging General Hans Peter von Kirchbach in die Kollegiumssitzung am 24. Januar. FüS I 4 hatte ihm eine Einschätzung der ihn dort erwartenden Positionen der anderen Teilnehmer mitgegeben: Bundesminister Scharping kenne die Haltung der Streitkräfte, erwarte jedoch ein »Abgehen von [deren] bisheriger Position«, das von Generalinspekteur vorzutragende Beharren werde vermutlich nicht Scharpings Erwartung entsprechen.[109] Die

---

102 Ebd.
103 Ebd.
104 Ebd., BMVg, FüS I 4, 6.1.2000
105 BArch, BW 1/502107, o.Pag.: BMVg, PSZ III 1 an FüS I 4, 13.1.2000.
106 Ebd., BMVg, FüH 1 an FüS I 4, 11.1.2000.
107 Ebd., BMVg, R II 2 an FüS I 4 u.a., undatiert.
108 BArch, BW 2/38358: BMVg, FüS I 4, Sprechempfehlung für MFR am 19.1.2000, TOP 3.
109 Ebd., BMVg, FüS I 4, Sprechzettel für Generalinspekteur für Kollegium am 24.1.2000.

Parlamentarische Staatssekretärin Schulte sei eine »vehemente Gegnerin der Position der Bundeswehr« und könnte auf eine schnelle Aufgabe der bisherigen Praxis drängen. Der weitere, ebenfalls sozialdemokratische Parlamentarische Staatssekretär Kolbow habe auch in seiner Partei die Haltung der Bundeswehr gestützt. Für ihn könne »eine derartige Frage nicht gegen die innere Einstellung in den Streitkräften gelöst werden«. Kolbow stehe unter »massiver Kritik« seiner Partei. Der Beamtete Staatssekretär Peter Wichert stützte die Position der Streitkräfte. Die Haltung der übrigen Teilnehmer war FüS I 4 nicht bekannt.[110]

Hinter der Ablehnung einer vollen Öffnung der Streitkräfte für Homosexuelle durch den Generalinspekteur, die Inspekteure und auch durch ihn habe nicht Homophobie, sondern stets die Sorge um die Truppe gestanden, betonte Wichert nochmals ausdrücklich gegenüber dem Verfasser. Er »kannte und kenne keinen Generalinspekteur, keinen Inspekteur, keinen General, der jemals durch Homophobie aufgefallen« sei.[111] »Unsere, auch meine Sorge« sei es gewesen, dass nach Änderung der Praxis im Umgang mit Homosexualität sich offen bekennende homosexuelle Offiziere oder Unteroffiziere durch Fälle sexueller Belästigung oder Übergriffe auffällig werden könnten; dies hätte dann, wenn es gar kausal mit der Öffnung der Streitkräfte für offen Homosexuelle verknüpft worden wäre, der Institution Bundeswehr schweren Schaden zugefügt, so Wichert rückblickend. Sein Ziel und das der militärischen Führung sei es stets gewesen, »die Institution Bundeswehr vor Schaden zu bewahren, wenn es zu derlei Vorfällen kommen würde«.[112]

Scharping ließ sich von der Ablehnung der Inspekteure nicht von seiner beabsichtigten Änderung abbringen. Seinem bekannten vorsichtigen und ausgleichenden Naturell entsprechend zögerte er aber noch immer angesichts einer Entscheidung *gegen* die Streitkräfteführung. Der Minister suchte nach wie vor nach einem Weg, die Generale mitzunehmen und einzubinden. Dazu lud er sie für Ende Februar 2000 zu einer Klausur ein, deren einziges Thema die »Verwendung homosexueller Soldaten in Führungs-, Erziehungs-, Ausbildungsfunktion«[113] sein sollte. Der Generalinspekteur ging mit der altbekannten Position in die Klausur. Das »Votum der für die Einsatzbereitschaft ihrer TSK verantwortlichen Inspekteure« habe für ihn »Gewicht«. Als Ausweg aus den verhärteten Positionen bot General von Kirchbach erneut die Beauftragung einer empirischen Umfrage in den Streitkräften an, »damit wir nicht weiterhin nur von Annahmen ausgehen müssen«.[114] Auch hier deckt sich die schriftliche Überlieferung mit den Erinnerungen der damals Agierenden. Als Generalinspekteur habe Kirchbach schlicht die truppendienstliche Verantwortung der Inspekteure für ihre TSK respektiert, so Staatssekretär a.D. Wichert.[115]

Während das BMVg Ende der 1990er Jahre hin und her überlegte, ob eine neue Umfrage zur Akzeptanz der Homosexualität unter Soldaten sinnvoll und der eigenen Position nützlich sei und sich die politische Leitung letztlich dagegen entschied,

---

[110] Ebd.
[111] Zeitzeugengespräch mit Staatssekretär a.D. Peter Wichert, Bad Münstereifel, 10.4.2019.
[112] Ebd.
[113] BArch, BW 2/38358: BMVg, FüS I 4, Sprechzettel für Generalinspekteur für Klausur mit BM am 25.2.2000.
[114] Ebd.
[115] Zeitzeugengespräch mit Staatssekretär a.D. Peter Wichert, Bad Münstereifel, 10.4.2019.

schritt das Sozialwissenschaftliche Institut der Bundeswehr zur Tat. Nicht unter
Soldaten, wohl aber im Rahmen der jährlichen allgemeinen Bevölkerungsumfrage
fragten die Wissenschaftler nach der Einstellung zur Homosexualität im Generellen
und zur Homosexualität in den Streitkräften im Besonderen. Befragt wurden im
Dezember 1999 rund 2700 Menschen ab 16 Jahren. Die erhobenen Werte zeigten
eine statistische Idealverteilung wie aus dem Lehrbuch der Statistiker: jeweils genau
ein Viertel der Befragten gaben eine positive oder eine negative Haltung gegenüber
Homosexuellen an, die Hälfte votierte für die Antwort »differenziert«.[116] Aus diesem
Ergebnis konnte das BMVg kaum sinnvolle Argumente für die zu entscheidende
Frage herauslesen. Die Bundeswehrsoziologen hatten vorausschauend das Alter der
Befragten abgefragt, interessierte sich das Ministerium doch primär für die Akzeptanz
unter jüngeren Menschen, denn das waren die Grundwehrdienstpflichtigen und potenziellen Zeitsoldaten. Das Alter war tatsächlich die entscheidende Größe:[117]
In der für die Bundeswehr entscheidenden Gruppe der jüngeren Menschen war
das Ergebnis eindeutig tolerant gegenüber Schwulen und Lesben. Bis zum Alter
von 45 Jahren überwog die tolerante Einstellung. Erst in den Gruppen ab 46 lag
die Ablehnung vorn, je älter desto signifikanter. In der Altersgruppe der 16- bis
25-Jährigen, aus Sicht der Bundeswehr also der jungen Soldaten, der Wehrpflichtigen
und potenziellen künftigen Zeitsoldaten, gaben 44 Prozent eine positive Einstellung
gegenüber Schwulen und Lesben an, knapp 17 Prozent eine negative. In der
Altersgruppe der 26- bis 35-Jährigen, der ja auch der Großteil der aktiven Zeit- und
Berufssoldaten zuzuordnen war, zeigten 36 Prozent eine positive Einstellung und
19 Prozent eine negative. Das waren aussagekräftige Daten für die vom Ministerium
zu treffende Entscheidung: Die als aktive oder potenzielle Soldaten relevanten
Altersgruppen waren gegenüber Homosexuellen deutlich positiv eingestellt. Wichtig
ist aber der nochmalige Hinweis, dass nicht Soldaten, sondern die Gesamtbevölkerung
befragt wurde. Dennoch lieferten die Werte ausreichend Munition für Befürworter
einer Kehrtwende der Bundeswehr. Die Argumente lagen im Jahr 2000 angesichts
dieser neuen Daten klarer auf dem Tisch denn je zuvor: Die Bundeswehr präsentierte sich als Spiegelbild der Gesellschaft. Aus der Bevölkerung rekrutierten sich die
Streitkräfte. Und die für die Streitkräfte relevanten Altersgruppen zeigten eine un-
zweifelhafte klare Tendenz zur Toleranz gegenüber Schwulen und Lesben. So waren
denn auch die Schlussfolgerungen der Sozialwissenschaftler eindeutig: Ein Viertel der
Befragten habe eine »ausgesprochen positive Haltung« gegenüber Homosexuellen
und fordere deren Gleichberechtigung. Für dieses Viertel seien homosexuelle
Soldaten »Ausdruck von Normalität«, Behinderungen der Karriere würden abgelehnt. Die Toleranz dieses Bevölkerungsviertels sei »in Teilen labil, könnte aber durch
politische Entscheidungen, die zur Öffnung Heterosexuellen vorbehaltenen gesellschaftlichen Institutionen – wie etwa der Ehe – führen, zum Positiven stabilisiert
werden«.[118] Konträr dazu lehne ein Viertel der Befragten Homosexuelle klar ab. Aus

---

[116] BArch, BW 2/38358, Sozialwissenschaftliches Institut der Bundeswehr (SoWi), Gutachten
Nr. 2/2000: Einstellungsmuster gegenüber Homosexuellen in der deutschen Bevölkerung,
März 2000, hier S. 3, Kopie in BW 1/502107, SoWi an BMVg, 3.7.2000.
[117] Ebd., S. 6.
[118] Ebd., S. 15.

Einstellung der Bevölkerung zu Homosexuellen nach Alter, Umfrage 12/1999

Quelle: Sozialwissenschaftliches Institut der Bundeswehr, Gutachten 2/2000, S. 3 (Angaben in Prozent).
© ZMSBw 08363-02

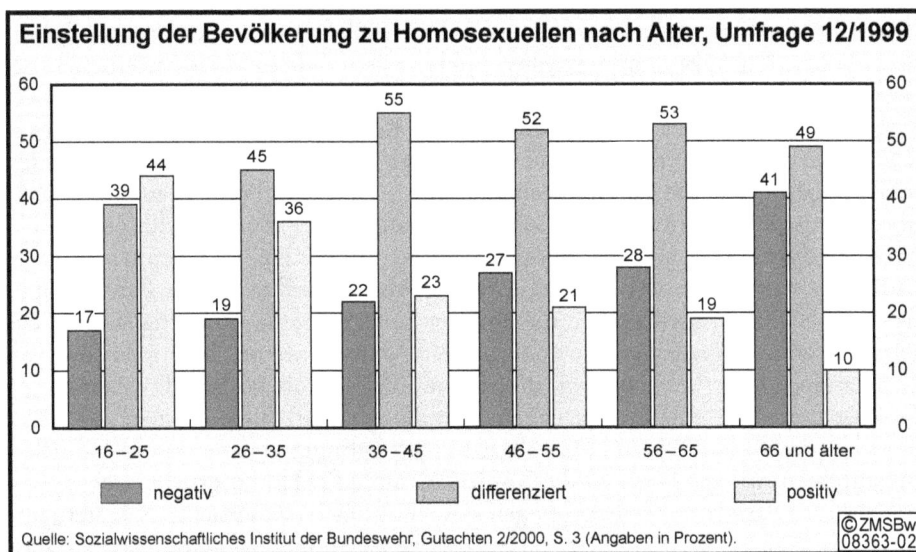

den zahlreichen weiteren, hier nicht wiedergegebenen abgefragten Antworten ergebe sich »eine persönliche, ja gar körperliche Ablehnung«. Diese manifestiere sich in der starken Zustimmung zu den Aussagen »Mir sind Homosexuelle unangenehm« und »Homosexuelle sind als militärische Vorgesetzte ungeeignet« sowie in der Ablehnung der Aussage »Ich kann mir nicht vorstellen, mit Homosexuellen zusammenzuarbeiten«. Weniger ausgeprägt, aber eine noch immer signifikante Zustimmung fand bei diesen Befragten auch: »Homosexuelle Soldaten schaden dem Ansehen der Bundeswehr«.[119] Die »tiefe Abneigung« dieser rund 25 Prozent der Menschen speise sich aus der »Angst, traditionelle Gesellschaftsstrukturen, die Sicherheit verleihen, könnten durch die Förderung des ›Anormalen‹ erodieren«.[120] Das SOWI analysierte: »Nach Auffassung dieser Gruppe sollten Homosexuelle in keinem Fall militärische Vorgesetztenfunktionen übernehmen. Ihr Einsatz in der Bundeswehr wird generell kritisch gesehen und es wird angenommen, dass ihre Präsenz in den Streitkräften dem Ansehen der Bundeswehr schade.«[121]

Zu ergänzen ist, dass die Altersgruppen, in denen diese Meinungen mehrheitlich Anhänger hatten, aufgrund ihres höheren Alters letztlich für das Innenleben der Streitkräfte nicht relevant waren. Das waren die Jüngeren. Und diese Altersgruppen bejahten mehrheitlich Aussagen wie »Mir ist egal, ob jemand homosexuell ist«; »Ich kann mir vorstellen, mit Homosexuellen zusammenzuarbeiten« und »Homosexuelle in der Bundeswehr sollten gleiche Karrieremöglichkeiten haben«. Starke Ablehnung fand die Aussage »Homosexuelle Soldaten schaden dem Ansehen der Bundeswehr«.[122] Werde das Alter außen vor gelassen, hielten insgesamt 54 Prozent der Befragten Vorgesetztenfunktionen von Homosexuellen für »problematisch«.

---

[119] Ebd., S. 3 f.
[120] Ebd., S. 15.
[121] Ebd., S. 5.
[122] Ebd., S. 3.

Zugleich lehne mit 57 Prozent aber das Gros der Befragten insgesamt »die Behinderung der Karriere« homosexueller Soldaten ab. Dieses Antwortverhalten sei
»zweifellos inkonsistent«, vor allem bei jenen Befragten, »die bei Ablehnung der
Vorgesetztenfunktion für Homosexuelle deren Karriere nicht behindert sehen wollen«, so das SOWI zutreffend.[123] In Fragen von Bundeswehr und Homosexuellen
träfen Aspekte und Einstellungen aufeinander, »die sich teilweise diametral gegenüberstehen«, bilanzierten die Sozialwissenschaftler. Die Bundeswehr gerate hier
zwischen die Fronten; sie sei »einer der Kulminationspunkte, in denen traditionelle
Institutionen und alternative Lebensform aufeinandertreffen«.[124] Die Zahl der »positiv Eingestellten«, sprich jener, die Toleranz zeigten, werde zukünftig steigen, das
»altersgebundene Festhalten an traditionellen Werten« werde abnehmen und von
Generationen »überholt« werden, die eine indifferente bis positive Einstellung gegenüber Schwulen und Lesben haben. Handlungsbedarf für die Streitkräfte gebe
es »schon jetzt«; zum einen: »Abwarten bis die Öffnung anderer gesellschaftlicher
Institutionen, wie die Ehe und die Kindererziehung für Homosexuelle, freigegeben
werden, um dann die Beschränkungen des Einsatzes homosexueller Soldaten aufzuheben«; zum anderen: diese schon jetzt aufzuheben, um »zu demonstrieren, dass
die Bundeswehr den einzelnen auf der Grundlage seiner Leistung und nicht vor
dem Hintergrund seiner Lebensweise beurteilt«. In der Option *Abwarten* würde eine
künftige veränderte öffentliche Meinung die Bundeswehr zum Handeln zwingen;
in der Option *Veränderung* könnte die Bundeswehr ihr »Image der konservativen
Sozialisationsinstanz« relativieren und »beweisen, dass sie sich mit gesellschaftlichen
Veränderungen arrangieren« könne.[125] In den Formulierungen und in der Analyse
der Umfragedaten steckte eine klare Empfehlung für die Option Veränderung.

Die ersten Daten der SOWI-Studie lagen dem Ministerium bereits im Januar
2000 vor. Nach ersten Ergebnissen der Bevölkerungsumfrage hielten 53,2 Prozent
der Befragten Homosexuelle als militärische Vorgesetzte für (eher) ungeeignet,
44,7 Prozent stimmten dem (eher) nicht zu.[126] In seiner Vorlage an den Minister im
Juni 2000 griff das Referat FüS I 4 die nun in Gänze vorliegenden Umfrageergebnisse
auf und zog daraus zwei Schlüsse: Bei Grundwehrdienstleistenden (GWDL) könne
aufgrund des Alters von einer relativen Toleranz gegenüber Homosexuellen ausgegangen werden. Einschränkend sah das Referat, dass »wegen der Realitäten im Bereich
der Wehrdienstverweigerung« der Anteil »konservativ Eingestellter« und »weniger
Gebildeter« unter den Grundwehrdienstleistenden »höher als der Durchschnitt sein
dürfte«.[127] Daraus folge, dass die Toleranz »vermutlich geringer als im Durchschnitt
der Altersgruppe« ausfallen dürfte. Für Offiziere und länger dienende Unteroffiziere
gelte die Annahme, dass wegen des höheren Alters und wegen der »überwiegend
konservativen Wertehaltungen die Ablehnung von Homosexuellen noch größer als
bei den GWDL sein dürfte«. Nach der von Scharping angekündigten Änderung der
Position des BMVg könnten »Akzeptanzprobleme gegenüber Homosexuellen viru

---

[123] Ebd., S. 11.
[124] Ebd., S. 15.
[125] Ebd., S. 15 f.
[126] BArch, BW 2/38358: BMVg, FüS I 4, 20.1.2000, handschriftlich geändert auf 15.2.2000.
[127] Ebd., BMVg, FüS I 4, an Minister, 9.6.2000.

lent werden«. Daraus zog das Referat erneut die Empfehlung einer streitkräfteinternen Untersuchung zur Haltung der Soldaten gegenüber Homosexuellen. »Eine solche Untersuchung sollte unabhängig und anonym sowie möglichst diskret und behutsam durchgeführt werden.«[128]

Keine Frage: Die von den militärischen Führungsstäben und den Inspekteuren initiierte Umfrage zur Akzeptanz der Homosexualität unter Soldaten wurde dem bereits klar artikulierten Willen der politischen Leitung des Ministeriums zur Veränderung entgegengestellt. Die neue Umfrage war der Versuch der militärischen Führung, die absehbare baldige Entscheidung des Ministers in letzter Minute auszubremsen und zu verzögern. Die Parlamentarische Staatssekretärin Schulte erkannte die Intention und vermerkte auf der Vorlage: »Das darf nicht wahr sein!!« Scharping sah dies offenbar ähnlich. Er schrieb in die Vorlage: »*Keine* streitkräfte-interne Untersuchung erforderlich!«[129]

Aus Sicht der politischen Führung des Ministeriums bestand an solchen Studien kein Bedarf. Entscheidend düfte aber gewesen sein: Es war dafür im Sommer 2000 auch keine Zeit mehr. Der Minister hatte schon Ende März entschieden, ja entscheiden müssen, denn: Noch immer hatte die Uhr getickt, konkret die des Bundesverfassungsgerichts, das bis Ende März, so die bis dahin verlängerte Frist, eine Antwort der Bundesregierung erwartete. Scharping war in die Enge getrieben. Er musste nun schnell entscheiden – und entschied politisch. Die Entscheidung, mit dem klagenden Oberleutnant eine Einigung zu finden und damit die Haltung zur Homosexualität in den Streitkräften generell zu ändern, sei wohl im »Kränzchen« besprochen worden, so Brigitte Schulte 20 Jahre später (das »Kränzchen« war der innere Zirkel der politischen Führung: der Minister und die vier Staatssekretäre).[130]

5. »Der Damm ist gebrochen!«

Zur Bekanntgabe der Kursänderung wählte Scharping das wichtigste Forum, das einem Politiker zur Verfügung steht: den Plenarsaal des Bundestages. Der Minister überraschte alle: seine Partei, die Opposition, die Medien. Besonders überrascht dürften die Generale auf der Hardthöhe gewesen sein. Es fand sich kein Hinweis, dass der Minister die militärische Führung vorab informiert hatte.

Scharping begann seine Rede vor den Abgeordneten mit einem Hinweis, der ganz seinem vorsichtigen, vermittelnden Charakter entsprach: Es sei ein »*Gebot kluger Führung*, eine für richtig gehaltene Auffassung auf vernünftige Weise erträglich, verträglich und verständlich zu machen«. Es gelte, die – in seinen Augen – »überholte[n] Vorurteile oder Vorbehalte« zu beachten. Einen Kurswechsel dürfe man »nicht einfach so dekretieren«. Toleranz müsse man »verstehbar, erwerbbar und [...] erlernbar machen«.[131]

---

128 Ebd.
129 BArch, BW 2/38358, handschriftlicher Vermerk mit den Initialen BS [Brigitte Schulte] auf dem Schriftstück BMVg, FüS I 4, 9.6.2000 (Hervorhebung im Original).
130 Zeitzeugeninterview mit Staatssekretärin a.D. Brigitte Schulte, Wachtberg, 16.4.2019.
131 Deutscher Bundestag, Stenographischer Bericht der 95. Sitzung vom 23.3.2000, Plenarprotokoll 14/95, S. 8844 f. (Hervorhebung im Original).

»Sie wissen, dass bisher aus der *gleichgeschlechtlichen Orientierung von Angehörigen der Bundeswehr* Schlussfolgerungen hinsichtlich ihrer Eignung und Befähigung auf den Gebieten der Ausbildung und der Führung gezogen worden sind. Richtig wäre es, allenfalls aus dem Umgang mit einer sexuellen Orientierung – sei sie heterosexuell, sei sie homosexuell – eine Schlussfolgerung zu ziehen, nicht aber aus der Orientierung selbst.«[132] In seiner Amtszeit als Minister habe es keinen einzigen Fall mehr gegeben, in dem aus der sexuellen Orientierung eines Soldaten automatisch Schlussfolgerungen gezogen worden seien. (Das Protokoll verzeichnet einen »Zuruf von der SPD: Sehr gut!«) Die Fälle, an denen sich die öffentliche Debatte entzünde, seien in der Zeit seines Amtsvorgängers entstanden. Scharpings Verteidigung in eigener Sache stimmte: Leutnant Stechers Ablösung als Zugführer lag im April 1998; ein ebenfalls klagender Oberfeldwebel wurde 1997 nicht zum Berufssoldaten übernommen; Oberleutnant Schmid wurde 1996 als Zugführer abgelöst, auch ihm wurde die bereits fest zugesagte Übernahme zum Berufssoldaten nunmehr verwehrt. Jedoch war es das von Scharping geführte Ministerium, das Mitte 1999 gegen ein Urteil des Verwaltungsgerichts Lüneburg Berufung einlegte, welches zugunsten des auf Übernahme zum Berufssoldaten klagenden Oberfeldwebels ausgefallen war. Auf diesen Widerspruch wies die Bundestagsabgeordnete Christina Schenk (PDS) in einer weiteren kleinen Anfrage hin.[133] Für das BMVg antwortete der Parlamentarische Staatssekretär Kolbow, die Bundesregierung teile diese Einschätzung nicht. Der Lüneburger Fall sei »unzweifelhaft in der Zeit seines Amtsvorgängers entstanden«.[134] Eine typische Antwort auf Anfragen der Opposition: formell und inhaltlich nicht falsch, und doch ging sie an der Frage knapp vorbei. Denn es stimmte ja, dass das BMVg unter Scharpings Ägide Berufung eingelegt hatte.

Der Abgeordnete Günther Nolting (FDP) fragte den Minister, ob es nicht »besser wäre, hier im Deutschen Bundestag eine *politische Entscheidung* zu treffen, [...] und zwar jetzt?« Scharping antwortete, der Abgeordnete sei »etwas ungeduldig«. Nolting legte nach und meinte, »dass wir uns nicht immer von Gerichten treiben lassen sollten«, wie es auch beim EuGH-Urteil über die Öffnung der Streitkräfte für Frauen der Fall gewesen sei.[135] Scharping kündigte im Plenum des Bundestages an, eine »*streitfreie Beilegung* des konkreten Falls« (Oberleutnant Stecher) zu suchen: »Ich bin sicher, ich werde das erreichen.«[136] Über diesen Einzelfall hinaus beabsichtige er, »einen Verhaltenskodex zu erlassen, der jeden Automatismus aufgrund der bloßen Tatsache einer sexuellen Orientierung ausschließt, der jede Form von Diskriminierung wegen einer sexuellen Orientierung sanktioniert«.[137] Der Minister führte aus:

132 Ebd. (Hervorhebung im Original).
133 BArch, BW 2/38358: Christina Schenk, MdB, Anfrage an Bundesregierung, 27.3.2000.
134 Deutscher Bundestag, Drucksache 14/3275, Antwort des Parlamentarischen Staatssekretärs Kolbow, Kopie in BArch, BW 2/38358.
135 Deutscher Bundestag, Stenographischer Bericht der 95. Sitzung vom 23.3.2000, Plenarprotokoll 14/95, S. 8845 (Hervorhebung im Original).
136 Ebd. (Hervorhebung im Original).
137 Ebd. Das Protokoll verzeichnete Beifall bei der SPD und dem Bündnis 90/Die Grünen sowie bei Abgeordneten der FDP.

»Wir müssen damit aufhören, aus der bloßen Tatsache einer sexuellen Orientierung Schlussfolgerungen zu ziehen. Ich sage noch einmal: Ob ein Mann eine Frau, ein Mann mit gleichgeschlechtlicher Orientierung einen anderen Mann oder eine Frau mit einer solchen Orientierung eine andere Frau belästigt – es ist immer dasselbe zu missbilligende Verhalten, aus dem dann im konkreten Fall auch Schlussfolgerungen hinsichtlich Eignung und Befähigung gezogen werden können, im Zweifel auch gezogen werden müssen.«[138] Als Minister werde er, Scharping, »umfassend, gründlich überlegt, ruhig und dann auch konsequent entscheiden, und zwar so, dass möglichst viele in den Streitkräften mitgehen können und sich niemand davon untergebuttert oder düpiert fühlen müsste«. Auch das halte er »für innere Führung und für einen Teil kluger politischer Fürsorge«.[139]

Zu Scharpings Ankündigung titelte die Berliner *taz* voller Euphorie »Sieg auf ganzer Linie«.[140] Die Redaktion vergaß aber nicht hervorzuheben, wem der Kläger seinen Erfolg zu verdanken hatte: dem Europäischen Gerichtshof (zu ergänzen wäre hier korrekterweise: für Menschenrechte).

Der Büroleiter des Ministers versandte den Text der am späten Abend des Sitzungstages gehaltenen Rede Scharpings im Bundestag am Morgen des folgenden Tag an den Führungsstab der Streitkräfte. Dieser verteilte ihn an den Generalinspekteur und alle Inspekteure mit der Ankündigung, am 27. März 2000 werde der Minister im Kollegium mit den Inspekteuren »den Punkt Homosexualität in den Streitkräften« ansprechen.[141] Denn drei Tage später lief die von Karlsruhe gesetzte Frist für eine Antwort ab. Scharpings Ankündigung im Bundestag alleine änderte an der Konstellation in Karlsruhe zunächst nichts.

Am 27. März tagte das Kollegium. Einer der Teilnehmer aus dieser Runde erinnerte sich (unter der Voraussetzung, nicht namentlich genannt zu werden): Über der Besprechung hing die bekannt gewordene Absicht des Oberleutnants, sich an den EGMR in Straßburg zu wenden. Scharping wörtlich: »das Prozessrisiko [ist] sehr hoch«. Er habe die Runde gefragt: »Wie kann man den Mann beschwerdefrei stellen?« Staatssekretär Wichert habe ebenso kurz und knapp geantwortet, indem der Oberleutnant wieder in seine alte Verwendung als Zugführer eingesetzt werde. Die drei Inspekteure und der Staatssekretär sprachen sich den Erinnerungen eines Teilnehmers zufolge aber dagegen aus und plädierten dafür, an der bisherigen ablehnenden Linie festzuhalten. Die Leitungsrunde habe sich mit dem Minister geeinigt, den Ausgang des juristischen Verfahrens in Karlsruhe und ggf. in Straßburg abzuwarten und damit – wenn auch unausgesprochen – Niederlagen vor beiden Gerichten in Kauf zu nehmen. Dann aber habe Scharping »schnell und ohne weitere Rücksprache mit den drei Inspekteuren« alleine gehandelt und die Kehrtwende vollzogen.

Ein kurzer, handschriftlicher Vermerk bestätigt diese Erinnerung: Oberleutnant Stecher solle durch »ein Angebot klaglos gestellt werden. Da er wieder Ausbilder werden will, ist ›der Damm‹ gebrochen!«[142] Nun ging alles sehr schnell. Noch am

---

138 Ebd., S. 1845 f.
139 Ebd., S. 1846.
140 Feddersen, Sieg auf ganzer Linie.
141 BArch, BW 24/37667: BMVg-interne Emails vom 24.3.2000.
142 BArch, BW 2/38358: BMVg, handschriftlicher Vermerk für FüS I 4, 27.3.2000.

27. März wies Scharping über seinen Büroleiter den zuständigen Staatssekretär
Wichert an, mit dem Personalamt der Bundeswehr eine Lösung für den klagenden Oberleutnant zu finden[143] – ohne Beteiligung des zuständigen Inspekteurs
und des Führungsstabs der Luftwaffe, wie ein damaliger hochrangiger Offizier
aus dem FüL noch 2018 mit erkennbarem Unverständnis anmerkte. Schon am
folgenden Tag lag ein Lösungsvorschlag auf dem Tisch: Nach Beendigung der
laufenden Berufsförderungsmaßnahme im Sommer 2000 sollte der Offizier wieder als Zugführer in seiner alten Staffel verwendet werden, allerdings nicht in seinem alten Zug, da dieser Dienstposten besetzt sei. Da beide Dienstposten »absolut gleichwertig« seien, könne diese »Maßnahme« das laufende Klageverfahren in
Karlsruhe »erledigen«. Damit entfalle der Beschwerdegrund. Ausnahmsweise könne
das Bundesverfassungsgericht allerdings dennoch eine Entscheidung im Hauptverfahren fällen, wenn »Fälle von grundsätzlicher Bedeutung« geklärt werden müssten oder der »Grundrechtseingriff besonders belastend« erscheine. Daher solle
beim Oberleutnant und seiner Rechtsanwältin unbedingt eine Rücknahme der
Verfassungsbeschwerde erreicht werden. Eine solche Rücknahme beseitige rückwirkend die »Rechtsanhängigkeit« der Verfassungsbeschwerde und sei für das Gericht
bindend.

Der Vermerk zeigt erneut, wie groß die Sorge des BMVg vor einer Niederlage
in Karlsruhe war – selbst nach Einigung mit dem Oberleutnant (laut Zeitschrift
Gigi der »heikelste Querulant«[144]). Als Staatssekretär habe er keine Angst gehabt,
nach Karlsruhe oder Straßburg zu gehen und möglicherweise dort zu verlieren, so
Wichert rückblickend. Er habe es »darauf ankommen« lassen wollen. Sollten doch
die Gerichte entscheiden, auch gegen das Ministerium, dann hätte das BMVg für die
Zukunft mit den Urteilsbegründungen gerichtsfeste Regelungsmaximen, an denen
sich die neuen Vorschriften hätten orientieren können. Scharping aber sei Politiker
gewesen, und Politiker wollten möglichst eine Niederlage in Karlsruhe oder Straßburg
vermeiden. Dahinter habe nicht zuletzt die Sorge vor negativen Schlagzeilen in der
Presse gestanden.[145] Ein Vermerk vom 11. April 2000 hielt die erfolgte Einigung mit
dem Offizier fest.[146] Ein höchstrichterliches Urteil gab es also nie, obgleich es bis
heute in der Presse in der Regel so dargestellt wird.[147]

Notwendiger Nachtrag: Trotz Einigung und der Rückkehr in seine alte Verwendung hatten die jahrelangen Auseinandersetzungen zwischen Stecher und dem
Dienstherrn verbrannte Erde hinterlassen. Seine Ambitionen, Berufssoldat zu werden, hatte Stecher verworfen, auch wenn ihm die Tür nun offenstand. Die Streitkräfte hatten einen sehr guten Offizier verloren. Was bleibt? Es war die Klage des
Oberleutnants und die Arbeit seiner ausgezeichneten Anwältin Maria Sabine Augstein, die die Kehrtwende des BMVg erzwungen hatten. Dies ist das große und
bleibende Verdienst Winfried Stechers. Er war nicht der erste, aber eben doch der

[143] Ebd., BMVg, PSZ III 1, 28.3.2000, auch im Folgenden.
[144] Heilmann, Helm ab zum Sex.
[145] Zeitzeugengespräch mit Staatssekretär a.D. Peter Wichert, Bad Münstereifel, 10.4.2019.
[146] BArch, BW 2/38358: BMVg, FüS I 4, 11.4.2000.
[147] Beispielsweise: »2000 klagte ein Offizier vor dem Bundesverfassungsgericht gegen seine
     Benachteiligung. Die höchsten deutschen Richter gaben ihm Recht.« Friederichs, Schwule in
     der Bundeswehr.

bekannteste Fall eines seine Rechte einklagenden homosexuellen Offiziers. Wer ihn, seinen militärischen Werdegang und seine Haltung zum Soldatenberuf kennt, der weiß, dass sich Winfried Stecher diesen Ruhm sicher gerne erspart und seinen Dienst in der Luftwaffe mit Bravour, aber persönlich unauffällig fortgesetzt hätte. Doch standen dem die Personalführung, das Ministerium, dessen Juristen und die Verwaltungsrichter entgegen.

Nun mussten auch die beiden anderen noch vor Verwaltungsgerichten anhängigen Klagen durch Vergleich beigelegt werden. Die Prozessaussichten für beide Verfahren seien »äußerst schlecht und verschlechtern sich im Fall des Oberfeldwebels d.R. weiter, wenn PSZ III 6 nicht sofort in außergerichtliche Verhandlungen mit dem Ziel der Klaglosstellung/eines Vergleichs eintritt«, vermerkte das zuständige Referat.[148] Es bestehe die Gefahr von Schadensersatzforderungen und »öffentlichkeitswirksamer« Presseberichte. Zwar richtete sich die in Karlsruhe beigelegte Klage auf eine Verwendungsentscheidung und nicht, wie bei den beiden anderen Klägern, auf eine Statusentscheidung, doch waren die Argumente des BMVg stets die gleichen: »Eignungsmangel aufgrund homosexueller Neigungen«. Nach der Entscheidung des Ministers könne von einem die Übernahme zum Berufssoldaten ausschließenden Eignungsmangel nicht mehr ausgegangen werden. Die ministeriellen Unterlagen zeigen, dass die Führungsstäbe der Teilstreitkräfte bei der Entscheidung über die beiden anderen Fälle entgegen der üblichen Praxis nicht zur Mitzeichnung aufgefordert, also nicht beteiligt wurden.

Anfang Mai 2000 empfahl die Personalabteilung der Leitung, die strittigen Verfahren ohne Gerichtsentscheidung einvernehmlich zu lösen.[149] Der klagende Oberfeldwebel aus Munster wurde zum Juli 2000 wieder eingestellt, in das Dienstverhältnis eines Berufssoldaten[150] und später in die Laufbahn der Offiziere des militärfachlichen Dienstes übernommen; inzwischen ist er Stabshauptmann.

Auch dem vor dem Verwaltungsgericht Berlin klagenden Oberleutnant Schmid wurde die Übernahme als Berufssoldat angeboten.[151] Unmittelbar nach dem »Sinneswandel« des BMVg gegenüber Homosexuellen leitete die Personalführung auch die Übernahme des nunmehrigen Hauptmanns als Berufssoldat ein. Ihm wurde zudem sehr kurzfristig ein Platz für den Stabsoffizierlehrgang an der Führungsakademie zugewiesen.[152] Berufssoldat wurde Schmid aber nicht. Er lehnte die Annahme der Urkunde in letzter Sekunde während der feierlichen Zeremonie im Büro seines Vorgesetzten ab:

> »Die Urkunde zur Übernahme zum Berufssoldaten sollte ich an einem Freitagvormittag, quasi einen Tag vor Beginn des Lehrgangs erhalten. Ich war zum Kommandeur Standortkommando Berlin bestellt, mein Bataillonskommandeur war zugegen. Allerdings habe ich in diesem Moment die Annahme verweigert. Ich hatte mich bereits vor der überraschenden Wende damit abgefunden, dass ich keine realen Karrierechancen mehr hatte

---

[148] BArch, BW 2/38358: BMVg, PSZ III 6, 12.4.2000, auch im Folgenden.
[149] BArch, BW 2/38358: BMVg, PSZ III 1, 15.5.2000, darin Hinweis auf Leitungsvorlage PSZ III 6 vom 2.5.2000.
[150] BArch, BW 1/503302: BMVg, PSZ I 8, 20.6.2002.
[151] Ebd.
[152] E-Mail Erich Schmid an den Verfasser, 15.11.2018.

und begonnen, mich anderweitig zu orientieren. Während der (kurzen) Vorbereitung auf den Stabsoffizierslehrgang wurde mir sehr klar, dass ich ›als Erster meiner Art‹ keine faire Behandlung erfahren würde. Es würde immer Übertreibungen in die eine oder andere Richtung geben. Und irgendwie hatte ich auch bereits damit abgeschlossen. Wichtig war mir, meinen einzigartig gelagerten Fall zu nutzen, um endlich mit den überkommenen Praktiken aufzuräumen, verbunden mit der Hoffnung, endlich einen Durchbruch zu erringen.«[153]

Auf der Hardthöhe war den beteiligten Referaten klar, dass diese drei Präzedenzfälle eine »normierende Funktion für Folgefälle« haben würden.[154] Noch immer galt der eine ungleiche Behandlung von homo- und heterosexuellen Soldaten festschreibende Erlass vom März 1984. Dessen Fortbestand sei der Öffentlichkeit nicht zu vermitteln, vermerkte das für das militärische Personal zuständige Grundsatzreferat. Notwendig sei dessen Aufhebung. Eines neuen Erlasses bedurfte es aus Sicht des Referatsleiters nicht. Dies wäre eine »nicht (mehr) gewollte Ungleichbehandlung«.[155] Eine künftige »gesonderte Betrachtung homosexueller Soldaten« auf »im Einzelfall Eignungsgesichtspunkte« sei nicht vereinbar mit der Erklärung Scharpings vor dem Bundestag. Nach dem Willen des Ministers könne Homosexualität »künftig kein gesondert zu prüfendes Eignungskriterium mehr sein«.[156]

Für die nächste Kollegiumssitzung am 4. Juli 2000 setzte Scharping das Thema Homosexualität auf Platz eins der Tagesordnung, noch vor die Punkte Probleme bei der Feldpostversorgung im Einsatzland, Verbesserung der Betankung von Flugzeugen und Sicherheit im Kaspischen Raum.[157] Nach der Sitzung des im Kollegium versammelten engsten Führungszirkels der Hardthöhe wurde vermerkt: »BM-Entscheidung: 1.) Keine SoWi-Untersuchung; 2.) Verhaltenskodex fertigstellen.«[158]

Die Würfel waren endgültig gefallen, der Minister hatte entschieden. Bereits am 3. Juli 2000 hatte das BMVg den alten Erlass von P II 1 vom 13. März 1984 aufgehoben. Das für die Betroffenen revolutionäre Papier kam denkbar unaufgeregt mit zwei Sätzen aus. Unter dem Betreff »Personalführung homosexueller Soldaten« wurde festgelegt: »Homosexualität stellt keinen Grund für Einschränkungen hinsichtlich Verwendung oder Status und somit auch kein gesondert zu prüfendes Eignungskriterium dar.«[159] Unterzeichnet und erstellt hatte das Papier der für Grundsatzfragen zuständige Referatsleiter PSZ III 1, Oberst Dieter Ohm.

Zum 1. Juli 2000 nahm auch General Hans Peter von Kirchbach seinen Abschied. Mit Blick auf die zeitlichen Abläufe lag es nahe, einen Zusammenhang mit dem Kurswechsels Scharpings in der Homosexuellenproblematik zumindest nicht auszuschließen. Auch wenn sie zeitlich genau in den Zeitraum des Kurswechsels Schar-

---

[153] Ebd. Der letzte Satz ist eine spätere Ergänzung durch Erich Schmid.
[154] BArch, BW 2/38358: BMVg, FüS I 4, 11.4.2000.
[155] Ebd., BMVg, PSZ III 1, 17.5.2000, unterzeichnet von Oberst Ohm. Dazu Zeitzeugengespräch mit Oberst a.D. Dieter Ohm, Meckenheim, 17.4.2019.
[156] BArch, BW 2/38358: PSZ III 1, 17.5.2000, unterzeichnet von Oberst Ohm.
[157] Ebd., BMVg, Büro StS Biederbick, 29.6.2000, Tagesordnung Kollegium am 4.7.2000.
[158] Ebd., handschriftlicher Vermerk vom 4.7.2000 auf BMVg, FüS I 4, an Generalinspekteur, 30.6.2000.
[159] BMVg, PSZ III 1, 3.7.2000. Dazu Zeitzeugengespräch mit Oberst a.D. Dieter Ohm, Meckenheim, 17.4.2019.

pings fiel, hatte diese Frage nach übereinstimmenden Erinnerungen mehrerer damaliger Akteure keinen kausalen Zusammenhang mit der Zurruhesetzung Kirchbachs
als Generalinspekteur. Der Versetzung des höchsten Soldaten in den einstweiligen
Ruhestand lagen andere schwerwiegende Differenzen zwischen ihm und dem Minister zugrunde.[160]

Was war ausschlaggebend für die Kehrtwende des BMVg? Der zeitliche Ablauf
spricht klar für die Verfassungsbeschwerde Oberleutnant Stechers als entscheidende Wegmarke. Die internen Vermerke zeigen deutlich, unter welchem Druck aus
Karlsruhe die Hardthöhe stand. Verschärft wurde der Entscheidungsdruck durch
die von Jutta Limbach der Bundesregierung gesetzte Frist, auf die gestellten Fragen
zu antworten. Da die Bundesministerien des Innern und der Justiz den auf der altbekannten Position beharrenden Antwortentwurf des BMVg nicht mitzeichneten,
hätte Scharping seine Kabinettskollegen Otto Schily und Herta Däubler-Gmelin
von der Position des BMVg überzeugen müssen – oder aber in seinem Haus eine
Positionsänderung erwirken müssen. Die Frist dazu lief Ende März 2000 aus. Es
war daher wohl kein Zufall, dass Scharping am 23. März im Bundestag für alle
überraschend die Kehrtwende verkündete. In letzter Minute wurde Ende März
mit dem klagenden Oberleutnant eine Einigung erzielt. Dies war zunächst eine
Einzelfallentscheidung, doch eine mit Signalwirkung.

Einige führend an der Entscheidungsfindung im März 2000 beteiligte Politiker,
Beamte und Offiziere sahen die Verfassungsbeschwerde dagegen als weniger entscheidend an. Der Fall Stecher alleine hätte wohl keine grundsätzliche Änderung der Haltung
des BMVg gegenüber Homosexuellen erwirkt, mit dem klagenden Oberleutnant hätte
das BMVg ggf. eine individuelle Einigung geschlossen: »Das haben wir immer so gemacht« – ohne dass die generelle Position korrigiert worden wäre.[161] Als entscheiden-
der erachteten die Befragten das Urteil des EuGH vom Januar 2000, die Bundeswehr
müsse sich vollumfänglich für Frauen öffnen. Der heutige Fregattenkapitän Alexander
Schüttpelz brachte es in einem Interview für ein 2014 publiziertes Buch auf die griffige
Formel: »Streng genommen ist es vier britischen Soldaten, einer deutschen Frau und
den europäischen Gerichten zu verdanken, dass sich die rechtliche Stellung homosexueller Bundeswehrsoldaten zu Beginn des neuen Jahrzehnts sprunghaft verbesserte.«[162]
So sah es rückblickend auch Torsten Rissmann, Stabsoffizier im aktiven Dienst, als er
2010 die Kehrtwende zehn Jahre zuvor treffend zusammenfasste:

> »Dann ging alles plötzlich sehr schnell, war die Bundeswehr der Gesellschaft voraus:
> Noch bevor irgendwelche europäischen Antidiskriminierungsrichtlinien in Kraft gesetzt
> und auf nationaler Ebene umgesetzt wurden, reagierte die Bundeswehr auf den gesell-
> schaftlichen Wandel. Ein Grund dafür war sicherlich auch die Öffnung aller Laufbahnen
> und Verwendungen für Soldatinnen.«[163]

---

160 So auch die klare Einschätzung von Peter Wichert gegenüber dem Verfasser (Zeitzeugengespräch,
     Bad Münstereifel, 10.4.2019). Die Entlassung Kirchbachs wurde bereits am 24.5.2000 be-
     kannt: »Schon seit Wochen war über Spannungen zwischen Scharping und Kirchbach berich-
     tet worden.« Vgl. »Scharping entlässt Generalinspekteur Kirchbach«; Leersch, Hans-Jürgen,
     Scharpings falsches Spiel.
161 Zum Beispiel Zeitzeugengespräch mit Oberst a.D. Dieter Ohm, Meckenheim, 17.4.2019.
162 Schadendorf, Der Regenbogen-Faktor, S. 69 f.
163 Rissmann, Obama: Bald »Ask and tell«?

Rissmanns Hinweis auf die Öffnung aller Laufbahnen für Frauen ist sehr wichtig, um den Kurswechsel zu verstehen. Das ist heute fast vergessen, aber im Jahr 2000 stand nicht der Umgang mit homosexuellen Soldaten im Fokus der Öffentlichkeit und der Bundeswehr. Viel mehr Aufmerksamkeit zog die Frauen-Frage auf sich.

Die Öffnung der Bundeswehr für Frauen begann 1975 mit der Einstellung von bereits ausgebildeten Ärztinnen und Apothekerinnen. Seit 1989 konnten sich junge Frauen regulär für die Offizierlaufbahn im Sanitätsdienst bewerben. Ab 1991 konnten Frauen auch freiwillig als Unteroffiziere und Mannschaften im Sanitätsdienst und nunmehr auch in der Militärmusik dienen, ab 1992 als Sportsoldatinnen.[164] Außer diesen drei spezialisierten und personell eher kleinen Bereichen blieben Frauen alle anderen Truppengattungen und Verwendungen verwehrt. Nach der Ablehnung ihrer Bewerbung als Zeitsoldatin hatte eine Frau zunächst vor dem Verwaltungsgericht Hannover Klage eingereicht und nach EU-Recht einen Verstoß gegen Gleichbehandlung im Berufsleben geltend gemacht. Das Verwaltungsgericht legte das Verfahren zur Prüfung dem Europäischen Gerichtshof (EuGH) in Luxemburg vor. Der EuGH entschied im Januar 2000, dass die Bundesrepublik Deutschland gegen die Bestimmungen der europäischen Gleichbehandlungsrichtlinie verstoße. Nach dieser Niederlage in Luxemburg waren das BMVg und der deutsche Gesetzgeber gezwungen, die rechtlichen und organisatorischen Voraussetzungen für den freiwilligen Dienst von Frauen in allen Bereichen der Streitkräfte zu schaffen. Zahlreiche für diese Studie befragte Entscheidungsträger des Jahres 2000 bestätigen unisono, dass der künftige Umgang mit Frauen in den Streitkräften die entscheidende Frage war. Sie stand im Zentrum der Aufmerksamkeit, keineswegs der Umgang mit homosexuellen Soldaten.[165] Es mussten gesetzliche und interne Regelungen für die vollumfängliche Öffnung der Streitkräfte für den freiwilligen Dienst der Frauen geschaffen werden.

Im Juni 2000 stimmte der Bundestag dem für die Öffnung aller Laufbahnen für Frauen notwendigen Gesetzespaket zu, Artikel 12a GG wurde vom Bundestag im Dezember 2000 geändert. Am 2. Januar 2001 traten die ersten 244 Frauen ihren freiwilligen Dienst als Unteroffiziere und Mannschaften in allen Truppengattungen an. Am 2. Juli 2001 folgten die ersten weiblichen Offizieranwärter außerhalb des Sanitäts- und Militärmusikdienstes. Seitdem dienen Frauen in allen Truppengattungen und Verwendungen, bis Mai 2005 stieg der Anteil der Frauen in Uniform auf 5,4 Prozent (in absoluten Zahlen 16 830 Soldatinnen; 2020 machte ihr Anteil 12,55 % aus).[166]

Das die volle Öffnung für Frauen verlangende höchstrichterliche europäische Urteil sahen Weitsichtige unmittelbar nach dessen Bekanntwerden auch als wegweisend für die Zukunft homosexueller Soldaten: »So mag es in den ersten Reaktionen auf das Luxemburger Urteil weitgehend untergegangen oder überlagert worden sein, doch haben sich auch homosexuelle Soldaten zu Wort gemeldet und die Beendigung der Diskriminierung von homosexuellen Soldaten gefordert.«[167]

---

[164] Biesold, Der Umgang mit Sexualität in der Bundeswehr, S. 6 f.
[165] Unter anderem Zeitzeugengespräche mit General a.D. Harald Kujat, Neuruppin, 30.1.2019.
[166] Biesold, Der Umgang mit Sexualität in der Bundeswehr, S. 7.
[167] Kümmel/Klein/Lohmann, Zwischen Differenz und Gleichheit, S. 76.

Die vom EuGH erzwungene Öffnung der Bundeswehr für den freiwilligen Dienst von Frauen habe die Ablehnung von Schwulen und Lesben »vollends zum Absurdum« gemacht, äußerte ein damals am Zentrum Innere Führung (ZInFü) dienender Stabsoffizier gegenüber dem Verfasser. Wenn Frauen nun auf freiwilliger Basis Karriere machen konnten, ohne Wehrdienst leisten zu müssen, Schwule dagegen zwar ihre Wehrpflicht abzuleisten hatten, ihnen aber jede weitere Karriere verwehrt blieb, dann sei dies eine »schreiende Ungerechtigkeit« gewesen: »zum Dienen ganz unten gut genug, zu Höherem ungeeignet«.[168] Seine damalige Bewertung der Lage: »Wir haben Maximaldiskriminierung«. Für ihn habe festgestanden, dass die Bundeswehr »nun rasch aus sich selbst heraus die Öffnung gegenüber Homosexuellen schaffen müsse und nicht warten durfte, bis sie Karlsruhe oder Straßburg dazu zwingen würden«. Die Streitkräfte sollten den Soldaten und der Öffentlichkeit zeigen, dass sie »Mut zur Veränderung aus eigener Kraft« hatten. Der damalige Major zumindest hatte den Mut, seine diesbezügliche Überzeugung »laut und vernehmbar zu kommunizieren«, sei aber mit seinen Initiativen am ZInFü und im BMVg auf eine »geschlossene Wand der Ablehnung« gestoßen: »Egal wie gut die Argumente waren, es wurde alles abgelehnt, ja nicht mal geantwortet.« Für den Major aus Koblenz hatte die Bundeswehr und deren politische Führung in der Homosexuellenfrage jede Glaubwürdigkeit verloren, »nicht nur als Institution, sondern auch individuell jeder Politiker, Jurist, Beamte, General und Offizier, der jahrelang, jahrzehntelang zur Diskriminierung von Kameraden geschwiegen [hat]: Keiner hat was getan, alle haben geschwiegen und weggeschaut«. Am Zentrum Innere Führung zumindest sei es ihm gelungen, ein erstes Seminar zum Umgang mit Minderheiten in der Bundeswehr zu initiieren und dabei auch erstmals homosexuell Empfindende zu Wort kommen zu lassen. Lesben seien im Übrigen nie Thema gewesen.

Auch nach heutiger Einschätzung eines im Jahr 2000 in der Personalabteilung als Referatsleiter für Grundsatzfragen tätigen Obersten war das Urteil des Europäischen Gerichtshof in der Frauenfrage entscheidend:

»Mit der Öffnung für Frauen [hatte man] so gute Argumente, auch den Umgang mit Homosexuellen grundsätzlich zu ändern [...] Als die Bundeswehr für Frauen geöffnet wurde, wurde die Frage der Sexualität in den Streitkräften neu aufgeworfen [...] Das Thema Homosexualität musste nun unter dem Gesichtspunkt neu bewertet werden. Den Gegnern der Öffnung für Homosexuelle gingen damit die bisherigen Argumente aus [...] Das war so simpel und so logisch, dass sich dieser Logik eigentlich keiner im BMVg entziehen konnte.«[169]

Ein Mitarbeiter aus dem engsten Umfeld des Ministers erinnerte sich anders: Im Fokus habe einzig die in Karlsruhe anhängige Klage des Oberleutnants Stecher gestanden.[170] Ansonsten bestätigte der Zeitzeuge (der seinen Namen nicht genannt sehen will) das sich aus den schriftlichen Quellen ergebende Bild: Die Einigung mit den klagenden Soldaten und die darauf und daraus folgende grundsätzliche

---

[168] Zeitzeugengespräch mit Oberstleutnant d.R. Joachim Meier, Karlsruhe, 16.7.2018, auch die folgenden Zitate.
[169] Zeitzeugengespräch mit Oberst a.D. Dieter Ohm, Meckenheim, 17.4.2019.
[170] Telefonisches Zeitzeugengespräch (anonymisiert), 13.5.2019.

Kursänderung seien innerhalb des BMVg-Apparates »bei Weitem nicht unumstritten« gewesen.

> »Ihre Ablehnung hatten die drei Inspekteure und der Generalinspekteur dem Minister in Gespräch deutlich zu verstehen gegeben. Was sollte eine Mitzeichnung der TSK noch bringen, wenn die Inspekteure ihre Ablehnung schon gegenüber dem Minister deutlich gemacht hatten? Man konnte von den Streitkräften auch nicht erwarten, dass sie dem Minister in diesem Punkt widerspruchslos einfach folgten, nachdem sie über Jahrzehnte und bis zuletzt eine andere Haltung vertreten hatten. Wären sie über Nacht umgeschwenkt, hätte dies opportunistisch gewirkt.«[171]

Aber die Zustimmung der Inspekteure und des ministeriellen »Apparats« war gar nicht notwendig. Scharping traf eine politische Entscheidung und setzte diese im Ministerium und in der Bundeswehr als Ganzes durch. Er war als Inhaber der Befehls- und Kommandogewalt auch nicht auf irgendeine Zustimmung der Generale oder des »Apparats« angewiesen, gilt doch in Deutschland das viel zitierte Primat der Politik. »Es gab keine Positionsänderung des BMVg. Der Apparat des BMVg und die militärische Führung blieben bei ihrer ablehnenden Position und Rudolf Scharping setzte seine Position politisch durch.«[172]

An dieser Stelle drängen sich erneut Fragen auf, etwa warum Scharping das Primat der Politik nicht schon früher und schneller durchgesetzt hat. Warum entschied er nicht schon nach Bezug des Ministerbüros auf der Hardthöhe im Herbst 1998? Warum zögerte er anderthalb Jahre und verstärkte so den Eindruck eines entscheidungsschwachen und unentschlossenen Politikers? Aber auch: Wie waren die Entscheidungsabläufe im BMVg in den Jahren 1999 und 2000? Alle befragten damaligen hochrangigen Mitarbeiter im Umfeld Scharpings, alle Generale und Offiziere erklärten, dass die Frage des Umgangs mit Homosexualität 1999 und 2000 nicht im Zentrum der Aufmerksamkeit im Ministerium stand. Denken und Handeln des Ministers, der Staatssekretäre und des »Apparats« wurden von anderen, wichtigeren Fragen bestimmt. Erinnert sei an dieser Stelle nur an die laufenden Auslandseinsätze in Bosnien und Mazedonien, die Kosovokrise und vor allem die Luftangriffe gegen Jugoslawien von Februar bis Juni 1999 und den daran anschließenden KFOR-Einsatz im Kosovo.

Und dennoch: Das Zögern und das Zurückschrecken Scharpings vor der militärischen Führung machten auch mit Blick auf das Primat der Politik keinen guten Eindruck. Ein schwacher Minister ließ es auch in dieser Frage zu lange an Führungsqualitäten fehlen. Lieber setzte Scharping sich und seine Partei dem Vorwurf des gebrochenen Wahlversprechens aus, als es sich mit den Generalen zu verderben. Die schwache, ja fehlende politische Führung in dieser Frage irritierte, mehr noch: sie »erschreckte« auch so manchen Beobachter und Bürger. Ein Münchner, Herr S., fand im Oktober 1999 klare Worte. Er bezog sich auf ein Radiointerview mit der Parlamentarischen Staatssekretärin Brigitte Schulte, in dem diese sinngemäß geäußert haben soll, Scharping wünsche eine Änderung, werde jedoch vom Führungsstab der Streitkräfte gebremst. Schulte soll dem Herrn aus München zufolge gesagt haben:

---

171 Ebd.
172 Ebd.

»Da kann sich auch ein Minister nicht einfach drüber hinwegsetzen, wenn die leitenden Offiziere diese Haltung haben.«[173] Scharping sei »in dieser Beziehung liberaler«, so Schulte in dem Interview, und: Gegebenenfalls sei eine gerichtliche Klärung der Frage »gar nicht so schlecht«.[174] Der Herr aus München war entetzt: »Nicht der Führungsstab der Streitkräfte hat solch politische Fragen zu entscheiden, sondern Gesetzgeber und gewählte Regierung. Wenn der Oberbefehlshaber der Streitkräfte in einer so hierarchischen Organisation nicht fähig oder willens ist, seine Vorstellungen durchzusetzen«, sei das »bedenklich«. Solange das Militär »politisch geführt werden soll, wie es das Grundgesetz vorsieht, so lange darf sich der Minister nicht so viel von denen, die er führen soll, dreinreden lassen.«[175]

Deutlicher kann man es auch mit dem Abstand von nunmehr gut 20 Jahren nicht formulieren. Den auf der altbekannten Linie des Ministeriums erfassten Antwortentwurf wischte die Staatssekretärin im Übrigen mit einem demonstrativ großen Strich quer über die Seite der Vorlage und dem Vermerk »nein – nicht so!« vom Tisch.[176] Stattdessen schrieb Schulte unter die in ihrem Auftrag neu verfasste Antwort handschriftlich, sie werde »entschieden gegen jede Diskriminierung von Homosexuellen kämpfen, darauf können Sie sich verlassen«.[177]

Nicht der zunehmende Druck aus Medien und Öffentlichkeit, nicht einmal die Empörung in den Regierungsparteien SPD und Grüne vermochte 1999 die Haltung des BMVg und des Ministers Scharping zu ändern. Erst unter dem Druck europäischer Urteile und absehbar ähnlicher Entscheidungen in Karlsruhe drehte Scharping gegen den erbitterten Widerstand der militärischen Führung das Segel und steuerte in die Gegenrichtung. Durch die außergerichtliche Einigung verhinderten die Bundeswehrjuristen in letzter Minute, dass die bisherige Praxis als verfassungswidrig eingestuft wurde. Dass aus der Einigung mit dem Oberleutnant eine Grundsatzentscheidung, ein »Dammbruch« wurde, lag wohl an den zwei weiteren anhängigen Klagen. Hätten die BMVg-Juristen hier auf der alten Linie beharrt, wären Niederlagen vor Gericht nahezu sicher gewesen – spätestens wieder in Karlsruhe. Es waren also die am Horizont dräuenden weiteren juristischen Niederlagen, die die Begrenzung auf den Einzelfall Stecher unmöglich machten. Nüchtern betrachtet hatte das BMVg Ende März 2000 keine andere Wahl, als unverzüglich die Kehrtwende einzuleiten.[178]

---

173 BArch, BW 2/38357, Schreiben Herr S. an BMVg, Parlamentarische Staatssekretärin Brigitte Schulte, 5.10.1999.
174 Ebd.
175 Ebd.
176 BArch, BW 2/38357: BMVg, FüS I 4, Antwortentwurf vom 3.11.1999, Wehrdisziplinarordnung und Wehrbeschwerdeordnung mit handschriftlichem Vermerk der Parlamentarischen Staatssekretärin Brigitte Schulte vom 15.11.1999.
177 Ebd., BMVg, Parlamentarische Staatssekretärin Brigitte Schulte, 27.12.1999.
178 So auch die Wertung in: Schadendorf, Der Regenbogen-Faktor, S. 72. Schadendorf brachte zudem das im November 2000 vom Bundestag verabschiedete und zum 1.8.2001 in Kraft getretene Lebenspartnerschaftsgesetz als Beleg für den Wandel im Umgang mit Homosexuellen. Ebd.

6. Die neue Prämisse: Toleranz und Schutz der Privatsphäre

Das Papier vom 3. Juli 2000 war der erste Schritt des Paradigmenwechsels,[179] der zweite folgte nur wenig später. Im Dezember 2000 erließ der neue Generalinspekteur Harald Kujat die »Führungshilfe für Vorgesetzte im Umgang mit Sexualität«. Sie trat an die Stelle des von Scharping im Bundestag angekündigten Verhaltenskodexes für Soldaten gegenüber homosexuellen Kameraden, der nicht realisiert worden war. Stattdessen entschied sich das Ministerium, eine generelle und nicht nur auf den Umgang mit Homosexualität zielende Führungshilfe zu erarbeiten. »Vor dem Hintergrund der weiteren Öffnung der Streitkräfte für Frauen, der Änderung der bisherigen Haltung der Bundeswehr gegenüber Soldatinnen und Soldaten mit gleichgeschlechtlicher Orientierung und den Problemen der Soldatinnen und Soldaten im Einsatz mit dem Thema ›Umgang mit Sexualität‹ soll diese Führungshilfe zum Abbau von Verhaltensunsicherheiten beitragen.«[180] In ihr wurde einleitend festgestellt, welche Rechtsgrundsätze auch für die Streitkräfte gelten: So stehe der »Intim- und Sexualbereich des Menschen […] als Teil seiner Privatsphäre unter dem verfassungsrechtlichen Schutz« des Grundgesetzes (Art. 2 Abs. 1 in Verbindung mit Art. 1 Abs. 1 GG). Der Gleichbehandlungsgrundsatz des Artikels 3 GG und das Diskriminierungsverbot des Artikels 14 der Europäischen Menschenrechtskonvention (EMRK) schützten zudem vor »Ungleichbehandlungen wegen sexueller Orientierungen«. Der direkte Bezug auf Artikel 14 EMRK ist ein deutlicher Hinweis auf die 1999 und 2000 gefällten Urteile des Europäischen Gerichtshofs für Menschenrechte. Nicht von ungefähr hieß es im Erlass ausdrücklich: »Durch Artikel 14 EMRK ist das Diskriminierungsverbot im europäischen Recht verankert und für die Bundesrepublik Deutschland bindendes Recht.« Im dienstlichen Alltag unterliege Sexualität, sofern daraus »keine Störung des Dienstbetriebes« erwachse, »nicht der Bewertung durch den Vorgesetzten«. Dies gelte natürlich nur, solange der Dienstbetrieb in der Kaserne und andere Kameraden nicht gestört oder behelligt würden. Es galt weiterhin zu vermeiden, dass nun händchenhaltende Paare durch die Kaserne laufen. Von den Soldaten wurde »Toleranz gegenüber anderen nicht strafbewehrten sexuellen Orientierungen« eingefordert, explizit auch für gleichgeschlechtlich orientierte Soldatinnen und Soldaten. Das Ministerium verordnete der Truppe »von oben« und von heute auf morgen Toleranz gegenüber Schwulen und Lesben. Doch eine neue Vorschrift ändert noch nicht die Einstellung in den Köpfen der Soldaten. Daher forderte der Generalinspekteur von den Vorgesetzten, »sensibel für sexuell motivierte Spannungen und Störungen des Zusammenhalts im unterstellten Bereich« zu sein. »Darüber hinaus gilt es insbesondere, Toleranz gegenüber einer anderen geschlechtlichen Orientierung einzufordern«.[181]

---

[179] Mehrere Zeitzeugen sahen den Erlass als einen »Paradigmenwechsel«, eine »kleine Explosion«. Die Wertung des Erlasses vom Dezember 2000 als Paradigmenwechsel auch in: Biesold, Der Umgang mit Sexualität in der Bundeswehr, S. 4.
[180] BMVg, FüS I 4, Az 35-04-09 vom 20.12.2000, auch alles Folgende. Kopie im Besitz des Verfassers.
[181] Ebd.

Die »Führungshilfen für Vorgesetzte« sind ein Instrument des Generalinspekteurs, mit denen er direkt Einfluss auf die Truppe nehmen kann. Dieses Mittel nutzte Kujat. Ausgangspunkt und Anlass war die für Anfang 2001 anstehende vollumfängliche Öffnung der Streitkräfte für den freiwilligen Dienst der Frauen. Dafür mussten neben gesetzlichen auch interne Regelungen geschaffen werden, unter anderem den künftigen Umgang mit Sexualität zwischen Soldatinnen und Soldaten betreffend. Einen ersten Entwurf hatte der Führungsstab der Streitkräfte erarbeitet. Dieser befasste sich ausschließlich mit praktischen Fragen des Zusammenlebens – inklusive des Auslebens von Sexualität zwischen Mann und Frau. Dieser Entwurf war dem Generalinspekteur aber nach eigener Aussage zu konservativ. Homosexualität etwa fand darin keine Erwähnung. Er, Kujat, habe den Entwurf verworfen und sich in der Ruhe eines Wochenendes in der Vorweihnachtszeit im Dezember 2000 daheim an die Arbeit gemacht und selbst ein neues Papier verfasst. Seine Frau habe ihn ermuntert, »progressiv zu sein«.[182]

Kujat war progressiv. Sein Erlass erwähnte erstmals auch Homosexualität von und unter Soldaten. Zahlreiche Gespräche im nationalen und im internationalen Umfeld in NATO-Kreisen hatten ihn nach eigener Erinnerung auf die Bedeutung des Themas Homosexualität unter Soldaten aufmerksam gemacht. Der General entschied, das Thema bei dieser Gelegenheit »gleich mit abzuräumen«. Die dem Generalinspekteur besonders wichtige Kernaussage war, der »Intim- und Sexualbereich« sei »Privatsphäre des Menschen« und daher eben Privatsache, auch für Soldaten.[183] Und dies galt ausdrücklich nachlesbar auch für homosexuelle Soldaten.

Als die gern verkürzt als »Sexualerlass« bezeichnete »Führungshilfe« in der Presse bekannt wurde, entfaltete *Bild* eine Kampagne dagegen. Den Redakteuren ging es aber keineswegs um die Frage der Homosexualität in der Truppe, auch nicht um heterosexuellen Sex betreffende Fragen. Das Blatt erregte sich über das Verbot von pornografischen Fotos in Soldatenspinden – und antwortete dem Generalinspekteur täglich mit einer neuen Abbildung einer nackten Frau. Eigentlich nichts Ungewohntes für die Boulevard-Zeitung, doch legte *Bild* seinem täglichen Covergirl die anklagenden, an den General gerichteten Worte in den Mund: »Was haben Sie gegen mich?«[184] Der erstmals liberale Umgang mit Homosexualität unter Soldaten fand in der *Bild*-Redaktion keine Aufmerksamkeit oder man sah darin kein Aufregungspotenzial. Auch das Ausbleiben medialer Aufregung über das Thema selbst bei der *Bild*-Zeitung zeigt, wie stark sich die öffentliche Haltung gegenüber Schwulen und Leben zur Jahrtausendwende verändert, ja normalisiert hatte.

Schwule Offiziere erinnern sich noch genau, wie wichtig für sie dieser Erlass des Generalinspekteurs war. »Mit ihm wurde das Thema Sexualität erstmals aufgegriffen. Vorher war das tabu. Und es wurde erstmals erwähnt, dass es Homosexualität unter Soldaten gebe.«[185] Für einen heutigen Fregattenkapitän war General Kujat 2000/2001

---

182 Zeitzeugengespräch mit General a.D. Harald Kujat, Neuruppin, 30.1.2019.
183 Ebd.
184 Die Kampagne der *Bild* fand ihr Ende, nachdem Kujat sich zu einem Interview zu dieser Frage bereit erklärt hatte. Zeitzeugengespräch mit General a.D. Harald Kujat, Neuruppin, 30.1.2019.
185 Oberstleutnant a.D. D., Berlin, an den Verfasser, 30.1.2019.

das »große Vorbild«; dessen »Führungshilfe für Vorgesetzte im Umgang mit Sexualität« sei für ihn als Betroffenen, damals noch Leutnant, enorm wichtig gewesen. Dass ein Generalinspekteur seine Unterschrift darunter gesetzt hatte, war für ihn ein ermutigendes Zeichen und gab ihm neues Selbstbewusstsein als homosexueller Offizier.[186] Auch für andere befragte damalige Offiziere und Unteroffiziere bedeutete der Erlass eine »Befreiung«, wobei einige mit dem Abstand von 18 Jahren den Kujat-Erlass und die zuvor vom Minister getroffenen Entscheidungen zusammen betrachten und verkürzt als »Scharping-Erlass« bezeichnen. Der »Scharping-Erlass« habe ihn »von der schweren Last, sein Privatleben im Dienst verstecken und verheimlichen zu müssen, befreit«, so ein heutiger Fachdiensthauptmann. Obwohl er Scharpings Leistung als Minister »sonst wenig abgewinnen konnte«, war er für diese Entscheidung des Ministers sehr dankbar und hätte Scharping »am liebsten umarmt und gesagt: ›Rudi, das hast Du richtig gut gemacht!‹«[187] Andere Zeitzeugen äußerten sich ähnlich: »Nun war es beschwerdefähig, wenn man mich wegen meines Schwulseins diskriminiert hätte (ich wurde aber nie diskriminiert oder hab es nicht gemerkt). Jetzt konnte ich öffentlich leben und mein Freund begleitete mich dann auch zu offiziellen Anlässen.«[188] Der »Sexualerlass« scheint aber keine große Verbreitung gefunden zu haben. Ein Generalmajor stellte beispielsweise 2003 bei seinem Dienstantritt als Befehlshaber im (Bayern und Baden-Württemberg umfassenden) Wehrbereichskommando IV fest, dass die Führungshilfe Umgang mit Sexualität »gar nicht bekannt« war. Er habe das Thema auf die Tagesordnungen der Kommandeur- und Kompaniecheftagungen gesetzt und dazu auch selbst vorgetragen.[189]

Dem Erlass der Personalabteilung und der »Führungshilfe Umgang mit Sexualität« des Generalinspekteurs folgte im Februar 2002 der nächste Schritt der Anpassung der Vorschriften an die neue liberale Haltung des »Dienstherren«. Alle denkbaren dienstlich relevanten Details des »Sexuellen Verhaltens von und zwischen Soldaten« regelte die Anlage B 173 zur Zentralen Dienstvorschrift 14/3 (der Wehrdisziplinarordnung und Wehrbeschwerdeordnung). In deren Neufassung von 2002 hieß es einleitend und grundsätzlich:

> »Die Intimsphäre als Teil des Persönlichkeitsrechts des Soldaten ist einer Einflussnahme des Dienstherrn grundsätzlich entzogen. Daher ist der Umgang eines Soldaten mit seiner Sexualität dienstrechtlich nur von Bedeutung, wenn er die dienstliche Zusammenarbeit erschwert, den kameradschaftlichen Zusammenhalt beeinträchtigt und damit zu nachhaltigen Störungen der dienstlichen Ordnung führt. Die sexuelle Orientierung als solche, ob hetero- oder homosexuell, ist unbeachtlich.«[190]

Auch hetero- oder homosexuelle Beziehungen zwischen dienstgradhöheren und dienstgradniederen Soldaten stellte die Vorschrift grundsätzlich frei, wenn auch noch mit Wenn- und Aber-Klauseln im Juristendeutsch gespickt:

> »Angesichts der allgemeinen Akzeptanz nichtehelicher Lebensgemeinschaften ist eine auf Dauer angelegte heterosexuelle Partnerschaft auch dienstgradverschiedener Soldaten/in-

186 Zeitzeugengespräch mit Fregattenkapitän Alexander Schüttpelz, Berlin, 24.1.2019.
187 Zeitzeugengespräch Hauptmann H., 12.6.2018.
188 E-Mail Hauptfeldwebel d.R. S. an den Verfasser, 5.4.2018.
189 E-Mail von Generalmajor a.D. Justus Gräbner an den Verfasser, 12.07.2017.
190 ZDv 14/3 Wehrdisziplinarordnung, Anl. B 173, Neufassung vom 20.2.2002.

nen disziplinar grundsätzlich ohne Belang. Dies gilt allerdings nur insoweit, als hiervon keine die Achtungs- und Vertrauenswürdigkeit des Vorgesetzten tangierenden negativen Auswirkungen auf den Dienstbetrieb ausgehen oder sonstige Umstände hinzutreten, die geeignet sind, eine ernsthafte Beeinträchtigung des Ansehens der Bundeswehr in der Öffentlichkeit herbeizuführen. Gleiches gilt – trotz noch niedriger Toleranzschwelle in der Gesellschaft und im dienstlichen Umfeld – auch für die homosexuelle Lebensgemeinschaft auch dienstgradverschiedener Soldaten/innen. Ebenso ist die – einvernehmliche – hetero- oder homosexuelle Betätigung auch dienstgradverschiedener Soldaten/innen außerhalb einer auf Dauer angelegten Lebensgemeinschaft regelmäßig disziplinarrechtlich ohne Belang [...] Sofern zwischen den Beteiligten einer einvernehmlichen hetero- oder homosexuellen Beziehung ein unmittelbares Vorgesetzten/Untergebenenverhältnis besteht, kann die Gefahr einer ernsthaften Beeinträchtigung der Achtungs- und Vertrauenswürdigkeit des Vorgesetzten gegeben sein, insbesondere dann, wenn eine solche Beziehung erkennbar nicht auf Dauer angelegt ist.«[191]

Unter die an eine Werbung für Hundefutter angelehnte Coverschlagzeile »Ein ganzer Kerl dank Scharping« widmete die linksalternative *Gigi. Zeitschrift für sexuelle Emanzipation* der neuen Liberalität der Bundeswehr im Umgang mit Sexualität im März 2002 ihre Titelgeschichte. Darin verband sie die Gleichberechtigung für homosexuelle Soldatinnen und Soldaten mit der Öffnung aller Laufbahnen für Frauen. Auch für die Artikel hatten die Blattmacher unkonventionelle Überschriften gefunden: »Helm ab zum Sex!« und »Vögeln für Volk und Vaterland«.[192]

Die neue Liberalität kannte aber noch Grenzen, gleichlautend für Hetero- und Homosexuelle:

»Im Dienst kann auch eine einvernehmliche sexuelle Betätigung von Soldatinnen und Soldaten nicht geduldet werden. Es ist unerheblich, ob es sich um eine hetero- oder homosexuelle Beziehung handelt. Der Dienstbetrieb ist ›sexuell neutral‹ abzuwickeln. Sexuelle Betätigung im Dienst ist regelmäßig als Störung des Dienstbetriebes anzusehen, die zu unterbinden und disziplinar zu würdigen ist. Gleiches gilt für sexuelle Betätigung, die zwar außerhalb des Dienstes, jedoch innerhalb militärischer Liegenschaften stattfindet.«[193]

Kurzum: Kein Sex im Dienst und kein Sex nach Dienst in der Kaserne.

Zwei Jahre später, im Juni 2004, liberalisierte eine Neufassung des Erlasses »Umgang mit Sexualität in der Bundeswehr« auch die »sexuelle Betätigung« während der in der Kaserne verbrachten Freizeit. Nunmehr war auch »sexuelle Betätigung innerhalb dienstlicher Unterkünfte und Anlagen [...] grundsätzlich ohne disziplinarrechtliche Relevanz«.[194] Die noch zwei Jahre zuvor festgeschriebene Regel »Kein Sex im Dienst und kein Sex nach Dienst in der Kaserne« ließ sich zumindest für die Freizeit in der Kaserne nicht mehr aufrechterhalten. Ausschlaggebend waren die zunehmenden Auslandseinsätze. In den Camps in Afghanistan, Kosovo oder Bosnien oder auf den Schiffen und Booten der Marine ist die Privatsphäre bekanntermaßen sehr eingeschränkt. Während der in der Regel vier bis sechs Monate dauernden Einsätze war es immer schon zu intimen Kontakten gekommen, auch zwischen Diensttuenden

---

191 Ebd.
192 Gigi, Nr. 18, März/April 2002, Titel sowie S. 14–16.
193 ZDv 14/3 Wehrdisziplinarordnung, Anl. B 173, Neufassung vom 20.2.2002.
194 Ebd., Neufassung vom 30.6.2004.

gleichen Geschlechts. Da auf engstem Raum kaum private Rückzugsmöglichkeiten bestanden, ließen sich intime Kontakte nicht immer verbergen. Dadurch bestand die latente Gefahr, wegen eines Dienstvergehens disziplinar geahndet zu werden. Dies galt für hetero- und homosexuelle Kontakte gleichermaßen.

Der 2002 noch zu findende Hinweis auf die »niedrige Toleranzschwelle in der Gesellschaft und im dienstlichen Umfeld für die homosexuelle Lebensgemeinschaft« fand sich 2004 nicht mehr. Hetero- und homosexuelle Kontakte waren in allen Formulierungen vollkommen gleichgestellt: »Außerdienstlich« seien »sowohl heterosexuelle als auch homosexuelle Partnerschaften und Betätigungen unter Soldatinnen und Soldaten disziplinarrechtlich regelmäßig ohne Belang«, »auch dann, wenn die Partner einen unterschiedlichen Dienstgrad haben«.[195] Die *FAZ* textete dazu die prägnante Schlagzeile »Bundeswehr duldet sexuelle Beziehungen«.[196]

Auch der Wehrbeauftragte hatte ein Auge auf den neuen »Umgang mit homo- und bisexuellen Bundeswehrangehörigen«. In seinem Jahresbericht 2003 stellte Wilfried Penner fest, es gebe »im Truppenalltag Intoleranz, Berührungsängste oder einfach nur Unsicherheit und Unwissenheit«. Aber: Jeder Bundeswehrangehörige sei verpflichtet, »Diskriminierungen auch im sexuellen Bereich zu unterlassen und ihnen entgegenzutreten«.[197] In seiner Stellungnahme zum Wehrbeauftragtenbericht 2003 stellte das BMVg im September 2004 erneut klar, die sexuelle Orientierung sei generell als »Teil des Persönlichkeitsrechts der Soldatinnen und Soldaten in der Bundeswehr und dienstrechtlich unbeachtlich«. Die Verpflichtung zur Kameradschaft schließe Diskriminierung aus und gebiete Toleranz. Bereits die Ausbildungshilfe für Vorgesetzte »Umgang mit Sexualität« aus dem Jahr 2000 verpflichtete daher die Vorgesetzten, besondere Sensibilität gegenüber sexuell motivierten Spannungen im unterstellten Bereich zu zeigen und die notwendige Toleranz gegenüber einer anderen geschlechtlichen Orientierung einzufordern. Weiter hieß es in der Stellungnahme: »Obwohl keine Anhaltspunkte dafür vorliegen, dass die Vorgesetzten ihren Verpflichtungen nicht nachkommen, ist davon auszugehen, dass es in der Gesellschaft und somit auch bei einzelnen Angehörigen der Bundeswehr noch tief sitzende Vorurteile gibt.«[198]

Das erfuhr noch 2007 auch ein Stabsfeldwebel: Sein direkter Vorgesetzter, dazu noch der für Personalangelegenheiten in der Dienststelle zuständige Offizier, habe zufällig ein Foto seines Lebenspartners gesehen und daraufhin spontan geäußert: »Das ist doch keine Frau, was Sie da haben!? Das muss ich wissen. Das muss in Ihre Personalakte! Das ist ein Dienstvergehen!«[199] Der überraschte und betroffene Portepeeunteroffizier wies seinen Vorgesetzten auf die seit dem Jahr 2000 geltende neue Erlasslage hin. Er habe Anspruch darauf, dass sein Privatleben und seine sexuelle Orientierung nicht mehr hinterfragt würden. Genau diese Fragen dürften nicht mehr gestellt werden. Das ohnehin schon gespannte Verhältnis zu seinem Vorgesetzten sei nach diesem

---

195 Ebd.
196 Den Hinweis auf die FAZ vom 18.8.2004 gefunden in Lutze, Sexuelle Beziehungen und die Truppe, S. 193.
197 <www.ahsab-ev.de/der-verein/historie.html> (letzter Zugriff 3.4.2017).
198 Ebd.
199 Zeitzeugengespräch mit Stabsfeldwebel H., Berlin, 2.7.2018.

Zusammenstoß vollends zerrüttet gewesen. In den folgenden zwei Jahren habe der Portepeeunteroffizier nach eigener Erinnerung die »Kraft des Mobbings« erfahren. Am Ende habe die Wegversetzung in eine andere Kaserne gestanden.[200]

An dieser Stelle sei kurz angemerkt, dass zwar die offene Diskriminierung untersagt war (und ist) und sich der Betroffene wehren kann. Daneben gab und gibt es aber informelle Sanktionen, denen nur schwer zu begegnen ist. Zu diesem Werkzeugkasten können negative Beurteilungen und Personalmaßnahmen, wie Versetzungen oder Ablösungen vom Dienstposten oder Lehrgang, und Personalauswahlentscheidungen, beispielsweise für die Generalstabsausbildung, gehören. Selbstredend werden Ablehnungen nicht mehr mit der sexuellen Orientierung der Betroffenen, sondern anderweitig »wasserdicht« begründet. Sie sind daher nur sehr schwer und meist gar nicht abzuwehren. Diese im Ermessensspielraum von Vorgesetzten und der Personalführung liegenden Maßnahmen sind in allen hierarchisch organisierten Organisationen eine Grauzone für informelle Sanktionen und versteckte Diskriminierung. Heute sei keine offene Diskriminierung im Truppenalltag mehr erlebbar, bestätigte ein homosexueller Stabsfeldwebel. Aber natürlich habe »jeder Mensch seine eigene Auffassung zu vielen Themen, auch zur Homosexualität und zur ›Ehe für alle‹«.[201] Es gebe eine »unterschwellige, versteckte Diskriminierung«, etwa »Sprüche hinter dem Rücken«. Ein Dunkelfeld für versteckte Diskriminierung seien zudem Beurteilungen, hier könnten sich im Ermessensspielraum eines Vorgesetzten dessen insgeheime Ablehnung von Homosexuellen noch immer frei entfalten, »unterschwellig« und daher ohne die Möglichkeit, auf dem Beschwerdeweg dagegen erfolgreich vorzugehen.[202]

Das Diskriminierungsverbot wegen sexueller Identität wurde 2006 durch das Soldatinnen- und Soldaten-Gleichbehandlungsgesetz in Umsetzung europäischer Richtlinien zur Verwirklichung des Grundsatzes der Gleichbehandlung auch im Soldatengesetz verankert.[203] Dessen Paragraf 3 bestimmt seitdem, welche Kriterien bei der Ernennung und Verwendung *keine* Berücksichtigung finden dürfen: »Geschlecht, sexuelle Identität, Abstammung, Rasse, Glauben, Weltanschauung, religiöse oder politische Anschauungen, Heimat [und die] ethnische oder sonstige Herkunft«.[204] Mit dem Soldatinnen- und Soldaten-Gleichbehandlungsgesetz wurden 2006 die letzten rechtlichen Grundlagen für einen diskriminierungsfreien Umgang mit homosexuellen Soldaten erlassen.

Die seit der Jahrtausendwende geltende Vorschriftenlage bedeutet, dass Männer und Frauen, heterosexuell, homosexuell oder bisexuell orientiert, rechtlich vollkom-

---

[200] Ebd.

[201] Zeitzeugengespräch mit Stabsfeldwebel H., 29.3.2018.

[202] Ebd.

[203] §§ 1 (1) und 3 (1), Gesetz über die Gleichbehandlung der Soldatinnen und Soldaten (Soldatinnen- und Soldaten-Gleichbehandlungsgesetz, SoldGG), <www.gesetze-im-internet.de/soldgg/SoldGG.pdf>.

[204] Der aktuelle Kommentar zum Soldatengesetz blickt nochmals in die Vergangenheit zurück und betont, »durch die Einführung der sexuellen Identität in den Abs. 1 [§ 3 SG] (im Jahr 2006) als zusätzliches Merkmal, das bei den Ernennungen und Verwendungen von Soldaten nicht berücksichtigt werden darf, hat der Gesetzgeber einen Schlussstrich unter eine gegenteilige, bis vor wenigen Jahren noch höchstrichterlich gebilligte Praxis gezogen.« Walz/Finkler/Sohm, Kommentar zum Soldatengesetz, S. 73.

men gleichgestellt sind. Jedem stehen alle Verwendungen und alle Karrierechancen gleichermaßen offen. Die rechtliche Gleichstellung bedeutete aber nicht, dass sich im Alltag in der Truppe unter Kameraden über Nacht eine völlige Akzeptanz eingestellt hätte. Akzeptanz oder zumindest Toleranz liegen immer an den Einzelnen. Toleranz kann aber sehr wohl von allen Soldaten als soldatische Pflicht eingefordert werden. Das Diskriminierungsverbot und der bereits genannte Vorschriftenkanon bilden die sichere Grundlage, auf der jeder Soldat seine sexuelle Identität ausleben darf. Die nach der Jahrtausendwende langsam, aber stetig zunehmende Selbstsicherheit homosexueller Soldaten und ihr wachsendes Vertrauen in die in Erlassen und Vorschriften festgeschriebene neue Liberalität der Bundeswehr zeigte sich in nahezu allen für diese Studie durchgeführten Interviews. Offen war und ist dagegen die Frage nach etwaiger Rehabilitierung und Wiedergutmachung für erlittene Benachteiligungen.

7. Lindner gegen Bundesrepublik Deutschland. Der Kampf eines früheren Hauptmanns um Wiedergutmachung

Der Arbeitskreis homosexueller Angehöriger der Bundeswehr (AHSAB) hatte im April 2018 in einem Schreiben an die Ministerin nachgehakt und konkret die Aufhebung der »wegen bloßer einvernehmlicher homosexueller Betätigung gegen Soldaten aller Dienstgrade gefällten Truppendienstgerichtsurteile« gefordert. Dazu solle das bestehende Strafrechtsrehabilitationsgesetz novelliert und auf truppendienstgerichtliche Entscheidungen ausgeweitet werden. Weiterhin forderte der Arbeitskreis, Soldaten, die bis zum Jahr 2000 aufgrund ihrer Homosexualität nicht als Soldaten auf Zeit oder Berufssoldaten weiterverpflichtet wurden, für die berufliche Benachteiligung finanziell zu entschädigen. Zudem regte der Arbeitskreis eine »längst überfällige Entschuldigung« der Verteidigungsministerin »an die Betroffenen« an.[205]

Auf die Forderung nach finanzieller Entschädigung antwortete die Rechtsabteilung des BMVg, der Hinweis auf erlittene berufliche Nachteile träfe zu. Allerdings sei »nicht in erster Linie die Homosexualität als solche als Problem gesehen worden«, sondern »aufgrund der allgemeinen gesellschaftlichen Anschauungen ein Autoritätsverlust der Betroffenen als Vorgesetzte« sowie »Erpressbarkeit befürchtet« worden. Daher seien Betroffene »von bestimmten Verwendungen« ausgeschlossen worden. Von dieser Praxis habe sich die Bundeswehr »deutlich distanziert«. Aber: »Ungeachtet des durch die Betroffenen zweifellos erlittenen Unrechts sieht die Rechtsordnung für diese Fälle allerdings keinen individuellen Schadensausgleich vor.«[206] Ansprüche setzten eine »schuldhafte Pflichtverletzung der handelnden Personen« voraus. Diese liege nach Bewertung der die Rechtsabteilung des BMVg nicht vor:

> »So sehr die damals herrschende Praxis aus heutiger Sicht die Rechte der Betroffenen missachtet hat, so wenig kann den handelnden Personen ein Schuldvorwurf gemacht werden. Die Vorgehensweise in der Bundeswehr wurde im Kontext der damaligen gesell-

---

205 Schreiben Arbeitskreis homosexueller Angehöriger der Bundeswehr an Bundesministerin der Verteidigung, 16.4.2018.
206 BMVg, R I 5, an Arbeitskreis homosexueller Angehöriger der Bundeswehr, 16.8.2018.

schaftlichen Wertvorstellungen und der geltenden Rechtslage festgelegt und ist stets von der Rechtsprechung des Bundesverwaltungsgerichts als rechtmäßig bestätigt worden.«[207] Die juristische Fachpresse stützt auch diese Einschätzung des BMVg. Das Strafrechtsrehabilitationsgesetz berühre ausdrücklich nicht frühere berufsrechtliche Maßnahmen, »etwa den Verlust der beruflichen Stellung«. Das Gesetz diene »ausschließlich der Beseitigung des durch die damalige Verurteilung erlittenen Strafmakels«. Explizit wird betont, dass das Gesetz keine Verfassungswidrigkeit der Verurteilungen sehe, dem würde die Rechtsprechung des Bundesverfassungsgerichts von 1957 und 1973 entgegenstehen.[208]

Zumindest ein Offizier hatte in seinem juristischen Kampf gegen das BMVg bislang Erfolg und konnte eine finanzielle Entschädigung erstreiten. Nachdem das BMVg im Jahr 2000 seine Position gegenüber homosexuellen Soldaten grundlegend revidiert hatte, sah auch der 1982 aus gesundheitlichen Gründen in den Ruhestand versetzte Hauptmann Michael Lindner die Chance, seinen Fall nochmals neu bewerten und entscheiden zu lassen. Er beantragte die erneute Berufung in das Dienstverhältnis eines Berufssoldaten und richtete zeitgleich eine Eingabe an den Wehrbeauftragten und den Petitionsausschuss des Bundestages.[209] Das Personalreferat berichtete an den Staatssekretär, Hauptmann a.D. Lindner sei »der erste frühere Soldat, der aufgrund der geänderten Auffassung des BMVg zur Personalführung homosexueller Soldaten seine Wiedereinstellung beantragt« habe.[210] Das Personalamt prüfte und dessen Amtschef vermerkte, er halte eine Wiedereinstellung für »*nicht* geboten«: »Zur Bewertung müssen wir das Rechtsverständnis von vor 20 Jahren zugrunde legen.«[211] Den Antragsteller beschied das Personalamt, dass seine Zurruhesetzung 1982 »bestandskräftig sei und dass auch kein dienstliches Interesse an einer Wiedereinstellung bestehe«.[212] Das Ministerium entschied, Lindner habe bereits alle in Frage kommenden Altersgrenzen für die Zurruhesetzung überschritten. Daher sei eine Wiedereinstellung rechtlich ausgeschlossen. Der hilfsweise Antrag auf Erhöhung seiner Pensionsansprüche finde »im Gesetz keine Stütze«.[213] Die Wehrverwaltung kam ebenfalls zu dem Schluss, ein Anspruch auf Schadensersatz bestehe nicht. Die Versetzung in den Ruhestand sei 1982 rechtmäßig erfolgt. Dennoch empfahl die Wehrbereichsverwaltung West, »die Möglichkeit einer entgegenkommenden Einzelfallentscheidung ohne Anerkennung einer Rechtspflicht zu erwägen«.[214] Lindner gab nicht auf. Und der Erfolg sollte ihm nach zehn Jahren unzähliger Eingaben, Beschwerden und zuletzt Klagen Recht geben. Die Bundeswehr war Lindner schon zuvor auf zwei Wegen entgegen gekommen: 2004 wurde er zum Major der Reserve ernannt, zwei Jahre später folgte die

---

[207] Ebd.
[208] Rampp/Johnson/Wilms, »Die seit Jahrzehnten belastende Schmach fällt von mir ab«, S. 1146.
[209] BArch, BW 1/503302, Antrag Lindner an BMVg, 30.3.2001, sowie Eingabe an den Wehrbeauftragten, 31.3.2001; ebd., Wehrbeauftragter an Verteidigungsminister Scharping, 4.4.2001; das Schreiben an den Petitionsausschuss im Besitz des Verfassers. Dank am Michael Lindner für die Überlassung dieses und zahlreicher weiterer Dokumente seines juristischen Kampfes um Wiedergutmachung.
[210] BArch, BW 1/503302: BMVg, PSZ III 6 an StS Biederbick, 29.6.2001.
[211] Ebd., Amtschef Personalamt, 2.5.2001.
[212] Personalamt an Hauptmann a.D. Lindner, 16.5.2001.
[213] BArch, BW 1/503302: BMVg, PSZ III 6 an StS Biederbick, 29.6.2001.
[214] Ebd., Wehrbereichsverwaltung West, 15.1.2002.

Beförderung zum Oberstleutnant der Reserve.[215] Zudem wurde Lindner, der nach seiner Dienstzeit erfolgreich ein Geografiestudium abgeschlossen hatte, im Jahr 2004 als Angestellter im höheren Dienst beim Amt für Geoinformationswesen der Bundeswehr in Euskirchen eingestellt, wo er bis zum Erreichen der Altersgrenze 2009 für ein Tarif-Gehalt arbeitete.[216]

Lindners letzter großer juristischer Kampf zielte auf die Anpassung seiner Versorgungsbezüge. Er suchte sich einen Anwalt, der gute Chancen für eine Klage sah und auch eine Zulassung für den EGMR in Straßburg besaß. Den Anwalt fand Lindner in Wien, nachdem sechs deutsche Anwälte die Aussichtslosigkeit der Klage nach deutschem Recht festgestellt hatten. Der Wiener Anwalt schätzte die Chancen nach europäischem Recht besser ein. So gerüstet beantragte Lindner, ihm ab 2009 jene Bezüge zu zahlen, wie sie ihm bei regulärem Verbleib im Dienst ab 1982 als Offizier bei Erreichen der Besoldungsstufe A 14 (Oberstleutnant) gezahlt worden wären.[217] Lindner, nun Hauptmann a.D. und Oberstleutnant d.R., setzte sich mit der ihm eigenen Hartnäckigkeit auch in dieser Frage durch. Das Verwaltungsgericht Hamburg verhandelte im Juni 2012 die Klage Lindner gegen die Bundesrepublik Deutschland. Nach derzeitiger Sach- und Rechtslage dürfte die Klage ohne Erfolg bleiben, weil das deutsche Recht einen Schadensersatzanspruch nicht vorsieht, jedoch:

>»Anders dürfte sich die Rechtslage vor dem Europäischen Gerichtshof für Menschenrechte (EuGHMR) auf Grundlage der Europäischen Konvention für Menschenrechte (EMRK) darstellen. Aus Sicht der Kammer spricht viel dafür, dass dem Kläger [unter Berücksichtigung der englischen Fälle] nach Ausschöpfung des nationalen Rechtswegs eine Entschädigung gem. Art. 41 EMRK zugesprochen werden könnte [...] In der Versetzung in den Ruhestand 1982 dürfte eine Verletzung von Art. 8 EMRK sowie von Art. 2 Abs. 1 i.V.m. Art. 1 Abs. 1 GG zu sehen sein. Beide Normen schützen das Recht des Klägers auf sexuelle Selbstbestimmung. In dieses wurde ohne Rechtfertigung von der Beklagten eingegriffen [...] Die seinerzeit in der Bundeswehr herrschende pauschale Politik dahingehend, dass homosexuelle Soldaten weder ge- noch befördert wurden und sie nicht als Ausbilder tätig werden durften, dürfte eine Benachteiligung mit hinreichender Eingriffsintensität darstellen. Durch diese Politik wurden homosexuelle Soldaten aus Sicht der Kammer zumindest mittelbar allein aufgrund ihrer sexuellen Orientierung aus der Bundeswehr gedrängt. Der Kläger war von dieser Praxis betroffen, denn letztendlich führte sie dazu, dass seine Dienstunfähigkeit festgestellt wurde.«[218]

Noch in der mündlichen Verhandlung hatte der Vorsitzende Richter mit eindringlichen Worten einen Vergleich angeregt. Das BMVg lenkte überraschend schnell ein.

---

[215] Urkunden des Personalamts vom 30.4.2004 und 28.7.2006.
[216] Wehrbereichsverwaltung West, Dienstzeugnis vom 2.7.2009.
[217] Lindner an BMVg, 30.1.2008 und 13.1.2009.
[218] Verwaltungsgericht Hamburg, Az 20 K 3130/09, 19.6.2012. Kopie im Besitz des Verfassers der Studie.

VII. Und die anderen?
Anmerkungen zur Praxis anderer Streitkräfte

> »Männer, die sich fortgesetzt homosexuell betätigen,
> sind für die Streitkräfte aller Länder ein ernstes Problem.
> Seine Lösung ist jeweils von der moralisch-ethischen
> Einstellung und auch der strafrechtlichen Situation
> jedes einzelnen Volkes abhängig.«[1]

Das BMVg richtete bei der Befassung mit dem Thema schon immer seinen Blick auf die Praxis in anderen Ländern. Militärs kennen im Zuge der Befehlsgebung zur Beurteilung einer Lage den Prüfpunkt »Lage bei den Nachbarn«. Der Vergleich mit anderen Streitkräften lag und liegt vollkommene nahe, denn homosexuelle Soldatinnen und Soldaten gab und gibt es nicht nur in der Bundeswehr, sondern in allen Armeen der Welt.

1. Der zeitgenössische Blick des BMVg
auf andere europäische Streitkräfte

Eine 1966 von der Inspektion des Sanitätswesens im BMVg durchgeführte Arbeitstagung betrachtete neben den medizinischen Aspekten der Homosexualität auch die Praxis anderer Streitkräfte. »Selbst in den Staaten, in denen Homosexualität nicht strafbar ist, wie zum Beispiel in Frankreich, Italien, Schweden, England, den USA usw. werden gleichgeschlechtliche Unzuchtshandlungen von Soldaten nicht geduldet, sondern disziplinar verfolgt. Das geschieht in aller Regel [...] ausschließlich aus Gründen der Disziplin.«[2]

Im Zuge der bereits ausführlich analysierten Versuche des BMVg, 1969 die Streichung des Straftatbestands homosexueller Handlungen zumindest für Soldaten zu verhindern, interessierten schon einmal die Regelungen in anderen Staaten Europas und Nordamerikas. Die an den Botschaften akkreditierten Militärattachés fragten offiziell bei den Verteidigungsministerien und zumeist ergänzend inoffiziell auf der Basis persönlicher Kontakte an. Die zusammengefassten Rückmeldungen der

---

[1] BArch, BW 24/3736: Generalarzt Prof. Dr. Finger, Einführende Bemerkungen zu BMVg, InSan: Beurteilung der Wehrdiensttauglichkeit und Dienstfähigkeit Homosexueller, 1966, hier S. 4.
[2] Ebd., Erfahrungen mit homosexuellen Soldaten in der Marine. In: BMVg, InSan: Beurteilung der Wehrdiensttauglichkeit und Dienstfähigkeit Homosexueller, 1966, Bl. 64–77, hier Bl. 64.

Militärattachés aus besagtem Jahr 1969 geben nicht nur ein gutes Gesamtbild des Umgangs anderer Streitkräfte mit schwulen Soldaten, sondern ebenso einen kurzen Überblick über die damaligen strafrechtlichen Bestimmungen dieser Länder, der hier für ausgewählte Streitkräfte wiedergegeben werden soll.

In der Schweiz wurden zu diesem Zeitpunkt, anders als nördlich des Rheins, homosexuelle Handlungen strafrechtlich nicht mehr verfolgt. Derlei »Betätigung« werde aber in der Schweizer Armee nicht toleriert. Man verlange, dass sich die Einberufenen während der drei Monate des Wehrdienstes und der späteren Übungen von bis zu vier Wochen »aller homosexuellen Praktiken« enthielten.[3] Das schweizerische Recht sah in sexuellen Handlungen zwischen erwachsenen Männern keinen Straftatbestand. Anders als in nahezu allen anderen Ländern kannte die Eidgenossenschaft aber verschärfte Straftatbestände in Form eines Militärstrafgesetzbuches für Soldaten sowie Beamte, Angestellte und Arbeiter der Militärverwaltungen des Bundes und der Kantone sowie für Zivilpersonen, die bei der Truppe angestellt waren. Dessen Artikel 157 sah für sexuelle Handlungen zwischen Personen gleichen Geschlechts (also ausdrücklich auch für Frauen) Gefängnisstrafen vor, in leichteren Fällen Disziplinarmaßnahmen. Wurde ein Abhängigkeitsverhältnis oder eine Notlage ausgenutzt, galt eine Mindeststrafe von einem Monat Haft.[4]

Gleichfalls sah das belgische Recht in sexuellen Handlungen zwischen erwachsenen Männern keinen Straftatbestand. Was das BMVg 1969 besonders interessierte: Gesetzliche Sonderregelungen für Soldaten kannte Belgien nicht. Gleichgeschlechtliche sexuelle Handlungen von Soldaten wurden bei Gefährdung der Ordnung disziplinar geahndet, bei besonderen Umständen bis hin zur Entlassung.[5] Ähnlich in Schweden: Sonderregelungen für das Militär gab es weder im Strafgesetzbuch noch in internen Vorschriften. In der Praxis würden die Musterungs- und Truppenärzte homosexuelle Wehrpflichtige »unter dem Vorwand irgendeiner Krankheit« vom Dienst freistellen.[6] Desgleichen im benachbarten Dänemark: Einvernehmlicher Sex unter erwachsenen Männern stand nicht unter Strafe, und auch für Soldaten gab es weder im Militärstrafgesetzbuch noch in den Disziplinarvorschriften Regelungen bezüglich homosexueller Handlungen. Gleichgeschlechtlich orientierte Wehrpflichtige würden für diensttauglich befunden, aber unter Umständen in die Heimwehr eingezogen. Aktive Soldaten würden ebenfalls als diensttauglich entlassen.[7]

Auch Italiens Strafrecht sah in Sex zwischen Männern keine Kriminalität, es sei denn dieser erfolgte in der Öffentlichkeit. Für die Streitkräfte galten keine besonderen strafrechtlichen Bestimmungen, sie ahndeten aber intern disziplinar. Bei der Musterung galt Homosexualität als Grund für Diensttauglichkeit.[8] Das portugiesi-

---

3 Ebd., Oberfeldarzt Dr. Rudolph Brickenstein, Probleme der Homosexualität in der Sicht des InSan im BMVg. In: BMVg, InSan: Beurteilung der Wehrdiensttauglichkeit und Dienstfähigkeit Homosexueller, 1966, Bl. 22–34, hier Bl. 23; später identische Formulierung in: Brickenstein, Probleme der Homosexualität im Wehrdienst. Vermutlich haben die BMVg-Juristen ihre Formulierung von dort übernommen.
4 BArch, BW 1/187212: Deutsche Botschaft Bern, Luftwaffen-, Heeres- und Marineattaché, 13.2.1969.
5 Ebd., Deutsche Botschaft Brüssel, Luftwaffen-, Heeres- und Marineattaché, 17.2.1969.
6 Ebd., Deutsche Botschaft Stockholm, Luftwaffen-, Heeres- und Marineattaché, 13.2.1969.
7 Ebd., Deutsche Botschaft Kopenhagen, Luftwaffen-, Heeres- und Marineattaché, 15.4.1969.
8 Ebd., Deutsche Botschaft Rom, Luftwaffenattaché, 5.3.1969 und 24.3.1969.

sche »Código Penal« sah für die »Ausübung einer Sucht wider des Natürlichen« beim ersten Vergehen eine Kaution genannte Geldstrafe vor. Nur für besonders schwere Fälle konnte auf eine Freiheitsstrafe erkannt werden.[9] In den meisten Fällen »macht man offiziell die Augen zu«, was für das damals noch autoritär regierte Portugal bemerkenswert war.[10] Die Streitkräfte machten die Augen aber nicht zu, sondern bestraften wie in Italien disziplinar. Wenn die »Moral der Truppe« schwer gefährdet werde, erfolge ausnahmslos die Degradierung zum niedrigsten Dienstgrad, in besonders schweren Fällen der Ausstoß aus den Streitkräften.[11] Aus dem Königreich ohne König Spanien meldete der westdeutsche Militärattaché, das spanische »Código Penal Común« kenne keine speziellen Bestimmungen zu homosexuellen Handlungen – und das unter dem Regime des Diktators Francisco Franco. Für Soldaten fand aber der Artikel 352 des Militärstrafgesetzes Anwendung, der »unehrenhafte Handlungen mit Menschen gleichen Geschlechts« mit einer Haftstrafe von sechs Monaten bis sechs Jahren und dem obligatorischen Ausschluss aus den Streitkräften ahndete. Beachtenswert ist, dass der Paragraf alle gleichgeschlechtlichen Handlungen von Soldaten, also auch mit Zivilpersonen, mit Strafe und Entlassung bedrohte. Er galt zudem unisono für alle Dienstgrade.[12]

Der Informationsfluss bezüglich des Umgangs mit Homosexualität von Soldaten anderer Armeen war keine Einbahnstraße. »Und die anderen?« fragten sich genauso die Streitkräfte der Nachbar- und verbündeten Staaten. Allesamt richteten sie entsprechende Anfragen an die Verteidigungsministerien der Partnerländer, so auch nach Bonn. In den Akten des BMVg finden sich daher Schriftstücke anderer Verteidigungsministerien, gerichtet an die deutschen Militärattachés. Die Anfragen kamen aus Australien,[13] Griechenland,[14] Großbritannien[15] und immer wieder aus den USA.[16]

Die aktuellen Erkenntnisse über die Praxis in anderen NATO-Streitkräften fasste das BMVg auf Basis der Militärattaché-Meldungen erneut Ende der 1990er Jahre zusammen. Die Hardthöhe hatte nach Festlegungen im Straf- und Disziplinarrecht sowie nach etwaigen Verwendungs- und Karriereeinschränkungen gefragt. Ausgangspunkt war die bereits erwähnte Anfrage der FDP-Bundestagsfraktion vom Juni 1997.[17] Auch ohne diesen Anstoß war der Vergleich mit der Praxis anderer Bündnisstreitkräfte wich-

9 Codigo Penal Portugues, Art. 71, Nr. 5. In: BArch, BW 1/187212: Deutsche Botschaft Lissabon, Leiter Militärattachéstab, 25.2.1969.
10 Ebd.
11 BArch, BW 1/187212: Deutsche Botschaft Lissabon, Leiter Militärattachéstab, 25.2.1969.
12 Ebd., Deutsche Botschaft Madrid, Luftwaffenattaché, 6.3.1969.
13 BArch, BW 2/31224: Botschaft der Bundesrepublik Deutschland Canberra A.C.T., Verteidigungsattaché, 26.6.1992; parallele Anfrage des australischen Verteidigungsattachés in Bonn und Antwort BMVg, FüS I 4 an diesen vom 2.7.1992, ebd.
14 Ebd., Anfrage des griechischen Verteidigungsattachés in Bonn vom 18.7.1985, und Antwort des BMVg vom 4.10.1985.
15 Unter anderem BArch, BW 1/546375, Anfrage des britischen Verteidigungsattachés in Bonn vom 26.7.1990 und Antwort des BMVg vom 21.8.1990 sowie Anfrage des britischen Verteidigungsattachés vom 9.9.1991; die Antwort des BMVg vom 5.11.1991 in BArch, BW 1/531592.
16 Beispielsweise BArch, BW 2/31224: Botschaft der Bundesrepublik Deutschland Washington, DC, Marineattaché, 20.12.1989 und Antwort BMVg, FüS I 4 an diesen vom 17.1.1990, ebd.
17 Dazu bereits in Kap. IV.

tig, um die eigene Position zu überprüfen und ggf. Änderungsbedarf zu erkennen, erinnerte sich Staatsekretär a.D. Wichert.[18] Im internationalen Vergleich sei keine Notwendigkeit für eine Änderung der deutschen Praxis erkennbar gewesen; sie habe sich, verglichen mit anderen NATO-Streitkräften, durchaus sehen lassen können, so Wichert.[19] Und Oberstarzt Brickenstein habe anlässlich einer einschlägigen psychiatrischen »Begutachtung« 1980 geäußert, »wir [die Bundeswehr] sind die Liberalsten in der ganzen NATO« – und dafür habe *er* gesorgt.[20]

In Belgien war anders als in Deutschland der Einsatz eines homosexuellen Soldaten als unmittelbarer Vorgesetzter möglich, wenn keine der straf- und disziplinarrechtlich relevanten Handlungen vorlagen.[21] Aus Kopenhagen meldete der Militärattaché, es gebe keine Einschränkungen für homosexuelle Soldaten, in Führungspositionen verwendet zu werden. Ausgenommen strafrechtlich relevante Handlungen gäbe es keinerlei Sanktionen gegenüber homosexuellem Verhalten. Bis 1979 seien gleichgeschlechtlich orientierte Männer nicht zum Wehrdienst eingezogen worden, seit 1979 sei dies aber kein Ausschlusskriterium mehr und werde bei der Musterung nicht mehr abgefragt. Generell sei Homosexualität in den dänischen Streitkräften »kein Thema«. Es gäbe keine Verwendungseinschränkungen, auch nicht für den Dienst auf Schiffen.[22] In Norwegen stünden homosexuellen Soldaten alle Dienstposten offen, sogar in Führungspositionen. Die hohe Akzeptanz Homosexueller in der Gesellschaft erlaube es nicht, zwischen dem Umgang mit Homosexuellen in zivilem und militärischem Bereich Unterschiede zu machen.[23]

Auch die Griechen scheinen sehr pragmatisch mit dem Thema umgegangen zu sein. Homosexualität begründe keine Ausmusterung; gleichgeschlechtlich orientierte Männer leisteten wie alle ihren Wehrdienst ab. Der Generalstab in Athen teilte mit, das Verbleiben von Homosexuellen in den hellenischen Streitkräften werde »nicht aufgrund ihrer sexuellen Präferenz beurteilt«. Es herrschten »die auch für das übrige Militärpersonal geltenden Regeln«. Der Generalstab schätzte ein, dass die Mehrzahl der Homosexuellen ihre sexuelle Präferenz im militärischen Umfeld nicht offenbare.[24]

Ähnlich pragmatisch wie die Griechen gingen die katholischen Italiener in den späten Neunzigern mit homosexuellen Soldaten um. Homosexualität werde in den Streitkräften nicht thematisiert oder diskutiert, »es findet nach außen hin nicht statt«.[25] Diesbezügliche gesetzliche Regelungen oder Dekrete des Verteidigungsministeriums gebe es nicht. Jeder Einzelfall werde neu bewertet und entschieden, dem Betroffenen stehe der Rechtsweg offen. Entscheidendes Kriterium sei die Unterscheidung zwischen »egosintonico« und »egodistonico«. »Egosintonico« bedeute,

---

18 Zeitzeugengespräch mit Staatsekretär a.D. Peter Wichert, Bad Münstereifel, 10.4.2019.
19 Ebd.
20 Zeitzeugengespräche mit Michael Lindner, Hamburg, Februar 2017.
21 BArch, BW 1/502107, BW 2/38357 und BW 2/38358: BMVg, Staatssekretär, Entwurf Antwort an Bundesverfassungsgericht, undadiert.
22 BArch, BW 2/38358: Deutsche Botschaft Kopenhagen, Verteidigungsattaché, 10.7.1997.
23 Ebd., BMVg, Anlage zu FüS I 4, 27.7.1998, unverändert 1999.
24 Ebd., Generalstab, Leiter Protokoll Foreign Relations an Deutsche Botschaft Athen, Verteidigungsattaché, 11.8.1997.
25 BArch, BW 2/38358: Deutsche Botschaft Rom, Verteidigungs- und Heeresattaché, 8.8.1997.

dass ein homosexueller Soldat »mit sich selbst im Reinen ist und niemanden belästigt«. Dann habe dessen sexuelle Orientierung keinerlei Auswirkungen auf den Dienst, auf Verwendungen und Karriere. Die psychische Stabilität war demnach das entscheidende Kriterium. Nicht erwähnt, aber daraus herauslesbar, galt dies auch für Wehrpflichtige. Ein als »egodistonico« erkannter Mann werde als nicht wehrdienstfähig ausgemustert. Als »egodistonico« erkannte aktive Soldaten würden sofort entlassen, da sie in Stresssituationen eine Gefahr darstellten. Ein Maat habe 1997 gegen seine Entlassung geklagt, gewann den Rechtstreit und musste unter Zahlung einer Wiedergutmachung für den Verdienstausfall und für Karrierenachteile wieder eingestellt werden.[26]

In Polen werde Homosexualität von Soldaten nicht thematisiert, meldete der Militärattaché aus Warschau – aber nicht aus Toleranz und Liberalität, sondern aufgrund strikter Tabuisierung, nicht zuletzt wegen des starken Einflusses der katholischen Kirche. Erkannte homosexuelle Soldaten würden zunächst beurlaubt und nach ärztlichem Gutachten aus den Streitkräften entlassen. Führungsverwendungen seien daher ausgeschlossen.[27] Einen besonders liberalen Umgang pflegten die Tschechen mit ihren homosexuellen Soldaten. 1999 vermerkte das BMVg, es gebe für diese keine Einschränkungen in der Führung, Ausbildung und Erziehung von Untergebenen. Homosexualität sei in Tschechien auch kein Ausschlusskriterium für die Ableistung des Wehrdienstes oder die Einstellung als Zeitsoldat, sofern keine Anpassungs- oder anderen psychischen Probleme vorlägen.[28] Damit war der ehemalige Ostblockstaat in dieser Frage auch deutlich progressiver als sein westlicher Nachbar Deutschland. Der Kurswechsel des Prager Verteidigungsministeriums scheint zwischen 1997 und 1999 erfolgt zu sein. Noch im Juli 1997 hatte der deutsche Militärattaché gemeldet, homosexuelle Bewerber für den freiwilligen Dienst würden nicht angenommen, Wehrpflichtige würden vom Militärdienst freigestellt; seien sie bereits Soldat, würden sie entlassen.[29] Anders als im liberalen Tschechien antworteten die ungarischen Streitkräfte auf das Bekanntwerden der gleichgeschlechtlichen Orientierung eines Zeit- oder Berufssoldaten mit dessen Entlassung. Begründet werde dies mit dessen fehlender Eignung zum Führer, Erzieher und Ausbilder. Homosexualität von Soldaten werde ansonsten nicht öffentlich thematisiert oder debattiert.[30]

Ähnlich wie in Polen und Ungarn antworteten die portugiesischen Streitkräfte auf das Bekanntwerden der gleichgeschlechtlichen Orientierung von Soldaten mit deren fristloser und unehrenhafter Entlassung. Führungsverwendungen seien daher auch in Portugal gänzlich ausgeschlossen. Gesellschaftlicher Veränderungsdruck sei dem Militärattaché zufolge 1999 nicht zu erkennen gewesen.[31] Beim iberischen Nachbarn

---

26 BArch, BW 1/502107, o.Pag.: BMVg, Staatssekretär, Entwurf Antwort an Bundesverfassungsgericht, undatiert, auch in BW 2/38358.
27 Ebd.
28 Ebd.
29 BArch, BW 2/38358: BMVg, Anlage zu FüS I 4, 27.7.1998.
30 BArch, BW 1/502107, o.Pag.: BMVg, Staatssekretär, Entwurf Antwort an Bundesverfassungsgericht, undatiert, auch in BW 2/38358. 1997 hatte der deutsche Militärattaché noch gemeldet, in den Streitkräften Ungarns, Sloweniens und Albaniens sei Homosexualität »kein Thema«. BArch, BW 2/38358, Deutsche Botschaft Budapest, Militärattaché, 9.7.1997.
31 Ebd.

**Gesellschaftliche Akzeptanz der Homosexualität
von 1 (niemals) bis 10 (immer)**

Westdeutschland	4,46
Belgien	3,88
Frankreich	3,92
Vereinigtes Königreich	3,43
Nordirland	2,42
Irland	3,15
Italien	3,63
Niederlande	7,20
Portugal	2,35
Spanien	3,43

Quelle: Fleckenstein, Homosexuality and Military Service in Germany, Anlage, Tabelle 2, 1993, Umfragedaten undatiert.

©ZMSBw
08364-03

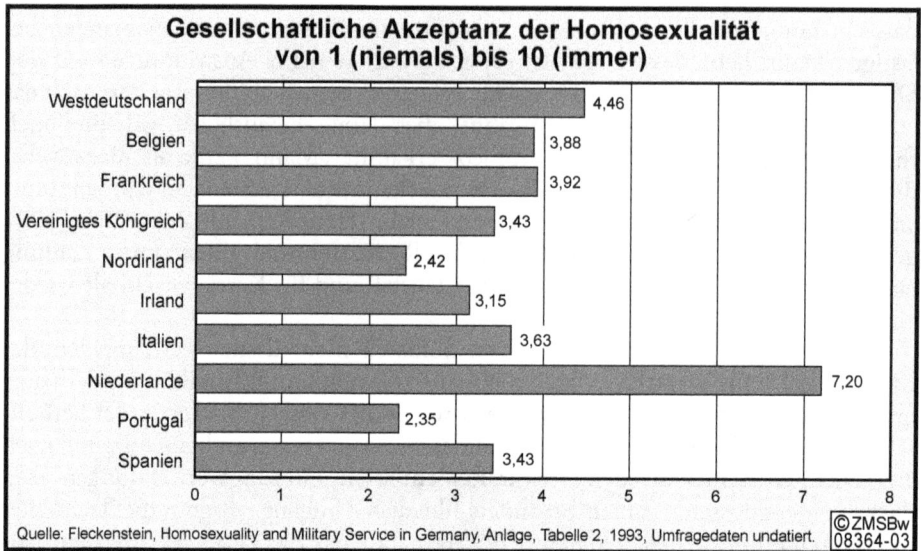

sah man Homosexualität von Soldaten deutlich entspannter als in Portugal: In den spanischen Streitkräften würden Homosexuelle »kaum stigmatisiert«. Auch wenn »durch Zufall« die »Neigung« bekannt werde, würden die Streitkräfte an diesem Offizier »festhalten«. Bei »dezentem und neutralem Verhalten« würde der Offizier als Vorgesetzter im Dienst verbleiben und weiter gefördert werden. Dienstrechtliche Konsequenzen gebe es nur bei Verletzungen der Dienstpflichten oder Straftaten.[32]

Legt man die Informationen aus den Hauptstädten nebeneinander, ergibt sich ein Mosaik aus Stücken, wie sie unterschiedlicher nicht sein könnten. Die Liberalität der dänischen und niederländischen Streitkräfte überrascht nicht, sie entsprach der in diesen Ländern und Gesellschaften gelebten großen Toleranz. Umfragewerte aus dem Hause Allensbach zeigten die gesellschaftliche Toleranz gegenüber Homosexualität in anderen europäischen Ländern in den frühen 1990er Jahren. Auf der Skala von 1 (niemals) bis 10 (immer) wurde nach der Akzeptanz der Homosexualität gefragt.[33]

Zu beachten ist die Beschränkung auf Westdeutschland. Dies spräche sehr dafür, dass Allensbach die Daten vor der Deutschen Einheit 1990 erhoben haben könnte. In der Studie des SOWI fehlt jeder Hinweis auf den Umfragezeitraum und damit auf deren Aktualität im Veröffentlichungsjahr 1993. Unabhängig von diesen Unklarheiten liegt die westdeutsche Bevölkerung im Mittelfeld der Akzeptanzwerte. Die niedrigsten Toleranzwerte zeigte neben Nordirland Portugal mit 2,35 von 10. Im direkten Vergleich dazu etwas überraschend war die signifikant höhere Toleranz im ebenfalls katholisch geprägten Italien (3,6) und in Spanien (3,4 von 10).[34]

---

[32] BArch, BW 2/38358, Deutsche Botschaft Madrid, Verteidigungsattaché, 9.7.1997.
[33] Fleckenstein, Homosexuality and Military Service in Germany, Anl., Tab. 2.
[34] Ebd.

2. Niederlande: »Das ist doch selbstverständlich«

Die Niederlande sahen in einvernehmlichem Sex zwischen Männern schon 1969 keinen Straftatbestand mehr. Für Soldaten, Lehrer und andere relevant: Unzucht mit Untergebenen wurde mit Gefängnisstrafe bis zu sechs Jahren geahndet. Das bestehende Militärstrafgesetzbuch legte einleitend fest, dass die Bestimmungen des allgemeinen Strafrechts in vollem Umfang auch für Soldaten gälten. Im Umkehrschluss hieß das, es gab keine Sonderregelungen für homosexuelle Handlungen, offenbar auch nicht im Disziplinarrecht, denn der westdeutsche Militärattaché betonte schon 1969, innerhalb der Streitkräfte stelle Homosexualität »kein Problem« dar.[35] Ob er damit ausdrücken wollte, dass diese nicht existierte, nicht relevant war oder eben nicht als Problem gesehen wurde, muss offenbleiben. Auch niederländische junge Männer wurden 1969 noch immer bei bekannt gewordener Homosexualität oder entsprechendem »Verhalten« als untauglich für den Wehrdienst und den freiwilligen Dienst in den Streitkräften eingestuft. Bereits im Dienst befindliche Soldaten wurden entlassen. Damit entsprachen die Regelungen exakt den westdeutschen – zumindest bis 1974. Fünf Jahre vor der Bundesrepublik änderten die Niederlande ihre Musterungsbestimmungen: Die »Diagnose« Homosexualität alleine »könne und sollte« nicht mehr als Grund für die Verweigerung des Dienstes als Soldat herhalten. Zur Begründung verwies der Verteidigungsminister auf die sich verändernde Haltung der Gesellschaft, weg von der Stigmatisierung, hin zur Anerkennung »zweier Formen sexueller Orientierung«.[36] Das bedeute aber nicht, dass alle homosexuell Orientierten automatisch voll diensttauglich seien. Bei der Einzelfallbewertung müsse auch geprüft werden, ob das Verbleiben im Dienst die seelische und »mentale Gesundheit« der betroffenen Soldaten schädigen könnte.[37] Im Umkehrschluss hieß das, von Ausnahmefällen abgesehen stand dem Verbleiben im Dienst nichts im Weg. Auch fand sich im Papier des Verteidigungsministeriums in Den Haag keine Klausel, die homosexuell Orientierten den Dienst als Zeit- oder Berufssoldat verwehrte oder ihnen die Vorgesetztenqualifikation absprach. Einzig der Zugang zu vertraulich oder geheim eingestuften Dokumenten blieb weiterhin eingeschränkt. Aber auch hier trat nun die Einzelfallbewertung an die Stelle des bisherigen generellen Ausschlusses von der »security clearance«. Bislang galten hierfür die gleichen Regelungen wie in der Bundeswehr – mit sehr ähnlicher Begründung: Die intolerante Ablehnung der Gesellschaft machte es für Homosexuelle in der Vergangenheit unmöglich, sich zu öffnen. Sie seien daher Erpressungsversuchen ausgesetzt gewesen und suchten Beziehungen mit »kriminellen oder an Rand der Gesellschaft stehenden Personen«. Die wachsende Toleranz der Gesellschaft erlaube es nun, das »Verstecken« zu beenden und Beziehungen offen zu leben. Damit entfielen die Gründe für das Verwehren der »security clearance« zunehmend. Sich offen bekennenden Soldaten

---

[35] BArch, BW 1/187212: Deutsche Botschaft Den Haag, Luftwaffen-, Heeres- und Marineattaché, 17.2.1969.
[36] BArch, BW 4/839: Niederländisches Verteidigungsministerium, Minister, an den Verteidigungsausschuss der unteren Parlamentskammer, 15.2.1974, als Kopie in Botschaft der Bundesrepublik Deutschland Den Haag an BMVg, 19.6.1985.
[37] Ebd.

ohne Beziehungen zu gesellschaftlich randständigen, kriminellen Personen wurde
nunmehr der Zugang zu Verschlusssachen gewährt.[38] Damit waren die niederländischen Streitkräfte 1974 der Einführung einer ähnlichen westdeutschen Regelung
mehr als zehn Jahre voraus. Es gab aber einen entscheidenden Unterschied: Die
Niederlande machten es ihren Offizieren und Unteroffizieren leicht, zu ihrer sexuellen Orientierung offen zu stehen. Anders als in der Bundeswehr drohten ihnen
nach einem »Outing« in der Regel keine restriktiven Personalmaßnahmen. Auf den
Punkt gebracht: Niederländer konnten ihre sexuelle Orientierung im Gegensatz zu
ihren westdeutschen Kameraden seit 1974 ohne Angst vor Benachteiligungen leben
und als Offiziere und Unteroffiziere dienen – eine im Vergleich zu anderen NATO-
Streitkräften bemerkenswert frühe Offenheit.

Aus einer Meldung des westdeutschen Verteidigungsattachés 1987 sprach dessen
Unverständnis über den niederländischen Weg:

> »Mit der [...] Initiative wird ein weiteres Randgruppenproblem der niederländischen
> Gesellschaft ins Rampenlicht nun auch der mil. Organisation gerückt [...] Was übrig-
> bleibt, ist eine Haltung der Toleranz des Verteidigungsministeriums gegenüber libe-
> ralen Lebensäußerungen von Mitgliedern einer emanzipierten Gesellschaft – und das
> Befremden und die weitgehende Ablehnung dieser Entwicklung in der Truppe selbst.
> Aber wie beim Problem der gemischten Kriegsschiffbesatzungen der Marine wird Kritik
> nur im persönlichen Gespräch artikuliert.«[39]

Dass diese Kritik unter Offizieren nur versteckt und nicht etwa mit offenem
Visier geäußert wurde, belegte per se, wie weit die gesellschaftliche Toleranz der
Niederländer in die Armee hineinwirkte. Die Streitkräfte wurden offenbar durch
den gesellschaftlichen und in dessen Folge den politischen Druck zur Toleranz gedrängt. Anders als in Westdeutschland bremste das Verteidigungsministerium in
Den Haag diese Entwicklung nicht, sondern es setzte seinen Primat der Politik auch
in dieser Frage gegenüber den Militärs durch. Davon waren Deutschland und sein
Verteidigungsministerium auch noch zehn Jahre später weit entfernt. Fußend auf
Gesprächen mit der Personalabteilung im niederländischen Verteidigungsministerium
meldete der deutsche Verteidigungsattaché 1995 den aktuellen Stand der dortigen Liberalität erneut nach Bonn: Aufgrund gesetzlicher Bestimmungen sei die
Diskriminierung »von Homosexuellen [und] Lesbierinnen« in den niederländischen
Streitkräften verboten, sie dürften keinen Laufbahneinschränkungen unterworfen
werden. Im Gegenteil: Sie seien mittlerweile in der Gesellschaft und in den Streitkräften
»voll akzeptiert und integriert«.[40] Der deutsche Verteidigungsattaché übersandte
Bonn noch die Ablichtung einer vom niederländischen Verteidigungsministerium
1992 herausgegebenen Broschüre »Homosexualiteit en Defensie«. Sie beginnt mit
der Frage: »Homos in den Streitkräften, darf es das geben?« Die Antwort: »Ja, natürlich darf das sein. Viel mehr noch: Das ist doch selbstverständlich möglich.

---

[38] Ebd.
[39] BArch, BW 2/31224: Botschaft der Bundesrepublik Deutschland Den Haag, Verteidigungsattaché, 17.2.1987, auch in BW 4/1530.
[40] BArch, BW 2/38353: Botschaft der Bundesrepublik Deutschland Den Haag, Verteidigungsattaché, an BMVg, 21.12.1995; zuvor bereits wortgleich in: ebd., I. (GE/NL) Corps, Deutscher Anteil G1, an BMVg, 19.12.1995.

Das Personal im Verteidigungsbereich ist doch ein Abbild der Gesellschaft.« Die Broschüre endete mit den Worten des damaligen Verteidigungsministers Relus ter Beek, er könne »nur wenig Einfluss auf das Verhalten meines Personals ausüben«, sehe es aber als seine Aufgabe an, die Voraussetzungen zu schaffen, dass »keinerlei Unterschiede im Verhalten untereinander aufgrund der Homosexualität« gemacht würden.[41]

Für die Bundeswehr war die liberale Praxis der niederländischen Streitkräfte nicht nur von informativem Interesse, sondern von tatsächlicher Bedeutung. Im deutsch-niederländischen Korps mit seinem Stab in Münster dienten seit 1995 Soldaten beider Nationen gemeinsam. Schon wenige Wochen nach Indienststellung des Korpsstabs befasste sich das BMVg mit etwaigen aus der »außerordentlich liberalen« Haltung der Niederländer gegenüber homosexuellen Soldaten sich ergebenden Problemen. In den niederländischen Streitkräften dürfe die sexuelle Orientierung »zu keinen Verwendungseinschränkungen oder Laufbahnnachteilen«[42] führen. Für das D/NL-Korps stelle die unterschiedliche Haltung in dieser Frage bisher kein Problem im Dienstalltag dar, bilanzierte die Hardthöhe im Juni 1996.[43] Durch die Arbeitsgruppe »Tiefe Integration« solle aber festgelegt werden, »dass homosexuell veranlagte niederländische Soldaten möglichst nicht Vorgesetzte deutscher Soldaten werden«.[44] Ob dies realisiert wurde, zeigen die Akten nicht.

Im niederländischen Budel im dortigen deutschen Luftwaffenausbildungsregiment ausgebildete Soldaten erinnerten sich an die schon Anfang der 1990er Jahre im Vergleich zur Bundeswehr erstaunliche Offenheit der niederländischen Streitkräfte. Deren Luftwaffe warb im Schwulenzeitschriften um künftige Piloten mit Anzeigen, die das Cockpit eines Kampfjets zeigten und dazu den Spruch brachten: »Es gibt spannendere Orte als den Darkroom.« Der entspannte Umgang der niederländischen Streitkräfte mit Homosexualität wirkte auch auf die dort stationierten deutschen Soldaten. Ein Zeitzeuge erinnerte sich an sein Gelöbnis 1990 in Budel. Ein Wehrpflichtiger hatte seinen festen Freund eingeladen, die beiden begrüßten sich vor dem Kompaniegebäude vor aller Augen mit einem Kuss. Die umstehenden Soldaten waren verwundert, negative Reaktionen gab es keine. Stattdessen sagte einer spontan: »Krass, der traut sich was!«[45]

3. Großbritannien: »Sofort als dienstunwürdig entlassen«

Ein bekanntes Zitat über »Traditionen« der Royal Navy wird Winston Churchill zugeschrieben. Er soll als First Lord of the Admiralty 1911 (nach anderen Angaben 1913) geäußert haben: »Naval tradition? Monstrous. Nothing but rum, sodomy,

---

41 Ebd., Ablichtung und Übersetzung der Broschüre »Homosexualiteit en Defensie« vom Mai 1992.
42 BArch, BW 2/38353: BMVg, FüS I 4, 20.6.1996.
43 Ebd.; bereits zuvor in: ebd., I. (GE/NL) Corps, Deutscher Anteil G1, an BMVg, 19.12.1995; ebd., BMVg, StS Wichert, an Ruprecht Polenz, MdB, 14.2.1996.
44 BArch, BW 2/38353: BMVg, FüS I 4, 20.6.1996.
45 Zeitzeugengespräch mit Winfried Stecher, Hamburg, 25.1.2018.

prayers and the lash.«[46] Einer quellenkritischen Überprüfung hält das Zitat nicht stand. Churchills persönlicher Assistent Anthony Montague Browne versicherte, Churchill nach diesem Zitat gefragt zu haben. Churchill habe geantwortet: «I never said it. I wish I had.«[47]

Die britischen Streitkräfte gingen rigoros gegen Homosexuelle in ihren Reihen vor, »um die Zucht und Sitte zu fördern«, so Karl Franz von Leexow.[48] Doch zitierte Leexow auch »einen der bekanntesten englischen Generale« (laut Hirschfeld war es Lord Kitchener), der geäußert haben soll: »Wenn wir keine Offiziere für den Sudan mehr haben, dann stelle ich die verabschiedeten Homosexuellen ein.«[49] Um Herbert Kitchener (1850–1916) selbst schwirrten schon zu Lebzeiten Gerüchte um seine Homosexualität. Sie gingen zurück auf Kitcheners Zeit als Oberbefehlshaber in Ägypten von 1892 bis 1899.[50] Bezugnehmend auf entsprechende Äußerungen des Lords brachte das Frauenmagazin *Home Chat* 1910 die Frage »Is a soldier married a soldier spoiled?« auf das Cover – zusammen mit einem Bild Kitcheners.[51] Die Realität war anders. Im Ersten Weltkrieg seien 22 Offiziere und 270 Unteroffiziere oder Mannschaften wegen Homosexualität von Kriegsgerichten verurteilt worden. Die »Pressehetze« gegen tatsächliche oder angebliche Homosexuelle als deutsche Agenten (»German perversion«) erreichte 1916 ihren Höhepunkt.[52]

Auch im Zweiten Weltkrieg dienten selbstredend Homosexuelle in der British Army, Royal Navy und Royal Air Force, darunter höchstdekorierte Offiziere und bekannte Kriegshelden. Einer von ihnen war Wing Commander Ian Gleed (1916–1943): 1936 in die Royal Air Force eingetreten, Kampfpilot in der »Battle of Britain« 1940, zweimal von König George VI. ausgezeichnet, 1941 Wing Commander, 1943 in Tunesien abgeschossen und tödlich verletzt. In seine bereits 1942 veröffentlichten autobiografischen Erinnerungen an die »Battle of Britain« (»Arise to conquer«) schrieb er auf Anraten seines Verlegers eine heimliche Geliebte namens Pam hinein, die es nie gab.[53] Dafür gab es Christopher. Christopher Gotch (1923–2002) trat mit 19 Jahren in die Royal Air Force ein, erhielt seine Pilotenausbildung im Geschwader von Wing Commander Ian Gleed und wurde schnell dessen Geliebter: Die Initiative ging nach Gotch vom erst 25-jährigen Commander aus. Er ging ein Risiko ein. Sex unter Männern stand in den Streitkräften unter besonderer Strafandrohung, galt dort als moralzersetzend, als »a load of rubbish« (O-Ton Gotch). Gotch erzählte 1997 in der BBC-Dokumentation »It's not unusual« erstmals öffentlich von seiner Beziehung zu Gleed.[54]

Seit den Kriegsjahren hatte sich in dieser Frage nichts geändert: 1997 kannten sowohl die Royal Air Force wie auch die Army und die Navy immer nur eine

---

[46] Hewlett, When and why did Winston Churchill say: ›The traditions of the Royal Navy are rum, sodomy and the lash‹?
[47] Langworth, Churchill by Himself.
[48] Leexow, Armee und Homosexualität, S. 100.
[49] Ebd., S. 101; Hirschfeld, Von einst bis jetzt, S. 152.
[50] Bourne, Fighting Proud, S. 5–11.
[51] Abbildung des Covers und des Artikels in ebd., S. 109–111.
[52] Schwartz, Homosexuelle, S. 153–157. Unter diesen Verdacht geriet auch der damals im Londoner Finanzministerium beschäftigte Ökonom John Maynard Keynes. Ebd., S. 154.
[53] Bourne, Fighting Proud, S. 97–104.
[54] Ebd., S. 102 f.

Antwort auf das Bekanntwerden der Homosexualität eines Offiziers: dessen Rausschmiss. Nach gleichgeschlechtlich Veranlagten wurde mit geheimdienstlichen Methoden gefahndet. Großbritannien änderte, zwei Jahre vor Westdeutschland, 1967 sein Sexualstrafrecht. Der »Sexual Offences Act« stellte einvernehmliche sexuelle Handlungen zwischen erwachsenen Männern über 21 straffrei.[55] Soldaten und Angehörige der Streitkräfte waren aber ausdrücklich von den Bestimmungen des neuen Gesetzes ausgenommen.[56] Für sie galten Sondergesetze der drei Streitkräfte. Der 1955 erlassene »Army Act« stellte, wie seine Pendants für Luftwaffe und Marine, in Artikel 66 »entehrendes Verhalten grausamer, unanständiger oder unnatürlicher Art« unter Strafe und sah hierfür bis zu zwei Jahre Haft vor. Artikel 64 legte zusätzlich fest, dass jeder Offizier, der sich »anstößig und entgegen der Verhaltensweise eines Offiziers und Gentleman« verhalte, nach erfolgter Verurteilung entlassen werden soll. Nach diesen beiden Artikeln des Militärstrafrechts ahndeten die Streitkräfte Ihrer Majestät auch homosexuelle Handlungen mit einer Mindeststrafe von 28 Tagen Arrest. Unteroffiziere wurden in der Regel bis zum niedrigsten Dienstgrad herabgesetzt, Offiziere entlassen. Einfache Disziplinarmaßnahmen waren nicht vorgesehen. Leichtere Verstöße konnten auch über die Truppenärzte als »medizinische Fälle angesehen und behandelt« und durch Versetzung oder Entlassung geregelt werden.[57]

Auch 1970 schauten die Juristen des BMVg wieder auf die Praxis in anderen Streitkräften: In der britischen Freiwilligenarmee würden Männer mit homosexueller »Veranlagung« nicht eingestellt. Werde diese erst während des Dienstes »erkannt«, werde der Soldat unverzüglich als »dienstunwürdig« entlassen.[58] Dem Vernehmen nach soll es aber auch bei den Briten Ausnahmen von der strikten Linie gegeben haben, vor allem bei sehr hochrangigen Offizieren. Ein mit dem damals in Bad Krozingen bei Freiburg wohnhaften General Johann Adolf Graf von Kielmansegg gut bekannter Militärhistoriker erinnerte sich, dieser habe ihm während seiner Dienstzeit als NATO-Oberbefehlshaber Mitteleuropa (Commander in Chief Allied Forces Central Europe, CINCENT) 1967 oder 1968 berichtet, dass die Briten bei Generalen, deren homosexuelle Orientierung ein offenes Geheimnis gewesen sei, »beide Augen zudrückten«.[59] Ähnliches wusste ein pensionierter Marineoffizier zu berichten: Sein lange in England ausgebildeter früherer Kommandeur habe lakonisch eingeworfen, »auf der Insel sei der Übergang von Kameradschaft zu Homosexualität fließend.«[60]

Anders als es diese individuellen Eindrücke vermuten lassen, war die Rechtslage eindeutig: Bis 1994 stellte Homosexualität innerhalb der britischen Streitkräfte einen Straftatbestand dar. 1997 meldete der deutsche Heeresattaché aus London, die britische Regierung habe »deutlich gemacht, Homosexualität in den Streitkräften [...] auch in Zukunft nicht zu dulden«. Den Streitkräften werde »das Recht eingeräumt, sich von der Gesellschaft zu unterscheiden«. Die Position des Ministry of Defence

---

55 BArch, BW 1/187212: Deutsche Botschaft London, Leiter Militärattachéstab, 20.2.1969. Zu den Unterhausdebatten um die Entkriminalisierung ausführlich in: Ebner, Religion im Parlament, S. 42–94; zum 1967 verabschiedeten Sexual Offences Act ebd., S. 94 f.
56 BArch, BW 1/187212: Deutsche Botschaft London, Leiter Militärattachéstab, 20.2.1969.
57 Ebd.
58 BArch, BW 24/7180: BMVg, VR IV 1, 29.9.1970.
59 Zeitzeugengespräch mit Dr. Georg Meyer, Freiburg i.Br., 7.9.2019.
60 Leserbrief Fregattenkapitän a.D. Heinrich Franzen. In: Die Bundeswehr, 11/2020, S. 120.

(MOD) sei »schlicht, dass Homosexuelle auf die Moral in den Streitkräften einen schlechten Einfluss ausübten«.[61] Eine in den Streitkräften durchgeführte Umfrage habe ergeben, dass die Aufnahme Homosexueller strikt abgelehnt werde. Erkannte Homosexualität führte in der Regel zur Entlassung. Von 1990 bis Juli 1997 wurden 417 Soldaten entlassen, die jährliche Zahl schwankte zwischen 42 und 65, darunter ein erstaunlich hoher Anteil von Frauen. So wurden 1996 43 Männer und 22 Frauen entlassen. Die Daten der Vorjahre waren ähnlich. Das Fazit des deutschen Heeresattachés: »Entschlossen, weder der Gesetzgebung des EuGH zu folgen, noch dem momentan eher verhalten spürbaren gesellschaftlichen Druck in dieser heiklen Thematik nachzugeben, ist das MOD bereit, es mit Rückendeckung der Regierung auf eine Klage vor dem EuGH ankommen zu lassen.«[62]

Dies war der Stand im Juli 1997. Die kurz zuvor gewählte Labour-Regierung unter Tony Blair änderte (zunächst) nichts – ebenso wenig wie 1998 in Deutschland die rot-grüne Regierung. Zwei Jahre und zwei Monate später machte der Europäische Gerichtshof für Menschenrechte der Verfolgung Homosexueller in den britischen Streitkräften ein Ende. Geklagt hatten vier frühere Berufssoldaten, Frauen und Männer, die wegen ihrer gleichgeschlechtlichen Orientierung aus den Streitkräften Ihrer Majestät entlassen worden waren. Das Urteil vom 27. September 1999 habe gezeigt, dass die bisherige Personalpolitik in Bezug auf Homosexualität »not legally sustainable« sei, räumte Verteidigungsminister Geoff Hoon im Parlament ein. Der Richterspruch mache deutlich, dass die bestehenden Regeln geändert werden müssten, so der Minister unumwunden. Er habe den Generalstabschef daher zu einer dringenden Überprüfung der Regelungen aufgefordert.[63] Am 12. Januar 2000 legte der Verteidigungsminister dem Unterhaus das Ergebnis der Revision vor. Die neu verfassten Verhaltensregeln stellten die Einsatzbereitschaft der Streitkräfte ins Zentrum, nicht aber die verschiedenen persönlichen Lebensentwürfe. Sie richteten sich ausweislich ihres zweiten Satzes an alle Angehörigen der Streitkräfte, »regardless of their gender, sexual orientation, rank or status«. Weiter hieß es: »Personal relationships do not lend themselves to precise prescription«, auch sei es nicht praktikabel, alle möglichen unangemessenen Verhaltensweisen einzeln in der Vorschrift aufzulisten.[64] Stattdessen stellte der neue Erlass eine Testfrage (»The Service Test«) in den Mittelpunkt der Verhaltensprüfung: »Have the actions or behaviour of an individual adversely impacted or are they likely to impact on the efficiency or operational effectiveness of the service?« Im Unterhaus erläuterte Hoon, da nunmehr einzig die Einsatzbereitschaft Maßstab der Bewertung sein werde, gebe es auch keinen Grund mehr, Homosexuellen den Dienst in den Streitkräften zu verweigern. Daher habe das Ministerium entschieden, den bestehenden Bann (»ban«) gegen Homosexuelle

61 BArch, BW 2/38358, Deutsche Botschaft London, Stv. Heeresattaché, 29.7.1997.
62 Ebd.
63 »Homosexuality and the Armed Forces«, Rede des britischen Verteidigungsministers Geoff Hoon vor dem Unterhaus am 12.1.2000, im englischen Wortlaut vom BMVg-Referat PSZ III 1 am 3.4.2000 an die Führungsstäbe der Teilstreitkräfte weitergeleitet, BArch, BW 24/37667.
64 British Ministry of Defence: The Armed Forces Code of Social Conduct Policy Statement, ebenfalls im englischen Wortlaut vom BMVg-Referat PSZ III 1 am 3.4.2000 an die Führungsstäbe der Teilstreitkräfte weitergeleitet, BArch, BW 24/37667.

aufzuheben. Die Neuregelung trat noch am selben Tag, dem 12. Januar 2000, in Kraft (»with effect from today«).[65] 20 Jahre später, am 12. Januar 2020, leuchteten das Hauptgebäude des MOD und das Royal Navy Headquarters auf der HM Naval Base Portsmouth in den Regenbogenfahnen – die Briten feierten so die damalige Öffnung für LGB-Personal.[66]

4. Vereinigte Staaten: »No Queens in the Marines«

> »Viele Schwule halten ja praktisch jeden für schwul,
> ob John Wayne oder Gary Cooper,
> selbst Leute mit Frau und Kindern.
> Aber ein Heterokerl ist nun mal ein Hetero,
> und bei den Marines gab's sowieso keine Schwulen.«[67]

So erinnerte sich ein im Zweiten Weltkrieg bei der US-Marineinfanterie, den Marines, im Pazifik gedienter Fallschirmjäger an die in den Kämpfen und im Alltag zwischen den Schlachten gewachsene Nähe zwischen Kameraden: »Mit Schwulsein hat diese Nähe nichts zu tun. Wenn Du schwul warst, schmissen sie dich auf der Stelle aus dem gottverdammten Marine Corps. Selbst wenn sie bloß glaubten, du wärst schwul, schmissen sie dich raus. Punkt und aus. Das war nicht so ein Verein wie die Scheißnavy. Wenn einer schwul war, ging der normalerweise zur Navy, wegen des adretten, sauberen Lebens an Bord und so und wegen der hübschen weißen Uniformen.«[68]

In den USA lag die Strafgesetzgebung in den Händen der Bundestaaten. Einige von ihnen stellten sexuelle Handlungen zwischen Männern als »Sodomie« unter Strafe. Für die Streitkräfte galt das Militärgesetzbuch, dessen § 925 Artikel 125 ebenfalls »Sodomie« unter Strafe stellte.[69] Der Meldung des deutschen Heeresattachés in Washington 1969 zufolge könne auf Todesstrafe erkannt werden, in der Regel würde aber bei sexuellen Handlungen zwischen erwachsenen Männern ohne Gewaltanwendung auf vier Jahre »harte Arbeit«, also Arbeitslager, entschieden. Auf die Verurteilung folge die unehrenhafte Entlassung des Soldaten aus den Streitkräften.[70] Nach gleichgeschlechtlich Veranlagten wurde mit geheimdienstlichen

---

[65] Rede des britischen Verteidigungsministers Geoff Hoon vor dem Unterhaus am 12.1.2000, BArch, BW 24/37667.

[66] Ministry of Defence lit in rainbow colours to celebrate LGB personnel, <www.gov.uk/government/news/mod-lit-in-rainbow-colours-to-celebrate-lgb-personnel--2> (letzter Zugriff 13.1.2020).

[67] Bowers, No Queens in the Marines, S. 80.

[68] Ebd., S. 82. Ausführlich zur Situation schwuler und lesbischer US-Soldaten während des Zweiten Weltkriegs: Bérube, Coming Out Under Fire.

[69] Der »Sodomie«-Straftatbestand stellte auch heterosexuellen Analverkehr unter Strafe: »Jede Person, die sich der unnatürlichen geschlechtlichen Vereinigung mit anderen Personen desselben oder des anderen Geschlechts oder mit einem Tier hingibt, macht sich der Sodomie schuldig. Bereits die geringste Form des Eindringens reicht aus, um den Tatbestand des Strafvergehens zu erfüllen.« Allgemeines Militärgesetz, Kap. 45, § 925, Art. 125, Satz (a). In: BArch, BW 1/187212: Deutsche Botschaft Washington, DC, Heeresattaché, 17.2.1969.

[70] Ebd.

Methoden gefahndet. So oder anderweitig erkannte Schwule und Lesben wurden »without honour« entlassen, was aber nicht gleichzusetzen war mit einer unehrenhaften Entlassung. Diese erfolgte »mit Schande« und bedeutete für die Zukunft gravierende soziale Nachteile, differenzierte Oberfeldarzt Dr. Brickenstein.[71] Mit erkennbarem Bedauern führte er 1966 aus: »Dennoch konnte das Eindringen von Homosexuellen auch in die amerikanischen Streitkräfte nicht völlig verhindert werden.«[72] Anders als in Deutschland und Großbritannien, wo »das Problem vor allem im Bereich der Marine eine große Rolle« spiele, sei dies in den US-Streitkräften primär ein Problem der Luftwaffe. Brickenstein berief sich dabei auf eine Studie, die vermutlich von Arnold Mysior stammt.[73] Letzterer sah laut Brickenstein die Ursache dafür in der hohen Mobilität der Luftwaffensoldaten. Der Psychologe in Diensten der U.S. Air Force war sich wie seine deutschen Kollegen sicher, dass Homosexuelle in der Armee eine »eigene soziologische Gruppe« bildeten, »mit gemeinsamem Jargon, fast unfehlbarem gegenseitigem Erkennen durch subtile Einfühlung und ein weitverbreitetes System von gegenseitigen Bekanntschaften mit Beziehung zum Verrat, zur Süchtigkeit oder zur Kriminalität«.[74] Zur effektiveren Ermittlung der Homosexuellen habe das US-Militär das »Amt für Sonderermittlungen« geschaffen, welches durch geheimdienstliche Ermittlungen, »Zeugenaussagen und Klarstellung der biografischen und erbbiologischen Anamnese« den versteckt dienenden Schwulen auf die Spur kommen wollte.[75] (Hier war Brickenstein vermutlich zu sehr auf sein Thema Homosexualität fixiert. Das Air Force Office of Special Investigations [OSI] ging allen möglichen sicherheitsrelevanten Vorgängen nach, bei Weitem nicht nur den mit Homosexualität zusammenhängenden.)

Homosexuelle würden aufgefordert, auch andere ihnen bekannte homosexuelle Soldaten zu melden; dieses Vorgehen sei ausdrücklich in der Dienstvorschrift der US-Streitkräfte vorgesehen. Brickenstein zufolge war Mysior überzeugt, dass »echte Homosexualität« nur vorliege, wenn der Sex mit Männern »Ausdruck seelischen Erlebens«[76] sei. Hinter dieser nicht weiter erläuterten Verklausulierung stand möglicherweise die auch in der Bundeswehr versuchte Unterscheidung zwischen echter, konstanter Homosexualität und einem situationsbedingten sexuellen »Ausrutscher« (etwa infolge erhöhten Alkoholkonsums) eines (angeblich) »eigentlich« Heterosexuellen. Die Dienstvorschriften der US-Streitkräfte folgten offenbar einer

---

71   BArch, BW 24/3736: Oberfeldarzt Dr. Rudolph Brickenstein, Probleme der Homosexualität in der Sicht des InSan im BMVg. In: BMVg, InSan: Beurteilung der Wehrdiensttauglichkeit und Dienstfähigkeit Homosexueller, 1966, Bl. 22–34, hier Bl. 24.
72   Ebd., Bl. 25.
73   Ebd. Arnold Mysior (1921–2015) diente seit 1947 in der Spionageabwehr des Geheimdienstes der US-Luftwaffe (Air Force's Office of Special Investigations). Nach seiner Pensionierung 1965 wurde Mysior Direktor des psychologischen Dienstes der Georgetown University. In Georgetown baute er die erste psychologische Fakultät dieser Universität auf und lehrte dort bis 1977, <http://arnoldmysior.com/bio/> (letzter Zugriff 6.3.2019).
74   BArch, BW 24/3736: Oberfeldarzt Dr. Rudolph Brickenstein, Probleme der Homosexualität in der Sicht des InSan im BMVg. In: BMVg, InSan: Beurteilung der Wehrdiensttauglichkeit und Dienstfähigkeit Homosexueller, 1966, Bl. 22–34, hier Bl. 25.
75   Ebd. Brickensteins Verweis auf eine »erbbiologische Anamnese« erschrickt und erinnert an dunkelste Zeiten der deutschen Medizin, insbesondere der deutschen Psychiater. Diese Zeit lag 1966 gut 20 Jahre zurück; die Ärzte waren oftmals dieselben.
76   Ebd.

etwas anderen Definition: Nur der sich tatsächlich homosexuell real Betätigende sei auch als solcher zu sehen. Auch dieser spannende Punkt wurde an dieser Stelle 1966 nicht weiter ausgeführt. So ist es naheliegend, die folgende Frage zu stellen: Galt im Umkehrschluss, dass der sich sexuell enthaltende, aber allem Anschein nach offenkundige Homosexuelle nicht als solcher angesehen wurde und demnach keine Restriktionen, sprich: die Entlassung fürchten musste? Wenn ja, wäre dies eine weitere Ähnlichkeit zur Haltung der katholischen Kirche? Der 1966 für die deutsche Marine vortragende Jurist warf ebenfalls einen vergleichenden Blick über den Großen Teich. Die U.S. Navy gehe nicht nur mittels »strenger Bestrafung« gegen Homosexualität in ihren Reihen vor, »sondern auch durch bewusste Förderung eines natürlichen Sex-Kultes«.[77] Der Marinejurist wurde konkreter: Durch »Förderung des Vertriebes gewagter Darstellungen von Pin-up-Girls« trachte man »die Sexualität der Soldaten in natürliche Bahnen zu lenken und homosexuellen Verirrungen vorzubeugen«. Allerdings: »Inwieweit die amerikanische Marine mit diesen Methoden bei echten Homosexuellen Erfolg gehabt hat, konnte leider nicht ermittelt werden.«[78]

In den ab 1983 geltenden Personalvorschriften der U.S. Navy hieß es:
»Homosexuality is incompatible with naval service. The presence in the naval environment of persons who engage in homosexual conduct or who, by their statements, demonstrate a propensity to engage in homosexual conduct seriously enpairs the accomplishment of the naval mission. The presence of such members adversely affects the ability of the Department of the Navy to maintain discipline, good order, and morale; foster mutual trust and confidence among service members; ensure the integrity of the system of rank and command; facilitate assignment and world-wide deployment of service members who frequently must live and work under close conditions affording minimal privacy; recruit and retain members of the Department of the Navy; maintain the public acceptability of the Department of the Navy; and prevent breaches of security.«[79]

Die entsprechende Passage in den Personalvorschriften der U.S. Army war wortgleich.[80] Zumindest in Einzelfällen gab es wohl auch physische Misshandlungen durch die Militärpolizei an wegen derlei Aktivitäten in Gewahrsam genommenen Soldaten. So schilderte ein Zeitzeuge in einer TV-Dokumentation, wie in den 1960er Jahren abends in seinem Hotelzimmer plötzlich die deutsche Polizei und das Military Police Corps in der Tür standen. Ein amerikanischer Soldat hatte das Zimmer gemietet, um mit dem damals 16-jährigen Deutschen die Nacht zu verbringen. Der Soldat wurde, so der Deutsche in der Doku, von den US-Militärpolizisten aus dem Zimmer geschleift und soll dem Vernehmen nach später von ihnen »mit einem Gummiknüppel fürchterlich verprügelt« worden sein.[81]

---

77   BArch, BW 24/3736: Erfahrungen mit homosexuellen Soldaten in der Marine. In: BMVg, InSan: Beurteilung der Wehrdiensttauglichkeit und Dienstfähigkeit Homosexueller, 1966, S. 64–77, hier S. 66.
78   Ebd.
79   BArch, BW 2/31224: Botschaft der Bundesrepublik Deutschland Washington, DC, Marineattaché, 24.11.1989, darin Kopie SECNAVINST 1910. 4A vom 27.12.1983, wortgleich in Navy Military Personal Manual, 3630400.
80   Ebd., darin Army Policy of Homosexuality.
81   So berichtet in der TV-Doku Der »Schwulen-Paragraph«, gesendet u.a. am 10.10.2019, 23.15 Uhr, im HR-Fernsehen.

Ab Ende der 1980er Jahre dämmerte am amerikanischen Horizont ein neuer Morgen für Schwule und Lesben. Das lässt sich auch aus Berichten und Zeitungsartikeln entnehmen, die der deutsche Militärattachéstab aus Washington nach Bonn sendete.[82] Eines der vielen kleinen Wetterleuchten war eine Studie des zum Pentagon gehörenden Personal Security Research and Education Center im kalifornischen Monterey. Ausgehend von der liberaleren und offeneren Einstellung der breiten Bevölkerung gegenüber Schwulen und Lesben nehme mit der Entkriminalisierung auch der Zwang zu verheimlichen und sich zu verstecken ab. Daher seien schwule Soldaten und lesbische Soldatinnen nicht mehr erpressbar und mithin kein Sicherheitsrisiko mehr. Für den Wissenschaftsbetrieb in Monterey sei es daher an der Zeit, darüber nachzudenken, wie Homosexuelle in die Streitkräfte integriert werden könnten. Der deutsche Marineattaché ergänzte, die Haltung des Pentagons sei »nach wie vor kompromisslos ablehnend: Homosexualität sei unvereinbar mit den Lebensbedingungen, die der militärische Dienst mit sich bringt; sie störe das Zusammenleben der Soldaten, untergrabe Ordnung und Disziplin und beeinträchtigte damit die Fähigkeit der Streitkräfte zur Auftragserfüllung.«[83]

Die Argumentation des Pentagons las sich wie die der Hardthöhe, nur die Konsequenz war eine andere: Während die US-Streitkräfte jeden erkannten Schwulen und jede Lesbe rigoros unehrenhaft entließen, konnten ihre westdeutschen Kameraden ihre Uniform anbehalten und ihre Dienstzeit (mit den ausführlich analysierten Ausnahmen) bis zum regulären Ende fortsetzen. Zu berücksichtigen ist dabei, dass die US-Streitkräfte seit den 1970er Jahren keine Wehrpflicht mehr kannten, mithin alle amerikanischen Soldaten Zeit- oder Berufssoldaten waren. Der deutsche Marineattaché fügte seiner Meldung eine persönliche Bewertung an: Die US-Streitkräfte arbeiteten bislang »nahezu ausschließlich und zu vehement mit dem auch für Laien leicht einsichtigen Argument der Homosexualität als Sicherheitsrisiko«. Andere, »ebenso schwerwiegende« Argumente der Militärs würden daher eher »als Ausreden einer Gruppe Konservativer eingestuft, die sich dagegen sträubt, ungeliebte Veränderungen in der Gesellschaft im eigenen Bereich mit nachzuvollziehen«. Die Gefahr von politischen oder juristischen Entscheidungen gegen die Position des Militärs wachse, da infolge des Endes der allgemeinen Wehrpflicht immer weniger »Angehörige in den Bereichen Gesetzgebung und Rechtsprechung« das Leben in den Streitkräften aus eigener Anschauung kennen würden.[84]

Der Marineattaché hatte mit seiner Prognose recht: 1993 setzte der neugewählte Präsident Bill Clinton neue Regeln im Umgang mit homosexuellen Soldaten in Kraft. (Um die Klage des deutschen Marineattachés aufzugreifen: Auch Clinton kannte den

---

82 Beispielsweise BArch, BW 2/31224: Botschaft der Bundesrepublik Deutschland Washington, DC, Marineattaché, 24.11.1989, darin Kopie mehrerer Zeitungsartikel, u.a. Schneider, Rethinking DOD Policy on Gays; Sciolino, Report Urging End of Homosexual Ban Rejected by Military.

83 BArch, BW 2/31224: Botschaft der Bundesrepublik Deutschland Washington, DC, Marineattaché, 24.11.1989. Ausführlich zur Situation schwuler und lesbischer US-Soldaten in den 1970er und 1980er Jahren in den beiden 1993 erschienenen umfangreichen Werken Shilts, Conduct Unbecoming, sowie Wells-Petry, Exclusion.

84 BArch, BW 2/31224: Botschaft der Bundesrepublik Deutschland Washington, DC, Marineattaché, 24.11.1989.

Dienst in den Streitkräften nicht aus eigener Erfahrung.) Im Wahlkampf 1992 hatte Clinton versprochen, allen Staatsbürgern den Zugang zu den Streitkräften zu erlauben. Doch selbst als Präsident konnte er dies gegen die Widerstände des Pentagons und der Truppenkommandeure nicht durchsetzen. Die Skepsis der amerikanischen Generale äußerte sich auch in lockeren Sprüchen wie der eines »alten Haudegen« gegenüber dem damaligen Staatssekretär Wichert: »As long as it was forbidden nobody could agree more than me, now that it is tolerated I can live with it, as soon as it gets mandatory I'll quit the service.«[85]

Im Zuge der internen amerikanischen Diskussion um die von Clinton geplanten neuen Regeln erkundigten sich amerikanische Politiker auch beim deutschen Verteidigungsministerium nach dessen Umgang mit Homosexualität. So stand beim Besuch des US-Senators John Warner in Bonn im April 1993 neben dem Krisenherd des zerfallenden Jugoslawiens die Homosexualität in Streitkräften ganz oben auf der von ihm gewünschten Agenda.[86] Warner war nicht irgendeiner der 100 Senatoren. Er war renommierter Verteidigungspolitiker und als solcher mit der Suche nach einer Lösung für den Konflikt zwischen Clintons Wahlversprechen und dem Widerstand der Militärs gegen die Aufhebung der Restriktionen gegen Schwule und Lesben beauftragt. Die nach ihm benannte Kommission fand den Kompromiss in der Formel: »Don't ask! Don't tell!« Sie entsprach in etwa der in der Bundeswehr seit den 1970er Jahren geübten Praxis – möglich, dass Warner die Anregung dafür bei seinem Besuch auf der Hardthöhe bekommen hatte. Für Peter Wichert liegen die Gemeinsamkeiten auf der Hand. Die Bundeswehr verfolgte unausgesprochen das später in den USA umgesetzte Prinzip des »Don't ask! Don't tell!«[87] Das sah bereits zeitgenössisch auch das BMVg so: »Die diesbezüglichen Reformen in den US-Streitkräften führen nach erster Auswertung in ihrer Zielsetzung zu einem der Bw [Bundeswehr] vergleichbaren Verfahren.«[88] Auch *Der Spiegel* entdeckte im Februar 1993 die Parallelen zur Bundeswehr: »Schwule in der Armee? In den USA will Bill Clinton Homosexuelle ins Militär aufnehmen – nichts Neues bei der Bundeswehr.«[89] Verglichen mit der bisherigen Praxis in den US-Streitkräften stünde das deutsche Militär so schlecht nicht da: »Wenn homosexuelle Neigungen bei bereits diensttuenden Offizieren bekannt werden, schaltet sich freilich nicht, wie in den USA, der militärische Geheimdienst ein.«[90] (Dass das auch in der Bundeswehr durchaus der Fall war, hat diese Studie aufgezeigt.)

Präsident Barack Obama nahm einen neuen Anlauf, die Restriktionen gegen Schwule und Lesben in den US-Streitkräften zu beseitigen. In seiner Rede zur Lage der Nation 2010 fand er deutliche Worte: »Dieses Jahr werde ich gemeinsam mit dem Kongress und unserem Militär daran arbeiten, das Gesetz endgültig aufzuheben, welches homosexuellen Amerikanern das Recht nimmt, dem Land zu dienen, das sie lieben, und zwar nur, weil sie sind, wer sie sind«.[91] US-Generalstabschef Admiral Mike Mullen hatte in einer Anhörung im Kongress grünes Licht gegeben:

---

85 E-Mail Staatssekretär a.D. Peter Wichert an den Verfasser, 26.4.2019.
86 BArch, BW 2/38355: BMVg, StOffz beim Chef des Stabes FüS, 31.3.1993.
87 Zeitzeugengespräch mit Staatssekretär a.D. Peter Wichert, Bad Münstereifel, 10.4.2019.
88 BArch, BW 2/32553: BMVg, FüS I 4, 3.2.1993, auch in BW 24/14249.
89 »Versiegelte Briefe«.
90 Ebd.
91 Rissmann, Obama: Bald »Ask and tell«?

»Ich persönlich glaube, dass es richtig ist, wenn Schwule und Lesben sich nicht mehr
verstecken müssen. Die bisherige Praxis zwingt junge Männer und Frauen, ihre Identität
zu verleugnen, damit sie ihre Mitbürger verteidigen können. Für mich persönlich geht
es dabei letztendlich um Integrität. Um die der Soldaten und die unserer Institution.«[92]
Im Jahr 2011 hob Präsident Barack Obama sämtliche Restriktionen gegen schwule
und lesbische Soldaten auf.

Die amerikanischen Soldaten lebten ihre neuen Freiheiten aus. Gerade in
Auslandseinsätzen konnten sie nun unter Kameraden wie unter Soldaten anderer
Nationen neue Freunde und Sexualpartner finden. Aus Afghanistan berichteten
deutsche Soldaten, wie sie besonders häufige und intensive Kontakte zu amerikanischen Kameraden hatten. Anders als noch vor dem Jahr 2011 gingen die US-Boys
nun frei und unverkrampft mit ihrer Sexualität um, in der Regel jedenfalls. Ein
deutscher Unteroffizier erinnerte sich aber an eine ungewöhnliche Begegnung mit einem Sergeant im Camp Mazar-e Sharif im Jahr 2011. Dieser kam zum verabredeten
Sexdate nicht etwa allein, sondern brachte einen weiteren Sergeant mit. Entgegen der
spontanen Erwartung des Deutschen, dass dies dann wohl ein »Dreier« werde, blieb
der zweite Gast völlig unbeteiligt auf einem Stuhl sitzen und interessierte sich auch
nicht für den Sex, der da unmittelbar vor ihm ablief. Die Erklärung des ungewöhnlichen Zuschauers: Dieser war vom Sergeant als Zeuge mitgebracht worden, um etwaigen Vorwürfen oder Klagen wegen sexueller Belästigung oder gar Vergewaltigung
entgegentreten zu können. Die Vorsicht und Furcht vor derlei Klagen ließ einige
amerikanische Soldaten – der Sergeant war da sicher nicht der einzige und unter
heterosexuellen US-Soldaten schien diese Praxis noch verbreiteter zu sein – zu dieser
Rückversicherung greifen.[93]

Ein Staat und seine Armee blieben beim Vergleich bislang außen vor, dabei liegt
nichts näher, als einen vergleichenden Blick auf den zweiten deutschen Staat und dessen
Nationale Volksarmee zu werfen. Erstaunlich: Das Bonner Verteidigungsministerium
hatte mehrfach die Regelungen aller möglichen Streitkräfte von Norwegen über die
Schweiz bis Portugal im Blick, nicht aber der NVA. Es fand sich kein Dokument der
Hardthöhe mit Hinweisen auf den Umgang der DDR-Streitkräfte mit dem Thema.

5. NVA und Grenztruppen der DDR:
Operative Personenkontrollen durch das MfS

Die DDR wandte ab 1950 den § 175 StGB wieder in seiner alten, milderen, kaiser-
zeitlichen Fassung an, da dessen Verschärfung 1935 »nazistisches« Unrecht gewesen
sei, so das Oberste Gericht in Ost-Berlin. Zugleich empfahl es, die nach der alten
Fassung des Paragrafen möglichen Verfahren wegen Geringfügigkeit einzustellen. In
der Literatur wird daher stets darauf hingewiesen, dass die DDR-Justiz den § 175
StGB schon seit den 1950er Jahren nicht mehr angewandt habe. In den überlieferten Akten der Militärstaatsanwaltschaft und des MfS zu findende Gerichtsurteile

---

92   Ebd.
93   Zeitzeugengespräch mit H., Berlin, 2.7.2018.

noch aus dem Jahr 1968 widerlegen aber diese Annahme.[94] Unstrittig: 1968 (und damit ein Jahr vor der Strafrechtsreform in der Bundesrepublik) strich das neue StGB der DDR den § 175 StGB und mit ihm die strafrechtliche Verfolgung homosexueller Handlungen erwachsener Männer. Der 1968 stattdessen neu eingeführte § 151 StGB der DDR stellte gleichgeschlechtliche sexuelle Handlungen von Erwachsenen beiderlei Geschlechts mit Jugendlichen unter 18 Jahren unter Strafe und, obgleich zusammen mit den §§ 149 und 150 StGB im Gesetzestext unter der Überschrift »Sexueller Missbrauch von Jugendlichen« zu finden, auch einvernehmliche Handlungen.[95] 1987 entschied das Oberste Gericht der DDR, homosexuelle Menschen stünden »nicht außerhalb der sozialistischen Gesellschaft«, ihnen stünden »Bürgerrechte wie allen anderen Bürgern«[96] zu. Wohl infolgedessen wurde im Dezember 1988 das geltende Strafrecht geändert und der § 151 StGB der DDR und mit ihm die Reste der strafrechtlichen Sonderstellung Homosexueller (beiderlei Geschlechts) mit Wirkung vom 1. Juli 1989 formell gestrichen.[97] (Das 2017 verabschiedete Gesetz zur strafrechtlichen Rehabilitierung der nach dem 8. Mai 1945 wegen einvernehmlicher homosexueller Handlungen verurteilten Personen, kurz: StrRehaHomG, hob auch die nach § 151 StGB der DDR wegen einvernehmlicher homosexueller Handlungen ergangenen Urteile auf.)

a) »Kein Thema«

Trotz der Abschaffung des alten § 175 StGB schon 1968 herrschte unter homosexuellen DDR-Bürgern eine große Vorsicht – »so, als ob es eben noch ein Vergehen wäre, das justiziabel ist«. Ein damals Betroffener schätzte rückblickend ein, »die Menschen [in der DDR] konnten einfach nicht damit umgehen, weil Homosexualität in der Gesellschaft totgeschwiegen wurde«.[98] Dies galt für die Streitkräfte in noch stärkerem Maße. Ein ehemaliger Oberfähnrich in der Volksmarine brachte seine Erinnerung in diese Studie ein: Schwul sein sei in der DDR schon im zivilen Leben »ein absolutes No-Go« gewesen, von der Armee ganz zu schweigen. »Ich hätte selbst im

---

94 So verurteilte beispielsweise das Bezirksgericht Magdeburg 1959 zwei Männer wegen »widernatürlicher Unzucht – Verbrechen gem. § 175 StGB« zu einem Jahr und drei Monaten Zuchthaus (sowie wegen anderer Verbrechen zusätzlich zu fünf Jahren Zuchthaus). BStU, MfS, AU 647/59, Kopie Urteil Bezirksgericht Magdeburg vom 3.10.1959. 1961 verurteilte das Stadtbezirksgericht Berlin-Lichtenberg einen Mann wegen »fortgesetzter widernatürlicher Unzucht gem. 175 StGB« zu einer Gefängnisstrafe von acht Monaten. BStU, MfS, GH 70/61, Bd 2, darin Kopie des Urteils vom 3.10.1961. Das Militärgericht Rostock verurteilte noch im Januar 1968 einen 21-jährigen Volkspolizeianwärter wegen »widernatürlicher Unzucht gemäß § 175 StGB« zu sechs Monaten Gefängnis auf Bewährung. Er hatte mit einem Lehrling einvernehmlich mehrfach onaniert und aktiven Analverkehr ausgeführt. BArch, DVW 9/35646 b: Urteil Militärgericht Rostock vom 3.1.1968.
95 § 151 StGB der DDR: »Ein Erwachsener, der mit einem Jugendlichen gleichen Geschlechts sexuelle Handlungen vornimmt, wird mit Freiheitsstrafe bis zu drei Jahren oder mit Verurteilung auf Bewährung bestraft«, <http://www.verfassungen.de/ddr/strafgesetzbuch74.htm> (letzter Zugriff 22.1.20). Ausführlich zur Rechtsgeschichte der genannten Paragrafen in der DDR: Burgi/Wolff, Rechtsgutachten, S. 22–25; ein guter Überblick zur Situation homosexueller Männer und Frauen in der DDR in: Könne, Schwule und Lesben in der DDR.
96 Backovic/Jäschke/Manzo, »Werd endlich ein bisschen Mann«.
97 Ebd.
98 Ebd.

Traum nicht daran gedacht, es je einem zu erzählen.« Das Bekanntwerden im Dienst hätte zum Abbruch der Laufbahn geführt. Die beruflichen, persönlichen und gesellschaftlichen Folgen wären unabsehbar und unkalkulierbar gewesen. Selbst für Grundwehrdienstleistende sei das Bekanntwerden ihrer homosexuellen Orientierung »schlichtweg gefährlich« gewesen.[99] Unter den Wehrpflichtigen habe damals in vielen Bereichen ein sehr rüder Umgangston geherrscht. Das bestätigte auch ein weiterer Zeitzeuge beim Blick zurück auf seine Dienstzeit im Pontonregiment 3 in Dessau. Ein Soldat habe versucht, sich dem Wehrdienst zu entziehen, indem er Damenunterwäsche trug, um so zu demonstrieren, dass er schwul sei. »Der Versuch ging voll nach hinten los. Auf seiner Stube wurde der Versuch sofort als Drücken vom Wehrdienst enttarnt. Es gab massiven Druck auf der Stube. Das Ende war ein Sturz aus dem ersten Stockwerk der Kompanie. Keine schweren Verletzungen.«[100]

In den DDR-Streitkräften war Homosexualität ebenso ein Tabu wie in der Bundeswehr bis Ende der 1980er Jahre. Fast alle befragten früheren NVA-Offiziere konnten sich rückblickend an keinen Fall von Homosexualität in ihren Dienststellen erinnern. Das ganze Thema sei in der NVA totgeschwiegen worden. Ein als Oberstleutnant in die Bundeswehr übernommener Offizier der NVA äußerte spontan, Homosexualität sei in den von ihm geführten Truppenteilen »kein Thema« gewesen.[101] Nach längerem Überlegen fiel ihm dann doch eine Begebenheit ein: In einem Pionierbataillon wurde 1978 die Beziehung eines Hauptmanns aus dem Bataillonsstab zu einem Wehrpflichtigen beobachtet und bekannt. Die beiden Männer seien bei einem Kontrollgang im technischen Bereich »erwischt« worden – ausgerechnet vom in jedem Truppenteil zu findenden Offizier der Staatssicherheit. Der Bataillonskommandeur suchte nach einer einfachen Lösung für das ihm unangenehme Problem – und fand sie: Der Hauptmann wurde verwarnt, der Wehrpflichtige wurde in eine andere Einheit wegversetzt. Der Offizier kam damit sehr glimpflich davon. Der für alle peinliche Vorfall wurde schlicht informell bereinigt. Der Hauptmann konnte seine Karriere ungehindert fortsetzen, in der Bundeswehr zu dieser Zeit undenkbar. »Man mochte das Thema Homosexualität in der NVA nicht; wenn es irgendwie ging, haben sich alle darum gedrückt. Wenn es Regelungsbedarf gab, wurde erstaunlich großzügig entschieden, kamen die Betroffenen daher oft erstaunlich glimpflich davon: Hauptsache kein Skandal.«[102] Auch andere berichtete Vorfälle scheinen zu bestätigen, die Vermeidung eines Skandals sei die Prämisse der NVA-Kommandeure vor Ort gewesen.

Zwei befragte Musterungsärzte konnten sich an keinen einzigen Fall erinnern, in dem ein junger Mann bei der Musterung angegeben hätte, homosexuell zu sein. Dieser Befund erhebt aber keinen Anspruch auf Repräsentativität, da beide Ärzte damals im ländlichen Raum Vorpommerns arbeiteten und es in größeren Städten bei Musterungen sicher Fälle von bekennenden Schwulen gab. In der Musterungsanordnung von 1987 waren im Kapitel 7 (Neurologie/Psychologie) im Absatz 9 (nach dem Punkt Alkoholismus) die Regeln im Umgang mit Homosexualität aufgeführt:

---

[99]   E-Mail Andreas T. an den Verfasser, 7.12.2017.
[100] E-Mail Wulfried G. an den Verfasser, 30.6.2017.
[101] Zeitzeugengespräch mit Oberstleutnant (Bw und zuvor NVA) a.D. B., Potsdam, 26.1.2018.
[102] Ebd.

»Homosexuelle sind [...] als diensttauglich zu begutachten. Sie sind jedoch als Soldaten auf Zeit, Unteroffiziere auf Zeit, Offiziere auf Zeit, Berufsunteroffiziere, Fähnriche und Berufsoffiziere nicht geeignet. Ist die Homosexualität mit einer schweren Persönlichkeitsabartigkeit oder Neurose kombiniert, so ist bei der Begutachtung entsprechend Ziffer 8 bzw. 11 dieser Anlage zu verfahren.«[103]
Damit galten homosexuell orientierte Männer in der Regel als wehrdienstfähig, so wie seit 1979 in der Bundeswehr. Auch die Ausnahme einer »schweren Persönlichkeitsabartigkeit oder Neurose« entsprach wortgleich der Ausnahmeregelung in der Bundeswehr. Bemerkenswert ist der Ausschluss jeglicher längerfristigen Verpflichtung als Unteroffizier oder Offizier. Auch in diesem Punkt glichen sich NVA und Bundeswehr. Wie die Personalrichtlinie des BMVg von 1984 schloss die der NVA sogar eine Weiterverpflichtung als Mannschaftssoldat aus (in der NVA als Soldaten auf Zeit bezeichnet). In beiden deutschen Armeen galt für homosexuelle Männer: Wehrdienst ja, Karriere nein.

Homosexualität war im Truppenalltag der NVA ein »totales Tabu«.[104] Selbst Schwule betonten unisono, sie hätten bis zum Ende ihrer NVA-Dienstzeit nie über ihre Homosexualität gesprochen, das sei ihr »persönliches Geheimnis« gewesen. Und doch konnten einige entsprechende Begebenheiten wiedergeben, sei es als Beobachter oder als Akteure. Als Offizierschüler an der »Offiziershochschule der Landstreitkräfte ›Ernst Thälmann‹« in Löbau habe er mit einem Kameraden gemeinsam in der dortigen Armeesportgemeinschaft geboxt, erinnerte sich ein Oberst. Als dann beide Anfang der 1970er Jahre Kompaniechef in einer Division waren, habe er »völlig überraschend« erfahren, dass der frühere Sportkamerad fristlos entlassen worden sei. Er soll dem Vernehmen nach ein sexuelles Verhältnis mit einem Soldaten gehabt haben. »Für mich war er immer ein exzellenter Kamerad, ein ausgezeichneter Boxer und sicherlich auch sehr guter Offizier.«[105] Ähnlich äußerte sich ein anderer Zeitzeuge, Anfang der 1960er Jahre junger Offizier der Fallschirmjägertruppe. Bei den DDR-Fallschirmspringermeisterschaften (wahrscheinlich 1963) erfuhr er, dass einer seiner früheren Mitschüler in der Offizierausbildung als Leutnant wegen angeblicher oder tatsächlicher Homosexualität in Unehren entlassen worden wäre. »Das wunderte mich denn doch, was aber wohl auch meiner damaligen Naivität zu diesem Thema geschuldet war. Ich war damals der Meinung, dass Homosexualität eine ›Berufskrankheit‹ von Friseuren und Balletttänzern wäre und außerhalb dieser Gruppen nicht vorkommen würde.«[106]

Ein anderer Zeitzeuge erinnerte sich, während seiner Dienstzeit als Unteroffizier und später als Oberfeldwebel sei er mehrfach von anderen NVA-Soldaten (homo-)sexuell »angemacht« worden: einmal von einem jungen Leutnant nach einer Feier mit reichlich Alkohol im Ledigenwohnheim der Kaserne und Jahre später abends daheim von einem anderen Oberfeldwebel. Der Zeitzeuge habe die Avancen stets zu-

---

103 MfNV, Anordnung 060/9/002 über die Arbeit der Gutachterärztekommission der NVA auf dem Gebiet der militärmedizinischen Begutachtung (Begutachterordnung) vom 5.8.1987, hier S. 110.
104 Zeitzeugengespräch mit Stabsfeldwebel a.D. R., 7.2.2018.
105 E-Mail Oberst (NVA) a.D. L. an den Verfasser, 13.2.2018.
106 E-Mail Peter G. an den Verfasser, 9.2.2018.

rückgewiesen. Seine eigene Homosexualität habe er geheim gehalten. Beide Vorfälle habe der Betroffene nicht gemeldet, »selbstverständlich nicht«.[107] Generell fiel bei vielen Zeitzeugenerinnerungen auf, dass geringfügige Vorfälle mit homosexueller Motivation meistens (sogar fast immer) nicht an Vorgesetzte gemeldet wurden. Dies galt für Bundeswehr wie für NVA gleichermaßen. In der NVA scheint das Tabu noch größer gewesen zu sein, was für die Homosexuellen die positive Folge hatte, dass ihre Avancen von den Soldaten kaum jemals an die sprichwörtliche große Glocke gehängt oder gar an Vorgesetzte gemeldet wurden. Stattdessen wurde geschwiegen, teils aus Kameradschaft, teils aus Scham.

Scham empfanden auch die wegen ihrer sexuellen Orientierung Entlassenen – und schwiegen. Wie hätten sie sich auch wehren können? Verwaltungsgerichte gab es in der DDR nicht; »ein Rechtsschutz in Verwaltungssachen, der diese Bezeichnung verdient hätte, war nicht gegeben«.[108]

Es fanden sich aber Fälle, in denen sich Verurteilte, Entlassene oder Degradierte wehrten. Einem Oberfeldwebel wurde vorgeworfen, durch »homosexuelle Beziehungen mit verschiedenen Personen [...] grob das Ansehen der Armee in der Öffentlichkeit geschädigt zu haben«.[109] Durch Befehl des Chefs der Luftstreitkräfte/Luftverteidigung (LSK/LV) wurde er 1964 aus dem aktiven Wehrdienst entlassen und zudem zum niedrigsten Dienstgrad Flieger herabgesetzt. Wie üblich wurde er durch Parteiverfahren aus der SED ausgeschlossen (»als Mitglied gestrichen«). Der Entlassene wehrte sich mittels Beschwerde beim Zentralkomitee der SED. Die Parteikontrollkommission beim Kommando LSK/LV führte eine »genaue Untersuchung« durch und kam zu dem Ergebnis, »dass vonseiten des M. weder eine Gesetzesverletzung noch eine Schädigung des Ansehens der NVA in der Öffentlichkeit vorgelegen hat«. Infolgedessen wurde die Disziplinarstrafe, also die Dienstgradherabsetzung in den niedrigsten Dienstgrad, aufgehoben. Die Entlassung dagegen blieb bestehen. Nur eine neue Begründung wurde gefunden: »außergewöhnlich schwierige persönliche Verhältnisse« entsprechend § 24 Abs. 1 Dienstlaufbahnordnung.[110]

Gewehrt hat sich auch ein 1964 wegen »Verbrechens nach § 175a StGB« (Missbrauch eines Unterordnungsverhältnisses) zunächst per Haftbefehl festgenommener 22-jähriger Obermaat der Volksmarine. Ihm wurde vorgeworfen, mit einem ihm unterstellten 20-jährigen Stabsmatrosen »in drei Fällen Onanie und in einem Fall Mundverkehr« betrieben zu haben. Der Beschwerde wurde vom 2. Strafsenat des Militärobergerichts Neubrandenburg stattgegeben. Das Kreisgericht Wolgast habe vor dem Erlassen des Haftbefehls den Sachverhalt »nicht gründlich geprüft, denn das vorliegende Ermittlungsergebnis rechtfertigt nicht den dringenden Verdacht der Verletzung des § 175a StGB«. Der geschädigte Stabsmatrose habe unter starkem Alkoholeinfluss gestanden und geschlafen, »während der Beschuldigte an seinem [gemeint: dessen] Körper unzüchtige Handlungen vorgenommen haben soll«. Der

---

[107] Zeitzeugengespräch mit Stabsfeldwebel a.D. R., 7.2.2018.
[108] Ramsauer, 150 Jahre Verwaltungsgerichtsbarkeit, S. 127.
[109] BArch, DVW 1/17043: MfNV, Chef LSK/LV an Minister, 15.1.1965.
[110] Ebd. Die Aufhebung der Disziplinarstrafe wurde durch den von Armeegeneral Heinz Hoffmann persönlich unterschriebenen Befehl des Verteidigungsministers vom 22.1.1965 wirksam. Ebd., Befehl des Ministers Nr. 5/65.

Strafsenat fuhr fort: »Wird Unzucht jedoch an einer schlafenden männlichen Person unter 21 Jahren betrieben, so erfüllt das nicht den Tatbestand des § 175a Ziffer 2 und 3 StGB, da kein ›Missbrauch eines Unterordnungsverhältnisses‹ (Ziffer 2) und kein ›Verführen‹ (Ziffer 3) [...] vorliegt«. Auch bei weiteren Handlungen, als der Schlafende erwachte, lägen keine solchen Tatbestände vor. Und der Obermaat habe nach eigener Aussage selbst unter starkem Alkoholeinfluss gestanden, ja, er sei im Zustand der »Volltrunkenheit« und sich so der »Unzuchtshandlungen« nicht bewusst gewesen.[111] Ähnlich urteilten und begründeten auch westdeutsche Richter.

b) Ab 1988: »Gleiche Rechte und Pflichten für alle«

Im Strausberger Verteidigungsministerium setzte 1988 ein Umdenken in dieser Frage ein. Bei der Feststellung der Tauglichkeit homosexueller Männer fielen in den vorangegangenen Jahren wohl »wiederholt Entscheidungen, die durch einen medizinischen Sachverhalt nicht zu rechtfertigen sind«, stellte eine für den Minister angefertigte Aktennotiz fest.[112] So seien homosexuelle Männer entgegen der Vorschriftenlage nicht zum Wehrdienst »zugelassen« worden oder sie hätten selbst erfolgreich auf ihre Ausmusterung hingewirkt. Zur »eindeutigen Abgrenzung« der bei der medizinischen Begutachtung der Wehrpflichtigen zu beurteilenden Sachverhalte empfahl die Vorlage, in der Begutachterordnung die bisherige Festlegung zu streichen, Homosexuelle seien »jedoch als Soldaten auf Zeit, Unteroffiziere auf Zeit, Offiziere auf Zeit, Berufsunteroffiziere, Fähnriche und Berufsoffiziere nicht geeignet«.[113] Erstellt und unterschrieben hatte die Vorlage der Stellvertreter des Ministers und Chef Rückwärtige Dienste Generalleutnant Manfred Grätz. Er hatte sich nach eigenen Angaben mit allen anderen Stellvertretern des Ministers abgestimmt, also auch dem Chef des Hauptstabs und den Chefs der Teilstreitkräfte. Beim genauen Studium fällt auf, dass Inhalt und Begründung der Vorlage auseinanderklafften. Die vorgebrachte Begründung lautete, Homosexuellen die Ableitung des Wehrdienstes zu ermöglichen bzw. dessen gewollte Vermeidung auszuschließen.

Zeitgleich und thematisch flankierend hatte der Chef der Verwaltung Kader »Grundsätze für die Arbeit mit Bewerbern, Berufskadern und Angehörigen der NVA in Dienstverhältnissen auf Zeit bei Homosexualität« erarbeiten lassen und dem Minister vorgelegt. Auch darin hieß es ausdrücklich, Homosexualität sei kein Ausschlussgrund für den Dienst in der NVA: Allen werde »das ihnen zustehende Recht zum Schutz des sozialistischen Vaterlands gewährt«. Nur: »Wenn sich aus der sexuell-erotischen Andersartigkeit für die Betroffenen Probleme ergeben«, sollte eine Dienstfähigkeitsbegutachtung eingeleitet werden.[114] In der vorangestellten

---

111 BArch, DVW 9/13935: Militärobergericht Neubrandenburg, 2. Strafsenat, Beschluss vom 31.12.1964.
112 BStU, MfS, HA I 15318: MfNV, Chef Kader, an Chef Verwaltung 2000, 7.7.1988, darin die hier zitierte Aktennotiz, Generalleutnant Manfred Grätz an den Minister, undatiert.
113 Ebd.
114 BStU, MfS, HA I 16634: Kdo Grenztruppen, Stv. des Chefs der Grenztruppen und Chef des Stabes, an Chef Verwaltung 2000, 21.10.1988, darin wiederum Kopie MfNV, »Grundsätze für den Umgang mit homosexuell veranlagten Bewerbern, Berufskadern und NVA-Angehörigen auf Zeit. Das MfS erhielt das MfNV-Papier gleich mehrfach von vielen Absendern, so auch

»Gesellschaftliche[n] Bewertung der Homosexualität« hieß es unter Punkt 1, die »Fähigkeiten, Leistungen und sozialen Eigenschaften« homosexueller Menschen seien »weder besser noch schlechter als die der Heterosexuellen«.[115] Punkt 2 setzte wie folgt fort: »Vom politisch-moralischen Standpunkt hat jeder Bürger das Recht, entsprechend seiner sexuellen Orientierung zu leben und [...] Partnerschaften einzugehen.« Auf diese Worte großer Toleranz folgte aber nicht die zu erwartende Konsequenz. Die Streitkräfte wollten vielmehr Bewerbern für den freiwilligen längeren Dienst in der NVA, deren Homosexualität bekannt werde, weiterhin ein Stoppschild entgegenhalten. Diesen Bewerbern sei »in vertrauensvollen Gesprächen darzulegen, dass für sie aufgrund der Besonderheiten des militärischen Lebens eine zivilberufliche Entwicklung zweckmäßiger« sei. Sie sollten nicht als Zeit- oder Berufssoldaten zugelassen werden.[116]

Das Jahr 1988 brachte etwas Neues: Bereits als Zeit- oder Berufssoldaten in der NVA Dienende, deren Homosexualität bekannt werde, sollten ihren aktiven Wehrdienst fortsetzen, »wenn keine Komplikationen eintreten«. Dies gelte auch ausdrücklich für die Dauer der Ausbildung an militärischen Lehreinrichtungen. Als mögliche Komplikationen führte das Papier »materielle oder finanzielle Abhängigkeiten, Störungen des Vorgesetzten-Unterstellten-Verhältnisses [und] Erziehungsprobleme« auf. Träten diese auf, seien Entlassungen auszusprechen. Jedoch sei in Aussprachen mit den Betroffenen ausdrücklich darauf hinzuweisen, dass für die Entlassung »nicht die Homosexualität, sondern die daraus entstandene Komplikation der Grund« sei.[117] Noch war dies ein Entwurf. Der Vergleich mit der dann vom Verteidigungsminister im September 1988 bestätigten finalen Fassung zeigt keine Streichungen. Bestätigt wurde also auch, dass als homosexuell erkannte angehende Offiziere und Unteroffiziere in der Ausbildung und im Dienst verbleiben konnten, wenn keine der genannten Komplikationen einträten, und stets sei bei allen Entscheidungen »sehr sorgfältig, taktvoll und abgewogen« vorzugehen und »jegliche Diskriminierung« sei auszuschließen.[118]

Damit zogen die DDR-Streitkräfte 1988 mit der Praxis der Bundeswehr gleich, bestehende Dienstverhältnisse nicht vorzeitig zu beenden, Homosexuelle also nicht aus dem Dienst zu entlassen. Wer bereits Zeit- oder Berufssoldat war, konnte nun auch in der NVA bis zum regulären Dienstzeitende verbleiben (»wenn keine Komplikationen« eintraten). In einem Punkt zogen die DDR-Streitkräfte mit ihrer neuen Toleranz 1988 gar an der Bundeswehr vorbei: anders als im Westen durften als homosexuell bekannte Offizier- und Unteroffizieranwärter – zumindest nach der neuen Erlasslage – ihre Ausbildung fortsetzen und damit in Konsequenz auch Offizier oder Unteroffizier werden, auch wenn dies so nicht explizit im Erlass niedergeschrieben war. Anders als in der Bundeswehr öffnete die Vorschriftenänderung

---

vom Chef des Stabes der Grenztruppen. Generalmajor Dieter Teichmann wies explizit darauf hin, dass in der NVA der zuständige nachgeordnete Bereich nur mündlich in die neuen Regelungen einzuweisen sei.

[115] BStU, MfS, HA I 15318 und HA I 16634: Kopie MfNV »Grundsätze [...]«.
[116] Ebd.
[117] Ebd.
[118] BStU, MfS, HA I 15342, Bl. 158–161: MfNV, Chef Kader, an Chef Verwaltung 2000, 28.9.1988, darin Kopie der vom Verteidigungsminister bestätigten o.a. Grundsätze.

für Homosexuelle in der DDR die Tür, Unteroffizier, Offizier, sogar Berufsoffizier zu werden. Auf die Neuregelung wies im Januar 1990 auch die NVA-eigene Wochenzeitung *Die Volksarmee* hin: »Bis zum September 1988 gab es eine Regelung, nach der Homosexuelle nicht geeignet waren für den militärischen Beruf. Diese Regelung wurde aufgehoben, um gleiche Rechte und Pflichten für alle zu gewährleisten.« Aber: »Die richtige militärische Entscheidung ist das eine – die Praxis das andere.«[119] Mehr als nur eine Fußnote wert: Im Jahr des Kurswechsels der NVA wurde im Mai 1988 der Ehrenname »Ludwig Renn« an das Pionierbataillon 24 vergeben. Der Spanienkämpfer Renn hatte in der DDR, genauer gesagt: in Dresden, bis zu seinem Tod 1979 erstaunlich offen homosexuell gelebt. Renns Name war bereits 1980/81 in der engeren Auswahl für die Benennung der Offizierschule zur Ausbildung ausländischer Offiziere in Prora auf Rügen gewesen, damals aber noch unberücksichtigt geblieben.[120]

c) »Im Waschraum zusammengeschlagen«. Erfahrungen von NVA-Soldaten

Die Liberalisierung in dieser sehr spezifischen Frage begann ein Jahr vor den großen, damals »Wende« genannten Umwälzungen in Armee, Staat und Gesellschaft der DDR. Für Schwule und Lesben in der DDR war die »Wende« eine gesellschaftliche Befreiung, auch wenn, wie bereits analysiert, die letzten spezifischen Straftatbestände bereits zuvor gestrichen worden waren. Nun wagten Schwule in der NVA über ihre Erfahrungen zu berichten – so in der Ausgabe 1/1990 der Zeitschrift *Die Volksarmee* –, freilich unter dem Schutz der Anonymität: »Bernd, 24, Unteroffizier: Gewitzelt wird ständig. Aber wenn du wirklich schwul bist, hältst du lieber die Klappe. Da hört der Spaß auf, fühlen die anderen sich angegriffen und bedroht. Oft glauben auch noch die Vorgesetzten, sie müssten die Soldaten schützen vor so einem.«[121] Soweit hätte dies auch ein Erfahrungsbericht aus der Bundeswehr des Jahres 1989 sein können. Einen großen Unterschied machten dagegen die weiteren Erinnerungen. Wiederum Unteroffizier Bernd:

> »Das schlimmste ist mir in H. passiert, da hat der Polit[offizier] die Kompanie vor mir gewarnt und gefordert, dass Vorkommnisse sofort an ihn gemeldet werden. Daraufhin wurde ich im Waschraum zusammengeschlagen, nackt, die wollten mir unbedingt einen Besenstiel in den Hintern stecken. Der KC [Kompaniechef] meinte bloß, ich sei selber schuld, ich müsse mich nicht wundern.«

In der Bundeswehr hätte der Kompaniechef nach einem solchen Vorkommnis nach allen Erfahrungen nicht die Augen zugedrückt, nicht zudrücken dürfen. Eine solche Aussage wäre kaum denkbar gewesen und hätte, falls doch geschehen und gemeldet, zu schweren disziplinaren Konsequenzen für den Chef geführt.

In seiner Einheit gebe es »keine Soldaten, die so sind, da passe ich schon auf«, zitierte *Die Volksarmee* einen Politstellvertreter eines Bataillons. »Die Soldaten haben

---

[119] Siemann, Coming out in der NVA?
[120] Vgl. dazu Storkmann, Geheime Solidarität, S. 419.
[121] Hier und im Folgenden: Siemann, Coming out in der NVA? Lesbische Soldatinnen kamen in dem Artikel in der *Volksarmee* nicht zu Wort und wurden auch nicht erwähnt.

einen anstrengenden Dienst, wer da noch Zeit hat für solche Spielchen, ist wohl nicht ausgelastet.« Die Redaktion der Zeitschrift stellte dieser Aussage direkt die eines homosexuell orientierten Soldaten gegenüber, dem Vernehmen nach aus dem Bataillon dieses Politstellvertreters:

> »Ich mache hier alles mit. Nach dem Urlaub erzähle ich von Erlebnissen mit Mädchen, die Post von meinem Freund an die Heimatadresse kriege ich alle drei Monate, wenn ich nach Hause fahre. Mein Freund sammelt alle Briefe und dann lesen wir sie zusammen. Einen Brief hab' ich ihm mal von hier geschrieben, auf der Toilette. Ich weiß nicht, wie ich das Jahr noch überstehen soll.«

Diese Erfahrungen deckten sich mit denen von Wehrpflichtigen der Bundeswehr, durchaus auch noch im Jahr 1989. Ebenfalls fast wortwörtlich den Erfahrungen von Bundeswehroffizieren entsprach, was Andreas, Offizier und Sekretär der staatlichen Jugendorganisation Freie Deutsche Jugend (FDJ), berichtete: »Das schlimmste ist, dass du mit niemandem darüber reden darfst. Ich fühle mich wahnsinnig allein, das ist mein Hauptproblem, nicht das Schwulsein. Wie soll ich jemals einen Freund finden? Ich will nicht weg von der Armee, aber manchmal denke ich, das wäre meine einzige Chance.«

Fünf Wochen später veröffentlichte *Die Volksarmee* (VA) den Leserbrief eines Majors: »Es wurde höchste Zeit, dass sich die VA der Homosexualität in der NVA widmet.« Er sei als Vorgesetzter mehrfach mit diesem Problem konfrontiert gewesen.

> »Ich habe mich [...] stets bemüht, ein echtes Vertrauensverhältnis zu den Armeeangehörigen zu schaffen. Dazu gehört auch menschliche Toleranz. Diese war auch schon vor der Wende möglich. Auf dieser Grundlage berichteten mir die meisten Schwulen von ihren Problemen mit anderen. Es gelang mir, zumeist ein Klima der Akzeptanz zu schaffen. Schwule werden von den anderen als Exoten betrachtet und unterliegen höherer öffentlicher Aufmerksamkeit [...] Andererseits muss man den Schwulen offen, ehrlich und taktvoll sagen, wo sie sich selbst gesellschaftlich isolieren [...] Die betreffenden jungen Menschen erleben erst während der NVA-Zeit ihr Coming-out. Sie brauchen nicht Ablehnung oder Isolation, sondern Zuspruch [...] Die Scharfmacher gegen Homosexuelle sind meist selbst sexuell verklemmt, genieren sich oft gar ihrer Nacktheit. Sie versuchen damit ihre eigenen Probleme zu verheimlichen. Schwule sind Menschen wie du und ich. Die Aufdringlichen sind die absolute Ausnahme. Nicht Schwule sind pervers, sondern die, die keinerlei Akzeptanz dieser Menschen aufbringen.«[122]

Wenig bis keine Akzeptanz für schwule NVA-Soldaten brachte bis Ende 1989 auch das Ministerium für Staatssicherheit auf. Das MfS beobachtete Schwule in der NVA (und in den eigenen Reihen) oder Verdachtsfälle genau und aktivierte dazu das ohnehin dicht gewobene Netz an Informanten.

d) Operative Personenkontrolle »Liebhaber« und weitere Überwachungsvorgänge

Die durchschlagende Kraft des Geheimdienstes war DDR-typisch und unterschied den dortigen Umgang mit Homosexuellen gravierend von jenem in der Bundesrepublik.

---

[122] Leserbrief Major Andreas T. In: Die Volksarmee, 6/1990, S. 4.

Dem BMVg wurde 1984 vorgehalten, Listen mit Namen Homosexueller zu führen. Das Ministerium dementierte per Pressemitteilung; ein Staatssekretär stellte im Bundestag klar, es gäbe keine Listen und auch Überwachungen würden nicht durchgeführt.[123] Das MfS hatte sie, diese Listen. Unter der Überschrift »Personen mit homosexueller Veranlagung« oder schlicht »Homosexuelle« sind sie überliefert. Für 1977 bis 1979 waren 23 Personen erfasst: ein Oberst, ein Fregattenkapitän, mehrere Majore, in der Mehrzahl Unteroffiziere und Mannschaften (in der NVA als Soldaten bezeichnet). Hinter dem Namen des Obersten findet sich der Vermerk »Entlassung aus der Funktion«. Bei den Majoren und anderen Dienstgraden (außer den Wehrpflichtigen und Unteroffizieren) stand jeweils »Versetzung in Reserve«, im Klartext also ebenfalls Entlassung aus dem aktiven Dienst. Für 1982 sind fünf neue Personen eingetragen, für 1983 17 neue Namen, darunter Oberstleutnante und Majore, in der Mehrzahl wiederum Feldwebel, Unteroffiziere und Mannschaftssoldaten. Hinter dem Namen eines Feldwebels steht »Suizidversuch«.[124] Die Liste für 1984 zählt acht Namen auf, darunter der eines Majors der Grenztruppen mit dem Vermerk »vorzeitige Entlassung«. Hinter dem Namen eines an der Militärakademie studierenden Hauptmanns ist zu lesen: »fristlose Entlassung«.[125] Für 1985 und die folgenden Jahre finden sich, unabhängig von den Dienstgraden, keine Entlassungsvermerke mehr.[126]

Hinter nahezu jedem dieser Namen verbarg sich eine Überwachungsmaßnahme des MfS, eine »operative Personenkontrolle« (OPK), denen stets mehr oder weniger fantasievolle Decknamen gegeben wurden. Bei Verdacht auf homosexuelle Orientierung eines Offiziers, aber auch bei Unteroffizieren und vereinzelt bei Mannschaften in sicherheitsrelevanten Funktionen leitete das MfS in der Regel Überwachungsmaßnahmen ein.

Jede OPK war ein tiefer Eingriff in das Privat- und Intimleben des Überwachten und seines Partners. Das Privatleben der Überwachten soll hier kein zweites Mal, diesmal unter wissenschaftlichem Anspruch, ans Licht gezogen werden. Von Erkenntnisinteresse sind aber das Agieren der Staatssicherheit und dessen Folgen für die Überwachten.

Die OPK »Liebhaber« beispielsweise war gegen einen Oberstleutnant, einen stellvertretenden Regimentskommandeur, gerichtet. Er war als künftiger Regimentskommandeur vorgesehen. Daher eröffnete das MfS offenbar routinemäßig einen Überwachungsvorgang. »Durch operative Personenaufklärung wurden Hinweise zur homosexuellen Verhaltensweise bekannt.« »Bekannt« wurde die sexuelle Orientierung des Offiziers tatsächlich durch einen früheren Lehrgangskameraden. Dieser hatte dem MfS gemeldet, er habe an der Militärakademie eine gleichgeschlechtliche Beziehung zu ihm gehabt. Die Staatssicherheit setzte diesen Tippgeber nun als inoffiziellen Mitarbeiter auf die »Zielperson« an. Nach zwei Monaten IM-Einsatz sowie den »Maßnahmen 26A« (Überwachung Telefonanschluss) und »26B« (akustische Überwachung der Privatwohnung) erstellte das MfS einen Zwischenbericht: Der zu

---

[123] Dazu bereits in Kap. V.
[124] BStU, MfS, HA I 12881.
[125] BStU, MfS, HA I 4176.
[126] 1985: neun neue Namen, 1986 zwölf, 1987 elf (darunter der eines Majors als höchsten Dienstgrad), 1988 drei und 1989 sechs Namen (darunter zwei Majore). Ebd.

Überprüfende führe ein zurückgezogenes Leben, schaue Westfernsehen und – für das MfS interessant – der IM sei mit Sicherheit der einzige homosexuelle Partner des Oberstleutnants. Die Staatssicherheit informierte die NVA mit dem Ziel, die Verwendung als Regimentskommandeur zu verhindern. Die Kaderabteilung (Kader war die DDR-Bezeichnung für Personal) entschied nicht nur gegen die höhere Verwendung, sondern entließ den Oberstleutnant aus dem aktiven Dienst, in der NVA stets als »Versetzung in die Reserve« bezeichnet. (Auch der andere Offizier, der als IM die Staatsicherheit über die intime Beziehung informiert hatte, wurde entlassen.)[127]

Der starke direkte Einfluss der Staatssicherheit auf Personalentscheidungen des Militärs unterschied die NVA von der Bundeswehr – bei Weitem nicht nur beim Verdacht homosexueller Orientierung, aber eben auch dann. Die Erkenntnisse des MAD über Bundeswehrangehörige konnten gleichfalls zu ungünstigen Personalentscheidungen führen, wie bereits ausführlich geschilderte Beispiele belegen. In der Bundeswehr wäre der Oberstleutnant aber nicht entlassen worden. Der MAD hätte eine solch harte Maßnahme wegen erkannter Homosexualität nicht empfohlen, falls – hypothetisch – doch, hätten dem Offizier alle Rechtsmittel offen gestanden, sich gegen seine Entlassung oder vorzeitige Zurruhesetzung vor Verwaltungsgerichten zu wehren. Diese Chance hatte der Oberstleutnant in der DDR nicht. Dies zeigt einmal mehr den gravierenden Unterschied zwischen einem Rechtsstaat und dem Fehlen eines solchen in der DDR. Im Westen hatten Verwaltungsrichter das letzte Wort (und am Ende hätten beinahe sogar die Verfassungsrichter gesprochen), im Osten herrschte auch in dieser sehr speziellen Frage Willkür. Doch eine Parallele gab es: Auch in der Bundeswehr wäre er nach entsprechender Meldung des MAD höchstwahrscheinlich nicht mehr Regimentskommandeur geworden. Nicht als Hypothese, sondern auf der Basis zahlreicher tatsächlicher Gerichtsentscheidungen lässt sich sagen, dass eine Klage dagegen in der Bundesrepublik bis zur Jahrtausendwende keine Erfolgsaussichten gehabt hätte.

Nicht wehren konnten sich die Betroffenen gegen die Überwachungsmaßnahmen des MfS, so in dem folgenden Fall aus den späten 1980er Jahren. Über einen Offizier im Vorzimmer eines Generals im Verteidigungsministerium erhielt die Staatssicherheit durch einen IM den Hinweis, dass der Betroffene »mit hoher Wahrscheinlichkeit homosexuell veranlagt« sei und eine feste Partnerbeziehung habe. Das MfS leitete eine OPK ein und setzte mehrere IM auf die Zielperson an. Auch das große technische Überwachungsbesteck kam zum Einsatz: Überwachung des Telefonanschlusses im Büro und der Privatwohnung der Zielperson und der Wohnung des Partners, akustische Überwachung der Privatwohnungen beider Männer, Öffnung der Post der Zielperson, ihres Partners und dessen Verwandtschaft, Aufklärung und Überwachung der Familie des Partners. Als Ziel wurde ausgegeben zu klären, »ob auf der Grundlage der homosexuellen Veranlagung und bestehender Kontakte der Familie seines Partners in das NSA [Nichtsozialistische Ausland] die Zielperson Ansatzpunkte gegenüber gegnerischen Stellen bietet, auch wenn er sich selbst dessen gar nicht bewusst sei«. Nach sechs Monaten wurde ein Zwischenbericht erstellt und entschieden, die Maßnahmen 26A und 26B fortzuführen und nochmals weitere,

---

[127] BStU, MfS, HA I 13148.

neue IM anzusetzen.[128] Das Ende der SED-Herrschaft und des MfS zogen im Herbst 1989 auch in diesem Fall unter die Überwachungsmaßnahmen einen Schlussstrich.

Einem Stabsobermeister der Volksmarine (in der Bundesmarine: Stabsbootsmann) wurde dieses Glück nicht zuteil. Er war ein Jahr zu früh auf dem Radar der Staatssicherheit erschienen. Auslöser der Überwachungsmaßnahme war wohl der Brief der Eltern eines Maates, die dem Kommandeur mitteilten, ihr Sohn habe in der heimatlichen Gartenlaube Sex mit seinem Vorgesetzten, dem in Rede stehenden Stabsobermeister, gehabt. Nicht wegen dieses Vorfalls, sondern wegen einer Kontoüberziehung wurde der Mann zum Obermeister degradiert. Das MfS leitete davon unabhängig im Mai 1988 einen Überwachungsvorgang ein.[129] Im Zuge der Kontrolle seiner Post wurden Kontakte zu homosexuellen Bürgern der Bundesrepublik festgestellt. Die Männer planten, sich während des Urlaubs in Ungarn zu treffen. (Ungarn war vor 1989 ein beliebtes und fast das einzige Land, wo sich Deutsche aus beiden deutschen Staaten relativ unauffällig begegnen konnten.) Das MfS analysierte die »operativ zu beachtenden« Lebensumstände und legte dabei objektiv richtig den Finger in die Wunde der Zwänge, unter denen schwule NVA-Angehörige dienen und leben mussten: »Er muss seit Jahren seine homosexuellen Neigungen gegenüber seiner Umwelt ›verbergen‹, d.h. er kann sie als NVA-Angehöriger nicht offen zeigen bzw. [ihnen] nachgehen.«[130] Der zu Überprüfende gelte im Dienst als verschlossen und sondere sich ab. Seine Ehefrau habe drei Jahre nach der Heirat die Scheidung eingereicht. Zu den eingeleiteten Maßnahmen gehörte der Einsatz von drei IM und die Fortsetzung der Postkontrolle.[131] Bezeichnend für die Arbeit des MfS und seiner Informanten in der NVA war, dass zahlreiche persönliche, ja intime Briefe in Kopie in die Akte aufgenommen wurden, teils sogar zerrissene oder zusammengeknüllte Originale.[132] Vermutlich hat ein Informant des MfS diese Briefe aus dem Papierkorb geholt. Die OPK endete im Dezember 1988 mit der Entlassung des Obermeisters aus der Volksmarine. Mit der Zielsetzung, die Einwilligung des Überwachten zu seiner »Herauslösung aus dem aktiven Dienst« zu erreichen, wirkten Mitarbeiter des MfS im Oktober 1988 in einem »operativen Klärungsgespräch« auf diesen ein. Mit Erfolg: Der Obermeister willigte ein, ein Entlassungsgesuch zu stellen. Im Gegenzug bot das MfS »Hilfe und Unterstützung bei der problemlosen Herauslösung aus dem Dienst« an. Er erhielt eine neue zivile Arbeitsstelle zugewiesen.[133]

Aus der NVA entlassen (oder wie es de jure hieß: in die Reserve versetzt) wurde in den 1980er Jahren auch ein Stabsoffizier und Dozent an einer hohen Lehreinrichtung der NVA. Nachdem das MfS Hinweise auf die Homosexualität des Dozenten erhalten hatte, wurde sein gesamter militärischer Werdegang und der seiner früheren Kameraden – im DDR-Sprachgebrauch: »Genossen« – durchleuchtet. Im

---

[128] BStU, MfS, HA I 15009.
[129] BStU, MfS, AOPK 344/89, Bl. 96–103: MfS, HA I, Abt. Volksmarine, Einleitungsbericht OPK »Wächter« vom 31.5.1988.
[130] BStU, MfS, AOPK 344/89, Bl. 99.
[131] Ebd., Bl. 309–314: MfS, HA I, Abt. Volksmarine, Plan zur Realisierung der OPK »Wächter« vom 10.10.1988.
[132] Ebd., Bl. 114 und 117 f.
[133] Ebd., Bl. 347–350: MfS, HA I, Abt. Volksmarine, Abschlussbericht OPK »Wächter« vom 20.12.1988.

Ergebnis der OPK schätzte das MfS den Überwachten als »stark homosexuell veranlagt« ein. Er sei ein »Unsicherheitsfaktor im Rahmen des Geheimnisschutzes«. Die Staatssicherheit empfahl der NVA die Versetzung in die Reserve. Sie wurde vollzogen, nachdem der omnipräsente Staatsapparat für ihn eine adäquate Stelle als Abteilungsleiter in einem zivilen Betrieb gefunden hatte.[134]

Nicht jede Überwachungsmaßnahme endete mit der Entlassung der Betroffenen. Im Fall eines Majors entschied das MfS 1988, nur dessen Dienst im derzeitigen Regiment sei aus »sicherheitspolitischer Sicht« nicht möglich. Eine Versetzung in eine andere Dienststelle wurde veranlasst. Ausschlaggebend für das Verbleiben des Majors im aktiven Dienst (und Dienstgrad) war seine »politische Zuverlässigkeit«. Aufgrund seiner »ideologischen Überzeugung und seines gefestigten Charakters« sei der Major »in Bezug auf seine homosexuelle Veranlagung nicht kompromittierbar«.[135] Zu dieser Einschätzung kam das MfS nach fünfzehn Monaten Überwachung. Im September 1987 verdichteten sich nach Bewertung des MfS die früheren Hinweise (»überwiegend Vermutungen und Gerüchte«) aufgrund »aktueller Informationen« zu einer »realen Basis«.[136] Zum »Maßnahmeplan« gehörte der Einsatz von drei IM und die übliche Postöffnung. Im Sommer 1988 lud ein offizieller Mitarbeiter des MfS den Major zu einem »operativen Gespräch« und konfrontierte ihn mit den Erkenntnissen über sein Privat- und Intimleben. Der Major habe sich »ohne Zögern zu seiner homosexuellen Veranlagung« bekannt und »war zu allen Fragen ohne Einschränkungen umfassend auskunftsbereit«.[137] Die OPK wurde im Dezember 1988, wie bereits ausgeführt, beendet. Bis zur Realisierung der Versetzung in eine neue Dienststelle sollte weiterhin ein IM den Major im Auge behalten.

Ähnlich endete auch die Überwachung eines in einer besonders sicherheitsrelevanten Fernmeldezentrale dienenden Feldwebels 1988. Er sollte eine neue, sicherheitsempfindliche Funktion erhalten. Daher leitete das MfS im April des Vorjahres routinemäßig eine OPK ein. Durch seine Abteilung Äußere Abwehr erhielt die für die NVA zuständige Hauptabteilung I Hinweise auf die Homosexualität des Feldwebels. Er suche Kontakte zu Frauen, doch lägen keine Hinweise auf intime Beziehungen zu ihnen vor. Vielmehr schätzte das MfS ein, der Feldwebel wolle von seiner homosexuellen »Veranlagung« ablenken. Auch verkehre dieser in Weinstuben und Restaurants gehobenen Niveaus in Berlin und verfüge über Devisen, mit denen er in Intershops einkaufe. Das MfS setzte vier IM auf den Feldwebel an. Einer davon war dessen unmittelbarer Vorgesetzter, auch ein anderer Informant war Mitarbeiter der Fernmeldezentrale. Ein dritter Informant war ein Homosexueller, der mit der Zielperson in der Vergangenheit ein intimes Verhältnis hatte. Der vierte IM wohnte im selben Haus wie der zu Überwachende. Zusätzlich zu diesem dichten Informantennetz leitete das MfS die üblichen »M-Maßnahmen« bei der Zielperson, aber auch bei dessen Mutter ein, also Postöffnungen.[138]

---

[134] BStU, MfS, HA I 15114.
[135] BStU, MfS, AOPK 3769/89, Bl. 186–191: MfS, HA I/Militärbezirk V, Abschlussbericht OPK »Palast« vom 15.12.1988.
[136] Ebd., Bl. 4–9: MfS, HA I/Militärbezirk V, Einleitungsbericht OPK »Palast« vom 16.9.1987.
[137] Ebd., Bl. 183.
[138] BStU, MfS, HA I 16444, Bl. 608–616: MfS, HA I/Abt. MfNV, Einleitungsbericht OPK »Reblaus« vom 26.5.1987.

In einem Zwischenbericht vom November 1987 hielt das MfS fest, die »negativen Persönlichkeitsmerkmale« des zu Überprüfenden seien »nachgewiesen« worden. Durch den auf den Feldwebel angesetzten, selbst homosexuellen IM sei die »homosexuelle Neigung des [X.] nachgewiesen« worden. Die Überwachung wurde fortgesetzt, zusätzlich ein Unteroffizier zu einem »Abschöpfungsgespräch« zur Aufklärung des Umgangskreises der Zielperson angesetzt. Zudem achtete der als IM verpflichtete Vorgesetzte des Feldwebels darauf, dass dieser keinen Zugang zu Verschluss- und Geheimsachen erhalte.[139] Im Juni 1988 wurde die Überwachung des Feldwebels beendet. Sein »Persönlichkeitsbild« sei »umfassend« aufgeklärt worden. Als sicherheitsrelevant wurden neben der sexuellen Orientierung auch die Kontakte ins Nichtsozialistische Ausland (NSA) und dessen labile Persönlichkeit eingestuft. Das MfS empfahl dem zuständigen Kommandeur, den Feldwebel nicht auf der neuen sicherheitsempfindlichen Position einzusetzen.[140] In den überlieferten Unterlagen des MfS findet sich kein Vermerk, dass der Feldwebel aus der Fernmeldezentrale wegversetzt oder gar aus der NVA entlassen werden wollte. Zur Einordnung wichtig ist der Hinweis, dass in allen Streitkräften vor der Verwendung auf sicherheitsempfindlichen Dienstposten in der Regel Überprüfungen durch Nachrichtendienste angesetzt werden, in der Bundeswehr heißen sie Sicherheitsüberprüfungen, in den US-Streitkräften *clearances*.

Homosexuelle Unteroffiziere oder Mannschaftssoldaten wurden in der NVA in der Regel ebenfalls von sicherheitsrelevanten Dienstposten abgelöst und versetzt – aber nicht entlassen. So war es auch im Fall einer 1983 begonnenen Überwachungsmaßnahme eines in der Logistik für dieselbe Fernmeldezentrale grundwehrdienstleistenden Mannschaftssoldaten. Dessen homosexuelle Orientierung wurde durch einen Informanten bekannt. Die Staatssicherheit gab dem Überwachungsvorgang den Decknamen »Anus«.[141] Wiederum finden sich in der Akte teils sehr intime Berichte und Einschätzungen von Informanten. Nach nur einem Monat schloss das MfS den Überwachungsvorgang ab. Der Verdacht hatte sich bestätigt, strafrechtlich relevante Handlungen waren aber nicht festgestellt worden. Der Soldat wurde wegen häufiger Partnerwechsel, auch mit Männern aus West-Berlin, aber als Sicherheitsrisiko bewertet und versetzt.[142] Auch hier ist zur Einordnung nochmals der kurze Hinweis auf Sicherheitsüberprüfungen in anderen Streitkräften unabdingbar.

e) Exkurs:
Der Umgang des MfS mit Homosexuellen in den eigenen Reihen

Wehrpflichtige dienten nicht nur in der NVA, sondern auch im zur Staatssicherheit gehörenden Wachregiment »Feliks Dzierzynski«. Ein Zeitzeuge erinnerte sich an seinen Wehrdienst ab 1985 im Wachbataillon für die verbunkerte Führungsstelle der Staats- und Parteiführung im Wald bei Prenden (heute zumeist salopp »Honeckerbunker« genannt). Im Bataillon waren rund 500 Männer im Alter von

---

139 Ebd., Bl. 617–623: Zwischenbericht OPK »Reblaus« vom 26.11.1987.
140 Ebd., Bl. 631–636, Abschlussbericht OPK »Reblaus« vom 16.6.1988.
141 BStU, MfS, HA II 15932 sowie HA I 15203 und AOPK 9404/83.
142 AOPK 9404/83, MfS, HA I, Abt. MfNV, Abschlussbericht zur OPK »Anus« vom 28.7.1983.

18 bis 21 Jahren, nur die Gruppenführer im Rang eines Unteroffiziers waren etwas älter. Abweichend von der regulären NVA wies das Bataillon einen hohen Abiturientenanteil unter den Wehrdienstleistenden auf. Dies wirkte sich spürbar auf das Binnenklima im Umgang untereinander aus. Die sonst in der NVA üblichen Schikanen dienstälterer gegen jüngere Soldaten habe es nicht gegeben. Priorität hatte, die eigenen Aussichten auf einen Studienplatz nicht durch »Auffälligkeiten jeglicher Art (Wachvergehen, Alkohol)« zu gefährden, auch den Eltern sollten keine Nachteile entstehen. Anders als in den regulären Streitkräften seien Vorgesetzte nie in erniedrigender Art gegenüber Nachgeordneten aufgetreten. Auch Homosexualität sei nie thematisiert worden. Aus seiner Dienstzeit sei ihm kein einziger Fall bekannt. Auch wenn mal der eine oder andere Soldat in den Verdacht oder Ruf der Homosexualität kam, habe es nie Mobbing oder Schikanen gegeben. »Bei 500 Soldaten kann man von mindestens 25 bis 30 Schwulen ausgehen. Und? Es war kein Thema.« In der Kompanie Rückwärtige Dienste sei ein als Koch eingesetzter Soldat wohl »definitiv« schwul gewesen. Aber auch er wurde »kumpelhaft-lustig behandelt«, ohne erkennbaren Leidensdruck: »Schnelles Desinteresse der Soldaten an diesem Fall«. Doch der Zeitzeuge litt damals auch unter der Einsamkeit und dem unentwegten Druck, sich andauernd zusammenreißen und aufpassen zu müssen«. Nicht immer gelang es ihm: Im ersten Jahr habe er einem Kameraden beim Duschen nach dem Wachdienst »zu lange aufs Gemächt geschaut«. Der andere habe erstaunt kurz aufgeblickt. Dann habe es kurzzeitig Gerede über seine mögliche Homosexualität gegeben, so der Zeitzeuge. Doch: »Die Fußballweltmeisterschaft zu diesem Zeitpunkt [1986] ließ das alles wieder unbedeutend werden. Der Schreck legte sich daher.«[143]

Die archivierten Unterlagen des MfS-Wachregiments belegen aber Entlassungen von homosexuell orientierten Unteroffizieren, zur gleichen Zeit, als der Zeitzeuge den Honeckerbunker bewachte. Die Stasi-Akte des 1986 entlassenen Unteroffiziers beginnt mit dem Brief eines seiner Bekannten aus seiner Heimatstadt (zu diesem Zeitpunkt selbst Wehrpflichtiger in der NVA). Der Denunziationsbrief endet mit der Bitte, die Info vertraulich zu behandeln. Das MfS legte einen Überwachungsvorgang an und stieß durch Datenabfrage auf eine andere Meldung, dass die Adresse des Unteroffiziers bei einem homosexuellen Mann in einem anderen Bezirk der DDR gefunden worden war. Der Unteroffizier wurde zur Begutachtung in den Medizinischen Punkt des Wachregiments befohlen. Die Ärzte bekräftigten den Verdacht der Homosexualität, der Unteroffizier wurde wegen dauernder Dienstunfähigkeit entlassen.[144]

Wurde die homosexuelle Orientierung von hauptamtlichen Mitarbeitern der Staatssicherheit bekannt, antwortete das MfS in der Regel mit deren Entlassung. Ausschlaggebend hierfür war die Einschätzung nahezu aller Geheimdienste, Homosexuelle seien erpressbar und damit ein Sicherheitsrisiko. Wenige Beispiele sollen diese Handhabung auch für die DDR belegen. In den späten 1980er Jahren geriet ein junger Offizier, der an einer nicht zum MfS gehörenden Universität studiert hatte und am Anfang seiner Karriere beim MfS stand, ins Netz seiner eigenen Dienststelle. Das MfS machte zahlreiche Sexualpartner des Mannes der letzten

143 E-Mail R. an den Verfasser, 1.5.2018.
144 BStU, MfS, BV Pdm KD Brandenburg 1076, Bd 3.

Jahre ausfindig und listete sie namentlich auf. Einem Vermerk zufolge zeigte sich der junge Offizier »uneinsichtig«: »Mehrfach drückte er sein Unverständnis über die Nichtanerkennung Homosexueller durch das MfS aus und stellte die Entscheidung des Organs [seine Entlassung] als Berufsverbot dar. Er sei der Auffassung, dass in einigen Jahren auch Homosexuelle gleichberechtigte Partner im Organ [MfS] sein werden.«[145]

Auch nach der Entlassung ließ die Staatssicherheit ihren ehemaligen Offizier nicht aus den Augen und leitete umfassende Überwachungsmaßnahmen ein, unter anderem die akustische Wohnraumüberwachung.[146] In einem anderen Fall veranlasste das MfS nach der Entlassung eines angehenden Offiziers gleichfalls Überwachungsmaßnahmen, platzierte inoffizielle Mitarbeiter und öffnete die Post. In der Akte findet sich etwa die Kopie eines sehr privaten Briefes an einen Mann, den er liebte.[147] Der in einer MfS-Bezirksverwaltung beschäftigte Unterleutnant wurde 1986 »wegen ›dauernder Dienstuntauglichkeit‹ aufgrund einer nicht korrigierbaren primär homosexuellen Veranlagung«[148] entlassen. Das MfS beschaffte ihm, wie stets so gehandhabt, eine neue zivile Arbeitsstelle. Auch von dort berichteten Informanten noch 1989, ohne von der MfS-Vergangenheit des Kollegen zu wissen, über Gerüchte um dessen Homosexualität.[149]

Überliefert ist noch ein besonders tragischer Fall. Mit Datum vom 16. März 1966 berichtete die Kaderabteilung des MfS über die am Vortrag geführte Aussprache mit einem Feldwebel einer MfS-Bezirksverwaltung. Diesem wurden homosexuelle Handlungen mit einem Angehörigen des MfS-Wachregiments in Berlin-Adlershof vorgehalten. Die Befragung des Feldwebels sei in einer »ruhigen und sachlichen Atmosphäre« verlaufen. »Die Ursachen seiner abartigen geschlechtlichen Handlungen konnten nicht restlos geklärt werden, dürften aber in erster Linie in der falschen Erziehung durch das Elternhaus zu suchen sein.« Sein weiteres Verbleiben im MfS sei nicht möglich. Der Vorgesetzte informierte den Vater, einen Volkspolizisten, »mit dem Ziel einer weiteren positiven Einflussnahme auf die Entwicklung seines Sohnes«.[150] Für den Dienstbeginn am 16. März war ein weiteres Gespräch des Vorgesetzten mit dem Feldwebel anberaumt, zu dem dieser eine schriftliche Stellungnahme vorzulegen hatte. Auch ein persönlichen Gespräch mit dem Vater, in Anwesenheit des Sohnes, war für diesen Tag geplant.[151] Dazu kam es nicht mehr. Um 7.45 Uhr gab der Feldwebel die geforderte Stellungnahme ab. Dabei eröffnete ihm sein Vorgesetzter, dass ein Gespräch mit den Eltern anberaumt sei. Das weitere Geschehen gab das MfS wie folgt wieder: Der Feldwebel

> »machte den Eindruck, dass ihm eine Aussprache mit seinen Eltern nicht angenehm ist. Er wurde belehrt, dass das Leben deshalb weitergeht und er sich von den unnormalen sexuellen Dingen lösen muss, indem er sich ein Mädchen sucht. Daraufhin erkundigte sich Gen[osse] [X.], ob mit einer Entlassung zu rechnen ist [...] Ihm wurde mitgeteilt,

---

[145] BStU, MfS, BV Rst Abt XX 1204.
[146] Ebd.
[147] BStU, MfS, BV Suhl Abt KuSch 2497, Bl. 18 f.
[148] Ebd., Bl. 7.
[149] Ebd., Bl. 20.
[150] BStU, MfS, GH 194/85, Bl. 9–15: MfS, HA KuSch, 16.3.1966.
[151] Ebd., Bl. 9–12: MfS, HA KuSch, 16.3.1966.

dass er, wenn es zu einer Entlassung käme, in Ehren aus dem Organ [dem MfS] ausscheidet [...] Ihm wurde nochmals erklärt, dass er auf keinen Fall ausgestoßen wird, sondern in Ehren ausscheidet. Es besteht jedoch die Notwendigkeit, dass er sich fängt und ein ordentliches Leben führt. Ihm wurde empfohlen, die notwendigen persönlichen Dinge, wie Rasierzeug usw., mit nach Hause zu nehmen.«[152]

Gegen 8.45 Uhr wurde der Feldwebel in seiner Unterkunftsstube in einer Blutlache liegend mit lebensgefährlichen Kopfschussverletzungen aufgefunden, die er sich gegen 8 Uhr mit seiner Dienstpistole selbst zugefügt hatte. Am selben Tag gegen 16 Uhr verstarb der Feldwebel.[153] Er wurde 22 Jahre alt.

Als das DDR-Verteidigungsministerium 1988 seine Haltung gegenüber homosexuell orientierten Offizieren und Unteroffizieren grundsätzlich änderte, blieb das MfS explizit bei seiner ablehnenden Haltung.

»Im MfS ist für solche Leute kein Platz. Sie können in einem Aufklärungsorgan nicht arbeiten, da das Sicherheitsrisiko zu groß ist. Mit solchen Genossen ist vernünftig zu sprechen, keine Konfrontation zuzulassen, sie werden aus gesundheitlichen Gründen entlassen. Auf jeden Fall ist zu sichern, dass ihnen keine Schäden zugefügt werden.«[154]

In einer Auflistung der im Sommer 1989 in der Bezirksverwaltung Dresden entschiedenen Personalmaßnahmen findet sich auch der Vermerk einer Kreisdienststelle »Nichteigung/homosexuell«.[155]

f) Operative Personenkontrolle »Verräter«

Ein Fall stach aus der Masse der Namen auf den Stasi-Karteikarten besonders heraus: der eines homosexuell orientierten Unterleutnants der Grenztruppen. Einem seiner Bekannten hatte er schon Ende 1978 seine Absicht offenbart, nach West-Berlin zu fliehen. Der vorgebliche Freund war Informant des MfS. Der Geheimdienst setzte weitere Spitzel an und begann mit der »operativen Personenkontrolle«. Die OPK des Unterleutnants, er soll hier anonymisiert Schulze heißen, bekam den bezeichnenden Decknamen »Verräter«. Zudem wurde der angehende Offizier aus dem Dienst unmittelbar an der Grenze herausgelöst und in den Regimentsstab versetzt. Die Offiziere der Staatssicherheit glaubten den Unterleutnant unter Kontrolle und nahmen an, ihm die Möglichkeiten zur Flucht genommen zu haben. Sie irrten. Ihm gelang im Mai 1979 über die ihm bestens bekannten Sicherungsanlagen die Flucht nach Berlin-Wannsee. In West-Berlin wartete sein Freund auf ihn. Der in West-Berlin lebende Rumäne, hier mit dem Namen Mihailescu versehen, hatte, wie das MfS später aufklärte, seit Mai 1979 Verbindungen zum amerikanischen Geheimdienst.[156] Den Rumänen hatte der Unterleutnant wenige Wochen zuvor in der Wohnung eines Freundes im Ost-Berliner Stadtbezirk Prenzlauer Berg kennengelernt. Auf Verlangen seines neuen Bekannten sammelte Schulze in den Tagen vor der Flucht alle für ihn

---

[152] Ebd., Bl. 16 f.: MfS, BV Dresden, Abt. KuSch, 16.3.1966.
[153] Ebd., Bl. 70: MfS, HA KuSch, 16.3.1966, darauf u.a. der handschriftliche Sichtvermerk von Erich Mielke.
[154] BStU, MfS, BV Dresden, AKG 7590: MfS, BV Dresden Abt KuSch, Bericht zur Kaderleitertagung am 25.11.1988 vom 28.11.1988.
[155] BStU, MfS, BV Dresden, Abt KuSch, Nr. 4314, MfS, BV Dresden Abt KuSch, 15.9.1989.
[156] BStU, MfS, HA IX 23866, Bl. 4 f.

greifbaren Dokumente und Papiere der Grenztruppen, beispielsweise den Plan der Verteidigung des Regiments, dessen Telefonverzeichnis und eine Namensliste, sowie Muster für Berechtigungskarten zum Betreten des Objekts. Diese Unterlagen deponierte er am 25. Mai in einer Tasche im Gepäckschließfach am Ostbahnhof. Den Schlüssel dazu übergab er einen Tag später an Mihailescu, der demnach wieder in die DDR eingereist war. Laut späteren Ermittlungen des MfS hatte Mihailescu die Tasche »unter Täuschung der Grenzkontrolle« am 27. oder 28. Mai nach West-Berlin gebracht und unverzüglich dem US-Geheimdienst übergeben.[157] Einige Tage vor der Fahnenflucht des Unterleutnants hatte der West-Berliner sogar die Chuzpe, beim Diensthabenden der Grenzkompanie anzurufen und den Wunsch zu äußern, Schulze sprechen zu wollen. Der Unterleutnant war nicht vor Ort. Nicht weniger erstaunlich: Knapp zwei Wochen nach seiner Flucht rief der Unterleutnant von West-Berlin aus beim Diensthabenden seiner alten Kompanie an und verlangte, einen Unteroffizier zu sprechen. Dem überraschten Diensthabenden entfuhr laut MfS ein spontanes »Spinnst Du?!«[158] Das MfS vernahm den Diensthabenden, dieser verneinte jede private Verbindung zum Geflohenen. Dennoch findet sich sein Name auf den späteren Listen mit den der Homosexualität Verdächtigten.[159] Die für die Überwachung von NVA und Grenztruppen zuständige MfS-Hauptabteilung I hielt später fest, »als Motiv seiner Fahnenflucht wurde [...] zweifelsfrei neben seinen politisch-ideologischen Motiven seine homosexuelle Veranlagung erarbeitet«.[160] Auch der Vater gab nach einem Gespräch mit seinem Sohn in West-Berlin im September 1979 gegenüber dem MfS zu Protokoll, »einzigstes [sic] Motiv« seines Sohnes seien dessen »Homosexualität und seine Vorstellungen vom Leben« gewesen.[161]

Nach seiner Flucht fand sich der Unterleutnant in einer Dienststelle des US-Geheimdienstes in Zehlendorf wieder. Er wurde dort rund einen Monat ausgiebig zu seinem Dienst in den Grenztruppen befragt.[162] Die Staatssicherheit identifizierte später weitere Mannschaftssoldaten, Unteroffiziere und junge Offiziere in NVA und Grenztruppen, mit denen der West-Berliner Kontakt gehabt hatte:

> »Unter Nutzung seiner homosexuellen Veranlagung unterhielt er intime Kontakte zum fahnenflüchtigen Offizier und war maßgeblich an seiner Abwerbung und erfolgten Fahnenflucht beteiligt. In der Hauptstadt der DDR und in Halle ist [Mihailescu] in homosexuellen Kreisen bekannt. In Halle wurde [...] festgestellt, dass [er] in homosexuellen Kreisen zielgerichtet Abwerbung betreibt und Schleusungsangebote unterbreitet. [Er] soll Verbindungen zum US-Geheimdienst unterhalten [...] Regelmäßig reiste [er]

---

157 Ebd.
158 BStU, MfS, AOP 1761/80.
159 BStU, MfS, HA I 12881.
160 BStU, MfS, HA I, AOP 2431/79, MfS, HA I, Abt. Äußere Abwehr, Plan zur Entsendung des IMS [X.], in das Operationsgebiet Westberlin vom 7.9.1979, hier Bl. 9. Bereits im Juni 1979 vermerkte das MfS »in erster Linie die stark ausgeprägte homosexuelle Veranlagung« als Ursache und Motiv der Flucht. BStU, MfS, AOP 1761/80, Bd 1, Bl. 13–17: MfS, HA I, Abt. Äußere Abwehr, Konzeption zur weiteren Bearbeitung des fahnenflüchtigen Offiziers der Grenztruppen Ultn. [X.], vom 26.6.1979.
161 BStU, MfS, HA II, 32736, MfS, HA I, Abt. Äußere Abwehr, 13.9.1079.
162 Ausführlich zur gelungenen Flucht und deren Vorschichte in: Storkmann, Einmal West-Berlin und zurück.

in die Hauptstadt der DDR ein. Er [...] besitzt einen westdeutschen Reisepass und ist rumänischer Staatsbürger.«[163]

Das MfS war alarmiert. Dessen Argwohn gegen homosexuelle Offiziere in der NVA und in den eigenen Reihen schien sich hier voll bestätigt zu haben. Das Stereotyp des Schwulen als nicht vertrauenswürdig, als potenzieller Verräter war, wie bereits an anderer Stelle ausgeführt, altbekannt und beileibe nicht nur im DDR-Geheimdienst zu finden. Da der in West-Berlin lebende Rumäne auch weiterhin in die DDR reiste und dort neue Männer, vorzugsweise Soldaten, kennenlernte, wuchs bei dem zu ihm nach West-Berlin geflohenen Unterleutnant die Eifersucht. Am 31. August rief dieser von West-Berlin aus bei der Volkspolizei im Osten an, bat die Volkspolizisten, das MfS einzuschalten, gab Ort und Zeit der nächsten Einreise seines Partners in die DDR sowie eine genaue Personenbeschreibung an. An einem Septembertag 1979 fuhr der Rumäne mit seinem VW Golf von West-Berlin über den Grenzübergang Friedrichstraße (besser bekannt als Checkpoint Charlie) in die DDR; er wurde sofort festgenommen. (Am 17. Juli 1980 sprachen die Militärrichter ihr Urteil: Sieben Jahre Freiheitsstrafe wegen Spionage in Tateinheit mit Beihilfe zur Fahnenflucht im schweren Fall.[164]) Am selben Septembertag, morgens um acht, war der Vater des Unterleutnants mit seinem Sohn mit der S-Bahn nach Ost-Berlin zurückgefahren. Beide wurden schon von Offizieren der Staatssicherheit erwartet. Der Vater hatte seinen Sohn in ihrem Auftrag zurückgeholt. In den Wochen nach seiner Rückkehr in die DDR wurde der Unterleutnant intensiv durch die Staatssicherheit befragt. Als Motiv seiner Flucht nannte er explizit seine Liebe zu dem Mann in West-Berlin und generell seinen Wunsch, in West-Berlin offen und frei als Homosexueller zu leben. In den Verhören gab er Namen aus seinem homosexuellen Bekanntenkreis preis, darunter andere Offiziere der Grenztruppen.[165]

Kaum ihren Ohren trauten die Vernehmer der Stasi, als sie von einem damaligen Kreis homosexueller Offiziersschüler an der Offiziershochschule der Grenztruppen in Plauen erfuhren, die sich in der Wohnung eines Gemüsehändlers zusammenfanden. Auch der Rumäne nannte in den Verhören bei der Staatssicherheit weitere Namen ihm bekannter homosexueller Soldaten der NVA: Mannschaften, Unteroffiziere und Offiziere. Die Karteikarten mit Namen homosexueller Soldaten wurden 1979 deutlich länger. Im Ergebnis dieser Verhöre legte im Oktober 1979 der Chef der für die Überwachung der NVA und der Grenztruppen verantwortlichen MfS-Hauptabteilung I (unter dem gegenüber der NVA verwendeten Pseudonym »Verwaltung 2000«) dem Chef des Hauptstabs der NVA detaillierte namentliche »Informationen über die Sicherheit der Streitkräfte gefährdende Verbindungen von Offizieren« vor. Bei dem verhafteten Rumänen fand das MfS den Namen und die Anschrift eines Oberleutnants aus Cottbus. Den Offizier der Luftstreitkräfte hatte der

---

163 BStU MfS, AOP 1761/80, Bd 1.Bl. 113: MfS, HA I, Abt. Äußere Abwehr, UA 1, Eröffnungsbericht zum Anlegen eines Operativvorgangs gegen [X.], geb. in Bukarest, wohnhaft in Westberlin, vom 4.9.1979.

164 BArch, DVW 13/65439: Militäroberstaatsanwalt der DDR, Handakte M., darin Urteil des Militärobergerichts Berlin vom 17.7.1980.

165 Zur weiteren Entwicklung dieser spannenden und etwas verwirrenden Geschichte im Dunkelfeld von Grenze, Geheimdiensten, Liebe und Eifersucht: Storkmann, Einmal West-Berlin und zurück.

Rumäne aus West-Berlin in einer Ost-Berliner Gaststätte – laut MfS ein »Treffpunkt« für Homosexuelle – kennengelernt. Der Oberleutnant habe »dem USA-Agenten in Kenntnis dessen West-Berliner Wohnsitzes seine Zugehörigkeit zur NVA und seinen Dienstort Cottbus offenbart«.[166] Nach Verlassen der Gaststätte begaben sich beide an einen Grenzübergang. Der Rumäne fuhr weiter nach West-Berlin und kehrte wenig später zurück in die DDR, während der Oberleutnant in einem Taxi wartete. Dann fuhren beide nach Cottbus in das dortige NVA-Wohnheim, in das der Offizier seinen Bekannten am Posten vorbei durch die Hintertür einschleuste. Nach einer Nacht begab sich der Rumäne zurück nach West-Berlin. Als Motiv des Offiziers protokollierte das MfS dessen »starke homosexuelle Neigungen«.[167] Zu einem weiteren Leutnant der Grenztruppen, zu dem der Rumäne ebenfalls Kontakt hatte, meldete das MfS dem Chef des Hauptstabes dessen »homosexuelle Beziehungen zu Zivil- und Militärpersonen in häufiger Folge«, oftmals Kontaktaufnahmen in Parks, auch in Uniform. Der Leutnant stellte in der Bewertung des MfS eine »erhebliche Gefährdung für die Sicherheit der Streitkräfte« dar und sollte »kurzfristig« entlassen werden.[168] Auch zu einem Matrosen der Volksmarine in Stralsund soll der Rumäne Kontakt gehabt haben.[169]

Schulze war trotz Straffreiheit, Wohnung und Arbeit zunehmend unzufrieden mit seinem neuen alten Leben in der DDR. Die Arbeitsstelle als Kellner in einem Interhotel gehörte zum Plan des MfS. Es organisierte ihm zudem eine Wohnung und legte einen neuen Überwachungsvorgang an: den Operativvorgang »Schwuler«.[170] Die dort in hoher Dichte versammelten Informanten des MfS im Kollegenkreis hatten Schulze stets im Blick. Im Oktober 1980 versuchte er erneut nach West-Berlin zu fliehen, diesmal aber nicht mit einer Strickleiter über den Grenzzaun, sondern mittels eines Tricks. Seine Absicht war, sich in der Ständigen Vertretung der Bundesrepublik Deutschland in der DDR als West-Berliner auszugeben, der seine Papiere verloren hatte. Als Beleg wollte er seine ihm verbliebene Monatskarte der West-Berliner Verkehrsgesellschaft (BVG) vorzeigen. Diese war längst abgelaufen, weshalb er die Geltungsdauer fälschte. So »gerüstet« machte er sich am 16. Oktober 1980 auf den Weg. Er kam nicht weit. Vor dem Eingang der Ständigen Vertretung wurde er von Volkspolizisten angehalten und mit aufs Revier genommen, »zur Klärung eines Sachverhalts«, wie es stets in der DDR hieß. Noch am selben Tag wurde Haftbefehl wegen Verdachts des versuchten ungesetzlichen Grenzübertritts erlassen.[171] Auch das alte Ermittlungsverfahren wegen Fahnenflucht wurde wieder aufgenommen. Am 10. September 1981 sprachen die Richter am Militärobergericht

---

[166] BStU MfS, AOP 23179/80, Bd 2, Bl. 292 f.: Chef Verwaltung 2000 an Stellvertreter Minister für Nationale Verteidigung und Chef des Hauptstabes der NVA, 10.10.1979, sowie AOP 23179/80, Bd 3, Bl. 7–9: Vernehmungsprotokoll des Rumänen vom 25.9.1979.

[167] Ebd.

[168] Ebd. Zum Einfluss des Ministeriums für Staatssicherheit in der NVA ausführlich u.a. Wenzke, Ulbrichts Soldaten, S. 540–546.

[169] BStU, MfS, AOP 1761/80.

[170] Ebd., Bd 4, Bl. 232 f.: HA I, Abt. Äußere Abwehr, Beschluss über das Anlegen des Operativ-Vorgangs »Schwuler« vom 20.9.1979; ebd., Bd 1, Bl. 207 f.: HA I, Abt. Äußere Abwehr, Informationen zum OV »Schwuler« vom 30.9.1979; ebd., Bd 4, Bl. 229–231: HA I, Abt. Äußere Abwehr, Abschlussbericht OV »Schwuler« vom 22.11.1979.

[171] BStU, MfS, HA IX, Bl. 1–19.

Berlin ihr Urteil – oder wohl eher das Urteil, das die Staatssicherheit vorher festgelegt hatte:

>»Der Angeklagte wird wegen Verbrechens der Spionage – § 97 Abs. 1 StGB –, Fahnenflucht im schweren Fall – § 254 Abs. 1 und 2 [...] StGB – vorbereitetem ungesetzlichen Grenzübertritts im schweren Fall – § 213 Abs. 1 und 3 [...] StGB – und unbefugten Waffenbesitz – § 206 Abs. 1 StGB – zu einer Freiheitsstrafe von acht Jahren verurteilt.«[172]

Schulze musste seine Haftstrafe bis zum letzten Tag verbüßen und wurde im Oktober 1988 aus der Haft entlassen. Ein Jahr später war die Herrschaft der SED und ihres omnipräsenten Geheimdienstes zu Ende.

g) »Du kommst um acht!« Urteile wegen sexueller Übergriffe

Fälle sexueller Übergriffe unter Soldaten wurden vor Gericht geahndet. Anders als die Bundeswehr verfügte die DDR über eine Militärjustiz, die alle strafrechtlichen Verfahren gegen Soldaten entschied, auch solche außerhalb des Dienstes.[173] Wie in der Bundeswehr oder in den US-Streitkräften wurden auch in der NVA Männer während ihres Dienstes als Soldat Opfer sexueller Übergriffe oder gar sexuell motivierter Gewalt, in den allermeisten Fällen unter Ausnutzung der Vorgesetztenposition. Für die ersten vier Monate des Jahres 1956 verzeichnete die interne Statistik insgesamt acht »Verbrechen gegen die Sittlichkeit«, davon vier Fälle von »Notzucht« mit Frauen und drei Fälle »widernatürlicher Unzucht zwischen Männern unter Ausnutzung des Abhängigkeitsverhältnisses«, also § 175a StGB.[174]

Aus der Vielzahl der durch Ermittlungsakten der Militärstaatsanwaltschaften der DDR überlieferten Fälle von sexuellen Übergriffen oder Missbräuchen sollen einige kurz angerissen werden. Im Jahr 1959 wurde ein Unteroffizier der damaligen Grenzpolizei (Vorgängerinstitution der Grenztruppen) wegen teils einvernehmlicher, teils übergriffiger sexueller Handlungen mit Kameraden zu einer Gefängnisstrafe von zwei Jahren und drei Monaten wegen fortgesetzter Unzucht unter Ausnutzung eines Abhängigkeitsverhältnisses nach § 174 StGB der DDR verurteilt.[175] Im gleichen Jahr erhielt ein Oberfeldwebel wegen sexueller Übergriffe auf fünf direkt unterstellte Soldaten seiner Kompanie (juristisch: fortgesetzte Unzucht unter Ausnutzung eines Abhängigkeitsverhältnisses nach § 174 StGB) zwei Jahre Gefängnis als Strafe.[176]

Im Juli 1978 erließ das Militärgericht Rostock Haftbefehl gegen einen Oberfeldwebel.[177] Er wurde beschuldigt, seit November 1977 in ca. 15 Fällen Untergebene, alle Unteroffizierschüler, auf seine Unterkunftsstube befohlen und sie dort gezwungen zu haben, sich zu entblößen. In der Mehrheit der Fälle habe der Ober-

---

[172] BArch, DVW 13/48246: Militärobergericht Berlin, 1. Militärstrafsenat, Urteil vom 10.9.1981.
[173] Zu Militärstrafgesetzgebung, Militärjustiz und Militärgerichten vgl. Wenzke, Ulbrichts Soldaten, S. 527–532, sowie ausführlicher in: Wenzke, Ab nach Schwedt!, S. 50–109.
[174] Oberstaatsanwalt der Volkspolizei, 30.5.1956: Analyse über Strafverfahren gegen Offiziere im Dienstbereich des MfNV 1.1. bis 30.4.1956, Vertrauliche Verschlusssache.
[175] BStU, MfS, AU 31/60. Das MfS hatte den Fall, d.h. die Ermittlungen, genau unter Kontrolle, da der Unteroffizier auch informeller Mitarbeiter der Staatssicherheit war.
[176] BStU, MfS, AU 77/60. Das MfS nahm die Ermittlungen selbst in die Hand, da der Oberfeldwebel wiederum dessen IM war und für den Fall von Untersuchungen drohte, seine Tätigkeit für die Staatssicherheit offenzulegen.
[177] BArch, DVW 13/64809: Militärgericht Rostock, Haftbefehl vom 17.7.1978.

feldwebel auch zur Onanie vor ihm aufgefordert, was teilweise ausgeführt wurde. In einem Fall befahl er einem Unteroffizierschüler unter der Drohung, es sonst selbst an ihm durchzuführen, sich ein Streichholz in den Penis einzuführen. Das Urteil des Militärgerichts Rostock vom Oktober 1978: zwei Jahre und zwei Monate Freiheitstrafe wegen mehrfachen versuchten und vollendeten sexuellen Missbrauchs sowie mehrfacher Beleidigung Unterstellter.[178] Im Juni 1979, also einschließlich Untersuchungshaft nach knapp einem Jahr Freiheitsentzug, wurde die Reststrafe zur Bewährung ausgesetzt. Aus dem aktiven Dienst in der NVA war der Oberfeldwebel bereits per Befehl vor Prozessbeginn entlassen worden.[179]

Ebenfalls bereits als Unterfeldwebel der Reserve stand im Dezember 1976 ein zuvor entlassener Soldat wegen Nötigung zu sexuellen Handlungen und Missbrauch vor dem Militärgericht Halle/Saale. Die Anklageschrift hielt ihm vor, im Februar und nochmals an zwei Abenden im September des Jahres einen Unteroffizier unter Androhung von Gewalt und sogar mittels Faustschlägen in den Unterkiefer zur Duldung und aktiven Vornahme sexueller Handlungen gezwungen zu haben.[180] Das Urteil: Freiheitstrafe von einem Jahr und drei Monaten auf Bewährung.[181]

Abweichend vom üblichen Vorgehen stand 1977 ein Feldwebel – noch im aktiven Dienstverhältnis – vor dem Militärgericht Schwerin. Ihm wurden mehrfache sexuelle Handlungen an mehreren wehrlosen, weil schlafenden Soldaten vorgeworfen. Die NVA-Ermittler mussten sich in ihrer Anklage letztlich auf die Aussagen des Beschuldigten stützen. Stein des Anstoßes dieser Ermittlungen war ein Unteroffizier, der sich, misstrauisch geworden, nur schlafend stellte, als der Feldwebel nachts an sein Bett trat. Als dessen Hand dann das Geschlechtsteil des Unteroffiziers berührte, schoss dieser hoch und versetzte dem Feldwebel einen Faustschlag. Das Urteil für den übergriffigen Feldwebel: Freiheitsstrafe von einem Jahr auf Bewährung.[182]

Wie groß die Angst der Mannschaftssoldaten vor ihren unmittelbaren Vorgesetzten in Zug oder Kompanie, meist Unteroffiziere oder Feldwebel, war, belegt ein weiteres Beispiel aus dem Jahr 1982[183]:

> »Ich duldete zwangsläufig die sexuellen Neigungen des [X.] mir gegenüber, um keine Nachteile hinsichtlich meines dienstlichen Einsatzes wie auch meines Urlaubs und Ausgangs zu haben. Wie ich den Stabsfeldwebel [X.] kannte, hatte er durchaus die Macht, mir solche Nachteile im Falle meiner Weigerung zukommen zu lassen [...] Meiner Meinung nach handelte [X.] zum einen so, um sich sexuell zu erregen, und zum anderen, um seine Macht uns Soldaten gegenüber zu beweisen.«[184]

So antwortete ein wehrpflichtiger Soldat in seiner Zeugenvernehmung auf die Frage, warum er sich nicht mit Entschlossenheit gegen die Handlungen des Stabsfeldwebels gewehrt habe. Der Beschuldigte hatte den ihm direkt unterstellten Soldaten 1982

---

[178] Ebd., Militärgericht Rostock, Urteil vom 13.10.1978.
[179] Ebd., Militärgericht Rostock, Beschluss vom 19.6.1979.
[180] BArch, DVW 13/54795: Militärstaatsanwalt Leipzig, Anklageschrift vom 22.11.1976.
[181] Ebd., Militärgericht Leipzig, Urteil vom 8.12.1976.
[182] BArch, DVW 13/54475: Militärgericht Schwerin, Urteil vom 8.3.1977.
[183] Zu den inneren Verhältnissen in der NVA ausführlich Wenzke, Ulbrichts Soldaten, S. 451–526, sowie Rogg, Armee des Volkes.
[184] BArch, DVW 13/86440, Militärstaatsanwaltschaft Ermittlungsakte Az Str. II-23/83 (Bln.-Gr.), Zeugenvernehmung B., 15.3.1983.

innerhalb von zwei Monaten fünfmal sexuell missbraucht, indem er, wie bei allen anderen Taten auch, die Geschlechtsteile der Soldaten per Hand gegen deren Willen bis zum Samenerguss manipulierte. Der Stabsfeldwebel habe laut Zeugenaussagen die Soldaten »richtiggehend schon zu sich bestellt«: »Du kommst um acht!«[185] Er drohte dem Soldaten jeweils mit Entzug von bereits genehmigtem Urlaub oder lockte ihn mit der Ausstellung eines Urlaubsscheins trotz Urlaubssperre durch den Kompaniechef. Ein ihm unterstellter Grundwehrdienstleistender sagte später aus: »In der Einheit war allgemein bekannt, dass Stabsfeldwebel [X.] seine Hand auf den Urlaub und den Ausgang hielt [...] Er verwandte u.a. solche Ausdrücke wie: ›Ich ficke euch, bis euch das Wasser im Arsch kocht.‹«[186] Andere Soldaten der Kompanie gaben in den Zeugenbefragungen Ähnliches zu Protokoll:

> »Du willst doch in den Urlaub fahren, zeig doch mal, dass Du es schwer hast, nun beweise es mir mal [...] 1. Er hat mir gedroht, ich solle ihm einen Vertrauensbeweis erbringen, sonst würde [...] er mir das Leben schwermachen. 2. Ich bekäme keinen Ausgang und keinen Urlaub mehr [...] Am Abend des 8.2. wollte er es wieder versuchen und zeigte mir den Urlaubsschein. Ich sollte mich wenigstens passiv verhalten. Ich machte wieder nicht mit. Ich fragte ihn, warum er das macht. Daraufhin reagierte er erregt, was mir wohl einfallen würde und zerriss den Urlaubsschein. Ich durfte die Schnipsel aufheben [...] Der Stabsfeldwebel protzte damit, dass er Urlaub streichen kann, den ein Oberst genehmigt hat. Ich war in einer derartigen Stimmung, dass ich sagte: Scheißegal, Hauptsache, es ist bald vorbei, lieber kurz und schmerzlos. Es war ständiger Ekel dabei [...] Mitunter kam ich erst nach 24 Uhr ins Bett.«[187]

Für die Bemessung des Erpressungspotenzials durch Urlaubsentzug oder Versagen der Ausgangsgenehmigung ist die sehr restriktive Urlaubs- und Ausgangsregelung der DDR-Streitkräfte zu beachten. Die Soldaten waren strikt kaserniert und mussten auch abends und an den Wochenenden in der Regel in der Kaserne in Bereitschaft bleiben. Abendlicher Ausgang oder Wochenendurlaub unterlagen anders als in der Bundeswehr der Genehmigung durch den Vorgesetzten.[188] Daher war die Drohung mit Urlaubsentzug so effektiv. Einen der Gefreiten missbrauchte der Stabsfeldwebel innerhalb von zwei Monaten fünfzehn Mal. Ein Stubenkamerad des solcherart betroffenen Soldaten sagte später aus, es sei »schlimm« gewesen, wie oft jener zum Stabsfeldwebel befohlen wurde. Anfangs hatten die Stubenkameraden noch darüber gelacht, wenn der Vorgesetzte den Kameraden vor der Nachtruhe zu sich rief. »Wir machten uns keine Gedanken darüber, weil wir einen dienstlichen Hintergrund vermuteten.« Doch nach der Rückkehr auf die Stube sei der Gefreite immer »ziemlich fertig« gewesen, ohne zu sagen warum, sagte ein Zeuge aus.[189]

Auch ein weiterer Gefreiter gab eine Äußerung des Beschuldigten wieder: »Denk dran, ich hab' Macht, es lässt sich sehr viel beinflussen«. Diesen Soldaten missbrauchte der Stabsfeldwebel vier Mal, indem er ihn intim berührte. Auf die Frage, warum auch er nichts gemeldet habe, sagte der Soldat, ein anderer Gefreiter hatte

185 Ebd.
186 Ebd.
187 Ebd., Zeugenvernehmung S., 1.3.1983.
188 Zu »militärischer Disziplin als Repression« ausführlich Wenzke, Ulbrichts Soldaten, S. 533 f.
189 BArch, DVW 13/86440: Zeugenvernehmung K., 10.3.1983.

ihn gewarnt, sich »bloß nicht mit dem Stabsfeldwebel an[zu]legen«, das könne »gefährlich werden und er wolle bis zu seiner Entlassung seine Ruhe haben«.[190] Der Stabsfeldwebel habe »in der Kompanie solch eine Macht [gehabt], dass ich nicht wusste, wie ich mich verhalten sollte«. Andere Soldaten befahl der Beschuldigte direkt nur in Unterwäsche zu sich. Einem, der die sexuelle Motivation dieses Befehls ahnte und sich daher weigerte, drohte der Stabsfeldwebel, ihn »sechs bis acht Wochen nicht in den Urlaub fahren zu lassen und mich solange in der Dienststelle schmoren zu lassen«. Einem Wehrpflichtigen sagte der Stabsfeldwebel ins Gesicht: »Du willst doch in den Urlaub fahren. Beweise mir, dass du es brauchst.« Dann fasste er den Soldaten an dessen Geschlechtsteil und sagte: »Du weißt doch, wozu du das hast!«[191]

Der Militärstaatsanwalt fasste seine Ermittlungen Ende März 1983 in der Anklageschrift zusammen: Der Beschuldigte habe »mehrfach ihm fachlich Unterstellte unter Missbrauch seiner dienstlichen Funktion zu sexuellen Handlungen im schweren Fall genötigt«, konkret von Dezember 1981 bis Februar 1983 in mindestens 25 Fällen, jeweils in seinem Dienstzimmer.[192] Noch vor der Hauptverhandlung vor dem Militärgericht wurde der Stabsfeldwebels Anfang April 1983 per Kaderbefehl »wegen grober Verstöße gegen Befehle und Dienstvorschriften, Missbrauch der Dienstbefugnisse und Gefährdung der Gefechtsbereitschaft« aus der NVA entlassen und zum niedrigsten Dienstgrad degradiert.[193] Auch andere recherchierte Fälle zeigen das gleiche Vorgehen. Stets wurden die Beschuldigten noch vor der Gerichtsverhandlung aus der NVA entlassen. Die Volksarmee ersparte sich so, dass aktive Soldaten in Uniform wegen dieser schweren Taten vor Gericht standen. Ein solches Vorgehen wäre in der Bundeswehr nicht denkbar gewesen. Dort entschied erst das Truppendienstgericht nach der Beweisaufnahme in seinem Urteil über eine etwaige Entfernung aus dem Dienstverhältnis.

Das vom Militärgericht gefällte Urteil: Der frühere Stabsfeldwebel wurde »wegen Nötigung zu sexuellen Handlungen im schweren Fall, in teilweiser Tateinheit mit mehrfacher Nichtausführung eines Befehls« (gemeint ist der Befehl des Verteidigungsministers zum Verbot des Konsums alkoholischer Getränke in den Kasernen) zu einer Freiheitsstrafe von einem Jahr und drei Monaten verurteilt. Die Urteilsbegründung listete die 25 erwiesenen Taten nochmals im Detail auf. Erstaunlicherweise blieben die NVA-Richter in Bemessung des Strafmaßes, wie sie selbst betonten, an der unteren Grenze des Strafrahmens.[194] Die Berufung des Angeklagten wurde vom Militärobergericht Berlin verworfen.[195] Seit Juni 1983 verbüßte der frühere Stabsfeldwebel seine Haftstrafe in einem zivilen Gefängnis. Schon im März 1984 wurde er wegen guter Führung vorzeitig aus der Haft entlassen.[196]

Auch für die DDR galt: Nicht immer hatten sexuelle Übergriffe nur eine primär sexuelle Motivation. Solche Taten konnten auch Machtdemonstration oder vielmehr Machtmissbrauch sein. Auffallend war beim Studium der Vernehmungs-

---

[190] Ebd., Zeugenvernehmung W., 1.3.1983.
[191] Ebd., Zeugenvernehmung S., 1.3.1983.
[192] Ebd., Militärstaatsanwaltschaft Berlin, Anklageschrift vom 22.3.1983.
[193] Ebd., Grenztruppen, Grenzkommando Mitte, Befehl über Kader vom 6.4.1983.
[194] Ebd., Militärgericht Berlin, 2. Militärstrafkammer, Urteil vom 22.4.1983
[195] Ebd., Militärobergericht Berlin, 3. Militärstrafsenat, Beschluss vom 6.5.1983.
[196] Ebd., Militärgericht Berlin, 2. Militärstrafkammer, Beschluss vom 3.2.1984.

niederschriften, dass fast alle Täter jede sexuelle Motivation hartnäckig leugneten
und stattdessen die gewollte schrankenlose Demonstration ihrer Macht über Untergebene in den Vordergrund rückten. Offenbar schien dies für sie vorteilhafter zu
sein, denn als Homosexueller zu gelten.

Mehrere Zeitzeugen berichteten übereinstimmend über den rüden Umgang der
Vorgesetzten mit unterstellten Soldaten. Mitunter beschlich die Soldaten nach eigener Erinnerung der Verdacht, dass da auch versteckte oder unterbewusste sadisti-
sche Züge ausgelebt wurden. Ein Zeitzeuge erinnerte sich, als junger Unteroffizier
im zweiten Dienstjahr 1983/84 von seinem Vorgesetzten, einem Hauptmann und
späteren Major, »sehr streng« behandelt und binnen eines Jahres mindestens sieben
Mal auch mit diversen erzieherischen Maßnahmen »traktiert« worden zu sein, ohne
dass das dem damaligen Unteroffizier überhaupt bewusst war oder ihm mitgeteilte
wurde, was er falsch gemacht hätte. Einmal habe der Hauptmann den Unteroffizier
am Wochenende zu sich nach Hause befohlen und ihn in seiner Wohnung »stramm-
stehen« lassen. Dies sei dem Zeitzeugen »merkwürdig« vorgekommen, »aber als
19-jähriger Unteroffizier fragt man nicht nach, schon gar nicht in der NVA«. Zu
irgendwelchen sexuellen Annäherungen kam es wohlgemerkt nicht, dennoch beschlich den Zeitzeugen im Nachhinein der Verdacht, dass sein Vorgesetzter damals
mit seinen Befehlen und Strafen »irgendwelche heimlichen sexuellen Vorlieben kom-
pensierte«: »Das war kein normales Verhalten.« Der Verdacht wurde im Nachhinein
genährt, als der nunmehrige Major nach der »Wende« Anfang 1990 seine Frau und
sein Kind aus der gemeinsamen Wohnung drängte und stattdessen in seiner NVA-
eigenen Dienstwohnung mit einem Mann zusammenzog.[197]

Wo die Grenze zwischen rüdem und rauem Umgang mit Untergebenen, men-
schenunwürdigem Verhalten von Vorgesetzten und sexuell motivierten Handlungen verlief, ließ sich von den mit Untersuchungen beauftragten Stellen nicht
immer zweifelsfrei klären. In den Unterlagen des ZK der SED findet sich die
Eingabe eines Dresdner Ehepaares an das Zentralkomitee aus dem Jahr 1979.
Darin bezichtigen sie den Vorgesetzten eines wehrdienstleistenden Sohnes von
Verwandten, »dem Trunke ergeben, meist brüllend« versucht zu haben, »sich in
unzüchtiger Weise den Soldaten zu nähern und ihnen homosexuell nachzustellen«.
Der Feldwebel habe dem Gefreiten mehrfach an das Gesäß gegriffen und in den
Rücken gebissen. »Bislang hat sich der Gefreite selbst verteidigt, fürchtet aber die
Rache des Verschmähten.«[198] Das Ehepaar richtete seine Vorwürfe an die höheren
Vorgesetzten: »Es ist uns unbegreiflich, wie sich solch ein Verderber der Jugend
in unserer sozialistischen Armee halten konnte [...] Sollte keiner der Vorgesetzten
von dieser abnormen Leidenschaft gewusst haben? Unbegreiflich! Gibt es kei-
ne Kontrolle der Vorgesetzten, dass sich die Furcht so entwickeln konnte?«[199] Der
Militäroberstaatsanwalt ermittelte und legte seine Ergebnisse der ZK-Abteilung

---

[197] Zeitzeugengespräch mit Stabsfeldwebel a.D. R., 7.2.2018.
[198] SAPMO-BArch, DY 30/IV B 2/12/261: Ehepaar Hans und Gerda D. an »Generalstaatsanwalt
beim Obersten Gericht der NVA im MfNV« (gemeint war Militäroberstaatsanwalt), vom
11.1.1979, ebenfalls als Eingabe an das ZK der SED, von dessen Abt. für Sicherheitsfragen
am 1.2.1973 weitergeleitet an Militäroberstaatsanwalt Generalmajor Leibner. Dank an Dr.
Christoph Nübel, ZMSBw, für den Hinweis auf diese Quelle.
[199] Ebd.

für Sicherheitsfragen vor. Eine Straftat habe sich nicht bestätigt, auch nicht nach Auffassung des geschädigten Gefreiten, »dem nie in den Sinn gekommen wäre, die unkorrekten Handlungen des Vorgesetzten als sexuelle zu bewerten«.[200]

An einen korrekten dienstlichen Hintergrund glaubte auch ein Grundwehrdienstleistender, als er an einem Abend im Juni 1989 telefonisch zu einem Hauptmann in den Regimentsstab befohlen wurde. Um 19 Uhr betrat er das Dienstzimmer des Offiziers. Als dieser die Tür von innen verschloss und zunächst eine vermeintliche Eidesstattliche Erklärung vorlegte, in der der Soldat verpflichtet wurde, mit niemanden jemals über das folgende Gespräch zu sprechen, glaubte der Soldat, wohl über andere Soldaten befragt zu werden. (Allein diese als selbstverständlich empfundene Annahme war bezeichnend für die Verhältnisse in den DDR-Streitkräften.) Stattdessen zeigte ihm der in Uniform auftretende Hauptmann hetero- und homosexuelle pornografische Fotoaufnahmen, legte dem Soldaten einen Fragebogen mit 30 Fragen zu dessen Intim- und Sexualleben vor und fragte auch direkt nach intimen Details des Körperbaus und Sexuallebens des Soldaten. Dieser beantwortete alle schriftlichen und mündlichen Fragen. Noch immer glaubte er an einen dienstlichen Hintergrund dieser »Überprüfung« seines »Sexualverhaltens«: »Ich wartete innerlich ab, was Selbiges bedeuten soll, der Sinn war für mich noch nicht klar. Der Offizier [...] war für mich schließlich eine Art Vertrauensperson.«[201] Misstrauisch und dann klar ablehnend reagierte der Soldat, als ihn der Offizier aufforderte, sich zu entblößen und sich vor ihm zu befriedigen. Knapp zwei Stunden redete der Offizier auf den Soldaten mit diesem Ziel ein. Der Soldat blieb bei seinem Nein. Gegen 21.30 Uhr durfte er endlich das Dienstzimmer des Hauptmanns verlassen. Am folgenden Tag berichtete er einem Unteroffizier vom Geschehenen; dieser riet ihm, den Vorfall zu melden, was der Soldat »nach einigem Zögern« vier Tage später auch tat.[202] In den Vernehmungen durch den Militärstaatsanwalt verneinte der Hauptmann zunächst jegliches homosexuelle Interesse. »Mir war nicht bekannt, dass [...] Bilder, wo sich Männer nackt zeigen und selbst befriedigen, [...] bereits Anzeichen für Homosexualität sind. Das kann und könnte ich mir nicht vorstellen.« Sein großes Interesse an den Geschlechtsorganen des Soldaten begründete der Offizier quasi biologisch: »Wie sieht sein Geschlechtsteil aus und vor allem wie sieht es aus, wenn man sich fast täglich selbst befriedigt?«[203] (Die Vernehmer der Militärstaatsanwaltschaft ließen diese allzu einfache Ausflucht nicht gelten und erzwangen das spätere Eingeständnis des Hauptmanns, der Soldat sei so ein »hübscher junger Mann«.[204]) Wieder einmal trat hier die aus Bundeswehr und NVA gleichermaßen bekannte Verteidigungslinie hervor, jegliches homosexuelle Interesse abzustreiten. Erschreckend und so für die Bundeswehr nicht vorstellbar: Der Militärstaatsanwalt vernahm auch die Ehefrau des Offiziers als Zeugin und befragte diese zu Details ihres ehelichen Sexuallebens.[205]

---

200 SAPMO-BArch, DY 30/IV B 2/12/261: Militäroberstaatsanwalt an ZK der SED Abt. für Sicherheitsfragen, 21.2.1973.
201 BArch, DVW 13/48584: Militärstaatsanwaltschaft Erfurt, Vernehmungsprotokoll Soldat B., 28.6.1989.
202 Ebd., Beschwerde Soldat B., 27.6.1989.
203 Ebd., Stellungnahme Hauptmann [X.], 8.7.1989.
204 Ebd., ergänzende Stellungnahme Hauptmann [X.], 17.7.1989.
205 Ebd., Vernehmungsprotokoll Frau [X.], 6.7.1989.

Offen gab der Hauptmann dagegen zu, den mit Disziplinproblemen auffällig gewordenen Soldaten seit Längerem durch erzieherische Gespräche und Drohen mit der NVA-Disziplinareinheit in Schwedt unter Druck gesetzt zu haben. Dies alles sei mit dem langfristigen Ziel geschehen, den Soldaten einzuschüchtern und »gefügig« zu machen und mit ihm »zu einem späteren Zeitpunkt sexuell irgendwie in Kontakt zu kommen«.[206] Die Gelegenheit ergab sich, als bei einem Soldaten der Unterkunftsstube eine Bibel gefunden wurde. In diesem Kontext sah der Soldat anfänglich das Gespräch und die ungewöhnlichen Fragen des Hauptmanns.[207] Der Fall kam nie vor ein Militärgericht. Stattdessen übergab der Militärstaatsanwalt »die Sache« an den Regimentskommandeur zur Anwendung der Disziplinarvorschrift.[208] Durch Befehl des Verteidigungsministers wurde der Hauptmann aus dem aktiven Dienst entlassen und zum Leutnant der Reserve degradiert.[209]

Ebenfalls mit der Einstellung endete 1980 das Ermittlungsverfahren gegen einen weiteren Hauptmann. Dieser hatte versucht, zwei Unteroffizierschüler auf seiner Wohnheimstube zu sexuellen Handlungen zu verführen. Einer der beiden entfernte sich rasch, der andere blieb zunächst. Unter dem Vorwand, austreten zu müssen, konnte dieser dann den Diensthabenden des Wohnheims informieren, »der Hauptmann habe vor, bei ihm sexuelle Handlungen vorzunehmen«. Nachdem der Unteroffizierschüler – warum auch immer – in die Stube des Hauptmanns zurückgekehrt war, wurde er später durch lautes Klopfen an der Tür aus der Stube »abgeholt«. Der Militärstaatsanwalt stellte das Ermittlungsverfahren wegen des Verdachts auf Nötigung zu sexuellen Handlungen nach § 122 Abs. 1 StGB der DDR ein. Das Tatbestandmerkmal der Gewalt war demnach nicht erfüllt. Der Unteroffizierschüler habe jederzeit die Möglichkeit gehabt, sich aus der Situation zu »befreien«. Auch habe zur abendlichen Stunde im Wohnheim kein militärisches Unterstellungsverhältnis bestanden. Der bloße Dienstgradunterschied reiche für das Tatbestandmerkmal des Missbrauchs der beruflichen Tätigkeit nicht aus.[210] Dennoch sei das Verhalten des Hauptmanns »in hohem Maße politisch-moralisch verwerflich«, zumal die Ermittlungen auch vorherige homosexuelle Handlungen mit anderen Unteroffizierschülern, Unteroffizieren und Offizieren ans Licht brachten – wohlgemerkt stets einvernehmliche. Das Verfahren wurde dem Kommandeur zur Anwendung der Disziplinarvorschrift übergeben. Als Nebenprodukt der Ermittlungen wurden auch Disziplinarmaßnahmen gegen einen weiteren Hauptmann und Kompaniechef angeregt, der ebenfalls (einvernehmliche) homosexuelle Handlungen mit anderen Unteroffizierschülern, Unteroffizieren und dem zunächst beschuldigten Hauptmann begangen haben soll.[211]

Einer sehr genauen Einzelfallbewertung bedürfen auch die Entlassungen aus der NVA in Zusammenhang mit einer strafrechtlichen Verurteilung nach Paragraf 151

---

[206] Ebd., Staatsanwaltschaftliche Abschlussvernehmung, 17.7.1989. Schon die Drohung mit »Schwedt« genügte, um den Soldaten vollends einzuschüchtern. Zum Militärstrafvollzug in Schwedt vgl. Wenzke, Ulbrichts Soldaten, S. 539 f., sowie ausführlich: Wenzke, Ab nach Schwedt!
[207] BArch, DVW 13/48584, Beschwerde Soldat B., 27.6.1989.
[208] Ebd., Militärstaatsanwalt beim Grenzkommando Süd, Verfügung vom 4.8.1989.
[209] Ebd., MfNV, Befehl des Ministers vom 29.8.1989.
[210] BArch, DVW 13/66204: Militärstaatsanwalt Löbau, Verfügung vom 21.3.1980.
[211] Ebd.

StGB der DDR. Der 1968 neu eingeführte Paragraf stellte gleichgeschlechtliche sexuelle Handlungen von Erwachsenen beiderlei Geschlechts mit Jugendlichen unter 18 Jahre unter Strafe, sowohl einvernehmliche Handlungen als auch sexuelle Übergriffe und Missbrauch. In den Akten der Militärstaatsanwaltschaften der DDR sind seit 1968 zwölf Ermittlungsverfahren wegen § 151 StGB der DDR überliefert. Die Urteile lagen zwischen einer Bewährungsstrafe von einem Jahr und zwei Jahren und acht Monaten Freiheitsstrafe. Zwei Verfahren wurden eingestellt. Vor der Bewertung dieser Zahlen bedarf es aber einer genauen Auswertung der Urteilsbegründungen, um zwischen einvernehmlichen und missbräuchlichen Handlungen zu trennen. So wurde 1988 ein Oberfähnrich (in der NVA anders als in der Bundeswehr kein Offizieranwärter, sondern eine in etwa den Fachdienstoffizieren der Bundeswehr vergleichbare eigene Laufbahn zwischen denen von Unteroffizieren und Offizieren) vom Militärgericht Dresden nach § 151 StGB zu sieben Monaten Haft verurteilt. Gemäß der in der NVA bereits erwähnten gängigen Praxis wurde der Oberfähnrich schon vor der Gerichtsverhandlung per Kaderbefehl aus der NVA entlassen. Angeklagt und verurteilt wurde er wegen sexueller Nötigung und Missbrauchs eines Siebzehnjährigen.[212] Dieses Urteil fällt *nicht* unter das 2017 verabschiedete Gesetz zur strafrechtlichen Rehabilitierung wegen einvernehmlicher homosexueller Handlungen auch nach Paragraf 151 StGB der DDR verurteilter Personen.

h) Ein ostdeutscher soldatischer Lebenslauf

Wie zuvor für die Bundeswehr soll abschließend auch für die NVA ein soldatischer Lebenslauf exemplarisch in Gänze skizziert werden. Der gebürtige Sachse, Jahrgang 1952, hatte 13 Jahre Dienst hinter sich, als er wegen Homosexualität 1984 aus der NVA entlassen wurde.[213] Dabei konnte seine sexuelle Orientierung der Armee nicht erst nach 13 Jahren aufgefallen sein. Nach eigener Bewertung wirkte er schon als junger Mann eher feminin, oder wie er selbst sagt: etwas »tuntig«. Seine Leidenschaft galt dem Ballett, er hatte schon die Aufnahmeprüfung für die staatliche Ballettschule Dresden bestanden, als ihm die Einberufung zum Grundwehrdienst einen Strich durch die Zukunftspläne machte.

Bei der Musterung 1971 machte ihm seine feminine Art keine Probleme, er wurde für wehrdiensttauglich befunden. Mehr noch: Im Wehrkreiskommando fragte man ihn, ob er sich als Berufssoldat verpflichten wolle. (Anders als in der Bundeswehr genügten in der NVA zehn Jahre Verpflichtung zum Erreichen eines Status als Berufssoldat, als Zeitsoldaten wurden Soldaten mit einer Verpflichtungszeit von drei bis vier Jahren bezeichnet.) Im Grunde hatte der junge Sachse keine Ambitionen, mehr als seine 18 Monate Grundwehrdienst zu leisten. Da er aber wegen der anstehenden Einberufung die Absage der Ballettschule in den Händen hielt, war ihm zu dieser Zeit »alles egal« und er verpflichtete sich für zehn Jahre als Unteroffizier.

Schon während der Grundausbildung an der Unteroffizierschule 4 »Paul Fröhlich« in Zwickau habe er aufgrund merklichen »tuntigen« Auftretens einen eindeutigen

---

212 BArch, DVW 13/70093: Militärgericht Dresden, 2. Militärstrafkammer, Urteil vom 14.10.1988.
213 Dieses Unterkapitel basiert auf einem Zeitzeugengespräch in Dresden und mehreren telefonischen Befragungen des Betroffenen.

Ruf unter Kameraden gehabt. Der Schulkommandeur habe ihm ins Gesicht gesagt: »Normalerweise hätte man Sie als Berufssoldat gar nicht bestätigen dürfen.«

Der Betroffene macht noch heute rückblickend einen Fehler oder ein Versäumnis des Wehrkreiskommandos für seine Zulassung zum Berufsunteroffizier verantwortlich. Möglicherweise war es aber kein Fehler, sondern schlicht Personalbedarf. Die NVA brauchte freiwillig Längerdienende. Es war wohl wie so oft in vielen Armeen der Welt zu allen Zeiten: Bedarf schafft Eignung. Auch nach Versetzung ins Dresdner Aufklärungsbataillon 7 gingen die Sprüche der Kameraden weiter: Sie riefen dem für die Truppenküche verantwortlichen Unteroffizier und späteren Fähnrich hinterher, da komme der »Zehn-Jahre-Homo« (eine Anspielung auf dessen zehnjährige Verpflichtungszeit). »Mit blöden Bemerkungen musste ich leben«, blickte der heutige Rentner zurück. Als sich eine Freundschaft zu einem anderen Soldaten entwickelte, wurde Letztgenannter von anderen Vorgesetzten gewarnt, er solle sich vorsehen, der Fähnrich sei schwul.

1973 wurde er zum Pionierbaubataillon 22 nach Berlin-Biesdorf ins dortige Einsatzkommando für den Bau des Palastes der Republik und weitere Bauvorhaben in der Hauptstadt abkommandiert. Die Stationierung in Berlin nutzte der Fähnrich, um abends und am Wochenende in die kleine schwule Szene im Stadtbezirk Prenzlauer Berg einzutauchen: »Das war meine Tippeltour.« Doch war er bei seinen Szeneabenteuern stets auf der Hut, nicht von anderen Soldaten entdeckt zu werden: »Das durfte nur keiner mitkriegen.« Stets dachte er: »Hoffentlich sieht Dich keiner!« Die Frage, ob er andere Schwule in der NVA kannte, bejahte der Zeitzeuge: »Mehr als genug!« Er habe mehrere schwule Soldaten in seinem Bataillon in Berlin-Biesdorf gekannt, aber es habe nie sexuelle Kontakte gegeben: »Das konnte ich mir nicht leisten.« Die Grundwehrdienstleistenden untereinander hatten dagegen durchaus freizügige sexuelle Begegnungen. Beim abendlichen Stubendurchgang habe er mehrfach zwei Soldaten in flagranti ertappt. »Das war ja nicht verboten, und aus dem Wehrdienst entlassen wurden die deswegen nicht.« Ein schwuler Soldat aus Plauen habe ihm offen berichtet, mit wem er alles »im Bett« gewesen sei. Aber für Vorgesetzte wie ihn seien derlei sexuelle Eskapaden in der Kaserne tabu gewesen. Schwule seien mitunter auch Denunziationen aus ihrem engsten familiären Umfeld ausgesetzt gewesen, wie der Fall eines Stabsfeldwebels im Biesdorfer Baubataillon zeigte. Dessen Frau hatte ihn mit einem Mann erwischt und ihn bei der Dienststelle gemeldet. Der Stabsfeldwebel sei daraufhin degradiert und entlassen worden.

Abgesehen vom Gerede und den dummen Sprüchen habe er keinerlei Nachteile im Dienst erfahren, betonte der Zeitzeuge. Er sei auch planmäßig befördert worden, bis zum höchsten Unteroffizierdienstgrad Stabsfeldwebel. 1982 verlängerte er seine Verpflichtungszeit auf 15 Jahre und wechselte in die Laufbahn der Fähnriche. Die Weiterverpflichtung und der Laufbahnaufstieg erfolgten, obwohl in den Dienststellen seine Homosexualität bekannt war. In der offen zutage liegenden Diskrepanz zur Vorschriftenlage zeigte sich einmal mehr die Kluft zwischen Anspruch und Wirklichkeit in der NVA.[214]

---

[214] »NVA. Anspruch und Wirklichkeit« nannte General a.D. Klaus Naumann das von ihm 1993 herausgegebene Buch über die Geschichte der NVA.

1984 kam auch für den Zeitzeugen das unerwartete, schnelle Ende seiner Karriere. Er selbst hatte den Anstoß dazu gegeben: Im betrunkenen Zustand sei er einem jungen Wehrpflichtigen »an die Wäsche gegangen«. Der ebenfalls angetrunkene Soldat habe sich gewehrt und dem deutlich dienstgradhöheren Älteren »direkt in die Fresse« geschlagen. Vor diesem Angriff auf einen Vorgesetzten konnte die Kompanie nicht die Augen verschließen. Es folgte eine Aussprache in Anwesenheit des für die Truppenküche zuständigen stellvertretenden Bataillonskommandeurs, des Politoffiziers des Bataillons, des SED-Parteisekretärs sowie des Verbindungsoffiziers des MfS im Bataillon.

Die Runde entschied auf ein Ausscheiden aus gesundheitlichen Gründen. Der Fähnrich wurde ins Armeelazarett Bad Saarow zum dortigen psychiatrischen Dienst überwiesen. (Der Weg über eine psychiatrische Untersuchung wurde auch in der Bundeswehr oftmals als »Königsweg« gesehen, um homosexuelle Soldaten »loszuwerden«.) Im Armeelazarett habe ihm der Arzt erotische Fotos von Frauen präsentiert; er versuchte, so eine Erregung festzustellen – vergeblich. Bei der ärztlichen Diagnose wurde der Begriff Homosexualität vermieden, stattdessen lautete sie auf »sexuelle Deviation«, oder in den klaren Worten des Arztes auf »abnorme Sexualität«. »Sexuelle Deviation« wurde als Diagnose auch in den Personalbogen des Fähnrichs aufgenommen.[215] In die Personalakte, in der NVA als Kaderakte bezeichnet, kam der Eintrag »ungenügende Voraussetzung für den militärischen Beruf«. Konsequenz war der Antrag des Bataillonskommandeurs zur Entlassung aus dem aktiven Wehrdienst.[216] Der Noch-Soldat musste sich einen zivilen Arbeitsplatz suchen. Nachdem er diesen in der Gastronomie gefunden hatte, wurde er aus der NVA entlassen. Detail am Rande: Mit der Entlassung war keine Dienstgradherabsetzung verbunden. Dies war ein deutlicher Unterschied zu Urteilen der westdeutschen Truppendienstgerichte in vergleichbaren Fällen, in denen bei Entfernung aus dem Dienstverhältnis der Verlust des Dienstgrads eintrat. Der entlassene Fähnrich bekam eine ausschließlich positive Abschlussbeurteilung (»freundliches und aufgeschlossenes Wesen, im Berufsunteroffizierskollektiv als Genosse geachtet, gegenüber Vorgesetzten höflich und diszipliniert«) mit auf den Weg ins zivile Berufsleben. Darin stand kein Wort über den Vorfall oder dessen Hintergründe.[217]

Erst nach dem Ende der DDR und ihrer Armee erfuhr der Zeitzeuge von früheren Biesdorfer Kameraden, dass 1984 im Bataillon nicht bekannt wurde, warum der als Küchenchef in der Kaserne bekannte Fähnrich so plötzlich verschwunden war. Die Kameraden wunderten sich zwar sehr, fragten aber, NVA-typisch, auch nicht nach. Da sich jedoch der Vorfall mit dem jungen Soldaten in der Kaserne herumgesprochen hatte, konnten die Soldaten eins und eins zusammenzählen.

Das Vorgehen der Bundeswehr bei einem derartigen Vorfall in ihren Reihen lässt sich anhand der zahlreichen ausgewerteten truppendienstgerichtlichen Entscheidungen skizzieren: Für einen vergleichbaren einmaligen minderschweren sexuellen Übergriff auf dienstgradniedere Soldaten der eigenen Einheit haben die

---

215 Personalbogen, Ärztliches Gutachten vom 22.8.1984. (Dank an den Zeitzeugen für die Überlassung einer Kopie dieses und der weiteren Dokumente).
216 Vorschlag zur Entlassung aus dem aktiven Wehrdienst vom 28.8.1984.
217 Abschlussbeurteilung vom 28.8.1984.

Truppendienstgerichte im betreffenden Zeitraum der 1980er Jahre in der Regel
Dienstgradherabsetzungen ausgesprochen. In seltenen Urteilen wurde bei Kompaniechefs auf Entfernung aus dem Dienstverhältnis entschieden. Der genaue Blick
auf den Fall im Biesdorfer Pionierbaubataillon zeigt: Auch der NVA-Fähnrich wurde de jure nicht für sein Vergehen, sondern aufgrund einer militärmedizinischen
psychiatrischen Begutachtung als wehrdienstuntauglich entlassen. Anders als
beim regulären Ablauf in der Bundeswehr wurde hier kein förmliches Disziplinarverfahren durchgeführt. Im Biesdorfer Pionierbaubataillon entschieden sich der
Kommandeur, die Politstellvertreter und die Parteileitung unter Beteiligung der
Staatssicherheit für eine unauffällige Lösung. Der unangenehme Fall wurde geräuschlos »abgeräumt«. Dies war nicht nur bei sexuellen Vorfällen, sondern auch
bei anderen, nicht in das perfekte Bild der NVA als sozialistischer Klassenarmee
passenden Vorfällen der übliche Weg: Hauptsache keine Unruhe in der Truppe,
kein Skandal, der eventuell in der Öffentlichkeit bekannt werden könnte. Für diese Motivation hinter der geräuschlosen Lösung ohne Disziplinarverfahren spricht
im Fall des Biesdorfer Pionierbaubataillons, dass dessen Soldaten auch nichts vom
Verbleib des Fähnrichs erfuhren. In der Bundeswehr wäre im Übrigen die ver-
hängte Disziplinarmaßnahme auch nicht am Schwarzen Brett ausgehängt oder per
Lautsprecher in der Kaserne verkündet worden. Der Datenschutz und die jedem
Soldaten garantierten Persönlichkeitsrechte standen dem im Weg. Aber auch so war
anzunehmen, dass sich die Disziplinarmaßnahme herumsprechen würde oder im
Falle einer Dienstgradherabsetzung auch für jeden offensichtlich gewesen wäre. Ziel
einer jeden Disziplinarmaßnahme in der Bundeswehr war ja deren erzieherische
Wirkung auf den Beschuldigten wie auf alle anderen Kameraden um ihn herum. Der
entscheidende Unterschied zwischen dem Biesdorfer Fall und einem vergleichbaren
Fall in der Bundeswehr liegt in dem nach klaren Regeln und garantierten Rechten
für den Beschuldigten ablaufenden formellen Verfahren im Westen. Aber auch in
der Bundeswehr gab es die »Lösung«, sexuell auffällig Gewordene über wehrmedizinische psychiatrische Begutachtung auf ihre Wehrdienstuntauglichkeit hin zu untersuchen und dann ggf. als dienstunfähig zu entlassen. Als der damalige Fähnrich aus
Biesdorf im Rahmen des Zeitzeugengesprächs über solche Fälle in der Bundeswehr
las, sagte er spontan: »Das ist ja genau wie bei mir!«[218]

Nachtrag: 1988 wurde der Fähnrich der Reserve zum Reservedienst (in der
Bundeswehr als Wehrübung bezeichnet) einberufen. Dies sei von ihm aber mit
der Bemerkung abgelehnt worden: »erst schmeißen sie mich raus und dann wollen
sie mich wiederhaben? Nee!« 1989 erreichte ihn eine erneute Anfrage des Wehrkreiskommandos Dresden, ob er in der Musterungskommission mitarbeiten wolle.
Diesmal sagte er nicht nein und diente dort von März bis August 1989 in seinem
alten Dienstgrad als Fähnrich.

---

[218] Zeitzeugengespräch am 5.1.2018.

Ungeeignet zum Soldaten und als Vorgesetzte,
unter Verdacht und unter Anklage, unter Kameraden
tabuisiert und toleriert. Ein Fazit

Das in Form thesenhafter Zuspitzungen gehaltene Fazit orientiert sich an den einleitend formulierten Fragen.

1. Die Frage der Dienstfähigkeit männlicher Homosexueller

In den ersten zwei Jahrzehnten der Bundeswehr wurden sich bei der Musterung
zu erkennen gebende oder erkannte homosexuelle Männer konsequent ausgemustert. Erst als Ende der 1970er Jahre, bedingt durch die nun in das Wehrdienstalter
kommenden geburtenschwachen Jahrgänge, bei gleichzeitig steigender Zahl an
Ersatzdienstleistenden der Bedarf an Wehrdienstleistenden stieg, begründete Homosexualität allein keine Untauglichkeit mehr – sehr zur Überraschung der tatsächlich
oder vermeintlich Homosexuellen. Nunmehr waren homosexuelle Wehrpflichtige
grundsätzlich dienstfähig, es sei denn, ein ärztliches, sprich psychiatrisches Gutachten
attestierte die Unfähigkeit, sich in eine »Männergesellschaft auf engstem Raum« zu
integrieren. Bedarf schafft Eignung. Für die 1980er und 1990er Jahre galt für homosexuelle Männer: Wehrpflicht ja, Karriere nein.

2. Individuelle Erinnerungen und Erfahrungen

Zeitzeugen berichteten anschaulich und glaubhaft von dem hohen Druck, unter
dem sie Jahre oder Jahrzehnte als homosexuelle Unteroffiziere und Offiziere gedient
hatten. *Die Zeit* brachte es auf den Punkt: Die Streitkräfte zwangen ihre homosexuellen Soldaten zu »psychologischer Selbstverstümmelung«. Über den Köpfen schwuler
Offiziere und Unteroffiziere schwebte stets das Damoklesschwert des Karriereendes.
Es konnte jederzeit auf den Betroffenen niedergehen. Schwule Soldaten, ehemalige wie auch aktive, berichteten eindrücklich, wie sehr sie sich dieser ständigen
Gefahr bewusst waren, wie sehr sie das psychisch belastete und ihr Leben, auch ihr
Privatleben, einschränkte. Auf der anderen Seite erzählten viele Zeitzeugen aber
auch, dass ungeachtet der Vorschriften die Toleranz in der Truppe viel größer war, als
es die Vorschriften eigentlich zuließen. Vor allem in den 1990er Jahren dienten nicht

wenige Offiziere und Unteroffiziere, deren Homosexualität ein offenes Geheimnis war, als Vorgesetzte auf allen Führungsebenen.

3. Männliche Homosexualität im Straf- und Disziplinarrecht

In seiner von den Nationalsozialisten verschärften Fassung blieb der Paragraf 175 StGB auch nach 1949 in der Bundesrepublik in Kraft. Waren die Verurteilten Soldaten, folgten auf das Strafurteil die Anschuldigung durch den Wehrdisziplinaranwalt und eine Verurteilung durch die Truppendienstgerichte. Bis in die späten 1960er Jahre wurden die homosexuell »auffällig Gewordenen« in der Regel aus den Streitkräften entlassen. Die Soldaten erlitten neben der »zivilen« Verurteilung durch Strafgerichte zusätzlich schwere soziale Belastungen: Verlust ihres Berufes und ihres oftmals allein auf die Kompanie und die Kameraden konzentrierten sozialen Umfeldes. Nach Rückkehr in ihren Heimatort folgte womöglich die Stigmatisierung und Ausgrenzung aus der ländlichen oder kleinstädtischen Gesellschaft, was oftmals beruflich einen Neubeginn an einem anderen Ort nötig machte, »wo sie keiner kannte«. Beim Vergleich der strafgerichtlichen Urteile mit denen der Disziplinargerichtsbarkeit ist signifikant, dass die Truppendienstgerichte deutlich härter als die Amtsgerichte urteilten. An dieser Stelle sei nochmals betont, dass daraus nicht eine etwaige Rechtsfehlerhaftigkeit der truppendienstgerichtlichen Entscheidungen gefolgert werden kann. Im Strafverfahren und im disziplinargerichtlichen Verfahren werden Abwägungen für unterschiedliche Schutzgüter vorgenommen. Derselbe Sachverhalt kann bekanntlich strafrechtlich unbedenklich sein und dennoch ein Dienstvergehen darstellen. In nicht wenigen Fällen erfolgte daher eine disziplinare Ahndung einvernehmlicher sexueller Handlungen zwischen Soldaten ungeachtet der Einstellung des strafrechtlichen Verfahrens durch die Staatsanwaltschaften oder die Strafgerichte.

Die strafrechtliche Verfolgung homosexueller Handlungen reflektierte gesellschaftliche und nicht zuletzt ethische, moralische und religiös basierte Werturteile (oder Vorurteile). Bis 1969 zog jede Verurteilung nach § 175 StGB auch für Beamte des übrigen öffentlichen Dienstes des Bundes, der Länder und Kommunen zwingend ein Disziplinarverfahren nach sich, das in der Regel zur Entfernung des Beamten aus dem Dienstverhältnis führte. Jeder Verstoß gegen Strafgesetze oder geltende Moralvorstellungen wurde in der Regel als Dienstvergehen geahndet. Homosexuelle Handlungen gehörten »zu den gravierendsten« dieser Verstöße,[1] hier unterschied sich das Beamtenrecht nicht von der Praxis in der Bundeswehr. »In dieser Wertung liegt viel Politik: Der Staat als Dienstherr gibt den Vorstellungen und Forderungen der Mehrheit seiner Bürger statt. Beamtenrecht wird so Mittel zur exemplarischen Erzwingung und Aufrechterhaltung kollektiver Verhaltenserwartungen.«[2] Dahinter stand das Bild des Beamten als Repräsentant des Staates – und das galt nicht nur im Dienst, sondern auch außerhalb der Dienstzeit jederzeit und allumfassend, wohlgemerkt nicht nur für höhere Beamte der Verwaltung, Polizisten oder Lehrer, son-

---

[1]   Gollner, Disziplinarsanktionen, S. 105.
[2]   Ebd.

dern ebenso für »kleine« Postbeamte, Feuerwehrmänner, Lokführer oder Schaffner der Bundesbahn.[3] Auch hier lag wieder eine deutliche Parallele zur Erwartung des Dienstherrn an Soldaten und verschärft an Unteroffiziere und Offiziere, wie sie der § 17 Abs. 2 des Soldatengesetzes für das Verhalten im und außer Dienst festlegte.

30 oder 40 Jahre zurückliegende Entscheidungen sollten nicht mit heutigen Wertmaßstäben gemessen werden. Die in der breiten Bevölkerung vorhandenen Vorbehalte gegen homosexuelle Männer spiegelten sich auch im Denken der Soldaten, der Vorgesetzten, der Beamten und der Juristen im Verteidigungsministerium und in den Gerichten.

> »Den meisten Historikern gelingt es nicht, sich in die Entscheidungssituationen ihres Untersuchungszeitraums hineinzuversetzen oder diese nachzuvollziehen. Allzu oft wollen Historiker dem heutigen Zeitgeist genehm sein. Der Zeitgeist ist ein großes Übel, denn er ist stark emotional geprägt. Dem Zeitgeist genehme Historiker blicken im Grunde auf die Gegenwart, nicht auf die Geschichte.«[4]

Doch geben sie vor, diese zu erforschen. Die streitkräfteinterne Disziplinargerichtsbarkeit hatte (und hat) andere Rechtsgüter abzuwiegen als die allgemeine Strafjustiz. Das Handeln und Entscheiden der Bundeswehrbeamten und -juristen, der Rechtsberater, der Wehrdisziplinaranwälte sowie der Richter war selbstredend an Recht und Gesetz gebunden. Recht und Gesetz folgten aber in den 1960er oder 1970er Jahren noch anderen Normen als 2020. Die Wehrdienstrichter betonten bis in die späten 1960er explizit die »reinigende Wirkung« ihrer Urteile, bezogen auf Taten, die die »Sauberkeit der Truppe« gefährdet hätten. Sogenannte »reinigende Disziplinarmaßnahmen« wurden aber auch wegen zahlreicher anderer Dienstvergehen verhängt. Dies war und ist bis heute gängige Ausdrucksweise von Juristen. Ab den 1970er Jahren trat an die Stelle der »Sauberkeit der Truppe« die weichere, technisch klingende Formel von der »Gefährdung von Ordnung und Disziplin der Truppe«. Mit dieser immer wiederkehrenden Begründung wurden erkannte Vorfälle von Homosexualität auch nach den Neufassungen des § 175 StGB 1969 und 1973 disziplinar geahndet. In Anwendung des Disziplinarrechts folgten die Bundeswehr und deren Juristen den allgemeinen Rechtsnormen. Folgerichtig entschied der Wehrdienstsenat 1970, dass nach der Entkriminalisierung der einfachen Homosexualität derlei Handlungen von Soldaten kein Dienstvergehen mehr darstellten – es sei denn, es gäbe einen dienstlichen Bezug. In der Auslegung dessen behielt die Bundeswehr aber eigenen Handlungsspielraum. 1970 war der dienstliche Bezug bereits gegeben, wenn zwei Soldaten sexuelle Beziehungen unterhielten – rein privat und ohne dienstliche Kontakte. Dieser strenge Rahmen wurde im Laufe der Jahre durch die Truppendienstgerichte immer weiter gelockert. Streng geahndet wurden weiterhin sexuelle Beziehungen von Vorgesetzten und Untergebenen, dabei genügte bereits ein abstraktes Vorgesetztenverhältnis nach der Vorgesetztenverordnung. Auch

---

3   So schildert der in den 1960er Jahren im hessischen Gelnhausen aufgrund einer Anzeige der Mutter seines Ex-Freundes in U-Haft genommene Günter Landschreiber in der TV-Doku Der »Schwulen-Paragraph« (gesendet u.a. am 10.10.19, 23.15 Uhr, im HR-Fernsehen), wie er noch in der U-Haft per Brief seine Entlassung als angehender Postangestellter bekam.
4   Generalarzt a.D. Dr. Horst Hennig im Zeitzeugengespräch, Köln, 20.6.2018.

sexuelle Handlungen von Soldaten einer Einheit wurden – dienstgradunabhängig – disziplinar geahndet. Das Verbot sexueller Handlungen in Kasernen fiel 2004.

Ein Dunkelfeld sind die Entlassungen nach § 55 Abs. 5 SG. Dieser Paragraf des Soldatengesetzes eröffnete wegen eines Dienstvergehens bei ernstlicher Gefährdung der militärischen Ordnung die Möglichkeit, Soldaten innerhalb der ersten vier Jahre in einem vereinfachten Verfahren ohne disziplinargerichtliches Urteil fristlos aus der Bundeswehr zu entlassen. Nur wenige Einzelfälle konnten durch Zufallsfunde oder Zeitzeugenhinweise identifiziert werden. Was bleibt, ist die Vermutung, dass die Zahl der hiervon Betroffenen weitaus höher gewesen sein dürfte als die Zahl der durch Urteil der Truppendienstgerichte entlassenen Soldaten.

Diese Studie differenzierte strikt zwischen einvernehmlichen sexuellen Handlungen und Fällen von sexuellen Übergriffen. Die Quellen belegen zahlreiche Fälle sexueller Übergriffe oder entsprechender Versuche von Offizieren und Unteroffizieren auf dienstgradniedere, zumeist jüngerer Soldaten. Diese Fälle würden (und werden) auch heute noch, unabhängig von der Frage der Homosexualität, selbstverständlich disziplinarrechtlich und gegebenenfalls strafrechtlich geahndet. Ein Referat der Personalabteilung hielt Anfang Januar 2000 nochmals fest, die disziplinare Relevanz homosexueller Betätigung sei grundsätzlich nicht anders zu bewerten als die bei heterosexuellen Aktivitäten.

4. Ungeeignet als Vorgesetzte?

Auch unterhalb der Schwelle des Disziplinarrechts galt Homosexualität in der Bundeswehr bis zum Jahr 2000 weiterhin als schwerer Makel, der in der Regel zu gravierenden dienstlichen Nachteilen führte. Ein als homosexuell bekannter Offizier oder Unteroffizier hatte selbst bei besten Beurteilungen keine Chance, zum Berufssoldaten ernannt zu werden. Die Bundeswehr blockierte generell jegliche Weiterverpflichtung eines homosexuell bekannten Soldaten. Sogar Wehrpflichtigen, die freiwillig als Mannschaftsdienstgrade länger dienen wollten, wurde dies verwehrt.

Als homosexuell erkannte Soldaten aller Dienstgrade wurden aber in der Regel seit den 1970er Jahren nicht mehr vorzeitig entlassen, was beispielsweise die britischen oder amerikanischen Streitkräfte nach wie vor praktizierten. Bundeswehrsoldaten konnten ihre laufende Dienstzeit ableisten, und wer bereits den Status eines Berufssoldaten innehatte, konnte in der Regel bis zum Erreichen der Altersgrenze im Dienst verbleiben.

Dieser Schutz des bisherigen Status galt nicht für angehende Offiziere und Unteroffiziere. Bekannte sich ein Offizier- oder Unteroffizieranwärter zu seiner Homosexualität, wurde er wegen angeblicher Nichteignung im vereinfachten Verfahren entlassen.

Auch wenn (mit diesen Ausnahmen) nicht vorzeitig entlassen wurde, sprach das BMVg als homosexuell erkannten Männern generell die Eignung zum unmittelbaren Vorgesetzten und/oder Ausbilder ab – und zwar pauschal und ausdrücklich ohne Bewertung des Einzelfalls. Ausschlaggebend dafür war ein antizipierter Autoritätsverlust und damit eine Gefahr für die Disziplin der Truppe. Die Militärs

sahen die Einsatzbereitschaft gefährdet. Die Gewährleistung der vollen Einsatzbereitschaft war wiederum Grundlage der Auftragserfüllung der Streitkräfte. Und
schließlich hatte der Verteidigungsauftrag Verfassungsrang. Mit diesen Argumenten
glaubten sie sich auch für eine eventuelle oder gar in der Zukunft wahrscheinlich werdende Verfassungsbeschwerde gewappnet. Die Verfassungsrichter haben
freilich diese Frage nie entschieden. Als sie im Jahr 2000 erstmals über eine solche Verfassungsbeschwerde zu befinden hatten, lenkte das BMVg in buchstäb-
lich letzter Minute ein – und vermied so eine Entscheidung. Zuvor war über drei
Jahrzehnte jeder Versuch von Betroffenen, auf dem Klageweg eine Aufweichung der
Restriktion zu erreichen, an den Mauern der Verwaltungsgerichte abgeprallt. Das
Verteidigungsministerium hat seine Position gegenüber homosexuellen Vorgesetzten
in den 1980er und 1990er Jahren merklich verschärft und diesen strikten Kurs bis
zur Jahrtausendwende unbeirrt beibehalten. Homosexuelle Männer verzichteten daher oft von sich aus auf solche Anträge oder Bewerbungen. Die Bundeswehr ver-
gab sich damit ein großes personelles Potenzial. Andere Offiziere nutzten mitunter
die Personalrichtlinien, um als echte oder vermeintliche Homosexuelle nach dem
Studium ihre Restdienstzeit zu verkürzen und sich schneller in die freie Wirtschaft zu
verabschieden. Aus Sicht eines effektiven Personalmanagements waren dies letztlich
Eigentore. Die frühere Parlamentarische Staatssekretärin Brigitte Schulte wunderte sich rückblickend, »wie unaufgeklärt und spießig [...] die zivile und militärische
Führung der Bundeswehr und unsere Gesellschaft bis ins 21. Jahrhundert waren«.[5]
Entscheidend war der Verweis auf die Gesellschaft. Die Bundeswehr war auch in
dieser Frage bis in die späten 1970er Jahre nur der Spiegel der Gesellschaft, entfernte
sich aber später immer mehr davon.

Auf der anderen Seite zeigen zahlreiche Beispiele, dass, solange homosexuelle
Offiziere oder Unteroffiziere einfach ihr Leben lebten, ohne dies an die sprichwörtliche »große Glocke« zu hängen, sie erstaunlich ungehindert ihren Weg in der Armee
gehen und Karriere bis in höchste Verwendungen machen konnten.

Wiederum gilt, Jahrzehnte zurückliegende Entscheidungen nicht ausschließ-
lich mit heutigen Wertmaßstäben zu messen. In den Köpfen der entscheidenden
Offiziere, Juristen und Beamten lebte das uralte Topos vom Militär als Schule der
Männlichkeit fort.

Die Diskriminierung Homosexueller war kein Alleinstellungsmerkmal der
Bundeswehr. Die Bundeswehr agierte – zumindest in den ersten Jahrzehnten – im
Einklang mit den tradierten kulturellen Werten und Normen der breiten Mehrheitsgesellschaft. Toleranz gegenüber Homosexuellen war bis dahin allgemein nicht
sehr ausgeprägt. Berufliche Nachteile erlitten Betroffene bei einem Coming-Out
wohl in fast jeder Berufssparte. Dieser gesellschaftliche Konsens drückte sich in
unzähligen Schwulenwitzen und Sprüchen aus, wie jenem vom CSU-Vorsitzenden
Franz Josef Strauß: »Ich will lieber ein kalter Krieger sein als ein warmer Bruder.«[6]

---

5   Brief Parlamentarische Staatssekretärin a.D. Brigitte Schulte an den Verfasser, 2.6.2019.
6   Franz Josef Strauß in der Neuen Osnabrücker Zeitung am 6.3.1970, nahezu wortgleich von
     Strauß wiederholt auf einer CDU-Wahlkundgebung in West-Berlin 1971, zit. in: Der Spiegel,
     12/1971, S. 21.

Die Frage der Sagbarkeit war und ist der entscheidende Gradmesser für die gesellschaftliche Akzeptanz, so auch in den Streitkräften. Sich zur eigenen Homosexualität offen zu bekennen war ein bekannter Topos der Homosexuellenbewegung und der große Schritt, der dann in der Regel die Vorschriften greifen ließ. Mutige Aktivisten gingen bewusst diesen steinigen Weg – wohl wissend, dass sie für sich (noch) nichts erreichen würden, außer dem Ende ihrer Karriere und einer juristischen Niederlage.

Trotz der bekannten Restriktionen entschieden sich dennoch homosexuelle Männer für den Soldatenberuf. Mitunter tauchte daher bei öffentlichen Vorträgen des Verfassers dieser Studie bei den Zuhörern die verständnislose Frage auf, wie man als Homosexueller denn überhaupt als Berufssoldat zur Bundeswehr gehen konnte und sich freiwillig diesem »schwulenfeindlichen Umfeld« aussetzte. Wer den Beruf des Soldaten ergreifen wollte, sei es, weil er von Auftrag der Bundeswehr überzeugt war, sei es, weil er einfach gerne Soldat sein wollte, für den wäre der Verzicht einer Selbstaufgabe, einer Eigendiskriminierung gleichgekommen. Rückblickend erinnerte sich ein mit Personalfragen befasster Stabsoffizier an seine Bewertung der Lage 1999 als nicht selbst Betroffener: »Wir versagten Homosexuellen jede Karriere, obwohl sich die allermeisten von ihnen doch duckten und zurücknahmen, um ja nicht aufzufallen. Diese Männer haben sich trotz dieser Ablehnung und trotz aller Diskriminierung bewusst dafür entscheiden, als Offizier oder Unteroffizier in den Streitkräften zu dienen.«[7] So oder so, der Umgang der Streitkräfte mit Homosexualität hatte für die Betroffenen eine erhebliche biografische Relevanz.

5. Homosexualität als »Sicherheitsrisiko«

Bis in die 1980er Jahre wurde Homosexualität in den internen Richtlinien für die Sicherheitsüberprüfung zusammen mit anderen als »abnorm« angesehenen sexuellen Verhaltensweisen generell als Sicherheitsrisiko gewertet. Diese Regelung war aber nicht bundeswehrspezifisch, sondern stammte aus dem Bundesinnenministerium und galt für alle Ressorts der Bundesregierung gleichermaßen. Ein 1983 erarbeiteter Entwurf für neue Richtlinien sah vor, dass nun offen bekannte Homosexualität kein Erpressungspotenzial und mithin kein Sicherheitsrisiko mehr begründe. Die neuen Richtlinien für die Sicherheitsüberprüfung traten 1988 in Kraft. Behielten Offiziere und Unteroffiziere ihre Homosexualität (dienstlich) für sich, stufte sie der MAD als potenziell erpressbar und damit als gefährdet für die »Anbahnung nachrichtendienstlicher Kontakte« durch gegnerische Geheimdienste an.

Dem gegenüber stehen die Berichte zahlreicher homosexueller Soldaten aller Dienstgrade, sie hätten niemals Probleme mit dem MAD gehabt. Und doch machten es die homosexuellen Offizieren und Unteroffizieren drohenden Restriktionen der Personalführung für Betroffene nahezu unmöglich, sich zu öffnen – außer um den Preis der beruflichen Zukunft. *Die Zeit* brachte diesen schier unentrinnbaren Konflikt schon im Januar 1984, in der »heißen« Phase der Wörner-Kießling-Affäre, Michael Lindner zitierend auf den Punkt: »Durch die Diskriminierung wird über-

---

7   Zeitzeugengespräch mit Oberstleutnant d.R. Joachim Meier, Karlsruhe, 16.7.2018.

haupt erst die Erpressbarkeit geschaffen«, »die Bundeswehr schafft sich ihre eigenen Sicherheitsrisiken«.[8] Zum Verhindern derartiger Situationen gibt es nur eine einzige Lösung: Heterosexuell, homosexuell, lesbisch, bisexuell oder transsexuell dürfen keine Kategorien sein, die in diesen Fragen von Belang sind. Eine offene und tolerante Atmosphäre, die es jedem Menschen ermöglicht, seiner oder ihrer sexuellen Orientierung gemäß offen zu leben, ist das einzige Mittel gegen Nachrede und Verdächtigungen. Nur dann haben Betroffene keinen Anlass zu Geheimhaltung, und nur dann sind sie in dieser Sache nicht erpressbar und mithin auch kein Sicherheitsrisiko. Dass diese Erkenntnis am Fall eines Mannes reifen musste, der nach allem, was enge Freunde aussagten und seine eigenen schriftlichen Nachlässe ausdrücken, gar nicht homosexuell war, darin liegt die besondere Ironie der tragischen Wörner-Kießling-Affäre. Einen Ausweg aus diesem Kreislauf konnte es nur durch eine Änderung der Haltung der Bundeswehr zur Homosexualität geben. Diesen von den Betroffenen lange erhofften und geforderten Schritt ging der Dienstherr im Jahr 2000.

6. Jahrtausendwende – Zeitenwende

Eine Änderung der Haltung der Streitkräfte in dieser Frage konnte nur »von oben« ausgehen, vom Ministerium, und dort nur von der politischen Führung. Das Zögern und das Zurückschrecken Scharpings vor der militärischen Führung machten auch mit Blick auf das Primat der Politik keinen guten Eindruck. Andererseits entsprach es Scharpings vorsichtigem vermittelndem Charakter. Der Minister wollte die militärische Führung nicht überfahren, sondern auf dem Weg der Veränderung mitnehmen. In Scharpings eigenen Worten vor dem Bundestag: Es sei ein »Gebot kluger Führung, eine für richtig gehaltene Auffassung auf vernünftige Weise erträglich, verträglich und verständlich zu machen. [...] Man muss Toleranz verstehbar, erwerbbar und in diesem Sinne erlernbar machen«.[9] Scharping setzte sich und seine Partei eher dem Vorwurf des gebrochenen Wahlversprechens aus, als es sich mit den Generalen zu verderben. Erst unter dem starken, auch zeitlichen Druck einer unmittelbar bevorstehenden Entscheidung des Bundesverfassungsgerichts wendete der Minister im Jahr 2000 und steuerte in die Gegenrichtung. Gegen den erbitterten Widerstand der militärischen Führung setzte er sich durch. Eine Karlsruher Entscheidung, die womöglich die Verfassungswidrigkeit der bisherigen Position der Bundeswehr gegenüber ihren homosexuellen Soldaten festgestellt hätte, konnte das BMVg somit vermeiden. Die Inspekteure der Teilstreitkräfte, der Generalinspekteur und ihre Stäbe wollten dagegen lieber – um eine zugegeben unpassende Analogie zur Flotte im November 1918 zu ziehen – vor dem Verfassungsgericht kämpfend untergehen. Scharping hatte aber kein Interesse daran, in Karlsruhe versenkt zu werden. Er war Politiker. Und er entschied politisch, wenn auch in letzter Minute. Die getroffene Entscheidung bedeutete eine Zäsur und die Aufgabe der 45 Jahre lang gehaltenen Linie.[10]

---

8 »Homosexualität – ein Sicherheitsrisiko?«.
9 Deutscher Bundestag, Stenographischer Bericht der 95. Sitzung vom 23.3.2000, S. 8844 f.
10 Oder mit anderen Worten: »Dramatischer konnte der Traditionsbruch kaum ausfallen.« Schadendorf, Der Regenbogen-Faktor, S. 72.

Die gerichtlich erzwungene volle Öffnung der deutschen Streitkräfte für Frauen und das Ende der Beschränkungen für Homosexuelle liefen im Jahr 2000 zeitlich parallel und ergänzten sich in der öffentlichen Wahrnehmung wie auch im Selbstverständnis der Truppe zu einem Ganzen, zum Bild einer sich rasant verändernden Bundeswehr. Beide Veränderungen liefen unabhängig voneinander und doch kann man sie nicht voneinander trennen. Wer danach fragt, warum die Bundeswehr ihren homosexuellen Soldaten nach Jahrzehnten plötzlich entgegenkam und alle alten Grundsätze binnen weniger Monate über Bord warf, findet die Antwort vor allem in Europa, im sich wandelnden europäischen Verständnis von Menschenrechten und Diskriminierungsfreiheit.

7. Rück- und Querblicke zu anderen Streitkräften

Homosexualität war und ist ein Thema für alle Streitkräfte der Welt. Der Umgang der Bundeswehr mit dieser Frage muss daher im internationalen und epochenübergreifenden Kontext bewertet werden. Der Vergleich mit anderen Streitkräften hilft, das Vorgehen der Bundeswehr in einem größeren Zusammenhang zu verorten. Teils ähnelte ihr Vorgehen bis ins Detail den in Quellen aus der Kaiserlichen Marine, der preußischen Armee im Kaiserreich und der Reichswehr gefundenen Vorgängen. Aber das ist nüchtern betrachtet nicht erstaunlich, sondern eben streitkräftetypisch.

Im zeitgenössischen internationalen Vergleich stand die Bundeswehr nicht so negativ da: Anders als die amerikanischen, die britischen und andere NATO-Streitkräfte entließ die Bundeswehr als homosexuell erkannte Offiziere und Unteroffiziere seit den 1970er Jahren in der Regel nicht mehr, schon gar nicht fristlos. Die US-Streitkräfte führten erst 1993 eine Regelung ein, wie sie die Bundeswehr so bereits seit den 1970er Jahren praktizierte – ohne dem freilich einen so prägnanten Namen zu geben. Das amerikanische »Don't ask, don't tell!« bedeutete ab 1993 freilich keinen Freibrief für Schwule und Lesben in den dortigen Streitkräften, sondern, dass bei bekannt gewordener gleichgeschlechtlicher Orientierung weiterhin der Rausschmiss drohte. Die volle Öffnung der Bundeswehr für Homosexuelle im Jahr 2000 vollzogen die US-Streitkräfte erst elf Jahre später.

Anders als in Westdeutschland wurden auch im Vereinigten Königreich erkannte Homosexuelle fristlos aus den Streitkräften entlassen. Dabei hatte Großbritannien ein Jahr vor der Bundesrepublik 1968 die Strafbarkeit männlicher Homosexualität beendet. Die Streitkräfte Ihrer Majestät blieben davon unbeeindruckt und unberührt und zogen für weitere 30 Jahre ihre harte restriktive Linie durch. Die Praxis der britischen Streitkräfte, homosexuelle Soldaten fristlos zu entlassen, wurde erst 1999 vom Europäischen Gerichtshof für Menschenrechte beendet. Vorreiter der Toleranz gegenüber Homosexuellen waren die westdeutschen Streitkräfte im NATO-Vergleich aber auch nicht. Dies waren die niederländischen Streitkräfte.

In den DDR-Streitkräften war Homosexualität ebenso ein Tabu wie in der Bundeswehr. Für die Praxis der NVA interessierte sich das BMVg ausweislich fehlender diesbezüglicher Dokumente nicht. Ansonsten hätten die Bonner Juristen und Offiziere feststellen können: Wie die Personalrichtlinien des BMVg schlossen auch die der NVA (dort in der Musterungsvorschrift niedergeschrieben) jegliche Weiterverpflichtung oder gar Übernahme in die Laufbahnen der Unteroffiziere und Offiziere aus. In beiden deutschen Armeen galt für homosexuelle Männer: Wehrdienst ja, Karriere nein. Fast alle befragten früheren NVA-Offiziere sagten rückblickend, das Thema sei in der NVA »totgeschwiegen« worden. Und doch konnten einige sich an entsprechende Begebenheiten erinnern, sei es als Beobachter oder als Akteure. Die recherchierten Einzelfälle deuten darauf hin, dass es bei Bekanntwerden der homosexuellen Orientierung von Zeit- und Berufssoldaten der NVA keine einheitliche Linie gab. Das Spektrum der Entscheidungen reichte von der Entlassung aus dem aktiven Dienst aufgrund eines Kaderbefehls (in der NVA stets als »Versetzung in die Reserve« bezeichnet), über Entlassungen aus vermeintlich medizinischen Gründen nach entsprechendem »Befund« des militärmedizinischen Dienstes, Versetzungen an einen anderen Standort bis hin zu keinen feststellbaren (schriftlich festgehaltenen) Restriktionen. Der starke direkte Einfluss der Staatssicherheit auf Personalentscheidungen des Militärs unterschied die NVA von der Bundeswehr – bei Weitem nicht nur beim Verdacht homosexueller Orientierung, aber eben auch dann. Das MfS unterzog der Homosexualität verdächtigte Soldaten aller Dienstgrade einer Überwachungsmaßnahme, die als »operative Personenkontrolle« bezeichnet wurde. Bei Bestätigung des Verdachts plädierte das MfS bei Offizieren in der Regel für Entlassung oder »Versetzung in die Reserve«. Dies zeigt einmal mehr den gravierenden Unterschied zwischen einem Rechtsstaat und dem Fehlen eines solchen in der DDR. Im Westen hatten Verwaltungsrichter das letzte Wort (und am Ende hätten beinahe auch die Verfassungsrichter gesprochen), im Osten herrschte nicht nur in dieser sehr speziellen Frage Willkür. 1988 änderten die DDR-Streitkräfte ihre Haltung gegenüber homosexuellen Soldaten. Wurden bis dato homosexuelle Bewerber für den freiwilligen Dienst wie auch als Grundwehrdienstleistende abgelehnt, hieß es nunmehr ausdrücklich, Homosexualität sei kein Ausschlussgrund für den Dienst in der NVA. Bereits als Zeit- oder Berufssoldaten in der NVA Dienende, deren Homosexualität bekannt geworden war, sollten ihren aktiven Wehrdienst fortsetzen, »wenn keine Komplikationen« eintraten. Dies galt auch ausdrücklich für die Ausbildung an militärischen Lehreinrichtungen. Anders als in der Bundeswehr öffnete die Vorschriftenänderung für Homosexuelle in der DDR ab 1988 die Tür, Unteroffizier, Offizier, sogar Berufsoffizier zu werden.

8. Die Frage nach homosexuellen Soldatinnen

Wenn in der Bundeswehr in der Vergangenheit von Homosexualität die Rede war, war damit immer die männliche Homosexualität gemeint. Für den Untersuchungszeitraum der Studie konnten bislang in den sehr umfangreichen Archivbeständen aus BMVg und Streitkräften (bis auf zwei Ausnahmen aus den Jahren 1999 und 2000) keine homosexuelle Frauen betreffenden Papiere gefunden werden, ebenso keine truppendienstgerichtlichen Entscheidungen oder andere Disziplinarmaßnahmen wegen sexueller Handlungen zwischen zwei Soldatinnen. Erstmals wurden lesbische Soldatinnen im Februar 1999 in einer Antwort des BMVg an den Schwulenverband in Deutschland erwähnt: Es sei »rechtlich und tatsächlich nicht zu beanstanden, lesbisch bzw. homosexuell veranlagte Soldatinnen und Soldaten von Verwendungen als Führer und Ausbilder in der Truppe fernzuhalten, sobald ihre Neigung bekannt« werde.[11] Doch auch das Fehlen von Quellen kann per se eine Erkenntnis sein; hier die, dass lesbische Frauen von der Bundeswehr und dem BMVg nicht als zu beachtender Faktor oder gar als Problem wahrgenommen wurden. Ob dies Ignoranz oder Toleranz war, sei dahingestellt. Mehrere damals mit dem Thema dienstlich befasste Offiziere brachten es im Nachhinein auf den Punkt: »Lesben? Die waren nie Thema.« Fast scheint es so, als ob lesbische Soldatinnen auf dem Schirm des Ministeriums, der militärischen Führung und der Bundeswehrjuristen bis zur Jahrtausendwende gar nicht auftauchten. Dafür gibt es zwei mögliche Erklärungen: Es kann zum einen ein Wahrnehmungsproblem gewesen sein, vollkommene Ignoranz gegenüber Frauen liebende Frauen, die daher aber auch nicht als Problem für die Bundeswehr gesehen wurden. Möglicherweise wirkten auch männliche Vorstellungen von sexuellen Handlungen unter Frauen, die mitunter nicht als Form von Homosexualität, sondern als sexuelle Spielart oder gar als Objekt männlicher Fantasien wahrgenommen werden. In der fehlenden ernsthaften Beachtung weiblicher Homosexualität folgten Bundeswehr und BMVg im Übrigen dem Strafrecht. Auch § 175 StGB galt stets nur für männliche Homosexualität. Zum anderen könnten lesbische Soldatinnen schon aufgrund der bis zum Jahr 2000 ohnehin geringen und auf zwei Bereiche der Streitkräfte beschränkten Zulassung von Frauen quantitativ so wenig ins Gewicht gefallen sein, dass im BMVg kein Regelungsbedarf gesehen wurde. Das würde das Wahrnehmungsproblem des Ministeriums teilweise erklären. Das bedeutet natürlich nicht, dass es für die betroffen Soldatinnen einfach war, ihre Sexualität zu leben, und auch nicht, dass es in Einzelfällen nicht doch zu Problemen gekommen ist. Die Forschung hierzu konnte mangels schriftlicher Quellen nur über Zeitzeuginnen zum Erfolg führen. Deren Erinnerungen an ihren Dienst in den 1990er Jahren zeigten beispielsweise, dass sich das Problem der Sicherheitsüberprüfung ebenso für homosexuelle Frauen in Uniform stellte. Sie bestätigen aber auch, trotz mancher sexistischer, dummer oder zumindest unüberlegter Sprüche, die weit verbreitete Toleranz in der Truppe.

9. »Wir müssen die Essenz dessen verraten, was uns ausmacht«

Gegenüber dem *Spiegel* hatte ein Sprecher des BMVg 1993 erklärt, es gebe in der Bundeswehr »kein Verfolgungsgebot und keine Hexenverbrennung«.[12] *Der Spiegel* schrieb: »Was Soldaten ›außer Dienst‹ machen, interessiert uns nicht‹«. Die Realität sah anders aus. Als Hexen wurden schwule Soldaten nicht verbrannt, das stimmte, juristisch verfolgt wurden sie aber in den ersten Jahrzehnten durchaus, und diskriminiert wurden schwule Soldaten noch bis zur Jahrtausendwende.

---

[11]   BArch, BW 2/38358: BMVg, Parlamentarischer Staatssekretär Walter Kolbow an SVD, 26.2.1999.
[12]   »Versiegelte Briefe«, S. 54.

Freiheit ist auch die Abwesenheit von Angst. Insofern waren Homosexuelle in Deutschland über Jahrhunderte nicht frei, auch nicht in den ersten Jahrzehnten der Bundesrepublik und schon gar nicht in der Bundeswehr, hier sogar bis zur Jahrtausendwende. Auch in der Bundeswehr, wie in allen Streitkräften der Welt, galt mehr als vier Jahrzehnte lang, was der Schauspieler Simon Curtis im Zuge der 2017 öffentlich gewordenen Skandale um sexuelle Übergriffe und weit verbreitete, aber stets versteckte Homosexualität in der amerikanischen Filmwirtschaft auf den Punkt gebracht hat: »Wir schwulen Männer dürfen nicht die sein, die wir sind. Um zu arbeiten und unsere Träume zu verfolgen, müssen wir die Essenz dessen verraten, was uns ausmacht.«[13] In Westdeutschland galten homosexuelle Soldaten bis Ende der 1970er Jahre als ungeeignet für ihren Beruf und danach als ungeeignet als Vorgesetzte; sie standen unter (General-)Verdacht des militärischen Geheimdienstes und unter Anklage und Anschuldigung durch Staats- und Wehrdisziplinaranwälte; unter Kameraden erlebten sie Tabuisierung und Toleranz.

Zu einer objektiven Einschätzung gehört, frühere Entscheidungen im Kontext der damaligen Zeit zu sehen. Die Bundeswehr war auch in dieser Frage ein Spiegelbild der Gesellschaft. So unverständlich es aus Sicht des Jahres 2020 auch erscheinen mag: Bis in die späten 1980er Jahre wussten sich die Juristen, Beamten, Offiziere und Politiker im BMVg bei ihren Entscheidungen im Einklang mit der breiten Mehrheitsgesellschaft. Nicht nur die Bundeswehr diskriminierte, auch die Mehrheitsgesellschaft tat ein Gleiches. Zahlreiche Gerichtsentscheidungen gegen Klagen homosexueller Soldaten zeugen davon. In den 1990er Jahren öffnete sich die Gesellschaft für sexuelle Minderheiten und brachte ihnen zunehmend Toleranz und Akzeptanz entgegen. BMVg und Bundeswehr vollzogen diese Öffnung erst im Jahr 2000 – nicht aus eigenem Antrieb oder Überzeugung, sondern getrieben von der Politik, dem Verfassungsgericht und den Medien, kurz gesagt: der öffentlichen Meinung der sich wandelnden Gesellschaft. Verteidigungsministerin Annegret Kramp-Karrenbauer äußerte im März 2020 ihr Bedauern über die ungerechte Behandlung von Homosexuellen in der Bundeswehr. »Sie wurden aufgrund ihrer sexuellen Orientierung erheblichen Diskriminierungen ausgesetzt und haben nicht zuletzt in ihrer beruflichen Entwicklung Nachteile erlitten.«[14] Bis zum Jahr 2000 seien Homosexuelle »in der Bundeswehr strukturell benachteiligt« worden.[15] Der dies regelnde Erlass wurde nach Meinung der Ministerin »erst viel zu spät außer Kraft gesetzt«.[16]

Für die Bundeswehr ist dies Vergangenheit, wenn auch noch keine ferne Vergangenheit. Viele Soldatinnen und Soldaten anderer Armeen sind bis heute gezwungen, die Essenz dessen zu verraten, was sie ausmacht. Ein Stabsfeldwebel stellte 2018 zufrieden fest, welche ungeahnte Freiheit und Toleranz die Bundeswehr heute lebe, sie

---

13 Diez, »Er ist so nett«.
14 Vielfalt im BMVg: Jeder Einzelne wird wertgeschätzt, Mitteilung des BMVg vom 3.3.2020, <www.bmvg.de/de/aktuelles/akk-arbeitskreis-homosexueller-angehoeriger-der-bundeswehr-198640> (letzter Zugriff 3.3.2020).
15 Ebd. Die Verteidigungsministerin wies ihr Haus an, »Vorschläge für eine neue gesetzliche Grundlage zu machen, die den berechtigten Anliegen der Benachteiligten besser gerecht wird, als dies bisher der Fall sei.«
16 Ebd.

sei ein »Geschenk« an die Soldaten, »an alle Soldaten, egal ob schwul, lesbisch, hetero, bi, transgender oder einer anderen sexuellen Minderheit angehörend«.[17] Soldaten
früherer Jahrzehnte hätten sich eine solche Offenheit und Liberalität der Streitkräfte
nicht träumen lassen. Heute sei die Bundeswehr »sogar gesellschaftlicher Vorreiter in
Fragen der Akzeptanz von Minderheiten«.[18]

Das gewachsene Selbstbewusstsein homosexueller Frauen und Männer in Uniform
zeigt sich auch in den Aktivitäten des deutschlandweit aktiven Plattform *QueerBw* (bis
März 2020: Arbeitskreis homosexueller Angehöriger der Bundeswehr e.V., AHsAB).
Das Verteidigungsministerium antwortete 2018 auf Forderungen des Verbandes
nach Rehabilitierung und Wiedergutmachung für erlittene Disziplinarmaßnahmen
und andere berufliche Nachteile, die Zeit könne nicht zurückgedreht werden, aber
es sei der Ministerin Ursula von der Leyen ein persönliches Anliegen, »den Blick der
Öffentlichkeit auf die einschneidenden Erlebnisse der Betroffenen zu richten«. Damit
habe die Ministerin zugleich deutlich gemacht, »dass jede und jeder – egal ob schwul,
lesbisch, trans- oder heterosexuell – heute in der Bundeswehr willkommen ist«.[19]
Innerhalb der Bundeswehr werde jeder Einzelne und jede Einzelne wertgeschätzt
und geachtet. Diskriminierung werde bestraft, betonte auch Verteidigungsministerin
Kramp-Karrenbauer im März 2020.[20]

10. Post scriptum

Im Januar 2017 hatte Verteidigungsministerin Ursula von der Leyen das ZMSBw
mit der Erarbeitung dieser Studie beauftragt. Ihre Nachfolgerin, Annegret Kramp-
Karrenbauer, stellte am 17. September 2020 die Forschungsergebnisse aus Potsdam der
Presse und der Öffentlichkeit vor. Sie fand deutliche Worte: »Wir dürfen nicht drum
herumreden. In der Bundeswehr wurden seit ihrer Gründung 1955 jahrzehntelang homosexuelle Soldaten [...] systematisch diskriminiert [...] Die Haltung der Bundeswehr
war falsch. Sie war damals schon falsch und hinke der Gesellschaft hinterher, und sie
ist es aus heutiger Sicht umso mehr.« Dann sprach sie das aus, worauf diskriminierte
Soldaten so viele Jahrzehnte hatten warten müssen: »Ich bedaure diese Praxis sehr. Und
bei all denen, die darunter zu leiden hatten, bitte ich um Entschuldigung.«

Die Ministerin stellte schließlich die Eckpunkte eines Rehabilitationsgesetzes
vor. »Es ist uns nicht gleichgültig, wie damals mit den Menschen umgegangen wurde«, beteuerte Kramp-Karrenbauer. »Auch wenn wir nicht jedem Schicksal gerecht
werden können: Wir arbeiten das auf, und wir korrigieren das so weit wie möglich.« Am 25. November 2020 beschloss das Bundeskabinett, die Gesetzesinitiative
zur Rehabilitierung diskriminierter homosexueller Soldaten in Bundeswehr und
Nationaler Volksarmee auf den Weg zu bringen.

---

[17] Zeitzeugengespräch mit Stabsfeldwebel H., Berlin, 2.7.2018.
[18] Ebd.
[19] BMVg, R I 5 an Arbeitskreis homosexueller Angehöriger der Bundeswehr, 16.8.2018.
[20] Vielfalt im BMVg: Jeder Einzelne wird wertgeschätzt, Mitteilung des BMVg vom 3.3.2020,
     <www.bmvg.de/de/aktuelles/akk-arbeitskreis-homosexueller-angehoeriger-der-bundeswehr-
     198640> (letzter Zugriff 3.3.2020).

Anhang

Abkürzungen

ABC	atomar, biologisch, chemisch
AHsAB	Arbeitskreis Homosexueller Angehöriger der Bundeswehr e.V.
AIDS	Acquired Immune Deficiency Syndrome
AP	Associated Press
APO	Außerparlamentarische Opposition
ASBw	Amt für Sicherheit der Bundeswehr
BArch	Bundesarchiv
BASS	Bundesweiter Arbeitskreis schwuler Soldaten
BBC	British Broadcasting Corporation
BGS	Bundesgrenzschutz
BM	Bundesminister
BMVg	Bundesministerium der Verteidigung
BS	Berufssoldat
BStU	Bundesbeauftragte/r für die Unterlagen des Staatssicherheitsdienstes der ehemaligen Deutschen Demokratischen Republik, Berlin
BV	Bezirksverwaltung
BVerwG	Bundesverwaltungsgericht
Bw	Bundeswehr
BWK	Bundeswehrkrankenhaus
B.Z.	Berliner Tageszeitung (B.Z. Ullstein GmbH)
CDU	Christlich Demokratische Union Deutschlands
CSD	Christopher Street Day
CSU	Christlich-Soziale Union in Bayern e.V.
DAH	Deutsche Aktionsgemeinschaft Homosexualität
DBwV	Deutscher Bundeswehrverband
ddp	Deutscher Depeschendienst GmbH/ddp Nachrichtenagentur
DDR	Deutsche Demokratische Republik
DM	Deutsche Mark
dpa	Deutsche Presse-Agentur
d.R.	der Reserve
EGMR	Europäischer Gerichtshof für Menschenrechte
EKA	Evangelisches Kirchenamt für die Bundeswehr
EMRK	Europäische Menschenrechtskonvention
EuGH	Europäischer Gerichtshof
FAZ	Frankfurter Allgemeine Zeitung
FDGB	Freier Deutscher Gewerkschaftsbund (der DDR)

FDJ	Freie Deutsche Jugend
FDP	Freie Demokratische Partei
FüH	Führungsstab des Heeres
FüL	Führungsstab der Luftwaffe
FüM	Führungsstab der Marine
FüS	Führungsstab der Streitkräfte
GenInsp	Generalinspekteur der Bundeswehr
Gestapo	Geheime Staatspolizei
GG	Grundgesetz
GL FBS C	Grundlehrgang Fortbildungsstufe C für Hauptleute an der Führungs- akademie Hamburg
GVPA	Gesamtvertrauenspersonalausschuss
GWDL	Grundwehrdienstleistende
HA	Hauptabteilung
HIV	Human Immunodeficiency Virus
HJ	Hitlerjugend
HMS	Her/His Majesty's Ship
HVA	Hauptverwaltung Aufklärung
HPAT	Homosexuality Policy Assessement Team
HR	Hessischer Rundfunk
ICD	International Statistical Classification of Diseases and Related Health Problems
IM	Inoffizieller Mitarbeiter (des MfS der DDR)
InSan	Inspektion des Sanitäts- und Gesundheitswesens (der Bundeswehr)
JS-Magazin	Die evangelische Zeitschrift für junge Soldaten
KD	Kreisdienststelle
Kdr	Kommandeur
KFOR	Kosovo Force
KWEA	Kreiswehrersatzamt
KSSVO	Kriegssonderstrafenverordnung
KZ	Konzentrationslager
LGB	Lesbian, Gay and Bisexual
LGBT	Lesbian, Gay, Bisexual and Transgender
LwAusbRgt	Luftwaffenausbildungsregiment
MFR	Militärgeschichtlicher Führungsrat
MAD	Militärischer Abschirmdienst
MdB	Mitglied des Deutschen Bundestages (Bundestagsabgeordnete/r)
MfNV	Ministerium für Nationale Verteidigung
MfS	Ministerium für Staatssicherheit
MOD	Ministry of Defence
MP	Military Police
NRW	Nordrhein-Westfalen
NS	Nationalsozialismus
NVA	Nationale Volksarmee
NVwZ-RR	Neue Zeitschrift für Verwaltungsrecht Rechtsprechungs-Report

NZWehrr	Neue Zeitschrift für Wehrrecht
ObjSBtlLw	Objektschutzbataillon der Luftwaffe
OdF	Opfer des Faschismus
ÖMZ	Österreichische Militärische Zeitschrift
OHG	Offizierheimgesellschaft
OHL	Oberste Heeresleitung
OPK	Operative Personenkontrolle (des MfS der DDR)
ORF	Österreichischer Rundfunk
OSI	(U.S. Air Force) Office of Special Investigations
P	Abteilung Personal (siehe PSZ)
Parl.	Parlamentarisch
PDS	Partei des Demokratischen Sozialismus
PersABw	Personalamt der Bundeswehr
PSABw	Personalstammamt der Bundeswehr
PSZ	Abteilung Personal-, Sozial- und Zentralangelegenheiten
R	Abteilung Recht
SAPMO	Stiftung Archiv der Parteien und Massenorganisationen der DDR
SECNAVINST	Secretary of the Navy Instructions (United States Armed Forces)
SED	Sozialistische Einheitspartei Deutschlands
SFOR	Stabilisation Force in Bosnia and Herzegovina
SG	Soldatengesetz
SKA	Streitkräfteamt
SoldGG	Gesetz über die Gleichbehandlung der Soldatinnen und Soldaten (Soldatinnen- und Soldaten-Gleichbehandlungsgesetz)
SOWI	Sozialwissenschaftliches Institut der Bundeswehr
SPD	Sozialdemokratische Partei Deutschlands
SS	Schutzstaffel
StGB	Strafgesetzbuch
StOffz	Stabsoffizier
StrRehaHomG	Gesetz zur strafrechtlichen Rehabilitierung der nach dem 8. Mai 1945 wegen einvernehmlicher homosexueller Handlungen verurteilten Personen
StS	Staatssekretär
SÜ	Sicherheitsüberprüfung
SÜG	Sicherheitsüberprüfungsgesetz
SVD	Schwulenverband Deutschlands
TSK	Teilstreitkraft/-kräfte
UA	Unteroffizieranwärter
UHA	Unabhängige Homosexuelle Alternative
U.S.	United States
UvD	Unteroffizier vom Dienst
VB	Vorgeschobener Beobachter
VS-NfD	Verschlusssache – Nur für den Dienstgebrauch
WBV	Wehrbereichsverwaltung
WDO	Wehrdisziplinarordnung

WHO	World Health Organization
ZAIG	Zentrale Auswertungs- und Informationsgruppe (MfS)
ZDv	Zentrale Dienstvorschrift
ZInFü	Zentrum Innere Führung
ZK	Zentralkomitee
ZMSBw	Zentrum für Militärgeschichte und Sozialwissenschaften der Bundeswehr

Quellen und Literatur

1. Archivquellen

a) Bundesarchiv, Abteilung Militärarchiv (BArch), Freiburg i.Br.

BH 1	Bundesministerium der Verteidigung – Führungsstab des Heeres
BM 1	Bundesministerium der Verteidigung – Führungsstab der Marine
BW 1	Bundesministerium der Verteidigung – Leitung, zentrale Stäbe und zivile Abteilungen
BW 2	Bundesministerium der Verteidigung – Generalinspekteur und Führungsstab der Streitkräfte
BW 4	Militärattachéstäbe
BW 24	Bundesministerium der Verteidigung – Inspektion des Sanitäts- und Gesundheitswesens der Bundeswehr
BW 31	Amt für den Militärischen Abschirmdienst
BW 32	Nachgeordnete Dienststellen des Militärischen Abschirmdienstes
DVW 1	Ministerium für Nationale Verteidigung der DDR
DVW 9	NVA, Kommando des Militärbezirks III
DVW 13	Militäroberstaatsanwaltschaft der NVA der DDR
N 818	Nachlass Dieter Wellershoff
N 851	Nachlass Günter Kießling
Pers 1	Personalakten von Berufssoldaten und Soldaten auf Zeit der Bundeswehr und der Wehrmacht
Pers 12	Verfahrensakten der Truppendienstgerichte
Ohne Signatur	BMVg, Minister, VR I 1, Neuordnung des Ministeriums, 7.2.1964, Anlage 2
RH 12-1	Reichswehr, Heerespersonalamt
RM 31	Marinestation der Ostsee der Kaiserlichen Marine

b) Bundesbeauftragte/r für die Unterlagen des Staatssicherheitsdienstes der ehemaligen Deutschen Demokratischen Republik (BStU), Berlin

MfS BV Dresden, Abt. KuSch	Ministerium für Staatssicherheit, Bezirksverwaltung Dresden, Abt. Kader und Schulungen
MfS BV Pdm, KD Brandenburg	Ministerium für Staatssicherheit, Bezirksverwaltung Potsdam, Kreisdienststelle Brandenburg/Havel

MfS BV Rst   Ministerium für Staatssicherheit, Bezirksverwaltung Rostock
MfS BV Suhl, III   Ministerium für Staatssicherheit, Bezirksverwaltung Suhl,
                                Abt. III (Funkaufklärung/Funkabwehr)
MfS BV Suhl, Abt. KuSch Ministerium für Staatssicherheit, Bezirksverwaltung Suhl,
                                Abt. Kader und Schulungen
MfS HA I   Ministerium für Staatssicherheit, Hauptabteilung I (NVA
                                und Grenztruppen)
MfS HA III   Ministerium für Staatssicherheit, Hauptabteilung III (Funk-
                                aufklärung/Funkabwehr)
MfS HA IX   Ministerium für Staatssicherheit, Hauptabteilung IX (Unter-
                                suchungsorgan)
MfS HV A   Ministerium für Staatssicherheit, Hauptverwaltung Aufklä-
                                rung
MfS ZAIG   Ministerium für Staatssicherheit, Zentrale Auswertungs-
                                und Informationsgruppe

c) Landesarchiv Nordrhein-Westfalen (NRW)

Bestand Westfalen, Q 222
Bestand Westfalen, Q 926

d) Stadtarchiv Witten

Bestand Witten-Alt, 2.25b.300, Akte Robert M.

e) Zentrum für Militärgeschichte und Sozialwissenschaften der Bundeswehr (ZMSBw), Potsdam, FB Militärgeschichte nach 1945

Nachlass Jörg Schönbohm (VJS 07)

2. Dienstvorschriften

Bundesministerium des Innern, Richtlinien für die Sicherheitsüberprüfung von
     Bundesbediensteten vom 15.1.1971
Bundesministerium des Innern, Richtlinien für die Sicherheitsüberprüfung bei den
     Bundesbehörden, Entwurf, Stand 10.11.1983
BMVg, GenInsp der Bundeswehr – FüS I 4 Az 35-04-09 – Führungshilfe für
     Vorgesetzte »Umgang mit Sexualität« vom 20.12.2000
MfNV, Anordnung 060/9/002 über die Arbeit der Gutachterärztekommission der
     NVA auf dem Gebiet der militärmedizinischen Begutachtung (Begutachter-
     ordnung) vom 5.8.1987
SECNAVINST 1910. 4A vom 27.12.1983, Navy Military Personal Manual, 3630400
ZDv 14/3: Wehrdisziplinarordnung und Wehrbeschwerdeordnung, Anlage B 173,
     Neufassung vom 20.2.2002; veröffentlicht u.a. vom Lesben- und Schwulenverband

unter <www.lsvd.de/fileadmin/pics/Dokumente/Recht3/bwsex02.pdf> (letzter Zugriff 29.3.2021)

ZDv 14/3: Wehrdisziplinarordnung und Wehrbeschwerdeordnung, Anlage B 173, Neufassung vom 30.6.2004, veröffentlich u.a. vom Lesben- und Schwulenverband unter <www.lsvd.de/fileadmin/pics/Dokumente/Recht3/bwsex03.pdf> (letzter Zugriff 29.3.2021)

ZDv 46/1: Bestimmungen für die Durchführung der ärztlichen Untersuchung bei Musterung und Diensteintritt von Wehrpflichtigen, Annahme und Einstellung von freiwilligen Bewerbern sowie bei der Entlassung von Soldaten, BMVg, Bonn 1979

3. Urteile und Gerichtskorrespondenz

Anwaltskanzlei F. an Verwaltungsgericht Hamburg, 14.11.1980

BMVg, P II 7 an Verwaltungsgericht Münster, 16.7.1973

BVerfG, Urteil vom 15.12.1983, Az. 1 BvR 209, 269, 362, 420, 440, 484/83

BVerfG, 17.8.1999 – 2 BvR 2276/98

BVerwG, Beschluss 16.2.1976, Az VI B 83.75

BVerwg, 2. Wehrdienstsenat, Urteil vom 11.5.1982, Az 2 WD 4/82

BVerwG, 21 WB 73/83: Bundesverwaltungsgericht, 1. Wehrdienstsenat, Urteil vom 29.5.1984

BVerwG, 1. Wehrdienstsenat, Az 1 WB 152/84 vom 11.4.1985

BVerwG, 2 WD 63/67: Bundesverwaltungsgericht, 2. Wehrdienstsenat, Urteil vom 8.6.1988

BVerwG, 2 WD 69/87: Bundesverwaltungsgericht, 2. Wehrdienstsenat, Urteil vom 11.11.1988

BVerwG, 1. Wehrdienstsenat, Urteilsbegründung, WB 48.97 vom 18.11.1997

BVerwG, 1. Wehrdienstsenat, Urteil vom 19.11.1998 – BVerwG 1, WB 54.98

EuGHMR, Urteil vom 27.9.1999

Landessozialgericht für das Saarland, Az S 17 Vs 43/87, Urteil vom 11.5.1989

Landessozialgericht für das Saarland, Az L 2 V 21/89, Urteil vom 11.9.1990

Niedersächsisches Oberverwaltungsgericht (Lüneburg), Beschluss vom 16.12.1998, Az 2 M 4436/98

Oberverwaltungsgericht des Landes Nordrhein-Westfalen, Urteil vom 4.9.1975, Az I 4 1108/74

Oberverwaltungsgericht des Landes Nordrhein-Westfalen, Disziplinarsenat, AzpV–11/79, Urteil vom 7.10.1980

Plein, Rainer, an Verwaltungsgericht Münster, 23.3.1973

Staatsanwaltschaft Stade, Entscheidung vom 19.9.2017

Truppendienstgericht C1, Az C 1 VL 46/63 vom 20.2.1964

Truppendienstgericht Süd, 1. Kammer, Urteil vom 7.10.1980, Az S 1 – VL 10/80

Truppendienstgericht Süd, 1. Kammer, Urteil vom 17.11.1981, Az 1 VL 15/81

Verwaltungsgericht Düsseldorf, Disziplinarkammer, Az 15-0-12/79, Urteil vom 28.6.1979

Verwaltungsgericht Hamburg, Az 20 K 3130/09, 19.6.2012
Verwaltungsgericht Lüneburg, Beschluss vom 7.9.1998, Az 1 B 53/98
Verwaltungsgericht Lüneburg, Urteil vom 3.6.1999, Az 1 A 141/97
Verwaltungsgericht Münster, Urteil vom 10.6.1974, Az 4 K 338/73
Wehrbereichsverwaltung I an Verwaltungsgericht Hamburg, 11.8.1980
Wehrbereichsverwaltung I, Musterungskammer 2, Widerspruchsbescheid vom
    28.5.1980 gegen den Bescheid des Musterungsausschusses vom 10.3.1980

Urteile gefunden auf jurion.de
(jetzt wolterskluwer-online.de)

Entscheidungen der Wehrdienstsenate am Bundesverwaltungsgericht und zuvor am
    Bundesdisziplinarhof mit den Aktenzeichen
    BVerwG WD 5/59, WD 8/62, I WD 69/64, II WD 35/64, I (II) WD 129/64,
    II (I) WD 121/64, II WD 44/66, II WD 60/67, I WD 33/66, II WD 57/75,
    II WD 59/68, II WD 73/69, II WD 18/69, II WD 67/70, I WD 4/70,
    2 WD 80/79, 2 WD 6/88, I WD 54/68, II WD 19/66, 2 WD 69/87,
    II WD 8/66, II WD 27/66, II WD 35/63, I WD 39/68, 2 WD 15/98,
    1 WB 113/78, 1 WB 61/90, 2 WB 60/79

4. Autobiografische Quellen

Buzan, Werner, <www.wernerbuzan.de> (letzter Zugriff 29.3.2021)
Kluss, Heinz, »Kein Versöhnungsbier in Moskau. Die Affäre Kießling und der Mili-
    tärische Abschirmdienst. 30 Jahre danach als Lehrstück von einem mitverant-
    wortlichen Akteur ausufernd erzählt«, unveröffentlichtes Manuskript
Koch, Dierk, »Meine unvergessenen Freunde«, unveröffentlichtes Manuskript seiner
    Lebenserinnerungen sowie E-Mail Dierk Koch an den Verfasser, 6.9.2019
Lindner, Michael, »Das halbe Leben halb gelebt«, 1985 verfasstes unveröffentlichtes
    Manuskript
Mysior, Arnold, <http://arnoldmysior.com/bio/> (letzter Zugriff 29.3.2021)

5. Korrespondenz, Erlasse, Leserbriefe (chronologisch)

Schreiben des Verteidigungsbezirkskommando 355, S1, an Rainer Plein, 12.6.1972
Schreiben Personalstammamt der Bundeswehr, San I 3, an Rainer Plein, 30.8.1972
Leutnant d.R. Rainer Plein an den Amtschefs des Personalstammamts der Bundes-
    wehr, 9.10.1972
BMVg, Parl. Staatssekretär an MdB Herta Däubler-Gmelin (SPD), 23.2.1979
Büro des Wehrbeauftragten des Bundestages an Hauptmann Lindner, 9.9.1980
Leserbrief Wolfgang S., Eutin, an den *Stern*, 25.6.1981
Leserbrief Wolfgang J., Itzehoe, undatiert, Eingangsstempel des *Stern* 1.7.1981

Deutscher Bundeswehrverband, Bundesvorsitzender, an Hauptmann Lindner, 21.7.1982

MAD, Abt. KS, an BMVg StS Dr. Ermisch, 18.4.1984, Az 06-24-00, VS-NfD eingestuft (durch Fristablauf seit 1.1.2015 offen)

Schreiben Hauptmann P. an den Bundesminister der Verteidigung vom 15.5.1985

Unveröffentlichter Leserbrief Hauptmann P. an den *Spiegel*, 10.9.1985

Antwort Willy Wimmer, MdB, an Hauptmann P., 30.9.1985

BMVg, Geheimschutzbeauftragter, Org 6, an Hauptmann P., 4.10.1985

Schreiben Hauptmann P. an Geheimschutzbeauftragten BMVg vom 8.10.1985

BMVg, Stellvertretender Inspekteur des Sanitäts- und Gesundheitswesens, an Hauptmann P., 14.10.1985

Schreiben Hauptmann P. an BMVg, P IV 5, vom 21.10.1985

Schreiben Oberfähnrich z.S. Michael Müller an BMVg, 2.2.1987, 19.3.1987, 22.4.1987

Antworten des BMVg, P II 1, an Oberfähnrich z.S. Michael Müller, 9.3.1987 und 7.4.1987

Antworten des BMVg, P V 6, an Oberfähnrich z.S. Michael Müller 10.7.1987

Leserbrief Major Andreas T. In: Die Volksarmee, 6/1990, S. 4

Brief von Oberst a.D. Wolters an Dr. Georg Meyer, Freiburg, vom 24.1.1991

Leserbrief Hauptmann a.D. Michael Lindner an Wolfgang Haubrich, 6.1.1992

Brief Hauptmann a.D. Michael Lindner an die Redaktion der Truppenzeitschriften *Heer*, *Luftwaffe* und *Marine*, 8.1.1992

BMVg, Bescheid an Stabsarzt Michael Müller, 2.2.1994

Erlass BMVg, FüS I 4 vom 15.9.1994, Az 35-04-00

Schreiben Deutscher Bundeswehrverband, 12.5.1999

Personalamt an Hauptmann a.D. Lindner, 16.5.2001

Hauptfeldwebel H., Beschwerde an den Wehrbeauftragten des Bundestages, 9.11.2003

Brigadegeneral a.D. Lorenz Huber an Bundeskanzler a.D. Dr. Helmut Kohl, 8.11.2005

Schreiben Lindner an BMVg, 30.1.2008 und 13.1.2009

Schreiben Lindner an BMVg, 13.1.2009

E-Mail eines MAD-Offiziers a.D. an den Verfasser, 15.1.2017

E-Mail Oberstleutnant B. an den Verfasser, 24.01.2017

E-Mail Heinz Kluss an den Verfasser, 23.6.2017

E-Mail Generalmajor a.D. Justus Gräber an den Verfasser, 12.7.2017

Brief Generalarzt a.D. Dr. med. Horst Hennig, Köln, an den Verfasser, 17.7.2017

E-Mail Roland S. an den Verfasser, 25.7.2017

E-Mail Albrecht G. an den Verfasser, 10.11.2017

E-Mail Erich Schmid an den Verfasser, 5.12.2017

E-Mail Andreas T. an den Verfasser, 7.12.2017

E-Mail und Aktennotiz (1999) eines Obersten a.D. an den Verfasser, 17.12.2017

E-Mail Harry K. an den Verfasser, 5.2.2018

E-Mail Oberst (NVA) a.D. L. an den Verfasser, 13.2.2018

E-Mail Sigmar Fischer an den Verfasser, 19.3.2018

E-Mail Frank W. an den Verfasser, 3.4.2018

E-Mail Hauptfeldwebel d.R. S. an den Verfasser, 5.4.2018

Schreiben Arbeitskreis homosexueller Angehöriger der Bundeswehr an Bundesminis-
    terin der Verteidigung, 16.4.2018

E-Mail Christian Alexander Wäldner an den Verfasser, 17.5.2018

E-Mail Oberstleutnant D. an den Verfasser 13.10.2018

E-Mail Erich Schmid an den Verfasser, 15.11.2018

Schreiben Oberstleutnant a.D. D., Berlin, an den Verfasser, 30.1.2019

E-Mail Staatssekretär a.D. Peter Wichert an den Verfasser, 26.4.2019

Brief Parl. Staatssekretärin a.D. Brigitte Schulte an den Verfasser, 2.6.2019

Schreiben Michael Lindner (Hamburg) an Verfasser, 20.7.2019

Diverse Emails von Oberst a.D. Heinz Kluss an den Verfasser zwischen 2014 und 2016

6. Zeitzeugengespräche/-befragungen/-interviews (chronologisch)

General a.D. Wolfgang Altenburg, Lübeck-Travemünde, 11.6.2014, 7.8.2014 sowie
    telefonisch am 5.7.2017

Michael Lindner, Hamburg, 7.2.2017, 14.2.2017 u.a.

Erich Schmid, Berlin, 5.12.2017 (per E-Mail)

Winfried Stecher, Hamburg, 25.1.2018

General a.D. Harald Kujat, Neuruppin, 30.1.2019

Oberst a.D. Heinz Kluss, Wachtberg, 13.2.2018

Generalarzt a.D. Dr. Horst Hennig, Köln, 14.2.2018, 20.6.2018 und 22.11.2019

Dierk Koch, Hamburg, 22.2.2018 sowie nochmals telefonisch am 7.9.2019

Oberstleutnant d.R. Joachim Meier, Karlsruhe, 16.7.2018

Fregattenkapitän Alexander Schüttpelz, Berlin, 24.1.2019

Staatssekretär a.D. Peter Wichert, Bad Münstereifel, 10.4.2019

Parlamentarische Staatssekretärin a.D. Brigitte Schulte, Wachtberg, 16.4.2019

Oberst a.D. Dieter Ohm, Meckenheim, 17.4.2019

Dr. Michael Müller, Berlin, 1.8.2019

Dr. Georg Meyer, Freiburg i.Br., 7.9.2019

Hauptfeldwebel d.R. Martina Riedel, Hamburg, 23.1.2020

Hinzu kommen weitere 54 persönliche oder telefonische Gespräche oder Befragungen
per E-Mail, die auf Wunsch der Zeitzeugen nur anonymisiert wiedergegeben werden.

7. Deutscher Bundestag
(alle hier genannten BT-Dokumente zuletzt aufgerufen am 29.3.2021)

Drucksache 10/6333 vom 4.11.1986, Kleine Anfrage des Abgeordneten [Herbert]
    Rusche und der Fraktion Die Grünen, Diskriminierung von Homosexuellen im
    Berufsleben, <http://dipbt.bundestag.de/doc/btd/10/063/1006333.pdf>

Drucksache 11/1734 vom 29.1.1988, Anfragen Jutta Oesterle-Schwerin, MdB,
    <https://dserver.bundestag.de/btd/11/017/1101734.pdf>, Nr. 6 f., S. 4

Drucksache 11/2586 vom 24.6.1988, Große Anfrage der Abgeordneten Frau Oesterle-Schwerin, Frau Schmidt-Bott und der Fraktion Die Grünen, Rosa Listen. Beeinträchtigung des Rechtes auf informationelle Selbstbestimmung von Homosexuellen durch den Homosexuellen-Sonderparagraphen (§ 175 StGB) und die Sicherheitsrichtlinien, <http://dipbt.bundestag.de/dip21/btd/11/025/1102586.pdf>

Drucksache 13/8676 vom 2.10.1997, Kleine Anfrage des Abgeordneten Heinrich Graf von Einsiedel und der Gruppe der PDS, Gewalt gegen Schwule und Diskriminierung von Schwulen in der Bundeswehr, <http://dipbt.bundestag.de/doc/btd/13/086/1306876.pdf>

Drucksache 13/8950 vom 7.11.1997, Antwort der Bundesregierung auf die Kleine Anfrage des Abgeordneten Heinrich Graf von Einsiedel und der Gruppe der PDS, Drucksache 13/8676, <http://dipbt.bundestag.de/doc/btd/13/089/1308950.pdf>

Drucksache 14/1750 vom 5.10.1999, Kleine Anfrage der Abgeordneten Christina Schenk und der Fraktion der PDS, Schwule und Bundeswehr, <https://dserver.bundestag.de/btd/14/017/1401750.pdf>

Drucksache 14/1870 vom 27.10.1999, Antrag der Abgeordneten Hildebrecht Braun […] und der Fraktion der FDP, Bekämpfung jeder Art von Diskriminierung in der Bundeswehr, <http://dipbt.bundestag.de/doc/btd/14/018/1401870.pdf>

Drucksache 14/3275 vom 5.5.2000, Schriftliche Fragen mit den in der Zeit vom 25. April bis 5. Mai 2000 eingegangenen Antworten der Bundesregierung, <https://dserver.bundestag.de/btd/14/032/1403275.pdf>, S. 38 f., Nr. 70 f.

Drucksache 14/4894 vom 6.12.2000, Beschlussempfehlung und Bericht des Rechtsausschusses (6. Ausschuss), <http://dip21.bundestag.de/dip21/btd/14/048/1404894.pdf>

9. Wahlperiode, 45. Sitzung, 24.6.1981, Stenographischer Bericht, <http://dipbt.bundestag.de/doc/btp/09/09045.pdf>

10. Wahlperiode, 47. Sitzung, 19.1.1984, Stenographischer Bericht, <http://dipbt.bundestag.de/doc/btp/10/10047.pdf>

10. Wahlperiode, 52. Sitzung, 8.2.1984, stenographisches Protokoll, <http://dipbt.bundestag.de/doc/btp/10/10052.pdf>

10. Wahlperiode, 207. Sitzung, 20.3.1986, Stenographischer Bericht, <http://dipbt.bundestag.de/doc/btp/10/10207.pdf>

11. Wahlperiode, 57. Sitzung, 3.2.1988, Stenographischer Bericht, <http://dipbt.bundestag.de/doc/btp/11/11057.pdf>

14. Wahlperiode, 95. Sitzung, 23.3.2000, Stenographischer Bericht, <http://dip21.bundestag.de/dip21/btp/14/14095.pdf>

8. Deutscher Reichstag

Protokoll der 61. Sitzung des Deutschen Reichstags am 29.11.1907
  <www.reichstagsprotokolle.de/Blatt_k12_bsb00002839_00213.html> (letzter Aufruf 29.3.2021)

9. Literatur

(alle Links, wenn nicht anders angegeben, zuletzt aufgerufen am 29.3.2021)

Allmeier, Michael, Schwul zu sein bedarf es wenig. In: FAZ, 1.8.1998

»Die Angst der Lehrer, sich zu outen«. 40 Jahre AG Schwule Lehrer. Interview mit Detlef Mücke. In: Der Tagesspiegel, 7.3.2019, S. 24, online u.d.T.: »Noch immer haben Lehrer Angst, sich zu outen«, <www.tagesspiegel.de/gesellschaft/queerspiegel/40-jahre-ag-schwule-lehrer-noch-immer-haben-lehrer-angst-sich-zu-outen/24073050.html>

Augenzeugenbericht Hans G. In: Stümke/Finkler, Rosa Winkel, S. 301–306

Augenzeugenbericht Harry Pauly. In: Stümke/Finkler, Rosa Winkel, S. 312–316

Augenzeugenbericht Herrmann R. In: Stümke/Finkler, Rosa Winkel, S. 325–330

Augenzeugenbericht Johann-Rudolf Braehler. In: Stümke/Finkler, Rosa Winkel, S. 316–324

Backovic, Lazar, Martin Jäschke und Sara Maria Manzo, »Werd endlich ein bisschen Mann«. Verfolgung Homosexueller in Deutschland. In: Der Spiegel, 4.6.2014, <www.spiegel.de/einestages/schwulenparagraf-175-homosexuelle-in-der-ddr-a-972887.html>

BASS, Anzeige und Einladung zu Regional- und Bundestreffen. In: Die Bundeswehr, 6/1999, S. 29

Baum, David, Rosa Armee Fraktion. In: MAX, 2/2000

»Die Bekenntnisse des Krull«. In: Der Spiegel, 13/1961, S. 13–16, <www.spiegel.de/spiegel/print/d-43366138.html>

Bérube, Allan, Coming Out Under Fire. The History of Gay Men and Woman in World War Two, New York 1990

»Berufliches«: Michael Lindner. In: Der Spiegel, 28/1981, S. 176

Biesold, Karl-Heinz, Der Umgang mit Sexualität in der Bundeswehr (1955–2005). Vom Verbot der Homosexualität bis zum Sexualerlass 2004. In: Sexuologie. Zeitschrift für Sexualmedizin, Sexualtheraphie und Sexualwissenschaft, 1–2/2007, S. 2–8

Biographische Skizzen bekannter Homosexueller, <https://betolerant.fr/forum/2205/personnages-homosexuels-celebres-de-notre-histoire>

Bösch, Frank, Öffentliche Geheimnisse. Skandale, Politik und Medien in Deutschland und Großbritannien 1880–1914, München 2009

Bormuth, Maria, »Ein Mann, der mit einem anderen Mann Unzucht treibt [...], wird mit Gefängnis bestraft.« § 175 StGB – 20 Jahre legitimiertes Unrecht in der Bundesrepublik am Beispiel des Strafvollzugs in Wolfenbüttel, Wolfenbüttel 2019

Botsch, Kerstin, Soldatsein. Zur sozialen Konstruktion von Geschlecht und sexueller Orientierung in der Bundeswehr, Wiesbaden 2016

Bourne, Stephen, Fighting Proud. The Untold Story of the Gay Men Who Served in Two World Wars, London, New York 2017

Bowers, Scotty, Hundertpro hetero! [im englischen Original: No Queens in the Marines] In: Dian Hanson, My Buddy. World War II Laid Bare, Köln 2018, S. 79–96

Brickenstein, Rudolph, Problem der Homosexualität im Wehrdienst. In: Wehrmedizinische Monatszeitschrift, 13 (1969), 5, S 149--1953

Brühöfener, Friederike, Contested Maculinities. Debates about Homosexuality in the German Bundeswehr in the 1960s and 1970s. In: Gendering Post-1945 German History. Entanglements. Ed. by Karen Hagemann, Donna Harsch and Friederike Brühöfener, New York 2019, S. 295–314

Brühöfener, Friederike, Sex and the Soldier. The Discourse about the Moral Conduct of Bundeswehr Soldiers and Officers during the Adenauer Era. In: Central European History, 48 (2015), S. 523–540

Bruhns, Meike, Homosexualität wird bei Outing zum »Eignungsmangel«: Bundeswehr will schwulen Offizier nicht übernehmen. In: Berliner Zeitung, 27.6.1998, <www.berliner-zeitung.de/15972064> (letzter Zugriff 24.3.2017)

»Bundeswehrunis: Spiegelbilder der Gesellschaft«. In: Junge Freiheit, 22.12.1995, S. 10

Burgi, Martin, und Daniel Wolff, Rechtsgutachten zur Frage der Rehabilitierung der nach § 175 StGB verurteilten homosexuellen Männer: Auftrag, Optionen und verfassungsrechtlicher Rahmen. Erstellt im Auftrag der Antidiskriminierungsstelle des Bundes, [Baden-Baden] 2016

Chronik des 1959 in Hamburg-Rahlstedt zunächst als Feldartilleriebataillon 177 aufgestellten und 1993 aufgelösten Panzerartilleriebataillons 177, <https://panzergrenadierbrigade17.de/verbaende/panzerartilleriebataillon-177/chronik.html> (letzter Zugriff 12.2.2019)

Clarke, Kevin, Das Militärhistorische Museum Dresden. In: Männer, 2/2012, S. 32–35

Claussen, Christine, Schwule werden abgesägt. In: Der Stern, 18.6.1981, S. 188

»Den Haag gibt wegen AIDS nach«. In: Frankfurter Rundschau, 22.4.1988

Denninger, Erhard, Entscheidungen Öffentliches Recht: Soldatengesetz §§ 3, 4, 10, 11. In: Juristische Zeitschrift, 1976, S. 444–446

Diez, Georg, »Er ist so nett«. In: Der Spiegel, 10.11.2017, S. 122 f., <www.spiegel.de/kultur/er-ist-so-nett-a-448af13a-0002-0001-0000-000154232702>

Diskussion und Feststellung des Deutschen Bundestages in Sachen Kießling, Bericht und Empfehlung des Verteidigungsausschusses als 1. Untersuchungsausschuss. Hrsg. vom Deutschen Bundestag, Bonn 1984 (Kießling-Untersuchungsausschuss)

Domeier, Norman, »Moltke als Schimpfwort!« Der Eulenburg-Skandal, der Moltke-Mythos und die moralische Rechtfertigung eines »großen Krieges«. In: Militärgeschichte. Zeitschrift für historische Bildung, 2/2015, S. 14–17

Drescher, Jack, Gender Identity Diagnoses: History and Controversies. In: Gender Dysphoria and Disorder of Sex Development. Progress and Care and Knowledge.

Ed. by Baudewijntje P.C. Kreukels, Thomas D. Steensma and Annelou L.C. de Vries, New York 2014, S. 137–150

Drobinski, Matthias, Römisches Doppelleben. In: Süddeutsche Zeitung, 20.2.2019, S. 6

Ebner, Katharina, Religion im Parlament. Homosexualität als Gegenstand parlamentarischer Debatten im Vereinigten Königreich und in der Bundesrepublik Deutschland (1945–1990), Göttingen 2018

Ernst, Roland, und Cornelia Limpricht, Der organisierte Mann. In: »Verführte« Männer. Das Leben der Kölner Homosexuellen im Dritten Reich. Hrsg. von Cornelia Limpricht, Jürgen Müller und Nina Oxenius, Köln 1991, S. 56–66

Feddersen, Jan, Infames Diskretionsgebot. Das Outing des Berliner Regierungschefs Klaus Wowereit hat der Homosexualität etwas von Ruch des Peinlichen genommen. In: taz-Magazin, 7./8.7.2001, <https://taz.de/!1163573/>

Feddersen, Jan, Sieg auf ganzer Linie. In: taz, 8.4.2000, <https://taz.de/!1239102/>

Féron, Élise, Wartime Sexual Violence against Men. Masculinities and Power in Conflict Zones, London 2018

Fh, Das Tabu. Bundeswehr und Homosexualität. In: Nürnberger Nachrichten, 26.1.1984

Fischer, Sigmar, Bewegung zwischen Richtungsstreit und Stagnation. Die Deutsche Aktionsgemeinschaft Homosexualität (DAH). In: Politiken in Bewegung. Die Emanzipation Homosexueller im 20. Jahrhundert. Hrsg. von Andreas Pretzel und Volker Weiß, Hamburg 2017, S. 236–272

Fischer, Sigmar, Er organisierte Deutschlands erste Schwulendemo. Gedenken an Rainer Plein. In: queer.de, 26.11.2016, < >

Fitschen, Klaus, Liebe zwischen Männern? Der deutsche Protestantismus und das Thema Homosexualität, Leipzig 2018 (= Christentum und Zeitgeschichte, 3)

Fleckenstein, Bernhard, Homosexuality and Military Service in Germany, München 1993 (= SOWI-Arbeitspapier, 84)

»Der Fluchtgrund des MAD-Manns«. In: Frankfurter Allgemeine Zeitung, 4.4.1968

Friederichs, Hauke, Schwule in der Bundeswehr. Homosexualität als militärischer Makel. In: Die Zeit, 1.2.2014, <www.zeit.de/politik/deutschland/2014-01/bundeswehr-homosexualitaet-soldaten-tabu/komplettansicht#comments>

Gast, Wolfgang, Neonazi Michael Kühnen gestorben. In: taz, 26.4.1991, <https://taz.de/Neonazi-Michael-Kuehnen-gestorben/!1722115/>

Gebauer, Gunter, und Christoph Wulf, Soziale Mimesis. In: Ethik der Ästhetik. Hrsg. von Christoph Wulf, Dietmar Kamper und Hans Ulrich Gumbrecht, Berlin 1994, S. 75–85

Nicolai, Walter, Geheimdienst und Propaganda im Ersten Weltkrieg. Die Aufzeichnungen von Oberst Walter Nicolai 1914 bis 1918. Hrsg. von Michael Epkenhans, Gerhard P. Groß, Markus Pöhlmann und Christian Stachelbeck, Berlin [u.a.] 2019 (= Zeitalter der Weltkriege, 18)

Gesetz über die Gleichbehandlung der Soldatinnen und Soldaten (Soldatinnen- und Soldaten-Gleichbehandlungsgesetz, SoldGG), <www.gesetze-im-internet.de/soldgg/>

Gesetz über die Rechtsstellung der Soldaten (Soldatengesetz, SG), <www.gesetze-im-internet.de/sg/>

Gesetz zur Änderung des Strafgesetzbuchs vom 28.6.1935, In: RGBl. I, Nr. 70, 5.7.1935, <www.servat.unibe.ch/dns/RGBl_1935_I_839_G_Strafgesetzbuch.pdf>

»Gesetz zur Rehabilitierung verurteilter Homosexueller tritt in Kraft«. Presseerklärung des Bundesministeriums für Justiz und Verbraucherschutz, 21.7.2017, <www.bmjv.de/SharedDocs/Artikel/DE/2017/072117_Rehabilitierung_Paragraph_175.html> (letzter Zugriff 16.4.2018)

Gewalt und Geschlecht. Männlicher Krieg – Weiblicher Frieden? Essays. Hrsg. von Gorch Pieken, Militärhistorisches Museum der Bundeswehr, Dresden 2018

Glade, Clemens, In Reih und Glied! In: Magnus, 4/1996, S. 10 f.

Gollner, Günther, Disziplinarsanktionen gegenüber Homosexuellen im öffentlichen Dienst. In: Rüdiger Lautmann, Seminar: Gesellschaft und Homosexualität, Frankfurt a.M. 1977, S. 105–124

Grau, Günter, Lexikon zur Homosexuellenverfolgung 1933–1945. Institutionen – Kompetenzen – Betätigungsfelder, Berlin [u.a.] 2011 (= Geschichte: Forschung und Wissenschaft, 21)

Graw, Ansgar, Echter Schlagabtausch oder höfisches Ritual? In: Die Welt, 20.2.2019, S. 4

Greer, Germaine, Der Knabe, Hildesheim 2003

Hammerich, Helmut R., »Stets am Feind!« Der Militärische Abschirmdienst (MAD) 1956–1990, Göttingen 2019

Haring, Claus, und Karl Heinz Leickert, Wörterbuch der Psychiatrie und ihrer Grenzgebiete, Stuttgart 1968

Haubrich, Wolfgang, Schwul und beim Bund?! In: Heer, 9/1991, S. 34 f.; identisch in Luftwaffe und in Blaue Jungs, jeweils 9/1991

Hecht, Alexander, Gay ORF?! Das ORF Fernsehprogramm durch die rosa Brille betrachtet – ein Streifzug durch das Archiv. In: medien und zeit, 4/2007, S. 16–21

Heilig, René, Alexander der Große wäre heute nicht mal Feldwebel. In: Neues Deutschland, 22./23.11.1997

Heilmann, Andreas, Helm ab zum Sex! Zur Führungshilfe für Vorgesetzte der Bundeswehr im Umgang mit Sexualität. In: Gigi. Zeitschrift für sexuelle Emanzipation, 18 (März/April 2002), S. 6 f., <www.gigi-online.de/inhalt18.html>

»Helden wie wir«. In: Die Zeit, 29.4.1999, <www.zeit.de/1999/18/199918.er_war_der_held_.xml/komplettansicht>

Hemicker, Lorenz, »79 Zentimeter sind schwul«. Homophobie in der Bundeswehr. In: faz.net, 9.1.2014 <www.faz.net/aktuell/politik/inland/homophobie-in-der-bundeswehr-79-zentimeter-sind-schwul-12744050.html> (letzter Zugriff 27.3.2017)

Heß, Michael, Der ungeliebte Aktivist. Münster tut sich schwer mit der Ehrung Homosexueller. In: Straßenmagazin Draußen, 2015 <www.strassenmagazindraussen.de/artikelarchiv/2015_Artikel/1501Artikel11.pdf> (letzter Zugriff 23.3.2017)

Hesse, Max René, Partenau, Frankfurt a.M. 1929

Hewlett, Edward, When and why did Winston Churchill say: ›The traditions of the Royal Navy are rum, sodomy and the lash‹?, <www.theguardian.com/notesandqueries/query/0,,-1433,00.html>

Hildebrand, Hans, Albert Röhr und Hans-Otto Steinmetz, Die deutschen Kriegsschiffe. Biographien- ein Spiegel der Marinegeschichte von 1815 bis zur Gegenwart, Bd 3, Herford und Hamburg 1981

Himmler, Heinrich, Geheimreden 1933 bis 1945 und andere Ansprachen. Hrsg. von Bradley F. Smith und Agnes F. Peterson, Frankfurt a.M., Berlin, Wien 1974

Hirschfeld, Magnus, Die Homosexualität des Mannes und des Weibes, Berlin 1914

Hirschfeld, Magnus, Sexualpsychologie und Volkspsychologie. Eine epikritische Studie zum Hardenberg-Prozeß. In: Zeitschrift für Sexualwissenschaft, 4/1908

Hirschfeld, Magnus, Von einst bis jetzt. Geschichte einer homosexuellen Bewegung 1897–1922. Hrsg. von Manfred Herzer und James Steakley, Berlin 1986

»Homosdiskriminierung in der Bundeswehr«. In: Gay Journal, 2/1984, S. 6

»Homosexualität – ein Sicherheitsrisiko?« In: Die Zeit, 20.1.1984, <www.zeit.de/1984/04/homosexualitaet-ein-sicherheitsrisiko>

»Homosexuelle an der HSBw«. In: ATÜ (Studentenzeitschrift der UniBw München), 6/1979

»Homosexuelle Soldaten«: Sager kritisiert Scharping. In: Die Welt, 9.11.1999, <www.welt.de/print-welt/article589831/Homosexuelle-Soldaten-Sager-kritisiert-Scharping.html>

»Homosexueller darf nicht ausbilden«. In: Frankfurter Allgemeine Zeitung, 1.9.1999, S. 7

Hussey, Andrew, The French Intifada. The Long War Between France and Its Arabs, London 2014

»Im Kosovo noch lange benötigt«. Interview mit dem neuen Wehrbeauftragten Willfried Penner. In: Der Spiegel, 27/2000, S. 68

Interview mit Ursula von der Leyen mit dem Münchner schwulen Stadtmagazin Leo, August 2017

Jentzsch, Christian, Vom Kadetten bis zum Admiral. Das britische und das deutsche Seeoffizierkorps 1871 bis 1914, Berlin 2018 (= Zeitalter der Weltkriege, 19)

»Justin Trudeau entschuldigt sich unter Tränen bei Homosexuellen«, <www.stern.de/lifestyle/leute/justin-trudeau-entschuldigt-sich-unter-traenen-bei-homosexuellen-in-kanada-7767968.html>

»Keine gleichgeschlechtlich veranlagten Soldaten als Ausbilder«. In: NVwZ-RR, 4/1998, S. 244 f.

Knuth, Christian, Bundesverteidigungsministerin Dr. Ursula von der Leyen im Interview, 21.9.2017, <www.maenner.media/gesellschaft/bundesverteidigungsministerin-ursula-von-der-leyen-interview/>; abgedr. auch im Münchner Stadtmagazin Leo, August 2017

Koelbl, Susanne, und Alexander Szandar, »Im Kosovo noch lange benötigt«. Der neue Wehrbeauftragte Willfried Penner über die Armee-Reform, Auslandseinsätze und Frauen in den Streitkräften. In: Der Spiegel, 3.7.2000, S. 68, <www.spiegel.de/spiegel/print/d-16810588.html>

Könne, Christian, Homosexuelle und die Bundesrepublik Deutschland. Gleichberechtigte Mitmenschen? In: Deutschland Archiv, 7.9.2018, <https://opus4.kobv.de/opus4-euv/frontdoor/deliver/index/docId/387/file/Aufsatz_K%c3%b6nne_BRD_neu.pdf>

Könne, Christian, Schwule und Lesben in der DDR und der Umgang des SED-Staates mit Homosexualität. In: Deutschland Archiv, 28.2.2018, <https://opus4.kobv.de/opus4-euv/frontdoor/deliver/index/docId/344/file/Aufsatz_K%c3%b6nne_neu+(002).pdf>

Kohrs, Ekkehard, AIDS-Spezialist Gauweiler sorgt sich um die Bundeswehr. In: Bonner Generalanzeiger, 13./14.8.1988

Kramar, Konrad, und Georg Mayrhofer, Prinz Eugen. Heros und Neurose, Wien, Salzburg 2013

Krause, Tilman, Max von Baden. Der schwule Totengräber des deutschen Kaiserreichs. In: Die Welt, 3.12.2013, <www.welt.de/kultur/literarischewelt/article122489282/Der-schwule-Totengraeber-des-deutschen-Kaiserreichs.html>

Krause, Wilfried, »Da spiel' ich denen eine Komödie vor«. In: Der Stern, 19.1.1984

Krebs, Albin, Roy Cohn, Aide to McCarthy and Fiery Lawyer, Dies at 59. In: The New York Times, 3.8.1986, <www.nytimes.com/1986/08/03/obituaries/roy-cohn-aide-to-mccarthy-and-fiery-lawyer-dies-at-59.html>

Kümmel, Gerhard, Paul Klein und Klaus Lohmann, Zwischen Differenz und Gleichheit: Die Öffnung der Bundeswehr für Frauen, Strausberg 2000 (= SOWI-Report, 69)

Küthe, Jörg, Bundeswehr = Mittelalter. In: BZ, 30.6.1992

Kulke, Ulli, Lieber homosexuell als zur Bundeswehr. In: Die Welt, 26.10.2010, <www.welt.de/politik/deutschland/article10540126/Lieber-homosexuell-als-zur-Bundeswehr.html>

Lange, Nadine, Scharpings Bundeswehr-Studie: Schwule sind krank. In: taz, 27.1.2000, <www.taz.de/1/archiv/?dig=2000/01/27/a0033>

Churchill by Himself. The Definitive Collection of Quotations. Ed. by Richard Langworth, New York 2008

Lautmann, Rüdiger, Der Zwang zur Tugend. Die gesellschaftliche Kontrolle der Sexualitäten, Frankfurt a.M. 1984

Leersch, Hans-Jürgen, Scharpings falsches Spiel. Der neue Mann des Ministers. In: Die Welt, 25.5.2000, <www.welt.de/print-welt/article515563/Scharpings-falsches-Spiel-Der-neue-Mann-des-Ministers.html>

Leexow, Karl Franz von, Armee und Homosexualität. Schadet Homosexualität der militärischen Tüchtigkeit einer Rasse? Leipzig 1908

Lindner, Michael, Homosexuelle in der Institution Bundeswehr: Wehrpsychiatrische, rechtliche und sozialpsychologische Aspekte eines Dilemmas. In: Sexualität als sozialer Tatbestand. Theoretische und empirische Beiträge zu einer Soziologie der Sexualitäten. Hrsg. von Rolf Gindorf und Erwin J. Haeberle, Berlin 1985 (= Schriftenreihe Sozialwissenschaftliche Sexualforschung, 1), S. 211−232

Lindner, Michael, Nicht mehr mein Weg. In: Unbändig männlich. Ein Lesebuch für halbstarke Väter und Söhne. Hrsg. von Rudi Finkler und Nikolaus Hansen, Reinbek bei Hamburg 1983, S. 88–102

Lorenz, Gottfried, Todesurteile und Hinrichtungen wegen homosexueller Handlungen während der NS-Zeit. Mann-männliche Internetprostitution und andere Texte zur Geschichte und zur Situation der Homosexuellen in Deutschland, Berlin 2018

Lüders, Christine, Vorwort zur Veröffentlichung eines Rechtsgutachtens zur Frage der Rehabilitierung der nach § 175 StGB verurteilten homosexuellen Männer, 2016, <www.antidiskriminierungsstelle.de/SharedDocs/Downloads/DE/publikationen/ Rechtsgutachten/Rechtsgutachten-Burgi-Rehabilitierung-175.pdf?__blob= publicationFile&v=6> (letzter Zugriff 17.4.2018)

Lutze, Christian, Sexuelle Beziehungen und die Truppe. In: NZWehrr, 5/2007, S. 192–201

Machtan, Lothar, Prinz Max von Baden. Der letzte Kanzler des Kaisers. Eine Biographie, Berlin 2013

»Männerliebe gefährdet die Bundeswehr«. BVG bestätigt ein Urteil gegen Analverkehr im Dienst. In: taz, 3.6.1992

Martel, Frédéric, Sodom. Macht, Homosexualität und Doppelmoral im Vatikan, Frankfurt a.M. 2019

Marquez, Hugo, Persecution of Homosexuals in the McCarthy Hearings: A History of Homosexuality in Postwar America and McCarthyism, <file:///C:/Users/ USER1/Downloads/130-Article%20Text-143-1-10-20160419.pdf>

Mauz, Gerhard, Warum so und später anders …? In: Der Spiegel, 13.7.1970, S. 74 f., <www.spiegel.de/spiegel/print/d-44906390.html>

Meisner, Anja, Minderheiten in den Streitkräften: Homosexuelle in der Bundeswehr. Studienarbeit Universität Potsdam, Norderstedt 2001

Meyer, Steffen, Lebacher Soldaten-Morde. Haupttäter will im Knast sterben. In: Bild. de, 20.4.2016, <www.bild.de/regional/saarland/saarland/haupttaeter-der-lebacher-soldaten-morde-will-im-knast-sterben-45295336.bild.html>

Mildenberger, Florian, Vögeln für Volk und Vaterland. In: Gigi. Zeitschrift für sexuelle Emanzipation, 18 (März/April 2002), S. 14–16

Ministry of Defence lit in rainbow colours to celebrate LGB personnel, 10.1.2020, <www.gov.uk/government/news/mod-lit-in-rainbow-colours-to-celebrate-lgb-personnel--2>

Möllers, Heiner, Die Affäre Kießling. Der größte Skandal der Bundeswehr, Berlin 2019

Möllers, Heiner, Die Kießling-Affäre 1984. Zur Rolle der Medien im Skandal um die Entlassung von General Dr. Günter Kießling. In: Vierteljahrshefte für Zeitgeschichte, 63 (2016), 3, S. 517–550

Moll, Albert, Berühmte Homosexuelle, Wiesbaden 1910 (= Grenzfragen des Nerven- und Seelenlebens, 75)

Ein kleiner Fall Dreyfus. In: Die Zeit, 27.1.1984, <www.zeit.de/1984/05/ein-kleiner-fall-dreyfus>

»Die Moral der Truppe«. In: Quick, 5/1984, S. 16–23

Mosely, Olaf, Was Admiral Lord Nelson gay?, <https://bryanhemming.wordpress.com/2013/09/14/was-admiral-lord-nelson-gay/>

Müller-Jentsch, Ekkehard, Schwuler Offizier darf nicht Chef sein. In: Süddeutsche Zeitung, 18./19.4.1998

Neuberg, Sophie, Großbritannien: Zutritt verboten. In: Magnus, 4/1996, S. 13

Neuberg, Sophie, USA: Nichts fragen, nichts sagen. In: Magnus, 4/1996, S. 15

»New York Times«: Zehntausende Männer im US-Militär sollen Opfer sexueller Übergriffe geworden sein. In: spiegel.de, 12.9.2019, <www.spiegel.de/politik/ausland/usa-tausende-maenner-im-militaer-sollen-opfer-sexueller-uebergriffe-geworden-sein-a-1286424.html>

Nieden, Susanne zur, Der homosexuelle Staatsfeind – zur Geschichte einer Idee. In: Ideen als gesellschaftliche Gestaltungskraft im Europa der Neuzeit. Beiträge für eine erneuerte Geistesgeschichte. Hrsg. von Lutz Raphael und Heinz-Elmar Tenorth, München 2006, S. 397–427

»Niederlande: Schwuler leben«. In: Magnus, 4/1996, S. 14

Noack, Rick, As Trump attempts a transgender military ban, Germany celebrates its first trans commander. In: Washington Post, 11.11.2017, <www.washington-post.com/news/worldviews/wp/2017/11/11/as-trump-attempts-a-transgender-military-ban-germany-celebrates-its-first-trans-commander>

›Not acceptable‹: Indian army backs gay sex ban despite decriminalisation. In: The Guardian, 11.1.2019, <www.theguardian.com/world/2019/jan/11/not-acceptable-indian-army-backs-gay-sex-ban-despite-decriminalisation>

NVA. Anspruch und Wirklichkeit nach ausgewählten Beiträgen. Hrsg. von Klaus Naumann, Berlin 1993

Ohnmacht und Aufbegehren. Homosexuelle Männer in der frühen Bundesrepublik. Geschichte der Homosexuellen in Deutschland nach 1945, Bd 1. Hrsg. von Andreas Pretzel und Volker Weiß, Hamburg 2010

Phillips, Dave, More than 100,000 men have been sexually assaulted in the military in recent decades. In: The New York Times, 10.9.2019, <www.nytimes.com/interactive/2019/09/10/us/men-military-sexual-assault.html>

Polednik, Marc, Israel: Wo jeder gebraucht wird. In: Magnus, 4/1996, S. 12 f.

Ramge, Thomas, Die großen Polit-Skandale. Eine andere Geschichte der Bundesrepublik, Frankfurt a.M., New York 2003

Rampp, Matthias, Christian Johnson und Yvonne Wilms, »Die seit Jahrzehnten belastende Schmach fällt von mir ab«. Rehabilitierung und Entschädigung der wegen einvernehmlicher homosexueller Handlungen Verurteilten. In: JuristenZeitung, 23/2018, S. 1143–1150

Range, Thomas, Irgendwas mit ü. In: Die Zeit, 23.10.2003, <www.zeit.de/2003/44/A-Kie_a7ling>

Raumsauer, Ulrich, 150 Jahre Verwaltungsgerichtsbarkeit – Jubiläum einer Unvollendeten. In: BDVR-Rundschreiben, 3/2013, S. 124–127; auch unter <www.verwaltungsgerichtsbarkeit.de/allgemeines/07_geschichte/index.php>

Reaktionen und Stellungnahme zum Thema »Schwul und beim Bund?!« (Heft 9/91). In: Heer, 12/1991, S. 34 f.; identisch in Luftwaffe und in Blaue Jungs, jeweils 12/1991

Reichard, Jürgen, Hardthöhe Bonn. Im Strudel einer Affäre, Bielefeld, Bonn 2008

Rimscha, Robert von, Offen gestanden. Der Sozialdemokrat Klaus Wowereit, Berlins neuer Regierender Bürgermeister, hat sich als schwul geoutet. In: Der Tagesspiegel, 22.6.2001, <www.tagesspiegel.de/kultur/homosexualitaet-in-der-politik-offen-gestanden/235686.html>

Rissmann, Torsten, Obama: Bald »Ask and tell«? In: Die freie Welt, 20.2.2010, <www.freiewelt.net/blog/obama-bald-ask-and-tell-1511/>

Rogg, Matthias, Armee des Volkes? Militär und Gesellschaft in der DDR, Berlin 2008 (= Militärgeschichte der DDR, 15)

Roos, Peter, Der bittre Ritter: Prinz Eugen. In: Die Zeit, 17.10.2013, <www.zeit.de/2013/43/prinz-eugen-350-geburtstag>

»Rot und Grün streiten über homosexuelle Bundeswehrsoldaten«. In: Frankfurter Rundschau, 4.6.1999, S. 4

Schadendorf, Jens, Hauptmann Uhlmann ist schwul. In: Die Zeit, 10.6.2014, <www.zeit.de/gesellschaft/2014-06/bundeswehr-homosexualitaet-tabu/komplettansicht>

Schadendorf, Jens, Der Regenbogenfaktor. Schwule und Lesben in Wirtschaft und Gesellschaft. »Von Außenseitern zu selbstbewussten Leistungsträgern«, München 2014

»Scharping entlässt Generalinspekteur Kirchbach«. In: Der Spiegel, 24.5.2000, <www.spiegel.de/politik/deutschland/bundeswehr-scharping-entlaesst-general-inspekteur-kirchbach-a-78007.html>

Scheck, Roman, und Karsten Utess, »Was wir damals gemacht haben, war kein Verbrechen«. In: BILD, 30.8.2019, S. 7

»Ein schmaler Grat«. In: Der Spiegel, 9.9.1985, S. 221–223, <www.spiegel.de/spiegel/print/d-13515078.html>

Schmidt-Radefeldt, Roman, Streitkräfte und Homosexualität. Anmerkungen zur Entscheidung des Straßburger Gerichtshofs für Menschenrechte vom 27. September 1999: Lustig-Prean und Beckett gegen Großbritannien und zur Rechtsprechung deutscher Verwaltungsgerichte. In: NZWehrr, 42 (2000), 4, S. 141–150

Schneider, Howard, Rethinking DOD Policy on Gays. In: Washington Post, 6.11.1989

Schomers, Bärbel, Coming-out – Queere Identitäten zwischen Diskriminierung und Emanzipation, Leverkusen 2018

Schulz, Bernhard, Der Multi-Kulti-Prinz: Eugen von Savoyen. In: Der Tagesspiegel, 9.4.2010, <www.tagesspiegel.de/kultur/ausstellungen/eugen-von-savoyen-der-multikulti-prinz/1785396.html>

Schwalm, Georg, Die Streichung des Grundtatbestands homosexueller Handlungen und ihre Auswirkungen auf das Disziplinarrecht. In: NZWehrr, 1/1970, S. 81–98

Schwartz, Michael, Entkriminalisierung und Öffentlichkeit. Mediale Reaktion zur Reform des Homosexuellen-Strafrechts in der Bundesrepublik Deutschland 1969–1980. In: Gewinner und Verlierer. Beiträge zur Geschichte der Homosexualität in Deutschland im 20. Jahrhundert. Hrsg. von Norman Domeier [u.a.], Göttingen 2015, S. 79–93

Schwartz, Michael, Homosexuelle, Seilschaften, Verrat. Ein transnationales Stereotyp im 20. Jahrhundert, Berlin [u.a.] 2019 (= Schriftenreihe der Vierteljahrshefte für Zeitgeschichte, 118)

Schwule bei der Bundeswehr <www.rosarauschen.de/archiv/themen/bundeswehr.html> (letzter Zugriff 16.8.2019)

»Schwule fordern Entschuldigung von Scharping«. In: Berliner Zeitung, 30.1.2000

Schwule in der Bundeswehr. Für den Dreck gut genug. In: Männer, 11/1999, S. 28 ff.

»Schwule in die Bundeswehr«. In: Focus, 31/1999, 2.8.1999

»Schwulenfeindliche Studie« nicht von der Bundeswehr: In: Berliner Morgenpost, 28.1.2000

Sciolino, Elaine, Report Urging End of Homosexual Ban Rejected by Military. In: New York Times, 22.10.1989, S. 1

Shilts, Randy, Conduct Unbecoming. Lesbians and Gays in the U.S. Military. Vietnam to the Persian Gulf, New York 1993

Siemann, Holger, Coming out in der NVA? In: Die Volksarmee, 1/1990, S. 5

»Soldaten als potentielle Sexualpartner«. In: Der Spiegel, 16.1.1984, S. 22 f., <www.spiegel.de/spiegel/print/d-13509064.html>

»Soldaten dürfen keine Männer lieben«. In: B.Z., 30.6.1992

»Späte Milde«. In: Der Spiegel, 12.5.1969, S. 55—76, <www.spiegel.de/politik/spaete-milde-a-2be75b59-0002-0001-0000-000045741408?context=issue>

Spiewak, Martin, Schwule beim Bund. In: JS. Das Magazin für Leute beim Bund, 4/1994, S. 12 f.

»Steinmeier bittet Homosexuelle um Vergebung«. In: Die Zeit, 3.6.2018, <www.zeit.de/gesellschaft/zeitgeschehen/2018-06/festakt-berlin-verfolgung-homosexuelle-nationalsozialismus-frank-walter-steinmeier>

»Steinmeier bittet Lesben und Schwule um Vergebung«. In: Süddeutsche Zeitung, 3.6.2018, <www.sueddeutsche.de/politik/homosexuelle-steinmeier-bittet-lesben-und-schwule-um-vergebung-1.4000315>

Storkmann, Klaus, Cui bono? Entscheidungen und Hintergründe des Wörner-Kießling-Skandals 1983/84 im Spiegel neuer Forschungen. In: Österreichische Militärische Zeitschrift, 6/2014, S. 716–721

Storkmann, Klaus, »Don't Ask. Don't Tell« – auf Deutsch? In: if – Zeitschrift für Innere Führung, 3/2017, S. 12–21

Storkmann, Klaus, Einmal West-Berlin und zurück. Die ungewöhnliche Fahnenflucht eines Offiziers der DDR-Grenztruppen. In: Gerbergasse, 2/2020, S. 11–17; als gekürzte Fassung auch in: Militärgeschichte. Zeitschrift für historische Bildung, 3/2020, S. 14–17

Storkmann, Klaus, Geheime Solidarität. Militärbeziehungen und Militärhilfen der DDR in die »Dritte Welt«, Berlin 2012 (= Militärgeschichte der DDR, 21)

Storkmann, Klaus, Der General-Verdacht. Wie das Bundesverteidigungsministerium 1983/84 einen General verfolgte, dem Homosexualität nachgesagt worden war. In: Gewalt und Geschlecht, S. 294–307

Storkmann, Klaus, Das große Tabu. Homosexuelle Soldaten in der Bundeswehr von 1955 bis zum Jahr 2000. In: Gewalt und Geschlecht, S. 288–299

Storkmann, Klaus, »79 cm sind schwul«. Homosexuelle Soldaten in der Bundeswehrgeschichte. In: Militärgeschichte. Zeitschrift für historische Bildung, 1/2018, S. 4–9

Storkmann, Klaus, »Ein widerwärtiges Schmierenstück«. Die Wörner-Kießling-Affäre. In: Militärgeschichte. Zeitschrift für historische Bildung, 4/2013, S. 18–21

Storkmann, Klaus, 20. Januar 1969: Der Soldatenmord von Lebach. In: Militärgeschichte. Zeitschrift für historische Bildung, 4/2015, S. 29

Strafgesetzbuch der Deutschen Demokratischen Republik vom 12.1.1968, § 151, <www.verfassungen.de/ddr/strafgesetzbuch74.htm>

Strafgesetzbuch für den Norddeutschen Bund. Berlin 1870, S. 46, <www.deutschestextarchiv.de/book/view/unknown_strafgesetzbuch_1870?p =56>

Streifzug NATO-Länder. In: Magnus, 4/1996, S. 15

»Streit zwischen Trittin und Scharping: Schwuler Offizier zwangsversetzt«. In: Rhein-Zeitung, 6.6.1999, <http://archiv.rhein-zeitung.de/on/99/06/06/topnews/offz. html> (letzter Zugriff 16.8.2019)

Stümke, Hans-Georg, Homosexuelle in Deutschland. Eine politische Geschichte, München 1989

Stümke, Hans-Georg, und Rudi Finkler, Rosa Winkel, Rosa Listen. Homosexuelle und »Gesundes Volksempfinden« von Auschwitz bis heute, Reinbek bei Hamburg 1981

Theyssen, Andreas, Heißer Tip. In: Abendzeitung, 1.7.1992

Thomas, Hans, MAD kann Schwulen-Hatz nicht lassen. In: taz, 5.5.1988, <https:// taz.de/!1849446/>

Tresckow, Hans von, Von Fürsten und anderen Sterblichen. Erinnerungen eines Kriminalkommissars. Hrsg. von Hermann Syzygos, Berlin 1922

Tümmers, Hennig, AIDS. Autopsie einer Bedrohung im geteilten Deutschland, Göttingen 2017 (= Beiträge zur Geschichte des 20. Jahrhunderts, 23)

»Umgang mit Homosexualität in der Bundeswehr« von der Gründung der Bundeswehr bis heute, <www.ahsab-ev.de/der-verein/historie.html>

Urteil EuGHMR. In: Bundeswehr aktuell, 4.10.1999, S. 4

Vchse, Eduard, Geschichte des Österreichischen Hofs und Adels und der Österreichischen Diplomatie, Hamburg 1852 (= Geschichte der deutschen Höfe seit der Reformation, 12)

»Versiegelte Briefe«. In: Spiegel, 15.2.1993, S. 47–54, <www.spiegel.de/spiegel/print/ d-13855325.html>

Vielfalt im BMVg: Jeder Einzelne wird wertgeschätzt, Mitteilung des BMVg vom 3.3.2020, <www.bmvg.de/de/aktuelles/akk-arbeitskreis-homosexueller-angehoeriger-der-bundeswehr-198640>

Waeger, Stefan, Sexuelle Ausrichtung und Führungsverantwortung – eine kritische Betrachtung zum Umgang mit der Homosexualität. Studienarbeit, München 2001, <www.grin.com/de/e-book/103977/sexuelle-ausrichtung-und-fuehrungsverantwortung-eine-kritische-betrachtung>

Walz, Dieter, Klaus Finkler und Stefan Sohm, Kommentar zum Soldatengesetz, 3., neu bearb. Aufl., Heidelberg 2016

Weidinger, Rudolf, Homosexuelle Neigungen eines militärischen Vorgesetzten. In: Truppenpraxis, 1/1981, S. 21

Weißbuch 1985. Zur Lage und Entwicklung der Bundeswehr. Hrsg. vom Bundesminister der Verteidigung 1985

Wells-Petry, Melissa, Exclusion. Homosexuals and the Right to Serve, Washington, DC 1993

Wenzke, Rüdiger, Ab nach Schwedt! Die Geschichte des DDR-Militärstrafvollzugs, 3. Aufl., Berlin 2016

Wenzke, Rüdiger, Ulbrichts Soldaten. Die Nationale Volksarmee 1956 bis 1971, Berlin 2013 (= Militärgeschichte der DDR, 22)

Wickel, Horst Peter, In einer Männergesellschaft nicht hinnehmbar. In: taz, 21.8.1986, S. 8

Wickel, Horst Peter, Männer im Schatten: Schwule beim Bund. In: JS. Das Magazin für Leute beim Bund, 9/1986, S. 4 f.

Willemsen, Roger, Das Hohe Haus: Ein Jahr im Parlament, Frankfurt a.M. 2014

Wörner – »der Lächerlichkeit preisgegeben«. In: Der Spiegel, 30.1.1984, S. 17–28, <www.spiegel.de/spiegel/print/d-13510423.html>

Wörtz, Tilman, Beim Fummeln erwischt. In: Der Spiegel, 30.1.1984, S. 17–28, <www.spiegel.de/spiegel/print/d-13510423.html>

Wolfert, Raimund, Homosexuellenpolitik in der jungen Bundesrepublik. Kurt Hiller, Hans Giese und das Frankfurter Wissenschaftlich-humanitäre Komitee, Göttingen 2015

10. TV-Dokumentationen

»Sachsenspiegel« des mdr-Fernsehens am 27.4.2018 < www.mdr.de/mediathek/fernsehen/video-193164_zc-7748e51b_zs-1638fa4e.html> (letzter Zugriff 4.5.2018)

Der »Schwulen-Paragraph«, gesendet u.a. am 10.10.2019, 23.15 Uhr, im HR-Fernsehen

Personenregister

Alexander der Große 95 f., 98, 205
Altenburg, Wolfgang 292 f., 299
Augstein, Maria Sabine 354
Baden, Max von 17
Bales, Arno 134
Beck, Volker 232 f., 250, 340
Becker, Walter 119
Beek, Relus ter 379
Beer, Angelika 337
Behrendt, Helmut 291–293
Bergmann, Christine 335
Biehle, Alfred 55
Blair, Anthony »Tony« 382
Braehler, Johann-Rudolf 26 f.
Brandt, Willy 263, 300
Braun, Hildebrecht 250
Brickenstein, Rudolph 37–40, 42, 44,
    57–59, 104, 257, 259, 374, 384
Bülow, Andreas von 202, 249
Caesar, Gaius Iulius 95–99, 205
Catenhusen, Wolf-Michael 250
Chiang Kai-Shek 24
Churchill, Winston 379 f.
Clemenceau, Georges 92
Clinton, William J. »Bill« 386 f.
Cohn, Roy 258
Conradi, Peter 311
Cooper, Gary 383
Curtis, Simon 429
Däubler-Gmelin, Herta 46, 148, 202,
    249, 261, 335, 357
Dembski, Oliver 81 f.
Denninger, Erhard 194
Dieckmann, Kai 299
Dregger, Alfred 299
Ehmke, Horst 119

Ehmke, Wolfgang 209, 249, 310
Einem, Karl von 16 f., 169
Einsiedel, Heinrich Graf von 250
Ermisch, Günter 291, 307
Eugen von Savoyen 95–97
Eulenburg, Philipp zu 16 f., 282, 298
Farrar-Hockley, Anthony 295 f.
Finger, Georg 34
Fischer, Joseph »Joschka« 35, 300
Fleckenstein, Bernhard 13, 48, 56, 219
Franco, Francisco 373
Friedrich der Große 96, 98 f., 206
Fritsch, Werner Freiherr von 292
Gansel, Norbert 47, 210, 311
Gant, Walter 256
Gauweiler, Peter 55
Gebsattel, Hans Freiherr von 281–283
Gebsattel, Ludwig Freiherr von 282
George VI. (brit. König) 380
Gertz, Bernhard 239
Gleed, Ian 380
Gollner, Günther 10 f., 205
Gotch, Christopher 380
Grätz, Manfred 393
Grolman, Helmuth von 10
Hansen, Karl-Heinz 200
Harden, Maximilian 16 f.
Haubrich, Wolfgang 62
Heimendahl, Klaus von 281 f.
Hellman, Lillian 258
Hennig, Horst 94, 296, 462
Herberholz, Ralph 200 f.
Hesse, Max René 20 f., 93, 96, 172
Hiehle, Joachim 293 f.
Himmler, Heinrich 28 f.
Hindenburg, Paul von 283

Hirschfeld, Magnus 15–18, 92, 95 f.,
    101, 269, 270, 380
Hoffmann, Heinz 392
Hoon, Geoff 382
Horn, Dieter 134
Iwersen, Gabriele 250
Jäger, Claus 201
Jung, Bernhard Ernst 28
Jungmann, Horst 311 f.
Keitel, Wilhelm 28
Keynes, John Maynard 380
Kielmansegg, Johann Adolf Graf von 381
Kießling, Günter 3, 8 f., 11 f., 98,
    199, 263, 278, 288–303, 305–307,
    309, 311 f., 322
Kirchbach, Hans Peter von 346 f., 356 f.
Kisch, Egon Erwin 18
Kitchener, Herbert 380
Kluss, Heinz 289–292
Koch, Dierk 13, 101–103, 183–185
Kohl, Helmut 297–299
Kolbow, Walter 325, 338, 347, 352
Kramp-Karrenbauer, Annegret 185,
    429 f.
Kühnen, Michael 198
Kujat, Harald 362 f., 461
Lammert, Norbert 200
Lautmann, Rüdiger 190
Leexow, Karl Franz von 15 f., 18,
    97–101, 173, 380
Leyen, Ursula von der 4, 6, 430
Limbach, Jutta 221, 332, 357
Lindner, Michael 3, 7–9, 62 f., 85,
    100, 104 f., 198 f., 307 f., 316,
    368–370, 424
Liselotte von der Pfalz 96
Löffler, Lothar 201
Lyautey, Hubert 92
Maas, Heiko 185
McCarthy, Joseph 257 f.
Maizière, Ulrich de 137–139
Mann, Norbert 313
Marienfeld, Claire 241, 246
Marx, Ewald 134
Mauz, Gerhard 135

Mikat, Paul 298
Moll, Albert 96
Moltke, Kuno von 16, 298
Montague Browne, Anthony 380
Müller, Michael 81 f., 225–227,
    229–231
Mullen, Mike 387
Mysior, Arnold 384
Nicolai, Walter 281–283
Nikomedes IV. von Bithynien 96
Nolting, Günther 250, 352
Obama, Barack 387 f.
Oesterle-Schwerin, Jutta 249, 313 f.
Ohm, Dieter 356
Pauly, Harry 26, 93
Penner, Wilfried 200–202, 366
Pfeffermann, Gerhard 47
Pick, Eckhart 337
Plein, Rainer 190–195, 260, 333
Plutarch 97
Polenz, Ruprecht 250
Poth, Erwin 134
Redeker, Konrad 298
Redl, Alfred 18, 205, 257
Reents, Jürgen 309
Reinhardt, Klaus 298
Renger, Annemarie 312
Renn, Ludwig 395
Rissmann, Torsten 357 f.
Rogers, Bernhard W. 289, 296
Rogge, Bernhard 231
Rühe, Volker 232 f., 239
Rühl, Lothar 263 f., 292
Rusche, Herbert 249, 312
Sager, Krista 338
Schadendorf, Jens 13, 231, 361
Scharping, Rudolf 221, 325 f.,
    336–342, 346 f., 350–354, 356 f.,
    360–365
Schenk, Christina 250, 330, 337, 352
Schily, Otto 357
Schine, G. David 258
Schipporeit, Achim 338
Schmid, Erich 84, 233 f., 236, 239 f.,
    249, 279, 329, 344, 352, 355 f.

Schmidt, Helmut 41 f., 200, 341
Schmidt von Knobelsdorff, Constantin 282
Schmückle, Gerd 299
Schönbohm, Jörg 291 f.
Scholz, Rupert 55
Schoppe, Waltraut 47
Schrappe, Otto 49 f.
Schreckenberger, Waldemar 298
Schröder, Gerhard (CDU) 36, 138
Schröder, Gerhard (SPD) 338
Schröder, Oskar 259
Schuchardt, Helga 199–201, 249, 254
Schüttpelz, Alexander 232, 357
Schulte, Brigitte 338, 341 f., 344, 347, 351, 360 f., 423
Schwalm, Georg 139, 153
Sellin, Peter 314
Simonis, Heide 47
Sinnen, Hella von (eigentlich Hella Kemper) 288
Sperling, Dietrich 209, 310
Spranger, Carl-Dieter 313 fs.
Stecher, Winfried 202, 218, 239, 244–247, 249 f., 283–285, 328, 336, 342–345, 352–355, 357, 359, 361
Steinkamm, Armin 239, 329
Steinmeier, Frank-Walter 119

Strauß, Franz Josef 299, 423
Tatge, Willi 313
Titus 96
Trajan 96, 98
Tresckow, Hans von 16
Trittin, Jürgen 337
Twrsnick, Ulrich 182
Volland, Heinz 199
Vollmer, Antje 98, 310
Waldmann, Arthur 258–260, 292
Warner, John 387
Wayne, John 383
Wellershoff, Dieter 50, 220
Wichert, Peter 252 f., 318, 327, 332, 338, 341 f., 347, 353 f., 374, 387
Wieczorek-Zeul, Heidemarie 336
Wilhelm II. (Dt. Kaiser) 16 f., 282
Wilhelm von Preußen (Prinz) 281–283
Wimmer, Willy 52
Wörner, Manfred 52, 98, 276, 291–295, 298–300, 303, 306
Wollenberger, Vera 250
Würfel, Manfred 141, 219
Würzbach, Peter Kurt 35 f., 47, 64, 98, 170, 209 f., 310–313
Wulff, Christian 299
Ziegler, Alexander 298–301
Zimmermann, Friedrich 299
Zumkley, Peter 250

Danksagung

Als ich im Januar 2017 den Auftrag des Bundesverteidigungsministeriums zur Erforschung des früheren Umgangs der Bundeswehr mit homosexuell orientierten Soldatinnen und Soldaten übernahm, fragte mich ein Oberst aus dem Zentrum für Militärgeschichte und Sozialwissenschaften der Bundeswehr (ZMSBw), was mich denn dafür qualifiziere, außer meiner eigenen sexuellen Orientierung. Dieser zugespitzten, aber kollegial-kameradschaftlich gemeinten Frage eignet durchaus ein beachtens- und bedenkenswerter Punkt: Man muss kein Römer sein, um zur Historie des alten Roms zu forschen. Aber Interesse für antike Geschichte und etwas Lateinkenntnisse sind für derlei Forschung sicher nicht abträglich. So ist es auch bei anderen Themen, und eben auch bei dieser Studie.

Empathie und Verständnis für das Thema waren bei der durchaus komplizierten Suche nach Quellen und Zeitzeuginnen sowie Zeitzeugen von Nutzen. Ich danke all jenen, die bereit waren, sich mit ihren sehr persönlichen, teils intimen Erinnerungen und Erfahrungen zu öffnen. Da alle diese Interviews wertvolle Mosaikstücke in die Forschung einbrachten, soll an dieser Stelle niemand namentlich herausgehoben werden. Der Dank gilt weiterhin den nicht persönlich betroffenen Kameraden, die ihre Beobachtungen zum Umgang mit homosexuellen Kameraden wiedergaben; den Stabsoffizieren, Generalen, Juristen, Beamten und Politikerinnen sowie Politikern als damalige Entscheidungsträger. Sie alle an dieser Stelle namentlich aufzuführen, würde den Umfang dieser Danksagung sprengen. Zudem äußerten viele den Wunsch, namentlich nicht genannt zu werden. Aus der im Anhang zu findenden namentlichen Auflistung der Zeitzeugeninterviews seien an dieser Stelle aber Staatssekretär a.D. Peter Wichert, die Parlamentarische Staatssekretärin a.D. Brigitte Schulte und General a.D. Harald Kujat für ihre Bereitschaft hervorgehoben, die Entscheidungsabläufe hinter den verschlossenen Türen der Ministeretage im BMVg um die Jahrtausendwende zu beleuchten; ebenso General a.D. Wolfgang Altenburg – an dessen Gastfreundschaft ich immer wieder gerne zurückdenke –, mit dem ich mehrere aufschlussreiche Gespräche über die Wörner-Kießling-Affäre führen konnte. Besonderer Dank gilt den früheren Mitarbeitern des Militärischen Abschirmdienstes (MAD), die mit ihrer Bereitschaft zum Gespräch enorm halfen, dieses wohl schwierigste Feld meines Themas zu erforschen. Namentlich sei hier Oberst a.D. Heinz Kluss genannt, der seit 2013 in vielen persönlichen Gesprächen, Briefen und E-Mails wichtige Hinweise zur Arbeit des MAD gab und der leider die Veröffentlichung nicht mehr erleben kann. Heinz Kluss verstarb im Januar 2019. Auch Generalarzt a.D. Dr. Horst Hennig teilte in mehreren intensiven Diskussionen wertvolle Gedanken und Kritik aus Sicht eines Militärmediziners mit

Weltkriegserfahrung mit, die meine Forschungen voranbrachten. Leider kann auch er dieses Buch nicht mehr in Händen halten. Horst Hennig verstarb im Mai 2020. Jetzt, da das Buch vorliegt, denke ich in tiefer Dankbarkeit an die zwei Verstorbenen.

Neben den individuellen Erinnerungen der Zeitzeugen stützt sich diese Studie auf Dokumente aus den Beständen des Bundesarchivs (BArch) und des Bundesbeauftragten für die Unterlagen des Staatssicherheitsdienstes der DDR (BStU). Ich danke allen an der Recherche beteiligten Mitarbeiterinnen und Mitarbeitern beider Archive, vor allem Cynthia Flohr, Christine Reibel, Hauptmann Michael Herden, Stabsfeldwebel Markus Schäfers und Daniel Jost, alle im BArch, Abteilung Militärarchiv in Freiburg im Breisgau, sowie Astrid Rose in der BStU, Berlin. Mein Dank richtet sich auch an Dr. Georg Meyer in Freiburg für zahlreiche kurzweilige Gespräche – oftmals verbunden mit einem guten Essen und einem Gläschen Wein – und Hintergrundinformationen zum Umgang von Reichswehr und Wehrmacht mit Homosexualität. Nach Unna geht der Dank an den dortigen Stadtarchivar Dr. Frank Ahland für die Überlassung von Quellenfunden aus dem Landesarchiv NRW. Den Kolleginnen und Kollegen des Forschungsbereichs Militärgeschichte nach 1945 des ZMSBw, Prof. Dr. Jörg Echternkamp, Dr. Dorothee Hochstetter, Dr. Frank Käser, Oberstleutnant Dr. Dieter Kollmer, Dr. Bernd Lemke, Dr. Christoph Nübel, sowie außerhalb des engeren Kollegenkreises den Oberstleutnanten Michael Peter, Dr. Thorsten Loch, Dr. Helmut Hammerich, Dr. Heiner Möllers, Dr. Christian Stachelbeck sowie Fregattenkapitän Dr. Christian Jentzsch und Hauptmann Sebastian Schroeckh gilt mein Dank für manchen guten und hilfreichen Hinweis, auch auf weitere Quellen außerhalb des engeren Themas. Hier reiht sich der Dank an Oberstarzt Prof. Dr. Ralf Vollmuth für hilfreiche Hinweise und Hintergrundinformationen zu medizinischen Fragen ein.

Für das kritische Lesen des Manuskripts bin ich neben anderen Oberstleutnant Michael Peter, Michael Lindner, Thomas Odenthal, Vincent Benedikt Seidl und Victor Marnette verbunden. Hinweise und Kritik am Manuskript aus juristischer Perspektive brachten dankenswerterweise Regierungsdirektor Guido Gutzeit und Oberstleutnant Wolf Günther Halama vom Zentrum Innere Führung in Koblenz ein. Ebenfalls nach Koblenz geht ein Dankeschön an Oberregierungsrat Hartmut Stiffel, der 2016 einen Kontakt mit Michael Lindner in Hamburg als erstem Zeitzeugen herstellte. Schon vor dem Auftrag aus dem BMVg hatte ich das Thema auf dem Schirm und sammelte für ein potenzielles künftiges Forschungsprojekt.

Mein Dank gilt Dr. Ursula von der Leyen, Bundesministerin für Verteidigung von 2013 bis 2019, für ihre Initiative zur Beauftragung der Studie, ihrer Nachfolgerin Annegret Kramp-Karrenbauer für die Entscheidung zur zeitnahen Publikation sowie Staatssekretär Gerd Hoofe, Oberst Dr. Burkhard Köster, Oberst Dr. Sven Lange, Oberstleutnant Dr. Rudolf J. Schlaffer und Oberstleutnant Dr. Thorsten Loch für die wohlwollende ministerielle Unterstützung über die Jahre bis hin zur Publikation.

Die sehr zeitnahe Veröffentlichung wäre ohne die Unterstützung durch Vorgesetzte und Kolleginnen und Kollegen im ZMSBw nicht möglich gewesen. Zu nennen sind hier an erster Stelle Kapitän z.S. Dr. Jörg Hillmann und Prof. Dr. Michael Epkenhans. Im Fachbereich Publikationen unter Leitung von Dr. Christian Adam wurde das »Produkt« schließlich »veredelt«. Dass jetzt ein rund 500 Seiten starkes Buch vorliegt, verdanke ich allen voran meinem Lektor Mag. phil. Michael Thomae und Christine Mauersberger, die für die akribische technische Aufbereitung des Manuskriptes und das Setzen des Textes verantwortlich zeichnet.

In der hoffentlich nicht zu lang geratenen Nennung von Unterstützern fehlen noch zwei Namen: Dr. Rüdiger Wenzke, langjähriger Leiter des Forschungsbereichs Militärgeschichte nach 1945, und Oberst a.D. Prof. Dr. Winfried Heinemann, ehemals Leiter des Forschungsbereichs Militärgeschichte der DDR im Bündnis. Sie haben nicht nur die Arbeit an dieser Studie über Jahre wohlwollend kritisch begleitet. (Winfried Heinemann war der eingangs erwähnte Oberst, der den Verfasser fragte, was ihn denn für das Forschungsprojekt qualifiziere.) Rüdiger und Winfried haben mir 2006/2007 den Weg in die wissenschaftliche Arbeit am damaligen Militärgeschichtlichen Forschungsamt (MGFA) geöffnet und standen mir dort von Anbeginn fest zur Seite. Ihnen verdanke ich vieles, was ich wissenschaftlich seitdem erreicht habe. Beide sind mittlerweile im verdienten Ruhestand. Ihnen ist diese Studie auch gewidmet.

Klaus Storkmann

Zum Autor

Dr. Klaus Storkmann, geboren 1976, ist Oberstleutnant und wissenschaftlicher Mitarbeiter im Forschungsbereich »Militärgeschichte nach 1945« am Zentrum für Militärgeschichte und Sozialwissenschaften der Bundeswehr in Potsdam. Er forscht im Schwerpunkt zur deutschen Geschichte nach 1945 und zur Geschichte der internationalen Beziehungen während des Kalten Krieges. Klaus Storkmann ist Redakteur der »Militärgeschichte. Zeitschrift für historische Bildung«.

Ausgewählte Veröffentlichungen

Verbündete auf Distanz. Ostdeutsch-rumänische Militärkontakte vor dem Hintergrund der politischen Beziehungen. In: Sozialistische Waffenbrüder? Rumänien und die DDR im Warschauer Pakt. Im Auftrag des ZMSBw hrsg. von Jörg Echternkamp, Potsdam 2020, S. 51–70

Die DDR als Akteur im »Globalen Kalten Krieg«? Militärisches Engagement für Afrika und den Nahen Osten und seine Koordinierung mit der sowjetischen Führung. In: ebd., S. 127–148

Westdeutsche Militärhilfe und Rüstungsexporte in das subsaharische Afrika am Beispiel Kameruns. In: Mission Afrika: Geschichtsschreibung über Grenzen hinweg. Festschrift für Ulrich van der Heyden. Hrsg. von Michael Eckardt, Stuttgart 2019, S. 341–351

Die »Roten Preußen«? Selbstverständnis und Traditionen der NVA im Spiegel der Traditionsdebatte. In: if Spezial. Zeitschrift für Innere Führung, 2/2018, S. 68–73

»The powerful China stands firmly on our side«. The strong influence of Maoist ideology on the East German armed forces in the late 1950s. In: World War II and the development of warfare in the twentieth century. XLI Congress of the International Commission of Military History, Beijing, China, 30.8.–4.9.2015, Beijing 2017, S. 214–227

Operative Personenkontrolle »Prophet« und IM »Koran«. Die Überwachung ausländischer Militärs in der NVA durch das MfS. In: Gerbergasse 18. Thüringer Vierteljahrshefte für Zeitgeschichte und Politik, 1/2017, S. 36–41

Geheime Solidarität. Militärbeziehungen und Militärhilfen der DDR in die Dritte Welt, Berlin 2012 (= Militärgeschichte der DDR, 21)

Die NVA im Traditionsverständnis der Bundeswehr, Bremen 2007

Das chinesische Prinzip in der NVA. Vom Umgang der SED mit den Generalen und Offizieren in der frühen NVA, Berlin 2001 (= Beiträge zur Friedensforschung und Sicherheitspolitik, 1)

www.ingramcontent.com/pod-product-compliance
Lightning Source LLC
Chambersburg PA
CBHW050925150426

42812CB00051B/2314